普通高等教育力学系列教材

材 料 力 学

主　编　杨　震
副主编　富　裕　李　朗　许立英
参　编　朱国权　罗小惠　彭　芸　韩志型
主　审　赵明波

机械工业出版社

本书以夯实基础、强化基本概念及基本理论、紧密联系工程实际为原则编写，力求阐述清楚、透彻，并努力贯彻启发式教学、创新意识培养、理论联系实际、思政内容有机融入等教育思想。本书共12章，内容主要有绪论，轴向拉伸与压缩，剪切、挤压与扭转，弯曲内力，弯曲应力，弯曲变形，简单超静定问题，应力状态与强度理论，组合变形，压杆稳定，能量法和动荷载，附录为平面图形几何性质及型钢表。书中对重要概念做了阐述，对重要公式进行了推导。为帮助学生理解和掌握各章的知识点，章首设置了本章导读及工程案例模块，章末设置了知识点总结与讨论、课外阅读模块，每章都设置了一定数量的例题、思考题和习题。

本书可作为力学、土木工程、机械工程、交通工程、船舶与海洋工程、航空航天工程等工科专业材料力学课程的教材，也可作为相关领域从业人员的参考书。

图书在版编目（CIP）数据

材料力学 / 杨震主编. -- 北京：机械工业出版社，2025.1. --（普通高等教育力学系列教材）. -- ISBN 978-7-111-76968-2

Ⅰ．TB301

中国国家版本馆 CIP 数据核字第 2024TN0939 号

机械工业出版社（北京市百万庄大街22号　邮政编码100037）
策划编辑：马军平　　　　　责任编辑：马军平　范秋涛
责任校对：韩佳欣　李小宝　封面设计：张　静
责任印制：邓　博
北京盛通数码印刷有限公司印刷
2025年3月第1版第1次印刷
184mm×260mm・24印张・582千字
标准书号：ISBN 978-7-111-76968-2
定价：79.00元（含实验指导书）

电话服务　　　　　　　　网络服务
客服电话：010-88361066　机 工 官 网：www.cmpbook.com
　　　　　010-88379833　机 工 官 博：weibo.com/cmp1952
　　　　　010-68326294　金 书 网：www.golden-book.com
封底无防伪标均为盗版　　机工教育服务网：www.cmpedu.com

前 言

本书依据《高等学校工科基础课程教学基本要求》对材料力学课程教学的基本要求编写，可作为高等学校诸多工科专业的教材和教学参考书，并可供工程技术人员参考。

材料力学是力学、土木工程、机械工程、交通工程、船舶与海洋工程、航空航天工程等诸多工科专业的主干基础课程。本书共12章，主要内容包括绪论，轴向拉伸与压缩，剪切、挤压与扭转，弯曲内力，弯曲应力，弯曲变形，简单超静定问题，应力状态与强度理论，组合变形，压杆稳定，能量法和动荷载等。在本书编写过程中，力求内容翔实，概念清晰，深入浅出，通俗易懂，注重理论联系实际。所选例题主要围绕土木工程和机械制造工程，通过典型例题分析，帮助学生理解和掌握材料力学的基本理论和分析方法，培养学生分析和解决实际工程中相关力学问题的能力。同时，本书具备线上支持功能，借助二维码提供知识点视频讲解资源。

为深入贯彻习近平新时代中国特色社会主义思想进教材的指导方针，本书结合全方位、多维度、"润物无声"的思政教育，在案例选择、人物和思想评价等方面体现正确导向，把加强社会主义核心价值观教育和中国特色社会主义理论体系有机融入教材内容，课外阅读模块多选取材料力学历史、大国重器、国家工程等资料，扩大学生知识面，提升国家荣誉感。

本书由西南科技大学土木工程与建筑学院工程力学系材料力学教学团队的部分老师承担并完成编写工作。杨震任主编，富裕、李朗、许立英任副主编，朱国权、罗小惠、彭芸、韩志型参编。具体分工为：杨震编写第7章、第11章和第12章；富裕、韩志型共同编写第8章、第9章、第10章和附录B；彭芸编写第6章；李朗编写第4章、第5章；朱国权编写第1章、第2章；罗小惠编写第3章和附录A，许立英编写配套的实验指导书。全书由杨震统稿，赵明波教授主审。在编写过程中，得到了西南科技大学土木工程与建筑学院领导和力学系全体老师的大力支持，同时还参考了国内外诸多文献，在此一并表示衷心的感谢！

由于编者水平有限，书中难免有不妥之处，恳请读者批评指正。

编　者

目 录

前言
第1章 绪论 ………………………………… 1
　本章导读 ………………………………… 1
　1.1 材料力学的任务 …………………… 1
　1.2 变形固体的基本假设 ……………… 2
　1.3 构件的分类及杆件变形的基本形式 … 3
　1.4 外力、内力与应力的概念 ………… 4
　1.5 位移、变形和应变的概念 ………… 6
　总结与讨论 ……………………………… 8
　思考题 …………………………………… 8
　课外阅读：材料力学发展简史 ………… 8
第2章 轴向拉伸与压缩 …………………… 10
　本章导读 ………………………………… 10
　工程案例 ………………………………… 10
　2.1 轴向拉伸与压缩的概念 …………… 10
　2.2 轴力与轴力图 ……………………… 11
　2.3 轴向拉（压）杆的应力 …………… 12
　2.4 材料在轴向拉（压）时的力学性能 … 16
　2.5 轴向拉（压）杆的强度条件及其应用 ……………………………………… 21
　2.6 轴向拉（压）杆的变形 …………… 24
　2.7 应力集中现象 ……………………… 27
　总结与讨论 ……………………………… 29
　思考题 …………………………………… 29
　习题 ……………………………………… 30
　课外阅读：工程中的钢丝绳 ………… 35
第3章 剪切、挤压与扭转 ………………… 37
　本章导读 ………………………………… 37
　工程案例 ………………………………… 37
　3.1 剪切与挤压的概念 ………………… 38
　3.2 剪切和挤压的实用计算 …………… 39
　3.3 扭转的概念 ………………………… 43
　3.4 外力偶矩的计算、扭矩与扭矩图 … 45

　3.5 薄壁圆筒的扭转、纯剪切 ………… 47
　3.6 等直圆轴扭转时的应力与强度计算 … 49
　3.7 等直圆轴扭转时的变形与刚度计算 … 55
　3.8 非圆截面杆自由扭转时的应力和变形 ………………………………… 59
　总结与讨论 ……………………………… 61
　思考题 …………………………………… 61
　习题 ……………………………………… 62
　课外阅读：胡克 ………………………… 67
第4章 弯曲内力 …………………………… 68
　本章导读 ………………………………… 68
　工程案例 ………………………………… 68
　4.1 平面弯曲的概念和实例 …………… 69
　4.2 梁的计算简图 ……………………… 70
　4.3 梁的内力——剪力和弯矩 ………… 71
　4.4 梁的内力方程及内力图 …………… 74
　4.5 剪力、弯矩与荷载集度的关系及其应用 ………………………………… 79
　4.6 用叠加法绘制弯矩图 ……………… 82
　4.7 平面刚架的弯矩图 ………………… 83
　总结与讨论 ……………………………… 84
　思考题 …………………………………… 85
　习题 ……………………………………… 86
　课外阅读：泊松 ………………………… 92
第5章 弯曲应力 …………………………… 93
　本章导读 ………………………………… 93
　工程案例 ………………………………… 93
　5.1 纯弯曲和横力弯曲的概念 ………… 94
　5.2 梁横截面上的正应力 ……………… 94
　5.3 梁横截面上的切应力 ……………… 100
　5.4 梁的强度计算 ……………………… 106
　5.5 提高梁弯曲强度的主要措施 ……… 109

5.6　弯曲中心的概念 …………………… 115
总结与讨论 ……………………………… 117
思考题 …………………………………… 119
习题 ……………………………………… 120
课外阅读：我国早期的力学教学 ……… 125

第6章　弯曲变形

本章导读 ………………………………… 127
工程案例 ………………………………… 127
6.1　梁的挠度和转角 …………………… 128
6.2　梁的挠曲线近似微分方程 ………… 129
6.3　积分法求梁的弯曲变形 …………… 130
6.4　叠加法求梁的弯曲变形 …………… 138
6.5　梁的刚度条件 ……………………… 142
6.6　提高梁弯曲刚度的主要措施 ……… 143
总结与讨论 ……………………………… 145
思考题 …………………………………… 145
习题 ……………………………………… 146
课外阅读：钱三强 ……………………… 152

第7章　简单超静定问题

本章导读 ………………………………… 153
工程案例 ………………………………… 153
7.1　超静定问题的概念及其解法 ……… 154
7.2　拉压超静定问题 …………………… 155
7.3　扭转超静定问题 …………………… 161
7.4　简单超静定梁 ……………………… 163
总结与讨论 ……………………………… 166
思考题 …………………………………… 167
习题 ……………………………………… 168
课外阅读：超静定问题求解的发展历程 …… 174

第8章　应力状态与强度理论

本章导读 ………………………………… 177
工程案例 ………………………………… 177
8.1　应力状态的概念 …………………… 178
8.2　平面应力状态分析的解析法 ……… 180
8.3　平面应力状态分析的图解法 ……… 184
8.4　空间应力状态简述 ………………… 190
8.5　广义胡克定律和体积胡克定律 …… 191
8.6　应变能密度 ………………………… 195
8.7　强度理论 …………………………… 196
总结与讨论 ……………………………… 206
思考题 …………………………………… 208
习题 ……………………………………… 209
课外阅读：钱伟长 ……………………… 214

第9章　组合变形

本章导读 ………………………………… 215
工程案例 ………………………………… 215
9.1　组合变形概述 ……………………… 216
9.2　斜弯曲 ……………………………… 218
9.3　拉伸（压缩）与弯曲的组合变形 …… 222
9.4　弯曲与扭转的组合变形 …………… 230
总结与讨论 ……………………………… 234
思考题 …………………………………… 237
习题 ……………………………………… 238
课外阅读：于敏 ………………………… 243

第10章　压杆稳定

本章导读 ………………………………… 245
工程案例 ………………………………… 245
10.1　工程中的稳定问题 ………………… 246
10.2　压杆稳定性的概念 ………………… 247
10.3　细长压杆临界压力的欧拉公式 …… 248
10.4　压杆的临界应力 …………………… 251
10.5　压杆的稳定性计算 ………………… 255
10.6　提高压杆稳定性的措施 …………… 259
总结与讨论 ……………………………… 261
思考题 …………………………………… 263
习题 ……………………………………… 263
课外阅读：钱令希 ……………………… 267

第11章　能量法

本章导读 ………………………………… 269
11.1　杆件的应变能 ……………………… 269
11.2　卡氏定理 …………………………… 273
11.3　莫尔定理 …………………………… 277
11.4　互等定理 …………………………… 284
11.5　用能量法解超静定结构 …………… 286
总结与讨论 ……………………………… 288
思考题 …………………………………… 290
习题 ……………………………………… 290
课外阅读：胡海昌 ……………………… 295

第12章　动荷载

本章导读 ………………………………… 298
工程案例 ………………………………… 298
12.1　匀加速运动构件的应力计算 ……… 300
12.2　受冲击荷载时构件的应力和变形
　　　计算 ………………………………… 304

12.3 交变应力与疲劳强度 …………… 310
总结与讨论 ………………………… 315
思考题 ……………………………… 316
习题 ………………………………… 317
课外阅读：中国深空探测 …………… 321

附录 …………………………………… 323
　附录 A　平面图形的几何性质 ……… 323
　附录 B　型钢表 ……………………… 336
参考文献 ……………………………… 347

第 1 章
绪论

本章导读

材料力学是研究构件承载能力的一门学科。构件要有足够的承载能力，必须满足强度、刚度和稳定性要求。本章介绍了强度、刚度、稳定性、内力、应力、应变等材料力学涉及的一些基本概念；重点阐述了材料力学的任务和研究对象，变形固体应满足的连续性、均匀性和各向同性基本假设条件及小变形条件；较为详细地介绍了外力及其分类、内力、应力、应变，杆件轴向拉压、剪切、扭转、弯曲四种基本变形形式；详细介绍了用截面法求内力的方法和步骤。

1.1 材料力学的任务

土木工程和机械设备中，承受和传递荷载并起骨架作用的部分称为结构。结构的各个组成部分统称为构件。如建筑物结构由基础、柱子、梁、楼板、屋盖等构件组成；钻床结构由立柱和横臂等构件组成。结构能否正常工作取决于每一构件在荷载作用下是否能够正常工作。

材料力学是研究构件承载能力的一门学科。构件要有足够的承载能力，才能够正常工作，因而必须满足强度、刚度和稳定性要求。

（1）强度要求　强度要求是指构件在荷载的作用下，具有足够的抵抗破坏的能力，如起重机的钢索不可断裂，储气罐不可爆裂等。破坏是指构件产生了断裂或产生了不可恢复的变形。

（2）刚度要求　刚度要求是指构件在荷载的作用下，具有足够的抵抗弹性变形的能力。如机床主轴如果变形过大，其加工精度和使用寿命都将受到影响。

（3）稳定性要求　稳定性要求是指构件在荷载的作用下，应具有足够的保持其原有平衡状态的能力。细长的受压直杆在压力超过某一值时会突然弯曲，致使它丧失承载能力。这种从直线平衡状态变为曲线平衡状态的现象称为丧失稳定或简称失稳，这种失效形式即稳定失效。如千斤顶、活塞连杆、厂房的柱子等都不允许失稳。

工程中的构件若不能满足以上要求，则很容易出现工程事故，造成不可挽回的损失。如2007年8月，某地在建的大桥发生坍塌事故，造成64人遇难。事故发生的一个可能原因是砂浆或者混凝土龄期强度没达到规范要求就拆卸支架，导致砌体因强度不够而破坏，受连拱效应影响，整个大桥迅速坍塌。再如2013年3月，某市广场工程在浇筑主楼中庭五层屋面梁柱混凝土过程中，模板支撑系统失稳坍塌，造成8人死亡，6人受伤。

材料力学的任务之一就是研究处于平衡状态的工程构件的内力、变形和失效规律。即研究构件的强度、刚度和稳定性的失效规律，从而提出保证构件具有足够的强度、刚度和稳定性的设计方法和设计准则。在研究的时候，需要了解构件在外力作用下表现出来的变形和破坏等方面的性能，即构件的力学性能。因此，材料力学的任务之二就是研究材料的力学性能，材料的力学性能需要由试验来测定。试验分析和理论研究是材料力学解决问题的基本方法。将材料力学的理论和方法应用于工程，即可对杆类构件或零件进行常规的强度、刚度和稳定性设计。

设计的构件不但要满足强度、刚度和稳定性要求，还必须选用合理的材料，并尽可能降低材料的消耗量，以节约资金和减轻构件本身的重量。若构件横截面尺寸过小，或形状不合理，或材料选择不恰当，则满足不了强度、刚度和稳定性要求。如果选用优质的材料，增加横截面的面积，虽然可以大大提高构件的强度、刚度和稳定性，但是必然会增加构件的成本，造成不必要的浪费。因此材料力学的任务之三，就是要在满足强度、刚度和稳定性的前提下，以最经济的成本，为构件确定合理的截面形状和尺寸，并选择合适的材料。

1.2　变形固体的基本假设

材料力学研究的对象是构件，而构件都是由固体材料制成，并且在力作用下都要产生变形。工程中的变形固体，其物质结构是各不相同的。如金属具有晶体结构，塑料由长链分子组成，玻璃、陶瓷由按某种规律排列的硅原子和氧原子组成。不同材料的物质结构具有不同程度的空隙，并存在气孔、裂纹、杂质等缺陷。但是这种空隙的大小和构件的尺寸相比，显得极其微小，因此宏观上可以认为物质的结构是紧密的。

在研究构件的强度、刚度和稳定性时，为了抽象出力学模型，掌握与问题有关的主要属性，略去一些次要因素，对变形固体做下列假设。

（1）连续性假设　该假设认为组成变形固体的物质不留空隙地充满了固体的整个空间。根据这一假设，在对构件进行分析时，内部各点的力学量（如内力、应力、应变和位移等）可以考虑为连续函数，进而可以借助数学方法进行计算；并且在正常工作条件下，变形后的固体仍应满足连续性假设，即变形要协调一致，既不产生空隙，也不产生重叠现象。

（2）均匀性假设　该假设认为在变形固体内的任意两点都具有完全相同的力学性能。由于材料力学考察的物体几何尺寸都足够大，并且考察物体上的点都是宏观尺度上的点，所以可以假设物体内任意一点的力学性能都能代表整个物体的力学性能。

（3）各向同性假设　该假设认为变形固体内的任意一点，沿其任意方向的力学性能都是相同的。就金属来说，其单一晶体在不同方向上的力学性能并不一样，但金属构件内包含数量极多的晶体，且杂乱无章地排列，这样从宏观上来看，表现出来的力学性能差别甚小，因此认为它是各向同性材料，各个方向具有完全相同的力学性能。但对于木材、胶合板来说，其整体的力学性能具有明显的方向性，属于各向异性材料。

另外，在对构件进行分析时，还做了小变形假设，即假设构件在外力作用下所产生的变形与其几何尺寸相比是极其微小的。根据这一假设，在考察构件的平衡问题时，一般可以略去变形的影响，直接用构件的原始尺寸和几何形状进行求解。小变形假设在分析变形几何关系等问题方面，将使问题大大简化。

变形固体在外力作用下，其形状或几何尺寸会发生变化，这种变化称为变形。物体在外力作用下发生变形，在外力去掉后若能够完全恢复为原来的尺寸和形状，这种变形称为弹性变形，若只能部分恢复而残留一部分变形，这种残留的变形称为塑性变形或残余变形。材料力学研究的变形固体，发生的变形在大多数场合下局限于弹性变形范围。也就是说，假设变形固体在卸载后，能够完全恢复其原有形状和几何尺寸，没有残余变形，且力与变形成正比关系。该假设称为完全弹性和线弹性假设。

总之，材料力学是把实际材料看作连续、均匀、各向同性的可变形体，在线弹性、小变形条件下进行研究。

1.3 构件的分类及杆件变形的基本形式

1.3.1 构件的分类

工程或机械里实际使用的构件有不同的形状和尺寸，根据形状和尺寸的不同可以将构件分为块体、板壳和杆件三类。

三维（长、宽、高）尺寸相差不多的构件称为块体，如图 1.1a 所示。某两个方向上的尺寸远大于另一个方向上的尺寸的构件，中面为平面者称为板，中面为曲面者称为壳，如图 1.1b 所示。某个方向的尺寸远大于其他两个方向的尺寸的构件称为杆件，如图 1.1c 所示。杆件的几何要素是横截面和轴线。横截面是指沿垂直于杆长度方向的截面。轴线是各横截面形心的连线。轴线是直线的杆件，称为直杆；轴线为折线的杆件，称为折杆；轴线为曲线的杆件称为曲杆。横截面不变的直杆，称为等截面直杆，简称等直杆；横截面变化的直杆，称为变截面直杆。

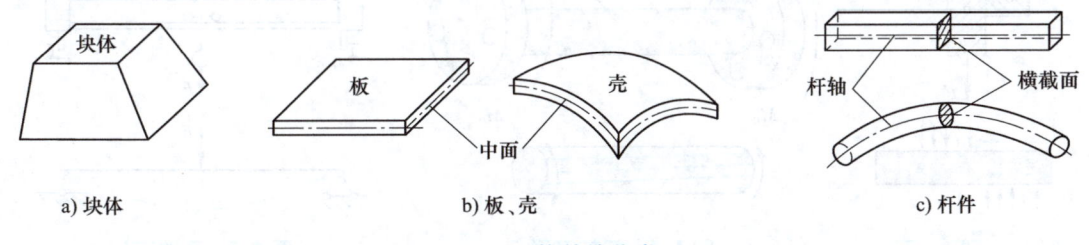

图 1.1 构件的分类

1.3.2 杆件变形的基本形式

材料力学研究的主要对象从几何上抽象为杆件，如连杆、传动轴、立柱、丝杆等。杆件在不同的外力作用下的变形形式各不相同，杆件变形的基本形式有以下四种。

（1）轴向拉伸（或压缩） 在一对大小相等、方向相反、作用线与杆件轴线相重合的轴向外力作用下，杆件在长度方向发生伸长变形的称为轴向拉伸；长度方向发生缩短变形的称为轴向压缩。如图 1.2 所示，托架的拉杆和压杆所产生的变形就是轴向拉伸和轴向压缩变形。

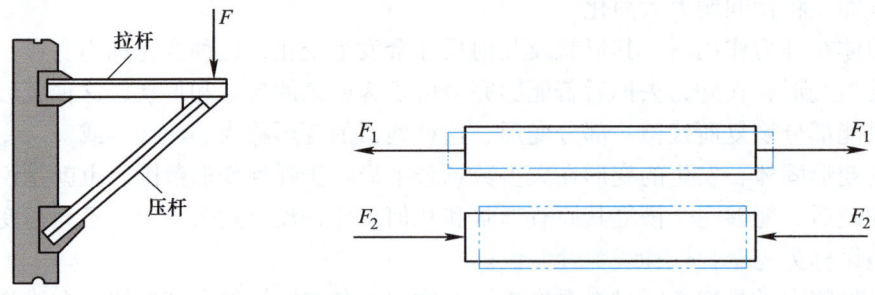

图 1.2 拉（压）杆的轴向变形

（2）剪切 在一对大小相等、方向相反、作用线相距很近的横向力作用下，杆件的横截面沿外力作用方向发生相对错动，这种变形称为剪切变形。如图 1.3 所示，连接件中的螺栓受力后发生的变形，就属于剪切变形。

（3）扭转 在一对大小相等、方向相反、位于垂直于杆件轴线的两平面内的力偶作用下，杆件的任意两横截面发生绕轴线的相对转动，杆件表面的纵向线将变成螺旋线，这种形式的变形称为扭转。如图 1.4 所示，机器中的传动轴受力后发生扭转变形。

（4）弯曲 在位于杆件纵向平面内的力偶作用下，或者在垂直于杆件轴线的横向外力作用下，此时杆件的轴线由直线变为曲线，这种形式的变形称为弯曲。如图 1.5 所示，吊车梁主要发生弯曲变形。

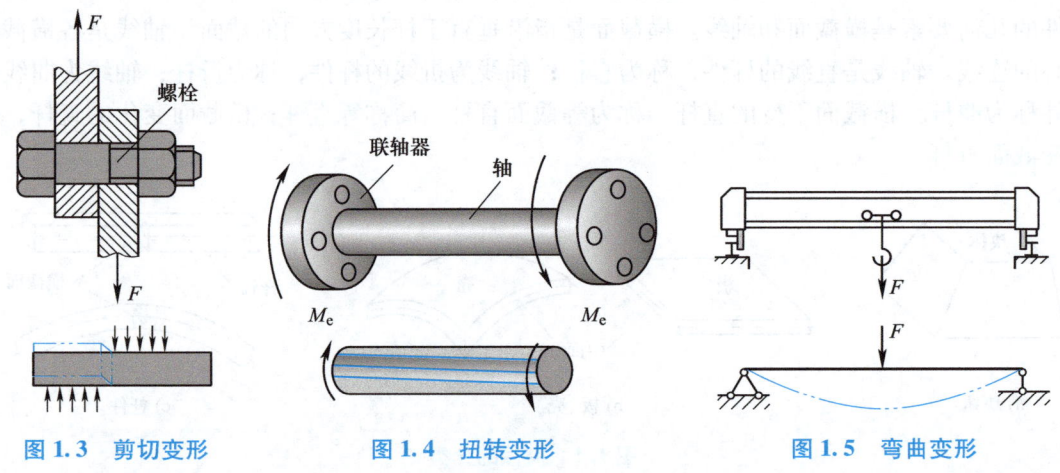

图 1.3 剪切变形　　图 1.4 扭转变形　　图 1.5 弯曲变形

工程中杆件在不同荷载作用下的变形情况比较复杂，但大多为上述四种基本变形形式的组合。例如，钻床立柱同时发生的拉伸和弯曲组合变形；在啮合力作用下的传动轴发生的扭转和弯曲组合变形。本书先分别讨论四种基本变形，然后讨论组合变形。

1.4　外力、内力与应力的概念

1.4.1　外力

当研究某一物体时，常常取出该物体分析其受力情况。来自物体外部的力称为外力。外力包括主动力和约束力,主动力通常称为荷载。外力按作用区域的大小可分为集中力和分布力两类。集中力的分布面积远小于物体表面积,可视为作用在一个点上。分布力是连续作用在物体的某个区域内,又可分为体积力和表面力。体积力作用于物体内部的各个质点上,如重力;表面力作用于物体表面,如风的压力。分布力的分布强度可以用单位体积内、单位面积或单位长度内所受力的大小来度量,称为荷载集度,常用单位为 kN/m^3、kN/m^2 和 kN/m 等。

按荷载随时间变化的情况,荷载可分为静荷载和动荷载。静荷载是缓慢地施加于物体上,由零缓慢增加至某一确定的值并不再改变的力。如将铁锤轻放于玻璃表面上,此时施加的力就是静荷载。若荷载随着时间发生显著地变化,则为动荷载。如钉锤钉钉子时,施加的力在短时间内由零快速增加至最大值,该力属于动荷载中的冲击荷载;又如内燃机中的连杆因活塞往复运动而受到的力,其大小和方向随时间做周期性的改变,并多次重复地作用在物体上,这种力属于动荷载中的交变荷载。

1.4.2 内力和截面法

物体在外力作用下将发生变形,与此同时,杆件内部各部分之间因相对位置发生变化将产生相互作用力,此相互作用力称为内力。内力是因外力作用引起的一种附加的相互作用力,即"附加内力"。内力随着外力的变化而变化,一般来说,外力消失之后,内力也跟着消失。

杆件的强度、刚度、稳定性等问题均与内力密切有关,当内力增加到一定程度时,杆件就会发生破坏或产生塑性变形。在分析这些问题时,常常需要知道杆件在外力作用下某一横截面上的内力值。求杆件任一横截面上的内力,通常采用截面法。

如图 1.6a 所示,设某一构件受外力作用而保持平衡,在外力的作用下,构件内部将会产生内力。现采用截面法来计算 m-m 横截面上的内力。

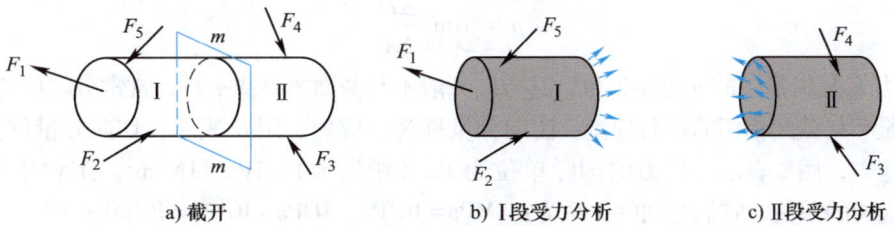

a) 截开　　　　　b) Ⅰ段受力分析　　　　　c) Ⅱ段受力分析

图 1.6　截面法求内力

截面法求解过程可归纳为截、留、代、平四个步骤:

1)截:欲求某一横截面的内力,沿该截面将构件假想地截成两部分。如图 1.6b、c 所示,将构件沿 m-m 横截面截成Ⅰ、Ⅱ两部分。

2)留:对截开的两部分构件,留下其中任意一部分作为研究对象,而另一部分舍去。如保留图 1.6b 中的第Ⅰ部分或图 1.6c 中的第Ⅱ部分。

3)代:舍去部分对留下部分的作用力,用作用于截面上相应的内力来代替,画出受力图。在图 1.6b 中,舍去的第Ⅱ部分对第Ⅰ部分的作用力用相应的内力表示出来。

4)平:对留下部分建立平衡条件,通过静力平衡方程求解未知的内力。

需要说明的是，如果变形体在外力作用下保持平衡，则从其上截取的任一部分也是平衡的。这个任一部分可以是截开的两部分中的任一部分，也可以是无限接近的两个截面所截出的一微段，还可以是围绕某一点截取的微元或微元的局部等。截开后的两部分之间的相互作用力总是大小相等，方向相反的，因此留下其中任一部分进行分析即可。从平衡分析的角度来看，一般选择受力简单的部分。至于截面上的内力，本质上是一个分布于截面上的分布力系，该分布力系可以向某一点（通常为形心）简化得到主矢和主矩，该主矢和主矩就是材料力学提到的截面上的内力。

1.4.3 应力的概念

用截面法可以计算出横截面上的内力，但是不知道内力在横截面上的分布情况。为了解决构件的强度问题，不仅要知道当外力达到一定值时构件可能沿哪个截面破坏，还要知道该截面上哪个点首先开始破坏。因而仅仅知道构件截面上内力分布力系的合力是不够的，还需要进一步研究截面上内力的分布情况，从而引入了应力的概念。应力就是构件截面上内力分布的集度。

如图 1.7 所示，考察某受力杆截面 $m\text{-}m$ 上 M 点处的应力。

在截面 $m\text{-}m$ 上绕 M 点取一微小面积 ΔA，设 ΔA 面积上分布内力的合力为 ΔF，则面积 ΔA 上内力 ΔF 的平均分布集度为

$$p_M = \frac{\Delta F}{\Delta A} \quad (1.1)$$

式中，p_M 称为面积 ΔA 上的平均应力。当微小面积 ΔA 趋近于零时，就得到截面上 M 点处的总应力，即

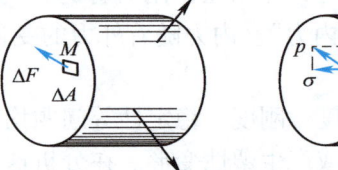
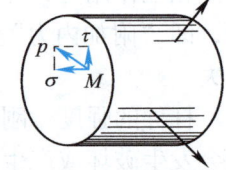

图 1.7 一点的应力

$$p = \lim_{\Delta A \to 0} \frac{\Delta F}{\Delta A} \quad (1.2)$$

由于力 F 是矢量，故 p 也是矢量，其方向一般不与截面垂直或平行，常常分解成与截面垂直的法向分量和与截面相切的切向分量。法向分量称为正应力，用 σ 表示；切向分量称为切应力，也称为剪应力，用 τ 表示。应力的国际单位为 Pa（帕斯卡），$1\text{Pa} = 1\text{N/m}^2$。工程中常用 MPa、GPa 作为应力的单位，它们之间的关系为：$1\text{MPa} = 10^6\text{Pa}$，$1\text{GPa} = 10^9\text{Pa} = 10^3\text{MPa}$。

1.5 位移、变形和应变的概念

研究变形，一方面是为了研究构件的刚度问题，另一方面是因为由外力引起的变形与内力的分布相关。

物体在外力作用下，其形状和大小要发生变化，即产生变形。变形前后物体内一点或一线段位置的变化称为位移。位移又分为线位移和角位移。线位移是指物体内一点位置移动的直线距离。角位移是指物体内一线段（或截面）方位改变的角度。在图 1.8 中，悬臂梁在集中力 F 的作用下，产生弯曲变形。受力之前，在悬臂梁上过 C 点沿水平方向（设为 x）和竖直方向作相互垂直的线段 CD 和 CE。集中力 F 作用在 A 点，产生弯曲变形后，点 C、D、

E 的位置发生了变化，分别移动到 C'、D'、E' 位置，即产生了线位移；直线段 CD 和 CE 均变成了相应的曲线 $C'D'$ 和 $C'E'$，并且它们在 C' 处不再垂直，产生了角位移；同时 A 点移动到 A' 位置，自由端面转过了一个角度 θ，也产生了角位移。

设变形前 CD 线段的长度为 Δx，变形后曲线 $C'D'$ 的长度为 $\Delta x + \Delta s$。线段 CD 因变形改变为曲线 $C'D'$，其长度的变化量 $(\Delta x + \Delta s) - \Delta x$ 称为<u>线变形</u>。$\angle DCE$ 变化为 $\angle D'C'E'$，其角度的改变量 $\angle DCE - \angle D'C'E'$ 称为<u>角变形</u>。

比值

$$\varepsilon_{CD} = \frac{(\Delta x + \Delta s) - \Delta x}{\Delta x} = \frac{\Delta s}{\Delta x} \tag{1.3}$$

表示线段 CD 每单位长度的平均伸长或缩短，称为<u>平均线应变</u>。逐渐缩小 D 点和 C 点的距离，使 CD 的长度趋近于零，则 ε_{CD} 的极限为

$$\varepsilon = \lim_{D \to C} \frac{(\Delta x + \Delta s) - \Delta x}{\Delta x} = \lim_{\Delta x \to 0} \frac{\Delta s}{\Delta x} \tag{1.4}$$

ε 称为 C 点沿 x 方向的<u>线应变</u>，也称为<u>正应变</u>，简称<u>应变</u>。如线段 CD 内各点沿 x 方向的变形程度是均匀的，则平均应变就是 C 点的应变；若 CD 内各点的变形程度并不相同，则只有按式（1.4）定义的应变才能表示 C 点沿 x 方向长度变形的程度。

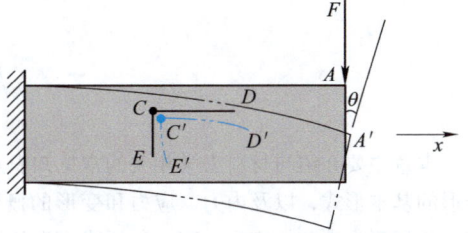

图 1.8　位移、变形与应变的概念

按式（1.3）、式（1.4）的定义可知，在应变的计算中分子、分母的量纲都是长度，因此，线应变是无量纲的量。

$\angle DCE$ 变形前是直角，变形后为 $\angle D'C'E'$，则变形前后角度的变化量为 $\left(\dfrac{\pi}{2} - \angle D'C'E'\right)$。当点 D、E 都无限趋近于 C 点时，上述角度变化的极限值

$$\gamma = \lim_{\substack{D \to C \\ E \to C}} \left(\frac{\pi}{2} - \angle D'C'E'\right) \tag{1.5}$$

称为 C 点在平面内的<u>切应变</u>，也称为<u>角应变</u>。切应变表示角度的变化量，是一个无量纲的量。

线应变 ε 和切应变 γ 是度量一点处变形程度的两个基本物理量。

【例 1.1】　图 1.9 所示为一矩形截面薄板受均布荷载 q 作用，已知边长 $l = 800\mathrm{mm}$，受力后沿 x 方向均匀缩短 $\Delta l = 0.06\mathrm{mm}$。试求板中 a 点沿 x 方向的线应变。

【解】　由于矩形截面薄板沿 x 方向均匀受力，可认为板内各点沿 x 方向的正应力与线应变处处相同，所以平均应变即 a 点沿 x 方向的线应变。

$$\varepsilon_x = \frac{\Delta l}{l} = \frac{-0.06\mathrm{mm}}{800\mathrm{mm}} = -7.5 \times 10^{-5}$$

【例 1.2】　图 1.10 所示为一嵌于四连杆机构内的薄方板，$b = 400\mathrm{mm}$。若在力 F 作用下 CD 杆下移 $\Delta b = 0.02\mathrm{mm}$，试求薄板中 a 点的切应变。

【解】　由于薄方板变形受四连杆机构的制约，可认为板中各点均产生切应变，且处处相同。

$$\gamma_a \approx \tan\gamma = \frac{\Delta b}{b} = \frac{0.02\text{mm}}{400\text{mm}} = 5 \times 10^{-5}$$

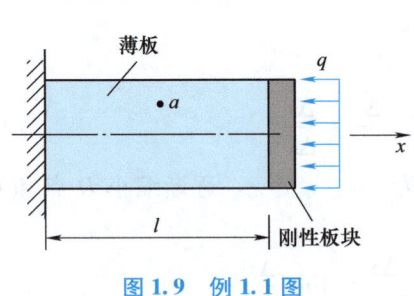
图 1.9 例 1.1 图

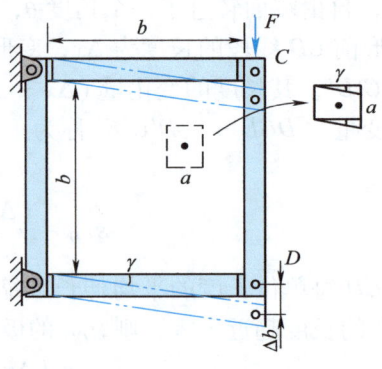
图 1.10 例 1.2 图

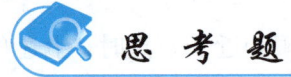

本章主要介绍与材料力学相关的常见知识点,包括工程上对构件的要求、变形固体的基本假设、杆件变形的基本形式,以及内力、应力和变形的概念等。特别是位移、变形和应变的概念应加以理解并掌握,应力包括正应力和切应力,应变包括线应变和切应变。

工程上的构件,应该怎样设计才能保证安全?构件横截面增大,往往会提高其强度、刚度和稳定性,但同时会造成材料的浪费及占用过多的空间。为了解决安全和经济之间的矛盾,合理地设计构件的截面,选择合适的材料,就成了材料力学需要解决的任务之一。

思考题

1.1 材料力学与理论力学的研究对象有什么区别与联系?为什么?

1.2 以工程实例说明集中力、表面力和体积力。

1.3 拉出一定长度的钢卷尺,卷尺凹形向上时,能保持水平位置,若把卷尺倒过来,凸形向上时,卷尺一般因重力作用无法保持在水平位置而向下弯折,这主要是强度问题、刚度问题,还是稳定性问题?

1.4 材料的均匀性假设与各向同性假设的区别是什么?

1.5 钢材、岩石、玻璃钢、铸铁、陶瓷、木材中,哪些属于各向同性材料?哪些属于各向异性材料?

1.6 在外力作用下,构件会产生哪些基本变形?其各自的受力特点和变形特点是什么?

1.7 位移、变形和应变有什么区别与联系?

1.8 构件的内力与应力有什么区别和联系?

1.9 用截面法求内力时,有哪些基本步骤?需要注意哪些方面?

1.10 角位移、角变形和切应变的区别是什么?

课外阅读:材料力学发展简史

材料力学是固体力学中最早发展起来的一个分支,它研究材料在外力作用下的力学性能、变形状态和破坏规律,为工程设计中选用材料和选择构件尺寸提供依据。

1638 年，意大利数学家、天文学家、力学家伽利略（Galileo, 1564—1642）在荷兰莱登出版了世界上第一本材料力学教本《两种新的科学》（图 1.11），首先提出了材料力学性质和强度计算方法，人们认为，材料力学作为一门科学，就从这里开始。

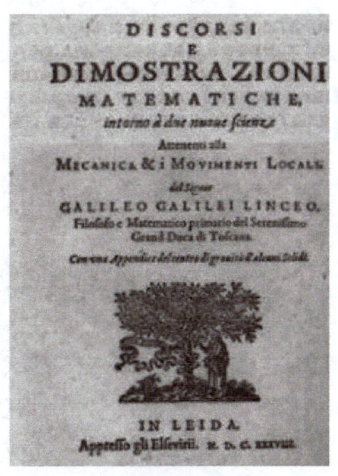

a) 伽利略　　　　　　　　　　b)《两种新的科学》

图 1.11　伽利略及出版的材料力学教本

但是，任何一门科学都不可能是个别人在短期内创造出来的，而是在几代人经过艰苦探索和创造下逐渐形成的。在科学巨匠达芬·奇、伽利略、惠更斯、库仑、麦克斯韦、欧拉、柯西、汤姆斯·杨、伯努利、纳维叶、圣维南等人的努力下，形成了一门系统的科学。

材料力学作为一门古老的学科，在 19 世纪中叶发展到了鼎盛时期。有关材料力学的几个重要的问题和概念也是在这段时期提出的。

在历史上那些伟大的科学家的贡献之上，近代材料力学也有了突飞猛进的发展。起源于德国的哥廷根学派，在克莱因（Klein F.）和希尔伯特（Hilbert D.）的推动下，形成了以普朗特（Prandtl L.）为首的近代应用力学学派。在哥廷根大学，普朗特培养出了一大批的力学大师，如冯·卡门、铁摩辛柯、希尔、德鲁克、普拉格、纳戴、邓哈托等都是哥廷根学派的杰出代表。

在华裔力学家中，也有大量的杰出人物，如应用数学家林家翘、被誉为"生物力学之父"的冯元桢、计算力学家卞学鐄、流体力学家吴耀祖、"预应力之父"林同炎等。我国的应用力学的源头也在哥廷根，其代表人物有钱学森、钱伟长、周培源、郭永怀、张维、钱令希、胡海昌、陆士嘉等。

第 2 章
轴向拉伸与压缩

本章导读

轴向拉伸与压缩是杆件的基本变形形式之一。本章介绍了轴向拉伸与压缩的概念，拉压杆的受力特点和变形特点，截面法计算拉压杆的内力——轴力的方法和步骤；重点讨论了拉压杆横截面上应力的分布规律和计算、胡克定律和拉压杆的变形计算，以及拉压杆的强度设计准则；通过低碳钢和铸铁试件的拉伸和压缩试验，分析了塑性材料和脆性材料的力学性能；简单介绍了应力集中现象。

工程案例

起重设备一般采用钢丝绳作为承载重物的主要构件，钢丝绳在使用过程中受到拉力的作用，其强度是否足够至关重要，稍有疏忽便会酿成工程事故。例如，2017 年某工地起重机在起吊重型卡车的过程中，钢丝绳断裂，导致车下 2 名辅助操作人员被砸；又如，2019 年某工地的塔式起重机在运送混凝土输送泵到楼顶时，钢索突然断裂，砸中 2 人，造成 1 死 1 伤。作为受拉的杆件，就应考虑使用中的钢丝绳是否安全，最大起吊重量，以及起吊规定的最大重物时应该选择的钢丝绳直径。

2.1 轴向拉伸与压缩的概念

承受轴向拉伸与压缩的等直杆在实际工程中比较常见，如图 2.1a 所示房屋屋架桁架中的二力杆，图 2.1b 所示桥梁中的钢索，图 2.1c 所示汽车式起重机的支腿，图 2.1d 所示起重设备中的吊索等。

a) 屋架桁架

b) 桥梁钢索

图 2.1 拉压杆实例

第 2 章 轴向拉伸与压缩

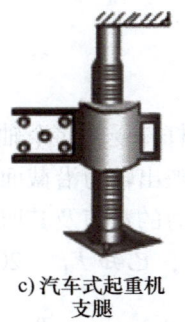
c) 汽车式起重机支腿

d) 起重设备吊索

图 2.1 拉压杆实例（续）

作用在杆件上的荷载，如果外力的合力作用线与杆件的轴线重合，则该荷载称为轴向荷载。在轴向荷载的作用下，杆件的变形主要表现为沿轴线方向的伸长或者缩短，如图 2.2 所示。这种变形称为轴向拉伸或轴向压缩。

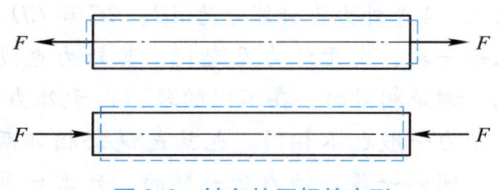

图 2.2 轴向拉压杆的变形

通过观察可以发现，杆件在拉伸时，沿轴线伸长，横截面减小；在压缩时，沿轴线缩短，横截面增大。

2.2 轴力与轴力图

2.2.1 轴力

拉（压）杆在轴向外力的作用下，其内部必然产生相应的附加内力。由于外力作用线与杆件轴线重合，根据平衡条件，其横截面上内力系的合力作用线也必然与杆件的轴线重合。这种作用线与轴线重合的内力称为轴力，用 F_N 表示。习惯上，轴力为拉力，则规定为正，轴力为压力，则规定为负。

为了分析横截面上的内力，以图 2.3a 所示的等直杆为例。杆件在其两端轴向拉力 F 的作用下保持平衡，用截面法计算横截面 m-m 上的内力。用假想截面沿横截面 m-m 将杆件分为 Ⅰ、Ⅱ 两部分，任取其中一部分作为研究对象。第 Ⅰ 部分只受外力 F 的作用，要保持平衡，则横截面上必然有分布内力的作用。通常将横截面上的分布内力用位于截面形心处的合力 F_N 来代替，如图 2.3b 所示，F_N 即横截面 m-m 上的轴力。

由平衡条件

$$\sum F_x = 0, \quad F_N - F = 0$$

得

$$F_N = F$$

同样的，如果分析第 Ⅱ 部分，也会得到相同的结果，如图 2.3c 所示。根据作用力与反作用力原理可知，第 Ⅱ 部分横截面上的轴力应与第 Ⅰ 部分横截面上的轴力

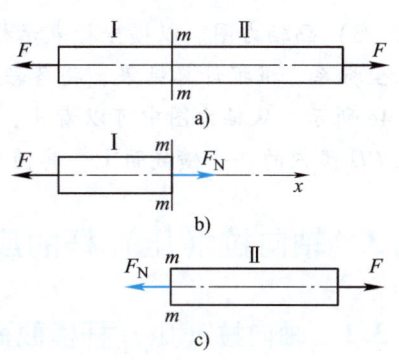

图 2.3 受拉直杆的内力

大小相等、方向相反、作用线在同一条直线上。

2.2.2 轴力图

轴力随横截面位置变化关系的图线称为<u>轴力图</u>。当杆件受到多个轴向外力作用时，在杆件的不同横截面上的轴力将各不相同，轴力图能直观地反映出轴力沿截面位置的变化关系，据此便可确定某段是受拉还是受压，以及整个杆件上最大轴力的数值及其所在横截面的位置。

【例 2.1】 一等直杆及其受力情况如图 2.4a 所示，已知 $F_1 = 20\text{kN}$，$F_2 = 40\text{kN}$，$F_3 = 70\text{kN}$，$F_4 = 50\text{kN}$，试作杆的轴力图。

【解】 1) 根据受力情况将杆件分段。从杆件所受外力分析可知，以集中荷载作用点为分段点，4 个外力将杆件分为 AB、BC 和 CD 三段。在每一段，由于外力无变化，其轴力也没有变化，都是相同的；在不同的段，由于外力不同，其轴力一般也不相同。也就是说每相邻两个外力之间的一段，轴力是一样的，只需计算其中任意一个横截面的内力。

2) 计算各段的内力。对 AB 段，用假想平面从 1-1 横截面处截开，取左部分来分析，并假设横截面上轴力 F_{N1} 为正，如图 2.4b 所示，由平衡方程

$$\sum F_x = 0, \quad F_{N1} - F_1 = 0$$

得

$$F_{N1} = F_1 = 20\text{kN}$$

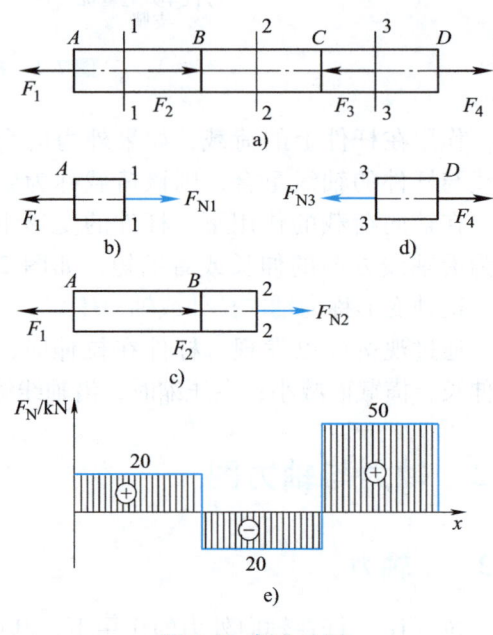

图 2.4 例 2.1 图

计算结果为正，说明轴力的实际方向和假设的正方向一致，即轴力 F_{N1} 为拉力。
同理，可计算 BC 段内任一横截面 2-2 上的轴力 F_{N2}，如图 2.4c 所示。

$$F_{N2} = F_1 - F_2 = -20\text{kN}$$

计算结果为负，说明轴力的实际方向和假设的方向相反，即 BC 段内的轴力为压力。
为了计算 CD 段内任一横截面上的轴力，此时取右部分分析更简单，如图 2.4d 所示。

$$F_{N3} = F_4 = 50\text{kN}$$

3) 画轴力图。以横坐标表示横截面所在的位置，纵坐标表示相应横截面上的轴力，建立坐标系。根据计算结果，将各段的轴力绘制在该坐标系上，便得到杆件的轴力图，如图 2.4e 所示。从轴力图中可以看出，AB 和 CD 段受拉，BC 段受压，并且最大轴力 $F_{N\max}$ 发生在 CD 段内的任一横截面上，其值为 50kN。

2.3 轴向拉（压）杆的应力

2.3.1 轴向拉（压）杆横截面上的应力

为了分析拉（压）杆横截面上应力的分布规律，导出横截面上应力的计算公式，需要

通过变形实验来了解杆件的变形规律。如图 2.5a 所示，加载前，在等直杆侧面作两条垂直于轴线的横向线 ab 和 cd，然后在杆的两端施加一对等值、反向、在同一直线上的轴向拉力 F 使杆产生变形。如图 2.5b 所示，从实验现象可以得出，横向线 ab 和 cd 移动到 $a'b'$ 和 $c'd'$ 的位置，变形后仍然为直线，且仍然垂直于轴线。对于压杆，同样可以观察到该现象。引入假设原为平面的横截面在轴向外力作用下变形后仍然保持为平面，即**平面假设**。根据这一假设和变形现象，轴向拉（压）杆变形后任意横截面将沿杆轴线方向作相对平行移动，显然，轴向拉（压）杆在其任意两个横截面之间纵向纤维的伸长（缩短）变形是相同的。由于材料是均匀的，所有各纵向纤维的力学性能相同，由此可以推测横截面上各点的正应力 σ 相等，即横截面上的正应力 σ 均匀分布，于是各纵面纤维受力相同，如图 2.5c、d 所示。由于横向线 ab 和 cd 变形前后均与轴线垂直，表明横截面上无切应力。

用静力学的方法求合力，可得轴力

$$F_N = \int_A \sigma dA = \sigma \int_A dA = \sigma A$$

由此得到轴向拉（压）杆横截面上正应力 σ 的计算公式

$$\sigma = \frac{F_N}{A} \tag{2.1}$$

式中，F_N 为轴力，A 为轴向拉（压）杆的横截面面积。当 F_N 为拉力时，σ 为拉应力，当 F_N 为压力时，σ 为压应力。σ 的正负号与 F_N 的正负号一致。

式（2.1）是根据杆横截面上应力均匀分布的结论导出的。需要说明一点的是，该公式不适用于集中力作用点附近的区域。因为在集中力作用点附近，其应力的分布是复杂的。但理论和实践研究表明：不同的加力方式，只对力作用点附近区域的应力分布有显著影响，而在距力作用点稍远处，应力都趋于均匀分布。这就是著名的**圣维南（Saint-Venant）原理**。按照圣维南原理，在实际计算中可以不考虑杆端的实际受力情况，用与它静力等效的合力来代替。这样处理后的计算结果是符合杆件绝大部分区域的实际情况的。至于杆端小部分区域，由于应力的不均匀性所带来的强度问题，一般是在构造上加强处理以保证其强度安全。故在轴向拉（压）杆的应力计算中，都以式（2.1）进行计算。

若轴力沿轴线变化，则 $F_N = F_N(x)$，也可以用式（2.1）计算。对变截面杆，当截面变化缓慢时，外力合力与轴线重合，横截面上的正应力也近似为均匀分布，同样可以用式（2.1）计算。这时把它写成

$$\sigma(x) = \frac{F_N(x)}{A(x)}$$

【例 2.2】 某钢制直杆的受力及尺寸如图 2.6a 所示。各段横截面面积分别为 $A_1 = 300\text{mm}^2$，$A_2 = 200\text{mm}^2$，$A_3 = 300\text{mm}^2$。试作轴力图并计算各段横截面上的正应力。

【解】 1）用截面法计算出各段的轴力。

$$F_{N1} = 60\text{kN}, \quad F_{N2} = -20\text{kN}, \quad F_{N3} = 30\text{kN}$$

根据各段轴力作出轴力图，如图 2.6b 所示。

2）各段应力计算。根据式（2.1）计算各段的应力，分别为

$$\sigma_{1-1} = \frac{F_{N1}}{A_1} = \frac{60 \times 10^3 \text{N}}{300 \times 10^{-6}\text{m}^2} = 200 \times 10^6 \text{Pa} = 200\text{MPa}$$

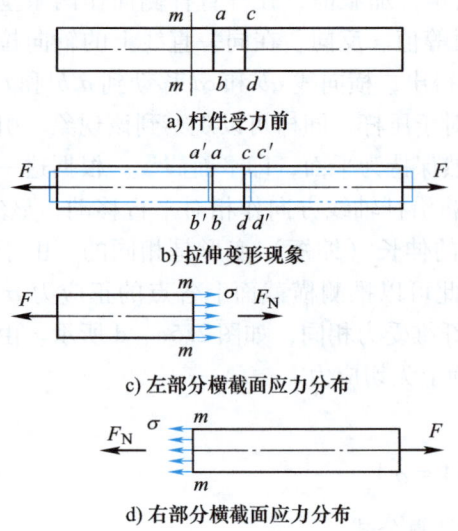

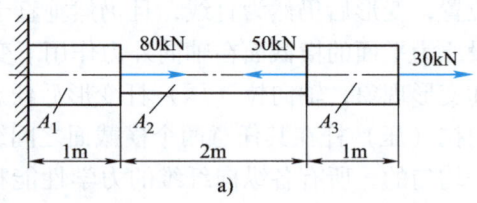

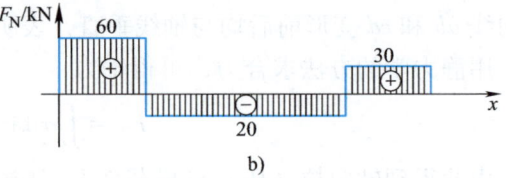

图 2.5 拉（压）杆横截面上的应力　　　图 2.6 例 2.2 图

$$\sigma_{2-2} = \frac{F_{N2}}{A_2} = \frac{-20 \times 10^3 \text{N}}{200 \times 10^{-6} \text{m}^2} = -100 \text{MPa}$$

$$\sigma_{3-3} = \frac{F_{N3}}{A_3} = \frac{30 \times 10^3 \text{N}}{300 \times 10^{-6} \text{m}^2} = 100 \text{MPa}$$

其中 σ_{2-2} 计算出为负值，表示为压应力。

【例 2.3】 图 2.7a 所示结构，在 A 处受荷载 $F = 20$kN 作用，斜杆 BC 为钢杆，其横截面面积 $A = 200\text{mm}^2$。试求 BC 钢杆横截面上的正应力。

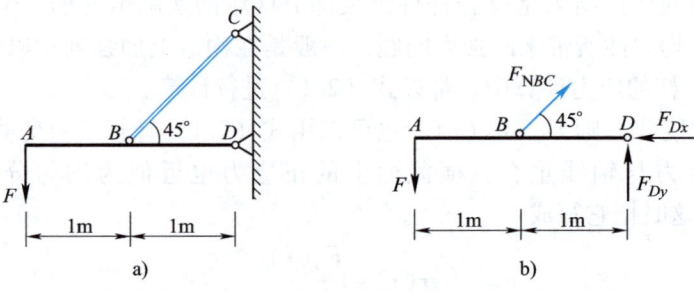

图 2.7 例 2.3 图

【解】 1) 计算 BC 杆的轴力。因 BC 杆为二力杆，其横截面上的轴力与所受的拉力相等。取杆 ABD 为研究对象，受力图如图 2.7b 所示。

由

$$\sum M_D = 0, \quad -F_{NBC} \times \sin 45° \times 1 + F \times 2 = 0$$

得

$$F_{NBC} = 2\sqrt{2}\,F = 40\sqrt{2}\,\text{kN}$$

2）计算 BC 杆的应力。根据式（2.1）计算 BC 杆的正应力为

$$\sigma = \frac{F_{NBC}}{A} = \frac{40\sqrt{2} \times 10^3 \text{N}}{200 \times 10^{-6} \text{m}^2} = 282.8 \text{MPa}$$

2.3.2 轴向拉（压）杆斜截面上的应力

前面分析了轴向拉（压）杆横截面上的应力分布情况，现在来研究其斜截面上的应力分布情况。

如图 2.8a 所示，在等直拉杆中，欲分析与横截面成 α 角的斜截面 m-m 上的应力，可以用一假想的斜截面 m-m 将杆截分为左、右两部分，考虑左部分的平衡，如图 2.8b 所示。

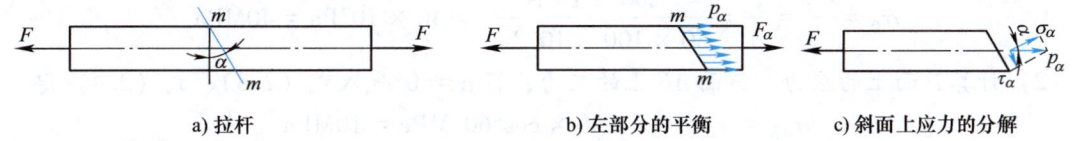

a) 拉杆　　　　　　b) 左部分的平衡　　　　　c) 斜面上应力的分解

图 2.8　拉杆斜截面上的应力

可以计算出斜截面上的轴力为

$$F_\alpha = F \tag{a}$$

同计算横截面上正应力的分析方法一样，可以得到斜截面上各点处的总应力 p_α，即

$$p_\alpha = \frac{F_\alpha}{A_\alpha} \tag{b}$$

式中，A_α 为斜截面的面积，设横截面的面积为 A，则 $A_\alpha = \dfrac{A}{\cos\alpha}$，代入式（b），并利用式（a），即得

$$p_\alpha = \frac{F}{A}\cos\alpha = \sigma_0 \cos\alpha \tag{2.2}$$

式中，$\sigma_0 = \dfrac{F}{A}$ 为横截面上的正应力。

通常将总应力 p_α 沿斜截面的法线方向和切线方向进行分解，得到法向应力 σ_α 和切向应力 τ_α，如图 2.8c 所示，其值为

$$\sigma_\alpha = p_\alpha \cos\alpha = \sigma_0 \cos\alpha \times \cos\alpha = \sigma_0 \cos^2\alpha \tag{2.3}$$

$$\tau_\alpha = p_\alpha \sin\alpha = \sigma_0 \cos\alpha \times \sin\alpha = \frac{\sigma_0}{2}\sin 2\alpha \tag{2.4}$$

式（2.3）和式（2.4）表达了斜截面上正应力和切应力的变化规律。由式（2.3）和式（2.4）可知：当 $\alpha = 0$ 时，$(\sigma_\alpha)_{\max} = \sigma_0$，是 σ_α 中的最大值；当 $\alpha = \pm 45°$ 时，$\tau_\alpha = \pm \dfrac{\sigma_0}{2}$，$|\tau_\alpha|_{\max} = \dfrac{\sigma_0}{2}$，是 τ_α 中的最大值。这表明：杆件在轴向受拉（压）时，最大正应力发生在横截面上，而绝对值最大的切应力发生在与横截面成 $\pm 45°$ 的斜截面上，且其数值等于横截面上正应力值的一半。

对于角度 α 的正负做如下规定：若横截面外法线逆时针转到斜截面的外法线方向 α 为正，反之为负。

【例 2.4】 图 2.9 所示等直杆，两端受轴向拉力 $F=200\text{kN}$ 的作用。横截面尺寸如图 2.9 所示，单位为 mm。试求相互垂直的斜截面 AB 和 BC 上的正应力、切应力，以及杆内最大正应力和最大切应力。

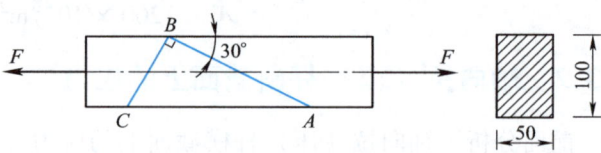

图 2.9　例 2.4 图

【解】 1) 计算横截面上的正应力。由式（2.1）得

$$\sigma_0 = \frac{F_N}{A} = \frac{F}{A} = \frac{200\times10^3\text{N}}{50\times100\times10^{-6}\text{m}^2} = 40\times10^6\text{Pa} = 40\text{MPa}$$

2) 计算斜面上的应力。斜面 AB 上的应力，将 $\alpha=60°$ 代入式（2.3）、式（2.4）得

$$\sigma_{AB} = \sigma_0\cos^2\alpha = 40\times\cos^260°\text{MPa} = 10\text{MPa}$$

$$\tau_{AB} = \frac{\sigma_0}{2}\sin2\alpha = \frac{40}{2}\sin120°\text{MPa} = 17.32\text{MPa}$$

斜面 BC 上的应力，将 $\alpha=-30°$ 代入式（2.3）、式（2.4）得

$$\sigma_{BC} = \sigma_0\cos^2\alpha = 40\times\cos^2(-30°)\text{MPa} = 30\text{MPa}$$

$$\tau_{BC} = \frac{\sigma_0}{2}\sin2\alpha = \frac{40}{2}\sin(-60°)\text{MPa} = -17.32\text{MPa}$$

3) 计算最大正应力及最大切应力。由式（2.3）、式（2.4）得最大正应力及最大切应力为

$$\sigma_{\max} = \sigma_0 = 40\text{MPa}（横截面上），\quad \tau_{\max} = \frac{\sigma_0}{2} = 20\text{MPa}（45°斜截面上）$$

2.4　材料在轴向拉（压）时的力学性能

2.4.1　材料轴向拉伸时的力学性能

材料的力学性能是指材料在外力作用下表现出来的变形、破坏等方面的特性。在分析构件的强度、刚度和稳定性时涉及反映材料力学性能的参数，如比例极限、强度极限、屈服极限、弹性模量、泊松比等，都要通过材料的拉伸和压缩试验来确定。下面以低碳钢和铸铁为代表分别介绍两类材料在轴向拉伸和轴向压缩时的力学性能。

在进行轴向拉伸或轴向压缩试验时，应将材料做成标准试件（也称为试样），使其几何形状和受力条件都能符合轴向拉伸或轴向压缩的要求。在室温下，以缓慢平稳的加载方式进行试验，称为<u>常温静载试验</u>，它是测定材料力学性能的基本试验。

按国家标准，对于拉伸试验，通常将试件做成圆形截面。如图 2.10 所示，在试件中间测量变形部分的长度 l 称为标距。标距

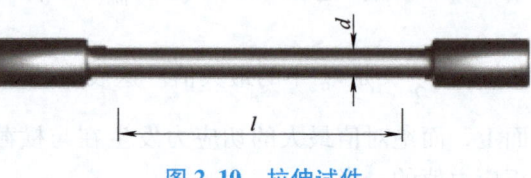

图 2.10　拉伸试件

l 与直径 d 有两种比例，即 $l = 5d$ 和 $l = 10d$。

1. 低碳钢拉伸时的力学性能

低碳钢是指碳的质量分数在 0.3% 以下的碳素钢。这类钢材在工程中使用较广，在拉伸试验中表现出的力学性能也最为典型。

如图 2.11 所示，将试件装在试验机上，并施加缓慢增加的拉力。在轴向拉力的作用下，试件将产生变形，利用试验机的自动绘图装置，可以得到试件的拉伸图。拉伸图表示的是试件在试验过程中标距为 l 段的伸长量 Δl 和拉力 F 之间的关系曲线。低碳钢轴向拉伸试验时的拉伸图，也称 $F - \Delta l$ 曲线，如图 2.12 所示。

图 2.11　拉伸试验机

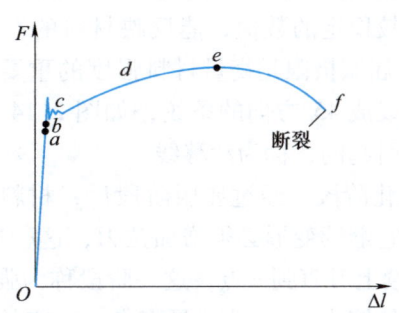

图 2.12　低碳钢拉伸 $F - \Delta l$ 曲线

从拉伸图（图 2.12）上可以看出试件所受的拉力 F 与变形量 Δl 之间的曲线关系。试件最后在 f 处发生断裂。

$F - \Delta l$ 曲线与试件的尺寸有关。为了消除试件几何尺寸的影响，把轴向拉力 F 除以试件横截面的原始面积 A，得到横截面的正应力为 $\sigma = \dfrac{F}{A}$；同时把伸长量 Δl 除以标距的原始长度 l，得到应变为 $\varepsilon = \dfrac{\Delta l}{l}$。以 σ 为纵坐标，ε 为横坐标，表示 σ 与 ε 变化关系的曲线，称为应力-应变曲线或 σ-ε 曲线（图 2.13）。

从 σ-ε 曲线可以看出，低碳钢拉伸时的力学性能主要表现在以下四个方面。

（1）弹性阶段　如图 2.13 中的 Ob 段，在此阶段内，材料发生的是弹性变形。若缓慢地卸去荷载 F 后，试件的变形将全部消失，b 点对应的应力 σ_e 称为材料的弹性极限。在弹性阶段内，Oa 段为直线，a 点对应的应力 σ_p 称为比例极限。低碳钢 Q235 的比例极限 $\sigma_p \approx 200\text{MPa}$。在此阶段，正应力 σ 和线应变 ε 成正比例关系，满足胡克定律，即

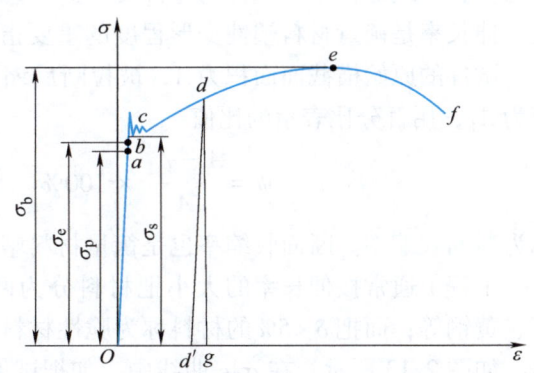

图 2.13　低碳钢拉伸 σ-ε 曲线

$$\sigma = E\varepsilon \tag{2.5}$$

式（2.5）中的比例系数 E 为直线 Oa 的斜率，称为材料的弹性模量，它反映了材料抵抗弹性变形的能力，常用单位为 GPa。式（2.5）反映了 σ 与 ε 之间的正比例关系，只在 $\sigma \leqslant \sigma_p$ 时才成立。

a、b 两点非常接近，之间是一段微弯的曲线，因此比例极限 σ_p 与弹性极限 σ_e 近似相等，所以这一阶段通常称为弹性阶段、线性阶段或者线弹性阶段。

(2) 屈服阶段　当应力超过弹性极限 σ_e 以后，应变增加很快，而应力先是下降，然后做微小的波动，在 σ-ε 曲线上出现接近水平线的小锯齿形线段。此时应力基本上不增加而应变继续增大的现象称为屈服现象。在屈服阶段内的最高应力和最低应力称为上屈服极限和下屈服极限。上屈服极限的数值与试件形状、加载速度等因素有关，一般是不稳定的。下屈服极限则有比较稳定的数值，能反映材料的性能，因此通常把下屈服极限称为屈服极限，用 σ_s 来表示。屈服极限是衡量材料强度的重要指标。若试件经过抛光，则在试件表面将可看到大约与轴线成 45°方向的条纹，如图 2.14 所示，这是由于材料沿试样的最大切应力方向发生滑移而引起的，称为滑移线。

(3) 强化阶段　经过屈服阶段后，材料又恢复了抵抗变形的能力，要使它继续变形必须增加拉力，这种现象称为材料的强化，σ-ε 曲线继续上升直到 e 点，这一阶段称为强化阶段，试样的横向尺寸有明显的缩小。σ-ε 曲线最高点 e 对应的应力称为材料的强度极限，用 σ_b 来表示。强度极限是衡量材料强度的另一重要指标。

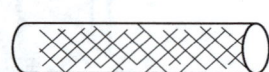

图 2.14　低碳钢拉伸时出现的滑移线

(4) 局部变形阶段　在应力达到强度极限 σ_b 之前，试件的变形是均匀的，当应力达到 σ_b 时，试件开始出现不均匀变形，试件的某个截面出现了明显的局部收缩，形成"缩颈"现象，如图 2.15a 所示。曲线开始下降，至 f 点时，试件被拉断，断面形状如图 2.15b 所示，这一阶段称为局部变形阶段。

试件被拉断后，由于保留了塑性变形，试件长度由原来的 l 变为 l_1，用百分比表示的比值

$$\delta = \frac{l_1 - l}{l} \times 100\% \qquad (2.6)$$

称为伸长率或延伸率。试件的塑性变形 $l_1 - l$ 越大，δ 也就越大。因此，伸长率是衡量材料塑性变形程度的重要指标。

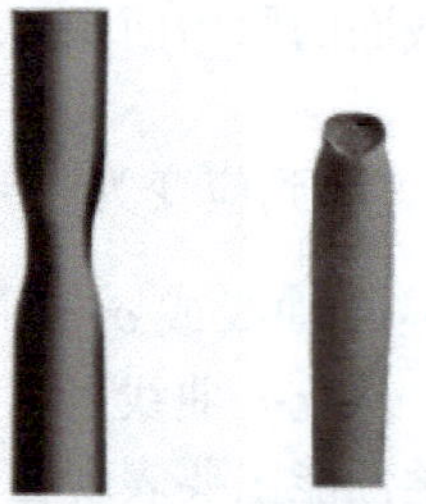

试件的原始横截面面积为 A，被拉断后缩颈处的最小截面面积变为 A_1，用百分比表示的比值

$$\psi = \frac{A - A_1}{A} \times 100\% \qquad (2.7)$$

a) 局部缩颈　　b) 断面形状

图 2.15　局部缩颈及断面形状

称为断面收缩率。断面收缩率也是衡量材料塑性变形程度的另一重要指标。

工程上通常按伸长率的大小把材料分为两大类，$\delta \geqslant 5\%$ 的材料称为塑性材料，如低碳钢、黄铜等；而把 $\delta < 5\%$ 的材料称为脆性材料，如铸铁、玻璃等。

如图 2.13 所示，在 σ-ε 曲线中，如把试件拉伸到超过屈服极限的 d 点，然后缓慢地卸去拉力，应力和应变关系将沿斜直线 dd' 回到 d' 点。斜直线 dd' 近似平行于 Oa。这说明：在卸载过程中，应力和应变近似按直线规律变化，这就是卸载定律。拉力完全卸除后，σ-ε 图中，$d'g$ 表示消失了的弹性变形，而 Od' 表示残留的塑性变形。

如果卸载后又重新加载，则应力和应变大致上沿卸载时的斜直线 $d'd$ 变化。直到 d 点后，又沿 def 变化。可见在再次加载时，直到 d 点以前材料的变形是弹性的，经过 d 点后才开始出现塑性变形。比较图 2.13 中的 $Oabcdef$ 和 $d'def$ 两条曲线，可见在第二次加载时，在弹性阶段的比例极限得到了提高，但没有了屈服阶段，其塑性变形和伸长率却有所降低，这种现象称为<u>冷作硬化</u>。冷作硬化现象经退火后又可消除。工程中常利用冷作硬化来提高材料在弹性范围内所能承受的最大荷载。

2. 其他塑性材料拉伸时的力学性能

工程中常用的塑性材料，除了低碳钢外，还有中碳钢、高碳钢和合金钢、铝合金、青铜、黄铜等。其中，有些材料（如 Q345 钢）和低碳钢一样，有明显的弹性阶段、屈服阶段、强化阶段和局部变形阶段；有些材料（如黄铜 H62）没有明显的屈服阶段，但其他三阶段却很明显；还有些材料（如高碳钢 T10A）没有明显的屈服阶段和局部变形阶段，只有弹性阶段和强化阶段。$\sigma\text{-}\varepsilon$ 曲线如图 2.16 所示。

对于没有明显屈服阶段的塑性材料，工程中通常将产生 0.2% 塑性应变时的应力作为其屈服指标，称为<u>名义屈服极限</u>，并用 $\sigma_{0.2}$ 来表示，如图 2.17 所示。

对于没有直线段变形的材料，其弹性模量用<u>割线弹性模量</u>表示。工程中常取总应变为 0.1% 时 $\sigma\text{-}\varepsilon$ 曲线的割线（图 2.18 中的虚线）斜率来确定割线弹性模量。

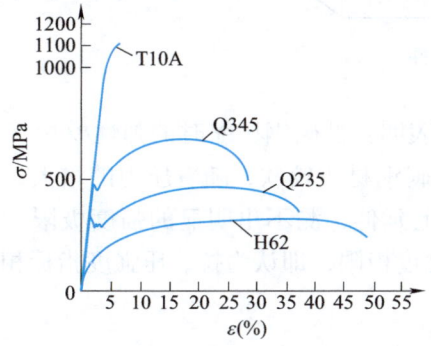
图 2.16　其他塑性材料拉伸时 $\sigma\text{-}\varepsilon$ 曲线

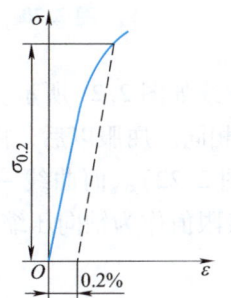
图 2.17　名义屈服极限

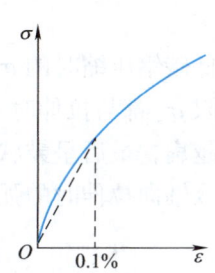
图 2.18　割线弹性模量

3. 铸铁拉伸时的力学性能

铸铁是典型的脆性材料，其拉伸时的 $\sigma\text{-}\varepsilon$ 曲线如图 2.19a 所示，拉断时断面形状如图 2.19b 所示。与低碳钢相比，其特点为：

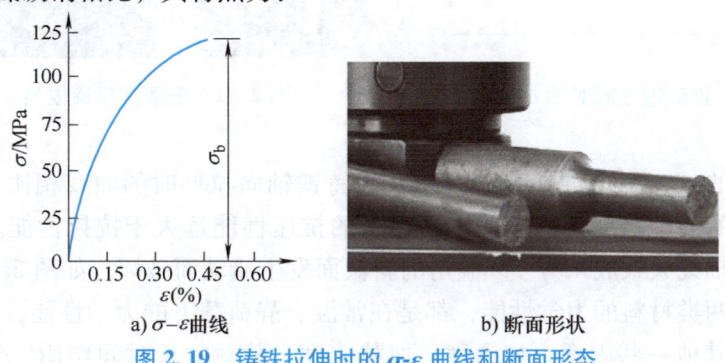

a) $\sigma\text{-}\varepsilon$ 曲线　　　　b) 断面形状

图 2.19　铸铁拉伸时的 $\sigma\text{-}\varepsilon$ 曲线和断面形态

1）σ-ε 曲线为一微弯线段，没有明显的阶段性。
2）拉断时的变形很小，没有明显的塑性变形。
3）没有比例极限、弹性极限和屈服极限，只有强度极限 σ_b，且其值较低。

因此把铸铁拉断时的最大应力作为其强度极限，是衡量其强度的唯一指标。由于铸铁等脆性材料的抗拉强度偏低，因此不宜制成受拉构件。其他脆性材料（如砖、石、混凝土等）拉伸时的力学性能与铸铁类似。

2.4.2 材料压缩时的力学性能

压缩试件通常用圆截面或正方形截面的短柱体，以免被压弯。金属材料通常用圆柱体试件，其高度和直径比值为 $\frac{l}{d}=1.5\sim3$，混凝土、石料等用方形试件，其高宽比为 $\frac{l}{b}=1\sim3$，如图 2.20 所示。

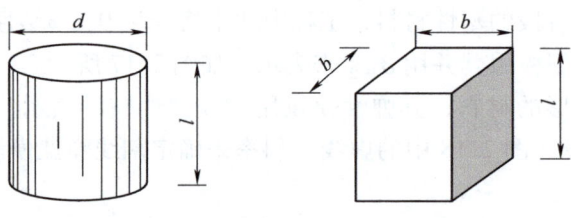

图 2.20 压缩试件

低碳钢压缩时的 σ-ε 曲线如图 2.21 所示。试验表明：低碳钢压缩时的弹性模量 E 和屈服极限 σ_s 都与拉伸时大致相同。屈服以后，由于低碳钢材质较软，随着压力的增大，试件越压越扁，最后呈鼓状（图 2.22）。而曲线一直向上延伸，测不出明显的强度极限。工程中，取轴向拉伸时的强度极限值作为轴向压缩时的强度极限，即认为拉、压强度指标相同。

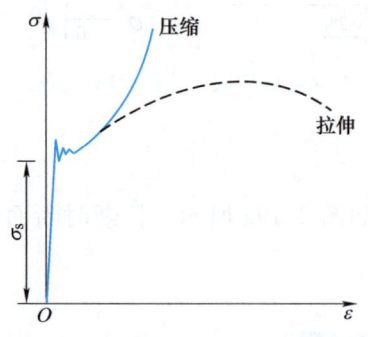

图 2.21 低碳钢压缩时的 σ-ε 曲线

 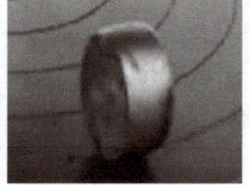

图 2.22 低碳钢压缩成鼓状

铸铁压缩时的 σ-ε 曲线如图 2.23 所示。与铸铁轴向拉伸时的曲线相比，其强度极限远大于轴向拉伸时的强度极限，这表明铸铁材料的抗压性能远大于抗拉性能。超过强度极限后，试件将沿与轴线大致成 45°~55°倾角的斜截面发生错动而破坏，如图 2.24 所示。

以上介绍的两类材料的力学性能，都是在常温、静荷载下的力学性能。实际上，材料的力学性能还受到其他一些因素，如温度、加载速度、荷载的长时间作用、受力状态等的影响。另外，材料的塑性与脆性不是绝对的，如低碳钢在常温下表现出塑性材料的性质，但在低温下却表现出脆性材料的性质。

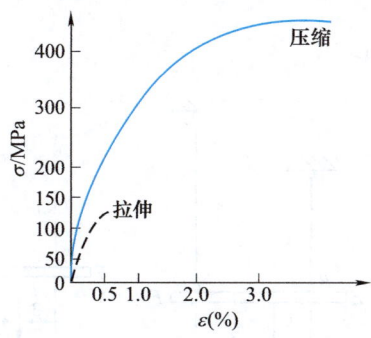

图 2.23　铸铁压缩时的 σ-ε 曲线

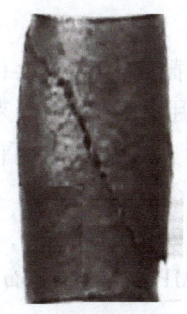

图 2.24　铸铁压缩破坏形态

2.5　轴向拉（压）杆的强度条件及其应用

由脆性材料制成的杆件，在拉力作用下，当应力达到 σ_b 时就发生断裂，且断裂前的变形非常小；由塑性材料制成的杆件，当应力达到 σ_s 就出现了明显的塑性变形，不能再保持原有的形状和尺寸，已不能正常工作。通常把脆性材料出现脆性断裂和塑性材料出现塑性变形统称为材料的强度失效或破坏。材料的两个强度指标 σ_b 和 σ_s 都是杆件强度失效时的极限应力，统一用 σ_u 表示。为保证杆件有足够的强度，在静荷载作用下杆件的工作应力 σ 应低于极限应力。同时考虑一定的安全储备，将材料的极限应力 σ_u 除以大于1的安全因数 n，并将其结果用 $[\sigma]$ 表示，$[\sigma]$ 称为材料的许用应力，即

$$[\sigma] = \frac{\sigma_u}{n} \tag{2.8}$$

许用应力 $[\sigma]$ 与安全因数 n 的选取有直接的关系，因此，安全因数 n 应根据有关规定查阅国家相关规范或设计手册来确定。在静荷载设计中，安全因数 n 的取值：塑性材料取 1.5~2.0，脆性材料取 2.5~3.0。安全因数的选取原则充分体现了工程上处理安全与经济这对矛盾的原则，是复杂、审慎的事情。

把许用应力 $[\sigma]$ 作为杆件工作应力的最高限度，即要求杆件最大工作应力 σ_{max} 不超过许用应力 $[\sigma]$，于是得到杆件在轴向拉（压）时的强度条件为

$$\sigma_{max} = \frac{F_N}{A} \leqslant [\sigma] \tag{2.9}$$

根据上述强度条件，工程中通常有以下三方面的应用。

（1）强度校核　已知作用在杆件上的轴力 F_N、杆件的横截面面积 A 和材料的许用应力 $[\sigma]$，判断式（2.9）是否成立，即进行强度校核。

（2）截面设计　由式（2.9）可得

$$A \geqslant \frac{F_N}{[\sigma]} \tag{2.10}$$

若已知作用在轴向拉（压）杆件上的轴力 F_N 及材料的许用应力 $[\sigma]$，就可以利用式（2.10）计算杆件的横截面面积 A，确定最小截面尺寸。

（3）荷载设计 由式（2.9）可得

$$F_N \leq [\sigma]A \tag{2.11}$$

若已知杆件的横截面面积 A 及材料的许用应力 $[\sigma]$，就可以利用式（2.11）来确定杆件所能允许的最大轴力 F_N，从而根据平衡方程计算出杆件所能承受的最大荷载。

【例 2.5】 图 2.25a 所示结构，AB 杆的许用应力 $[\sigma]_{AB}=260\text{MPa}$，横截面面积 $A_{AB}=300\text{mm}^2$；CD 杆的许用应力 $[\sigma]_{CD}=160\text{MPa}$，横截面面积 $A_{CD}=200\text{mm}^2$；EF 为刚性杆；所有杆的自重不计，荷载 $F=90\text{kN}$。试对结构进行强度校核。

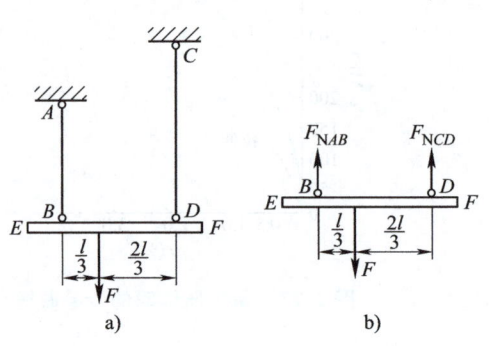

图 2.25 例 2.5 图

【解】 1) 计算各杆的轴力。取刚性杆 EF 为研究对象，受力图如图 2.25b 所示。根据平衡条件列平衡方程：

$$\sum M_D = 0, \quad -F_{NAB} \times l + F \times \frac{2l}{3} = 0$$

$$\sum F_y = 0, \quad F_{NAB} + F_{NCD} - F = 0$$

联立解得

$$F_{NAB} = \frac{2}{3}F = 60\text{kN}, \quad F_{NCD} = \frac{1}{3}F = 30\text{kN}$$

2) 计算 AB、CD 杆横截面上的正应力。

$$\sigma_{AB} = \frac{F_{NAB}}{A_{AB}} = \frac{60 \times 10^3 \text{N}}{300 \times 10^{-6} \text{m}^2} = 200 \times 10^6 \text{Pa} = 200\text{MPa}$$

$$\sigma_{CD} = \frac{F_{NCD}}{A_{CD}} = \frac{30 \times 10^3 \text{N}}{200 \times 10^{-6} \text{m}^2} = 150 \times 10^6 \text{Pa} = 150\text{MPa}$$

3) 强度校核。因 $\sigma_{AB}=200\text{MPa}<[\sigma]_{AB}=260\text{MPa}$，故 AB 杆的强度足够。因 $\sigma_{CD}=150\text{MPa}<[\sigma]_{CD}=160\text{MPa}$，故 CD 杆的强度足够。因此，整个结构的强度足够。

【例 2.6】 图 2.26a 所示结构中，钢索 BC 由多根直径为 $d=4\text{mm}$ 的钢丝组成。若钢丝的许用应力 $[\sigma]=160\text{MPa}$，AC 梁的自重 $W=6\text{kN}$，小车承载 $F=18\text{kN}$，可以在梁 AC 上左右移动。求钢索 BC 至少需要由几根钢丝组成？

【解】 1) 计算钢索 BC 的轴力。当小车移动到 C 点时，钢索 BC 所受的拉力最大。取 AC 梁进行分析，受力图如图 2.26b 所示。

由平衡方程

$$\sum M_A = 0, \quad F_{NBC} \times \sin\alpha \times 4 - W \times 2 - F \times 4 = 0$$

得

$$F_{NBC} = 35\text{kN}$$

2) 截面设计。钢索要满足强度条件，则钢索的横截面面积由式（2.10）得

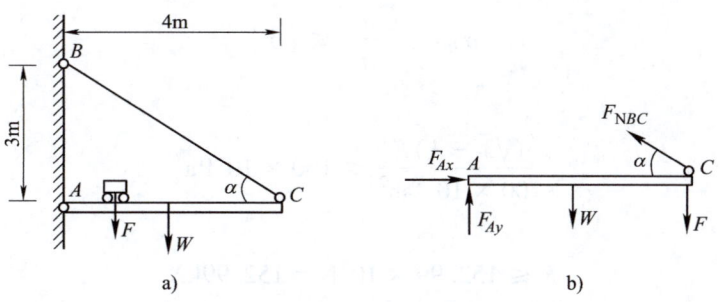

图 2.26 例 2.6 图

$$A \geq \frac{F_N}{[\sigma]} = \frac{F_{NBC}}{[\sigma]} = \frac{35 \times 10^3 \mathrm{N}}{160 \times 10^6 \mathrm{Pa}} = 218.75 \times 10^{-6} \mathrm{m}^2 = 218.75 \mathrm{mm}^2$$

3) 确定钢丝的数量。设需要由 n 根钢丝组成钢索，则所有钢丝的横截面面积之和应大于等于钢索的横截面面积，即

$$n \times \frac{1}{4} \times \pi \times 4^2 \geq 218.75$$

故

$$n \geq 17.41$$

至少需要 18 根钢丝。

【例 2.7】 图 2.27a 所示杆系结构，已知杆 BC、BD 材料相同，许用应力 $[\sigma] = 160\mathrm{MPa}$，$BC$ 杆横截面面积为 $A_1 = 700\mathrm{mm}^2$，BD 杆横截面面积为 $A_2 = 314\mathrm{mm}^2$。试确定此结构的许可荷载。

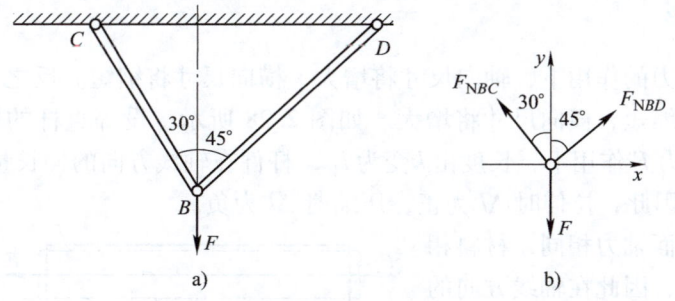

图 2.27 例 2.7 图

【解】 1) 计算各杆轴力。如图 2.27b 所示，取铰 B 进行受力分析，由平衡方程得

$$\sum F_x = 0, \quad -F_{NBC}\sin 30° + F_{NBD}\sin 45° = 0$$

$$\sum F_y = 0, \quad F_{NBC}\cos 30° + F_{NBD}\cos 45° - F = 0$$

联立解上面两个平衡方程，可得到

$$F_{NBC} = (\sqrt{3} - 1)F, \quad F_{NBD} = \frac{\sqrt{6} - \sqrt{2}}{2}F$$

2) 根据 BC 杆确定许可荷载。由式 (2.9) 强度条件得

$$\sigma_{BC} = \frac{F_{NBC}}{A_1} \leqslant [\sigma]$$

即

$$\frac{(\sqrt{3}-1)F}{700 \times 10^{-6} \mathrm{m}^2} \leqslant 160 \times 10^6 \mathrm{Pa}$$

解得

$$F \leqslant 152.99 \times 10^3 \mathrm{N} = 152.99 \mathrm{kN}$$

3）根据 BD 杆确定许可荷载。由式（2.9）强度条件得

$$\sigma_{BD} = \frac{F_{NBD}}{A_2} \leqslant [\sigma]$$

即

$$\frac{(\sqrt{6}-\sqrt{2})F}{2 \times (314 \times 10^{-6}) \mathrm{m}^2} \leqslant 160 \times 10^6 \mathrm{Pa}$$

解得

$$F \leqslant 97.06 \times 10^3 \mathrm{N} = 97.06 \mathrm{kN}$$

4）确定整个结构的许可荷载。考虑到 BC 杆和 BD 杆同时都要满足强度条件，故许可荷载为

$$[F] = 97.06 \mathrm{kN}$$

它是 97.06kN、152.99kN 中的最小值，因此称为最小荷载设计。

2.6 轴向拉（压）杆的变形

2.6.1 轴向变形

直杆在轴向拉力的作用下，轴向尺寸将增大，横向尺寸将缩短。反之，在轴向压力的作用下，轴向尺寸将缩短，横向尺寸将增大。如图 2.28 所示，设等直杆的原长为 l，横截面面积为 A。在轴向力 F 作用下，长度由 l 变为 l_1。杆件在轴线方向的伸长量为 Δl，即轴向变形为 $\Delta l = l_1 - l$，因此，拉伸时 Δl 为正，压缩时 Δl 为负。

由于杆件各截面轴力相同，材料相同，变形是均匀的，因此在轴线方向的线应变为

$$\varepsilon = \frac{\Delta l}{l} \quad (2.12)$$

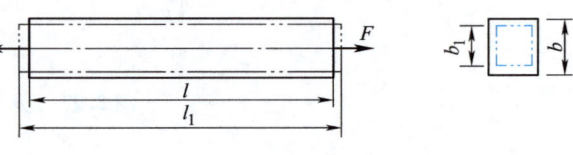

图 2.28 受拉杆件的变形

由 2.4 节的试验得知，当应力不超过比例极限时，横截面上的正应力 σ 和相应的线应变 ε 之间存在着正比例的关系，即满足胡克定律，故

$$\sigma = E\varepsilon \qquad (a)$$

而根据式（2.1）知，横截面上的正应力为

$$\sigma = \frac{F_N}{A} \qquad (b)$$

将式（2.12）和式（b）代入式（a），化简后可得

$$\Delta l = \frac{F_N l}{EA} \tag{2.13}$$

即轴向变形 Δl 与轴力 F_N 及杆长 l 成正比，与杆件的横截面面积 A、材料的弹性模量 E 成反比。

式（2.13）就是计算轴向变形的公式，该式也称为胡克定律。从式（2.13）可以看出，Δl 与 EA 成反比，即 EA 越大，相应的变形就越小，EA 越小，相应的变形就越大。EA 称为杆件的抗拉（压）刚度，它表示杆件抵抗轴向拉（压）变形的能力。

胡克定律是材料力学中的重要定律，后续许多公式的推导，都是建立在此基础上的。

2.6.2 横向变形、泊松比

图2.28所示的轴向拉杆，其变形前的横向尺寸为 b，变形后为 b_1，横向尺寸的改变量 Δb 为

$$\Delta b = b_1 - b$$

在均匀变形情况下，拉杆的横向线应变 ε' 为

$$\varepsilon' = \frac{\Delta b}{b}$$

对于轴向拉杆，Δb 显然为负，即横向线应变与其轴向线应变的正负号正好相反。

由试验得知，在弹性范围内，ε' 与 ε 的比值为一常量，即

$$\mu = \left|\frac{\varepsilon'}{\varepsilon}\right| \tag{2.14}$$

μ 称为泊松比，也称为横向变形系数，是材料的弹性常数，也是通过试验测定的。

由于 ε' 与 ε 的正负号总是相反，故式（2.14）又可写成

$$\varepsilon' = -\mu\varepsilon$$

常见材料的弹性模量 E 和泊松比 μ 见表2.1。

表 2.1　常见材料的弹性模量 E 和泊松比 μ

材料名称	牌号	E/GPa	μ
低碳钢	Q235	200~210	0.24~0.28
中碳钢	45	205	
低合金钢	16Mn	200	0.25~0.30
合金钢	40CrNiMoA	210	
灰口铸铁		60~162	0.23~0.27
球墨铸铁		150~180	
铝合金	LY12	71	0.33
硬质合金		380	
混凝土		15.2~36	0.16~0.18
木材（顺纹）		9~12	

【例2.8】 如图2.29a所示，承受轴向荷载的直杆 $ABCD$，抗拉（压）刚度 $EA = 8 \times 10^4$ kN，试求该杆的轴向变形及截面 A、B、C 的位移。

【解】 1) 计算杆件各段轴力，画轴力图。
$F_{NAB} = 20\text{kN}$, $F_{NBC} = -20\text{kN}$, $F_{NCD} = 30\text{kN}$
轴力图如图2.29b所示。

2) 计算各段的轴向变形。根据式(2.13)得

$$\Delta l_{AB} = \frac{F_{NAB} l_{AB}}{2EA} = \frac{(20 \times 10^3)\text{N} \times 1\text{m}}{2 \times (8 \times 10^4 \times 10^3)\text{N}} = \frac{1}{8}\text{mm}$$

$$\Delta l_{BC} = \frac{F_{NBC} l_{BC}}{EA} = \frac{(-20 \times 10^3)\text{N} \times 2\text{m}}{8 \times 10^4 \times 10^3 \text{N}} = -\frac{1}{2}\text{mm}$$

$$\Delta l_{CD} = \frac{F_{NCD} l_{CD}}{2EA} = \frac{(30 \times 10^3)\text{N} \times 1\text{m}}{2 \times (8 \times 10^4 \times 10^3)\text{N}} = \frac{3}{16}\text{mm}$$

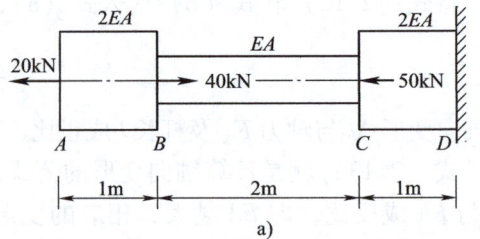

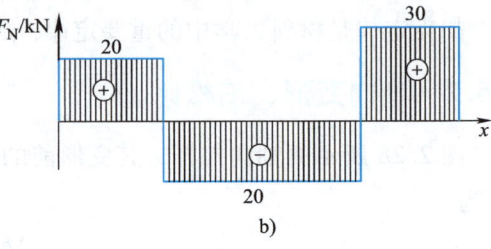

图2.29 例2.8图

3) 计算杆件的总的轴向变形。该杆总的轴向变形等于AB、BC和CD三段杆轴向变形的代数和，即

$$\Delta l = \Delta l_{AB} + \Delta l_{BC} + \Delta l_{CD} = -\frac{3}{16}\text{mm} = -0.1875\text{mm}(\text{压缩})$$

4) 计算各截面的位移。根据各截面与固定端D之间区段的轴向变形来确定，有

$$u_C = \Delta l_{CD} = 0.1875\text{mm}(\leftarrow)$$

$$u_B = \Delta l_{BC} + \Delta l_{CD} = \left(-\frac{1}{2} + \frac{3}{16}\right)\text{mm} = -0.3125\text{mm}(\rightarrow)$$

$$u_A = \Delta l = -0.1875\text{mm}(\rightarrow)$$

【例2.9】 图2.30a所示托架结构，BC杆为8号槽钢，横截面面积 $A_2 = 1025\text{mm}^2$，BD杆为直径 $d = 30\text{mm}$ 的圆钢。已知 $E = 200\text{GPa}$，$F = 50\text{kN}$，求结点B的位移。

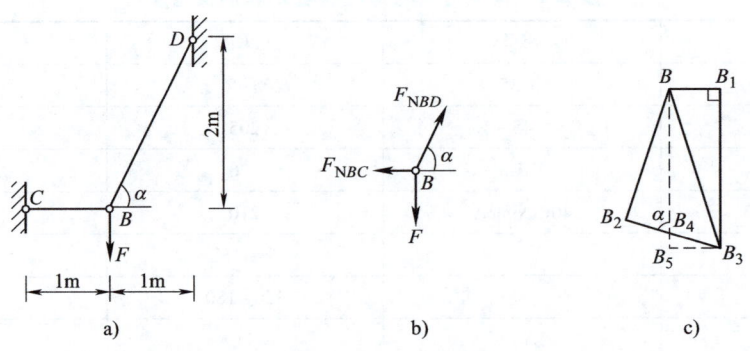

图2.30 例2.9图

【解】 1) 计算各杆轴力。取结点B分析，受力情况如图2.30b所示。列平衡方程

$$\sum F_x = 0, \quad -F_{NBC} + F_{NBD}\cos\alpha = 0 \tag{a}$$

$$\sum F_y = 0, \quad F_{NBD}\sin\alpha - F = 0 \tag{b}$$

由图中可知 $\cos\alpha = \dfrac{1}{\sqrt{5}}$，$\sin\alpha = \dfrac{2}{\sqrt{5}}$，联立式（a）、式（b）求解得

$$F_{NBC} = \frac{1}{2}F = 25\text{kN （拉力）}$$

$$F_{NBD} = \frac{\sqrt{5}}{2}F = 25\sqrt{5}\,\text{kN （拉力）}$$

2）计算各杆的变形。由式（2.13）计算 CB 杆、BD 杆的变形。

$$\Delta l_{BC} = \frac{F_{NBC}l_{BC}}{EA_{BC}} = \frac{(25 \times 10^3)\text{N} \times 1\text{m}}{200 \times 10^9\text{Pa} \times 1025 \times 10^{-6}\text{m}^2} = \frac{5}{41}\text{m} = 0.122\text{mm}$$

由图得 BD 杆的长度为 $l_{BD} = \sqrt{5}\,\text{m}$，BD 杆的伸长变形为

$$\Delta l_{BD} = \frac{F_{NBD}l_{BD}}{EA_{BD}} = \frac{(25\sqrt{5} \times 10^3)\text{N} \times \sqrt{5}\,\text{m}}{(200 \times 10^9)\text{Pa} \times \left(\dfrac{\pi}{4} \times 30^2 \times 10^{-6}\right)\text{m}^2} = \frac{25}{9\pi}\text{m} = 0.884\text{mm}$$

3）确定结构变形后 B 点的位置。根据前面的计算结果可知 CB 杆、BD 杆均为伸长变形，如图 2.30c 所示，假想将托架在结点 B 拆开，CB 杆变形后变为 CB_1，DB 杆伸长变形后变为 DB_2。分别以 C 点、D 点为圆心，$\overline{CB_1}$ 和 $\overline{DB_2}$ 为半径，作圆弧相交于 B_3，B_3 点即托架变形后 B 点的位置，由于是小变形，B_1B_3 和 B_2B_3 是两段极其微小的短圆弧线，因而可用分别垂直于 CB 和 DB 的直线线段 B_1B_3 和 B_2B_3 来代替，这两段直线的交点即 B_3，$\overline{BB_3}$ 即 B 点的位移。

4）确定 B 点的位移。用几何关系来求位移 $\overline{BB_3}$，作图 2.30c 所示辅助线 $\overline{BB_5}$、$\overline{B_3B_5}$，则

$$\overline{BB_4} = \frac{\overline{BB_2}}{\sin\alpha} = \frac{\sqrt{5}}{2}\Delta l_{BD} = 0.989\text{mm}$$

$$\overline{B_4B_5} = \overline{B_3B_5} \times \cot\alpha = \frac{1}{2}\Delta l_{BC} = 0.061\text{mm}$$

$$\overline{BB_5} = \overline{BB_4} + \overline{B_4B_5} = 1.050\text{mm}$$

B 点的水平位移为

$$\overline{BB_1} = \Delta l_{BC} = 0.122\text{mm}(\rightarrow)$$

B 点的竖直位移为

$$\overline{BB_5} = 1.050\text{mm}\,(\downarrow)$$

B 点的位移为

$$\overline{BB_3} = \sqrt{(\overline{BB_1})^2 + (\overline{BB_5})^2} = 1.057\text{mm}$$

2.7 应力集中现象

在前面提到的轴向拉伸（压缩）时的正应力计算公式［式（2.1）］，只有在杆件沿轴

线方向的变形均匀时，横截面上的正应力均匀分布才是正确的。但在工程实际中，由于结构或工艺上的要求，经常会遇到一些截面骤变的杆件，如有螺栓孔的钢板、有螺纹的拉杆等。由试验得知，当杆件截面尺寸有局部突然变化时，在突变附近横截面上的正应力将不再呈均匀分布。图 2.31a 所示为开孔板条承受轴向荷载时，通过孔中心截面上的应力分布情况，图 2.31b 所示为轴向加载的变宽度矩形截面板条在宽度突变处截面上的应力分布情况。这种几何形状不连续处应力局部增大的现象，称为应力集中。

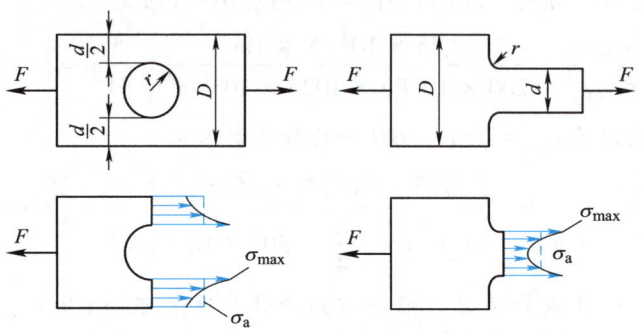

a) 开孔板条横截面应力分布　　b) 变宽度矩形截面板条横截面应力分布

图 2.31 应力集中现象

应力集中的程度用应力集中因数描述。应力集中处横截面上的最大应力值 σ_{max} 与不考虑应力集中时的应力值 σ [名义应力，轴向拉（压）时为该截面的平均应力] 之比，称为应力集中因数，用 K 表示，即

$$K = \frac{\sigma_{max}}{\sigma} \tag{2.15}$$

值得注意的是，应力集中并不是单纯由截面面积的减小所引起的，杆件外形的骤变是造成应力集中的主要原因。一般杆件外形的骤变越剧烈，应力集中的程度就越严重。同时，应力集中是一种局部的应力骤然增加现象。而且，应力集中处不仅最大应力急剧增大，其应力状态与无应力集中时也不同。

由塑性材料制成的杆件受静荷载作用时，当峰值应力 σ_{max} 达到屈服极限 σ_s 时，该处材料的变形可以继续增大，而应力不再加大。如外力继续增加，增加的力就由截面上尚未屈服的材料来承担，使截面上其他点的应力继续增大到屈服极限。这就使得截面上的应力逐渐趋于平均，降低了应力不均匀程度，直至整个截面上各点处的应力都达到屈服极限时，杆件才因屈服而丧失正常的工作能力。因此，由塑性材料制成的杆件，在静荷载作用下通常可不考虑应力集中的影响。在静荷载作用下，对于脆性材料，由于没有屈服阶段，当荷载增加时，峰值应力 σ_{max} 一直领先，首先达到强度极限 σ_b，该处将产生裂纹。所以应力集中对脆性材料的危害很大。对于脆性材料制成的杆件，应按局部的最大应力来进行强度计算。但是，像灰铸铁等这类脆性材料，由于其内部组织很不均匀，本身存在气孔、杂质等引起应力集中的因素，因此外形骤变引起的应力集中的影响反而很不明显，就可以不考虑应力集中的影响。但是在动荷载作用下，不论是塑性材料还是脆性材料制成的杆件，都应考虑应力集中的影响。

总结与讨论

本章主要介绍轴向拉压杆的内力、应力、变形、强度问题及材料的力学性能。对于轴向拉压杆，其内力只有轴力，在绘制轴力图的过程中，需要假设横截面上的轴力为拉力。

轴向拉压杆斜截面上除了有正应力，还有切应力，并且在±45°的斜截面上切应力最大。其横截面上只有正应力，其大小等于轴力除以横截面面积。这里的正应力是指横截面上某一点的正应力，由于横截面上正应力是均匀分布的，故整个横截面上所有点的正应力均为该值。在计算的过程中，不需考虑圣维南原理和应力集中的现象，但在实际工程中应加以注意。

了解一种材料的性能，需要把材料做成试件并进行相应的力学性能方面的试验。塑性材料和脆性材料表现出来的力学性能相差很大，需要多了解和熟悉。

在计算轴向拉压杆变形时，一般把轴力的正负号带入。结果为正，表示伸长；结果为负，则表示缩短。在计算结点位移的时候，需要掌握"以切代弧"的方法，其关键是能否正确地分析出变形后的几何关系，特别是"以切代弧"的时候，应在什么位置作出相应的切线。

前文工程案例中提到的起重机钢丝绳断裂，其主要原因是什么？对于钢丝绳，什么情况下应该报废？

工程中的受拉（压）杆，往往只有强度方面的要求，而无刚度的要求，为什么？对一根受压的杆件，当压力增加到一定程度时，是先发生破坏（断裂或屈服）还是先发生稳定失效？

思 考 题

2.1 杆长和横截面面积均相同而截面形状和材料均不同的两根直杆，在相同的轴向外力作用下，两杆横截面上的正应力是否相同？两杆的轴向变形是否相同？从而可得出什么结论？

2.2 从胡克定律 $\Delta l = \dfrac{F_N l}{EA}$ 可以看出，轴向拉（压）杆的变形与轴力和杆长成正比，由该式可得 $E = \dfrac{F_N l}{\Delta l A}$，能否说弹性模量 E 与杆所受到的轴力成正比？

2.3 低碳钢的比例极限和弹性极限是否相同？材料的弹性范围和胡克定律成立的条件各是以哪一个极限应力为界限的？

2.4 等截面直杆在轴向拉力 F 作用下，测得轴向线应变 $\varepsilon = 0.0015$，已知材料的弹性模量 $E = 200\text{GPa}$、比例极限 $\sigma_p = 200\text{MPa}$，按胡克定律

$$\sigma = E\varepsilon = 2 \times 10^5 \times 0.0015 \text{MPa} = 300 \text{MPa}$$

算得该杆横截面上的正应力为300MPa，此结果是否正确？为什么？

2.5 在受力物体内某点处，测得 x、y 方向均有线应变，试问在 x、y 方向是否都必定有正应力？若测得仅 x 方向有线应变，则是否 y 方向必无正应力？若测得 x 和 y 方向均无线应变，则是否 x 和 y 方向都必无正应力？

2.6 现有低碳钢及铸铁两种材料，在图2.32所示结构中，杆1和杆2分别用哪种材料比较合理？为什么？

2.7 在低碳钢试样的拉伸图上，试件被拉断时的应力为什么反而比强度极限低？

2.8 由脆性材料制成的承受轴向拉伸的矩形截面杆，若有平行于轴线方向的裂纹，试问杆的强度是否会降低？若裂纹的方向与杆的轴向相垂直，杆的强度是否受到影响？

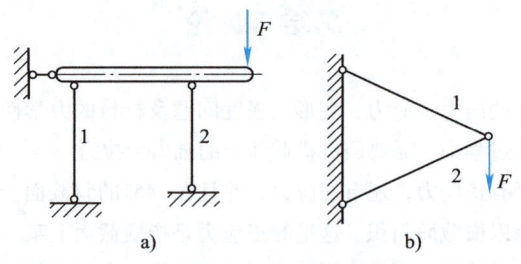

图 2.32 思考题 2.6 图

一、判断题

2.1 承受轴向拉压的杆件，整个长度范围内变形都是均匀的。（ ）

2.2 拉压杆的轴力与横截面形状和大小均无关系。（ ）

2.3 低碳钢材料由于冷作硬化，会使比例极限提高，而使塑性降低。（ ）

2.4 铸铁试件的压缩破坏和压应力有关。（ ）

2.5 拉压杆的某段有一定的位移产生，则该段一定发生了变形。（ ）

二、单项选择题

2.1 应用拉压正应力公式 $\sigma = \dfrac{F_N}{A}$ 的条件是（ ）。

A. 应力小于比例极限   B. 外力的合力沿杆轴线

C. 应力小于弹性极限   D. 应力小于屈服极限

2.2 设轴向拉伸杆横截面上的正应力为 σ，则 45°斜截面上的正应力和切应力（ ）。

A. 分别为 $\sigma/2$ 和 σ B. 均为 σ

C. 分别为 σ 和 $\sigma/2$ D. 均为 $\sigma/2$

2.3 图 2.33 所示拉杆的外表面上有一斜线，当拉杆变形时，斜线将（ ）。

A. 平动   B. 转动   C. 不动   D. 平动加转动

2.4 图 2.34 所示四种材料的应力-应变曲线中，强度最大的是材料（ ），塑性最好的是材料（ ）。

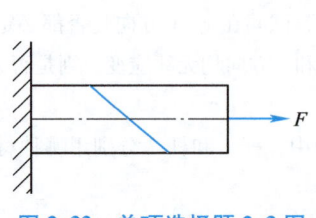

图 2.33 单项选择题 2.3 图

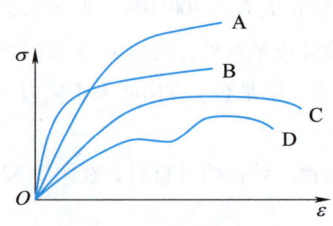

图 2.34 单项选择题 2.4 图

2.5 图 2.35 所示有缺陷的脆性材料拉杆中，应力集中最严重的是杆（ ）。

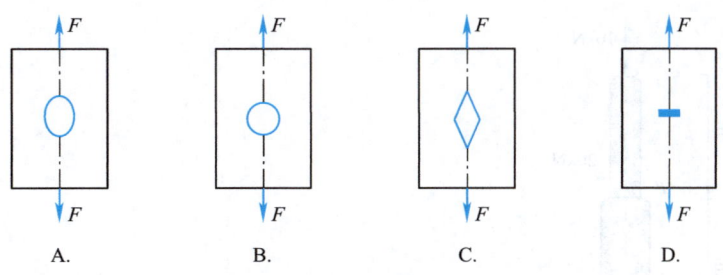

图 2.35　单项选择题 2.5 图

三、计算题

2.1　试求图 2.36 中各杆 1-1 和 2-2 横截面上的轴力，并作杆件的轴力图。

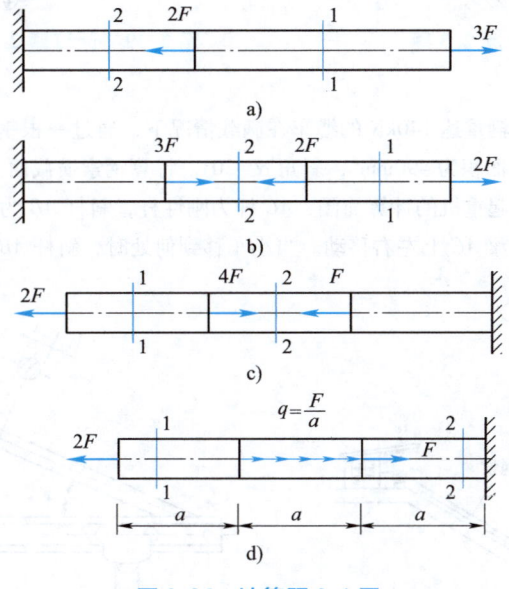

图 2.36　计算题 2.1 图

2.2　试求图 2.37 中等直杆横截面 1-1、2-2 和 3-3 上的轴力，并作轴力图。若横截面面积 $A = 400\text{mm}^2$，试求各横截面上的应力。

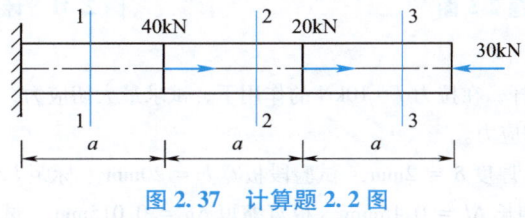

图 2.37　计算题 2.2 图

2.3　图 2.38 所示阶梯形柱，从上至下横截面面积依次为 $A_1 = 200\text{mm}^2$，$A_2 = 300\text{mm}^2$，$A_3 = 400\text{mm}^2$，作轴力图，并求各段内的正应力。

2.4　图 2.39 所示为刹车系统的简化示意图，已知圆形活塞杆的直径 $d = 5\text{mm}$，在踏板上以平行于活塞杆的方向施加大小为 40N 的力时，求活塞杆横截面上的压应力。

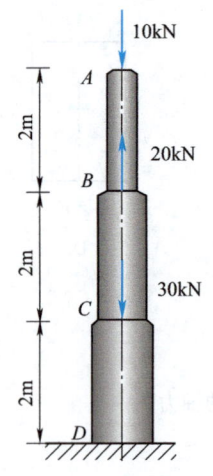
图 2.38　计算题 2.3 图

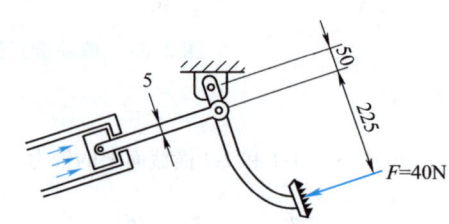
图 2.39　计算题 2.4 图

2.5　如图 2.40 所示，一辆重达 140kN 的缆车在满载情况下，通过一根钢索缓慢地沿着一条陡峭的倾斜轨道行驶。钢索的有效截面面积为 490mm², 斜角 $\alpha=30°$。计算钢索横截面上的正应力。

2.6　图 2.41 为一台旋臂起重机的计算简图，AC 杆为刚性杆，斜杆 AB 为直径 $d=20$mm 的钢杆，起吊的荷载 $W=20$kN，小车可以在梁 AC 上左右移动。当小车移到何处时，斜杆 AB 横截面上的应力最大，等于多少？

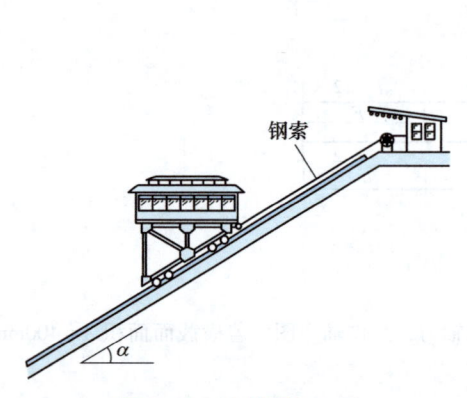
图 2.40　计算题 2.5 图

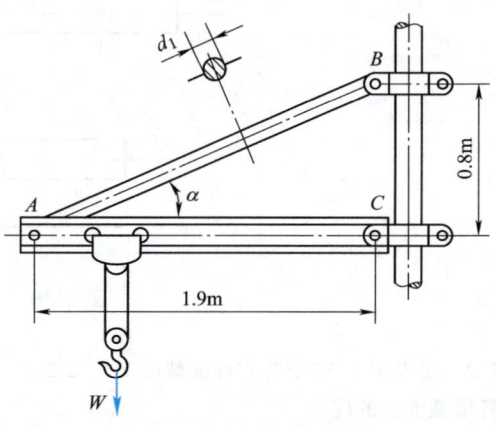
图 2.41　计算题 2.6 图

2.7　直径为 10mm 的圆杆，在拉力 $F=10$kN 的作用下，试求最大切应力，并求与横截面的夹角为 $\alpha=30°$ 的斜截面上的正应力及切应力。

2.8　图 2.42 所示试件，厚度 $\delta=2$mm，试验段板宽 $b=20$mm，标距 $l=100$mm。在轴向拉力 $F=6$kN 的作用下，测得试验段伸长 $\Delta l=0.15$mm，板宽缩短 $\Delta b=0.015$mm。试确定该材料的弹性模量 E 和泊松比 μ。

图 2.42　计算题 2.8 图

2.9 某种材料的试件,直径 d = 10mm,标距 l_0 = 100mm,由拉伸试验测得其拉伸曲线如图 2.43 所示,其中 d 为断裂点。试求:

1)此材料的伸长率约为多少?

2)由此材料制成的构件,承受拉力 F = 40kN,若取安全系数 n = 2,求构件所需的横截面面积。

2.10 图 2.44 所示结构,BC 和 BD 均为边长 a = 60mm 的正方形截面木杆,DC 为直径 d = 10mm 的圆形截面钢杆。已知 F = 8kN,木材的许用应力 $[\sigma_木]$ = 10MPa,钢材的许用应力 $[\sigma_钢]$ = 160MPa,试分别校核木杆和钢杆的强度。

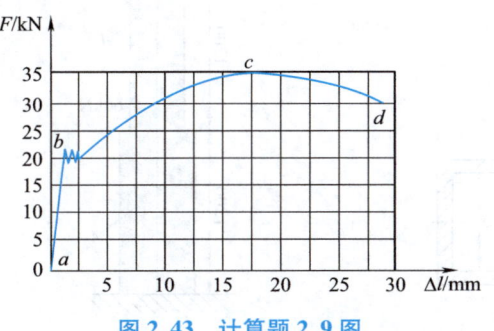

图 2.43 计算题 2.9 图

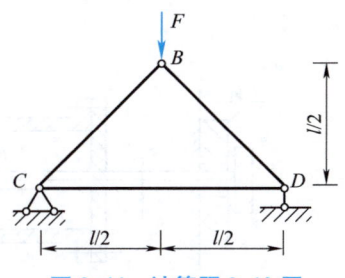

图 2.44 计算题 2.10 图

2.11 图 2.45 所示铰接正方形结构,各杆的横截面面积都等于 $30\,\text{cm}^2$,材料均为铸铁,其许用拉应力 $[\sigma_t]$ = 35MPa,许用压应力 $[\sigma_c]$ = 150MPa,试求结构的许可荷载。

2.12 如图 2.46 所示,结构中 BC 和 BD 都是圆截面直杆,直径均为 d = 25mm,材料都是 Q235 钢,其许用应力 $[\sigma]$ = 160MPa,试求该结构的许用荷载。

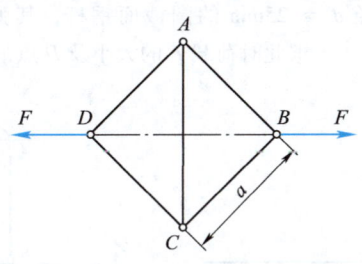

图 2.45 计算题 2.11 图

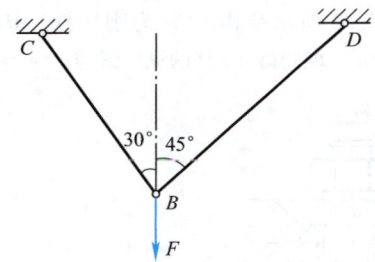

图 2.46 计算题 2.12 图

2.13 图 2.47 所示的结构,BC 杆为刚性杆,其上悬挂有重为 W 的指示牌。相关尺寸如图所示,忽略 AB、BC 杆的自重,若已知圆杆 AB 的许用正应力 $[\sigma]$ = 125MPa,试求 AB 杆的直径 d。

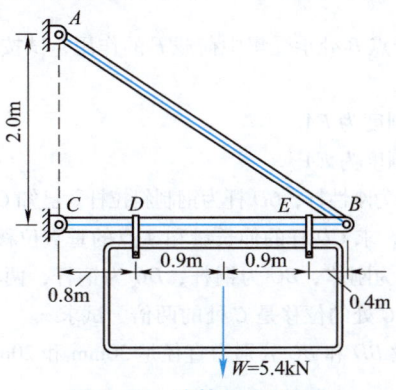

图 2.47 计算题 2.13 图

2.14 气动夹具如图 2.48 所示,已知气缸内径 $D = 164$mm,缸内气压 $p = 0.8$MPa,活塞杆材料为 20 钢,$[\sigma] = 80$MPa,试设计活塞杆的直径 d。

2.15 变截面直杆如图 2.49 所示,已知 $A_1 = 400$mm^2,$A_2 = 800$mm^2,$E = 200$GPa,求各段变形及杆的总伸长变形。

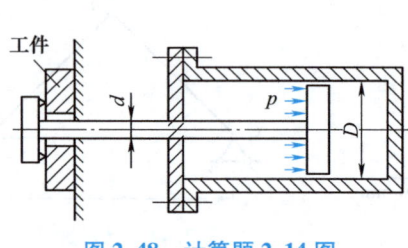

图 2.48 计算题 2.14 图

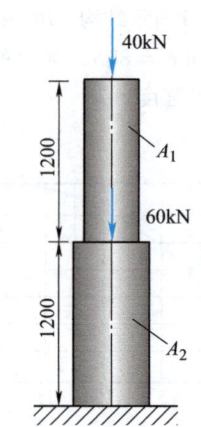

图 2.49 计算题 2.15 图

2.16 图 2.50 中的 M12 螺栓内径 $d_1 = 10.1$mm,拧紧后在计算长度 $l = 80$mm 内产生的总伸长为 $\Delta l = 0.025$mm。钢的弹性模量 $E = 210$GPa,试计算螺栓内的应力和螺栓的预紧力。

2.17 等截面杆承受轴向均布荷载如图 2.51 所示,q、l、EA 均为已知,试求该杆的伸长量。

2.18 图 2.52 所示结构,CD 为刚性杆,AB 为直径 $d = 25$mm 的圆截面钢杆,其弹性模量 $E = 210$GPa,$a = 1$m,现测得 AB 杆的纵向线应变 $\varepsilon = 8 \times 10^{-4}$,求此时荷载 F 的大小及 D 点的竖向位移。

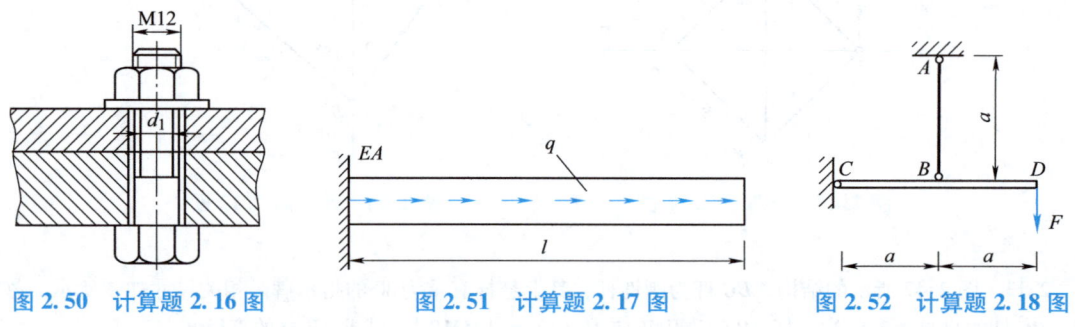

图 2.50 计算题 2.16 图   图 2.51 计算题 2.17 图   图 2.52 计算题 2.18 图

2.19 图 2.53 所示结构,在结点 B 处承受集中荷载 F 的作用,试按以下两种情况求结点 B 的水平位移和竖直位移。

1) BC 是刚性杆,BD 的抗拉刚度为 EA。

2) BD 是刚性杆,BC 的抗拉刚度为 EA。

2.20 图 2.54 所示结构,AB 杆为刚性杆,CD 杆为钢制斜拉杆。已知 CD 杆的横截面面积为 $A = 200$mm^2,弹性模量 $E = 200$GPa,$F = 10$kN,求 CD 杆的伸长量和 A 点的垂直位移。

2.21 如图 2.55 所示,设 CG 为刚体,BC 为铜杆,DG 为钢杆,两杆的横截面面积分别为 A_1 和 A_2,弹性模量分别为 E_1 和 E_2。如要求 G 处的位移是 C 处的两倍,试求 x。

2.22 图 2.56 所示结构中,设 BD 和 BC 分别为直径是 30mm 和 20mm 的圆截面杆,$E = 200$GPa,$F = 10$kN,试求 B 点的垂直位移。

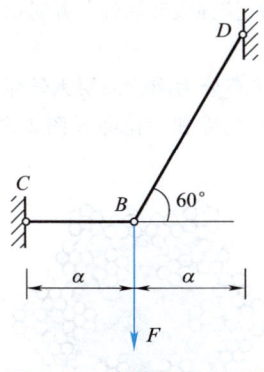

图 2.53　计算题 2.19 图

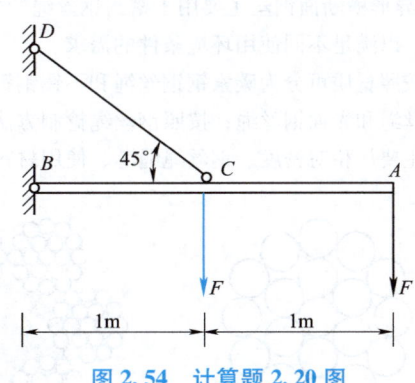

图 2.54　计算题 2.20 图

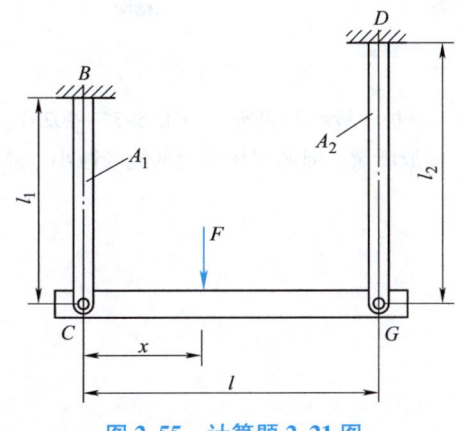

图 2.55　计算题 2.21 图

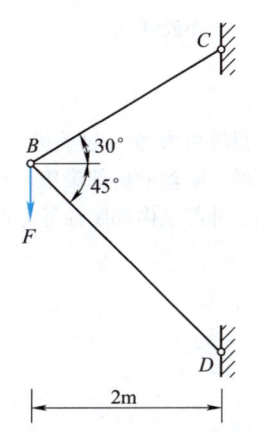

图 2.56　计算题 2.22 图

2.23　（出自 1992 年第二届全国力学竞赛）为了在图 2.57 所示 A 与 B 两个固定点之间产生张力，人们常在这两点之间绷上两根绳子，然后从中点 C 绞紧。现设绳子的横截面为圆形，其半径为 r，绳子材料的弹性模量为 E。假定在绞紧过程中，A、B 两点间的距离 $2l$ 保持不变，绳子的横截面形状与大小保持不变，同时在绞紧前，绳子的初始张力为零。试求使 A、B 之间的张力达到 P 所必需的绞紧圈数 n。设 $2\pi rn \ll l$。

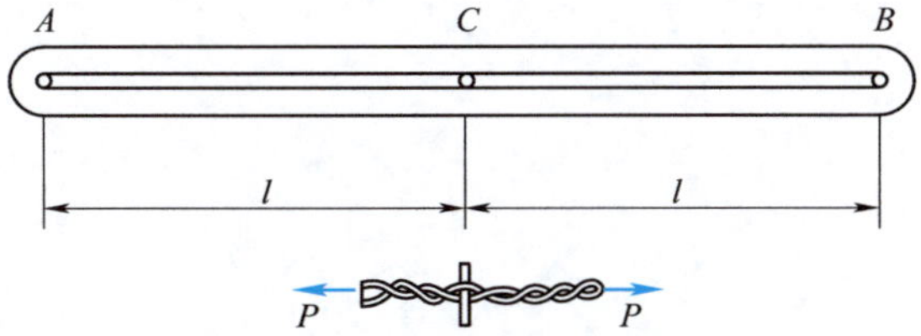

图 2.57　计算题 2.23 图

课外阅读：工程中的钢丝绳

1834 年，欧洲人奥鲁勃特发明了世界上第一根钢丝绳（光面钢丝绳）。1939 年建立的天津市第一钢丝绳厂（现名天津市新天钢钢线钢缆有限公司）是我国第一家金属制品企业。截至目前，我国已经生产和使用光面钢丝绳 80 余年。

钢丝绳使用过程中需要承受交变荷载的作用，其使用性能主要由钢丝力学性能、钢丝表面状态和钢丝绳结构决定。钢丝材质包括碳素钢或合金钢，通过冷拉或冷轧而成，钢丝横断面有圆形或异形（T 形、S

形、Z形），异形横断面钢丝主要用于密封钢丝绳的生产，具有较高的抗拉强度和韧性，并对钢丝进行适宜的表面处理，以满足不同使用环境条件的需求。

钢丝绳按照材质可分为碳素钢钢丝绳和不锈钢钢丝绳；按照表面状态分为磷化涂层钢丝绳、镀锌钢丝绳、涂塑钢丝绳和光面钢丝绳；按照钢丝绳捻制方法可分成单股绳、双捻绳和三捻绳（图2.58）。钢丝绳的质量好坏主要从相对密度、钢丝绳绳芯、使用材料等方面来判断。

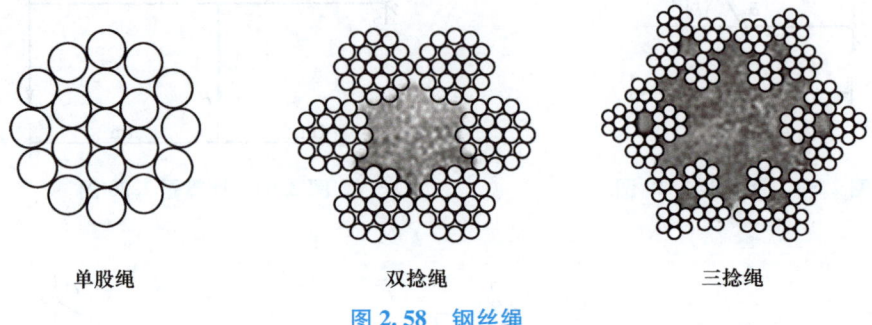

图 2.58　钢丝绳

钢丝绳的报废可参考《起重机　钢丝绳　保养、维护、检验和报废》（GB 5972—2023）。一般来说，主要从绳端断丝、断丝的局部聚集、断丝的增加率、绳股断裂、绳芯损坏引起的绳径减小、弹性减小、外部及内部磨损、外部及内部腐蚀等方面来加以判断。

第 3 章
剪切、挤压与扭转

本章导读

工程中构件与构件之间的连接和约束通常由连接件来实现，这些连接件在工作过程中受到剪切和挤压作用。当剪切和挤压超过材料的极限值时，连接件将失效破坏，由此引起约束和连接不能再起作用，从而影响整个结构安全。工程中构件在受到与杆轴线垂直面上的力偶作用的时候，杆件产生扭转变形。本章主要通过剪切、挤压和扭转的工程实例介绍连接件的各种破坏形式，连接件剪切、挤压的实用计算方法，重点介绍轴扭转时的内力、应力和变形计算方法，以及强度、刚度设计准则。

工程案例

传动轴是汽车传动系中传递动力的重要部件，它的作用是与变速箱、驱动桥一起将发动机的动力传递给车轮，使汽车产生驱动力。传动轴的结构和组成部分根据不同类型可能有所

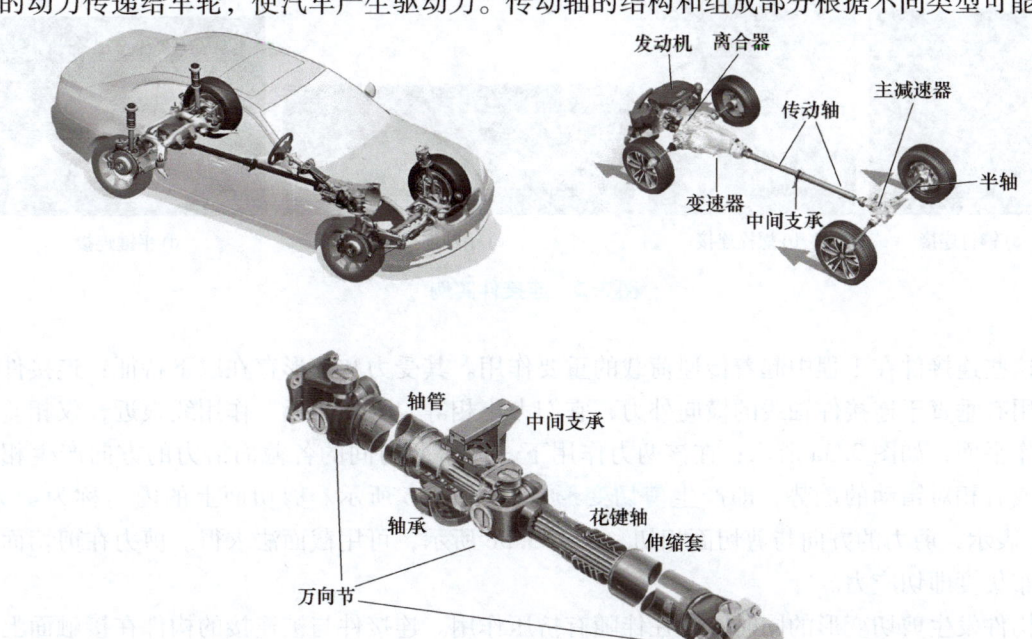

图 3.1　传动轴

不同，但一般包括轴管、轴承、万向节及辅助的其他装置。

轴管是传动轴的主要部件，为提高高速旋转和极端疲劳负荷下的强度和耐用性，一般采用高强度空心管。大多由厚薄均匀的薄钢板卷制焊接而成，常见的轻型汽车中的传动轴为开式管状结构，超重型汽车的传动轴则直接采用无缝钢管。轴管的直径和壁厚要根据所传递的扭矩和转速进行精确设计，以便在承受高负荷的同时保持轻量化，还需考虑到减少磨损、噪声和振动。

轴承的主要作用是支撑和固定轴管，保证轴管的旋转平稳。常用的轴承有滚子轴承和滑动轴承两种。

万向节是传动轴的关键部件之一，主要作用是连接传动轴和车轮，允许轴在多个方向上灵活传递转动。当车辆在行驶过程中遇到道路不平、转弯或悬挂移动时，万向节能够有效地传递动力，保持驱动系统的平稳运作。万向节一般由内套、外套、钢球和保持架组成。

传动轴还有一些辅助功能，如支撑车辆重量、减少悬挂系统的振动、改善车辆稳定性等。这些辅助功能也需要考虑在传动轴的设计和制造过程中。传动轴不仅仅是汽车动力传递系统，很多机械系统中其都是不可或缺的组成部分，精确的运转与复杂的结构让它在机械运作中发挥着重大作用。

3.1　剪切与挤压的概念

实际的工程构件一般不是独立工作的，而是通过与其他构件相互连接、支撑等形式构成的。这些在构件连接处起连接作用的部件称为连接件。连接件的形式多种多样，如铆钉连接、螺栓连接、销轴连接、平键连接，如图 3.1 所示。

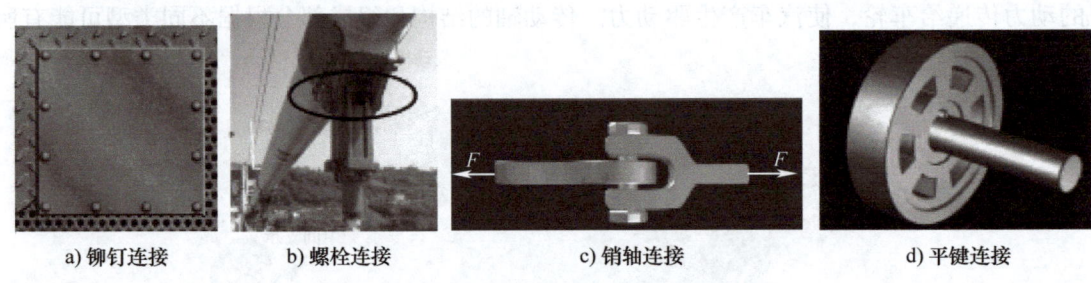

a) 铆钉连接　　　b) 螺栓连接　　　c) 销轴连接　　　d) 平键连接

图 3.2　连接件实例

这些连接件在工程中起着传递荷载的重要作用。其受力和变形存在以下特征：连接件两侧作用有垂直于连接件轴线的横向外力，它们大小相等、方向相反、作用线很近，仅相差一个工作平面，如图 3.3a 所示；在该两力作用下，使得两力间的各截面沿力的方向产生相对错动或有相对错动的趋势，即产生剪切变形，如图 3.3b 所示。剪切面上的内力称为剪力，用 F_S 表示，剪力的方向与剪切面相切，如图 3.3c 所示，可用截面法求得。剪力在剪切面上的分布集度即切应力。

构件发生剪切变形的同时，往往伴随有挤压作用。连接件与被连接的构件在接触面上相互压紧，这种现象称为挤压。如图 3.3d 所示铆钉孔被铆钉压成长圆孔。挤压变形是两构件在相互机械作用的接触面上，由于局部受较大的压力而出现压陷或起皱现象。构件发生挤压变形的接触面称为挤压面，挤压应力在挤压面上的分布较复杂，如图 3.3e 所示。由于挤压面在受力挤压过程中有变形，常采用<u>有效挤压面</u>作为挤压面。有效挤压面是指挤压面面积在垂直于挤压力方向的平面上的投影面积。对于接触面为平面的挤压面，其有效挤压面面积为实际挤压面面积；对于接触面为圆柱面的挤压面，其有效挤压面面积为上述投影面面积。直径为 d，厚度为 δ 的被连接件，如图 3.3f 所示，有效挤压面面积 $A_{bs} = \delta d$。

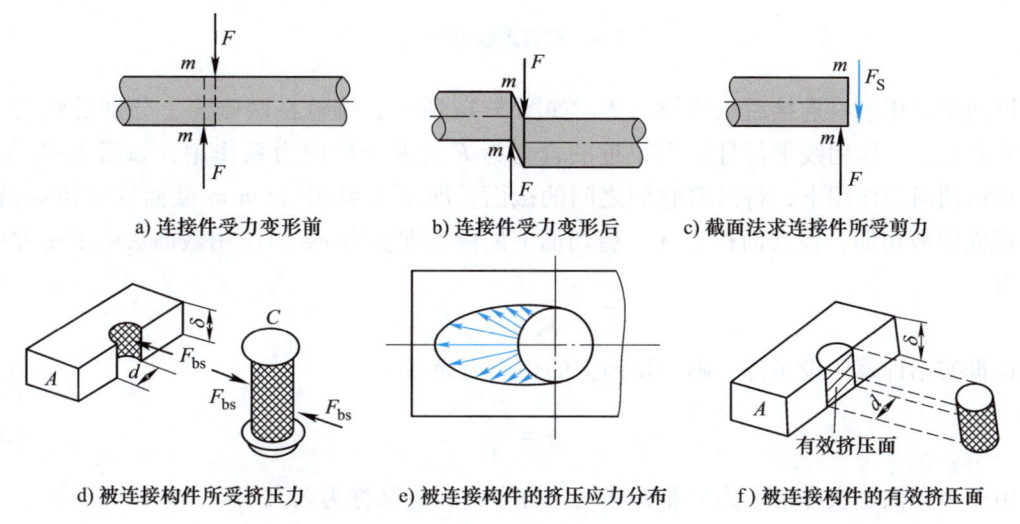

图 3.3　连接件与被连接构件的受力

在挤压接触面上的压力称为<u>挤压力</u>，挤压力在有效挤压面上的分布集度称为<u>挤压应力</u>。在挤压力过大的情况下，可能产生塑性变形，甚至压碎，造成挤压破坏。

注意：挤压和压缩不同，挤压发生在两个构件相互接触的局部区域内，而压缩发生在整个构件内部。

连接件在这些受力和变形的情况下存在两种破坏形式：剪切破坏和挤压破坏。

剪切和挤压是工程连接件中常见的受力形式。

3.2　剪切和挤压的实用计算

连接件与工程其他结构的连接和接触属于小范围，其受力和变形均在相互接触的部位，属于局部应力和局部变形。在大多数工程结构中，连接件与被连接构件相互接触的部位的工艺和结构都比较复杂，其外力、内力和变形的分布也比较复杂。因此，在工程设计中，为简化计算通常采用工程实用计算方法。所谓的实用计算就是在某些假设前提下进行的简化计算，即按照连接件的破坏可能性，采用能反映受力基本特征并能简化计算的假设，计算应力，然后根据试验结果确定其许用应力，从而建立强度条件进行强度计算。

3.2.1　剪切的实用计算

剪切实用计算就是假定切应力在整个剪切面上均匀分布，等于剪切面上的平均应力。按照这样的假设条件计算得到的结果能够满足实际工程的要求。以图 3.4 所示的铆钉连接为例，说明剪切实用计算方法。

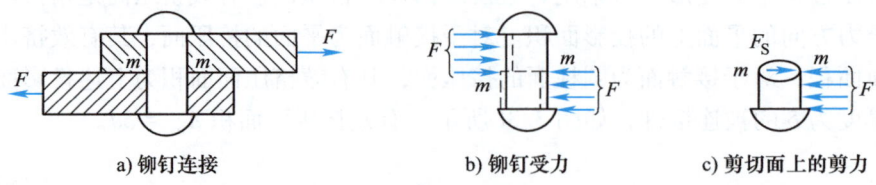

图 3.4　铆钉连接及其受力

设两块板用铆钉连接后承受拉力 F，如图 3.4a 所示，铆钉在两侧面上分别受到大小相等，方向相反，作用线平行且靠得很近的合力为 F 的两个横向力系作用，如图 3.4b 所示。铆钉在这两组力作用下，将沿着它们之间的截面，即图 3.4b 中的 m-m 截面发生相对错动，m-m 截面即剪切面，设其面积为 A。剪切面上的内力即剪力 F_S，应用截面法由平衡方程可得剪力

$$F_S = F$$

根据实用计算假设条件，则剪切面上的切应力为

$$\tau = \frac{F_S}{A} \tag{3.1}$$

由于剪切面上实际切应力分布并非均匀分布的，故又称为名义切应力。

当外力 F 达到极限值 F_u 时，剪切面上所受的切应力为剪切极限应力，记为 τ_u（通过试验测定）。将该极限切应力除以安全因数 n，可得许用切应力值

$$[\tau] = \frac{\tau_u}{n}$$

由此可得剪切实用计算的强度条件为

$$\tau = \frac{F_S}{A} \leqslant [\tau] \tag{3.2}$$

【例 3.1】　图 3.5 所示冲床的最大冲压力 $F = 400\text{kN}$，被冲剪钢板的剪切极限应力 $\tau_u = 300\text{MPa}$，试求此冲床所能冲剪钢板的最大厚度 t，已知 $d = 34\text{mm}$。

【解】　剪切面是钢板内被冲头冲出的圆柱体的侧面，其面积 $A = \pi d t$，冲孔所需要的剪力 $F \geqslant A\tau_u$，故

$$A \leqslant \frac{F}{\tau_u} = \frac{400 \times 10^3 \text{N}}{300\text{MPa}} = 1.33 \times 10^3 \text{mm}^2$$

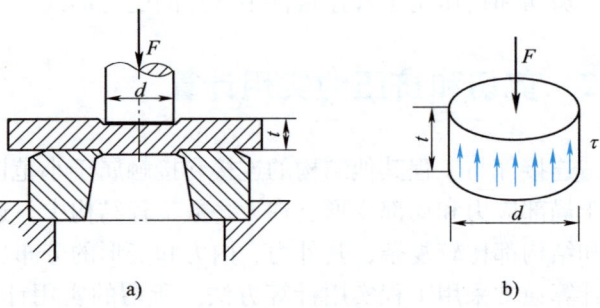

图 3.5　例 3.1 图

$$t = \frac{A}{\pi d} \leqslant \frac{1.33 \times 10^3 \text{mm}^2}{\pi \times 34\text{mm}} = 12.46\text{mm}$$

3.2.2 挤压的实用计算

在图 3.4a 所示的铆钉连接中，铆钉与拉板在相互接触的侧面上产生挤压，铆钉或拉板都有可能因挤压而产生严重的塑性变形，因此，也需要进行挤压强度计算。由于挤压面上的应力分布很复杂，在工程计算中，通常采用简化方法来计算，称为挤压实用计算。假定挤压应力在有效挤压面上均匀分布，于是挤压应力 σ_{bs} 为

$$\sigma_{bs} = \frac{F_{bs}}{A_{bs}}$$

式中，A_{bs} 为有效挤压面面积；F_{bs} 为作用在有效挤压面上的挤压力。

当挤压力过大，连接件会在接触面的局部出现塑性变形，从而导致连接件失效。为了保证连接件具有足够的抵抗挤压破坏的能力，必须将挤压应力限制在一定的范围内，即连接件必须满足挤压强度条件。

与解决剪切实用计算的方法类同，按构件的名义挤压应力建立挤压强度条件

$$\sigma_{bs} = \frac{F_{bs}}{A_{bs}} \leq [\sigma_{bs}] \tag{3.3}$$

式中，σ_{bs} 为挤压应力；$[\sigma_{bs}]$ 为许用挤压应力。

许用应力值通常可根据材料、连接方式和荷载情况等实际工作条件在有关设计规范中查得。一般许用切应力 $[\tau]$ 要比同样材料的许用拉应力 $[\sigma]$ 小，许用挤压应力则比 $[\sigma]$ 大。

对于塑性材料 $[\tau] = (0.5 \sim 0.6)[\sigma]$，$[\sigma_{bs}] = (1.5 \sim 2.5)[\sigma]$

对于脆性材料 $[\tau] = (0.8 \sim 1.0)[\sigma]$，$[\sigma_{bs}] = (0.9 \sim 1.5)[\sigma]$

如果被连接构件的许用挤压应力低于连接件的许用挤压应力，则还需用式（3.3）对被连接构件进行校核。

以上分别讨论了连接件的剪切和挤压强度计算，在一般情况下这些计算都是必要的。此外，由于被连接件在连接处的截面遭到削弱，必要时还需对被连接件进行强度校核。

【例 3.2】 图 3.6 所示铆接头的连接板厚度 $t = d$，试求铆钉剪切应力和挤压应力。

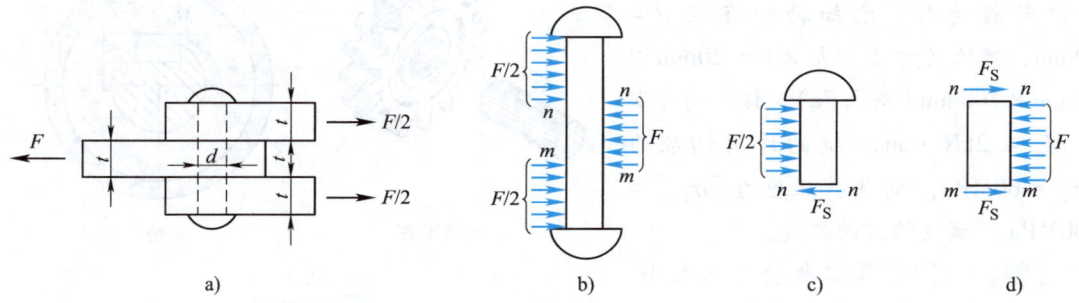

图 3.6 例 3.2 图

【解】 1) 计算铆钉的剪切应力。铆钉的受力图如图 3.6b 所示，铆钉剪切面为左右两组力的交界面，即铆钉的横截面 n-n 和 m-m。剪切面面积为

$$A = \frac{\pi d^2}{4}$$

利用截面法，从 n-n 截面将铆钉截开，取上部分分析，其受力如图 3.6c 所示。利用平衡方程

$$\sum F_x = 0, \quad F_S - \frac{F}{2} = 0$$

可求得该截面上的剪力为

$$F_S = \frac{F}{2}$$

同样，利用截面法将铆钉从截面 n-n 和 m-m 处截开，取中间部分作为研究对象，其受力图如图 3.6d 所示，根据平衡条件可知 m-m 截面上的剪力也为 $\frac{F}{2}$。显然，这两个剪切面上的切应力数值相同，均为

$$\tau = \frac{F_S}{A} = \frac{F}{2} \times \frac{4}{\pi d^2} = \frac{2P}{\pi d^2}$$

2) 计算铆钉的挤压应力。挤压面为铆钉与被连接件的接触面，由铆钉受力图 3.6b 可知，铆钉挤压面有三个，这三个挤压面面积相同，均为 $A_{bs} = td = d^2$，但挤压力不同。由平衡条件知上下两个挤压面的挤压力为 $F_{bs} = \frac{F}{2}$，中间挤压面上的挤压力为 F。因此，应分别计算它们的挤压应力。

上、下挤压面上的挤压应力为

$$\sigma_{bs} = \frac{F_{bs}}{A_{bs}} = \frac{F}{2td} = \frac{F}{2d^2}$$

中间挤压面上的挤压应力为

$$\sigma_{bs} = \frac{F_{bs}}{A_{bs}} = \frac{F}{td} = \frac{F}{d^2}$$

【例 3.3】 图 3.7b 所示的齿轮用平键与轴连接。已知轴的直径 $d = 70\text{mm}$，键的尺寸 $b \times h \times l = 20\text{mm} \times 12\text{mm} \times 100\text{mm}$（图 3.7c），传递的力偶矩 $M_e = 2\text{kN} \cdot \text{m}$，键的许用切应力 $[\tau] = 60\text{MPa}$，许用挤压应力 $[\sigma_{bs}] = 100\text{MPa}$，试校核键的强度。

【解】 1) 计算键所受力的大小。取键和轴作为研究对象，其受力图如图 3.7d 所示。由平衡条件 $\sum M_O = 0$ 得

$$F \times \frac{d}{2} - M_e = 0, \quad F = \frac{2M_e}{d}$$

2) 校核键的剪切强度。图 3.7d 中虚线所在截面即键的剪切面，其面积

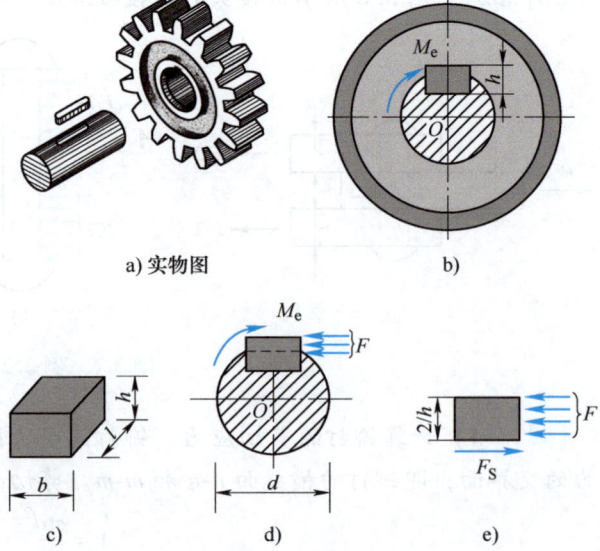

图 3.7 例 3.3 图

$A = bl$。利用截面法,沿虚线假想地将键切开成两部分,取上部分作为研究对象,其受力如图 3.7e 所示。由平衡方程可求得剪切面上的剪力 F_S 为

$$F_S = F = \frac{2M_e}{d}$$

由剪切强度条件有

$$\tau = \frac{F_S}{A} = \frac{2M_e}{bld} = \frac{2 \times 2 \times 10^6 \text{N} \cdot \text{mm}}{20\text{mm} \times 100\text{mm} \times 70\text{mm}} = 28.6\text{MPa} < [\tau]$$

故平键满足剪切强度条件。

3) 校核键的挤压强度。由图 3.7d 可知,键受到的挤压力为 F,挤压面积 $A_{bs} = \dfrac{hl}{2}$,由挤压强度条件有

$$\sigma_{bs} = \frac{F}{A_{bs}} = \frac{4M_e}{dhl} = \frac{4 \times 2 \times 10^6 \text{N} \cdot \text{mm}}{70\text{mm} \times 12\text{mm} \times 100\text{m}} = 95.3\text{MPa} < [\sigma_{bs}]$$

平键也满足挤压强度条件。可见,平键满足强度要求。

【解析小结】 关于剪切挤压的实用计算问题,实际就是剪切挤压的强度计算。解决这种类型的问题,关键需要根据受力分析找到剪切面、挤压面,以及剪切面上的剪力和挤压面上的挤压力,计算对应的切应力和挤压应力,最后根据强度条件解决强度问题的校核,尺寸设计或许可承载力的确定。

3.3 扭转的概念

实际工程中有许多扭转的实例,如各种机械中的传动轴、发动机主轴、汽车转向盘、石油钻机的钻杆等。如图 3.8a 所示的电动机的传动轴,来自电动机的主动力偶矩与来自转轮的工作力偶矩形成一对反向力偶,传动轴匀速工作时,两反向力偶相等。由于力偶对物体具有转动效应,会使轴上力偶之间的截面发生相对转动。如图 3.8b 所示,搅拌机的机轴工作时同样受到来自电动机和叶片的反向力偶作用,机轴截面产生相对转动。如图 3.8c 所示的汽车转向轴、图 3.8d 所示螺杆等都受到反向力偶作用,力偶间截面均会发生一定的相对转动。

这些构件主要是以传递机械动力或运动为其主要功能的轴,如发动机的曲轴,发电机、电动机、汽轮机、水轮机的主轴,变速箱齿轮轴、带轮轴、钻井用的钻杆等。另外还有一类构件主要是以其弹性变形进行工作的,如各类螺旋弹簧、扭簧等。

如图 3.9 所示丝锥,作用在扳手一对方向相反的切向力 F 构成一力偶,其力偶矩为 $M_e = Fh$。式中,h 为力偶臂。根据平衡条件可知,在轴的下端,必存在一反作用力偶,其力偶矩 $M_e' = M_e$。在上述力偶作用下,各横截面绕轴线做相对旋转。

该类受扭构件的力学模型可简化为图 3.10。可以看出,杆件扭转具有如下特点:
1) 受力:在杆件两端垂直于杆轴线的平面内作用一对大小相等、转向相反的外力偶。
2) 变形:各横截面形状大小未变,只是绕轴线发生相对转动。

扭转是杆件变形的基本形式,在工程实际中有许多主要承受扭转变形的杆件,通常称为

轴。受扭圆轴在外力偶矩作用下产生扭转变形的程度用横截面间相对角位移（扭转角）来衡量，通常用 φ 来表示，可以用来衡量扭转变形的程度。

对于传递动力的轴，工程师们主要关心其强度问题，即不发生破坏的条件下能传递的扭矩，因而需要了解轴内的应力分布及其计算；对于传递运动的轴，如凸轮轴、机床主轴等，由于轴的变形会影响运动控制或加工的精度，其刚度要求则是首先必须考虑的；对于各类弹簧，工程师们主要关心的是其刚度，如扭簧的扭矩与其扭转角的关系，螺旋弹簧的轴向力与轴向伸长（缩短）量的关系，因而需要了解其扭转时产生的变形及其计算。在工程中应用最广泛的是圆截面轴。圆截面杆形状简单，具有轴对称性，在受到扭转外力偶作用时变形几何关系简单，其分析计算也就比较容易。在本章中主要介绍圆轴扭转的应力和变形分析及其强度、刚度计算。

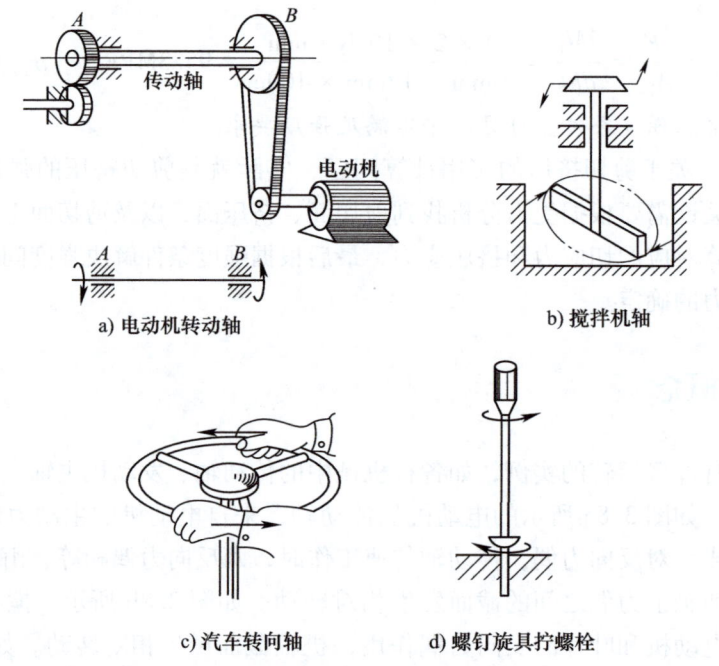

图 3.8　扭转工程实例

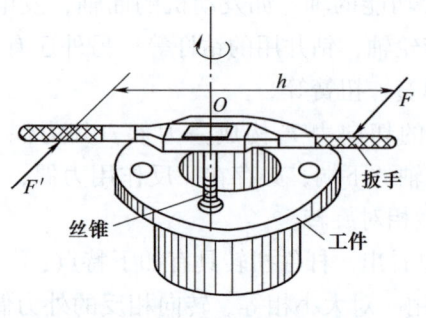

图 3.9　攻锥时丝锥的受扭变形

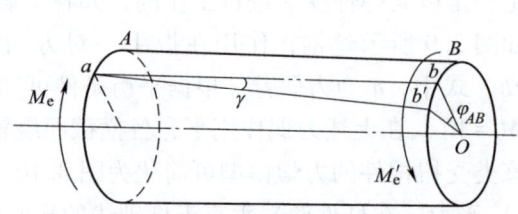

图 3.10　受扭转轴力学模型

3.4 外力偶矩的计算、扭矩与扭矩图

3.4.1 外力偶矩的计算

为了研究扭转时轴横截面上的内力、应力和变形,需要先知道作用于轴上的外力偶矩。

通常情况下,使杆件产生扭转变形的荷载最简单的形式是直接作用一对大小相等,转向相反的集中力偶,其作用面与杆轴线垂直。偏离杆轴线的横向力,向轴线上一点平移时也将产生使杆轴扭转的外力偶矩。工程上很多受扭构件所受的外力偶矩并非直接给定,在传动轴计算中,通常给出传递的功率 P(单位为 kW)和轴的转速 n(单位为 r/min)。

假定 dt 时间内轴转动的角度为 $d\varphi$,外力偶矩 M_e 在 dt 时间内做的功为

$$dW = M_e d\varphi$$

由功率的定义可得

$$P = \frac{dW}{dt} = \frac{M_e d\varphi}{dt} = M_e \omega$$

又因为转速和角速度之间存在如下关系

$$\omega = \frac{2\pi n}{60}$$

可得,外力偶矩 M_e(单位为 N·m)的计算公式为

$$M_e = 9549 \frac{P}{n} \tag{3.4}$$

如果功率的单位用马力,因为 1 马力 = 735.5 N·m/s,则外力偶 M_e(单位为 N·m)的计算公式为

$$M_e = 7024 \frac{P}{n} \tag{3.5}$$

外力偶矩的方向用右手螺旋法则确定,大拇指所指方向为其矢量方向。

3.4.2 扭矩及扭矩图

在外力偶矩已知的情况下,可通过截面法求解受扭圆轴各截面上的内力。如图 3.11a 所示,沿截面 1-1 将圆轴截开,以左段为研究对象,则右段对左段的作用以内力代替,根据平衡条件,截面 1-1 上的内力必定也为力偶,将该力偶矩称为<u>扭矩</u>,用 T 表示,如图 3.11b 所示。根据转动平衡条件,可列出方程

$$\sum M_x = 0, T - M_e = 0$$

则该截面的扭矩 $T = M_e$。

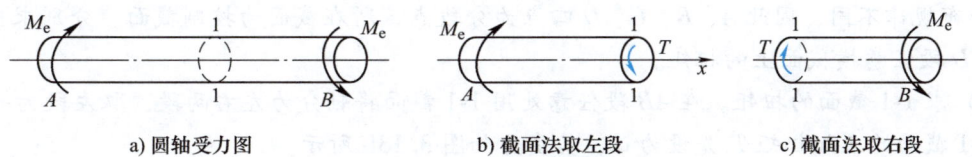

a) 圆轴受力图　　　　　　b) 截面法取左段　　　　　　c) 截面法取右段

图 3.11　截面法计算扭矩

扭矩 T 是扭转变形杆件在截面上分布内力系的合力偶矩。

如果以右段为研究对象，同样可得出 $T = M_e$，如图 3.11c 所示。由左段和右段所得出的扭矩数值相等，但是转向相反。为使两段杆所求得的同一截面上的扭矩在正负号上一致，按照轴的变形情况，规定扭矩正负按右手螺旋法则将扭矩用力偶矢来表示，规定力偶矢的指向背离截面时扭矩为正，反之为负，如图 3.12 所示。按上述规定图 3.11b 和 c 中 1-1 截面上的扭矩都为正。

在求扭矩时，不管外力偶矩的转向怎样，扭矩一般按正向假定。根据上述扭矩的符号规定，考虑圆轴平衡时外力偶矩的方向与扭矩方向恰好相反，由此可总结出直接利用外力偶矩计算扭矩的规律。

通常情况下作用于受扭圆轴上的外力偶往往有多个，不同段上的扭矩也各不相同。可分段用截面法

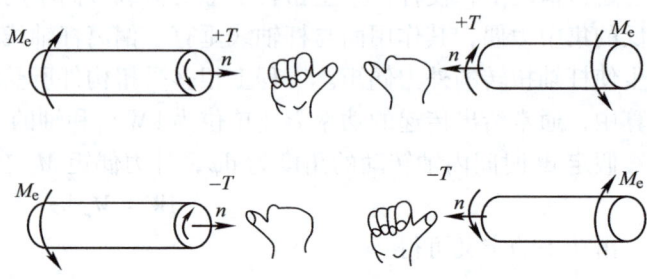

图 3.12 右手螺旋法则

来计算各段截面上的扭矩。为了表明沿杆轴线各截面上的扭矩的变化情况，从而确定最大扭矩及其横截面的位置，可仿照第 2 章轴力图的做法绘制出扭矩图。扭矩图的横坐标表示各横截面，纵坐标表示各横截面对应的扭矩。扭矩图可形象直观地表示出各截面上扭矩的大小，在强度计算中能比较直观地确定出危险截面的位置。

【例 3.4】 一传动轴的计算简图如图 3.13a 所示，作用于其上的外力偶矩的大小分别为：$M_{eA} = 3\text{kN} \cdot \text{m}$，$M_{eB} = 5\text{kN} \cdot \text{m}$，$M_{eC} = 2\text{kN} \cdot \text{m}$，$M_{eD} = 1\text{kN} \cdot \text{m}$。试作该传动轴的扭矩图。

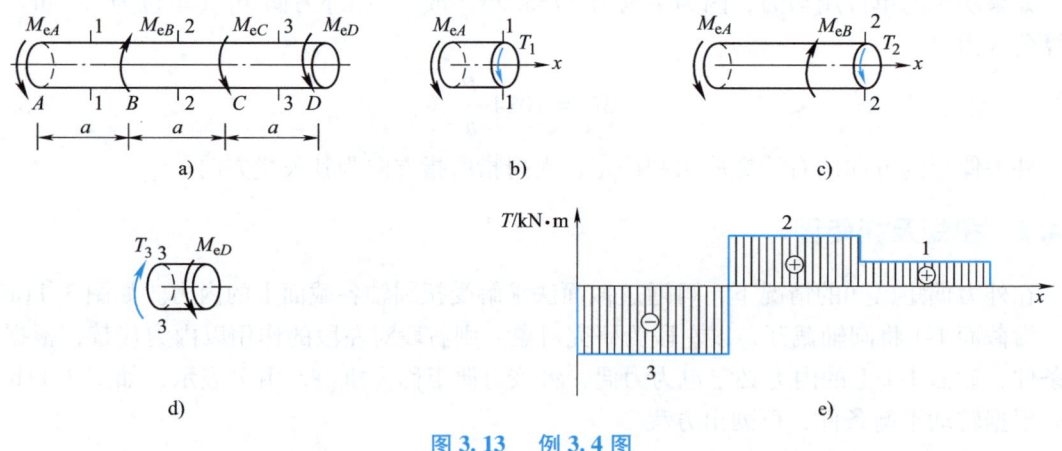

图 3.13 例 3.4 图

【解】 1) 确定控制截面。集中力偶导致作用截面两侧的扭矩发生变化，使得不同段的扭矩分布规律不同，因此 A、B、C、D 四点为分段点，所在截面为控制截面。分别求出 AB、BC、CD 段任意横截面上的扭矩。

2) 求 1-1 截面的扭矩。在 AB 段任意处用 1-1 截面将轴分为左右两段，取左段为研究对象，1-1 截面的未知扭矩 T_1 先设为正，其受力如图 3.13b 所示。

根据平衡方程

$$\sum M_x(F) = 0, \quad T_1 + M_{eA} = 0$$

得

$$T_1 = -M_{eA} = -3 \text{kN} \cdot \text{m}$$

上述负号表示扭矩的转向与假设相反，实际扭矩是负扭矩。

3) 求 2-2 截面的扭矩。假想在 2-2 截面处将轴切开成两段，以左段为研究对象，其受力图 3.13c 所示。假定截面上扭矩为正，根据平衡方程

$$\sum M_x(F) = 0, \quad T_2 + M_{eA} - M_{eB} = 0$$

得

$$T_2 = M_{eB} - M_{eA} = (5-3) \text{kN} \cdot \text{m} = 2 \text{kN} \cdot \text{m}$$

4) 求 3-3 截面的扭矩。假想在 3-3 截面处将轴分成两段，以右段为研究对象，其受力如图 3.13d 所示。假定截面上的扭矩为正，根据平衡方程

$$\sum M_x(F) = 0, \quad T_3 - M_{eD} = 0$$

得

$$T_3 = M_{eD} = 1 \text{kN} \cdot \text{m}$$

5) 画扭矩图。建立 T-x 坐标系，以沿杆轴线的横坐标 x 表示横截面的位置，以纵坐标表示扭矩。扭矩图如图 3.13e 所示，由扭矩图可以清楚直观地看出各横截面上扭矩值的大小和正负。在本题中，$|T_{\max}| = 3 \text{kN} \cdot \text{m}$，在 AB 段所在横截面上。

【解析小结】 对于内力的求解，通常情况下采用截面法，截面法的操作按照前面章节规定。扭矩计算及扭矩图绘制时应注意：①扭矩的正负号规定，按照右手螺旋法则；②在未知的情况下，通常假定扭矩为正，这样求解结果的正负就正好对应扭矩本身的正负；③扭矩图绘制时应标注扭矩标识符号 T、特殊截面扭矩的值、单位及正负号。

3.5 薄壁圆筒的扭转、纯剪切

3.5.1 薄壁圆筒扭转时横截面上的切应力

如图 3.14a 所示，一端固定、另一端自由的等厚薄壁圆筒，壁厚为 t，平均半径为 R_0，且 t 远小于平均半径 $\left(t \leqslant \dfrac{R_0}{10}\right)$。受扭前在圆筒表面画上等间距的一系列横向线和纵向线，然后在自由端施加扭转力偶矩 M_e，圆筒产生扭转变形，如图 3.14b 所示。

通过观察可以发现该薄壁圆筒扭转变形有如下现象：

1) 薄壁圆筒横截面绕轴线转动了一个角度，圆周线的大小、形状和间距不变，表明横截面上只有切应力，无正应力。

2) 各纵向线均变为螺旋线，在小变形条件下可将其视为斜直线，且各纵向线倾斜相同角度，由变形前的矩形变成了平行四边形。每个直角都改变了相同的角度 γ，这种直角的改变量即切应变。这种切应变是由切应力引起的。因此横截面圆周上各点的切应力相等。又由于 $t \ll R_0$，所以又可假设切应力沿厚度方向均匀分布。于是，薄壁圆筒横截面上各点的切应力均相等，且切应变 γ 是两横截面的错动，发生在垂直半径的平面内，所以切应力的方向

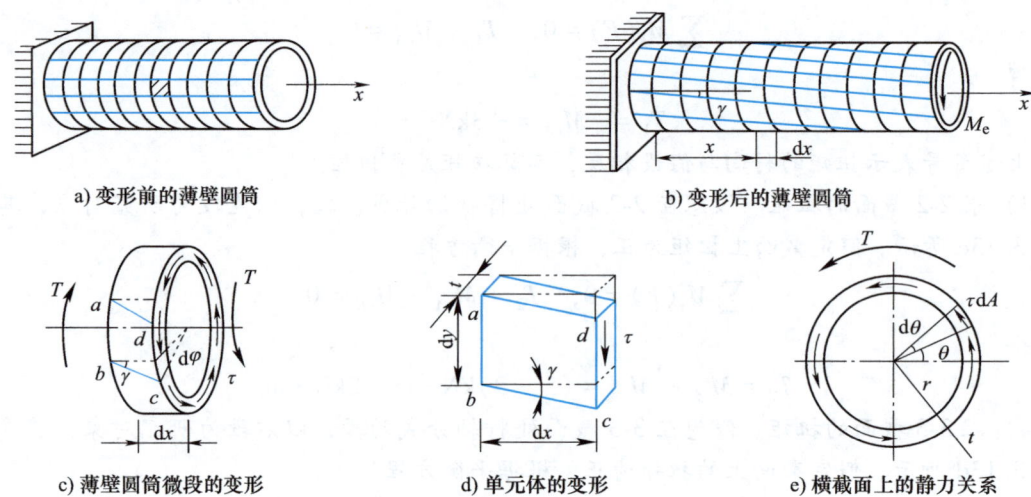

图 3.14　薄壁圆筒扭转变形

垂直于半径，即沿该点的切线方向（图 3.14c、d）。

根据上述分析，由横截面上内力与应力间的静力关系，在薄壁圆筒横截面上取一微面 $dA = tR_0 d\theta$，作用在微面上的内力大小为 τdA，如图 3.14e 所示，该力对 x 轴之矩为 $dT = \tau dA R_0$。由静力学可知，在整个截面上的这些微内力对 x 轴之矩的代数和等于该截面上的扭矩 T，即

$$T = \int_A \tau dA R_0 = \int_0^{2\pi} \tau t R_0^2 d\theta = 2\pi R_0^2 t \tau$$

即等厚度薄壁圆筒受扭时横截面上的切应力为

$$\tau = \frac{T}{2\pi R_0^2 t} \tag{3.6}$$

3.5.2　切应力互等定理

如图 3.15a 所示，用相距很近的一对横截面、一对纵截面从薄壁圆筒上截取出一微元，如图 3.15b 所示，其边长分别为 dx、dy、$dz = t$。该微元体称为单元体。

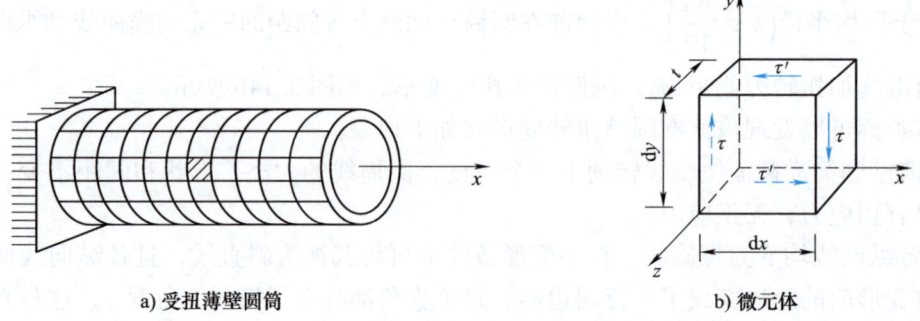

图 3.15　单元体上的应力分析

由前面的分析可知，受扭薄壁圆筒横截面上只有切应力没有正应力，因此，该单元体左

右两侧面上只有切应力 τ。由于薄壁圆筒整体平衡，其单元体必定也平衡。因此，在左右两侧面上切应力的合力应满足平衡条件 $\sum F_y = 0$，由于这两个截面的面积相同，因而其上的切应力 τ 必然大小相等，方向相反，其合力组成了一个力偶，力偶矩为 $(\tau \mathrm{d}yt)\mathrm{d}x$。显然，要保持单元体的平衡，在单元体的底面和顶面也必然存在大小相等、方向相反的切应力 τ'，其合力应满足 $\sum F_x = 0$，也将组成一力偶矩为 $(\tau' \mathrm{d}xt)\mathrm{d}y$ 的力偶与上述力偶平衡。因此有

$$(\tau \mathrm{d}yt)\mathrm{d}x = (\tau' \mathrm{d}xt)\mathrm{d}y$$

于是得到

$$\tau = \tau' \tag{3.7}$$

式（3.7）表明：在相互垂直的两个面上，切应力必定成对出现，且数值相等；两者都垂直于两个平面的交线，方向共同指向或共同背离该交线。该规律称为**切应力互等定理**。

特别要注意的是，切应力互等定理的前提条件是两个相互垂直的面上存在切应力，那么它们必定互等，且方向同时背离或指向这两个相互垂直截面的交线，而不是只要两个面相互垂直就存在互等的切应力。薄壁圆筒受扭横截面和纵截面上的切应力如图 3.16 所示。

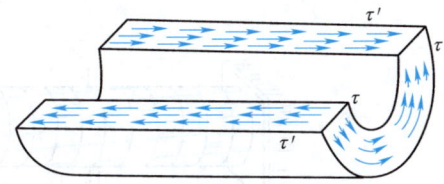

图 3.16　薄壁圆筒受扭横截面和纵截面上的切应力

上述单元体在其两对相互垂直的平面上只有切应力而无正应力的状态称为**纯剪切应力状态**，即通常所说的**纯剪切**。虽然切应力互等定理是由纯剪切应力状态推导而得，但进一步的研究表明，该定理存在普遍的意义，在同时有正应力的情况下也成立，即对任意的应力状态下均适用。

3.5.3　剪切胡克定理

由纯剪切试验可知，当切应力 τ 小于材料的剪切比例极限 τ_p 时，切应力与切应变成正比，即满足如下关系

$$\tau = G\gamma \tag{3.8}$$

式中，G 为切变模量，其单位与切应力单位相同。一般情况下各种钢的切变模量约为 80GPa；剪切比例极限 τ_p 则随钢的种类而异，如 Q235 钢，$\tau_\mathrm{p} \approx 120\mathrm{MPa}$。

式（3.8）即**剪切胡克定律**。

理论分析表明，对各向同性材料，三个弹性常数即弹性模量 E、泊松比 μ、切变模量 G 之间存在如下关系

$$G = \frac{E}{2(1+\mu)} \tag{3.9}$$

3.6　等直圆轴扭转时的应力与强度计算

3.6.1　圆轴扭转时横截面上的切应力

与薄壁圆筒类似，在小变形情况下，等直实心圆杆和非薄壁的空心圆杆只受扭变形时，

其横截面上也只有切应力，没有正应力。那么这两种受扭圆杆横截面上的切应力分布是否与薄壁圆杆受扭一样是均匀分布的呢？下面就对实心圆轴受扭变形时的应力进行分析。根据静力平衡条件，只能求出横截面上的扭矩，不可能求出应力的分布规律，因此，所研究的问题属于超静定问题，还需要从变形几何关系方面和物理关系方面进行分析。具体的方法和步骤如下：

1）观察变形，提出变形假设，导出应变与变形的关系。
2）根据材料本身的性质即应力-应变关系，由应变规律得出应力分布规律。
3）由应力-内力关系得到由内力表达的应力公式。

为了观察实心受扭圆轴横截面上任意点的变形情况，首先观察受扭圆轴表面的变形。加载前在等直圆轴外表面上画一系列的纵向线和圆周线，然后在杆端施加外力偶矩 M_e，使圆轴产生扭转，如图 3.17a 所示，观察其变形现象。

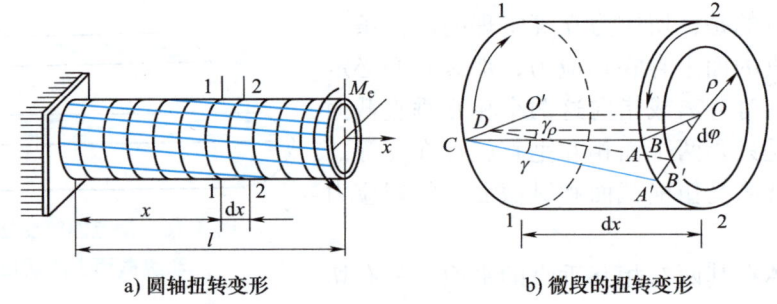

a) 圆轴扭转变形   b) 微段的扭转变形

图 3.17　实心圆轴受扭变形

观察发现，实心圆轴的扭转与薄壁圆筒具有相同的变形现象：
1）各圆周线绕轴线相对转动一微小转角，但大小、形状和位置不变。
2）在小变形条件下，各纵向线平行地倾斜一个微小角度，变成斜直线。

根据表层现象可以做出关于内部变形的假设。根据试验现象可假设圆轴扭转时，横截面保持为平面，并且只在原地绕轴线发生"刚性"转动，即平面假设。特别强调的是：在杆扭转变形后只有等直圆杆的圆周线才仍在垂直于杆轴线的平面内，因此该平面假设只适用于等直圆杆。根据平面假设和变形现象，可以得出如下推论：

1）横截面上无正应力。由于在变形过程中横截面位置、形状和尺寸都无变化，表明轴向无伸缩，则横截面上无正应力。

2）横截面上有切应力，且圆周上各点的切应力大小相等，方向沿圆周切线。由于在变形过程中圆轴表面各纵向线平行地倾斜一个微小角度，表明圆周上各点都产生了相同的切应变，因而它们的切应力也相同。圆周大小形状无变化，表明切应力沿圆周切线方向。

下面，综合考虑变形、物理和静力学这三方面来建立受扭圆轴的切应力和变形公式。

1. 变形几何关系

为了确定横截面上任一点处应变的变化规律，在受扭圆轴中截取长为 dx 的 1-1 截面和 2-2 截面轴段进行分析，如图 3.17b 所示。截面 2-2 相对于截面 1-1 的扭转角为 $d\varphi$，根据平面假设，截面 2-2 上的任意一半径 OA 转动到 OA'，且保持直线。如将圆轴看成由无数个同心薄壁圆筒组成的，则在这一微段中，组成圆轴的所有薄壁圆筒的扭转角均为 $d\varphi$，不同的是各点处半径不同,因此各点的应变不同。其中 A、B 两处的半径分别为 R、ρ。

距离圆心 ρ 处 B 点的切应变为

$$\gamma_\rho = \frac{BB'}{dx} = \rho \frac{d\varphi}{dx} \tag{a}$$

式中,$\frac{d\varphi}{dx}$ 为相对扭转角沿轴纵向的变化率,对于给定的横截面是一个常量。式(a)表明等直圆轴任一点的切应变随该点在横截面上的位置变化的规律,即受扭等直圆轴横截面上各点的切应变 γ_ρ 与其到圆心的距离 ρ 成正比,且发生在垂直于半径的平面内。

2. 物理关系

由剪切胡克定律可知,当切应力小于材料的剪切比例极限时,切应力与切应变成正比,即 $\tau = G\gamma$,将式(a)代入式(3.8),则距离圆心 ρ 处的切应力 τ_ρ 为

$$\tau_\rho = G\gamma_\rho = G\rho \frac{d\varphi}{dx} \tag{b}$$

式(b)表明:在同一半径 ρ 的圆周上各点处的切应力 τ_ρ 在数值上均相等,其值与该点到圆心的距离 ρ 成正比,τ_ρ 的方向垂直于半径。上述分析完全适用于空心圆轴。图 3.18a、b 分别表示出了实心圆轴和空心圆轴扭转切应力沿半径变化的情况。由切应力互等定理还可知圆轴的纵截面上的切应力分布规律,如图 3.18c 所示。

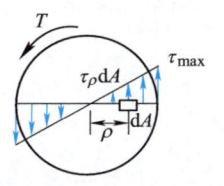
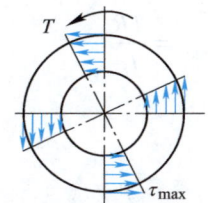
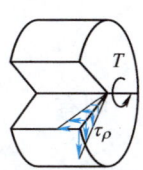

a)实心圆轴横截面上的切应力分布　　b)空心圆轴横截面上的切应力分布　　c)空心圆轴横截面和纵截面上的切应力分布

图 3.18　受扭圆轴截面上的切应力分布

从切应力分布情况来看,切应力在横截面上的分布是不均匀的,沿半径方向上的切应力成线性分布。对实心圆轴横截面,轴心点处的应力最小,为零;最外边缘上点的应力最大。

3. 静力学关系

式(b)中的 $\frac{d\varphi}{dx}$ 虽然对于指定的某截面来说是一个常量,但还是一个待定的参数,需要用到静力学的内容来求解。对于横截面上任一点(图 3.18a),距离圆心 ρ 处的切应力为 τ_ρ,在 ρ 处取一微元面 dA,该微元面上的内力大小为 $\tau_\rho dA$,该微内力对于圆心的矩为 $\rho\tau_\rho dA$,根据扭矩的定义,该内力系对圆心之矩就是横截面上的扭矩,即

$$T = \int_A \rho\tau_\rho dA$$

将式(b)代入上式得

$$T = \int_A G \frac{d\varphi}{dx} \rho^2 dA$$

由于 G 为切变模量，是个常数，$\dfrac{\mathrm{d}\varphi}{\mathrm{d}x}$ 对于给定横截面也为一常数，因此上式可变为

$$T = G\dfrac{\mathrm{d}\varphi}{\mathrm{d}x}\int_A \rho^2 \mathrm{d}A \tag{c}$$

式（c）中，$\int_A \rho^2 \mathrm{d}A$ 只与横截面的几何参数有关，称为横截面的极惯性矩，用 I_p 来表示，即

$$I_\mathrm{p} = \int_A \rho^2 \mathrm{d}A \tag{3.10}$$

极惯性矩 I_p 的常用单位为 m^4 或 mm^4。

于是由式（c）可得

$$\dfrac{\mathrm{d}\varphi}{\mathrm{d}x} = \dfrac{T}{GI_\mathrm{p}} \tag{3.11}$$

将式（3.11）代入式（b）得横截面上距圆心 ρ 处一点的切应力计算公式

$$\tau_\rho = \dfrac{T\rho}{I_\mathrm{p}} \tag{3.12}$$

由式（3.12）可知，对于扭矩为 T 的任意横截面，当 ρ 等于横截面的半径 R 时，即横截面最外边缘上的各点处，切应力将达到最大值 $\tau_\max$，该值为

$$\tau_\max = \dfrac{TR}{I_\mathrm{p}}$$

令 $W_\mathrm{t} = \dfrac{I_\mathrm{p}}{R}$，则有

$$\tau_\max = \dfrac{T}{W_\mathrm{t}} \tag{3.13}$$

式中，W_t 称为**抗扭截面系数**，常用单位为 m^3 或 mm^3。

注意：上述推导过程是基于平面假设，且材料符合胡克定理，即切应力和切应变成正比。只有横截面为圆截面时，扭转变形横截面才保持为平面。因此式（3.13）仅适用于线弹性范围内的等直圆杆，对截面变化比较缓慢的圆截面直杆近似成立。由于平面假设同样适用于非薄壁空心圆截面受扭杆，因此上述切应力公式同样适用于空心圆截面杆。

在推导式（3.12）和式（3.13）时，引入了截面极惯性矩 I_p 和抗扭截面系数 W_t，下面给出实心圆截面和空心圆截面 I_p 和 W_t 的计算公式，其计算过程见附录 A 相关内容。

实心圆截面

$$I_\mathrm{p} = \dfrac{\pi D^4}{32}, \quad W_\mathrm{t} = \dfrac{\pi D^3}{16} \tag{3.14}$$

空心圆截面

$$I_\mathrm{p} = \dfrac{\pi D^4}{32}(1-\alpha^4), \quad W_\mathrm{t} = \dfrac{\pi D^3}{16}(1-\alpha^4) \tag{3.15}$$

式中，D 为实心圆直径和空心圆外直径；α 为空心圆的内直径 d 和外直径 D 的比值。

【例 3.5】 如图 3.19 所示，圆轴的 AC 段为实心圆截面，CB 段为空心圆截面，外径 $D=30\text{mm}$，空心段内径 $d=20\text{mm}$，外力偶矩 $M_e=200\text{N}\cdot\text{m}$，试计算 AC 段和 CB 段横截面外边缘的切应力，以及 CB 段内边缘处的切应力。

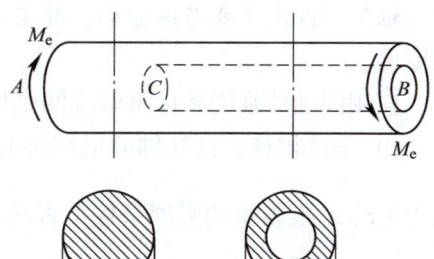

【解】 1) 计算 AC 段和 CB 段横截面外边缘上的切应力。根据 AB 圆轴的受力情况，可知 AC、CB 段的扭矩相同，均为

$$T = M_e = 200\text{N}\cdot\text{m}$$

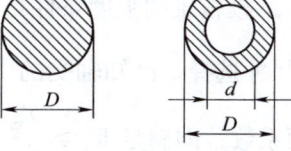

图 3.19　例 3.5 图

两段外边缘上的切应力分别为各段截面上切应力的最大值。由式（3.13）有

$$\tau_{\max,AC} = \frac{T}{W_{tAC}} = \frac{16T}{\pi D^3} = \frac{16 \times 200 \times 10^3 \text{N}\cdot\text{mm}}{\pi \times (30\text{mm})^3} = 37.74\text{MPa}$$

$$\tau_{\max,CB} = \frac{T}{W_{tCB}} = \frac{16T}{\pi D^3(1-\alpha^4)} = \frac{16 \times 200 \times 10^3 \text{N}\cdot\text{mm}}{\pi \times (30\text{mm})^3 \times \left[1-\left(\frac{2}{3}\right)^4\right]} = 47.04\text{MPa}$$

2) 计算 CB 段内边缘处的切应力。取 $\rho = \frac{d}{2} = 10\text{mm}$，代入切应力计算公式 $\tau_\rho = \frac{T\rho}{I_p}$，得

$$\tau_{CB} = \frac{T\rho}{I_p} = \frac{32T \times d/2}{\pi D^4(1-\alpha^4)} = \frac{32 \times (200 \times 10^3 \text{N}\cdot\text{mm}) \times 10\text{mm}}{\pi \times (30\text{mm})^4 \times \left[1-\left(\frac{2}{3}\right)^4\right]} = 33.41\text{MPa}$$

3.6.2　圆轴扭转时的强度条件

圆轴扭转时内部各点均处于纯剪切应力状态，但各点处应力各不相同。整个轴的危险点为切应力最大的点。其强度条件为最大工作应力 $\tau_{\max}$ 不超过材料的许用切应力 $[\tau]$，即

$$\tau_{\max} = \frac{T}{W_t} \leqslant [\tau] \tag{3.16}$$

结合轴的轴力图和横截面的尺寸可以确定危险点的位置。对于等直圆轴来说危险点在最大扭矩 $T_{\max}$ 所在横截面的边缘处，因此受扭圆轴强度条件可以改写为

$$\tau_{\max} = \frac{T_{\max}}{W_t} \leqslant [\tau] \tag{3.17}$$

对于变截面直杆则要综合考虑扭矩和抗扭截面系数两个因素，也就是需要取 T/W_t 的极限值来确定最大的切应力。对于阶梯轴，式（3.17）分段成立。

在静荷载作用下，同一种材料在纯剪切应力状态下的强度与单向拉伸应力状态下的强度之间存在着一定的关系，因而许用切应力 $[\tau]$ 的值与许用拉应力 $[\sigma]$ 的值之间也存在着一定的关系，如塑性材料 $[\tau]=(0.5\sim0.6)[\sigma]$，脆性材料 $[\tau]=(0.8\sim1.0)[\sigma]$。

轴类零件由于要考虑振动、冲击等因素，所取许用切应力一般比静荷载下的许用切应力还要低。

应用圆轴的强度条件可解决圆轴扭转时的三类强度计算问题。

1) 强度校核。已知轴的横截面尺寸（I_p，W_t）、轴上荷载（T_{max}）和材料的许用切应力$[\tau]$，校核轴的强度条件是否满足 $\tau_{max} = \dfrac{T_{max}}{W_t} \leqslant [\tau]$。

2) 尺寸选择。已知轴受的外力偶矩（T_{max}）和材料的许用切应力$[\tau]$，计算所需的抗扭截面系数，即满足 $W_t \geqslant \dfrac{T_{max}}{[\tau]}$，然后根据抗扭截面系数来确定截面的具体尺寸。

3) 确定许可荷载。已知圆轴的截面尺寸（I_p，W_t）和许用切应力（$[\tau]$），确定圆轴所能承受的最大扭矩 $T_{max} \leqslant W_t[\tau]$，然后根据扭矩来确定轴所能承受的最大荷载。

【例3.6】 发电量为15000kW的水轮机主轴如图3.20所示。已知该轴的外径 $D = 550\text{mm}$，内径 $d = 300\text{mm}$，正常转速 $n = 250\text{r/min}$。材料的许用应力 $[\tau] = 50\text{MPa}$。试校核水轮机主轴的强度。

a) 水轮机主轴实物图

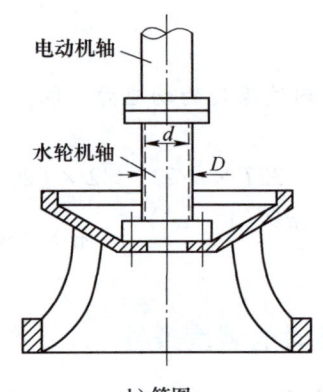
b) 简图

图3.20 例3.6图

【解】 1) 计算外力偶矩。由式（3.4）得

$$M_e = 9549\dfrac{P}{n} = 9549 \times \dfrac{15000\text{kW}}{250\text{r/min}} = 572940\text{N} \cdot \text{m}$$

2) 计算轴横截面上的扭矩 T。

$$T = M_e = 572940\text{N} \cdot \text{m}$$

3) 计算轴的最大切应力。由式（3.16）得

$$\tau_{max} = \dfrac{T}{W_t} = \dfrac{16T}{\pi D^3(1-\alpha^4)} = \dfrac{16 \times 572940\text{N} \cdot \text{m}}{3.14 \times (550 \times 10^{-3}\text{m})^3 \times \left[1 - \left(\dfrac{300}{550}\right)^4\right]}$$

$$= 19.25 \times 10^6 \text{Pa} = 19.25\text{MPa} \leqslant [\tau]$$

可见，轴的强度满足要求。

3.7 等直圆轴扭转时的变形与刚度计算

对于工程中受扭的构件，除应满足强度条件之外，还不能有过大的扭转变形。例如，车床丝杠扭转角度过大会影响车刀的进给量，降低加工精度；磨床和镗床的传动轴扭转角过大会引起振动，影响工件的精度和光洁度。对于某些机械构件来说，刚度要求比强度要求更重要。本节将介绍圆轴扭转变形计算和刚度设计两大类问题。

3.7.1 圆轴扭转时的变形

等直圆轴的扭转变形是用横截面间的相对扭转角 φ 来度量的。在上一节推导等直圆轴扭转横截面上的切应力公式时，已得出圆轴扭转时变形公式 $\dfrac{\mathrm{d}\varphi}{\mathrm{d}x} = \dfrac{T}{GI_\mathrm{p}}$，改写为

$$\mathrm{d}\varphi = \dfrac{T}{GI_\mathrm{p}}\mathrm{d}x \tag{a}$$

将式（a）沿轴长积分可得长度为 l 的横截面间的相对扭转角 φ 的计算公式

$$\varphi = \int_0^l \dfrac{T}{GI_\mathrm{p}}\mathrm{d}x \tag{3.18}$$

对于长度为 l、扭矩 T 为常数的用一种材料制成的等直圆轴，GI_p 也为常数，式（3.18）可写为

$$\varphi = \dfrac{Tl}{GI_\mathrm{p}} \tag{3.19}$$

式（3.19）表明，扭转角 φ 与扭矩 T 和轴的长度 l 成正比，与截面极惯性矩 I_p 成反比。G 是材料的切变模量，GI_p 越大，φ 越小。GI_p 反映了圆轴抵抗扭转变形的能力，称为等直圆轴的抗扭刚度或扭转刚度。在扭转试验中，该式可以用来确定材料的切变模量 G，式中扭转角 φ 用弧度表示。

对于刚度变化的阶梯轴或若沿轴线方向扭矩 T 分段变化的等截面圆轴，应分段计算各段的扭转角，然后代数叠加，便可得整个轴长度方向上扭转角，即

$$\varphi = \sum_{i=1}^{n} \dfrac{T_i l_i}{GI_{\mathrm{p}i}} \tag{3.20}$$

对于扭矩或截面尺寸沿轴线连续变化的圆轴，其扭转角按式（3.18）进行计算。

3.7.2 等直圆轴扭转时的刚度计算

扭转角的大小与横截面间的距离 l 有关。为了消除杆件长度的影响，工程上用另外一个物理量——单位长度的扭转角 φ' 来衡量构件的扭转变形程度，$\varphi' = \dfrac{\mathrm{d}\varphi}{\mathrm{d}x}$，即 $\varphi' = \dfrac{T}{GI_\mathrm{p}}$，表示扭转角 φ 对 x 的变化率，单位为 rad/m。

扭转的刚度条件就是限定最大单位长度扭转角 $\varphi'_{\max}$ 不得超过规定的许用值 $[\varphi']$。因此，等直圆轴扭转刚度条件可用公式表示为

$$\varphi'_{\max} = \dfrac{T_{\max}}{GI_\mathrm{p}} \leqslant [\varphi'] \tag{3.21}$$

工程中在进行轴的刚度计算时，习惯用°/m来表示许用单位长度扭转角 $[\varphi']$，上述刚度条件又可改写为

$$\varphi'_{max} = \frac{T_{max}}{GI_p} \times \frac{180}{\pi} \leq [\varphi'] \tag{3.22}$$

根据受扭构件的功能要求和工作条件的不同，$[\varphi']$ 取值不同，可从有关规范和手册中查取。如精密机械的轴，要求 $[\varphi'] = (0.25 \sim 0.50)°/m$；一般的传动轴，要求 $[\varphi'] = (0.50 \sim 1.0)°/m$。

刚度计算与强度计算一样，可以解决轴的扭转刚度校核、尺寸选择、许可荷载确定三方面的问题。

1）刚度校核。已知轴的横截面尺寸（I_p，W_t）、轴上荷载（T_{max}）和所用材料的许用单位长度扭转角 $[\varphi']$，校核轴的刚度条件是否满足 $\varphi'_{max} = \frac{T_{max}}{GI_p} \leq [\varphi']$。

2）尺寸选择。已知轴受的外力偶矩（T_{max}）和材料的许用单位长度扭转角 $[\varphi']$，计算所需的抗扭刚度，即 $GI_p \geq \frac{T_{max}}{[\varphi']}$，然后根据抗扭刚度来确定截面的最小尺寸。

3）确定许可荷载。已知圆轴的截面尺寸（I_p，W_t）和许用单位长度扭转角（$[\varphi']$），确定圆轴所能承受的最大扭矩 $T_{max} \leq GI_p[\varphi']$，然后根据扭矩利用平衡条件来确定轴所能承受的最大荷载，即许可荷载。

【例3.7】 图3.21a所示阶梯轴，直径分别为 $d_1 = 40mm$，$d_2 = 55mm$，已知 C 轮输入扭转力偶矩为 $M_{eC} = 1432.5N·m$，A 轮输出扭转力偶矩为 $M_{eA} = 620.8N·m$，轴的转速 $n = 200r/min$，轴材料的许用切应力 $[\tau] = 60MPa$，许用单位长度扭转角 $[\varphi'] = 2°/m$，切变模量 $G = 80GPa$，试校核该轴的强度和刚度。

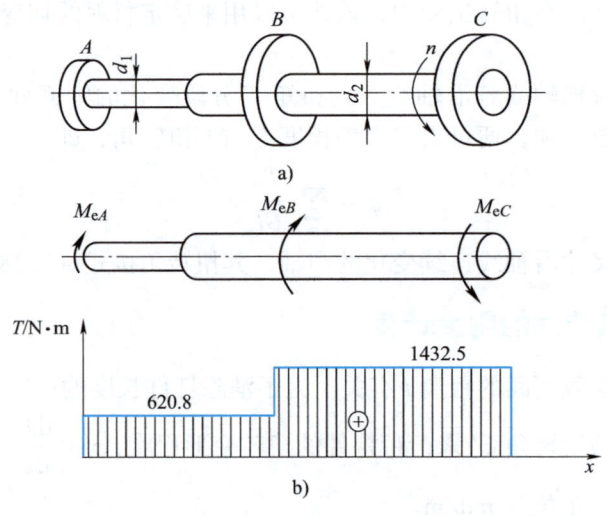

图 3.21 例 3.7 图

【解】 1）做出轴的受力简图及扭矩图，如图3.21b所示。最大扭矩 T_{max} 在 BC 段上，但 AB 段较细。因此危险截面可能是 AB 段中直径为 d_1 截面，也可能是 BC 段的截面。

2) 强度校核。由于受扭圆轴沿轴线方向上的横截面尺寸不同，在确定最大切应力 τ_{max} 时需同时考虑扭矩和抗扭截面系数。

AB 段：$\tau_{1max} = \dfrac{T_1}{W_{t1}} = \dfrac{620.8\text{N}\cdot\text{m}\times 16}{3.14\times(40\text{mm})^3} = 48.5\text{MPa}$

BC 段：$\tau_{2max} = \dfrac{T_2}{W_{t2}} = \dfrac{1432.5\text{N}\cdot\text{m}\times 16}{3.14\times(55\text{mm})^3} = 43.1\text{MPa}$

因此，该轴 $\tau_{max} = 48.5\text{MPa} < [\tau]$，轴的强度满足要求。

3) 刚度校核。

AB 段：$\varphi'_{1max} = \dfrac{T_1}{GI_{p1}}\times\dfrac{180°}{\pi} = \dfrac{32\times(620.8\text{N}\cdot\text{m})\times 180°}{(80\times 10^9\text{Pa})\times 3.14^2\times(40\times 10^{-3}\text{m})^4} = 1.737°/\text{m}$

BC 段：$\varphi'_{2max} = \dfrac{T_2}{GI_{p2}}\times\dfrac{180°}{\pi} = \dfrac{32\times(1432.5\text{N}\cdot\text{m})\times 180°}{(80\times 10^9\text{Pa})\times 3.14^2\times(55\times 10^{-3}\text{m})^4} = 1.121°/\text{m}$

$$\varphi'_{max} = \varphi'_1 = 1.737°/\text{m} < [\varphi']$$

轴的刚度满足要求。

【例 3.8】 传动轴如图 3.22a 所示，其转速 $n = 300\text{r/min}$，主动轮 A 输入的功率 $P_1 = 500\text{kW}$；若不计轴承摩擦所耗的功率，三个从动轮 B、C、D 输出的功率分别为 $P_2 = 150\text{kW}$，$P_3 = 150\text{kW}$，$P_4 = 200\text{kW}$。该轴是用 45 号钢制成的空心圆截面杆，其内外直径比 $\alpha = 1/2$。材料的许用切应力 $[\tau] = 40\text{MPa}$，其切变模量 $G = 80\text{GPa}$。单位长度杆的许用扭转角 $[\varphi'] = 0.3°/\text{m}$。试作轴的扭矩图，并按强度条件和刚度条件选轴的直径。

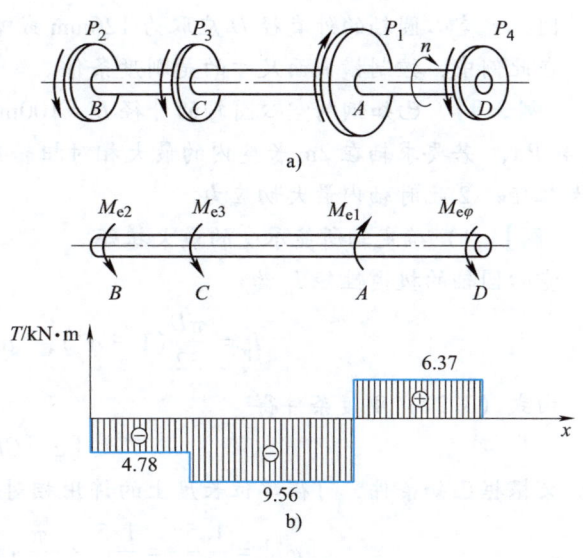

图 3.22 例 3.8 图

【解】 1) 计算外力偶矩。轴的受力如图 3.22b 所示，按式 (3.4) 计算外力偶矩。

$$M_{e1} = 9549\times\dfrac{500\text{kW}}{300\text{r/min}} = 15900\text{N}\cdot\text{m} = 15.9\text{kN}\cdot\text{m}$$

$$M_{e2} = M_{e3} = 9549\times\dfrac{150\text{kW}}{300\text{r/min}} = 4780\text{N}\cdot\text{m} = 4.78\text{kN}\cdot\text{m}$$

$$M_{e4} = 9549\times\dfrac{200\text{kW}}{300\text{r/min}} = 6370\text{N}\cdot\text{m} = 6.37\text{kN}\cdot\text{m}$$

2) 作出扭矩图，判断危险截面。由截面法计算各段轴横截面上的扭矩，得

$$T_{\text{I}} = -M_{e2} = -4.78\text{kN}\cdot\text{m}$$

$$T_{\text{II}} = -(M_{e2} + M_{e3}) = -9.56 \text{kN} \cdot \text{m}$$
$$T_{\text{III}} = M_{e4} = 6.37 \text{kN} \cdot \text{m}$$

作出扭矩图（图 3.22c），由图可知，最大扭矩发生在 CA 段内，其最大值为 $T_{\max} = 9.56\text{kN} \cdot \text{m}$。

3) 按强度条件确定轴的直径。由式（3.17）强度条件得 $W_t \geqslant \dfrac{T_{\max}}{[\tau]}$。

对于空心圆轴 $W_t = \dfrac{\pi D^3}{16}(1 - \alpha^4)$，则

$$D \geqslant \left(\frac{16 T_{\max}}{\pi (1-\alpha^4)[\tau]}\right)^{\frac{1}{3}} = \left(\frac{16 \times 9.56 \times 10^6 \text{N} \cdot \text{mm}}{\pi \times (1 - 0.5^4) \times 40 \times 10^6 \text{Pa}}\right)^{\frac{1}{3}} = 109 \text{mm}$$

4) 按刚度条件确定轴的直径。空心轴 $I_p = \dfrac{\pi D^4}{32}\left[1 - \left(\dfrac{1}{2}\right)^4\right]$，将 I_p 的表达式代入刚度条件式（3.22），得

$$D \geqslant \left(\frac{32 T_{\max} \times 180}{G \pi^2 [\varphi'](1-\alpha^4)}\right)^{\frac{1}{4}} = \left(\frac{32 \times 9.56 \times 10^6 \text{N} \cdot \text{mm} \times 180}{80 \times 10^9 \text{Pa} \times \pi^2 \times 0.3 \times (1 - 0.5^4)}\right)^{\frac{1}{4}} = 126 \text{mm}$$

因此，空心圆轴的外直径 D 应取为 126mm 或略大，内直径 $d = D/2 = 63$mm 或略小。

在此例中，控制横截面尺寸的是刚度条件。

【例 3.9】 已知钢制空心圆轴的外径 $D = 100$mm，内径 $d = 50$mm，材料的切变模量 $G = 80.4$GPa，若要求轴在 2m 长度内的最大相对扭转角不超过 1.5°，试求：①该轴所能承受的最大扭矩；②此时轴内最大切应力。

【解】 1) 确定轴所能承受的最大扭矩。

空心圆轴的极惯性矩 I_p 为

$$I_p = \frac{\pi D^4}{32}(1-\alpha^4), \quad \alpha = \frac{d}{D} = 0.5 \tag{a}$$

由式（3.21）刚度条件得

$$T \leqslant [\varphi']GI_p \tag{b}$$

又根据已知条件，可得单位长度上的许用相对扭转角为

$$[\varphi'] = \frac{1.5°}{2\text{m}} = \frac{1.5}{2\text{m}} \times \frac{\pi}{180} \text{rad} = 0.013 \text{rad/m} \tag{c}$$

将式（a）、式（c）代入式（b）可得

$$T \leqslant [\varphi']GI_p = [\varphi']G \times \frac{\pi D^4}{32}(1-\alpha^4)$$
$$= (0.013\text{rad/m}) \times 80.4 \times 10^9 \text{Pa} \times \frac{\pi \times (100 \times 10^{-3}\text{m})^4 \times (1 - 0.5^4)}{32}$$
$$= 9.69 \times 10^3 \text{N} \cdot \text{m}$$

因此最大扭矩应为 $T_{\max} = 9.69 \text{kN} \cdot \text{m}$。

2) 确定扭矩最大时轴内最大切应力。将空心圆轴的抗扭截面系数 $W_t = \dfrac{\pi D^3}{16}(1-\alpha^4)$ 代

入式 (3.13)，得

$$\tau_{max} = \frac{T_{max}}{W_t} = \frac{16 \times (9.69 \times 10^3 \text{N} \cdot \text{m})}{\pi \times (100 \times 10^{-3}\text{m})^3 (1 - 0.5^4)} = 52.66\text{MPa}$$

3.8 非圆截面杆自由扭转时的应力和变形

工程上受扭转杆件除常见的圆轴外，还有其他形状的截面，如矩形、工字形等，这些非圆截面杆受到扭转力偶作用发生变形，变形后的截面将不再保持为平面，而是发生了"翘曲"（图3.23）。平面假设对非圆截面杆件的扭转已经不适用。

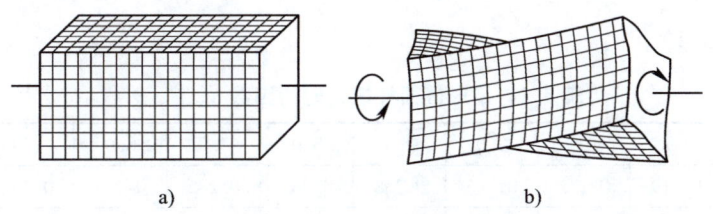

图 3.23 矩形截面翘曲

非圆截面杆件的扭转可分为自由扭转和非自由扭转。扭转时，若各横截面翘曲是自由的，不受约束的，此时相邻横截面的翘曲处处相同，杆件轴向纤维的长度无变化，因而横截面上只有切应力没有正应力，这种扭转称为自由扭转（图3.24a）。在实际工程结构中，受扭构件某些横截面的翘曲要受到约束（如支撑处、加载面处等），杆件各横截面的翘曲程度不同，这样将引起相邻两横截面间纵向纤维长度发生变化，使得横截面上不仅有切应力，还有正应力，这种扭转变形称为非自由扭转（图3.24b），也称为约束扭转。但对于横截面为矩形或椭圆形的实体杆件，因约束扭转而引起的正应力很小，与自由扭转并无太大差别，可以近似看成自由扭转。

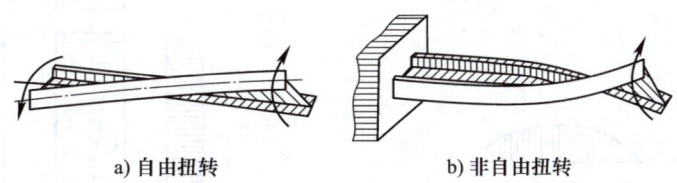

a) 自由扭转　　　　b) 非自由扭转

图 3.24 非圆截面扭转变形

根据弹性力学中自由扭转的相关理论，矩形截面等直杆件自由扭转时，其横截面上的切应力分布如图3.25所示。横截面上的切应力在不超过材料比例极限的情况下，满足如下几点：

1）横截面周边各点的切应力与周边相切，沿周边形成与扭矩同向的顺流。
2）四个角点处切应力等于零。
3）最大切应力发生在横截面长边的中点上。

其中长边中点处最大切应力计算公式为

$$\tau_{\max} = \frac{T}{W_t} = \frac{T}{\alpha h b^2} \qquad (3.23)$$

式中，$W_t = \alpha h b^2$，称为扭转截面系数。

短边中点处切应力计算公式为

$$\tau = \nu \tau_{\max} \qquad (3.24)$$

杆件两端相对扭转角 φ 的计算公式为

$$\varphi = \frac{Tl}{GI_t} \qquad (3.25)$$

式中，$I_t = \beta h b^3$，GI_t 称为杆件的抗扭刚度。上述公式中的 α、β、ν 都是与截面边长比值 $\dfrac{h}{b}$ 相关的因数（见表 3.1）。

表 3.1 矩形截面杆扭转时的因数 α、β、ν

h/b	1.0	1.2	1.5	2.0	2.5	3.0	4.0	6.0	8.0	10.0	∞
α	0.208	0.219	0.231	0.246	0.258	0.267	0.282	0.299	0.307	0.316	0.333
β	0.141	0.166	0.196	0.229	0.249	0.263	0.281	0.299	0.307	0.313	0.333
ν	1.000	0.930	0.858	0.796	0.767	0.753	0.745	0.743	0.743	0.743	0.743

当矩形截面边长比值 $\dfrac{h}{b} > 10$ 时，称为狭长矩形截面，其上切应力分布如图 3.26 所示，这时 $\alpha = \beta \approx \dfrac{1}{3}$。如果以 $b = \delta$ 表示狭长矩形的短边长度，则狭长矩形截面扭转时，其横截面上切应力满足如下规律：

1）最大切应力发生在长边中点处，且沿长边各点的切应力除靠近角点附近外，均接近相等。

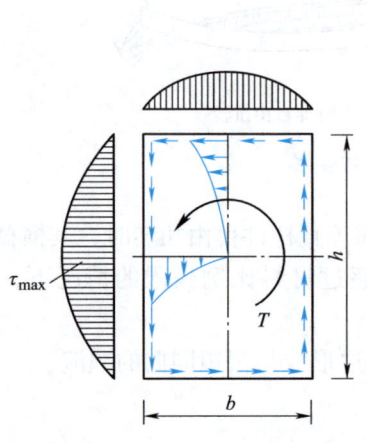

图 3.25 矩形截面杆扭转切应力分布

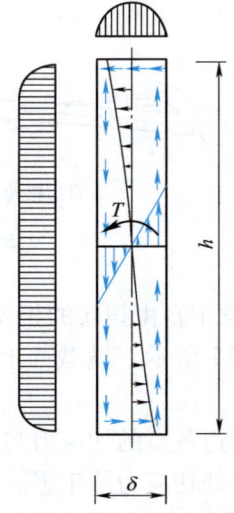

图 3.26 狭长矩形截面杆扭转切应力分布

2) 离短边稍远处，可认为切应力沿厚度 δ 按直线规律变化。其最大切应力和杆件两端相对扭转角 φ 的计算公式分别为

$$\tau_{max} = \frac{T}{W_t} \tag{3.26}$$

$$\varphi = \frac{Tl}{GI_t} \tag{3.27}$$

其中，$W_t = \frac{1}{3}h\delta^2$，$I_t = \frac{1}{3}h\delta^3$。

总结与讨论

1. 基本要求

了解剪切与挤压的概念；掌握剪切与挤压实用强度计算；了解扭转工程实例及基本概念；理解切应力互等定理和剪切胡克定律；掌握扭转内力、应力、变形计算；掌握扭转强度和刚度计算；会利用剪切与挤压强度条件解决工程实际问题；利用扭转强度和刚度条件解决工程实际问题。

2. 重点

剪切、挤压、扭转的基本概念；剪切和挤压的应力及强度计算；截面法求解扭矩；扭转时横截面上的应力计算；扭转变形扭转角计算；扭转强度和刚度计算；切应力互等定理及适用条件。

3. 难点

扭转变形横截面上扭矩计算；扭转强度计算；扭转变形和刚度计算。

4. 常见问题

1) 有效挤压面面积计算。有效挤压面就是指挤压面面积在垂直于挤压力方向的平面上的投影面积。对于接触面为平面的挤压面，其有效挤压面面积为实际挤压面面积；对于接触面为圆柱面的挤压面，其有效挤压面面积为上述投影面面积。

2) 要注意切应力互等定理和剪切胡克定律的具体内容及适用条件。

思 考 题

3.1 什么是剪切变形？什么是挤压变形？试举例说明工程中受剪切和挤压的连接件有哪些？剪切面与外力的关系是什么？挤压面与外力的关系是什么？剪切受力及变形的特点分别是什么？

3.2 挤压应力与压缩应力是否相同？分别作用在构件的哪个部位？什么是有效挤压面？挤压实用计算中对挤压应力有什么样的假设？

3.3 连接件破坏的形式有哪些？连接件与被连接件的挤压作用一定会导致连接件产生过大的局部变形而失效吗？就挤压作用而言，怎样才能保证连接不会产生松动而失效？

3.4 外力偶矩和扭矩的计算及扭矩的正负号规定是什么？影响受扭圆轴横截面上切应力的因素有哪些？影响受扭圆轴变形的因素有哪些？

3.5 薄壁圆筒横截面上正应力公式的适用条件是什么？该公式是如何建立的？受扭圆轴横截面上切应力公式的建立需要哪些方面的内容？该公式的适用条件是什么？对于变截面轴该公式是否适用？

3.6 受扭圆轴扭转变形的程度用什么来衡量？扭转角的计算公式是什么？单位是什么？扭转强度条件和刚度条件能解决哪些力学问题？

3.7 图 3.27 所示单元体，已知右侧面上有与 y 方向成 θ 角的切应力 τ，试根据切应力互等定理，画出其他面上的切应力。

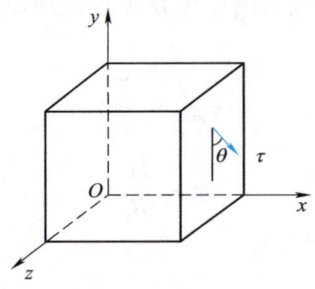

图3.27　思考题3.7图

3.8　材料常数 G、E、μ 之间满足 $G = \dfrac{E}{2(1+\mu)}$ 的前提条件是什么？

习　题

一、判断题

3.1　内燃机中的挺杆轴向受压过大突然变弯，这是一种刚度失效。（　　）

3.2　直径 d 和长度 l 相同、材料不同的两根轴，两端受相同扭转力偶矩作用，它们的最大切应力及最大扭转角都相同。（　　）

3.3　胡克定律和切应力互等定理适用条件相同。（　　）

3.4　剪切胡克定律是通过扭转试验得到的结论。（　　）

3.5　低碳钢试件扭转破坏是沿45°螺旋面拉断。（　　）

二、单项选择题

3.1　圆轴扭转时满足平衡条件，但切应力超过了比例极限，下列结论正确的是（　　）。

A. 切应力互等定理和剪切胡克定律都成立
B. 切应力互等定理和剪切胡克定律都不成立
C. 切应力互等定理成立，剪切胡克定律不成立
D. 切应力互等定理不成立，剪切胡克定律成立

3.2　图3.28所示铸铁受扭圆轴，其破坏断面是（　　）。

A. 1-1　　　B. 2-2
C. 3-3　　　D. 4-4

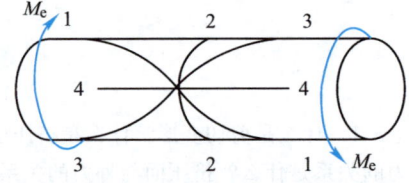

图3.28　单项选择题3.2图

3.3　圆轴扭转时，传递功率不变，仅当转速增大一倍时，最大切应力（　　）。

A. 为原来的四分之一　　B. 为原来的一半　　C. 增加一倍　　D. 增加两倍

3.4　在线弹性范围内受扭的圆截面杆，横截面扭矩为 T，则切应力分布规律如图3.29所示中的（　　）。

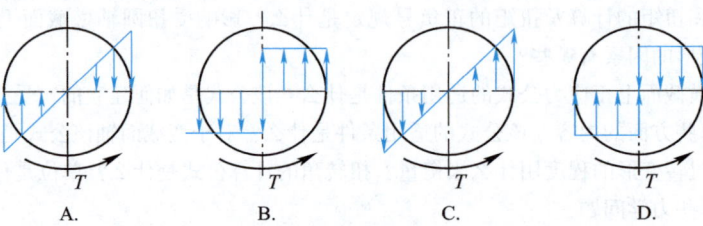

图3.29　单项选择题3.3图

3.5 图 3.30 所示等截面圆轴由两种材料紧密结合而成，左段为铝，右段为钢，两端受扭矩 T 的作用，那么左右两段中（　　）。
A. 最大切应力和单位长度扭转角都相同
B. 最大切应力和单位长度扭转角都不相同
C. 最大切应力相同，单位长度扭转角不相同
D. 最大切应力不相同，单位长度扭转角相同

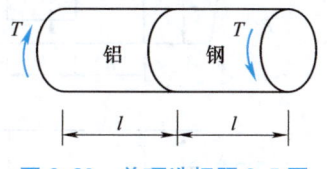

图 3.30　单项选择题 3.5 图

三、计算题

3.1 试指出图 3.31 所示构件的剪切面和挤压面。

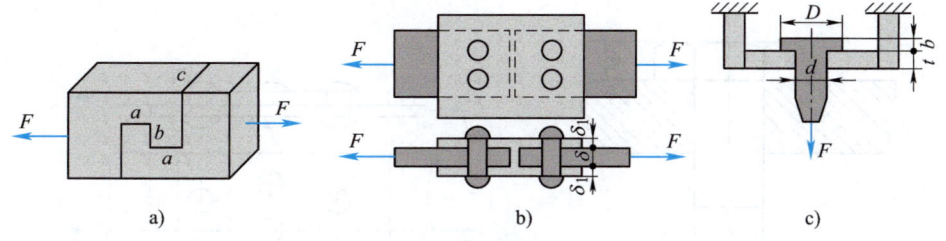

图 3.31　计算题 3.1 图

3.2 冲床冲压钢板如图 3.32 所示，已知钢板厚度 $t=8\text{mm}$，冲头直径 $d=20\text{mm}$，冲头的许用挤压应力 $[\sigma_{bs}]=1440\text{MPa}$。若钢板材料的抗剪强度 $\tau_b=300\text{MPa}$，试求所需的冲压力 P，并校核冲头的挤压强度。

3.3 如图 3.33 所示轴的直径 $d=80\text{mm}$，键的尺寸 $b=24\text{mm}$，$h=14\text{mm}$。键的许用切应力 $[\tau]=40\text{MPa}$，许用挤压应力 $[\sigma_{bs}]=90\text{MPa}$。若由轴通过键所传递的扭转力偶矩 $M_e=3.2\text{kN}\cdot\text{m}$，试求所需键的长度 l。

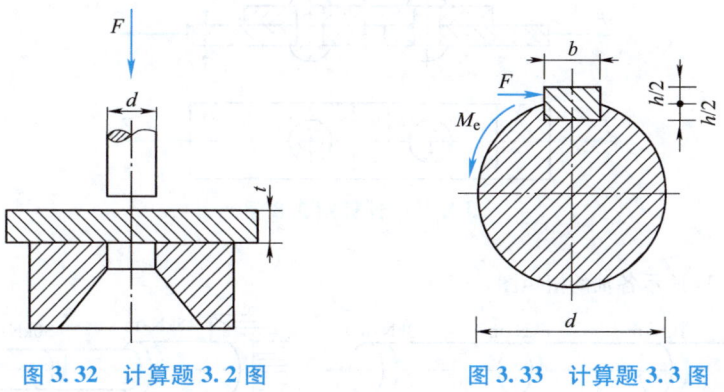

图 3.32　计算题 3.2 图　　　图 3.33　计算题 3.3 图

3.4 木榫接头如图 3.34 所示。$a=b=120\text{mm}$，$h=350\text{mm}$，$c=45\text{mm}$，$F=40\text{kN}$。试求接头的剪切应力和挤压应力。

3.5 图 3.35 所示凸缘联轴节传递的扭矩 $T=3\text{kN}\cdot\text{m}$。四个直径 $d=12\text{mm}$ 的螺栓均匀地分布在 $D=150\text{mm}$ 的圆周上。材料的许用切应力 $[\tau]=90\text{MPa}$，试校核螺栓的抗剪强度。

3.6 图 3.36 所示螺钉受拉力 F 作用。已知材料的许用切应力 $[\tau]$ 和许用正应力 $[\sigma]$ 之间的关系为 $[\tau]=0.6[\sigma]$。试求螺钉直径 d 与钉头高度 h 的合理比值。

3.7 两块钢板用 7 个铆钉连接如图 3.37 所示。已知钢板厚度 $t=6\text{mm}$，宽度 $b=200\text{mm}$，铆钉直径 $d=18\text{mm}$。材料相同，许用应力 $[\sigma]=160\text{MPa}$，$[\tau]=100\text{MPa}$，$[\sigma_{bs}]=240\text{MPa}$。荷载 $F=150\text{kN}$，试校核此接头的强度。

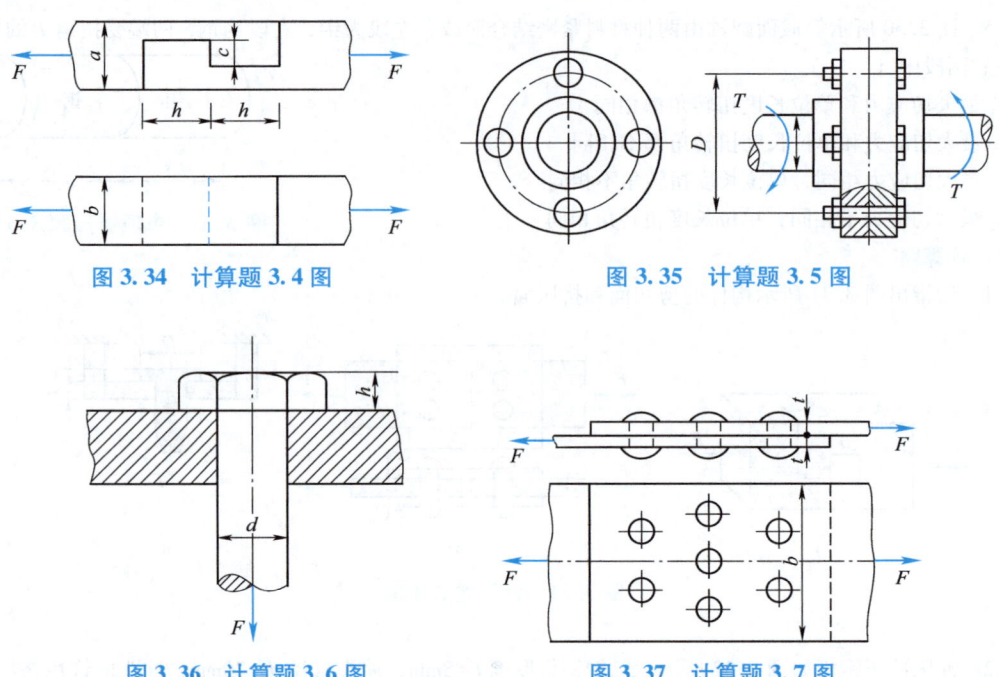

图 3.34 计算题 3.4 图　　图 3.35 计算题 3.5 图

图 3.36 计算题 3.6 图　　图 3.37 计算题 3.7 图

3.8　铆钉连接如图 3.38 所示，已知钢板的厚度 $t = 10\text{mm}$，铆钉直径 $d = 15\text{mm}$，铆钉的许用切应力 $[\tau] = 120\text{MPa}$，许用挤压应力 $[\sigma_{bs}] = 200\text{MPa}$，$F = 20\text{kN}$，试校核铆钉的强度。

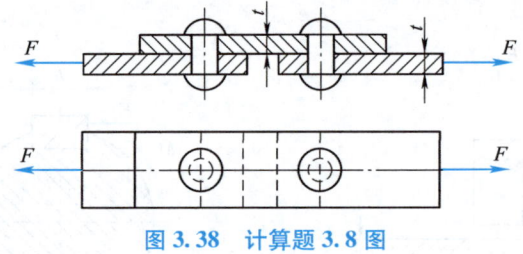

图 3.38 计算题 3.8 图

3.9　画出图 3.39 所示各轴的扭矩图。

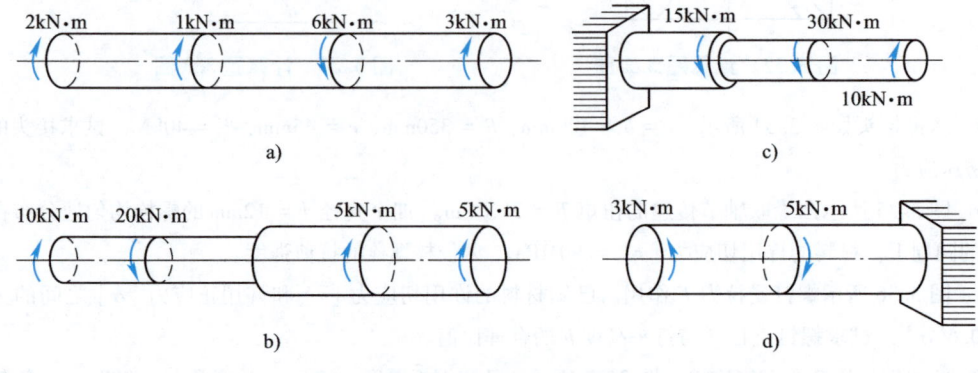

图 3.39 计算题 3.9 图

3.10　传动轴如图 3.40 所示。主动轮 A 输入功率 $P_A = 420\text{kW}$，从动轮 B、C、D 的输出功率分别为

$P_B = P_C = 120\text{kW}$、$P_D = 180\text{kW}$，轴的转速 $n = 300\text{r/min}$。试绘制该轴的扭矩图。

3.11 薄壁圆管扭转切应力公式为 $\tau = \dfrac{T}{2\pi R_0^2 t}$（$R_0$ 为圆管的平均半径，t 为壁厚），试证明 $R_0 \geq 10t$ 时，该公式的最大误差不超过 4.53%。

3.12 如图 3.41 所示，已知变截面钢轴上的外力偶矩 $M_{eB} = 1.8\text{kN}\cdot\text{m}$，$M_{eC} = 1.2\text{kN}\cdot\text{m}$，试求该轴的最大切应力和最大相对扭转角。（已知 $G = 80\text{GPa}$）

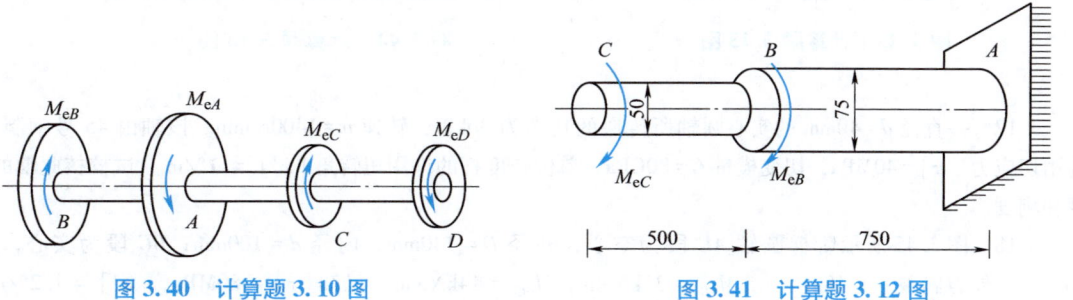

图 3.40 计算题 3.10 图　　图 3.41 计算题 3.12 图

3.13 材料及长度相同的两根圆轴，一根为实心圆轴，直径为 d，一根为空心圆轴，内外径比值为 $\alpha = 0.8$，外径为 D，求它们受扭时具有相同强度时的重量比及刚度比。

3.14 如图 3.42 所示，手摇绞车由两人同时操作，若每人加在手柄上的作用力 $F = 200\text{N}$，已知轴的许用切应力 $[\tau] = 40\text{MPa}$。试根据强度条件设计 AB 轴的直径，并确定最大起重量 W。

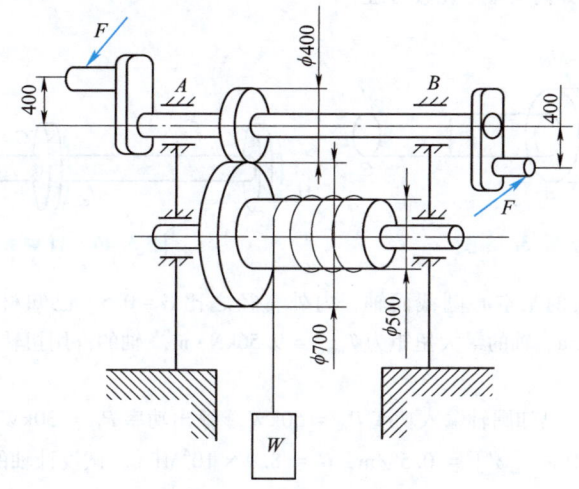

图 3.42 计算题 3.14 图

3.15 图 3.43 所示等截面圆轴，已知 $d = 100\text{mm}$，$l = 500\text{mm}$，$M_{e1} = 8\text{kN}\cdot\text{m}$，$M_{e2} = 3\text{kN}\cdot\text{m}$，$G = 82\text{GPa}$，求：

1）最大切应力。

2）A、C 两截面间的相对扭转角。

3）若 BC 段的单位长度扭转角与 AB 段相等，则 BC 段的内径 d_1 应为多大？

3.16 图 3.44 所示的一等直圆轴，已知 $d = 40\text{mm}$，$a = 400\text{mm}$，$G = 80\text{GPa}$，$\varphi_{BD} = 1°$。试求：

1）最大切应力。

2）截面 A 相对于截面 C 的扭转角。

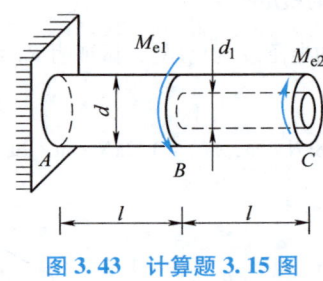
图 3.43　计算题 3.15 图

图 3.44　计算题 3.16 图

3.17　一直径 $d=40\text{mm}$ 的实心圆轴所传递的功率为 30kW，转速 $n=1400\text{r/min}$。该轴由 45 号钢制成，许用切应力 $[\tau]=40\text{MPa}$，切变模量 $G=80\text{GPa}$，单位长度杆的许用扭转角 $[\varphi']=1°/\text{m}$。试校核此轴的强度和刚度。

3.18　图 3.45 所示阶梯圆轴 AE 段为空心，外径 $D=140\text{mm}$，内径 $d=100\text{mm}$；BC 段为实心，$d=100\text{mm}$。外力偶 $M_{eA}=18\text{kN}\cdot\text{m}$，$M_{eB}=32\text{kN}\cdot\text{m}$，$M_{eC}=14\text{kN}\cdot\text{m}$，已知 $[\tau]=80\text{MPa}$，$[\varphi']=1.2°/\text{m}$，$G=80\text{GPa}$。试校核该轴的强度和刚度。

3.19　图 3.46 所示传动轴，转速 $n=500\text{r/min}$，主动轮 A 输入功率 $P_1=400\text{kW}$，从动轮 C、B 分别输出功率 $P_2=160\text{kW}$，$P_3=240\text{kW}$。已知 $[\tau]=70\text{MPa}$，$[\varphi']=1°/\text{m}$，$G=80\text{GPa}$。

1）确定 AC 段的直径 d_1 和 BC 段的直径 d_2。
2）若 AC 和 BC 两段选同一直径，试确定直径 d。
3）主动轮和从动轮应如何安排才比较合理？

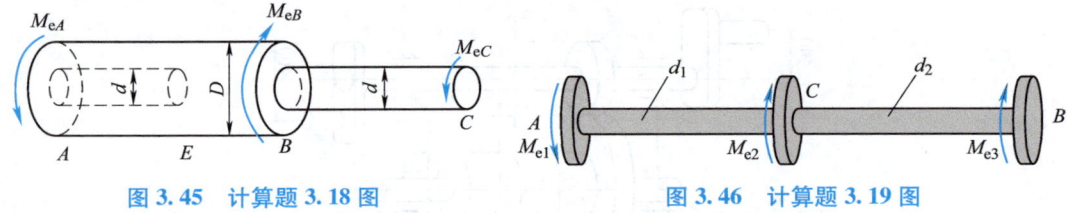

图 3.45　计算题 3.18 图　　　　　图 3.46　计算题 3.19 图

3.20　由 45 号钢制成的某空心圆截面轴，内外直径之比 $\alpha=0.5$。已知材料的许用切应力 $[\tau]=40\text{MPa}$，切变模量 $G=80\text{GPa}$。轴的最大扭矩为 $T_{\max}=9.56\text{kN}\cdot\text{m}$，轴的许用扭转角 $[\varphi']=0.3°/\text{m}$。试选择轴的直径。

3.21　如图 3.47 所示，已知圆轴输入功率 $P_A=50\text{kW}$，输出功率 $P_C=30\text{kW}$，$P_B=20\text{kW}$。轴的转速 $n=100\text{r/min}$，$[\tau]=40\text{MPa}$，$[\varphi']=0.5°/\text{m}$，$G=8.0\times10^4\text{MPa}$。试设计轴的直径 d。

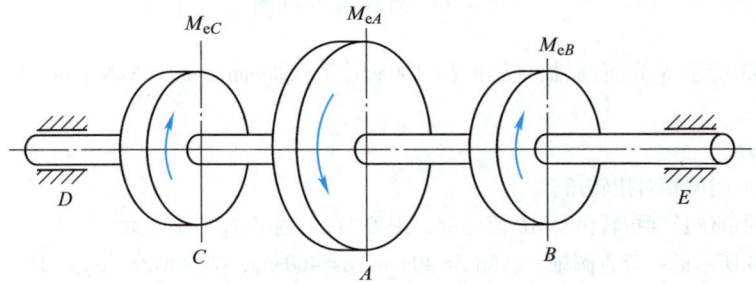

图 3.47　计算题 3.21 图

课外阅读：胡克

罗伯特·胡克（图 3.48）是 17 世纪英国最杰出的科学家之一。他在力学、光学、天文学等多方面都有重大成就。他所设计和发明的科学仪器在当时是无与伦比的。他本人被誉为英国的"双眼和双手"。

在光学方面，胡克是光的波动说的支持者。光的波动说是由意大利数学家格里马第在 1655 年首次提出。胡克认为光的传播与水波的传播相似。1672 年胡克进一步提出了光波是横波的概念。在光学研究中，胡克更主要的工作是进行了大量的光学实验，特别是致力于光学仪器的创制。他制作或发明了显微镜、望远镜等多种光学仪器。

胡克在力学方面的贡献尤为卓著。他建立了弹性体变形与力成正比的定律，即胡克定律。他还同惠更斯各自独立发现了螺旋弹簧的振动周期的等时性等。他曾协助玻意耳发现了玻意耳定律。他曾为研究开普勒学说做出了重大成绩。在研究引力可以提供约束行星沿闭合轨道运动的向心力问题上，1662 年和 1666 年间，胡克做了大量实验工作。他支持吉尔伯特的观点，认为引力和磁力相类似。1664 年胡克曾指出彗星靠近太阳时轨道是弯曲的。他还为寻求支持物体保持沿圆周轨道的力的关系而

图 3.48　罗伯特·胡克

做了大量实验。1674 年他根据修正的惯性原理，从行星受力平衡观点出发，提出了行星运动的理论，在 1679 年给牛顿的信中正式提出了引力与距离平方成反比的观点，但由于缺乏数学手段，没有得出定量的表示。

胡克在天文学、生物学等方面也有贡献。他曾用自制的望远镜观测了火星的运动。1663 年胡克有一个非常了不起的发现，他用自制的复合显微镜观察一块软木薄片的结构，发现它们看上去像一间间长方形的小房间，实际上看到的是细胞壁，并在 1665 年他出版的《显微制图》（*Micrographia*）一书中，将其命名为细胞（"cell"），至今仍被使用。

胡克的发现、发明和创造是极为丰富的。胡克制造过各种机械，包括万向接头在内。1666 年伦敦大火以后，他在重建城市中设计了一些重要建筑物。他曾发明过空气唧筒、发条控制的摆轮、轮形气压表等多种仪器。

第 4 章
弯曲内力

本章导读

工程实际中梁是以弯曲变形为主的构件。在外力作用下，梁的横截面将产生剪力和弯矩两种内力分量。梁的内力分析及绘制内力图是计算梁的强度和刚度的首要条件。本章介绍了平面弯曲、剪力与弯矩的概念；着重介绍了剪力和弯矩的计算方法、用剪力方程和弯矩方程绘制剪力图和弯矩图；分析了剪力、弯矩和荷载集度之间的微分关系，重点阐述了利用这种微分关系绘制剪力图和弯矩图的方法和步骤，同时介绍了用叠加法绘制弯矩图；简要介绍了绘制平面刚架内力图的方法。

工程案例

东方电动机有限公司生产的三峡右岸四号机核心部件——转轮，从四川德阳东方电动机厂发运出厂，踏上前往三峡的旅程。转轮经陆路和水路预计运抵宜昌。该转轮重达473t，直径10m，高5.23m，转轮由上环、下环及13块单块重22.2t的不锈钢叶片组焊而成，堪称巨无霸（图4.1）。负责运输的平板拖车仅轮胎就有256个。陆路运输长全长246km，为转轮专门修建了大件公路，沿线共有124座桥梁和1000个涵洞。由于受汶川地震的影响，大件公路所在地区受到了不同程度的损坏。为维保公路运输的安全，四川省交通厅紧急派出专家对

图 4.1 "巨无霸"出行

大件公路进行了全面检测。经排查，全线桥梁与涵洞有严重潜在安全危险的共有七处，立即进行了应急处理。这个庞然大物行动迟缓，时速只有 8～10km。平板拖车数量众多的轮胎，一方面提高了拖车的承载能力，另一方面重压以更为分散的方式作用到桥梁上，降低了桥梁的内力，从而使得拖车安全通过。思考：大型设备通过危桥、险桥时还可采用哪些辅助的安全措施？

又如，生活中我们经常采用"弓背弯腰"的姿势搬重物（图4.2a），但如果长期采用这种姿势搬重物，腰椎将会受损甚至瘫痪。图4.2a、b两种搬起重物姿势的受力简图分别如图

4.2c、d 所示。人的躯干和腿部可简化成平面刚架，在搬起重物的过程中，腰部作为发力的主力军，这时压力会不均匀地分散在椎间盘和腰部的肌肉中，躯干部分主要承受重物带来的弯矩作用。根据梁弯曲变形的内力计算结果可知，图 4.2c 中躯干部分的弯矩 M 呈线性分布，而图 4.2d 中的弯矩沿躯干基本是均匀分布的。此外，与图 4.2d 相比，图 4.2c 中重物与腿部距离更远，对躯干产生的最大弯矩更大。因此，采用图 4.2a 的姿势搬起重物，会对脊椎带来更大的负荷，而且由于弯矩分布不均匀，特别是腰部位置的弯矩最大，长此以往会造成纤维环内髓核的移动，压迫脊神经造成腰痛。正确的姿势是：双腿下蹲降低重心，保持后背直立，收紧腰腹，腿部发力提起重物。

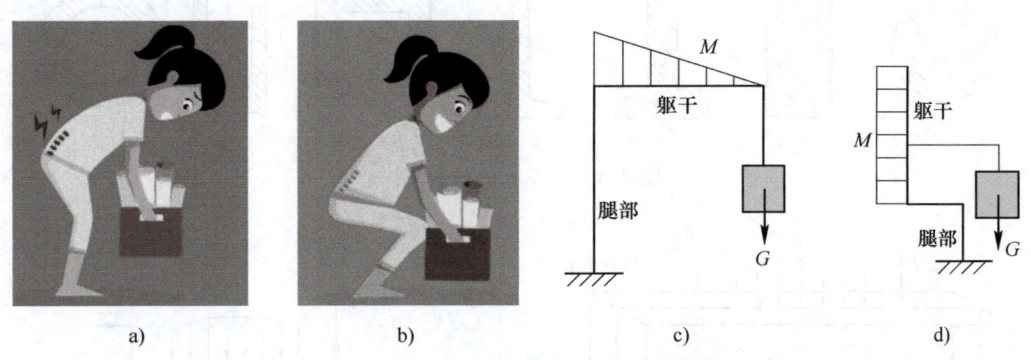

图 4.2 搬重物的姿势及受力简图

4.1 平面弯曲的概念和实例

杆件受垂直于轴线的外力或位于其轴线所在平面内的外力偶作用时，轴线将弯曲成一条曲线，这种变形称为弯曲变形。弯曲变形是工程构件中最常见的一种基本变形。工程上将弯曲变形为主的杆件称为梁。梁是土木、机械、船舶、航空等工程结构中最常见的构件之一。图 4.3 所示为弯曲变形的实例及其计算简图。弯曲变形时如果梁的轴线所在平面与外力作用平面重合，则称为平面弯曲。

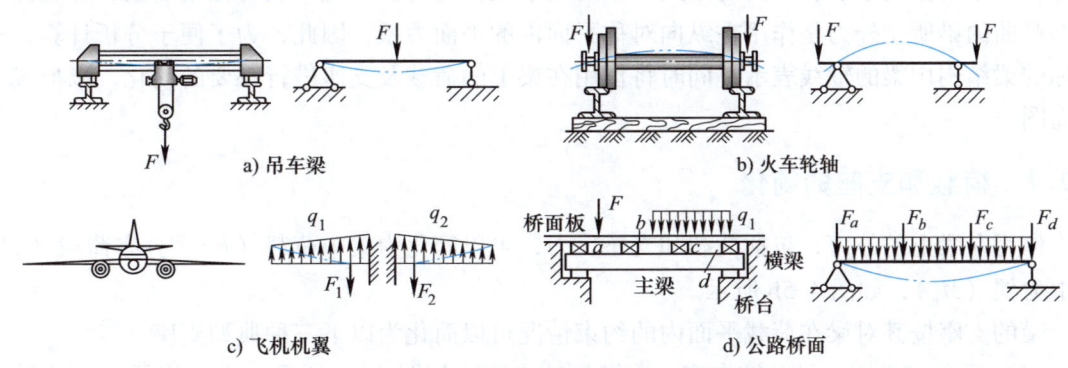

图 4.3 弯曲变形的工程实例及其计算简图

工程中大部分梁的横截面都至少有一根对称轴，对称轴和梁轴线所组成的平面称为纵向对称平面。常见梁的截面形式如图 4.4 所示。若梁具有纵向对称平面，所有的横向外力或外力合力及外力偶矩都作用在纵向对称平面内,那么梁变形后的轴线必定是一条位于该纵向对称面内的平面曲线(图4.5),这种弯曲称为对称弯曲。由于对称弯曲时,梁的轴线所在平面与外力作用平面重合,因此对称弯曲为平面弯曲(梁弯曲后的轴线为平面曲线)。若梁不具有纵向对称面,或者梁虽具有纵向对称面但外力并不作用在纵向对称面内,这种弯曲称为非对称弯曲。对称弯曲是工程中最简单、最常见的情况,也是最基本的弯曲问题。本章重点讨论对称弯曲梁的内力,为后面两章讨论弯曲应力和弯曲变形做准备。

图 4.4 常见梁的截面形式

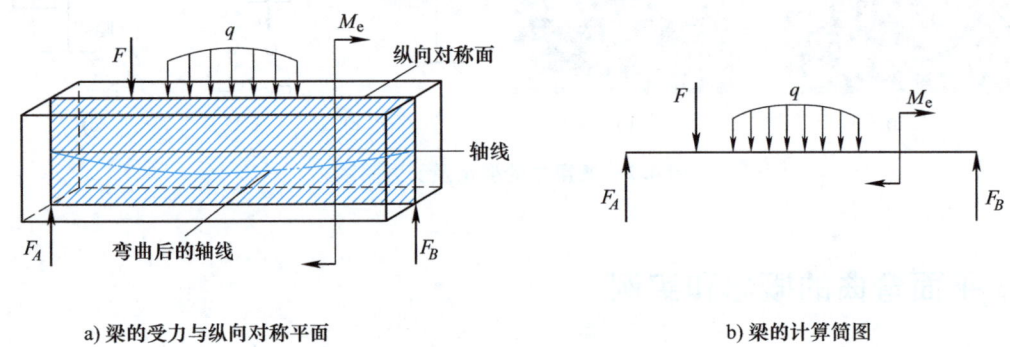

a) 梁的受力与纵向对称平面 b) 梁的计算简图

图 4.5 梁的平面弯曲

4.2 梁的计算简图

由于梁的截面形态有不同的形式,梁的支承条件与荷载情况一般都比较复杂,并且处于平面弯曲的梁所受外力是作用在纵向对称平面内的平面力系,因此,为了便于分析计算,将实际的梁结构用梁的轴线表示,同时将作用在梁上的荷载及支座进行必要的简化,以形成计算简图。

4.2.1 荷载和支座的简化

作用在梁上的外力,包括荷载和支座反力,可以简化为集中荷载(F)、分布荷载(q)、集中力偶(M_e),如图 4.5b 所示。

梁的支座按其对梁在荷载平面内的约束情况可以简化为以下三种典型支座。

(1) 可动铰支座 可动铰支座也称链杆铰支座,如图 4.6a 所示。它允许梁绕铰 A 转动和沿支承平面方向移动,但不能沿垂直于支承面的方向移动。这种支座反力将通过铰 A 的中心并与支承面垂直,支座反力可用 F_{Ay} 来表示。

(2) 固定铰支座 固定铰支座常简称铰支座,如图 4.6b 所示。它允许梁绕铰 A 转动,但不能沿任何方向移动。其支座反力将通过铰 A 的中心，通常可用水平反力 F_{Ax} 和竖向反力 F_{Ay} 来表示。

（3）**固定端支座**　如图 4.6c 所示，这种支座不允许梁在支承 A 处发生任何方向的移动和转动，其支座反力通常用水平反力 F_{Ax}、竖向反力 F_{Ay} 和反力偶 M_A 表示。

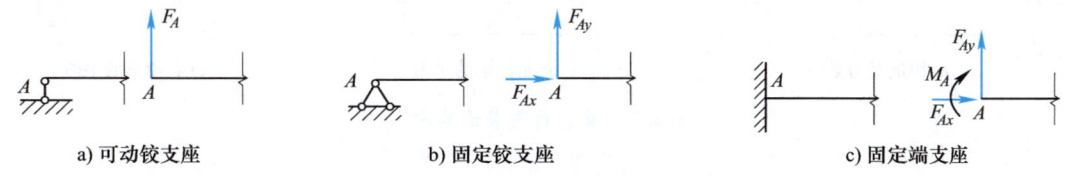

a) 可动铰支座　　　　　　b) 固定铰支座　　　　　　c) 固定端支座

图 4.6　常见梁的支座形式

4.2.2　梁的计算简图及静定梁分类

经过对荷载和支座的简化，便可得到梁的计算简图。图 4.3a 所示的吊车梁，可简化为一端为固定铰支座、另一端为可动铰支座的梁，这种梁称为**简支梁**。图 4.3b 所示的火车轮轴，两条钢轨对车轮的约束，其中一条可以看成是固定铰支座、另一条则视为可动铰支座，轮轴可简化为两端都伸出支座外的梁。这种两端伸出支座外或一端伸出支座外的梁称为**外伸梁**。图 4.3c 所示的飞机，机翼和机身之间不允许有任何的相对移动和相对转动，机身对机翼的约束可视为固定端约束，机翼的另一端则是自由的，这样机翼可视为一端为固定端约束、另一端自由的**悬臂梁**。

如果梁的支座反力均可由静力平衡方程求出，这类梁称为**静定梁**。如果梁的支座反力仅凭静力平衡方程不能完全确定，这类梁称为**超静定梁**。上述的简支梁、外伸梁、悬臂梁的支座反力都可根据梁上荷载由静力平衡方程求出，是静定梁的三种基本形式。简支梁和外伸梁的两支座间距离称为梁的**跨度**，悬臂梁的跨度是固定端到自由端的距离。

4.3　梁的内力——剪力和弯矩

为了计算梁的应力和变形，必须首先了解梁在外力作用下任一横截面上的内力情况。下面对梁的内力及内力图做详细讨论。

4.3.1　梁横截面上的内力——剪力和弯矩

根据对称弯曲的对称性，横截面上的内力系一定可以简化为纵向对称面内的一个平面力系。进一步把该力系向形心简化，将得到一个主矢和一个主矩。当作用在梁上的外力已知时，任一横截面上的内力可利用**截面法**来确定。

以图 4.7a 所示的简支梁为例分析梁横截面上的内力。首先利用平衡方程求出支座反力 F_{Ay} 和 F_{By}。取 A 点为坐标轴 x 的原点，根据截面法，可计算任一横截面 m-m 上的内力。

取左段梁为研究对象，其受力图如图 4.7b 所示。梁上有一向上的约束力 F_{Ay} 和向下的集中力 F 作用，这两个力若不相等，要保持左段梁在横向平衡，在 m-m 截面上必然存在一个竖向内力 F_S，由平衡方程

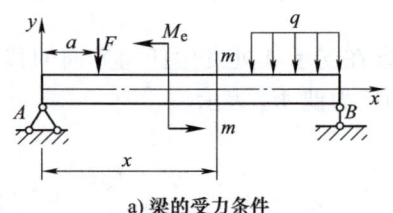
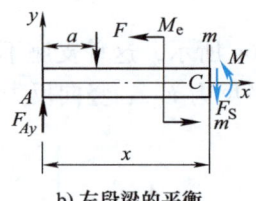
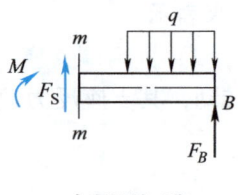

a) 梁的受力条件　　　　　　b) 左段梁的平衡　　　　　　c) 右段梁的平衡

图 4.7　用截面法求梁的内力

$$\sum F_y = 0, \quad F_{Ay} - F - F_S = 0$$

可得

$$F_S = F_{Ay} - F$$

内力 F_S 使横截面发生错动即剪切变形，故称为剪力，它实际上是梁横截面上切向分布内力系的合力。

由于左段梁上各外力对截面形心 C 之矩一般不能相互抵消，为保持该段梁不发生转动，在 m-m 截面上必然还存在一个位于纵向对称平面内的内力偶矩 M，由平衡方程

$$\sum M_C = 0, \quad -F_{Ay}x + F(x-a) + M_e + M = 0$$

可得

$$M = F_{Ay}x - F(x-a) - M_e$$

内力偶矩 M 使梁发生弯曲变形，故称为弯矩，它实际上是梁横截面上法向分布内力系的合力偶矩。

也可以取右段梁为研究对象，同样可求得 m-m 截面的剪力 F_S 和弯矩 M，如图 4.7c 所示。由作用力与反作用力原理可知，右段梁在 m-m 截面上的剪力 F_S 和弯矩 M 与左段梁在 m-m 截面上的剪力 F_S 和弯矩 M 数值相等，方向和转向相反。

4.3.2　剪力和弯矩的符号规定

为了使左、右两段梁上得到同一截面上的剪力 F_S 和弯矩 M，不仅在数值上相等，而且正负号也相同，把剪力和弯矩的正负号规则与梁的变形联系起来，做如下规定：

（1）剪力正负号的规定　在横截面 m-m 处，从梁中取出长为 dx 微段，使微段梁两横截面间发生左上右下错动（或使微段梁发生顺时针方向转动）的剪力为正，反之为负，如图 4.8a 所示。

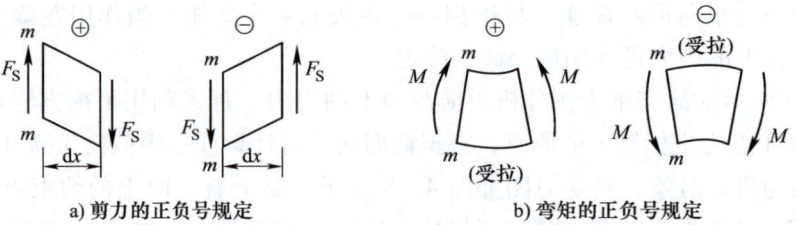

a) 剪力的正负号规定　　　　　　b) 弯矩的正负号规定

图 4.8　剪力与弯矩的符号规定

（2）弯矩正负号的规定　在横截面 m-m 处，从梁中取出长为 dx 微段，使微段梁发生下凸上凹的弯曲变形（或使微段梁下侧纤维受拉）的弯矩为正，反之为负，如图 4.8b 所示。

按上述符号规定，计算梁某截面内力时，无论取左段或右段，所得结果的数值与符号都是一样的。一般在计算时通常将剪力和弯矩假设成正方向，它的实际方向根据最后计算结果的正负号来确定。如果计算结果为正，说明内力的实际方向（或转向）与假设方向一致；否则，说明内力的实际方向（或转向）与假设方向相反。

4.3.3　用截面法求指定截面上的剪力和弯矩

【例 4.1】　图 4.9a 所示简支梁，试计算 1-1、2-2 截面上的剪力和弯矩。

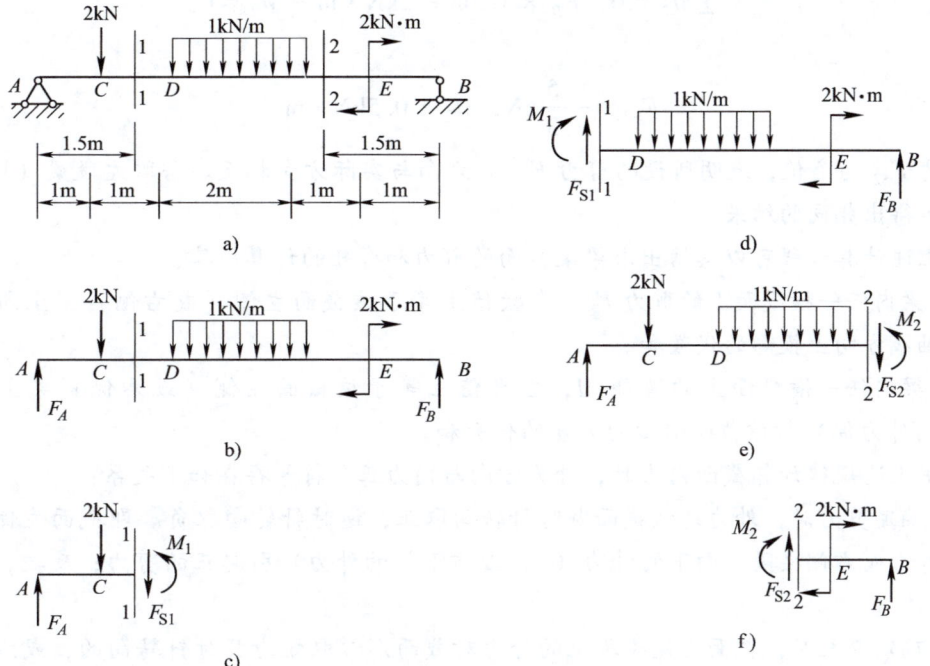

图 4.9　例 4.1 图

【解】　（1）求支座反力。设支座反力分别为 F_A、F_B，受力如图 4.9b 所示。由平衡方程

$$\sum M_A = 0, \quad F_B \times 6\text{m} - 2\text{kN}\cdot\text{m} - 1\text{kN/m} \times 2\text{m} \times 3\text{m} - 2\text{kN} \times 1\text{m} = 0$$

$$\sum F_y = 0, \quad F_A + F_B - 2\text{kN} - 1\text{kN/m} \times 2\text{m} = 0$$

解得

$$F_A = \frac{7}{3}\text{kN}, \quad F_B = \frac{5}{3}\text{kN}$$

F_A、F_B 均为正值，表明所设支座反力 F_A、F_B 的方向与实际方向一致。

（2）求指定截面上的剪力和弯矩。

1）1-1 截面。假想将梁在 1-1 截面处截成左、右两段，取左段梁为研究对象，设剪力 F_{S1}、弯矩 M_1 均为正。由于整个梁处于平衡状态，左段也应保持平衡，作用于这段梁上的外力有集中力 20kN 和支座反力 F_A，受力如图 4.9c 所示，由平衡方程

$$\sum F_y = 0, \quad F_A - 2\text{kN} - F_{S1} = 0$$

$$\sum M_1 = 0, \quad -F_A \times 1.5\text{m} + 2\text{kN} \times 0.5\text{m} + M_1 = 0$$

解得

$$F_{S1} = \frac{1}{3}\text{kN}, \quad M_1 = 2.5\text{kN} \cdot \text{m}$$

F_{S1}、M_1 均为正值，表明所设的剪力 F_{S1}、弯矩 M_1 的方向与实际方向一致。也可取右段梁（图4.9d）计算，所得结果相同。

2) 2-2截面。假想将梁在2-2截面处将梁截成左、右两段，由于右段梁上受力较简单，故取右段梁为研究对象。设剪力 F_{S2}、弯矩 M_2 均为正，受力如图4.9f所示，由平衡方程

$$\sum F_y = 0, \quad F_B + F_{S2} = 0$$

$$\sum M_2 = 0, \quad F_B \times 1.5\text{m} - 2\text{kN} \cdot \text{m} - M_2 = 0$$

解得

$$F_{S2} = -\frac{5}{3}\text{kN}, \quad M_2 = 0.5\text{kN} \cdot \text{m}$$

剪力 F_{S2} 为负值，表明所设的剪力 F_{S2} 的方向与实际方向相反。若取左段梁（图4.9e）计算，可得出相同的结果。

从上述计算过程可以总结出求梁某截面的剪力和弯矩的计算规律：

1) 梁内任一横截面上的剪力 F_S，在数值上等于该截面左侧（或右侧）梁上所有外力在垂直轴线方向上投影的代数和。

2) 梁内任一横截面上的弯矩 M，在数值上等于该截面左侧（或右侧）梁上所有外载（包括外力偶）对该截面形心的力矩的代数和。

采用上述规律计算截面内力时，外力方向与内力正负符号存在如下关系：

1) 确定剪力时，外力绕该截面顺时针转向取正，逆时针转向取负。即截面左侧梁段上向上的外力或右侧梁段上向下的外力（"左上右下"的外力）引起正的剪力；反之，引起负的剪力。

2) 确定弯矩时，截面左侧梁段上的外力对截面形心取矩为顺时针转向的，或右侧梁段上外载（包括外力偶）对截面形心取逆时针转向的力矩（"左顺右逆"的力矩）引起正弯矩；反之，引起负的弯矩。显然，无论左段梁还是右段梁上，竖直向上的外力均引起正弯矩。

按照上述方法，可直接根据梁的受力条件计算出某一截面的剪力和弯矩，而不必将梁假想地截开画受力图。计算时通常取外力比较简单的一侧。

4.4 梁的内力方程及内力图

一般情况下，梁横截面上的剪力和弯矩是随截面位置的变化而变化的。在梁的强度和刚度计算中，常常需要知道梁各截面上的内力随截面位置的变化规律，尤其是最大剪力和弯矩的数值及其所在截面位置。为了描述其变化规律，可以用坐标 x 表示横截面在梁轴线上的位置，将梁各截面上的剪力和弯矩表示为坐标 x 的函数，称为剪力方程和弯矩方程，即

$$F_S = F_S(x), \quad M = M(x)$$

为了直观地表示剪力和弯矩沿梁轴线的变化规律,可将剪力方程与弯矩方程用图形表示,得到剪力图与弯矩图。

画剪力图和弯矩图的方法与画轴力图及扭矩图类似,取一平行于梁轴线的横轴 x 表示横截面的位置,以纵轴表示各对应横截面上的剪力和弯矩,画出剪力和弯矩与 x 的函数关系曲线。剪力图纵坐标向上为正,弯矩图纵坐标向下为正。

下面举例说明建立梁的剪力方程和弯矩方程及绘制剪力图和弯矩图的基本方法。

【例 4.2】 图 4.10a 所示简支梁 AB 受均布荷载 q 作用,试列出剪力方程和弯矩方程,并绘制剪力图和弯矩图。

【解】 (1) 求支座反力。

设支座反力分别为 F_A、F_B,梁的受力如图 4.10b 所示。根据对称性知

$$F_B = F_A = \frac{ql}{2}(\uparrow)$$

(2) 列剪力方程和弯矩方程。由于全梁受均布荷载的作用,所以用一个剪力方程和一个弯矩方程就可以反映整个梁的剪力和弯矩的变化规律。以梁的左端 A 为坐标原点,距左端 x 处的截面上的剪力和弯矩,即梁的剪力和弯矩方程分别为

$$F_S(x) = \frac{ql}{2} - qx \quad (0 < x < l) \quad \text{(a)}$$

$$M(x) = \frac{ql}{2}x - \frac{q}{2}x^2 \quad (0 \leqslant x \leqslant l) \quad \text{(b)}$$

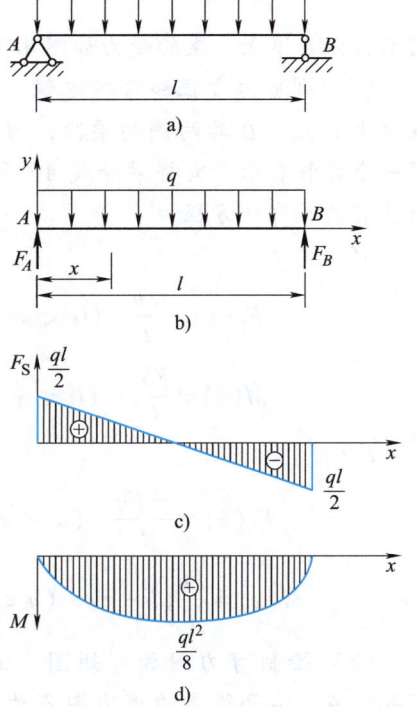

图 4.10 例 4.2 图

(3) 绘制剪力图和弯矩图。

1) 由式 (a) 可知,梁的剪力方程为 x 的一次函数,剪力图为一条斜直线,因此,只需确定直线上两点,如 $x=0$ 处 $F_S = \frac{ql}{2}$,$x=l$ 处,$F_S = -\frac{ql}{2}$,连接这两点便可得到图 4.10c 所示的剪力图。

2) 由式 (b) 可知,梁的弯矩方程为 x 的二次函数,弯矩图为一条抛物线。绘抛物线需确定三点,如:$x=0$ 处,$M=0$;$x=l$ 处,$M=0$;令 $\frac{dM(x)}{dx} = \frac{ql}{2} - qx = 0$,可确定抛物线顶点在 $x = \frac{l}{2}$ 处,其值为 $M_{max} = \frac{ql^2}{8}$。根据这三点便可绘出图 4.10d 所示的弯矩图。

(4) 确定最大内力值。从剪力图和弯矩图可以看出,梁在靠近两支座处横截面上的剪力最大,$|F_S(x)|_{max} = \frac{ql}{2}(0 < x < l)$;在梁的中点横截面上的弯矩值为最大,$|M(x)|_{max} =$

$\dfrac{ql^2}{8}$,而在该截面上的剪力为 0。

【例 4.3】 图 4.11a 所示简支梁 AB 受集中荷载 F 作用,试列出剪力方程和弯矩方程,绘制剪力图和弯矩图,并确定最大内力值。

【解】 (1) 求支座反力。根据平衡方程求得支座反力 F_A、F_B 分别为 $F_A = \dfrac{Fb}{l}(\uparrow)$,$F_B = \dfrac{Fa}{l}(\uparrow)$,并将它们标注在梁上。梁的受力如图 4.11b 所示。

(2) 列剪力方程和弯矩方程。由于集中力 F 作用在梁上 C 点,在其两侧的梁段,剪力或弯矩方程不能用一个方程表示,需将梁分成 AC 和 CB 梁段,分别写出其剪力和弯矩方程。

AC 段

$$F_S(x) = \dfrac{Fb}{l} \quad (0 < x < a) \quad (c)$$

$$M(x) = \dfrac{Fb}{l} x \quad (0 \leq x \leq a) \quad (d)$$

CB 段

$$F_S(x) = \dfrac{-Fa}{l} \quad (a < x < l) \quad (e)$$

$$M(x) = \dfrac{Fa}{l}(l - x) \quad (a \leq x \leq l) \quad (f)$$

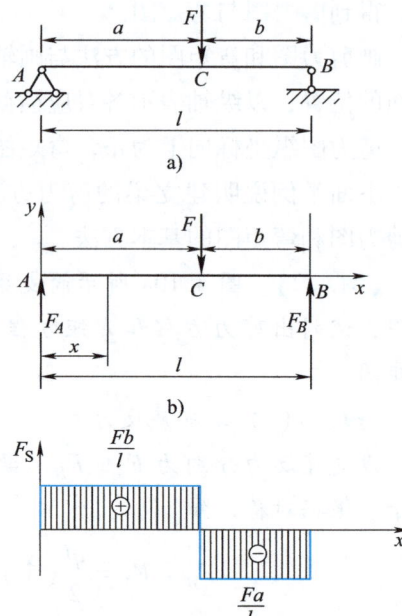

图 4.11 例 4.3 图

(3) 绘制剪力图和弯矩图。由式(c)、式(e)可知,左、右两段梁的剪力图各为一条平行于 x 轴的直线。由式(d)、式(f)可知,左、右梁段梁的弯矩图各为一条斜直线。根据这些方程绘出的剪力图和弯矩图如图 4.11c、d 所示。

(4) 确定最大内力值。从图 4.11c、d 中可以看出,当 a>b 时,BC 段梁任意截面上的剪力值最大,$|F_S(x)|_{max} = \dfrac{Fa}{l}$ (0 < x < a);而集中荷载作用处横截面上的弯矩值最大,$|M(x)|_{max} = \dfrac{Fab}{l}$;当 $a = b = \dfrac{l}{2}$ 时,$|F_S(x)|_{max} = \dfrac{F}{2}$,$|M(x)|_{max} = \dfrac{Fl}{4}$。

从例 4.3 的内力图可以看出,在集中力作用处剪力图有突变,突变值就等于对应集中力的大小,而弯矩图有转折点。

【例 4.4】 图 4.12a 所示简支梁 AB 承受集中力偶 M_e 作用,试列出剪力方程和弯矩方程,绘制剪力图和弯矩图,并确定最大内力值。

【解】 (1) 求支座反力。根据平衡方程计算出梁的支座反力分别为 $F_A = \dfrac{M_e}{a + b}(\uparrow)$,$F_B = \dfrac{M_e}{a + b}(\downarrow)$,并将它们标注在梁上,梁的受力如图 4.12b 所示。

(2) 列剪力方程和弯矩方程。由于有力偶矩 M_e 作用，应分 AC、CB 段列出弯矩方程。

AC 段

$$F_S(x) = F_A = \frac{M_e}{a+b} \quad (0 < x \leq a) \quad (g)$$

$$M(x) = F_A x = \frac{M_e}{a+b} x \quad (0 \leq x < a) \quad (h)$$

CB 段

$$F_S(x) = F_A = \frac{M_e}{a+b} \quad (a \leq x < l) \quad (i)$$

$$M(x) = F_A x - M_e = \frac{M_e}{a+b}(x-a-b) \quad (a < x \leq l) \quad (j)$$

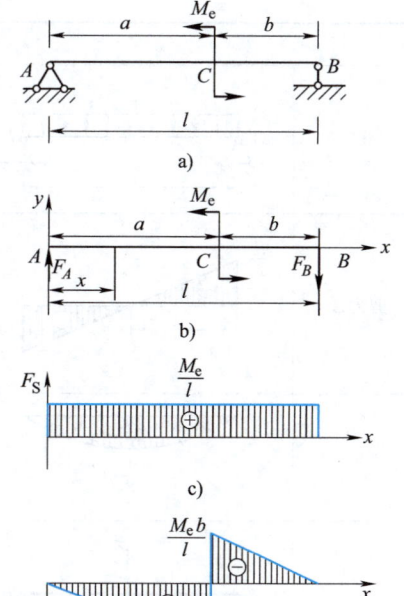

图 4.12 例 4.4 图

(3) 绘制剪力图和弯矩图。由式（g）、式（i）可知，两段梁的剪力相等，因此剪力图为一条平行于 x 轴的直线。由式（h）、式（j）可知，左、右梁段梁的弯矩图各为一条斜直线。根据这些方程绘出的剪力图和弯矩图如图 4.12c、d 所示。

(4) 确定最大内力值。从图 4.11c 中可以看出，梁任意截面上的剪力值相等，$|F_S(x)|_{max} = \frac{M_e}{l}$；当 $a>b$ 时，绝对值最大的弯矩发生在集中力偶作用处左侧的截面上，$|M(x)|_{max} = \frac{M_e a}{l}$，当 $a<b$ 时，绝对值最大的弯矩发生在集中力偶作用处右侧的截面上，$|M(x)|_{max} = \frac{M_e b}{l}$。

从例 4.4 的内力图可以看出，在力偶矩作用处弯矩图发生突变，突变值就等于对应的集中力偶矩，而剪力图无变化。

通过例 4.3 及例 4.4 可以看出，梁上有不连续荷载作用时应分段写剪力和弯矩方程。

根据剪力方程、弯矩方程绘制剪力图、弯矩图的步骤如下：

1) 根据梁的支座和荷载情况求出梁的支座反力。
2) 根据梁的受力情况分段列出剪力方程和弯矩方程。
3) 根据剪力方程和弯矩方程，分别求出各段控制截面处（包括梁的端点、断点、剪力为零的点及极值点）剪力和弯矩，并作剪力图和弯矩图。

简支梁、悬臂梁和外伸梁在常见荷载作用下的剪力图和弯矩图的形状、最大剪力值、最大弯矩值及其正负号均应熟记，这是学习"用叠加法绘制弯矩图"的基础，也是学习结构力学课程的基础。为了便于复习、记忆和查阅，常见静定梁的内力图汇总为表 4.1，以供参考。

表 4.1 常见静定梁内力图

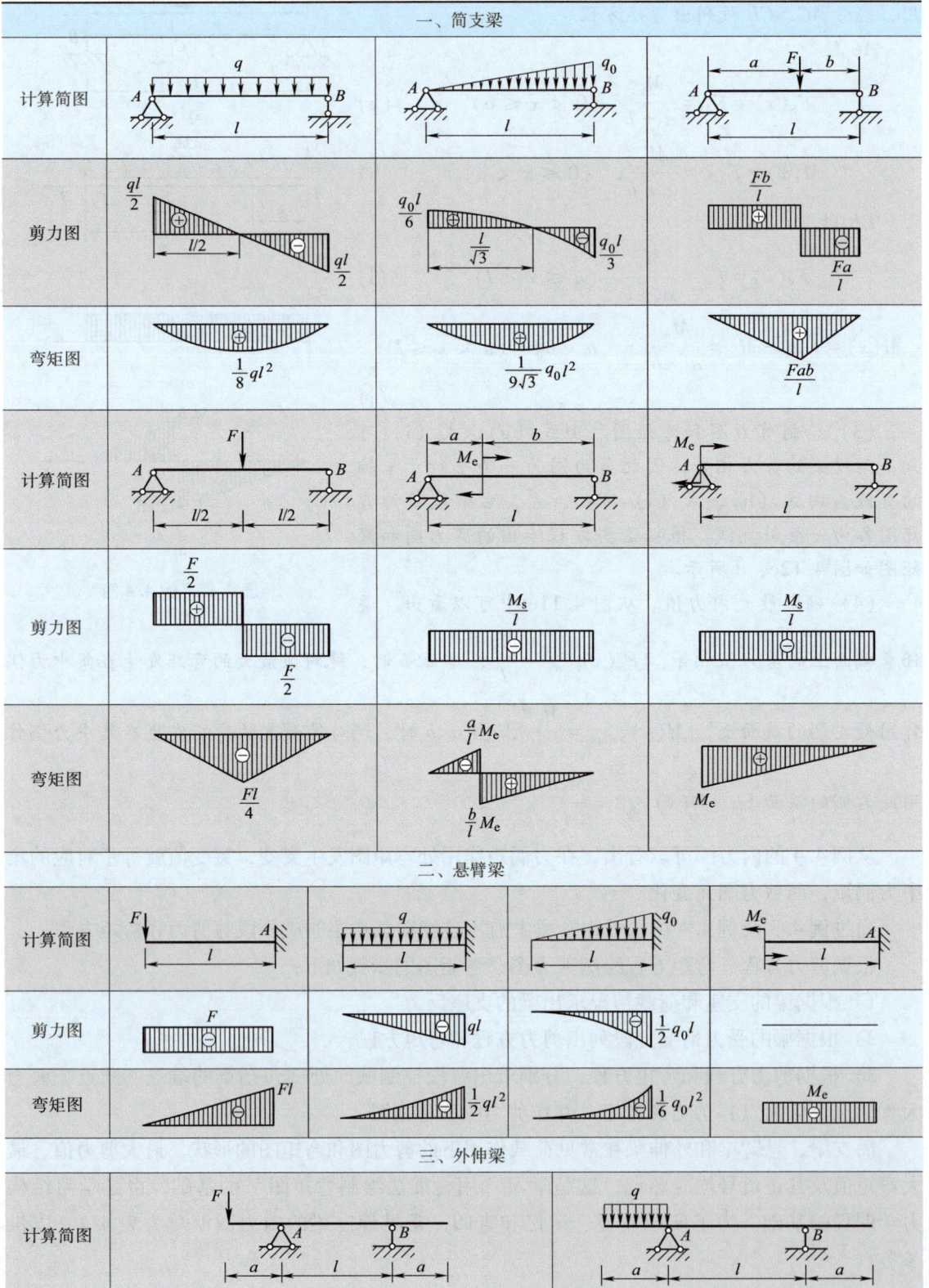

第 4 章 弯曲内力

(续)

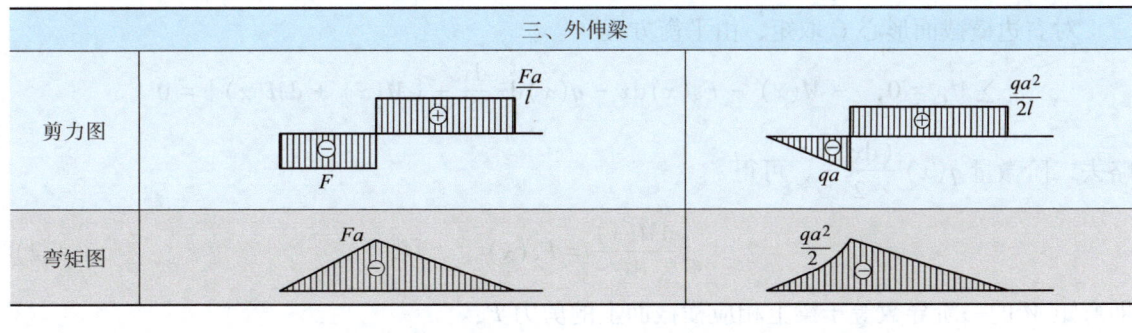

4.5 剪力、弯矩与荷载集度的关系及其应用

由于梁的内力是由作用在梁上的荷载引起的,它们必然会存在一定的关系。上节讨论了绘制梁内力图的最基本方法,从例题中可以看出,当梁段上的分布荷载集度为零时,则该段梁上的剪力图为一水平直线,弯矩图为一斜直线;当梁段上的分布荷载集度为常数时,则该段梁上的剪力图为一斜直线,弯矩图为二次曲线,且梁段某截面的剪力为零时,该截面的弯矩取得极值。这些关系是普遍存在的,本节所讨论的就是利用剪力、弯矩与荷载集度的微积分关系来绘制内力图。

4.5.1 剪力、弯矩与荷载集度的微分关系

简支梁受载如图 4.13a 所示。规定分布荷载 $q(x)$ 以向上为正、向下为负。以梁轴线为 x 轴,梁的左端点 A 为坐标轴 x 的原点,在距 A 点 x 处取长度为 dx 的微段,微段上仅承受向上的分布荷载 $q(x)$ 作用,由于 dx 为微量,故可认为 $q(x)$ 在微段 dx 上是均匀分布的。设 x 截面上的剪力和弯矩分别为 $F_S(x)$、$M(x)$,坐标为 $x+dx$ 截面上的剪力和弯矩分别为 $F_S(x) + dF_S(x)$ 和 $M(x) + dM(x)$,并假设都是正剪力和正弯矩,微段受力如图 4.13b 所示。

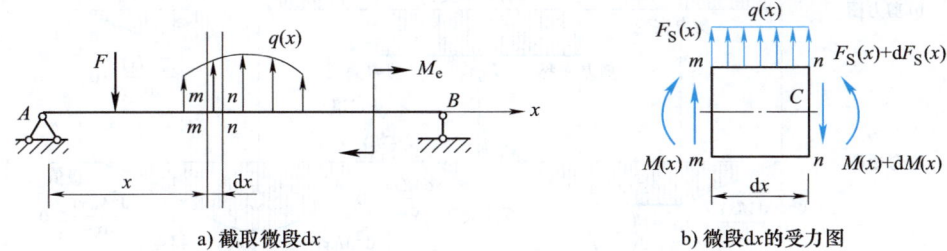

a) 截取微段 dx 　　　　b) 微段 dx 的受力图

图 4.13 剪力、弯矩与荷载集度的微分关系

对微段 dx 列平衡方程,由

$$\sum F_y = 0, \quad F_S(x) + q(x)dx - [F_S(x) + dF_S(x)] = 0$$

得

$$\frac{dF_S(x)}{dx} = q(x) \tag{4.1}$$

即剪力 F_S 对截面位置坐标 x 的一阶导数等于梁上相应截面处分布荷载集度 q。

对右边横截面形心 C 取矩，由平衡方程

$$\sum M_C = 0, \quad -M(x) - F_S(x)dx - q(x)dx\frac{dx}{2} + [M(x) + dM(x)] = 0$$

略去二阶微量 $q(x)\dfrac{(dx)^2}{2}$，可得

$$\frac{dM(x)}{dx} = F_S(x) \tag{4.2}$$

即弯矩 M 的一阶导数等于梁上相应横截面上的剪力 F_S。

将式 (4.2) 代入式 (4.1)，又可以得到

$$\frac{d^2M(x)}{dx^2} = \frac{dF_S(x)}{dx} = q(x) \tag{4.3}$$

即弯矩 M 的二阶导数等于梁上相应截面处分布荷载集度 q。

式 (4.1)、式 (4.2)、式 (4.3) 即剪力 $F_S(x)$、弯矩 $M(x)$、荷载集度 $q(x)$ 之间的微分关系。

4.5.2 常见荷载下梁的剪力图和弯矩图的特征

根据弯矩 $M(x)$、剪力 $F_S(x)$、荷载集度 $q(x)$ 之间的微分关系可以得出剪力图、弯矩图与荷载集度三者之间的规律。现结合图 4.14 所示梁的受力情况，将常见荷载作用下剪力图和弯矩图的特征归纳如下。

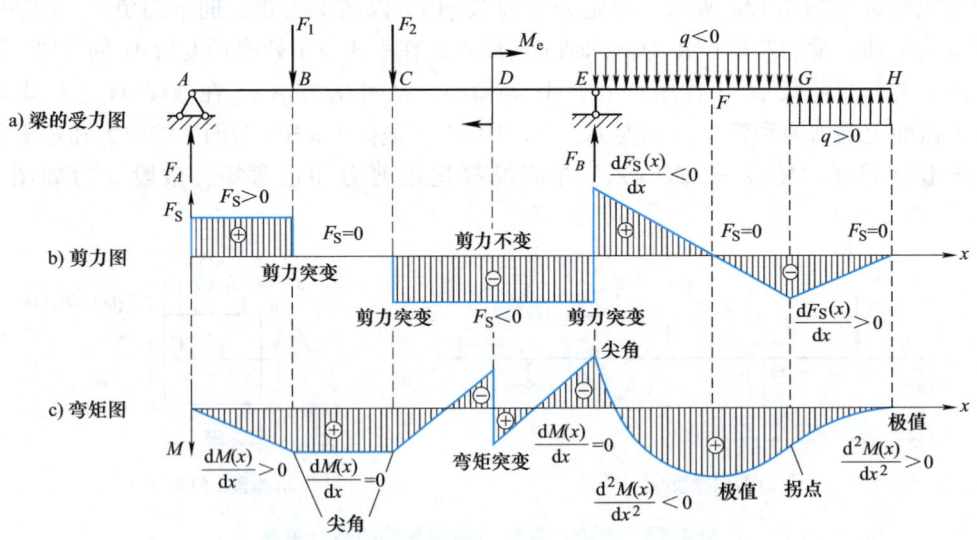

图 4.14　常见荷载作用下剪力图和弯矩图的特征

1) 当梁段上无荷载（$q=0$）作用时，由 $\dfrac{dF_S(x)}{dx} = q(x)$ 可知剪力 F_S 为常数，剪力图为平行于轴线的直线；由 $\dfrac{d^2M(x)}{dx^2} = \dfrac{dF_S(x)}{dx} = q(x)$ 可知弯矩为一次函数，弯矩图为一条斜直

线，斜率为剪力 F_S。如图 4.14 中的 AB、CD、DE 段。特殊情况下 $F_S=0$，弯矩图为一条平行于轴线的直线，如图 4.14 中的 BC 段。

2）当 q 为常数时，由 $\dfrac{\mathrm{d}F_S(x)}{\mathrm{d}x}=q(x)$ 可知剪力为一次函数，剪力图为一条斜直线，斜率为荷载集度 q；由 $\dfrac{\mathrm{d}^2M(x)}{\mathrm{d}x^2}=\dfrac{\mathrm{d}F_S(x)}{\mathrm{d}x}=q(x)$ 可知弯矩为二次函数，弯矩图为一条二次抛物线，如图 4.14 中的 EG、GH 段。

3）抛物线的开口方向与分布荷载的方向相反，且在剪力 $F_S=0$ 处，弯矩斜率为零，该处的弯矩取得极值，如图 4.14 中的 F 截面。

4）在集中力偶作用处，弯矩图有突变，突变值即该处集中力偶的力偶矩，但剪力图无变化，如图 4.14 中的 D 截面。

5）在集中力作用处，剪力图有突变，突变值即该处集中力的大小，此时弯矩图的斜率也发生突变，因而弯矩图在此处有折点，如图 4.14 中的 A、B、C、E 截面。

利用微分关系绘制直梁的剪力图、弯矩图的步骤如下。

1）求支座反力。

2）确定控制截面，将梁进行分段。梁的端截面、集中力、集中力偶的作用截面、分布荷载的起止截面、弯矩的极值点所在截面都是梁分段时的控制截面。

3）求控制截面的剪力值、弯矩值。

4）由各梁段上的荷载情况，根据荷载与内力图之间的规律确定其对应的剪力图和弯矩图的形状，逐段连线作图。

4.5.3 弯矩、剪力与荷载集度的积分关系

在研究剪力、弯矩和分布荷载集度之间的微分关系时，发现集中力会引起剪力突变，而集中力偶会引起弯矩发生突变，因而将研究的区段限于没有集中力和集中力偶作用的区段。若 $[x_1, x_2]$ 是这种区段，在此区段上将式（4.1）和式（4.3）积分，可得

$$F_S(x_2) - F_S(x_1) = \int_{x_1}^{x_2} q \mathrm{d}x \qquad (4.4)$$

$$M(x_2) - M(x_1) = \int_{x_1}^{x_2} F_S \mathrm{d}x \qquad (4.5)$$

式（4.4）和式（4.5）表明：

1）剪力图上任意两截面上剪力之差，等于分布荷载曲线在 $[x_1, x_2]$ 区间与 x 轴线围成的面积。注意，围成的面积是分正、负的，当 $q(x)$ 向上时取正值，向下时取负值。

2）弯矩图上任意两截面上弯矩之差，等于剪力曲线在 $[x_1, x_2]$ 区间与 x 轴线围成的面积。

突变关系、微分关系和积分关系是剪力与弯矩必须满足的关系，因而有助于正确绘制剪力图和弯矩图。下面通过例题说明使用上述微分、积分关系直接绘制剪力图、弯矩图。

【例 4.5】 利用微分关系作图 4.15a 所示外伸梁的内力图。

【解】 1）求支座反力。设支座反力分别为 F_A、F_B，根据平衡方程求得 $F_A=35\mathrm{kN}(\uparrow)$，$F_B=15\mathrm{kN}(\downarrow)$。梁的受力如图 4.15b 所示。

2）根据梁上荷载及支座情况，将梁分为 CA、AD、DB 三段。

3）判断剪力图和弯矩图的形状。CA 段梁上有均布荷载，且 $q=20\text{kN/m}$，则剪力图为一条斜直线，弯矩图为一条二次抛物线；AD 段和 DB 段梁上无分布荷载，剪力图为一条水平直线，弯矩图为斜直线。

4）计算控制截面的剪力 F_S 和弯矩 M。

C 截面：是梁的端截面，其 $F_{SC}=0$，$M_C=0$。

A 截面：作用了支座反力 F_A，该处的剪力要发生突变，因此需要分别计算无限靠近 A 截面的左右两侧截面上的剪力 F_{SA^-} 和 F_{SA^+}。

$$F_{SA^-} = -q \times 1\text{m} = -20\text{kN},$$
$$F_{SA^+} = -q \times 1\text{m} + F_{Ay} = 15\text{kN};$$
$$M_A = -q \times 1\text{m} \times 0.5\text{m} = -10\text{kN} \cdot \text{m}$$

D 截面：作用了集中力偶，该处的弯矩要发生突变，因此需要分别计算无限靠近 D 截面的左右两侧截面上的弯矩 M_{D^-} 和 M_{D^+}。

$$F_{SD} = F_B = 15\text{kN};$$
$$M_{D^-} = 20\text{kN} \cdot \text{m} - F_B \times 1\text{m} = 5\text{kN} \cdot \text{m},$$
$$M_{D^+} = -F_B \times 1\text{m} = -15\text{kN} \cdot \text{m}$$

B 截面： $F_{SB^-} = F_B = 15\text{kN}$；$M_B = 0$

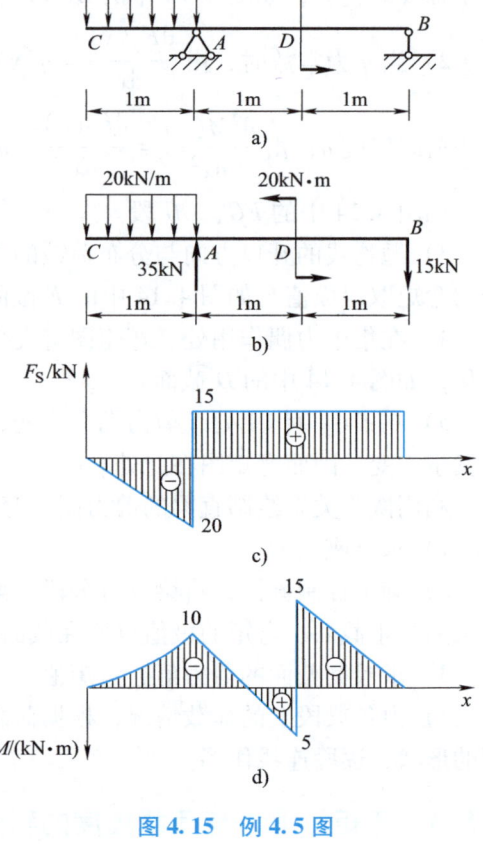

图 4.15　例 4.5 图

5）逐段绘制内力图。根据各段梁剪力图和弯矩图的形状，逐段连线作图。整个梁的剪力图和弯矩图如图 4.15c、d 所示。

4.6　用叠加法绘制弯矩图

在线弹性范围内、小变形条件下，梁横截面的内力为各荷载的线性函数，即梁在几个荷载共同作用下产生的内力等于各荷载单独作用产生的内力的代数和，这就是叠加原理。利用叠加原理所做的分析计算方法称为叠加法。根据叠加原理，梁的弯矩可以用叠加法计算，因而弯矩图也可以用叠加法绘制。利用叠加法作梁的弯矩图的步骤为：

1）先分别作出梁在各荷载单独作用下的弯矩图。

2）将各弯矩图相应的纵坐标进行代数叠加。

按上述步骤叠加后得到的弯矩图便是梁在所有荷载作用下的弯矩图。用叠加法绘制弯矩图有时比较方便，可参考表 4.1 所列的梁在简单荷载下的弯矩图。

【例 4.6】　利用叠加法作图 4.16a 所示简支梁的弯矩图。

【解】　1）荷载分解。将图 4.16a 所示的简支梁分解为单独受集中力 F 和集中力偶 Fa 作用的两根简支梁，如图 4.16b、c 所示。

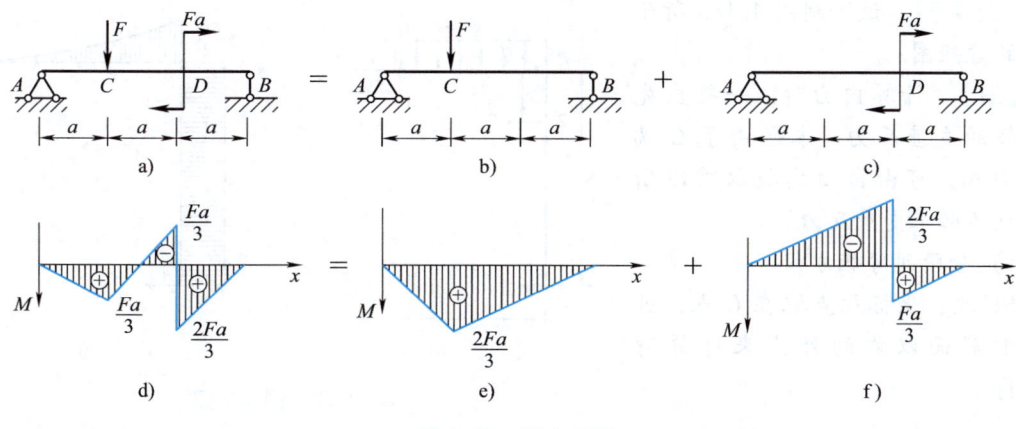

图 4.16 例 4.6 图

2) 绘制各荷载单独作用下简支梁的弯矩图。分别绘制出单独受集中力 F 和集中力偶 Fa 作用下梁的弯矩图，如图 4.16e、f 所示。

3) 叠加弯矩图。将图 4.16e、f 对应的纵坐标进行代数叠加，这样图形叠加的部分正、负弯矩值互相抵消，而剩下不重叠的部分即所求的总弯矩图，如图 4.16d 所示。

叠加法绘制弯矩图是将各个荷载单独作用下弯矩图中对应截面的弯矩纵坐标代数的叠加，而不是弯矩图简单地拼合。

4.7 平面刚架的弯矩图

在工程中，常常遇到由若干杆件组成的框架结构，如液压机机身、钻床，房屋建筑中梁和柱构成的结构，在结点处，梁和柱的截面不能发生相对转动，或者说，在结点处相连杆件间的夹角在受力时不改变，这样的结点称为刚结点，具有刚结点的结构称为刚架或框架。如图 4.17 所示钻铣床，横杆 AB 与竖杆 BC 连接处的刚性很大，在受力时可视为不变形，即刚结点。如果组成刚架的各杆的轴线都位于同一平面内称为平面刚架。刚

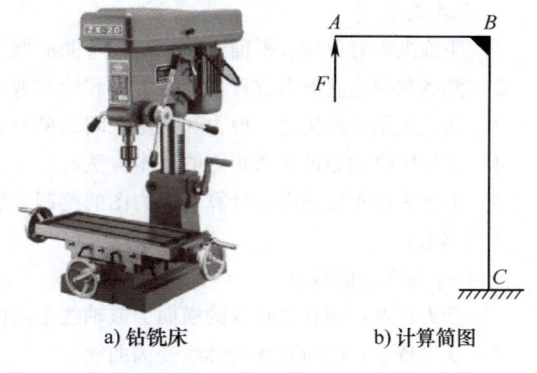

a) 钻铣床　　b) 计算简图

图 4.17 刚架的工程实例

架任意横截面上的内力，一般有轴力、剪力和弯矩。如果刚架的支座反力和内力均能由静力平衡方程确定的刚架称为静定刚架。

刚架由不同取向的杆件组成，但其计算模型简图与梁的类似，求解平面刚架内力图的步骤也与梁的基本相同，但又有些新的约定：

1) 弯矩不再规定正负号，习惯上将弯矩绘制在各杆纵向纤维的受拉一侧，不注明正、负号。

2) 剪力图及轴力图可画在刚架杆轴线的任一侧（通常正值绘制在刚架的外侧），须注明正负号。

【例 4.7】 试绘制图 4.18a 所示刚架的弯矩图。

【解】 计算内力时，一般应先求刚架的支座反力。本题由于 C 端为自由端，可由自由端截取梁段研究，故不必求支座反力。

1) 分段列弯矩方程。

BC 段：坐标原点取在 C 点，并用 1-1 截面以右的外力来计算弯矩，得

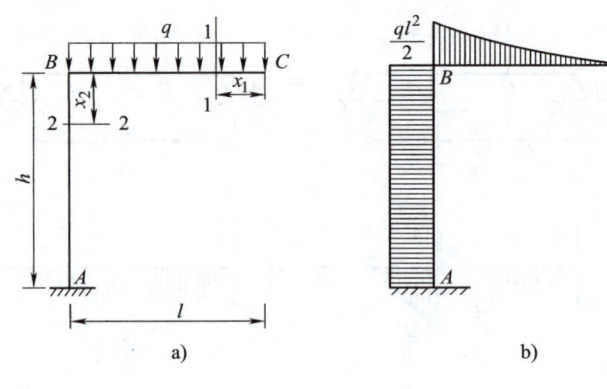

图 4.18 例 4.7 图

$$M(x_1) = \frac{1}{2}qx_1^2 \quad (0 \leqslant x_1 \leqslant l)$$

AB 段：坐标原点取在 B 点，并用截面 2-2 以上的外力来计算弯矩，得

$$M(x_2) = \frac{1}{2}ql^2 \quad (0 \leqslant x_2 < h)$$

2) 绘制弯矩图。BC 段弯矩为二次函数，$M_C = 0$，$M_B = \dfrac{ql^2}{2}$。AB 段弯矩为常数。刚架的弯矩图如图 4.18b 所示。

总结与讨论

1. 基本要求
1) 明确纵向对称面、平面弯曲、对称弯曲的概念，理解计算简图的由来。
2) 熟练掌握建立剪力方程、弯矩方程和绘制剪力图、弯矩图的方法。
3) 熟练运用荷载集度、剪力和弯矩之间的微分关系绘制或校核剪力图和弯矩图的方法。
4) 了解用叠加原理作弯矩图的基本方法。
5) 掌握平面刚架的内力计算和内力图的绘制方法。

2. 知识点

（1）平面弯曲的概念
1) 受力特点：垂直于轴线的横向力或轴线平面内的力偶。
2) 变形特点：原为直线的轴线变为曲线。
3) 平面弯曲：荷载作用面（外力偶作用面或横向力与梁轴线组成的平面）与弯曲平面（梁轴线弯曲后所在平面）相平行或重合的弯曲。

（2）计算简图
1) 构件几何形状的简化。
2) 荷载简化为集中荷载、分布荷载和集中力偶。
3) 支座简化：固定铰支座（2 个约束）、可动铰支座（1 个约束）、固定端（3 个约束）。
4) 静定梁的基本形式有简支梁、外伸梁和悬臂梁。

（3）剪力和弯矩
1) 剪力和弯矩的符号规定：使微段梁发生顺时针方向转动的剪力 F_S 为正，反之为负；使微段梁发生凹陷的弯曲变形的弯矩 M 为正，反之为负。

2）剪力和弯矩的数值计算：剪力在数值上等于截面以左（或以右）所有横向荷载的代数和；弯矩在数值上等于截面以左（或以右）所有外载对截面形心矩的代数和。

3）剪力方程、弯矩方程绘制剪力图、弯矩图的步骤如下：

①根据梁的支座情况和荷载情况，求出梁的支座反力。

②根据梁的受力情况分段列出剪力方程和弯矩方程。

③根据剪力方程和弯矩方程，分别求出各段控制截面处（包括梁的端点、断点、剪力为零的点及极值点）剪力和弯矩，并作剪力图和弯矩图。

（4）荷载集度、剪力和弯矩之间的微分关系

$$\frac{d^2 M(x)}{dx^2} = \frac{dF_S(x)}{dx} = q(x)$$

此微分关系适用于直梁以 x 轴向右为正的情况。如果改变坐标方向，则微分关系中的正负也应做相应的变化。

（5）微分关系绘制直梁的剪力图、弯矩图的步骤

1）求支座反力。

2）根据受载情况，将梁进行分段。每个分段两端截面为控制截面。求控制截面的剪力值、弯矩值。

3）由各梁段上的荷载情况，根据规律确定其对应的剪力图和弯矩图的形状，逐段连线作图。

（6）弯矩、剪力与荷载集度的积分关系

$$F_S(x_2) - F_S(x_1) = \int_{x_1}^{x_2} q dx, \quad M(x_2) - M(x_1) = \int_{x_1}^{x_2} F_S dx$$

（7）叠加法作梁的弯矩图的步骤

1）先分别作出梁在各荷载单独作用下的弯矩图。

2）将各弯矩图相应的纵坐标进行代数叠加。

此方法适用于已知各单个荷载作用下内力图的情况。

3. 常见问题

1）内力符号的错误。极易混淆内力的符号规定与平衡方程里代数量的符号规定。

2）内力图形状。充分掌握荷载集度、剪力和弯矩之间的微分、积分关系。

3）运用叠加法时，必须对每项荷载单独作用下的弯矩图熟练地掌握才能达到简便的效果，并且注意是纵坐标的叠加，而不是图形的简单拼凑。

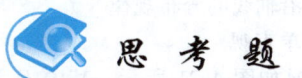

思 考 题

4.1 什么是平面弯曲？平面弯曲时的荷载要满足什么条件？

4.2 在什么情况下需要分段写剪力方程和弯矩方程？

4.3 在集中力、集中力偶作用面的两侧，内力有何变化？

4.4 当选择不同的坐标原点时，剪力方程、弯矩方程有无不同之处？对剪力图、弯矩图是否有影响？

4.5 图 4.19a 所示梁中，AC 段和 CB 段剪力图图线的斜率是否相同？为什么？图 4.19b 所示梁的集中

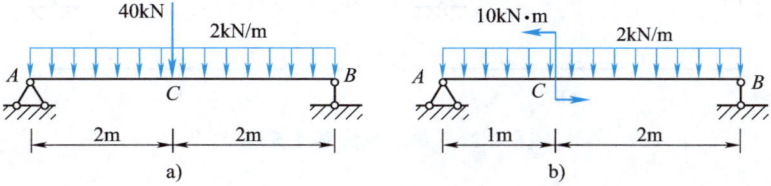

图 4.19　思考题 4.5 图

力偶作用处，左右两段弯矩图图线的斜率是否相同？如何确定弯矩图的抛物线开口方向？

4.6 在哪些截面上可能出现 $F_{S\max}$，$F_{S\min}$，$M_{\max}$，$M_{\min}$？

4.7 什么是叠加法？用叠加法求弯曲内力的必要条件是什么？

4.8 如图 4.20 所示，梁上行驶的小车每个轮子对梁的压力均为 F，小车轮距为 a，梁的跨度为 l。问小车在什么位置时梁内的弯矩最大？其最大弯矩等于多少，发生在何处截面？

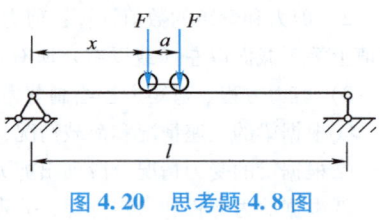

图 4.20　思考题 4.8 图

一、判断题

4.1 梁弯曲时最大弯矩一定发生在剪力为零的横截面上。（　　）

4.2 梁内力的大小与横截面的形状、尺寸均没有关系。（　　）

4.3 如果梁上的荷载不变，梁长不变，仅调整支座的位置不会改变梁的内力。（　　）

4.4 梁上某截面的剪力值等于该截面一侧所有横向力的代数和，而与外力偶无关。（　　）

4.5 若某段梁内各截面剪力为零，则该梁段内各截面弯矩相等。（　　）

二、单项选择题

4.1 下列说法错误的是（　　）。
A. 平面弯曲外荷载作用在纵对称面内　　B. 平面弯曲轴线弯成一条平面曲线
C. 对称弯曲也是平面弯曲　　D. 平面弯曲荷载作用面与位移共面

4.2 基本静定梁不包括（　　）。
A. 简支梁　　B. 悬臂梁　　C. 外伸梁　　D. 连续梁

4.3 下列说法错误的是（　　）。
A. 以弯曲变形为主的杆件称为梁　　B. 梁所受集中力或分布力为横向力
C. 弯曲变形轴线由直线变曲线　　D. 弯曲变形横截面绕轴线转动

4.4 下列说法错误的是（　　）。
A. 剪力方程和弯矩方程是横截面位置坐标的线性函数
B. 可以根据内力方程画内力图
C. 剪力、弯矩方程描述了弯曲内力沿轴线的分布规律
D. 用内力图表示内力的分布规律简单直观

4.5 组合梁的两种受荷载作用情况如图 4.21 所示，其中 F 无限靠近铰链，则下列结论中正确的是（　　）。
A. 两者的剪力图和弯矩图完全相同　　B. 两者的剪力图相同，但弯矩图不同
C. 两者的剪力图不同，但弯矩图相同　　D. 两者的剪力图和弯矩图均不相同

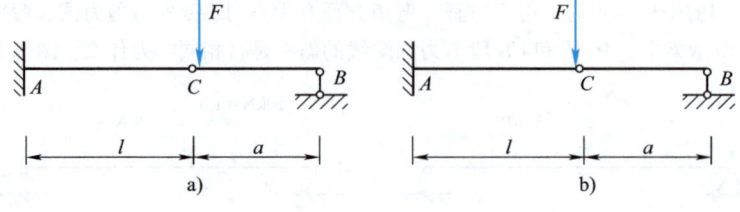

图 4.21　单项选择题 4.5 图

三、计算题

4.1 设 F、q、a 均已知，求图 4.22 所示各梁指定截面（1-1、2-2、3-3）上的剪力和弯矩，这些截面

无限接近于截面 A、C 或 D。

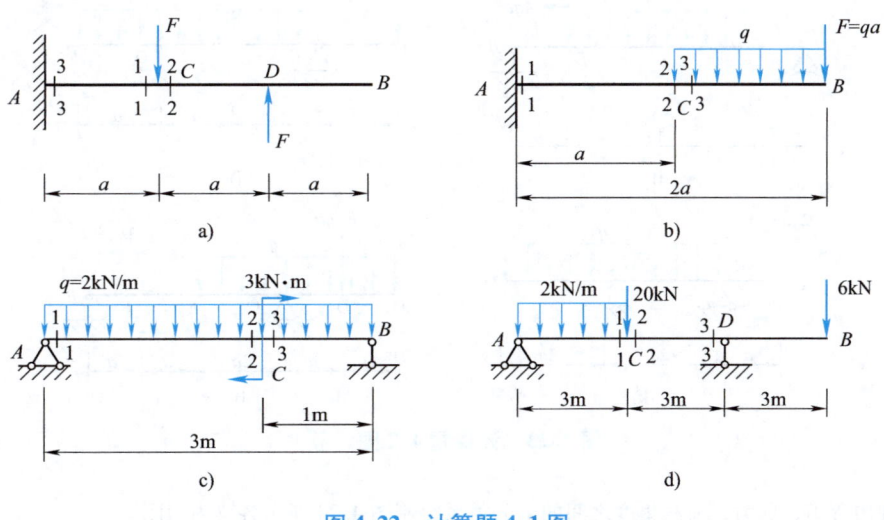

图 4.22 计算题 4.1 图

4.2 写出图 4.23 所示各梁的剪力方程和弯矩方程,绘制对应的剪力图和弯矩图,并确定最大剪力和最大弯矩所在截面。

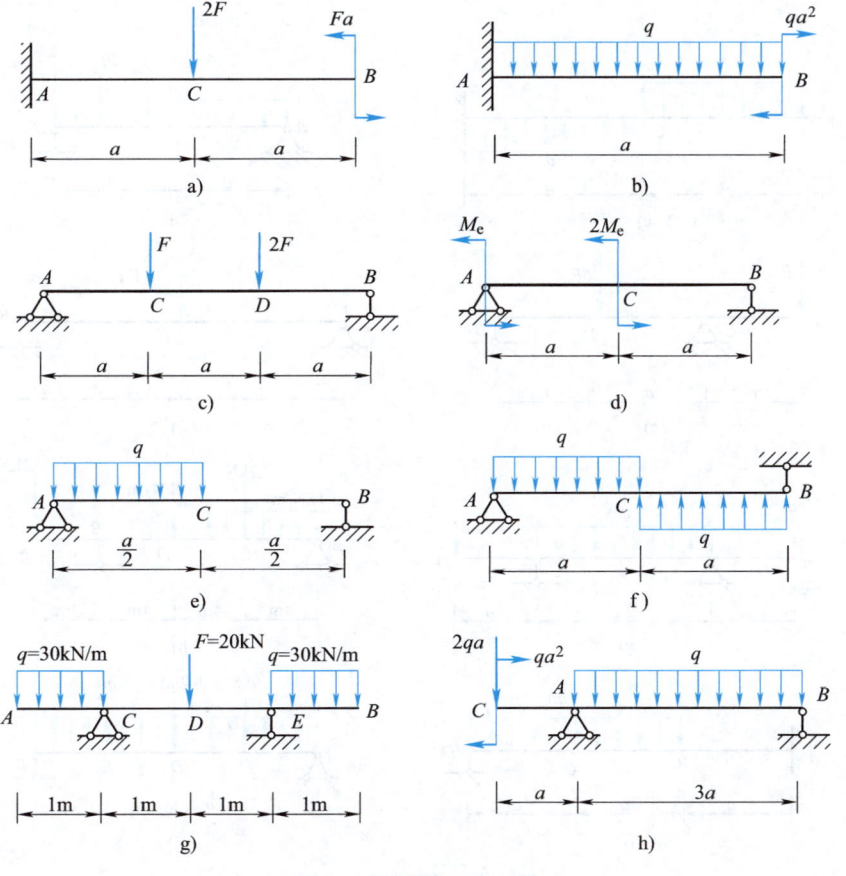

图 4.23 计算题 4.2 图

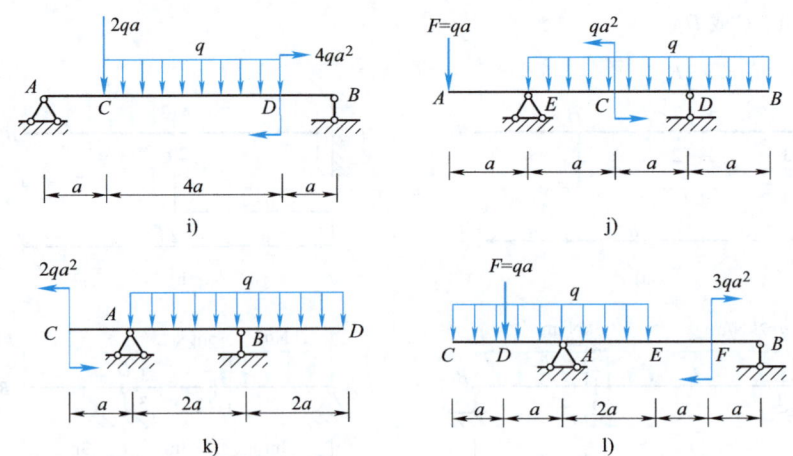

图 4.23 计算题 4.2 图（续）

4.3 利用弯矩、剪力、荷载集度之间的微分关系绘制图 4.24 所示各梁内力图。

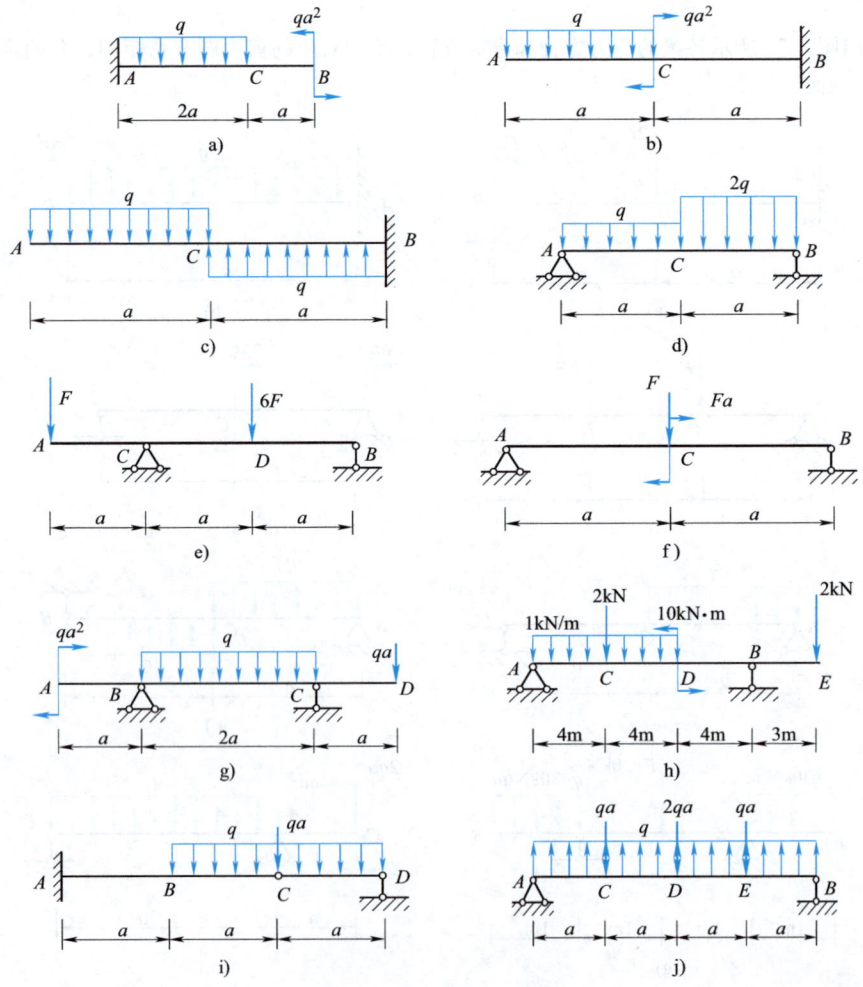

图 4.24 计算题 4.3 图

第 4 章 弯曲内力

4.4 利用叠加法绘制图 4.25 所示各梁的弯矩图。

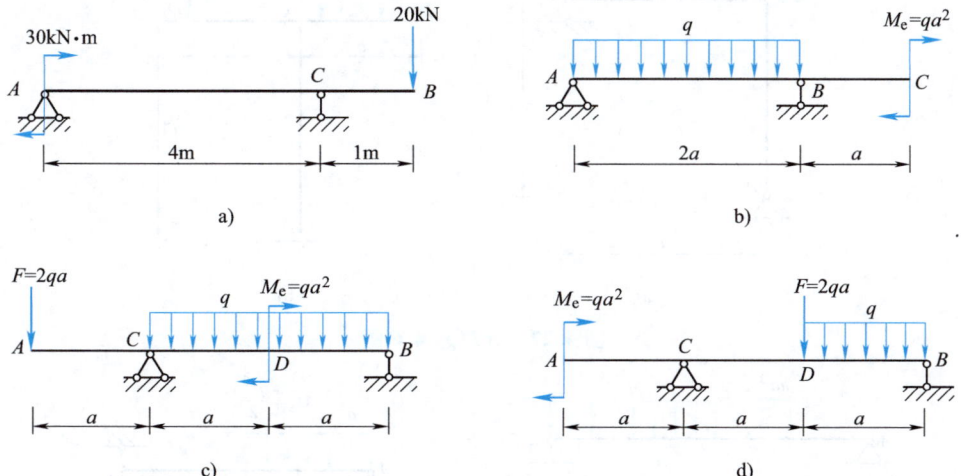

图 4.25 计算题 4.4 图

4.5 试绘制图 4.26 所示具有中间铰的各梁的剪力图和弯矩图。

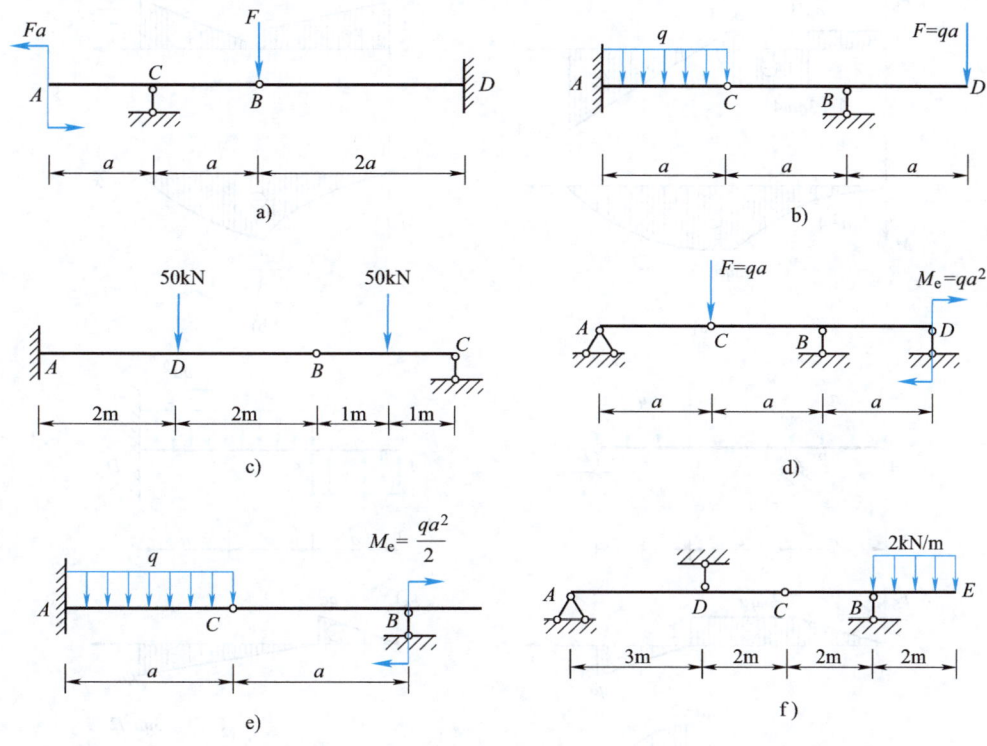

图 4.26 计算题 4.5 图

4.6 试绘制图 4.27 所示刚架的弯矩图。

4.7 根据剪力、弯矩和荷载集度之间的微分、积分关系，指出图 4.28 所示各内力图的错误。

4.8 已知梁的剪力图如图 4.29 所示，梁上未作用集中力偶，试绘制梁的弯矩图和荷载图。

4.9 已知梁的弯矩图如图 4.30 所示，试绘制梁的剪力图和荷载图。

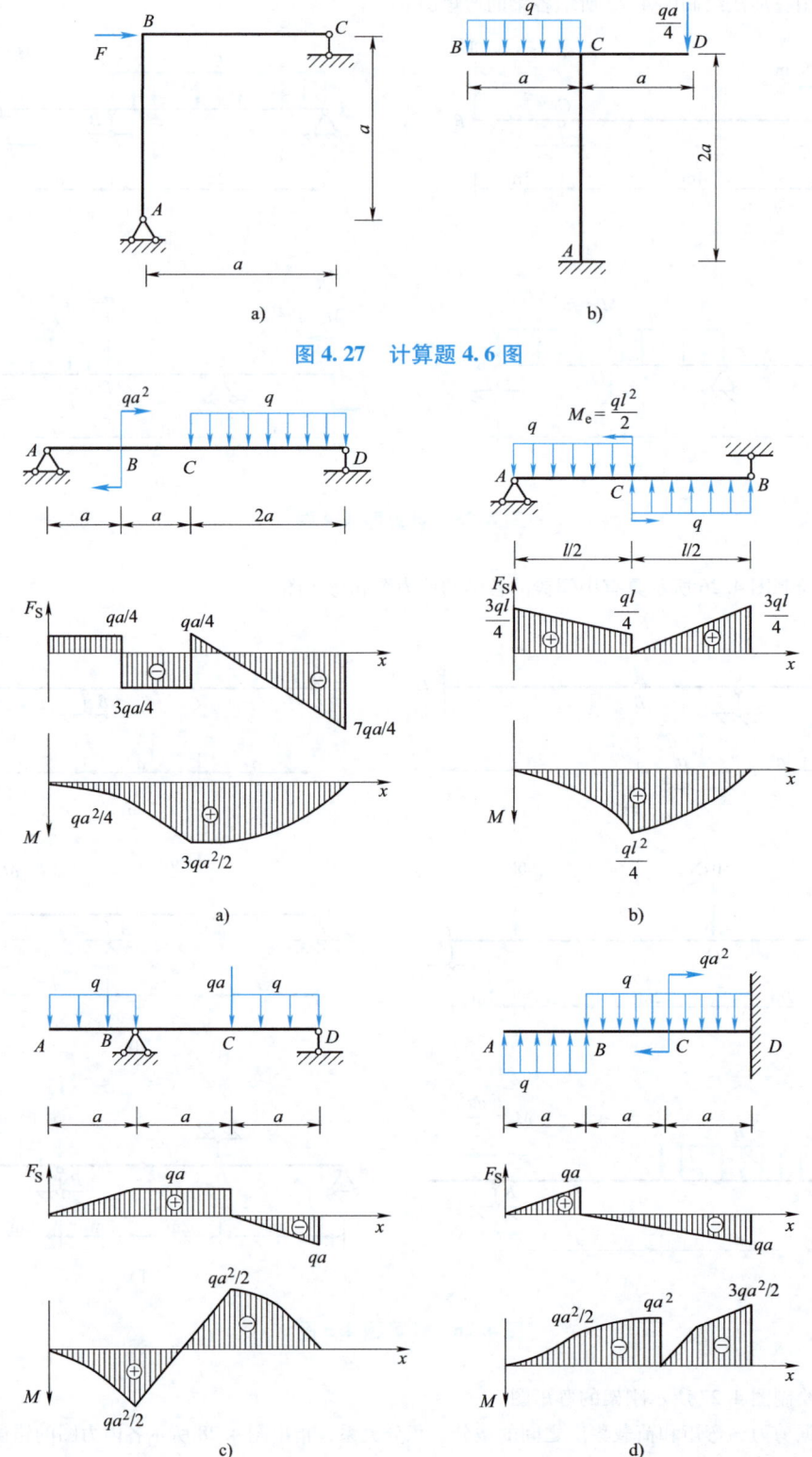

图 4.27 计算题 4.6 图

图 4.28 计算题 4.7 图

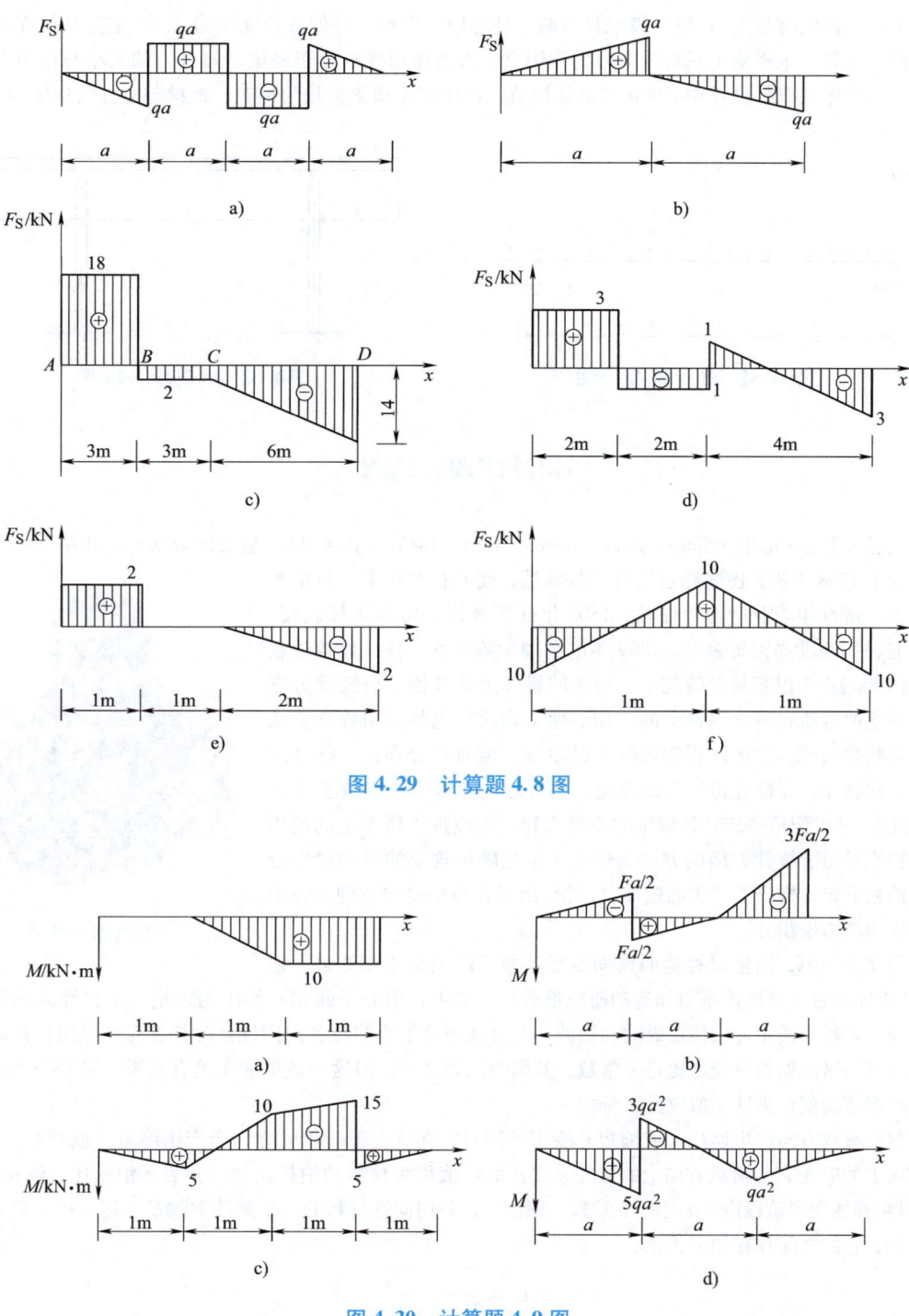

图 4.29 计算题 4.8 图

图 4.30 计算题 4.9 图

4.10 简支梁上的分布荷载按 $q(x) = q\sin\left(\dfrac{\pi x}{l}\right)$ 规律变化，如图 4.31 所示，试绘制梁的剪力图、弯矩图。

4.11 （出自 1992 年第二届全国力学竞赛）图 4.32 表示一副双杠，它的每一根横梁是由两根立柱支撑，设两柱之间的跨长为 l；每一横梁具有两个外伸段，设每一外伸段长度均为 a，假定运动员在双杠上做动作时，在每一根横梁上只有一个力的作用点，力的作用线垂直于横梁，而且力的大小与作用点的位置无关，试确定在双杠设计中 l 与 a 的最佳比值，该比值使横梁重量为最轻，横梁与立柱的连接为铰接。

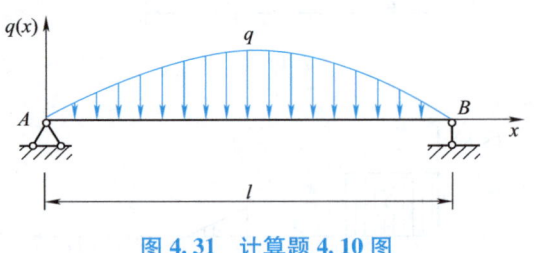

图 4.31　计算题 4.10 图

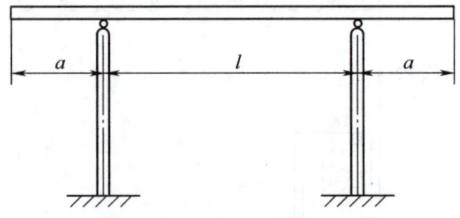

图 4.32　计算题 4.11 图

课外阅读：泊松

西莫恩·德尼·泊松（Simeon Denis Poisson，1781—1840）（图 4.33）是法国数学家、几何学家和物理学家。他于 1798 年进入巴黎综合工科学校深造，受到拉普拉斯、拉格朗日的赏识。1800 年毕业后留校任教，1802 年任副教授，1806 年任教授，1808 年任法国经度局天文学家。1809 年巴黎理学院成立，任该校数学教授，1812 年当选为巴黎科学院院士。泊松的科学生涯开始于研究微分方程及其在摆的运动和声学理论中的应用。他工作的特色是应用数学方法研究各类物理问题，并由此得到数学上的发现。他对积分理论、行星运动理论、热物理、弹性理论、电磁理论、位势理论和概率论都有重要贡献。他还是 19 世纪概率统计领域里的卓越人物。他改进了概率论的运用方法，特别是用于统计方面的方法，建立了描述随机现象的一种概率分布——泊松分布，推广了"大数定律"，并导出了在概率论与数理方程中有重要应用的泊松积分。

图 4.33　西莫恩·德尼·泊松

在固体力学中，泊松以材料的横向变形系数，即泊松比而知名。他在 1829 年发表的《弹性体平衡和运动研究报告》一文中，用分子间相互作用的理论导出弹性体的运动方程，发现在弹性介质中可以传播纵波和横波，并且从理论上推演出各向同性弹性杆在受到纵向拉伸时，横向收缩应变与纵向伸长应变之比是一常数，其值为四分之一。但这一数值和实验有差距，如 1848 年 G. 维尔泰姆根据实验就认为这个值应是三分之一。

材料沿荷载方向产生伸长（或缩短）变形的同时，在垂直于荷载的方向会产生缩短（或伸长）变形。垂直方向上的应变 ε' 与荷载方向上的应变 ε 之比的负值称为材料的泊松比，以 μ 表示泊松比，则 $\mu = -\varepsilon'/\varepsilon$。在材料弹性变形阶段内，$\mu$ 是一个常数。理论上，各向同性材料的三个弹性常数 E、G、μ 中，只有两个是独立的，它们之间存在如下关系：

$$G = \frac{E}{2(1+\mu)}$$

材料的泊松比一般通过试验方法测定。对于传统材料，在弹性工作范围内，μ 一般为常数，但超越弹性范围以后，μ 随应力的增大而增大，直到 $\mu = 0.5$ 为止。

第 5 章
弯曲应力

本章导读

梁弯曲时，横截面上一般会存在剪力和弯矩两种内力，与这两种内力对应的应力有弯曲正应力和弯曲切应力。应力的分析和计算是梁强度设计的主要内容。本章介绍了纯弯曲、横力弯曲、中性层、中性轴等重要概念，推导了纯弯曲时梁横截面上任意一点的正应力计算公式，并将其推广到横力弯曲下的情形；推导了横力弯曲下矩形、工字形、圆形和圆环形截面梁的横截面上任意一点的切应力计算公式；重点介绍了梁在弯曲时正应力强度条件和切应力强度条件及其应用；最后阐述了提高梁强度的主要措施和弯曲中心的概念。

工程案例

世界各地存在诸多石雕佛像，以丰富的造型、鲜明的时代特征、高超的艺术表现力和感染力著称。佛像身披的袈裟也是石雕中的重要一环，除了反映佛教教义外，还有对佛像的支撑作用。例如，图 5.1a 所示的敦煌 158 窟卧佛像，右肩褶皱（主承重点）、左臂下垂衣纹（次承重点）、脚部衣裾（抗倾覆支点），袈裟下隐藏楔形石撑，与岩石一起形成了整体受力结构；图 5.1b 所示的云冈石窟第 16 窟佛像，与岩石一体的袈裟支撑起了悬空的佛像手臂，提高了弯曲强度。这些技术细节揭示了古代工匠如何将宗教理念转化为精密构造，在毫米级的雕刻精度与百吨级的结构稳定间找到平衡点，展现了人类在材料极限下的艺术创造力。

a) 敦煌158窟的卧佛像

b) 云冈石窟第16窟的佛像

b) 刚柔并济的蒲扇

图 5.1　弯曲工程实例

又如，宋朝诗人释智圆所作的《谢僧惠蒲扇》，"结蒲为扇状何奇，助我淳风世罕知。林下静摇来客笑，竹床茆屋恰相宜"，描述了作者在炎夏轻摇蒲扇（图5.1c），静享清凉的美好感受。其中提到蒲扇形状的神奇，那么蒲扇刚柔相济的天然结构为何能承受不相称的风载作用呢？这主要源于其叶脉合理的褶皱结构，加上边缘处的篾丝加固。另一方面，扇面沿径向的截面尺寸变化与扇风时风压产生的弯矩分布规律大体一致，接近于等强度结构，使扇子轻而坚固。

5.1 纯弯曲和横力弯曲的概念

简支梁 AB 受力如图 5.2a 所示，梁上的两个外力 F 对称地作用在梁的纵向对称面内，梁的弯曲为平面弯曲。其计算简图、剪力图、弯矩图如图 5.2 所示，在 CD 梁段内，各横截面上的弯矩等于常量而剪力等于零，于是横截面上只有正应力而没有切应力，这类弯曲称为纯弯曲。在 AC、DB 梁段内，各横截面上既有剪力又有弯矩，因而既有正应力又有切应力，这类弯曲称为横力弯曲或剪切弯曲。

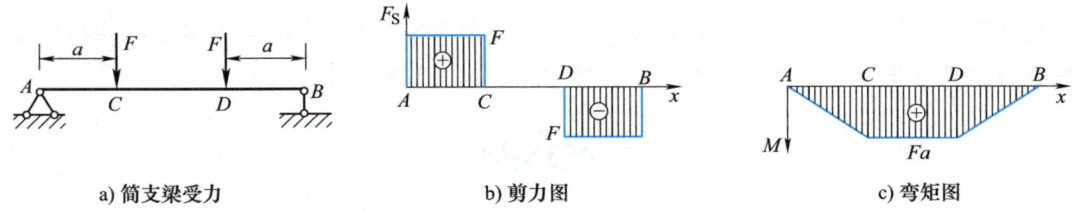

a) 简支梁受力　　　　b) 剪力图　　　　c) 弯矩图

图 5.2　简支梁的纯弯曲和横力弯曲

5.2 梁横截面上的正应力

第4章讨论了梁的剪力和弯矩，可以知道剪力、弯矩只和梁的受力条件有关，与梁的材料、截面形状、大小无关。但实践证明，剪力和弯矩相同的两根梁，即使横截面的面积相同，若截面形状不同，其强度和刚度也不相同。如图 5.3 所示的矩形截面梁和工字形截面梁，即使材料、横截面面积、受力条件完全一样，它们的承载能力和抵抗弯曲变形的能力也是不一样的。而且即使是同一根梁，若放置方式不同，其强度和刚度也不同，如图 5.3 中的 C 和 D。这说明梁的强度和刚度不仅与其内力有关，而且与截面形状及梁的放置方式有关。要讨论梁的强度问题，还必须了解应力在横截面上的分布规律，因此需要进一步研究梁的弯曲应力。下面首先研究梁发生纯弯曲变形时横截面上的正应力计算，然后推广到横力弯曲变形。

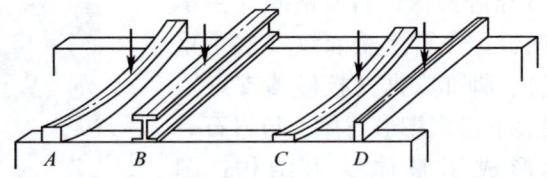

图 5.3　梁的强度与截面形状及放置方式有关

5.2.1 纯弯曲时梁横截面上的正应力

取一具有纵向对称面的梁，如矩形截面梁。为了便于观察梁横截面上线

应变的变化规律，加载前，在梁的表面上画上与轴线平行的纵向线 aa、bb 和 oo（轴线），以及与纵向线垂直的横向线 mm 和 nn，如图 5.4a 所示。然后在梁的纵向对称平面内施加一对大小相等、方向相反的外力偶矩 M_e，使梁发生纯弯曲变形，如图 5.4b 所示。由此可观察到如下现象：

1）横向线 mm 和 nn 保持为直线，但相对转过了一个微小的角度 $d\theta$。

2）纵向线 aa、bb 及 oo 变成弧线 $a'a'$、$b'b'$ 和 $o'o'$，上部纵向线 aa 缩短，下部纵向线 bb 伸长。

3）横向线和纵向线变形后仍然正交。

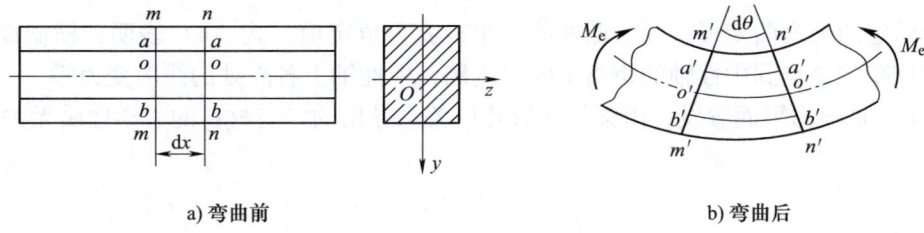

a) 弯曲前　　　　　　　　　　b) 弯曲后

图 5.4　纯弯曲梁变形

通过上述观察到的梁外表面的变形情况，同时考虑到材料的连续型、均匀性，基于如下假设，以推测分析梁内部变形情况：

1）平面假设。变形前为平面的横截面，变形后仍为平面，且仍与梁变形后的轴线垂直，只是绕横截面内某根轴转过了微小角度。

2）单向受力假设。假设纵向纤维之间无挤压，各条纤维仅发生单向拉伸或压缩，并且在线弹性范围内时材料服从胡克定律 $\sigma = E\varepsilon$。

实验和理论分析均证明了上述假设的正确性。假设梁是由一层层纵向纤维组成的，梁发生弯曲变形时，根据观察到的现象可知，一侧纤维缩短，另一侧纤维伸长，则中间必有一层纤维既不伸长，也不缩短，称为中性层。中性层与横截面的交线称为中性轴。梁在弯曲时，各横截面绕着中性轴做微小转动。如图 5.5 所示，设横截面的对称轴为 y 轴，中性轴为 z 轴（其在横截面上的具体位置尚未确定），由于梁上都作用在纵向对称平面内，梁的变形也应对称于纵向对称面，因此中性轴 z 必然垂直于横截面的对称轴 y。

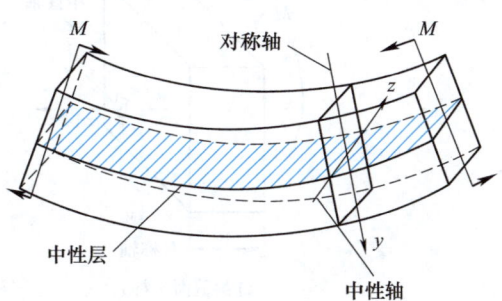

图 5.5　纯弯曲梁变形中性层与中性轴

另外，横纵线总是正交，说明横截面上只有正应力。

分析纯弯曲梁横截面上正应力的方法、步骤与分析圆轴扭转时横截面上切应力一样，要从变形几何关系、物理关系、静力学关系三个方面来考虑。

1. 变形几何关系

从梁中截取长度为 dx 的微段，其弯曲变形前、后的状况如图 5.6a、b 所示。取梁的轴线为 x 轴，截面的纵向对称轴为 y，中性轴为 z。设两横截面之间的相对转角为 $d\theta$，中性层

的曲率半径为 ρ，如图 5.6b 所示。分析距中性轴为 y 处的纵向线 bb 的线应变，考虑中性层上的纵向线 oo 变形前后长度不变，则 bb 线段变形前的长度为

$$\overline{bb} = \overline{oo} = \mathrm{d}x = \widehat{o'o'} = \rho\mathrm{d}\theta$$

变形后的长度为

$$\widehat{b'b'} = (\rho + y)\mathrm{d}\theta$$

则纵向线段 bb 的线应变为

$$\varepsilon = \frac{(\rho + y)\mathrm{d}\theta - \rho\mathrm{d}\theta}{\rho\mathrm{d}\theta} = \frac{y}{\rho} \tag{a}$$

对于给定的纯弯曲变形，同一截面曲率半径 ρ 为恒定值。式（a）表明：横截面上任意一点的线应变与该点到中性轴的距离 y 成正比例，中性轴上各点处的线应变为零。

式（a）是根据平面假设，由梁的变形几何关系导出的，与材料的力学性质无关。

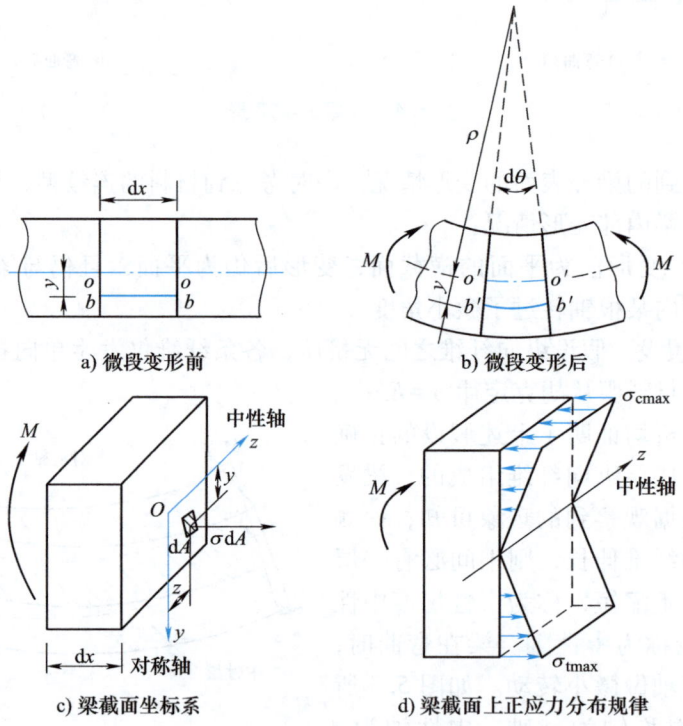

a) 微段变形前　　b) 微段变形后

c) 梁截面坐标系　　d) 梁截面上正应力分布规律

图 5.6　弯曲正应力分布

2. 物理关系

根据各纵向线之间无相互挤压，即单向受力假设，当材料处于线弹性变形范围内时，由胡克定律有

$$\sigma = E\varepsilon \tag{b}$$

将式（a）代入式（b），得

$$\sigma = E\varepsilon = E\frac{y}{\rho} \tag{c}$$

式（c）表明：横截面上任意一点的正应力与该点到中性轴的距离 y 成正比例，中性轴

上各点处的正应力为零，截面上下边缘处分别承受最大应力，分布规律如图 5.6d 所示。此式虽然描述了横截面上正应力的分布规律，但还不能用来计算弯曲正应力的大小，因为中性轴 z 的位置和中性层曲率半径 ρ 尚未确定，需要利用静力学关系来确定。

3. 静力学关系

如图 5.6c 所示，坐标（y, z）处取微元 dA，微内力 σdA 组成垂直于横截面的分布力系。该力系可合成为三个内力分量：轴力 F_N，绕 y、z 轴之矩 M_y、M_z，即

$$F_N = \int_A \sigma dA, \quad M_y = \int_A z\sigma dA, \quad M_z = \int_A y\sigma dA$$

由于横截面上仅有作用在纵向对称面内的弯矩 M，因此上式中轴力 F_N 和 M_y 均等于零，而对 z 轴的矩 M_z 等于该横截面上的弯矩 M，即

$$F_N = \int_A \sigma dA = 0 \tag{d}$$

$$M_y = \int_A z\sigma dA = 0 \tag{e}$$

$$M_z = \int_A y\sigma dA = M \tag{f}$$

将式（c）代入式（d），得

$$F_N = \int_A \sigma_y dA = \int_A \frac{Ey}{\rho} dA = \frac{E}{\rho} \int_A y dA = 0$$

显然，式中 $\dfrac{E}{\rho}$ 为不等于零的常数，则 $S_z = \int_A y dA = 0$，即横截面对中性轴 z 轴的<u>静矩</u>等于零。由附录 A.1 可知，中性轴必然通过截面形心，由此可以确定中性轴的位置。

将式（c）代入式（e），得

$$M_y = \int_A zE\frac{y}{\rho} dA = \frac{E}{\rho} \int_A yz dA = 0$$

式中，取 $I_{yz} = \int_A yz dA$，为横截面对于 y、z 轴的<u>惯性积</u>，由于 y 轴是横截面的对称轴，根据惯性积的性质，式（e）自然满足。

将式（c）代入式（f），得

$$M_z = \int_A y\sigma dA = \int_A y\frac{Ey}{\rho} dA = \frac{E}{\rho} \int_A y^2 dA = M$$

式中，取 $I_z = \int_A y^2 dA$，为横截面对于 z 轴的<u>惯性矩</u>。上式整理为

$$\frac{1}{\rho} = \frac{M}{EI_z} \tag{5.1}$$

式中，$\dfrac{1}{\rho}$ 是梁变形后中性层的<u>曲率</u>，EI_z 称为梁的<u>抗弯刚度</u>。式（5.1）表明：中性层的曲率与梁上的弯矩成正比，与梁的抗弯刚度成反比。

将式（5.1）代入式（c），得

$$\sigma = \frac{My}{I_z} \tag{5.2}$$

式（5.2）即梁在纯弯曲时横截面上任意一点的正应力计算公式。该式表明：正应力 σ 与 M 和 y 成正比，与 I_z 成反比；正应力沿截面高度呈线性分布，中性轴上各点（$y=0$）正应力为零，距中性轴越远则正应力越大；在中性轴两侧，正应力分别为拉应力和压应力。

按式（5.2）计算梁横截面上的正应力时，应注意 y 坐标轴正向向下，结果的正负号表示该点应力为拉应力或压应力；或者，M 和 y 均以绝对值代入，而应力结果的正负号（分别代表拉、压状态）可直接根据分析点是在横截面的受拉区域还是受压区域来确定。式（5.2）虽然是借助矩形截面导出的，但在推导过程中并未使用矩形截面的几何性质，故对横截面对称于 y 轴（圆形、工字形、T 形和槽形等）的梁，上述公式都是适用的。

5.2.2 横力弯曲时梁横截面上的正应力

纯弯曲变形只有在不考虑自重的情况下才可能发生。在实际工程中，梁大多发生的是横力弯曲。对于横力弯曲，由于切应力的存在，梁的横截面各点除有纵向线变形还有剪切变形，剪切变形使横截面发生翘曲，而且纵向纤维之间还往往存在着较大的挤压应力，所以横力弯曲时，平面假设和单向受力假设均不成立，在两个假设基础上建立的式（5.2），严格来说也不成立。但是弹性理论分析和实验研究的结果表明，对于工程中常见的细长梁（梁的跨高比 $l/h \geqslant 5$），按式（5.2）计算横力弯曲正应力的误差小于 5%，可以忽略不计，因此式（5.2）仍可近似应用于横力弯曲。

5.2.3 最大弯曲正应力

由式（5.2）可知，弯矩为 M 的横截面上最大弯曲正应力发生在离中性轴最远处，设 y_{max} 为最远处点的 y 坐标，则

$$\sigma_{max} = \frac{My_{max}}{I_z} \tag{5.3}$$

取 $W_z = \dfrac{I_z}{y_{max}}$，则

$$\sigma_{max} = \frac{M}{W_z} \tag{5.4}$$

式中，W_z 仅与横截面的大小和形状有关，它是反映了截面大小和形状对最大弯曲正应力的影响，称为**抗弯截面系数**。

中性轴为对称轴的截面，如矩形、工字形等，截面上的最大拉应力和最大压应力数值相等。

对于宽为 b，高 h 为的矩形截面

$$W_z = \frac{I_z}{y_{max}} = \frac{bh^3/12}{h/2} = \frac{bh^2}{6} \tag{5.5}$$

对于直径为 D 的圆形截面

$$W_z = \frac{I_z}{y_{max}} = \frac{\pi D^4/64}{D/2} = \frac{\pi D^3}{32} \tag{5.6}$$

对于内外径分别为 d、D 或外径为 D、内外径之比为 $\alpha = d/D$ 的空心圆截面

$$W_z = \frac{I_z}{y_{\max}} = \frac{\pi D^4/64 - \pi d^4/64}{D/2} = \frac{\pi D^3}{32}(1 - \alpha^4) \tag{5.7}$$

如果中性轴不是截面对称轴，两侧 $y_{\max}$ 大小不相等，则最大拉、压应力不相等，应按式 (5.3) 分别计算。

对于轧制型钢，其弯曲截面系数 W_z 可直接从附录 B 中的型钢表中查得。

对于等直梁，弯矩随截面位置而变化，全梁上最大弯曲正应力发生在弯矩最大的横截面上，且离中性轴最远处，为

$$\sigma_{\max} = \frac{M_{\max} y_{\max}}{I_z} \tag{5.8}$$

或

$$\sigma_{\max} = \frac{M_{\max}}{W_z} \tag{5.9}$$

【例 5.1】 一悬臂梁受力如图 5.7a 所示。已知集中力 $F = 5\text{kN}$，截面为矩形，$h = 160\text{mm}$，$b = 100\text{mm}$，如图 5.7b 所示。求：

（1）D 截面上坐标为 $y = 60\text{mm}$ 的 K 点处的弯曲正应力。

（2）A 右截面上最大拉应力。

（3）如果把矩形梁平放，如图 5.7c 所示，求 A 右截面上最大拉应力。

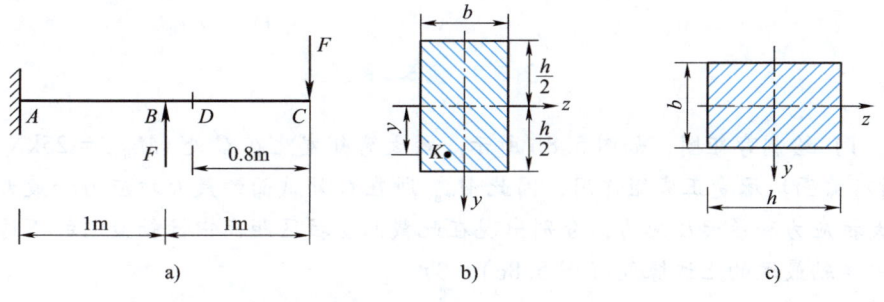

图 5.7 例 5.1 图

【解】 1）计算截面对中性轴 z 的惯性矩。

$$I_z = \frac{1}{12}bh^3 = \frac{1}{12} \times (100 \times 10^{-3}\text{m}) \times (160 \times 10^{-3}\text{m})^3 = 34.13 \times 10^{-6}\text{m}^4$$

2）计算 D 截面上 K 点的弯曲正应力。D 截面的弯矩 $M_D = -5\text{kN} \times 0.8\text{m} = -4\text{kN} \cdot \text{m}$，其上 K 点处的弯曲正应力

$$\sigma_K = \frac{M_D y_K}{I_z} = \frac{(-40 \times 10^3 \text{N} \cdot \text{m}) \times 60 \times 10^{-3}\text{m}}{34.13 \times 10^{-6}\text{m}^4} = -7.03\text{MPa}（压应力）$$

3）计算 A 右截面上最大拉应力。A 右截面的弯矩 $M_A = 5\text{kN} \times 1\text{m} - 5\text{kN} \times 2\text{m} = -5\text{kN} \cdot \text{m}$，最大拉应力发生在受拉区域距离中性轴最远处即上边缘处，为

$$\sigma_{\text{t, max1}} = \frac{M_A y_{\max}}{I_z} = \frac{(-5 \times 10^3)\text{N} \cdot \text{m} \times (-80 \times 10^{-3})\text{m}}{34.13 \times 10^{-6}\text{m}^4} = 11.72\text{MPa}$$

4）计算梁平放时 A 右截面上最大拉应力。平放时截面对中性轴 z 的惯性矩

$$I_z = \frac{1}{12}hb^3 = \frac{1}{12} \times (160 \times 10^{-3})\text{m} \times (100 \times 10^{-3}\text{m})^3 = 13.33 \times 10^{-6}\text{m}^4$$

此时最大拉应力为

$$\sigma_{t,\text{max}2} = \frac{M_A y_{\text{max}}}{I_z} = \frac{(-5 \times 10^3)\text{N} \cdot \text{m} \times (-50 \times 10^{-3})\text{N} \cdot \text{m}}{13.33 \times 10^{-6}\text{m}^4} = 18.75\text{MPa}$$

显然，有

$$\sigma_{t,\text{max}1} : \sigma_{t,\text{max}2} = 5 : 8$$

可见梁平放比立放时同一截面上对应点处的应力大，因此，在工程结构中，梁一般采用竖放形式。

【例 5.2】 简支梁受力如图 5.8a 所示。已知集中力 $F = 50$kN，横截面对中性轴 z 轴的惯性矩为 $1.05 \times 10^{-4}\text{m}^4$。求全梁的最大拉应力和最大压应力。

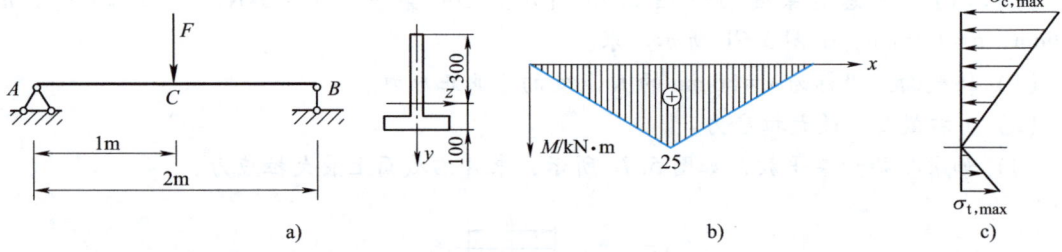

图 5.8 例 5.2 图

【解】 1）绘制弯矩图，如图 5.8b 所示。最大弯矩发生在 C 处，$M_{\text{max}} = 25$kN·m。

2）所有截面均承受正弯矩作用，因此 M_{max} 所在 C 处截面的最大拉应力和最大压应力为全梁的最大拉应力和最大压应力，分别出现在此截面受拉区距离中性轴最远的下边缘处和受压区距离中性轴最远的上边缘处（图 5.8c），为

$$\sigma_{t,\text{max}} = \frac{M_{\text{max}} y_{t,\text{max}}}{I_z} = \frac{25 \times 10^3 \text{N} \cdot \text{m} \times 0.1\text{m}}{1.05 \times 10^{-4}\text{m}^4} = 23.8\text{MPa}$$

$$\sigma_{c,\text{max}} = \frac{M_{\text{max}} y_{c,\text{max}}}{I_z} = \frac{25 \times 10^3 \text{N} \cdot \text{m} \times (-0.3\text{m})}{1.05 \times 10^{-4}\text{m}^4} = -71.4\text{MPa}$$

5.3 梁横截面上的切应力

横力弯曲时，由于存在弯曲切应力，使截面发生翘曲，平面假设已不再成立，从而使变形的几何关系非常复杂。对应于剪力的弯曲切应力，不再用变形几何、物理和静力学关系进行推导，而是建立在弯曲正应力公式式（5.2）仍然适用的基础上，假设弯曲切应力在横截面上的分布规律，然后根据静力平衡条件得出弯曲切应力的近似计算公式。下面介绍矩形截面梁、工字形截面梁、圆形截面梁及圆环形薄壁截面梁在平面弯曲时的弯曲切应力。

5.3.1 矩形截面梁的弯曲切应力

1. 弯曲切应力分布假设

图 5.9a 所示矩形截面梁，承受外载发生对称弯曲，横截面上一般既有剪力又有弯矩（图 5.9b），因此横截面上对应的既有正应力分布又有切应力分布。对截面上的弯曲切应力分布规律做如下两个假设（图 5.9c）：

1）切应力与剪力 F_S 一致。
2）切应力沿截面宽度均匀分布，即切应力的大小只与 y 坐标有关。

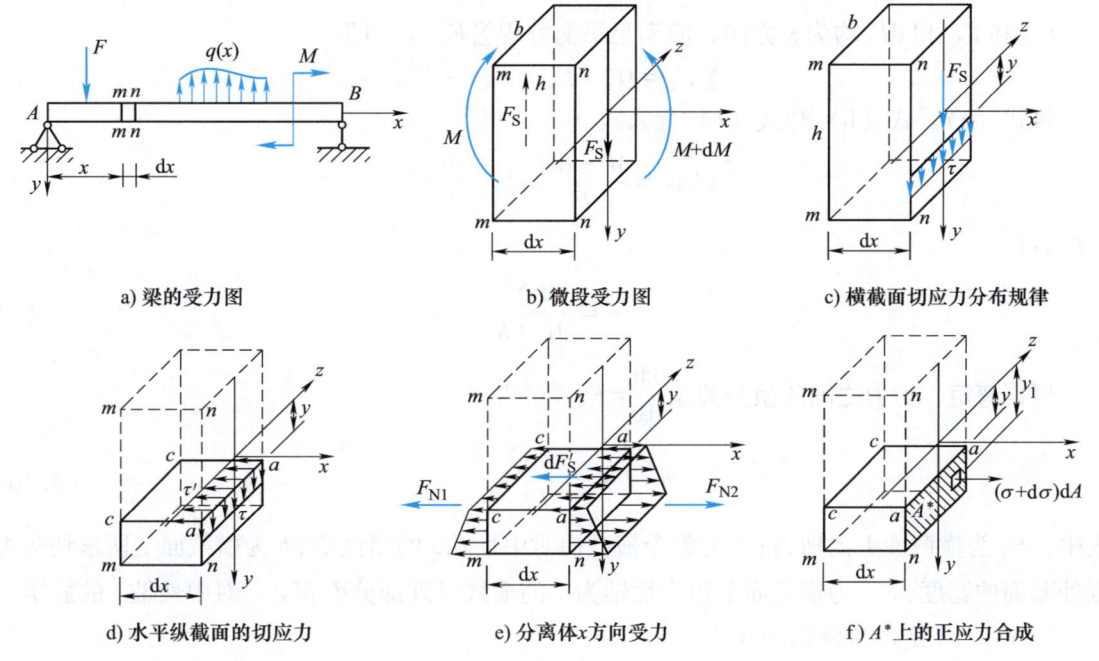

a) 梁的受力图　　b) 微段受力图　　c) 横截面切应力分布规律

d) 水平纵截面的切应力　　e) 分离体 x 方向受力　　f) A^* 上的正应力合成

图 5.9 矩形截面切应力公式推导

弹性理论的精确分析已经表明，对于细长的矩形截面梁，当横截面高度 h 大于其宽度 b 时，在工程计算中也能满足精度要求。例如，当 $h/b=2$ 时，相对误差仅为 4%。有了以上这两条假设，以及对弯曲正应力的推导结果，通过静力平衡条件，就可以推导出弯曲切应力的计算公式。

2. 弯曲切应力公式推导

取图 5.9a 所示的横力弯曲的矩形截面简支梁，用 m-m、n-n 两相邻横截面从梁上截取 dx 微段。m-m、n-n 横截面上的弯矩分别为 M 和 $M+dM$，由于该微段上无横向荷载，故两横截面上的剪力相等，均为 F_S，如图 5.9b 所示。

再沿距中性层为 y 且平行于中性层的纵截面 a-c，假想地从微段上截出 m-n-a-c 立方体进行研究，如图 5.9d 所示。在该立方体的横截面 m-c、n-a 上分别有对应于弯矩 M 和 $M+dM$ 的梯形分布的正应力 σ、$\sigma+d\sigma$，以及对应于剪力 F_S 的切应力分布。根据切应力互等定理，纵截面 a-c 上必有与 τ 互等的切应力 τ'（图 5.9d），则立方体左右的 m-c、n-a 截面的正应力合力 F_{N1} 和 F_{N2}（图 5.9e）可采用图 5.9f 所示方式计算，分别为

$$F_{N1} = \int_{A*} \sigma dA = \int_{A*} \frac{My}{I_z} dA = \frac{M}{I_z} \int_{A*} y dA = \frac{M}{I_z} S_z^* \qquad (a)$$

$$F_{N2} = \int_{A*} (\sigma + d\sigma) dA = \int_{A*} \frac{(M + dM)y}{I_z} dA = \frac{M + dM}{I_z} S_z^* \qquad (b)$$

式中,$S_z^* = \int_{A*} y dA$ 为截面 A^* 对中性轴 z 的静矩,A^* 为横截面上距中性轴为 y 的横线以外部分的面积,如图 5.9e 中阴影面积所示。

由于属于微段长度,立方体 a-c 面上存在的切应力 τ' 可认为均匀分布,其合力为

$$dF_S' = \tau' b dx = \tau b dx \qquad (c)$$

F_{N1} 和 F_{N2} 和 dF_S' 均为 x 方向,应满足平衡方程 $\sum F_x = 0$,即

$$\sum F_x = 0, \quad dF_S' = F_{N2} - F_{N1} \qquad (d)$$

将式(a)、式(b)和式(c)代入式(d),得

$$\tau b dx = \frac{M + dM}{I_z} S_z^* - \frac{M}{I_z} S_z^*$$

整理后得

$$\tau = \frac{dM}{dx} \frac{S_z^*}{I_z b} \qquad (e)$$

根据弯矩、剪力之间的微分关系 $\frac{dM}{dx} = F_S$,可得

$$\tau = \frac{F_S S_z^*}{I_z b} \qquad (5.10)$$

式中,F_S 为横截面上的剪力;I_z 为整个横截面对中性轴 z 的惯性矩;b 为横截面上所求切应力点处截面的宽度;S_z^* 为横截面上距中性轴为 y 的横线以外部分面积 A^* 对中性轴 z 的静矩。

3. 弯曲切应力的分布规律

对于高为 h、宽为 b 的矩形,静矩 S_z^* 和惯性矩 I_z 分别为

$$S_z^* = A^* y_c^* = b\left(\frac{h}{2} - y\right)\left[y + \frac{1}{2}\left(\frac{h}{2} - y\right)\right] = \frac{b}{2}\left(\frac{h^2}{4} - y^2\right)$$

$$I_z = \frac{bh^3}{12}$$

将上式代入式(5.10),可得矩形截面上距中性轴为 y 处各点的弯曲切应力为

$$\tau = \frac{6F_S}{bh^3}\left(\frac{h^2}{4} - y^2\right) \qquad (5.11)$$

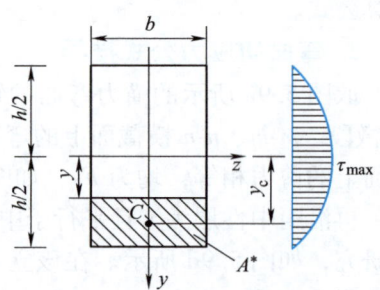

图 5.10 矩形截面弯曲切应力沿截面高度分布

由式(5.11)可知,矩形截面弯曲切应力沿截面高度呈抛物线规律分布,如图 5.10 所示。当 $y = \pm \frac{h}{2}$ 时,$\tau = 0$,即横截面上、下边缘处切应力为零。当 $y = 0$ 时,即中性轴上各点处,弯曲切应力取得最大值,为

$$\tau_{\max} = \frac{6F_S}{bh^3}\frac{h^2}{4} = \frac{3}{2}\frac{F_S}{bh} = \frac{3}{2}\frac{F_S}{A} = \frac{3}{2}\bar{\tau} \tag{5.12}$$

即矩形截面上的最大弯曲切应力 $\tau_{\max}$ 为截面上平均切应力的 1.5 倍。

5.3.2　工字形截面梁的弯曲切应力

实际工程中经常要用到工字形截面梁。如图 5.11a 所示，它由翼缘和腹板组成。腹板主要承担截面上的剪力，而翼缘主要承担弯矩，因此梁横截面上的弯曲切应力主要分布在腹板上（95%~97%）。翼缘部分的弯曲切应力情况比较复杂，且数值很小。因此，下面只介绍腹板上的弯曲切应力。

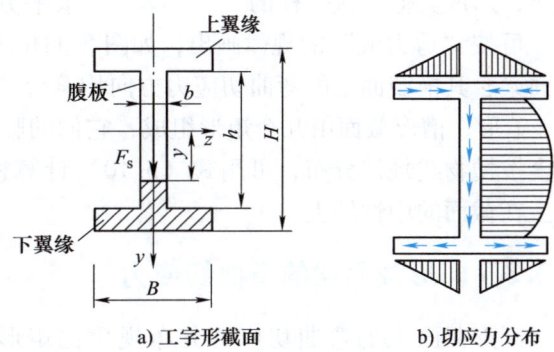

图 5.11　工字形截面切应力分布

腹板是一个狭长矩形，关于矩形截面上弯曲切应力分布的两个假设仍然适用，用相同的方法，可得到相同的弯曲切应力计算公式，即

$$\tau = \frac{F_S S_z^*}{I_z b}$$

式中，F_S 为横截面上的剪力；I_z 为整个横截面对中性轴 z 的惯性矩；b 为腹板的宽度；S_z^* 为横截面上距中性轴为 y 的横线以外部分面积 A^* 对中性轴的静矩，即

$$S_z^* = B\left(\frac{H}{2} - \frac{h}{2}\right)\frac{1}{2}\left(\frac{H}{2} + \frac{h}{2}\right) + b\left(\frac{h}{2} - y\right)\frac{1}{2}\left(\frac{h}{2} + y\right)$$
$$= \frac{B}{8}(H^2 - h^2) + \frac{b}{2}\left(\frac{h^2}{4} - y^2\right)$$

于是可得

$$\tau = \frac{F_S}{bI_z}\left[\frac{B}{8}(H^2 - h^2) + \frac{b}{2}\left(\frac{h^2}{4} - y^2\right)\right] \tag{5.13}$$

式（5.13）表明，腹板上的弯曲切应力沿腹板高度呈抛物线规律分布，如图 5.11b 所示。

当 $y = \pm\frac{h}{2}$ 和 $y = 0$ 时，腹板上最大和最小弯曲切应力分别为

$$\tau_{\max} = \frac{F_S}{bI_z}\left[\frac{B}{8}(H^2 - h^2) + \frac{bh^2}{8}\right] = \frac{F_S}{bI_z}\left[\frac{BH^2}{8} - (B - b)\frac{h^2}{8}\right] \tag{f}$$

$$\tau_{\min} = \frac{F_S}{bI_z}\left[\frac{B}{8}(H^2 - h^2)\right] \tag{g}$$

比较式（f）和式（g）可以看出，当腹板宽度 b 远小于翼缘宽度 B 时，最大弯曲切应力 $\tau_{\max}$ 与弯曲最小切应力 $\tau_{\min}$ 实际上相差不大，因而可以近似认为腹板上的弯曲切应力均匀分布，为

$$\tau \approx \frac{F_S}{bh} = \frac{F_S}{A} = \bar{\tau} \tag{5.14}$$

即工字形截面上的最大弯曲切应力 τ_{max} 近似等于腹板承担全部剪力的平均切应力。

翼缘上的弯曲切应力分布比较复杂，既有垂直于中性轴方向的竖直分量，又有平行于中性轴方向的水平分量。竖直分量的数值非常小，可以忽略不计。水平方向的弯曲切应力很有规律，形成类似水流一样的"剪力流"。水平分量在已知腹板上的弯曲切应力方向的情况下，可按"剪力流"的规律画出，如图 5.11b 所示（此处不做详细推导）。对所有开口薄壁截面梁，其横截面上的弯曲切应力方向均符合"剪力流"的规律。

T 形、槽形截面由几个矩形组成，它们的腹板也是狭长矩形，腹板上的弯曲切应力沿其高度按抛物线规律分布，可用式（5.10）计算横截面上的弯曲切应力，最大弯曲切应力仍发生在截面的中性轴上。

5.3.3 圆形截面梁的弯曲切应力

圆形截面上的弯曲切应力分布规律比矩形截面还复杂，此处不做详细推导。研究结果表明，圆形截面的最大切应力仍发生在中性轴上，最大切应力沿中性轴均匀分布，其方向与剪力方向一致，如图 5.12 所示。这时，关于矩形截面上切应力分布的两个假设已不再适用。根据切应力互等定理，可以证明在截面边缘处的切应力的方向必与圆周相切，而在对称轴 y 上各点处，由于截面形状、材料性质和剪力均对称于 y 轴，其切应力必沿 y 方向。为此，可以做如下假设：

1) 沿宽度 ab 上各点的弯曲切应力均汇交于 D 点。
2) 各点处弯曲切应力沿 y 轴方向的分量沿宽度相等。

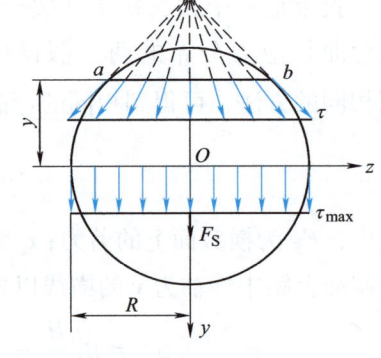

图 5.12 圆形截面梁切应力分布

根据上述两个假设，按照矩形截面上弯曲切应力计算公式的推导方法和步骤，可得最大弯曲切应力为

$$\tau_{max} = \frac{4}{3} \frac{F_S}{A} = \frac{4}{3} \bar{\tau} \tag{5.15}$$

即圆形截面上的最大弯曲切应力 τ_{max} 是平均切应力的 $\frac{4}{3}$ 倍。

5.3.4 圆环形截面梁的弯曲切应力

对于圆环形截面梁，由剪力流的概念和剪力的方向可定出弯曲切应力的方向，并假设切应力沿壁厚均匀、方向与周边相切，如图 5.13 所示。最大弯曲切应力仍发生在中性轴上，其计算公式为

$$\tau_{max} = 2 \frac{F_S}{A} = 2\bar{\tau} \tag{5.16}$$

即圆环形截面上的最大弯曲切应力 τ_{max} 是平均切应力的 2 倍。

【例 5.3】 一矩形截面简支梁受力如图 5.14 所示。已知集中力 $F = 3$kN，$a = 3$m，$h = $

160mm,$b = 100\text{mm}$,$y = 40\text{mm}$,求 m-m 截面上 K 点的弯曲切应力。

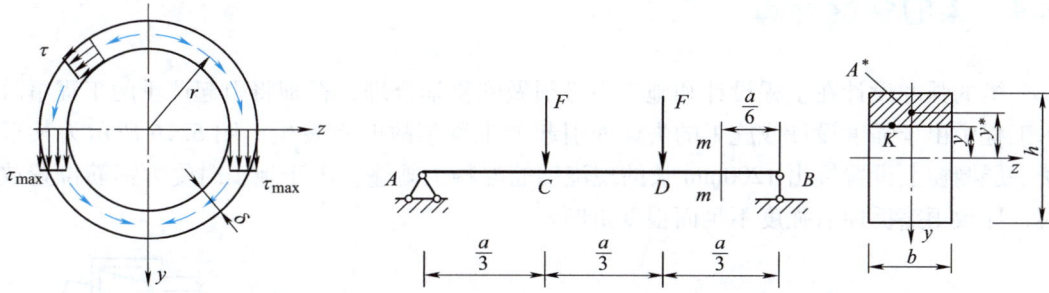

图 5.13　圆环形截面梁弯曲切应力分布　　　图 5.14　例 5.3 图

【解】　计算 m-m 截面剪力为 -3kN，截面对中性轴的惯性矩为

$$I_z = \frac{bh^3}{12} = \frac{0.1\text{m} \times 0.16^3\text{m}^3}{12} = 0.341 \times 10^{-4}\text{m}^4$$

K 点对应面积 A^* 对中性轴的静矩为

$$S_z^* = A^* y^* = 0.1\text{m} \times 0.04\text{m} \times 0.06\text{m} = 0.24 \times 10^{-3}\text{m}^3$$

K 点的弯曲切应力为

$$\tau_K = \frac{|F_S|S_z^*}{I_z b} = \frac{3 \times 10^3\text{N} \times 0.24 \times 10^{-3}\text{m}^3}{0.341 \times 10^{-4}\text{m}^4 \times 0.1\text{m}} = 0.21\text{MPa}$$

【例 5.4】　一 T 形截面如图 5.15a 所示。已知截面对中性轴 z 的惯性矩为 $I_z = 8.84 \times 10^{-6}\text{m}^4$，剪力为 $F_S = 15\text{kN}$。试求该截面的最大弯曲切应力，以及腹板与翼缘交接处的弯曲切应力。

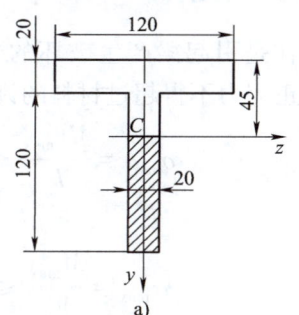 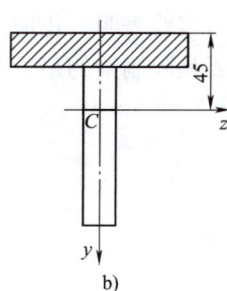

a)　　　　　　　　b)

图 5.15　例 5.4 图

【解】　1) 求最大弯曲切应力 τ_{max}。最大切应力在中性轴上。中性轴以下阴影部分对中性轴的静矩为

$$S_{zmax}^* = A^* y^* = \frac{1}{2} \times (0.02\text{m} + 0.12\text{m} - 0.045\text{m})^2 \times 0.02\text{m} = 9.03 \times 10^{-5}\text{m}^3$$

最大切应力为

$$\tau_{max} = \frac{F_S S_{zmax}^*}{I_z b} = \frac{15 \times 10^3\text{N} \times 9.03 \times 10^{-5}\text{m}^3}{8.84 \times 10^{-6}\text{m}^4 \times 0.02 \times 10^{-3}\text{m}} = 7.66\text{MPa}$$

2) 求腹板与翼缘交接处的弯曲切应力。由图 5.15b 可知，腹板与翼缘交接线一侧的部分截面对中性轴的静矩为

$$S_z^* = 0.02\text{m} \times 0.12\text{m} \times \left(0.045\text{m} - \frac{0.02}{2}\right)\text{m} = 8.4 \times 10^{-5}\text{m}^3$$

因此，交接处各点的切应力为

$$\tau = \frac{F_S S_z^*}{I_z b} = \frac{15 \times 10^3\text{N} \times 8.4 \times 10^{-5}\text{m}^3}{8.84 \times 10^{-6}\text{m}^4 \times 0.02 \times 10^{-3}\text{m}} = 7.13\text{MPa}$$

5.4 梁的强度计算

梁的强度设计在工程设计和施工中必须做到科学合理，否则将引起严重的工程事故。土木工程中由于强度设计或施工的失误而引起的工程事故时有发生。图 5.16 所示为某百货大楼一层橱窗上设置挑出 1200mm 长的现浇钢筋混凝土雨篷，由于施工时受力钢筋位置放置错误，导致雨篷拆模后强度不足而根部折断。

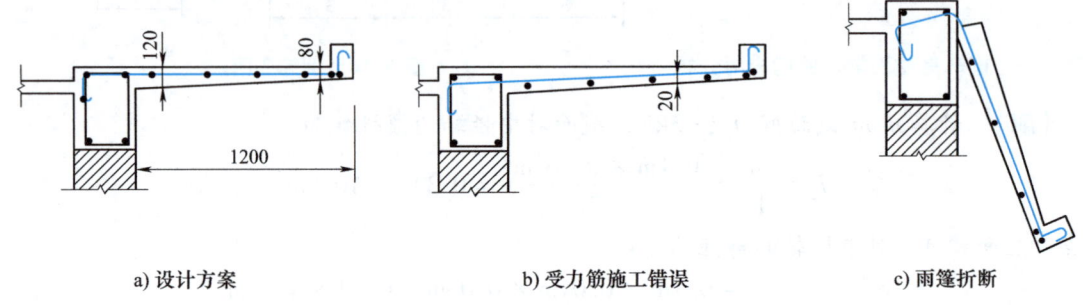

a) 设计方案　　　　　　b) 受力筋施工错误　　　　　　c) 雨篷折断

图 5.16　某百货大楼工程事故图

5.4.1　梁的弯曲正应力强度条件

实践表明，正应力往往是引起梁产生破坏的主要因素。对梁强度的计算主要是限制梁的最大弯曲正应力不得超过材料的许用应力 $[\sigma]$，即

$$\sigma_{\max} = \frac{My_{\max}}{I_z} \leqslant [\sigma] \tag{5.17}$$

或

$$\sigma_{\max} = \frac{M_{\max}}{W_z} \leqslant [\sigma] \tag{5.18}$$

对低碳钢等抗拉和抗压强度相等的材料制成的等直梁，危险截面为弯矩最大的截面。该截面上距离中性轴最远的点正应力最大，即危险点。对于变截面梁，由于抗弯截面系数 W_z 不是常数，因此，在确定危险截面和危险点时既要考虑梁的弯矩变化情况，还要考虑截面形状和尺寸的变化情况。

对铸铁等抗拉和抗压强度不相等的材料制成的梁，在进行强度设计时，应分别满足拉应力强度条件和压应力强度条件，即梁的最大拉应力不得超过材料的许用拉应力 $[\sigma_t]$，最大压应力不得超过材料的许用压应力 $[\sigma_c]$。强度条件表示为

$$\sigma_{t,\max} \leqslant [\sigma_t], \quad \sigma_{c,\max} \leqslant [\sigma_c] \tag{5.19}$$

5.4.2　梁的弯曲切应力强度条件

对于各种形状的等直梁，其最大弯曲切应力一般都发生在最大剪力所在横截面上的中性轴处。这些点处的正应力为零，因此，最大切应力作用点可看作纯剪切状态。于是，可按纯剪切应力状态下的强度条件来建立梁的弯曲切应力强度条件，即

$$\tau_{\max} = \frac{F_{S\max} S^*_{z\max}}{I_z b} \leqslant [\tau] \tag{5.20}$$

式中，$[\tau]$ 为材料的许用弯曲切应力。

梁必须同时满足正应力强度条件和切应力强度条件。在一般情况下，弯曲正应力对梁的强度起决定性作用。所以在实际计算时，通常是以梁的正应力强度条件进行各种计算，以切应力强度条件进行校核即可。

由于工程上绝大多数梁为细长梁，并且在一般情况下，细长梁的强度取决于其正应力强度，而无须考虑其切应力强度。但在下列一些特殊情况下，需进行抗剪强度校核：

1）特殊的结构。如梁的跨度较小或在支座附近，梁的弯矩较小，而剪力很大。

2）特殊的截面形状。如铆接或焊接而成的工字形梁，当腹板较薄而截面高度很大时，腹板上的切应力会很大。

3）特殊材料或工艺。如木材或竹子的顺纹抗剪能力特别差，中性层处常发生剪切破坏；铆接、焊接或胶合而成的梁，铆钉、焊缝或胶合面处抗剪能力差。

一般情况下，梁在横力弯曲条件下，各截面上的弯矩和剪力是不等的，有可能在一个或几个截面上出现弯矩最大值和剪力最大值，也可能在同一截面上二者的数值都比较大。在判断危险截面时，除了要考虑梁的剪力和弯矩分布情况，还要考虑截面形状、尺寸变化情况及材料的力学性能，综合确定可能的危险截面。正应力最大的点和切应力最大的点都是危险点。因此，在进行强度计算时，不同类型的危险点必须采用相应的强度条件校核。

根据梁的强度条件，可以解决梁的强度校核、梁的截面设计和许可荷载确定三类强度计算问题。

【例 5.5】 图 5.17a 所示矩形截面悬臂梁，在 C、D 截面处钻有透孔，直径分别为 $d_1 = 80\mathrm{mm}$、$d_2 = 140\mathrm{mm}$。若材料的许用弯曲正应力 $[\sigma] = 10\mathrm{MPa}$。试校核该梁的强度。

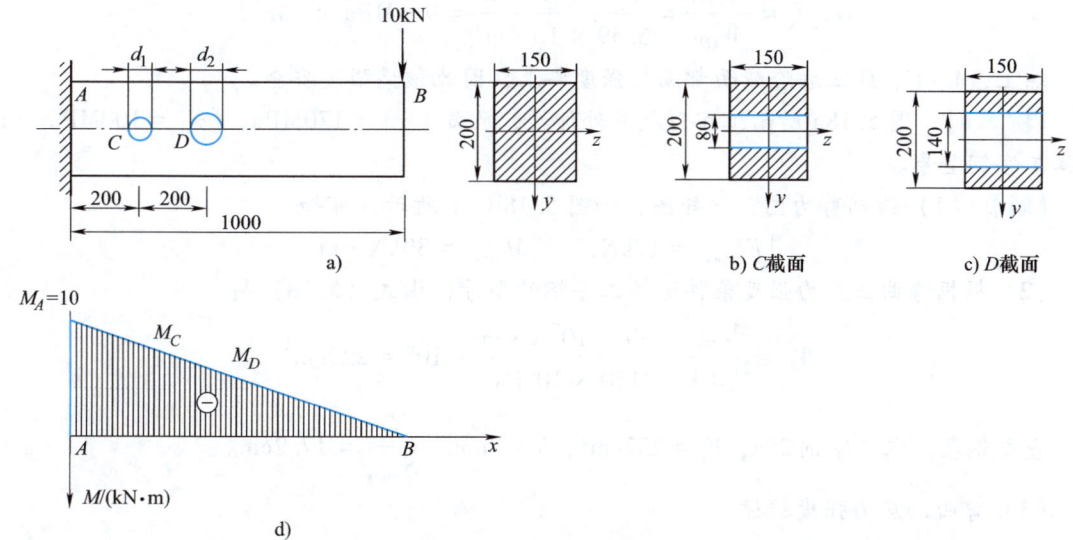

图 5.17 例 5.5 图

【解】 (1) 绘制弯矩图。如图 5.17d 所示,可知最大弯矩在固定端 A,$M_A = -10\text{kN}\cdot\text{m}$,$C$、$D$ 梁截面的弯矩分别为 $M_C = -8\text{kN}\cdot\text{m}$,$M_D = -6\text{kN}\cdot\text{m}$。$C$、$D$ 两截面上弯矩虽然较小,但梁截面被圆孔削弱,所以 A、C、D 三截面都可能是危险截面。需要对 A、C、D 这三个危险截面进行强度校核。

(2) 校核梁的强度。

1) 校核 A 截面。由式 (5.4) 得

$$\sigma_{A\max} = \frac{|M_A|}{W_{zA}} = \frac{10 \times 10^3 \text{N}\cdot\text{m}}{\frac{1}{6} \times 150 \times 10^{-3}\text{m} \times (200 \times 10^{-3}\text{m})^2} = 10\text{MPa} \leqslant [\sigma]$$

2) 校核 C 截面。C 截面形状如图 5.17b 所示,其惯性矩和抗弯截面系数分别为

$$I_{zC} = \frac{150 \times 10^{-3}\text{m} \times [(200 \times 10^{-3}\text{m})^3 - (80 \times 10^{-3}\text{m})^3]}{12} = 9.36 \times 10^{-5}\text{m}^4$$

$$W_{zC} = \frac{I_{zC}}{h/2} = \frac{9.36 \times 10^{-5}\text{m}^4}{100 \times 10^{-3}\text{m}} = 9.36 \times 10^{-4}\text{m}^3$$

由式 (5.4) 得

$$\sigma_{C\max} = \frac{|M_C|}{W_{zC}} = \frac{8 \times 10^3 \text{N}\cdot\text{m}}{9.36 \times 10^{-4}\text{m}^3} = 8.5\text{MPa} < [\sigma]$$

3) 校核 D 截面。D 截面形状如图 5.17c 所示,其惯性矩和抗弯截面系数分别为

$$I_{zD} = \frac{150 \times 10^{-3}\text{m} \times [(200 \times 10^{-3}\text{m})^3 - (140 \times 10^{-3}\text{m})^3]}{12} = 6.59 \times 10^{-5}\text{m}^4$$

$$W_{zD} = \frac{I_{zD}}{h/2} = \frac{6.59 \times 10^{-5}\text{m}^4}{100 \times 10^{-3}\text{m}} = 6.59 \times 10^{-4}\text{m}^3$$

由式 (5.4) 得

$$\sigma_{D\max} = \frac{|M_D|}{W_{zD}} = \frac{6 \times 10^3 \text{N}\cdot\text{m}}{6.59 \times 10^{-4}\text{m}^3} = 9.1\text{MPa} < [\sigma]$$

综上,A、C、D 三危险截面都满足强度要求,因此该梁强度安全。

【例 5.6】 图 5.18a 所示工字形截面外伸梁,已知 $[\sigma] = 170\text{MPa}$,$[\tau] = 100\text{MPa}$。试选择工字钢型号。

【解】 (1) 绘制剪力图、弯矩图,如图 5.18b、c 所示,可知

$$|F_{S\max}| = 17\text{kN}, \quad |M_{\max}| = 39\text{kN}\cdot\text{m}$$

(2) 根据弯曲正应力强度条件选择工字钢的型号,由式 (5.18) 得

$$W_z \geqslant \frac{M_{\max}}{[\sigma]} = \frac{39 \times 10^3 \text{N}\cdot\text{m}}{170 \times 10^6 \text{Pa}} \times 10^6 = 229\text{cm}^3$$

查型钢表,取工字钢 20a,$W_z = 237\text{cm}^3$,$b = 7\text{mm}$,$\dfrac{I_z}{S_{z\max}} = 17.2\text{cm}$。

(3) 弯曲切应力强度校核。

$$\tau_{\max} = \frac{F_{S\max} S^*_{z\max}}{I_z b} = \frac{17 \times 10^3 \text{N}}{17.2 \times 10^{-2}\text{m} \times 7 \times 10^{-3}\text{m}} = 14.1\text{MPa} < [\tau]$$

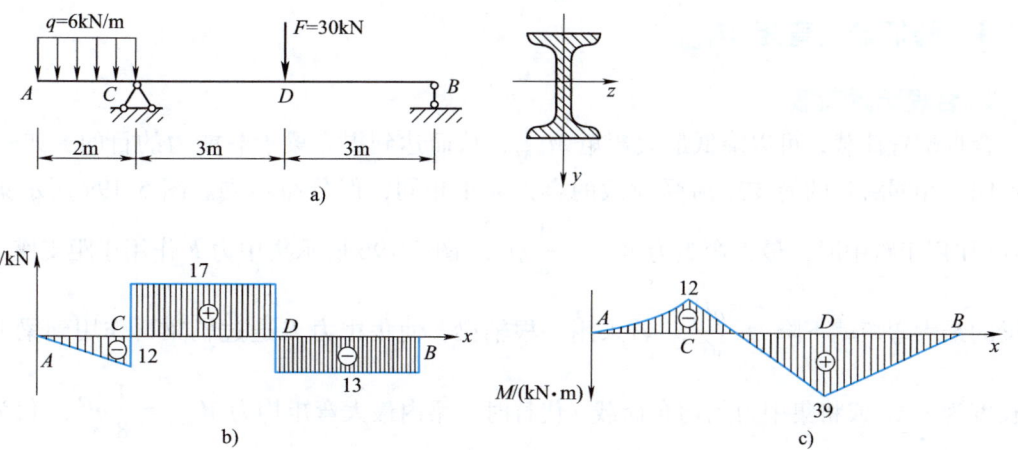

图 5.18 例 5.6 图

可见,选 20a 工字钢,既满足正应力强度要求,也满足切应力强度要求,因而是可行的。

【解析小结】

梁的弯曲强度计算是材料力学的重要问题,计算步骤一般如下:

1) 根据梁所受荷载及支座反力,正确绘制出剪力图和弯矩图,确定危险截面。对于脆性材料制成的上下不对称截面梁,最大拉应力与最大压应力的点可能不在同一截面上,最大正弯矩和最大负弯矩均可能是危险截面。

2) 根据截面上的应力分布判断危险截面上的危险点,即 σ_{max} 和 τ_{max} 作用点,并计算 σ_{max} 和 τ_{max} 值。二者不一定在同一截面,更不在同一点。

3) 对 σ_{max} 和 τ_{max} 作用点分别采用不同的强度条件进行强度计算。对于细长梁,只需按弯曲正应力进行强度计算。只有当某些受力情况下个别截面上的剪力较大时,才考虑弯曲切应力的强度。

在应用强度条件进行梁的截面设计时,一般先按弯曲正应力强度条件选择截面,然后再校核弯曲切应力强度条件,直到找到合理的截面尺寸。

5.5 提高梁弯曲强度的主要措施

在梁的强度设计中,既要保证梁有足够的强度,又要节省材料,减轻自重,以满足工程上既安全又经济的要求。这就需要考虑如何以较少的材料消耗使梁获得更大的承载能力问题。

前面曾指出,对于工程上常见的细长梁,其承载能力主要取决于梁横截面上的弯曲正应力强度条件。根据等直梁弯曲正应力强度条件,即 $\sigma_{max} = \dfrac{M_{max}}{W_z} \leqslant [\sigma]$ 可知,梁的弯曲强度与以下三个因素有关:①荷载引起的最大弯矩 M_{max};②与横截面的形状和尺寸有关的抗弯截面系数 W_z;③材料的许用应力 $[\sigma]$。因此,通过分析这三个因素来寻找提高梁承载能力的主要措施。

5.5.1 降低最大弯矩 M_{max}

1. 合理配置荷载

合理配置荷载,可以降低最大弯矩 M_{max},从而达到提高梁承载能力的目的。如图 5.19 所示四个相同跨长的简支梁所受荷载的合力大小相同,但分布不同。图 5.19a 所示集中力 $F=ql$ 作用于跨中时,最大弯矩为 $M_{max}=\dfrac{1}{4}ql^2$;图 5.19b 所示集中力 F 作用于距支座 $\dfrac{l}{6}$ 处,则梁的最大弯矩就下降为 $\dfrac{5ql^2}{36}$;若采用一根辅梁,使集中力 F 通过辅梁再作用到梁上,辅梁长度为 $\dfrac{l}{2}$,或将集中力用均布荷载 q 代替时,梁内最大弯矩均为 $M_{max}=\dfrac{1}{8}ql^2$,仅为跨中作用集中力的 50%,如图 5.19c、d 所示。可见,合理布置荷载可有效降低最大弯矩,在条件允许的情况下,使集中力尽量靠近支座,或分散施载。

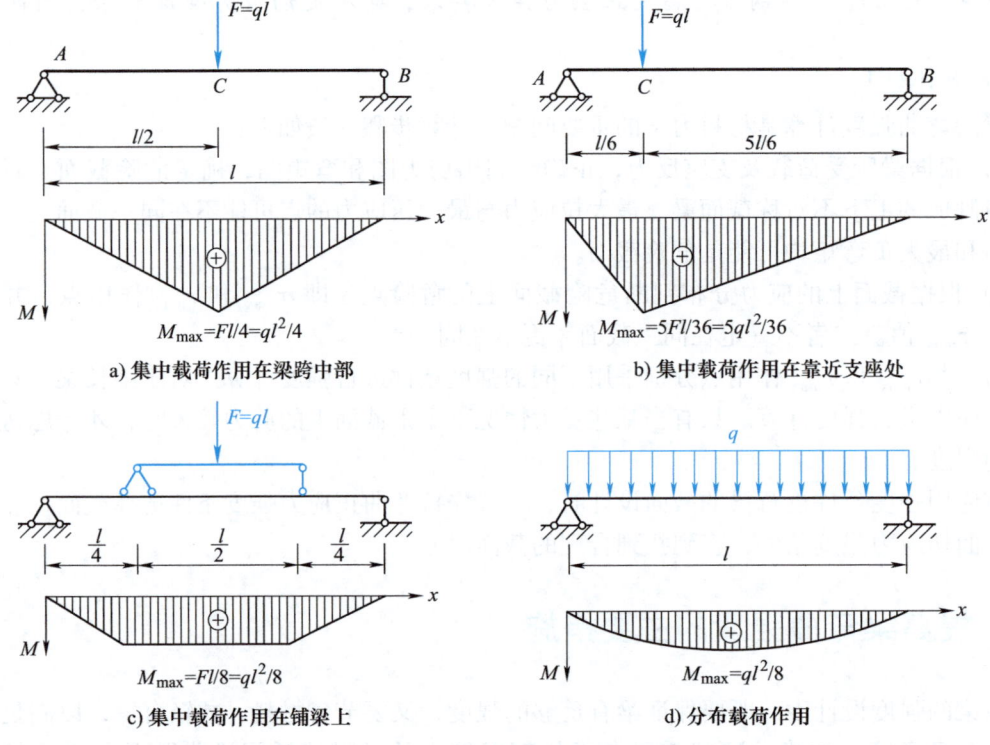

图 5.19 合理配置荷载来提高梁的承载能力

图 5.20a 所示的齿轮轴,在不影响其使用性能的情况下,将齿轮安装在轴承附近的位置上。图 5.20b 所示的木结构建筑,均利用上述原理来降低最大弯矩。

2. 合理安排支座

合理安排支座位置,也可以降低最大弯矩 M_{max}。如将图 5.19d 所示简支梁两端的铰支座向内移动 $0.2l$,使之变成图 5.21a 所示的外伸梁,则最大弯矩为 $M_{max}=\dfrac{ql^2}{40}$,仅为原来简

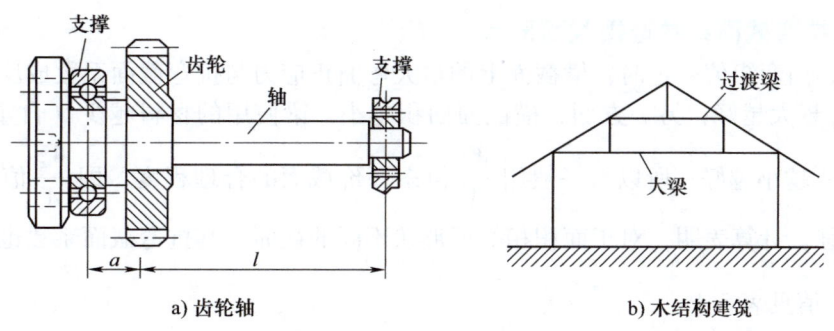

a) 齿轮轴　　　　　　　　b) 木结构建筑

图 5.20　合理配置工程实例

支梁最大弯矩的 20%,从而梁的承载能力得到很大提高。

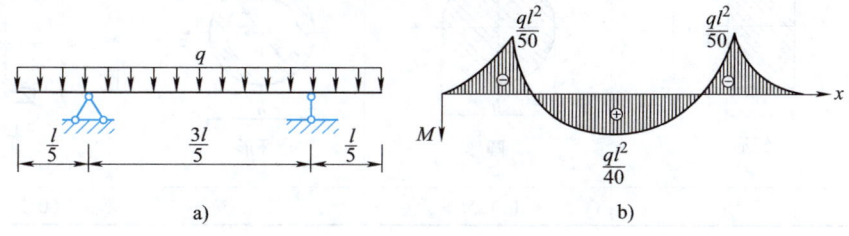

a)　　　　　　　　b)

图 5.21　合理安排支座

图 5.22a 所示的锅炉筒体和图 5.22b 所示的门式起重机大梁,其支撑点都略向中间移动,主要是为了降低荷载和自重所产生的最大弯矩,由此可见支座的合理配置不可忽视。

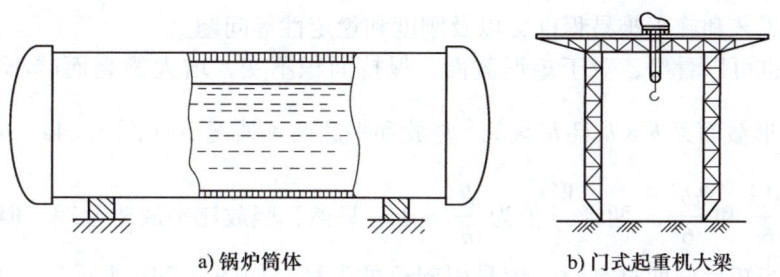

a) 锅炉筒体　　　　　　　　b) 门式起重机大梁

图 5.22　合理安排支座工程实例

此外,对静定梁增加支座,使其成为超静定梁,对缓和受力、减小最大弯矩也是相当有用的。如图 5.23 所示的超大平板车采用密布的车轮,以提高承载能力。

5.5.2　选择合理的截面形状

从抗弯强度方面考虑,合理的截面形状是用最少的材料获得最大的抗弯截面系数。

图 5.23　超大平板车

1. 依据抗弯截面系数选择截面形状

一方面，当弯矩值一定时，横截面上的最大弯曲正应力与抗弯截面系数成反比，即抗弯截面系数 W_z 越大越好；另一方面，横截面面积越小，梁使用的材料越少（自重越轻），即横截面面积 A 越小越好。所以，一般用 $\dfrac{W_z}{A}$ 值来评价截面的合理程度，即 $\dfrac{W_z}{A}$ 值越大，截面抗弯能力越强。计算表明，对于面积相等但形状不同的截面，其抗弯截面系数也不相等。常见截面的 $\dfrac{W_z}{A}$ 值见表 5.1。

表 5.1 常见截面的 W_z/A 值

截面形状	矩形	圆形	环形	工字形
W_z/A	$0.167h$	$0.125h$	$0.205h$	$(0.27\sim0.31)h$

从表 5.1 可以看出，工字形截面最为合理，而圆形截面是其中最差的一种。从弯曲正应力的分布规律来看，也容易理解这一结论。

梁的合理截面形状不能完全由弯曲正应力强度条件决定，不能片面地追求 $\dfrac{W_z}{A}$ 的高值，还应考虑加工工艺和施工难易程度，以及刚度和稳定性等问题。

从表 5.1 也可以看出，对于矩形截面，保持面积不变，增大梁高而减小梁宽可以增大 $\dfrac{W_z}{A}$ 值。例如矩形截面梁 $b\times h$ 且 $h>b$，竖放和平放两种情况下（图 5.24a、b）抗弯截面系数 W_z 分别为 $\dfrac{bh^2}{6}$ 和 $\dfrac{hb^2}{6}$，两者 $\dfrac{W_z}{A}$ 值为 $\dfrac{h}{b}>1$。显然，竖放比平放要合理。但梁的高度增加是有限度的，当矩形截面过高时，容易引起梁的失稳，如图 5.24c 所示。又如工字形 10 号钢，其 W_z 竖放比平放大 80%，如图 5.25 所示。对于木梁，其截面多为矩形或圆形比较切合实际，没有必要片面追求工字形和空心圆形，否则反而会造成材料的浪费和加工制造的困难。

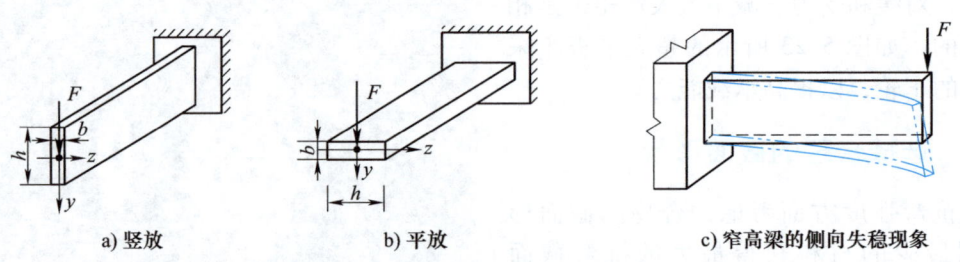

a) 竖放　　b) 平放　　c) 窄高梁的侧向失稳现象

图 5.24 矩形截面悬臂梁两种放置方式

2. 依据弯曲正应力分布规律选择截面形状

由弯曲正应力分布规律可知，中性轴附近弯曲正应力很小，材料未发挥作用。因此，较合理的截面形状应该在距离中性轴较远处布置较多部分，如图 5.26 所示。工程实际中的吊车梁、桥梁中采用的 T 形、工字形等截面钢梁，房屋建筑中的楼板采用的空心圆孔板等，都是采用合理截面的例子，如图 5.27 所示。

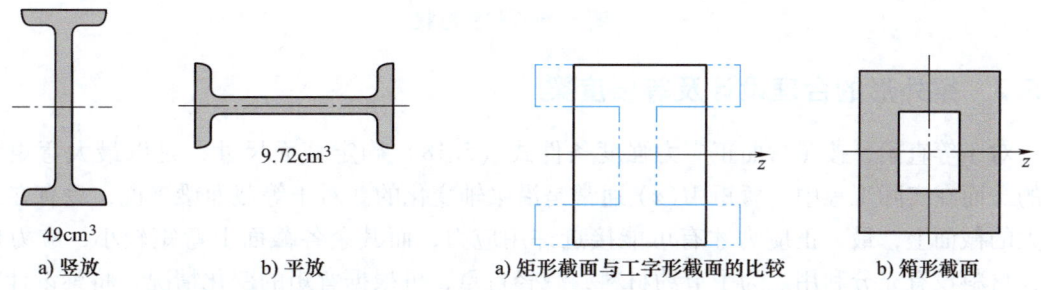

图 5.25　工字形截面悬臂梁两种放置方式

图 5.26　矩形、工字形、箱形截面

a) 吊车梁　　　　b) 房屋建筑中的楼板

图 5.27　依据弯曲正应力分布规律选择截面形状

另外，工程中为了减轻梁的自重，或需要在梁上开孔时，孔的位置往往开在中性轴附近，其道理也在于此，如图 5.28 所示的大跨度变截面空腹屋面梁。

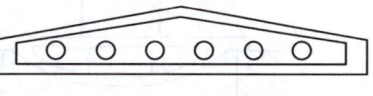

图 5.28　空腹屋面梁

3. 依据材料的特性选择截面形状

截面形状是否合理，还应该考虑材料的特性。在梁横截面上距离中性轴最远的各点处，分别有最大拉应力和最大压应力。为了充分发挥材料的承载能力，最好使二者同时达到材料的许用应力。对于抗拉和抗压强度相等的塑性材料（如钢材），宜采用对称于中性轴的截面形状，如矩形、工字形等，如图 5.29a 所示；而对于抗拉强度低于抗压强度的脆性材料（如铸铁），宜采用中性轴偏于受拉一侧的截面形状，如可采用图 5.29b 所示的一些截面形状。对这类截面，若使 y_1 和 y_2 之比接近于下列关系，则材料的抗拉和抗压强度便可得到均衡发挥。

$$\frac{[\sigma_{t,\max}]}{[\sigma_{c,\max}]} = \frac{M_{\max}y_1}{I_z} \frac{I_z}{M_{\max}y_2} = \frac{y_1}{y_2}$$

式中，$[\sigma_t]$ 和 $[\sigma_c]$ 表示抗拉许用应力和抗压许用应力。

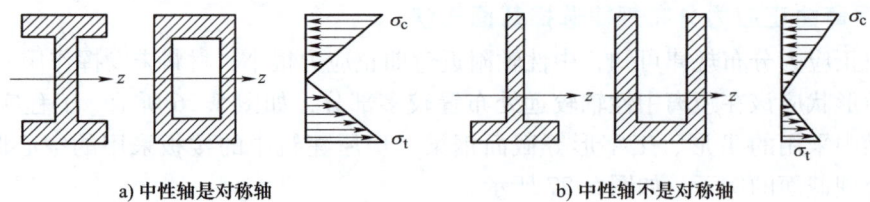

a) 中性轴是对称轴　　　　　　　　b) 中性轴不是对称轴

图 5.29　截面形状

5.5.3　梁外形的合理设计及等强度梁

对于等直梁,按照弯曲正应力强度条件式(5.18)确定截面尺寸,是以最大弯矩为依据的。而在实际工程中,弯矩 $M(x)$ 通常是沿梁轴变化的。对于等截面梁来说,只有在弯矩最大的截面上,最大正应力才有可能接近许用应力;而其余各截面上弯矩较小,应力也较低,材料没有充分利用。为了节约材料,减轻自重,可根据弯矩的变化情况,将梁设计成变截面梁,即在弯矩大的部位采用大截面,弯矩小的部位采用小截面。若梁的每一个横截面上的最大弯曲正应力均相等,都等于梁的许用应力,则这种梁称为等强度梁。等强度梁是一种理想的变截面梁,它要求各个截面都满足

$$\sigma_{\max} = \frac{M(x)}{W_z(x)} = [\sigma]$$

由此得

$$W_z(x) = \frac{M(x)}{[\sigma]}$$

这就是等强度梁的 $W(x)$ 沿梁轴线变化的规律。但考虑到加工困难,以及结构和工艺上的要求,工程实际中一般采用变截面梁来代替理论上的等强度梁,如图 5.30 所示。

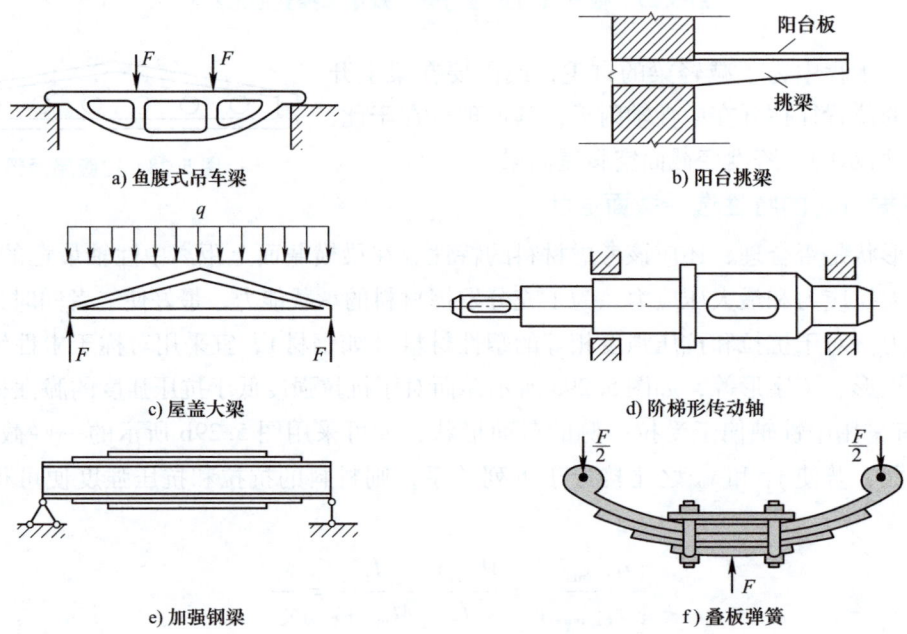

a) 鱼腹式吊车梁　　　　　　　　b) 阳台挑梁

c) 屋盖大梁　　　　　　　　d) 阶梯形传动轴

e) 加强钢梁　　　　　　　　f) 叠板弹簧

图 5.30　变截面梁的工程实例

【例5.7】 图5.31a所示矩形截面简支梁,跨中受集中力 F 作用,设截面宽度 b 不变,改变其高度 h,使之成为一等强度梁。试求其高度对沿截面位置的变化规律 $h(x)$。

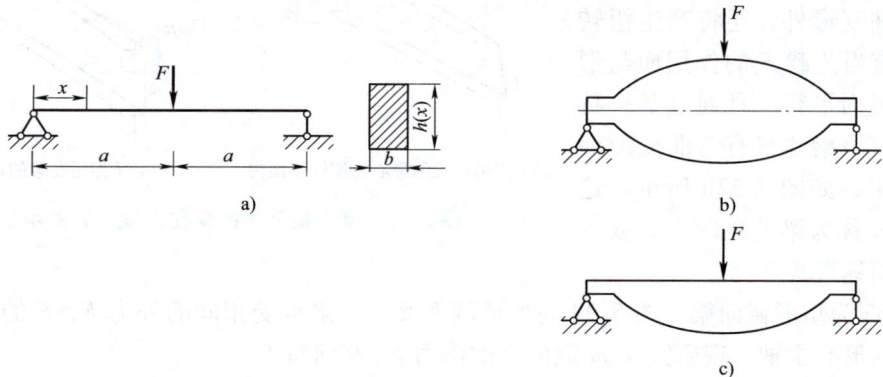

图 5.31 例 5.7 图

【解】 结构荷载对称,仅分析一半（$0 \leqslant x \leqslant a$）,距梁左端 x 处的弯矩方程为

$$M(x) = \frac{1}{2}Fx \quad (0 \leqslant x \leqslant a)$$

抗弯截面系数为

$$W_z(x) = \frac{bh^2(x)}{6}$$

根据等强度梁的强度条件得

$$W_z(x) = \frac{M(x)}{[\sigma]} = \frac{bh^2(x)}{6}$$

可求得

$$h(x) = \sqrt{\frac{3Fx}{b[\sigma]}} \tag{a}$$

这是梁左半段高度变化的规律。按照式（a）,在支座处 $h(x) = 0$,即梁两端的截面高度为零,这将无法满足剪切强度要求。因此,需按切应力强度条件来确定截面的最小高度

$$\tau_{\max} = \frac{3}{2}\frac{F_{S\max}}{A} = \frac{3}{2}\frac{F/2}{bh_{\min}} = [\tau]$$

可求得

$$h_{\min} = \frac{3F}{4b[\tau]} \tag{b}$$

按式（a）和式（b）确定的梁的外形如图5.31b所示。厂房建筑中常见的鱼腹梁（图5.31c）就是根据这个原理设计的。

5.6 弯曲中心的概念

前面所讨论的发生平面弯曲的梁都具有纵向对称面,且梁上的荷载都作用在该对称面内,梁的纵向对称面也是梁的形心主惯性平面。而对于图5.32a所示的这类不具有纵向对称

面的梁来说，即使横向荷载 F 作用于梁的形心主惯性平面内，该梁除了产生弯曲变形外，还将产生扭转变形。只有当荷载 F 的作用面与形心主惯性平面平行，且通过某一特定点 A 时，该梁才只有弯曲变形而无扭转变形，如图 5.32b 所示。这一特定点 A 称为梁的弯曲中心或剪切中心，简称弯心。

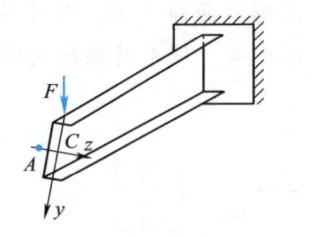
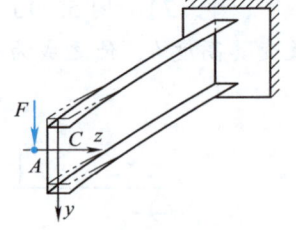

a) F 作用在梁的形心主惯性平面内　　b) F 作用在梁的弯曲中心

图 5.32　槽形截面梁的弯扭现象与弯曲中心

图 5.33 为矩形截面梁，图 5.34 为槽形截面梁，二梁承受相同的外力 F，F 的作用面均通过截面的形心主轴。现研究 m-m 截面上的剪力 F_S 有何特点。

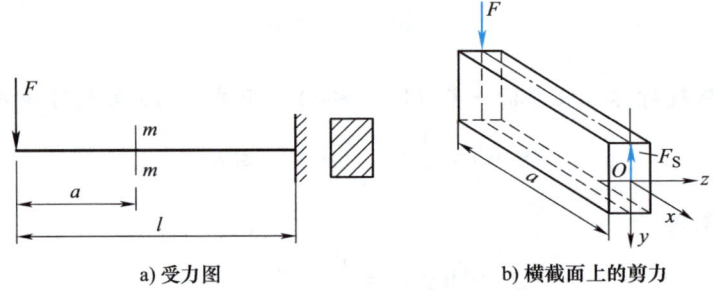

a) 受力图　　b) 横截面上的剪力

图 5.33　矩形截面梁

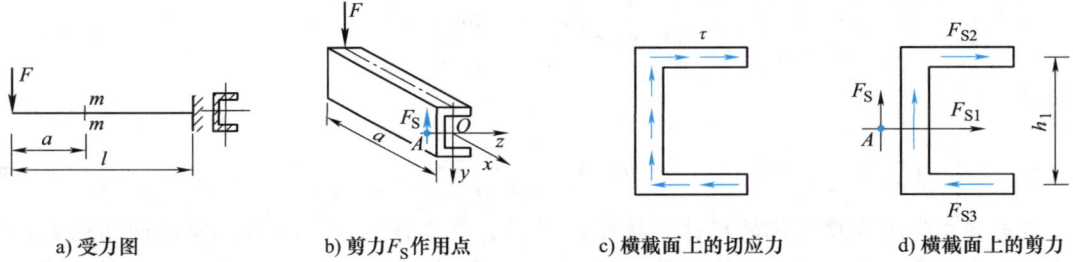

a) 受力图　　b) 剪力 F_S 作用点　　c) 横截面上的切应力　　d) 横截面上的剪力

图 5.34　槽形截面梁

对于矩形截面梁，m-m 截面上的剪力 F_S 位于外力作用的对称面内，F_S 通过截面的形心，所以该梁只发生平面弯曲变形。

对于槽形截面梁，由开口薄壁截面"剪力流"的规律，可知腹板上存在竖向切应力，上翼缘存在水平向右切应力，下翼缘存在向左的切应力，如图 5.34c 所示。将腹板上切应力的总和及上、下翼缘上的切应力总和分别用合力 F_{S1} 和 F_{S2}、F_{S3} 来表示，如图 5.34d 所示。由于上、下翼缘合力 $F_{S2} = F_{S3}$，方向相反，因而形成力偶矩 $F_{S2}h_1$，这样横截面上就存在力 F_{S1} 和力偶矩 $F_{S2}h_1$，二者可用位于横截面内另一位置的合力 F_S（等效力系）来代替，F_S 就是横截面上剪力的合力。这说明，对槽形截面梁来说，横截面上剪力的合力将不像矩形截面那样通过截面的形心，而是通过另一点 A。通过图 5.34b 看出，此时剪力 F_S 与外力 F 不在同一纵向平面内，由平衡条件可知，在 m-m 截面上还存在扭矩。因此，对梁来说，除了产生弯曲，还要产生扭转。欲使梁不产生扭转，就必须使外力 F 作用在通过 A 点的纵向平面内。也就是说当横向力 F 作用在通过弯曲中心的纵向平面内时，梁才只产生弯曲而不产生扭转。

对于实心或封闭薄壁截面杆，因杆的抗扭刚度大，且弯曲中心靠近截面形心，可不考虑扭转产生的影响。但对于开口薄壁的杆件，因抗扭刚度小，若横向荷载不通过弯曲中心，会产生明显的扭转变形。工程中若不希望这种梁发生扭转变形，则必须使外力通过弯曲中心。确定弯曲中心具有重要意义。

需要指出的是，无论梁的截面形状如何，不论是薄壁还是实心的，均存在弯曲中心。弯曲中心的位置只取决于截面的形状与尺寸，与材料的性质无关。

确定弯曲中心的位置比较复杂，但存在下列规律：
1）具有一个对称轴的截面时，弯曲中心必位于对称轴上，如图 5.35a 所示。
2）具有两个对称轴的截面时，弯曲中心与形心重合，如图 5.35b 所示。
3）开口薄壁截面，当其中线交于一点时，该交点即为弯曲中心，如图 5.35c 所示。

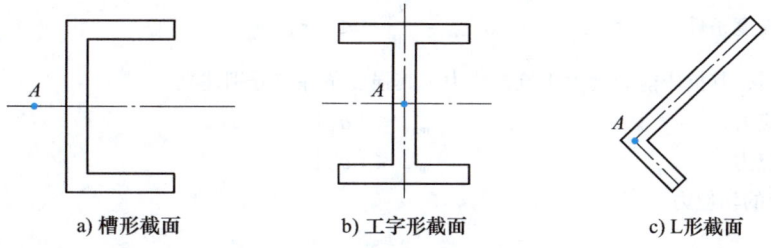

a) 槽形截面　　　　b) 工字形截面　　　　c) L形截面

图 5.35　弯曲中心的位置

常见的开口薄壁截面的弯曲中心位置见表 5.2。

表 5.2　常见的开口薄壁截面的弯曲中心位置

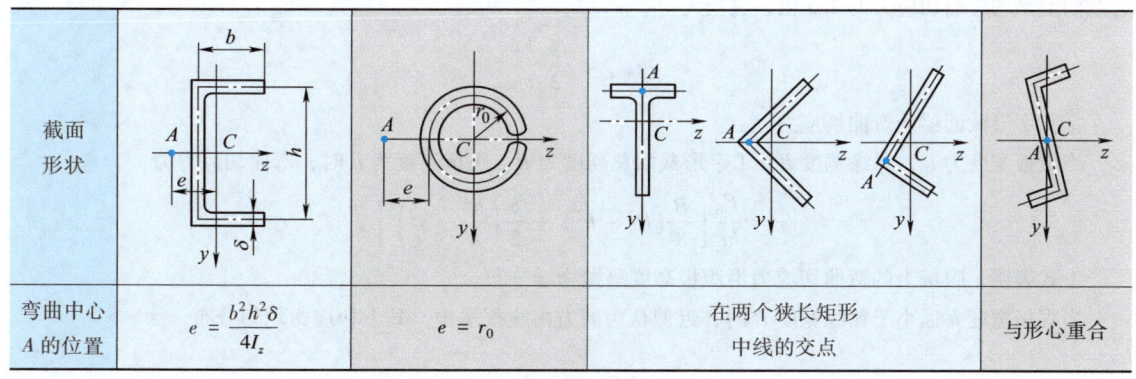

截面形状				
弯曲中心 A 的位置	$e = \dfrac{b^2 h^2 \delta}{4 I_z}$	$e = r_0$	在两个狭长矩形中线的交点	与形心重合

总结与讨论

1. 基本要求

1）理解纯弯曲和横力弯曲、中性层及中性轴的概念和特点，明确中性轴是横截面的形心轴。

2）理解推导等直梁纯弯曲正应力公式的思路，了解变形几何关系、物理关系、静力学关系在公式推导中的作用以及公式的适用范围。

3）熟练掌握弯曲正应力的分布规律及计算公式、弯曲正应力的强度条件及应用。

4）熟练掌握矩形、工字形、圆形截面中弯曲切应力的分布规律及计算公式、弯曲切应力的强度条件及应用。

5）了解提高梁强度的主要措施。

6）了解弯曲中心的概念。

2. 知识点

1）纯弯曲和横力弯曲。

2）中性层和中性轴。

3）横截面上的正应力。

弯曲正应力
$$\sigma = \frac{M(x)y}{I_z}$$

横截面上的最大弯曲正应力
$$\sigma_{\max} = \frac{My_{\max}}{I_z} = \frac{M}{W_z}$$

弯曲正应力强度条件
$$\sigma_{\max} = \frac{M_{\max}}{W_z} \leqslant [\sigma]$$

对于脆性材料，其抗压能力远大于抗拉能力，其强度条件应分别建立：

最大弯曲拉应力 $\sigma_{t,\max} \leqslant [\sigma_t]$

最大弯曲压应力 $\sigma_{c,\max} \leqslant [\sigma_c]$

4）横截面上的切应力。

①矩形截面梁的弯曲切应力
$$\tau = \frac{F_S S_z^*}{I_z b}$$

对于高为 h、宽为 b 的矩形，有
$$\tau = \frac{6F_S}{bh^3}\left(\frac{h^2}{4} - y^2\right)$$

矩形截面弯曲切应力沿截面高度呈抛物线分布。矩形截面上的最大弯曲切应力 $\tau_{\max}$ 发生在中性轴上，为截面上平均弯曲切应力的 1.5 倍，其值为

$$\tau_{\max} = \frac{3}{2}\frac{F_S}{bh}$$

②工字形截面梁的弯曲切应力。

当腹板宽度为 b，翼缘宽度 B，工字形截面总高度为 H，腹板高度为 h 时，弯曲切应力为

$$\tau = \frac{F_S}{bI_z}\left[\frac{B}{8}(H^2 - h^2) + \frac{b}{2}\left(\frac{h^2}{4} - y^2\right)\right]$$

上式表明，腹板上的弯曲切应力沿腹板高度呈抛物线分布。

当腹板宽度 b 远小于翼缘宽度 B 时，近似认为剪力由腹板承担，其上切应力均匀分布，为

$$\tau \approx \frac{F_S}{bh} = \bar{\tau}$$

③圆形截面梁的弯曲切应力。圆形截面上的最大弯曲切应力 $\tau_{\max}$ 发生在中性轴上，为

$$\tau_{\max} = \frac{4}{3}\frac{F_S}{A} = \frac{4}{3}\bar{\tau}$$

④圆环形截面梁的弯曲切应力。最大弯曲切应力仍发生在中性轴上，为

$$\tau_{\max} = 2\frac{F_S}{A} = 2\bar{\tau}$$

⑤弯曲切应力强度条件

$$\tau_{\max} = \frac{F_{S\max} S_{z\max}^*}{I_z b} \leqslant [\tau]$$

5）提高梁弯曲强度的主要措施：降低最大弯矩 $M_{\max}$；选择合理的截面形状；梁外形的合理设计——等强度梁。

6）弯曲中心。对任意横截面的杆件，沿形心主惯性轴的切应力的合力（剪力）的作用线，总通过截面所在平面上的一个定点，该点称为截面的弯曲中心。当横向外力通过弯曲中心时，杆件只发生弯曲变形而无扭转变形。任何形状截面，不论是薄壁还是实心的，均存在弯曲中心；而弯曲中心的位置只决定于截面的几何特征（截面的形状与尺寸），而与材料的性质无关。

3. 常见问题

工程上常见的弯曲问题多为横力弯曲，此时梁横截面上除了有正应力，还有切应力，一般正应力远大于切应力，所以无论是强度校核还是截面设计，首先按正应力强度条件进行，然后进行切应力强度条件校核。

思 考 题

5.1 什么条件下梁只发生平面弯曲？

5.2 为什么梁发生弯曲时，中性轴必然通过横截面的形心？

5.3 同一梁按图 5.36a、b 两种方式放置，两梁的最大弯曲正应力是否相等？

5.4 若有受力情况、跨度、横截面均相同的一根钢梁和一根木梁，其内力图是否相同？横截面上正应力分布规律是否相同？其对应点处的正应力和纵向线应变是否相同？

5.5 对横截面关于中性轴不对称的梁，一般都是脆性材料制成。对于这种梁，危险截面一定是在弯矩最大的截面处吗？为什么？

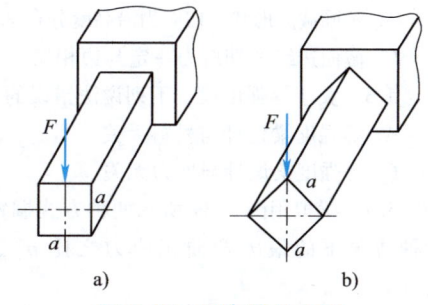

图 5.36　思考题 5.3 图

5.6 一钢筋混凝土梁，受力后弯矩图如图 5.37 所示。为了发挥钢筋（图中虚线所示）的抗拉性能，最合理的配筋方案是图中的哪一种？

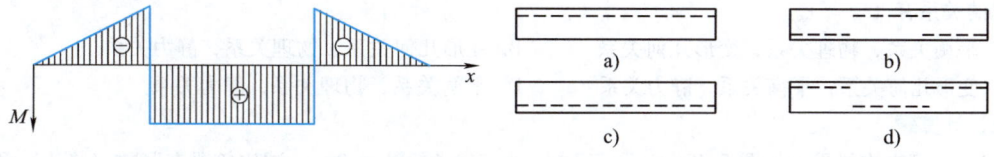

图 5.37　思考题 5.6 图

5.7 在建立弯曲正应力与弯曲切应力公式时，所用分析方法有何不同？

5.8 图 3.38 所示简支梁受均布作用，其横截面采用两种形式，一种是由整根矩形木梁制成，另一种则是由两根木梁相叠而成，其间无任何连接。试问二者的应力是否相等？

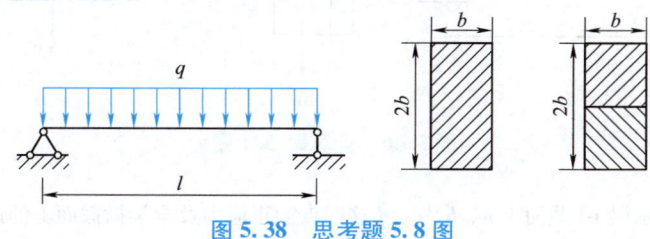

图 5.38　思考题 5.8 图

5.9　什么是弯曲中心？如何确定弯曲中心？研究弯曲中心有什么实际意义？

习　题

一、判断题

5.1　发生纯弯曲变形的梁截面上只有正应力。　　　　　　　　　　　　　　　（　　）
5.2　平面弯曲是指梁的横截面变形前是平面，受力变弯后仍为平面的弯曲。　　（　　）
5.3　控制弯曲强度的主要因素是最大弯矩值。　　　　　　　　　　　　　　　（　　）
5.4　横力弯曲时，矩形截面梁横截面上的最大切应力是该截面平均切应力的2倍。（　　）
5.5　从梁的强度考虑，同面积情况下，工字形截面比矩形截面形状更合理。　　（　　）

二、单项选择题

5.1　关于弯曲变形梁上的危险点，下列说法正确的是（　　）。
A. 在最大弯矩所在截面的上边缘　　B. 在最大弯矩所在截面的下边缘
C. 在最大弯矩所在截面的中性轴上　D. 不一定在最大弯矩所在截面

5.2　关于弯曲切应力下列说法错误的是（　　）。
A. 不同截面形状，切应力沿高度分布基本相同　B. 最大切应力一定位于中性轴上
C. 截面边缘的切应力一定与边相切　　　　　　D. 切应力方向一定与剪力平行

5.3　关于等强度梁，下列说法错误的是（　　）。
A. 等强度梁设计与材料无关　　B. 变截面梁的设计依据是等强度梁原理
C. 等强度梁设计与外力无关　　D. 等强度梁任意截面危险点的应力等于材料的许用应力

5.4　梁拟用图5.39所示两种方式搁置，则两种情况下的最大弯曲正应力之比 $\sigma_{max}^a/\sigma_{max}^b$ 为（　　）。
A. 1/4　　　　B. 1/16
C. 1/64　　　D. 16

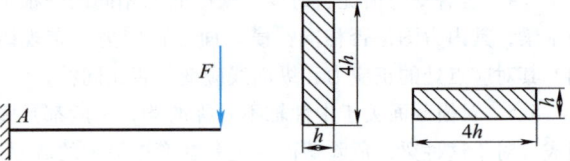

图5.39　单项选择题5.4图

5.5　建立平面弯曲正应力公式 $\sigma = \dfrac{My}{I_z}$，需要考虑的关系有（　　）。
A. 平衡关系，物理关系，变形几何关系　B. 变形几何关系，物理关系，静力关系
C. 变形几何关系，平衡关系，静力关系　D. 平衡关系，物理关系，静力关系

三、计算题

5.1　一简支木梁受力如图5.40a所示。已知 q = 2kN/m，l = 2m，试比较梁在竖放（图b）和平放时（图c）横截面C处最大的正应力。

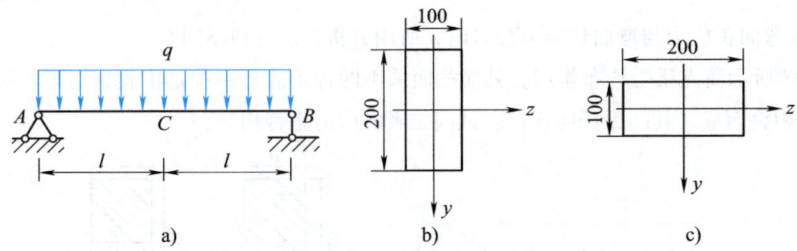

图5.40　计算题5.1图

5.2　求图5.41所示梁I-I截面上 a、b、c、d 这四点的正应力及全梁横截面上的最大正应力 σ_{max}。

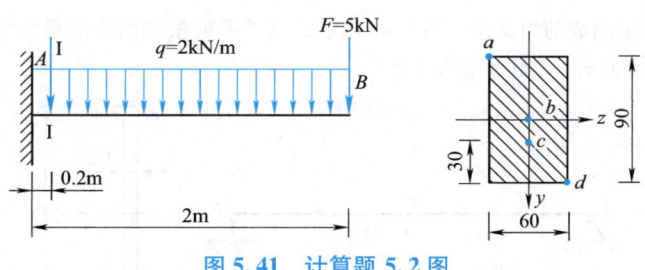

图 5.41　计算题 5.2 图

5.3　如图 5.42 所示，为改善 AB 梁的弯曲正应力分布，在主梁 AB 上安置辅助梁 CD。设主梁和辅助梁的抗弯截面系数分别为 W_1 和 W_2，材料相同，试求辅助梁的合理长度。

5.4　简支梁承受均布荷载作用，如图 5.43 所示。若分别采用截面面积相等的实心圆和空心圆截面，且 $D_1 = 40\text{mm}$，$d_2/D_2 = \dfrac{3}{5}$，试分别计算它们的最大正应力，空心圆截面比实心圆截面的最大正应力减小了百分之几？

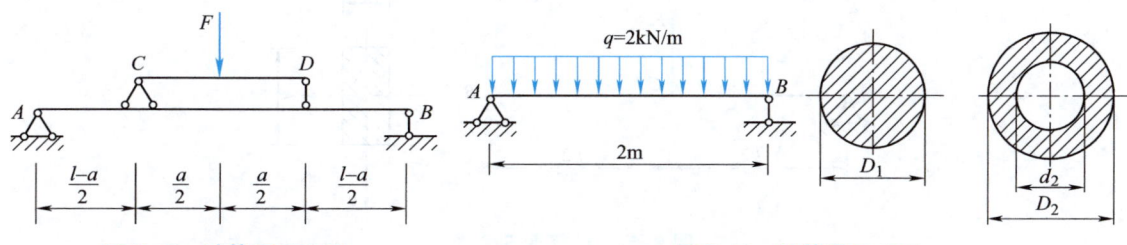

图 5.42　计算题 5.3 图　　　　　图 5.43　计算题 5.4 图

5.5　支架及其 A-A 截面的形状尺寸如图 5.44 所示。已知 $F = 1\text{kN}$，求：
（1）A-A 截面上的最大弯曲正应力。
（2）若支架中间部分未挖去，试计算 A-A 截面上的最大弯曲正应力。

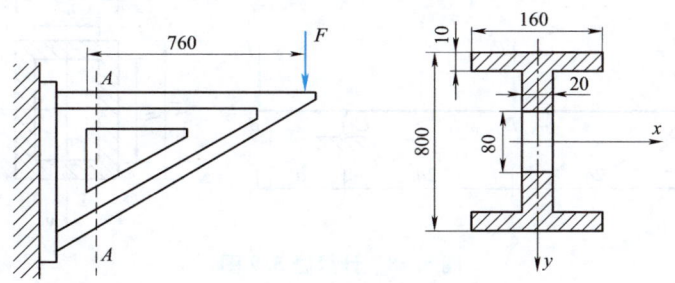

图 5.44　计算题 5.5 图

5.6　外伸梁的截面尺寸及受力如图 5.45 所示，求梁内最大弯曲正应力。

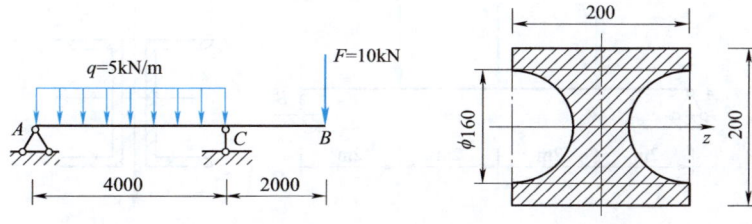

图 5.45　计算题 5.6 图

5.7 由 56a 号工字钢制成的简支梁如图 5.46 所示，试求梁的横截面上的最大切应力 $\tau_{\max}$ 和同一横截面上腹板上 a 点处的切应力 τ_a。（不计梁的自重）

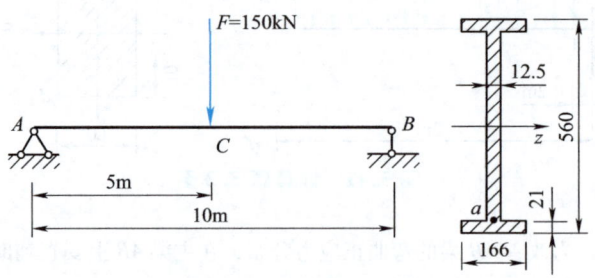

图 5.46 计算题 5.7 图

5.8 矩形截面简支梁如图 5.47 所示，中点处作用有集中荷载 F，试求梁横截面上最大正应力与最大切应力的比值。

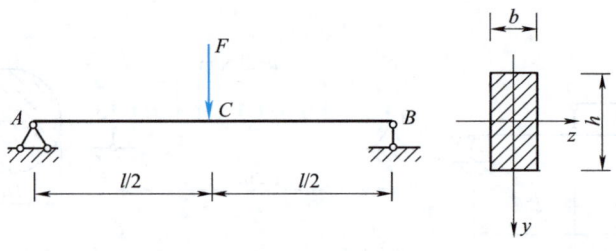

图 5.47 计算题 5.8 图

5.9 一外伸梁受力及截面尺寸如图 5.48 所示。已知 $F_1 = 400\text{kN}$，$F_2 = 200\text{kN}$，$a = 2\text{m}$，$h_1 = 400\text{mm}$，$h_2 = 300\text{mm}$，$b_1 = 300\text{mm}$，$b_2 = 200\text{mm}$。试求该梁中的最大弯曲切应力。

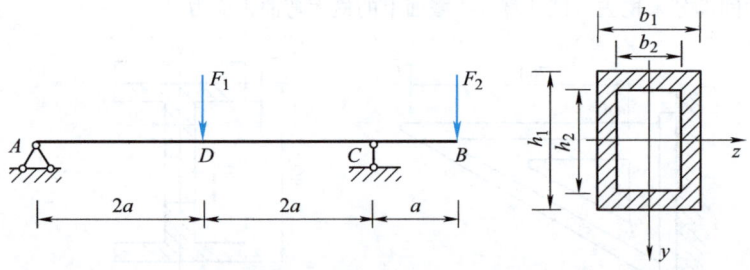

图 5.48 计算题 5.9 图

5.10 由两根 28a 号槽钢组成的简支梁受三个集中荷载的作用，如图 5.49 所示。已知该梁由 Q235 钢制成，其许用弯曲正应力 $[\sigma] = 170\text{MPa}$。试求梁的许可荷载 $[F]$。

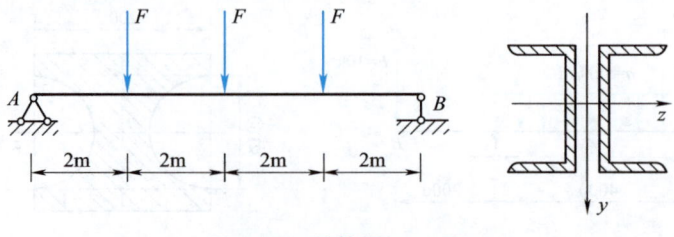

图 5.49 计算题 5.10 图

第5章 弯曲应力

5.11 18号工字钢梁的截面尺寸如图5.50所示。已知截面上的剪力 $F_S = 24\text{kN}$，弯矩 $M_z = 29.6\text{kN}\cdot\text{m}$。试计算：

（1）工字钢腹板所承受的剪力占截面上的总剪力的百分比。

（2）翼缘所承受的弯矩占总弯矩的百分比。

5.12 图5.51所示为一承受纯弯的铸铁梁，其截面为⊥形，材料的拉伸和压缩的许用应力之比 $\dfrac{[\sigma_t]}{[\sigma_c]} = \dfrac{1}{4}$。求水平翼缘的合理宽度 b。

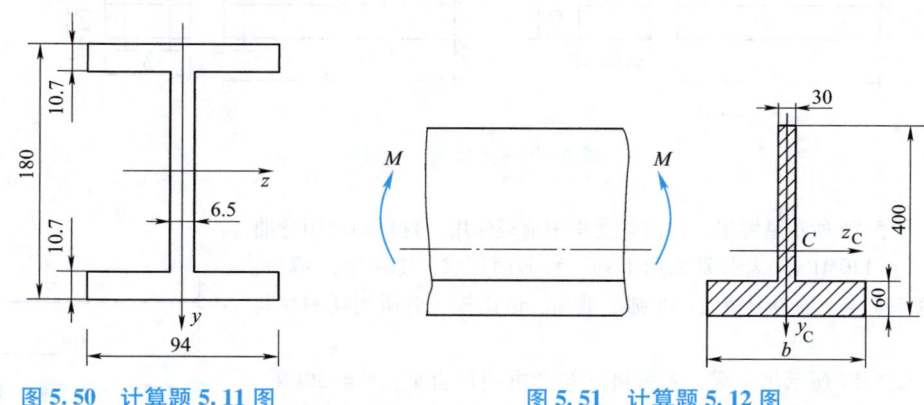

图5.50 计算题5.11图   图5.51 计算题5.12图

5.13 图5.52所示的20号槽钢承受纯弯曲时，测出 A、B 两点间的长度改变量 $\Delta l = 27 \times 10^{-3}\text{mm}$，材料的弹性模量 $E = 200\text{GPa}$。试求梁截面上的弯矩。

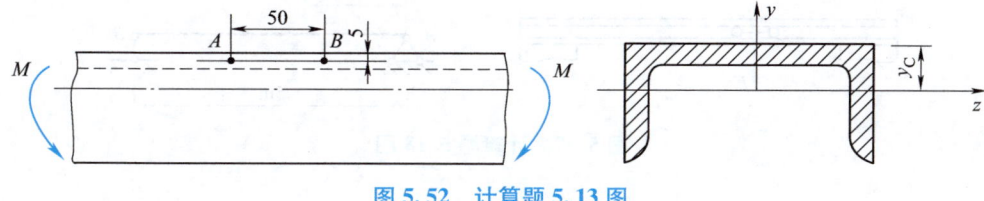

图5.52 计算题5.13图

5.14 T形截面铸铁梁受力和截面尺寸如图5.53所示，材料的许用拉应力和许用压应力分别为 $[\sigma_t] = 40\text{MPa}$ 和 $[\sigma_c] = 160\text{MPa}$，试校核梁的强度。

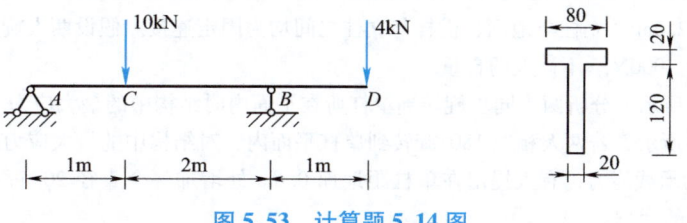

图5.53 计算题5.14图

5.15 图5.54所示的矩形截面，由三根木板条胶合而成，若胶合面上的许用切应力 $[\tau_{胶}] = 0.34\text{MPa}$，木材的许用正应力 $[\sigma] = 10\text{MPa}$，许用切应力 $[\tau] = 1\text{MPa}$。试求许可荷载 F。

5.16 图5.55所示的悬臂梁由两根尺

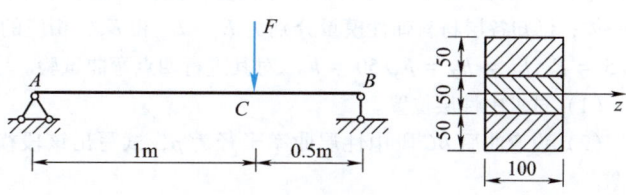

图5.54 计算题5.15图

寸完全相同的矩形截面木梁叠加而成，如图 5.55a 所示。已知 b = 200mm，h = 200mm，l = 3m，设木材的许用弯曲正应力 $[\sigma]$ = 10MPa，试求梁的许用荷载。如果在自由端用两个螺栓将梁连接成一整体，如图 5.55b 所示，此梁的许用荷载有无改变？若螺栓材料的许用切应力 $[\tau]$ = 100MPa，试求螺栓的最小直径 d。

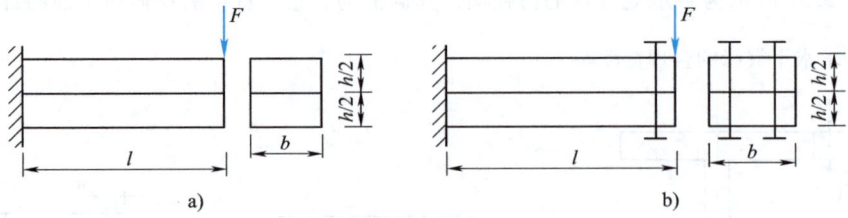

图 5.55 计算题 5.16 图

5.17 图 5.56 所示悬臂梁，自由端受集中荷载作用，材料的许用弯曲正应力 $[\sigma]$ = 140MPa。若分别采用下列三种截面形状：①工字形截面；②高宽比为 h/b = 2 的矩形截面；③圆形截面。试比较三者所消耗的材料用量。

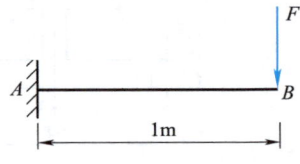

图 5.56 计算题 5.17 图

5.18 图 5.57 所示吊车梁，起重机（包含电葫芦自重）F = 30kN，跨长 l = 5m，大梁 AB 由 20a 工字钢制成，其许用弯曲正应力 $[\sigma]$ = 170MPa，许用弯曲切应力 $[\tau]$ = 100MPa。试校核该梁的强度。

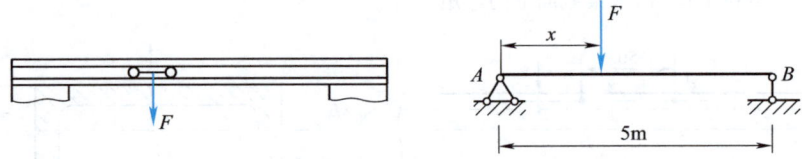

图 5.57 计算题 5.18 图

5.19 （出自 2009 年第 7 届周培源力学竞赛）单杠运动是奥运会、世界体操锦标赛、世界杯体操比赛中男子体操比赛项目之一，是其中最具观赏性的项目之一，也是观众最喜欢的运动之一，在学校和健身场所拥有众多的爱好者，小李和小张就是其中之一。一天，他们准备在单杠上进行大回环比赛。假设单杠的横杆和立柱均为直径 D = 28mm 的钢杆，弹性模量=200GPa，许用应力 $[\sigma]$ = 160MPa，横杆长 L = 2.4m，立柱高 H = 2.6m。立柱与地面、横杆与立柱之间均为固定连接。假设两人旋转到单杠所在平面时的惯性荷载均为 F = 1000N，不计人的自重。

（1）如图 5.58a 所示，分析两人同步旋转到单杠所在平面内时结构中的最大应力。

（2）如图 5.58b 所示，若两人相差 180°旋转到单杠平面内，对结构中的最大应力有什么影响？

（3）为提高结构承载能力，有人提出在单杠距地面 0.6m 处增加一个直径 20mm 的拉杆。试定性分析该杆对上述两种情况的影响。

5.20 （出自 2019 年第 12 届周培源力学竞赛）图 5.59 所示宽为 b 的矩形截面三层复合梁，各层固结为一体；已知各层材料弹性模量分别为 E_1、E_2 和 E_3，相应的厚度分别为 h_1、h_2 和 h_3，其中 $E_1 = E_2 = E_3/5 = E$，$h_1 = h_2 = h_3/50 = h$。对其进行四点弯曲试验。

（1）试求中性层位置。

（2）设弯曲后 BC 段中性层曲率半径为 ρ，试写出该段横截面上的正应力与 ρ 的关系，并画出其分布图。

（3）当层 2 断裂时，层 1 和层 3 仍为线弹性变形，BC 段梁上缘的曲率半径为 R，由此计算层 2 材料的

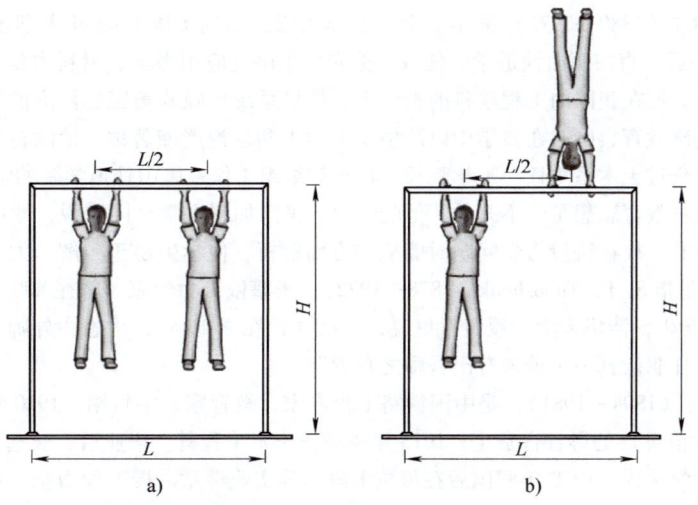

图 5.58 计算题 5.19 图

强度极限 σ_b。

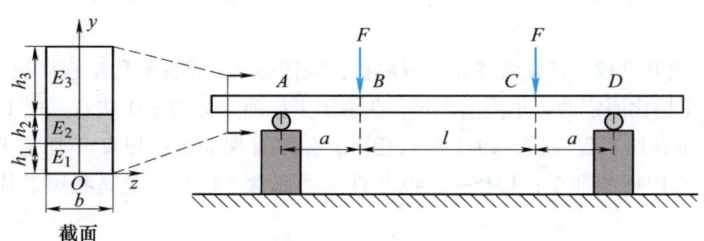

图 5.59 计算题 5.20 图

课外阅读：我国早期的力学教学

在 1952 年以前我国没有专门培养力学人才的专业。但是在工科和理科物理系的教学中，力学是占有相当的分量的。从我国当时北方和南方最著名的两所工科院校来说：唐山铁道学院和上海交通大学，它们所以出名，是因为它们的力学基础教学比较出名。而这得力于两位在我国最早讲授工程力学的教授——唐山铁道学院的罗忠忱和上海交通大学的凌鸿勋。

图 5.60 罗忠忱

图 5.61 凌鸿勋

罗忠忱（图 5.60）（1880—1972）早年就学于北洋大学，后到美国 Cornell 大学土木系进修，于 1910 年毕业，1912 年回国后一直在唐山铁道学院任教。他先后主讲过应用力学、材料力学、水力学、天文学和河海工程等重要课程。他在我国的工程学科的教学中，最早系统地吸收美国和西方的先进教育思想，比较重视工程师的力学基础教育，同时在教学中以严格要求学生和理论严谨著称。他除在数十年如一日的力学教学工作之外，还曾任过土木系主任、工学院长、校长等组织工作。唐山铁道学院的学生当时能中外闻名，和罗忠忱所贯彻的这种教育思想是分不开的。他的学生、美国加州大学林同骅说，罗师"对基本力学的深刻了解为全世界所少有，故在讲授力学问题时能从多方面解析，使学生易于了解，大有力学大师铁摩辛柯之风"［铁摩辛柯，是指 S. P. Timoshenko(1878—1972)，美籍俄裔力学家。曾在苏联、南斯拉夫、美国等国大学任教］。另一学生，清华大学教授黄万里说，自己"曾在学 19 年，承恩中外师长不啻百人，然于教诲恳切，授法精湛，任职认真……盖未有出吾师之右者"。

凌鸿勋（图 5.61）（1894—1981），是中国铁路工程专家，教育家，字竹铭。1910 年考取上海高等实业学堂（上海交通大学前身）的粤省官费生，1915 年毕业于土木工程科。毕业后，被选送到美国桥陵公司实习，并在哥伦比亚大学选读。1918 年回国后在母校上海高等实业学堂讲授工程力学。他是我国在南方较早讲授工程力学的教师之一。

1920 年在上海高等实业学堂暂代校长职务。1921—1922 年，参加京汉铁路黄河新桥设计及国有铁路建筑规范的制定。1923 年回上海高等实业学堂任教，次年任校长。建立了工业研究所，首创国内大学附设研究所的范例。

凌鸿勋于 1929 年离开学校，任陇海铁路工程局长，兼任粤汉铁路株韶段工程局长，并任总工程师。株韶段在他的主持下，工期比原定的 4 年提前 1 年，获中国工程师学会的金质奖章。他 1936 年任粤汉铁路管理局长；1939 年任天成铁路工程局长；1941 年兼任西北公路管理局长；1942 年任宝天铁路工程局长，主持修建了宝天铁路，于 1945 年通车；1945—1949 年任交通部常务次长。他是我国近代铁路交通的奠基人之一。

凌鸿勋于 1950 年 10 月应邀在台湾大学任教，并受聘为一家石油公司董事长达 20 年。他的著作有《桥梁》《八十年来之中国铁路》《中国铁路概况》《中国铁路志》《七十年来东清、中东、中长铁路变迁之经过》《詹天佑先生年谱》等。

第6章
弯曲变形

本章导读

为了保证正常工作,梁除了满足强度条件外,还须满足刚度的要求。研究梁的弯曲变形的主要目的是控制梁的变形量,使其满足刚度要求,即梁的变形不能超过某一限值,同时也是为求解超静定梁提供变形几何条件。本章将讨论细长梁在线弹性小变形范围内的弯曲变形,着重介绍表征梁的弯曲变形的物理量——挠度和转角的概念及其关系;梁的挠曲线近似微分方程及其应用条件;计算弯曲变形的两种基本方法——积分法、叠加法;梁的刚度条件及提高梁弯曲刚度的主要措施。

工程案例

1983年8月24日,我国台湾丰原高中礼堂意外发生整体坍塌,事故造成师生惨重伤亡。该礼堂位于一栋19.5m×49.5m的两层长方形建筑的第二层(底层为教室),层高6m,如图6.1所示。屋顶结构由跨度19.5m、中心间距4.5m的钢桁架承重。桁架端部高125cm,跨中高135cm,次桁架起纵向支撑的作用,并与主桁架相连接构成整体,由40cm×60cm的钢筋混凝土柱与纵向连系梁组成纵向排架支承,并在⑤~⑧轴处从连系梁侧面悬挑出一很大的钢筋混凝土雨篷。

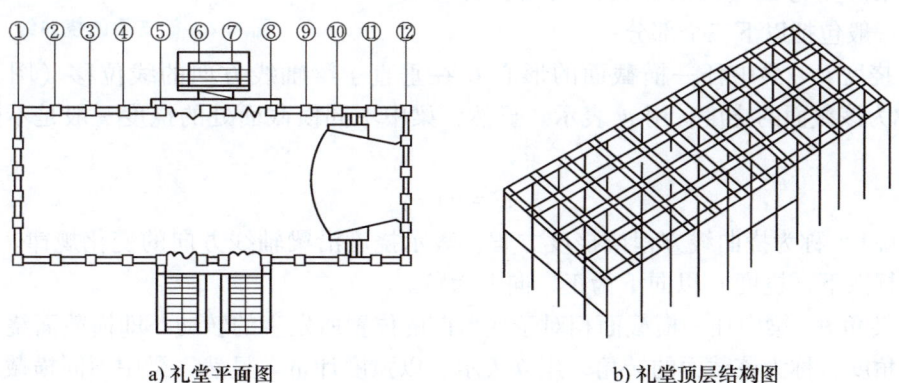

a) 礼堂平面图　　　　　　　　b) 礼堂顶层结构图

图6.1　丰原高中礼堂示意图

施工过程中,底层教室完工后曾有10个月的停工间隙期,因而在第二层楼面以上的钢筋混凝土立柱中存在施工缝的处理问题。屋架的支承原设计采用简支方式,施工中却不适当地约束了可动铰的位移。同时由于屋顶的坡度较小，屋面排水困难。该建筑于 1975 年 1 月竣工后长期处于渗漏状态，1983 年 6 月因严重的屋面渗漏不得不对屋面进行彻底返修。返修时，为了改善屋面的保温隔热性能，在屋顶上又增加了一个蓄水保温系统。返修工程验收结束 18 天后，该礼堂屋顶结构发生坍塌。虽然事故的前一天曾经下过雨，但在事故发生的时候，并未在结构上施加任何临时额外荷载，坍塌前也没有出现异兆。

事发后，专家学者对引发事故的主要原因进行分析认定，涉及原屋架结构弯曲刚度不足等设计缺陷和施工因素。按照弯曲变形概念和工程经验，受弯构件的刚度可定性地由截面高度与其跨度之比（高跨比）表征。我国相关规范中高跨比推荐最小值为 1/10~1/14，工程实际常用值为 1/9 左右。而该礼堂原设计主桁架的高跨比是 1/14.4，已超下限，可认为是弯曲刚度明显偏小。对于刚度小的重型屋盖，过大的弯曲变形往往引起屋面卷材防水层的错动、撕裂等严重失效和破坏。加之该屋面坡度极小，导致在均布荷载作用下跨中的挠度几乎抵消了屋面原有的坡度，排水不利和防水失效、屋面漏雨的问题进一步加剧。返修后，增加了屋顶蓄水池，屋面荷载进一步增大，致使屋架的弯曲变形量大大超出了允许值。事故前的大雨使屋顶大量蓄水，屋面的变形又加剧了积水的不均匀分布，跨中区域积水更深，增大了跨中某些杆件的内力，再加上潜在的节点焊接质量差的问题，坍塌事故也就在所难免了。由此可见，屋架的弯曲刚度不足不仅是产生屋面漏雨的直接原因，也是导致屋架坍塌的根本原因。

6.1 梁的挠度和转角

图 6.2 所示简支梁，取梁左端点 A 为坐标原点，变形前的轴线 AB 为 x 轴，与 x 轴垂直的轴为 w 轴。梁在横向荷载作用下发生弯曲变形，其轴线 AB 在 xw 平面内弯曲成一条光滑的曲线，该平面曲线称为梁的挠曲线或挠曲轴。挠曲线是弯曲变形的重点研究对象，也是衡量梁刚度的重要指标。梁产生弯曲变形后，其横截面位置会发生变化，一般包括以下三个部分：

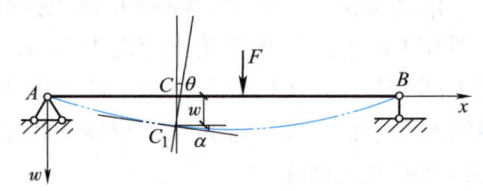

图 6.2 简支梁的挠曲线

（1）挠度 w　梁中任一横截面的形心 C 在垂直于梁轴线方向的线位移（图 6.2 中的 CC_1），称为该截面的挠度，用 w 表示。显然，梁中不同横截面处的挠度一般是不同的，可表示为

$$w = w(x) \tag{6.1}$$

式（6.1）称为挠曲线方程或挠度方程，表示挠度沿梁轴线方向的变化规律。在图 6.2 所示的坐标系下，挠度 w 以向下为正，向上为负。

（2）转角 θ　梁中任一横截面相对于变形前的位置所发生的转动，即横截面绕其中性轴所转过的角度，称为该截面的转角，用 θ 表示，以弧度计量。显然，梁中不同横截面处的转角一般是不同的，可表示为

$$\theta = \theta(x) \tag{6.2}$$

式（6.2）称为转角方程，表示转角沿梁轴线方向的变化规律。在图 6.2 所示的坐标系下，转角 θ 以横截面顺时针转动方向为正，逆时针转动方向为负。

（3）横截面形心的轴向位移 Δx　由于小变形条件下，轴向位移为高阶小量，与前两项位移相比可略去不计。因此，描述梁的弯曲变形仅需挠度 w 和转角 θ 这两个物理量。

根据平面假设，变形后梁的横截面与挠曲线仍然垂直。因此，横截面 C 的转角 θ 等于挠曲线上 C_1 点的切线与 x 轴正方向的夹角 α（图6.2）。考虑小变形，挠曲线是一条平坦的曲线，则有

$$\theta = \alpha \approx \tan\alpha = \frac{\mathrm{d}w(x)}{\mathrm{d}x}$$

故有

$$\theta = \frac{\mathrm{d}w(x)}{\mathrm{d}x} = w'(x) \tag{6.3}$$

式（6.3）即转角方程与挠曲线方程之间的关系式。可见，梁的任一横截面的转角，等于挠曲线在对应点的切线的斜率。只要求出梁的挠曲线方程 $w = w(x)$，即可求出任意横截面的挠度和转角。

6.2　梁的挠曲线近似微分方程

为求得梁的挠曲线方程，可利用在第5章中推导得出的纯弯曲梁挠曲线曲率 $1/\rho$ 和弯矩 M 之间的关系式（5.1），即

$$\frac{1}{\rho} = \frac{M}{EI}$$

对于横力弯曲，梁横截面上既有剪力又有弯矩，变形由这两种内力共同引起。但由于工程中常用细长梁（跨高比 $l/h > 5$），剪力对变形的影响很小，远小于弯矩对变形的影响，故可略去不计，上式仍然适用，式中 ρ 和 M 均应为 x 的函数，即

$$\frac{1}{\rho(x)} = \frac{M(x)}{EI} \tag{a}$$

在数学上，平面曲线 $w = w(x)$ 的曲率计算式为

$$\frac{1}{\rho(x)} = \pm \frac{w''}{[1 + (w')^2]^{3/2}} \tag{b}$$

考虑小变形，梁的挠曲线是一条平坦的曲线，$w' = \theta \ll 1$，故 $(w')^2$ 与1相比可以忽略不计，则式（b）有

$$\frac{1}{\rho(x)} = \pm w'' \tag{c}$$

由式（a）和式（c）可得

$$\frac{M(x)}{EI} = \pm w'' \tag{d}$$

式（d）等号右端的正负号可由坐标系的选择来确定。在图6.3选取的坐标系下，可以看出：当梁段承受正弯矩时，梁的挠曲线为凹曲线，w'' 为负；反之，当梁段承受负弯矩时，梁的挠曲线为凸曲线，w'' 为正。

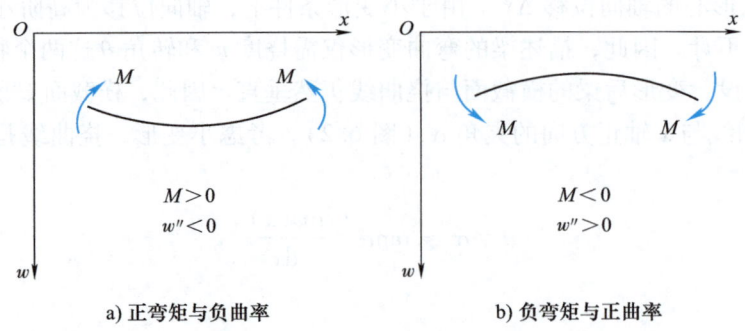

a) 正弯矩与负曲率　　　　　　　b) 负弯矩与正曲率

图 6.3　弯矩与曲率正负号关系

由此可见，弯矩 M 的正负号与 w'' 的正负号总是相反的，则式（d）等号右端应取负号，即

$$\frac{M(x)}{EI} = -w'' \tag{6.4}$$

式（6.4）为梁的<u>挠曲线近似微分方程</u>，适用于理想线弹性材料制成的细长梁的小变形问题。其中，EI 为弯曲刚度或抗弯刚度。

6.3　积分法求梁的弯曲变形

对于等截面直梁，抗弯刚度 EI 为常数，式（6.4）可改写成

$$EIw'' = -M(x)$$

将上式两边各乘以 $\mathrm{d}x$，积分一次可得转角方程

$$EIw' = EI\theta = -\int M(x)\,\mathrm{d}x + C \tag{6.5}$$

再积分一次，可得挠曲线方程

$$EIw = -\int\left[\int M(x)\,\mathrm{d}x\right]\mathrm{d}x + Cx + D \tag{6.6}$$

式（6.5）和式（6.6）中的 C、D 为积分常数，要确定这些积分常数，除利用支座处的边界条件外，还需要利用相邻两段梁在交界处的光滑连续条件。

<u>边界条件</u>是指在梁的支座或某截面处位移为已知的条件。对于简支梁，其左右铰支座处的挠度均等于零（图 6.4）；对于悬臂梁，固定端处挠度和转角均等于零（图 6.5）。

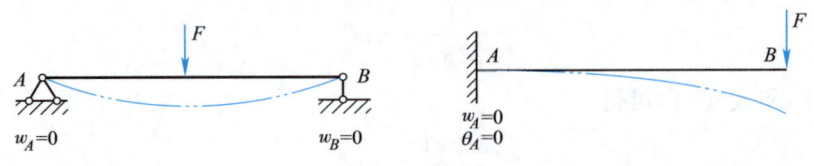

图 6.4　简支梁边界条件　　　　　　图 6.5　悬臂梁边界条件

<u>光滑连续条件</u>是指由于挠曲线是一条光滑连续的曲线，既不可能间断（图 6.6a），也不可能有折点（图 6.6b），所以在梁上任一横截面只有唯一的转角和挠度，即任意横截面左右

两边的转角方程、挠曲线方程在该横截面处取值相等。

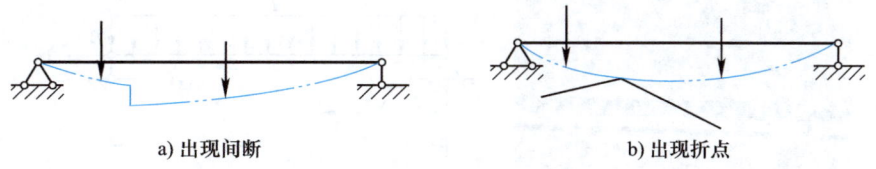

a) 出现间断　　　　　　　　　　b) 出现折点

图 6.6　挠曲线不连续不光滑

对于荷载不连续处，即集中力、集中力偶、分布荷载集度变化处等，如图 6.7a 所示，由于该截面左右两段梁的弯矩方程不同，则梁的挠曲线方程也会不同，但该截面上应具有唯一的挠度和转角，即

$$w_{C1} = w_{C2}, \theta_{C1} = \theta_{C2}$$

如果两根梁由中间铰连接（图 6.7b），在中间铰处的挠度连续，转角不连续，即中间铰两侧的挠度相等，但转角不一定相等，因此有

$$w_{C1} = w_{C2}$$

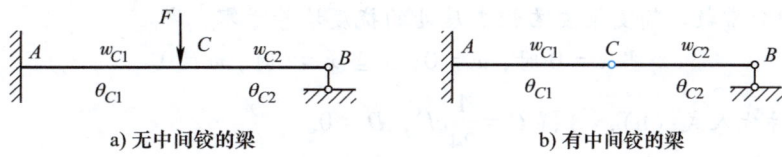

a) 无中间铰的梁　　　　　　　　b) 有中间铰的梁

图 6.7　光滑连续条件

确定积分常数以后，将其代回式（6.5）和式（6.6），即可得到转角方程和挠曲线方程，便可确定梁任意横截面的转角和挠度。利用积分法计算梁弯曲变形的具体步骤如下：

1) 建立弯矩方程。
2) 建立挠曲线近似微分方程并积分。
3) 确定积分常数。
4) 建立转角方程和挠曲线方程。
5) 计算最大挠度、最大转角、指定截面的挠度或转角等。

【例 6.1】　简支梁桥是由一根两端分别支撑在一个活动铰支座和一个固定铰支座上的梁作为主要承重结构的，以简支梁作为计算模型来分析，梁的自重考虑为均布荷载，如图 6.8 所示。简支梁 AB 受均布荷载 q 作用，试计算该梁的转角方程和挠曲线方程，以及梁的最大挠度和最大转角。（设抗弯刚度 EI 为常数）

【解】　1) 建立弯矩方程。建立坐标系如图 6.8 所示，简支梁两端支座 A、B 的支反力 $F_A = F_B = \frac{1}{2}ql(\uparrow)$，方向竖直向上。用截面法可得弯矩方程，为

$$M(x) = \frac{1}{2}qlx - \frac{1}{2}qx^2$$

2) 建立挠曲线近似微分方程并积分。

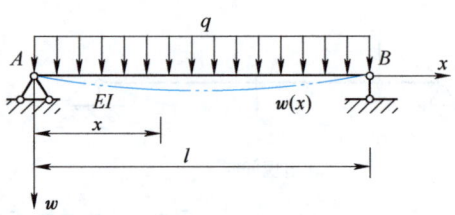

a) 实物图　　　　　　　　　　b) 计算简图

图 6.8　例 6.1 图

$$EIw'' = -M(x) = \frac{1}{2}qx^2 - \frac{1}{2}qlx$$

$$EIw' = EI\theta = \frac{1}{6}qx^3 - \frac{1}{4}qlx^2 + C \tag{a}$$

$$EIw = \frac{1}{24}qx^4 - \frac{1}{12}qlx^3 + Cx + D \tag{b}$$

3）确定积分常数。简支梁左右铰支座处的挠度均等于零，即

$$\text{当 } x = 0 \text{ 时, } w = 0; \quad \text{当 } x = l \text{ 时, } w = 0$$

将此两条件代入式（b），可得 $C = \frac{1}{24}ql^3$，$D = 0$。

4）建立转角方程和挠曲线方程。将求得的 C、D 值代入式（a）和式（b），即可得转角方程和挠曲线方程，分别为

$$\theta = w' = \frac{1}{EI}\left(\frac{1}{6}qx^3 - \frac{1}{4}qlx^2 + \frac{1}{24}ql^3\right) \tag{c}$$

$$w = \frac{1}{EI}\left(\frac{1}{24}qx^4 - \frac{1}{12}qlx^3 + \frac{1}{24}ql^3 x\right) \tag{d}$$

5）计算最大挠度和最大转角。根据对称性可知，梁上最大挠度出现在梁跨度中点处，即 $x = \frac{l}{2}$ 处，故将 $x = \frac{l}{2}$ 代入式（d）中可得

$$w_{\max} = \frac{5ql^4}{384EI}(\downarrow)$$

在梁的两端有最大转角，将 $x=0$ 和 $x=l$ 分别代入式（c）可得

$$\theta_A = \frac{ql^3}{24EI}(\text{顺时针}), \quad \theta_B = -\frac{ql^3}{24EI}(\text{逆时针})$$

$$\theta_{\max} = \frac{ql^3}{24EI}$$

【例 6.2】　镗刀在工件上镗孔，为保证镗孔精度，镗刀杆的弯曲变形不能过大。如图 6.9 所示，镗刀杆简化为悬臂梁，径向切削力 F 作用于 B 点，镗刀杆外伸长度为 l，截面抗弯刚度 EI 为常数。试计算镗刀杆的转角方程和挠曲线方程，以及最大挠度和最大转角。

【解】　1）建立弯矩方程。建立坐标系如图 6.9 所示，用截面法可得弯矩方程，为

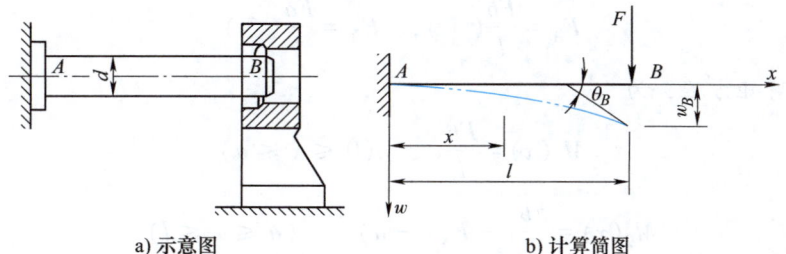

图 6.9 例 6.2 图

$$M(x) = -F(l-x)$$

2) 建立挠曲线近似微分方程并积分。

$$EIw'' = -M(x) = Fl - Fx$$

$$EIw' = EI\theta = Flx - \frac{1}{2}Fx^2 + C \qquad (e)$$

$$EIw = \frac{1}{2}Flx^2 - \frac{1}{6}Fx^3 + Cx + D \qquad (f)$$

3) 确定积分常数。悬臂梁固定端支座处的挠度和转角均等于零，即

当 $x = 0$ 时，$\theta = 0$；　当 $x = 0$ 时，$w = 0$

将此两条件代入式（e）和式（f），可得 $C = D = 0$。

4) 建立转角方程和挠曲线方程。将求得的 C、D 值代入式（e）和式（f），即可得转角方程和挠曲线方程，分别为

$$\theta = w' = \frac{1}{EI}\left(Flx - \frac{1}{2}Fx^2\right) \qquad (g)$$

$$w = \frac{1}{EI}\left(\frac{1}{2}Flx^2 - \frac{1}{6}Fx^3\right) \qquad (h)$$

5) 计算最大挠度和最大转角。由图 6.9 可见，梁中最大挠度和最大转角均出现在自由端 B 处，故将 $x = l$ 代入式（c）和式（d）中可得

$$w_{max} = w_B = \frac{Fl^3}{3EI}(\downarrow) \; ; \quad \theta_{max} = \theta_B = \frac{Fl^2}{2EI}(\curvearrowright)$$

【例 6.3】 内燃机中的凸轮轴或某些齿轮轴，可以简化成在集中力 F 作用下的简支梁。如图 6.10 所示，简支梁 AB 受集中力 F 作用，试计算该梁的转角方程和挠曲线方程，以及梁中的最大挠度和最大转角。（设抗弯刚度 EI 为常数）

【解】 建立坐标系如图 6.10 所示，由于 C 截面处作用有集中力 F，所以梁的弯矩方程为分段函数。设 AC、CB 两段任一横截面处的挠度分别为 w_1、w_2，任一横截面的转角分别为 θ_1、θ_2。

1) 建立弯矩方程。利用平衡方程，求得简支梁两端的支反力为

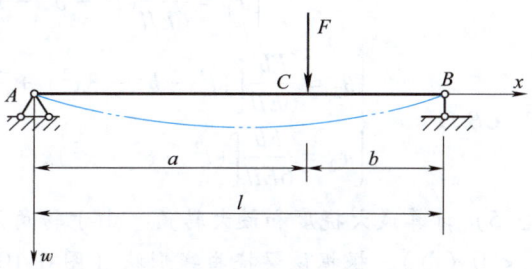

图 6.10 例 6.3 图

$$F_A = \frac{Fb}{l}(\uparrow), \quad F_B = \frac{Fa}{l}(\uparrow)$$

分段列出弯矩方程，为

AC 段：
$$M_1(x) = \frac{Fb}{l}x \quad (0 \leq x \leq a)$$

CB 段：
$$M_2(x) = \frac{Fb}{l}x - F(x-a) \quad (a \leq x \leq l)$$

2) 建立挠曲线近似微分方程并积分。

AC 段：
$$EIw_1'' = -M_1(x) = -\frac{Fb}{l}x$$

$$EIw_1' = EI\theta_1 = -\frac{Fb}{2l}x^2 + C_1 \tag{i}$$

$$EIw_1 = -\frac{Fb}{6l}x^3 + C_1 x + D_1 \tag{j}$$

CB 段：
$$EIw_2'' = -M_2(x) = -\frac{Fb}{l}x + F(x-a)$$

$$EIw_2' = EI\theta_2 = -\frac{Fb}{2l}x^2 + \frac{F}{2}(x-a)^2 + C_2 \tag{k}$$

$$EIw_2 = -\frac{Fb}{6l}x^3 + \frac{F}{6}(x-a)^3 + C_2 x + D_2 \tag{l}$$

3) 确定积分常数。简支梁左右铰支座处的挠度均等于零，即

当 $x = 0$ 时，$w = 0$； 当 $x = l$ 时，$w = 0$

再考虑集中力 F 作用位置 C 截面（荷载不连续处）的光滑连续条件，即

当 $x = a$ 时，$\theta_1 = \theta_2$，$w_1 = w_2$

将位移边界条件和光滑连续条件分别代入式（i）、式（j）、式（k）和式（l），可得

$$C_1 = C_2 = \frac{Fb}{6l}(l^2 - b^2); \quad D_1 = D_2 = 0$$

4) 建立转角方程和挠曲线方程。将求得的积分常数分别代入式（i）、式（j）、式（k）和式（l），即可得转角方程和挠曲线方程，分别为

AC 段：
$$\begin{cases} \theta_1 = \dfrac{Fb}{6EIl}(l^2 - b^2 - 3x^2) \\ w_1 = \dfrac{Fbx}{6EIl}(l^2 - b^2 - x^2) \end{cases} \quad (0 \leq x \leq a) \tag{m}$$

CB 段：
$$\begin{cases} \theta_2 = \dfrac{Fb}{6EIl}\left[(l^2 - b^2 - 3x^2) + \dfrac{3l}{b}(x-a)^2\right] \\ w_2 = \dfrac{Fb}{6EIl}\left[(l^2 - b^2 - x^2)x + \dfrac{l}{b}(x-a)^3\right] \end{cases} \quad (a \leq x \leq l) \tag{n}$$

5) 计算最大挠度和最大转角。由于转角沿梁轴线方向是连续变化的，且 $\theta_A > 0$（↷），$\theta_B < 0$（↶），根据该梁挠曲线形状（图 6.10 中双点画线所示），故可确定最大转角 $\theta_{\max}$ 必为 θ_A 和 θ_B 中绝对值较大的那一个。

$$\theta_A = \theta_1\big|_{x=0} = \frac{Fb}{6EIl}(l^2 - b^2) = \frac{Fab}{6EIl}(l+b)$$

$$\theta_B = \theta_2\big|_{x=l} = \frac{Fb}{6EIl}[-b^2 - 2l^2 + 3lb] = -\frac{Fab}{6EIl}(l+a)$$

显然，当集中力 F 靠近 B 支座，即 $a>b$，则最大转角发生在 B 支座处，即

$$\theta_{\max} = |\theta_B| = \frac{Fab}{6EIl}(l+a)$$

当集中力 F 位于梁跨中时，即 $a=b$，则最大转角发生在 A、B 支座处，即

$$\theta_{\max} = |\theta_A| = |\theta_B| = \frac{Fl^2}{16EI}$$

这也可由挠曲线的对称性直接看出。

由于 $\theta = w'$，挠度极值所在横截面的转角必为零。前已述及，$\theta_A > 0$ 和 $\theta_B < 0$，故 $\theta = 0$ 的截面位置是发生在 AC 段还是 BC 段，可以通过转角 θ_C 的正负号来确定。在式（m）或式（n）中，令 $x=a$，可得

$$\theta_C = -\frac{Fab}{3EIl}(a-b)$$

若 $a>b$，则 $\theta_C < 0$（↷）。在 AC 段中，转角由正号变成了负号，其正负号发生了改变，则 $\theta = 0$ 的截面必然出现在 AC 段中。利用式（m），可得

$$\frac{Fb}{6EIl}(l^2 - b^2 - 3x_0^2) = 0$$

$$x_0 = \sqrt{\frac{l^2 - b^2}{3}} \qquad\qquad (\text{o})$$

式中，x_0 即挠度为最大值时横截面的横坐标。再将 x_0 的值代入 AC 段的挠曲线方程中，可得最大挠度为

$$w_{\max} = w_1\big|_{x=x_0} = \frac{Fb}{9\sqrt{3}\,EIl}\sqrt{(l^2-b^2)^3}$$

若 $a=b$，则 $\theta_C = 0$。最大挠度发生在梁跨中，即 $x_0 = \dfrac{l}{2}$，可得

$$w_{\max} = w_1\big|_{x=\frac{l}{2}} = \frac{Fl^3}{48EI}$$

另外，当集中力 F 无限接近于 B 支座，$b^2 \ll l^2$，b^2 可以略去不计，由式（o）得

$$x_0 = \frac{l}{\sqrt{3}} \approx 0.577l$$

$$w_{\max} = w_1\big|_{x=x_0} = \frac{Fbl^2}{9\sqrt{3}\,EI} \approx 0.064\frac{Fbl^2}{EI}$$

而梁跨中截面挠度为

$$w_1\big|_{x=\frac{l}{2}} = \frac{Fb}{48EI}(3l^2 - 4b^2)$$

由于 F 无限靠近 B 支座，b^2 可略去不计，则有

$$w_1\big|_{x=\frac{l}{2}} = \frac{Fb}{48EI}(3l^2 - 4b^2) \approx 0.063\frac{Fbl^2}{EI}$$

可见，即使在这种极端情况下，发生最大挠度的截面仍然在梁跨中附近，且最大挠度与跨中挠度非常接近。所以工程上对于简支梁，只要挠曲线无拐点，总可以用跨中挠度近似代替最大挠度，并且不会引起很大误差。

积分法是计算梁弯曲变形的一种基本方法。其优点是可以用数学方法得到转角方程和挠曲线方程，缺点是计算指定截面的转角和挠度时运算过程烦琐。为了实用方便，依照上述积分的方法，现将常用等截面直梁在简单荷载作用下的变形列入表 6.1，以备查用。

表 6.1 简单荷载作用下常用等截面直梁的挠度和转角

序号	梁的简图	挠曲线方程	端截面转角	最大挠度或跨中挠度
1	(悬臂梁，端部集中力 F)	$w = \dfrac{Fx^2}{6EI}(3l - x)$	$\theta_B = \dfrac{Fl^2}{2EI}$	$w_B = \dfrac{Fl^3}{3EI}$
2	(悬臂梁，中间集中力 F 在 C)	$w = \dfrac{Fx^2}{6EI}(3a - x),\ (0 \leq x \leq a)$ $w = \dfrac{Fa^2}{6EI}(3x - a),\ (a \leq x \leq l)$	$\theta_B = \theta_C = \dfrac{Fa^2}{2EI}$	$w_B = \dfrac{Fa^2}{6EI}(3l - a)$
3	(悬臂梁，均布荷载 q)	$w = \dfrac{qx^2}{24EI}(x^2 - 4lx + 6l^2)$	$\theta_B = \dfrac{ql^3}{6EI}$	$w_B = \dfrac{ql^4}{8EI}$
4	(悬臂梁，端部力偶 M_e)	$w = \dfrac{M_e x^2}{2EI}$	$\theta_B = \dfrac{M_e l}{EI}$	$w_B = \dfrac{M_e l^2}{2EI}$
5	(简支梁，跨中集中力 F)	$w = \dfrac{Fx}{48EI}(3l^2 - 4x^2),$ $\left(0 \leq x \leq \dfrac{l}{2}\right)$	$\theta_A = -\theta_B = \dfrac{Fl^2}{16EI}$	在 $x = \dfrac{l}{2}$ 处， $w_C = \dfrac{Fl^3}{48EI}$
6	(简支梁，集中力 F 在 C)	$w = \dfrac{Fbx}{6EIl}(l^2 - x^2 - b^2),$ $(0 \leq x \leq a)$ $w = \dfrac{Fb}{6EIl}\left[\dfrac{l}{b}(x-a)^3 + (l^2 - b^2)x - x^3\right],$ $(a \leq x \leq l)$	$\theta_A = \dfrac{Fab(l+b)}{6EIl}$ $\theta_B = -\dfrac{Fab(l+a)}{6EIl}$	设 $a>b$，在 $x = \sqrt{\dfrac{l^2 - b^2}{3}}$ 处， $w_{max} = \dfrac{Fb(l^2 - b^2)^{3/2}}{9\sqrt{3}EIl}$ $w_{\frac{l}{2}} = \dfrac{Fb(3l^2 - 4b^2)}{48EI}$
7	(简支梁，均布荷载 q)	$w = \dfrac{qx}{24EI}(l^3 - 2lx^2 + x^3)$	$\theta_A = -\theta_B = \dfrac{ql^3}{24EI}$	$w_{\frac{l}{2}} = \dfrac{5ql^4}{384EI}$

(续)

序号	梁的简图	挠曲线方程	端截面转角	最大挠度或跨中挠度
8	简支梁，A端作用集中力偶 M_e，跨度 l	$w = \dfrac{M_e x}{6EIl}(l-x)(2l-x)$	$\theta_A = \dfrac{M_e l}{3EI}$ $\theta_B = -\dfrac{M_e l}{6EI}$	$x = \left(1 - \dfrac{1}{\sqrt{3}}\right)l$, $w_{\max} = \dfrac{M_e l^2}{9\sqrt{3}EI}$ $w_{\frac{l}{2}} = \dfrac{M_e l^2}{16EI}$
9	简支梁，B端作用集中力偶 M_e，跨度 l	$w = \dfrac{M_e x}{6EIl}(l^2 - x^2)$	$\theta_A = \dfrac{M_e l}{6EI}$ $\theta_B = -\dfrac{M_e l}{3EI}$	$x = \dfrac{l}{\sqrt{3}}$, $w_{\max} = \dfrac{M_e l^2}{9\sqrt{3}EI}$ $w_{\frac{l}{2}} = \dfrac{M_e l^2}{16EI}$
10	简支梁，C点（距A为a，距B为b）作用集中力偶 M_e	$w = \dfrac{M_e x}{6EIl}(l^2 - 3b^2 - x^2)$, $(0 \le x \le a)$ $w = \dfrac{M_e(l-x)}{6EIl}(3a^2 - 2lx + x^2)$, $(a \le x \le l)$	$\theta_A = \dfrac{M_e}{6EIl}(l^2 - 3b^2)$ $\theta_B = \dfrac{M_e}{6EIl}(l^2 - 3a^2)$	AC 梁段： $w_{\max} = \dfrac{M_e(l^2 - 3b^2)^{\frac{3}{2}}}{9\sqrt{3}EIl}$ CB 梁段： $w_{\max} = \dfrac{M_e(l^2 - 3a^2)^{\frac{3}{2}}}{9\sqrt{3}EIl}$
11	外伸梁，跨度 l，外伸段 a，端点 C 作用集中力 F	$w = -\dfrac{Fax}{6EIl}(l^2 - x^2)$ $(0 \le x \le l)$ $w = -\dfrac{F(l-x)}{6EI}\left[(x-l)^2 + a(l-3x)\right]$ $(l \le x \le l+a)$	$\theta_A = -\dfrac{Fal}{6EI}$ $\theta_B = \dfrac{Fal}{3EI}$ $\theta_C = \dfrac{Fa}{6EI}(2l + 3a)$	$w_C = \dfrac{Fa^2}{3EI}(l + a)$
12	外伸梁，跨度 l，外伸段 a 上作用均布载荷 q	$w = -\dfrac{qa^2 x}{12EIl}(l^2 - x^2)$ $(0 \le x \le l)$ $w = -\dfrac{q(l-x)}{24EI}\left[2a^2(3x - l) + (x-l)^2(x - l - 4a)\right]$ $(l \le x \le l+a)$	$\theta_A = -\dfrac{qla^2}{12EI}$ $\theta_B = \dfrac{qla^2}{6EI}$ $\theta_C = \dfrac{qa^2(l + a)}{6EI}$	$w_C = \dfrac{qa^3}{24EI}(4l + 3a)$
13	外伸梁，跨度 l，外伸段 a，端点 C 作用集中力偶 M_e	$w = -\dfrac{M_e x}{6EIl}(l^2 - x^2)$ $(0 \le x \le l)$ $w = -\dfrac{M_e}{6EI}(4xl - 3x^2 - l^2)$ $(l \le x \le l+a)$	$\theta_A = -\dfrac{M_e l}{6EI}$ $\theta_B = \dfrac{M_e}{3EI}$ $\theta_C = \dfrac{M_e}{3EI}(l + 3a)$	$w_C = \dfrac{M_e a}{6EI}(2l + 3a)$

6.4 叠加法求梁的弯曲变形

积分法的计算结果可以全面地反映整根梁的挠度和转角的变化规律，但有时也过于烦琐，工作量大。如果只需要知道某些关键部位的挠度和转角，那么本节所介绍的叠加法则更为方便快捷。

在小变形前提下，梁的材料在线弹性范围内工作时，梁的挠度和转角均与梁上的荷载成线性关系。梁上某一荷载所引起的变形不会影响其他荷载所产生的变形，即每一荷载对梁变形的影响是各自独立的。在此情况下，当梁上有多个荷载作用时，梁的某个截面处的挠度和转角就等于每个荷载单独作用下该截面的挠度和转角的代数和，这就是计算梁弯曲变形的<u>叠加原理</u>。应用叠加原理计算梁的挠度和转角的方法称为<u>叠加法</u>。

$$w = \sum_{i=1}^{n} w_i ; \quad \theta = \sum_{i=1}^{n} \theta_i \tag{6.7}$$

利用叠加法不仅可以求出指定截面处的挠度和转角，也可以求出整根梁的挠度方程和转角方程。但从实际计算工作量考虑，用叠加法计算挠曲线方程的过程反而不如用积分法来得直接。因此，叠加法用来计算指定截面的挠度和转角更能发挥自身的优势。应用叠加法时，通常需要将所求问题的荷载及结构分解或转化为表 6.1 中所列出的简单形式。

为了将问题转化成表 6.1 中若干个简单情况的组合，有时需要将荷载进行分解。图 6.11a 的荷载可以分解为图 6.11b、c 的组合；图 6.12 中的荷载可以分解为图 6.13a、b 和 c 的组合。然后根据表 6.1 查得各分解情况下的梁的挠度和转角，最后利用式（6.7）进行叠加求和。因此，利用叠加法计算梁的挠度和转角的步骤如下：①荷载分解；②查表求解；③叠加求和。

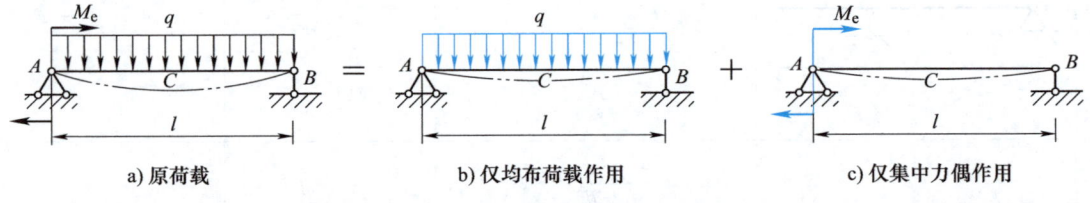

图 6.11 简支梁荷载分解示意图

【例 6.4】 如图 6.12 所示，悬臂梁 AB 同时受均布荷载 q、集中力 ql 和集中力偶 ql^2，试用叠加法计算梁 B 截面的转角 θ_B 和挠度 w_B。（设抗弯刚度 EI 为常数）

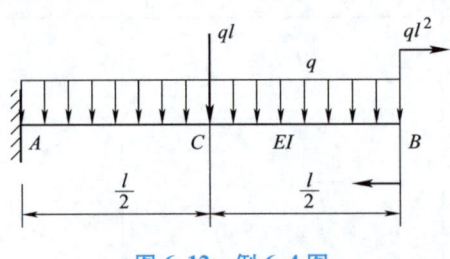

图 6.12 例 6.4 图

【解】 1) 分解荷载。将梁上荷载分解为集中力偶 ql^2、均布荷载 q 和集中力 ql 单独作用的三种情况，如图 6.13a、b 和 c 所示。

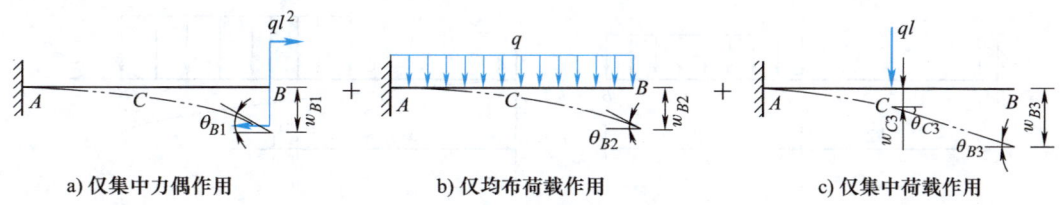

a) 仅集中力偶作用　　　b) 仅均布荷载作用　　　c) 仅集中荷载作用

图 6.13　荷载分解图

根据叠加法可知，$\theta_B = \theta_{B1} + \theta_{B2} + \theta_{B3}$，$w_B = w_{B1} + w_{B2} + w_{B3}$。

2) 查表求解。在集中力偶 ql^2 和均布荷载 q 作用下，直接查表 6.1 可得

$$\theta_{B1} = \frac{M_e l}{EI} = \frac{ql^3}{EI}, \quad w_{B1} = \frac{M_e l^2}{2EI} = \frac{ql^4}{2EI}$$

$$\theta_{B2} = \frac{ql^3}{6EI}, \quad w_{B2} = \frac{ql^4}{8EI}$$

在集中力 ql 作用下，悬臂梁 AC 段发生弯曲变形，与梁长为 $\dfrac{l}{2}$ 的悬臂梁自由端受集中力作用的变形完全一致。而 CB 段由于没有荷载，不会产生内力，该段将顺着 C 截面的挠度和转角发生刚体位移。因此，B 截面的转角 θ_{B3} 就等于 C 截面的转角 θ_{C3}。

$$\theta_{B3} = \theta_{C3} = \frac{F\left(\dfrac{l}{2}\right)^2}{2EI} = \frac{ql^3}{8EI}$$

而 B 截面的挠度 w_{B3} 包括两部分：C 截面的挠度 w_{C3}，以及 CB 段由于 C 处转角发生刚体位移而引起的挠度。

$$w_{B3} = w_{C3} + \theta_{C3}\frac{l}{2} = \frac{F\left(\dfrac{l}{2}\right)^3}{3EI} + \frac{ql^3}{8EI}\frac{l}{2} = \frac{5ql^4}{48EI}$$

3) 叠加求和。

$$\theta_B = \theta_{B1} + \theta_{B2} + \theta_{B3} = \frac{ql^3}{EI} + \frac{ql^3}{6EI} + \frac{ql^3}{8EI} = \frac{31ql^3}{24EI}(\curvearrowright)$$

$$w_B = w_{B1} + w_{B2} + w_{B3} = \frac{ql^4}{2EI} + \frac{ql^4}{8EI} + \frac{5ql^4}{48EI} = \frac{35ql^4}{48EI}(\downarrow)$$

【例 6.5】 如图 6.14 所示，悬臂梁 AB 受到均布荷载 q 作用，试用叠加法计算梁 B 截面的转角 θ_B 和挠度 w_B。（设抗弯刚度 EI 为常数）

【解】 方法一：集中荷载积分

1) 分解荷载。该梁虽然是简单悬臂梁，但是由于荷载作用位置比较特殊，其变形不能直接从表 6.1 中查出。将梁上均布荷载 q 进行分解，将其视为无穷个微小的集中力 dF 的组合（图 6.15）。通过查表可以得到任一微小集中力 dF 单独作用时引起的变形，最后的叠加通过积分运算完成。

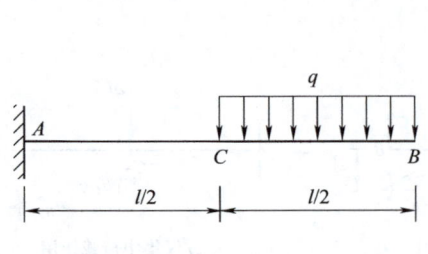
图 6.14 例 6.5 图

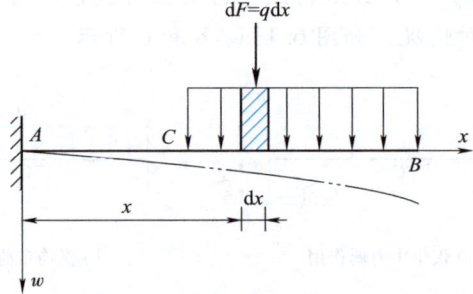
图 6.15 荷载分解示意图

2) 查表求解。根据表 6.1 可知，距悬臂梁固定端 x 处的集中力 $dF = qdx$ 单独作用时在自由端产生的挠度和转角分别为

$$d\theta_B = \frac{dFx^2}{2EI} = \frac{qx^2 dx}{2EI}, \quad dw_B = \frac{qx^2}{6EI}(3l - x)dx$$

3) 叠加求和。

$$\theta_B = \int_C^B d\theta_B = \int_{l/2}^l \frac{qx^2 dx}{2EI} = \frac{7ql^3}{48EI}(\curvearrowright)$$

$$w_B = \int_C^B dw_B = \int_{l/2}^l \frac{qx^2}{6EI}(3l - x)dx = \frac{41ql^4}{384EI}(\downarrow)$$

方法二：均布荷载分解叠加

1) 分解荷载。考虑对荷载进行重组分解，将图 6.14 的荷载分解为图 6.16a、b 的叠加，即 $\theta_B = \theta_{B1} + \theta_{B2}$，$w_B = w_{B1} + w_{B2}$。

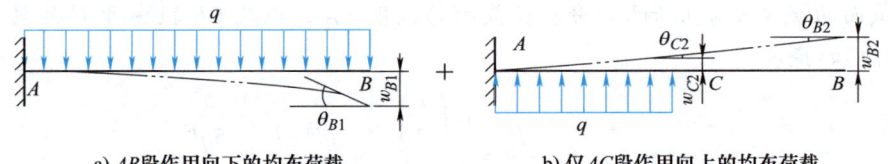

a) AB 段作用向下的均布荷载　　　b) 仅 AC 段作用向上的均布荷载

图 6.16 荷载分解图

2) 查表求解。根据表 6.1 可知，图 6.16a 中，悬臂梁 AB 在均布荷载 q 作用下（图 6.15a），B 截面的转角及挠度分别为

$$\theta_{B1} = \frac{ql^3}{6EI}, \quad w_{B1} = \frac{ql^4}{8EI}$$

图 6.16b 中，悬臂梁 AC 段发生弯曲变形，与梁长为 $\frac{l}{2}$ 的悬臂梁受均布荷载作用的变形完全一致。而 CB 段将顺着 C 截面的挠度和转角发生刚体位移。因此，B 截面的转角 θ_{B2} 就等于 C 截面的转角 θ_{C2}。

$$\theta_{B2} = \theta_{C2} = -\frac{q\left(\frac{l}{2}\right)^3}{6EI} = -\frac{ql^3}{48EI}$$

而 B 截面的挠度 w_{B2} 包括两部分：C 截面的挠度 w_{C2}，以及 CB 段由于 C 处转角发生刚体位移而引起的挠度。

$$w_{B2} = w_{C2} + \theta_{C2}\frac{l}{2} = -\frac{q\left(\frac{l}{2}\right)^4}{8EI} - \frac{ql^3}{48EI}\frac{l}{2} = -\frac{7ql^4}{384EI}$$

3）叠加求和。

$$\theta_B = \theta_{B1} + \theta_{B2} = \frac{ql^3}{6EI} - \frac{ql^3}{48EI} = \frac{7ql^3}{48EI}(\curvearrowright)$$

$$w_B = w_{B1} + w_{B2} = \frac{ql^4}{8EI} - \frac{7ql^4}{384EI} = \frac{41ql^4}{384EI}(\downarrow)$$

【例 6.6】 如图 6.17 所示，变截面悬臂梁自由端受集中力 F 作用，试计算自由端 A 截面的转角 θ_A 和挠度 w_A。

图 6.17 例 6.6 图

【解】 由于悬臂梁上 AC、CB 两段的抗弯刚度不一样，需要将梁分成两段进行计算再叠加，如图 6.18 所示。

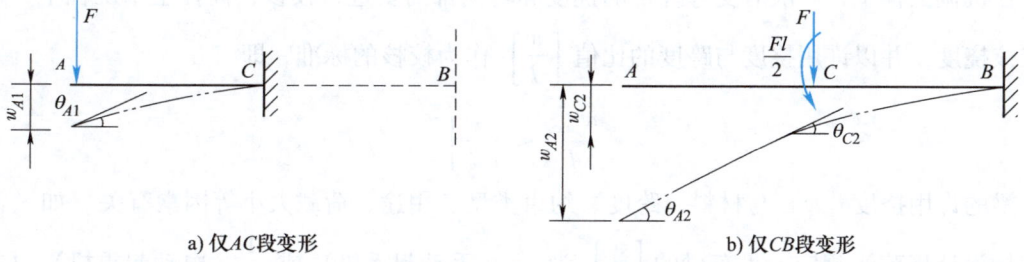

a）仅 AC 段变形　　　　　　　　b）仅 CB 段变形

图 6.18 荷载分解图

1）AC 段。将 CB 段视为刚体，而 AC 段就相当于 C 截面固定的悬臂梁，如图 6.18a 所示。根据表 6.1 可知，自由端 A 截面的转角和挠度分别为

$$\theta_{A1} = -\frac{F\left(\frac{l}{2}\right)^2}{2EI} = -\frac{Fl^2}{8EI}, \quad w_{A1} = \frac{F\left(\frac{l}{2}\right)^3}{3EI} = \frac{Fl^3}{24EI}$$

2）CB 段。将作用于 A 点的集中力 F 向 C 点简化，得到作用于 C 截面的集中力 F 和集中力偶 $Fl/2$，如图 6.18b 所示。与例 6.4 相同的方法，A 截面的转角 θ_{A2} 就等于 C 截面的转角 θ_{C2}，则

$$\theta_{A2} = \theta_{C2} = -\frac{F\left(\frac{l}{2}\right)^2}{2\times 2EI} - \frac{\frac{Fl}{2}\frac{l}{2}}{2EI} = -\frac{3Fl^2}{16EI}$$

此时，C 截面的挠度 w_{C2} 由集中力 F 和集中力偶 $Fl/2$ 共同作用所引起，则

$$w_{C2} = \frac{F\left(\frac{l}{2}\right)^3}{3\times 2EI} + \frac{\frac{Fl}{2}\left(\frac{l}{2}\right)^2}{2\times 2EI} = \frac{5Fl^3}{96EI}$$

而 A 截面的挠度包括两部分：C 截面的挠度 w_{C2}，以及 AC 段由于 C 处转角发生刚体位移而引起的挠度，则

$$w_{A2} = w_{C2} + \left|\theta_{C2}\frac{l}{2}\right| = \frac{5Fl^3}{96EI} + \frac{3Fl^2}{16EI}\cdot\frac{l}{2} = \frac{7Fl^3}{48EI}$$

3）叠加求和。

$$\theta_A = \theta_{A1} + \theta_{A2} = -\frac{Fl^2}{8EI} - \frac{3Fl^2}{16EI} = -\frac{5Fl^2}{16EI}(\curvearrowright)$$

$$w_A = w_{A1} + w_{A2} = \frac{Fl^3}{24EI} + \frac{7Fl^3}{48EI} = \frac{3Fl^3}{16EI}(\downarrow)$$

6.5 梁的刚度条件

在按强度条件选择了梁的截面以后，往往还要检查梁的变形是否超过许用范围，即还须检查梁的刚度条件是否满足要求。梁的刚度条件是指梁的最大挠度 $w_{\max}$ 不应超过许用挠度 $[w]$，最大转角 $\theta_{\max}$ 不得超过许用转角 $[\theta]$，即

$$w_{\max} \leqslant [w], \quad \theta_{\max} \leqslant [\theta] \tag{6.8}$$

在机械工程中，一般对受弯杆件的挠度和转角都需要进行校核；而在土木工程中，通常只校核挠度，并以许用挠度与跨度的比值 $\left[\dfrac{w}{l}\right]$ 作为校核的标准，即

$$\frac{w_{\max}}{l} \leqslant \left[\frac{w}{l}\right]$$

梁的许用挠度 $[w]$ 与材料、跨度、约束类型、用途、荷载大小等因素有关。如《混凝土结构设计规范》规定：吊车梁的 $\left[\dfrac{w}{l}\right]$ 为 $\dfrac{1}{500}$（手动起重机）或 $\dfrac{1}{600}$（电动起重机），屋盖、楼盖及楼梯等受弯构件的 $\left[\dfrac{w}{l}\right]$ 为 $\dfrac{1}{300}\sim\dfrac{1}{200}$。

土木工程中的梁，一般以强度条件作为控制计算，确定梁的截面形状和尺寸，再校核梁的刚度。

【例 6.7】 如图 6.19 所示，简支梁受集中力 10kN 和均布荷载 4kN/m 作用，采用 22a 号工字钢，其弹性模量 $E = 200\text{GPa}$，$[\sigma] = 80\text{MPa}$，$\left[\dfrac{w}{l}\right] = \dfrac{1}{500}$，试校核该梁的强度和刚度。

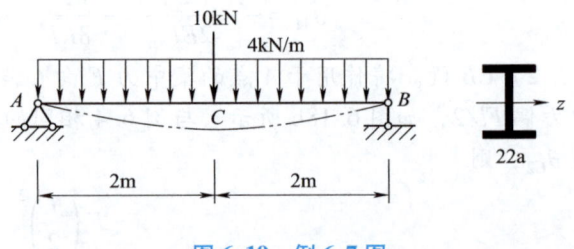

图 6.19 例 6.7 图

【解】 1）计算简支梁的内力，如

图 6.20 和图 6.21 所示。

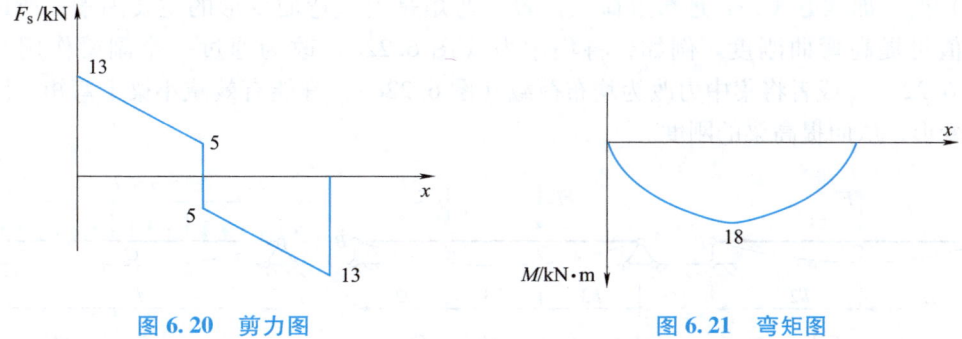

图 6.20　剪力图　　　　　　　　图 6.21　弯矩图

2）强度校核。由内力图可知，跨中有 $M_{max} = 18\text{kN} \cdot \text{m}$，由型钢表可知，22a 号工字钢的 $W_z = 309\text{cm}^3$，则

$$\sigma_{max} = \frac{M_{max}}{W_z} = \left(\frac{18 \times 10^3}{309 \times 10^{-6}}\right) \text{MPa} = 58.3\text{MPa} < [\sigma] = 80\text{MPa}$$

3）刚度校核。由于结构和荷载的对称性，可以判断最大挠度 w_{max} 发生在梁跨中。再根据叠加法计算梁跨中挠度，即 w_{max}。

$$w_{max} = w_C = \frac{Fl^3}{48EI_z} + \frac{5ql^4}{384EI_z}$$

由型钢表查得 22a 号工字钢的 $I_z = 3400\text{cm}^4$。则可得

$$\frac{w_{max}}{l} = \frac{Fl^2}{48EI_z} + \frac{5ql^3}{384EI_z}$$

$$= \frac{(10 \times 10^3 \text{N}) \times (4\text{m})^2}{48 \times (200 \times 10^9 \text{Pa}) \times (3400 \times 10^{-8} \text{m}^4)} + \frac{5 \times (4 \times 10^3 \text{N/m}) \times (4\text{m})^3}{384 \times (200 \times 10^9 \text{Pa}) \times (3400 \times 10^{-8} \text{m}^4)}$$

$$= 9.8 \times 10^{-4} < \left[\frac{w}{l}\right] = \frac{1}{500}$$

综上，该简支梁强度和刚度满足要求。

6.6　提高梁弯曲刚度的主要措施

提高梁的弯曲刚度，就是尽可能地减小梁的弯曲变形。由本章例题及表 6.1 可以看出，梁的挠度和转角与梁的抗弯刚度 EI、梁的跨度、荷载、约束等因素有关。结合上述因素，下面讨论提高梁弯曲刚度的主要措施。

（1）选用合理的截面形状，增大梁的抗弯刚度 EI　梁的变形与抗弯刚度 EI 成反比，所以增大弹性模量 E 和增大截面对中性轴的惯性矩 I 都可以提高梁的抗弯刚度。对于 E 值不同的材料来说，E 值越大弯曲变形越小。因为各种钢材的弹性模量 E 相差不大，所以采用高强钢对弯曲刚度的提高收效甚微。一般来说，选取形状合理的截面，增大截面对中性轴的惯性矩 I，可以有效提高弯曲刚度。如前所述，选用工字形、槽形、T 形、H 形等截面形状，不仅能提高梁的强度，也能明显改善梁的刚度。但需注意的是，弯曲变形与梁内各部分的刚度

都有关系，往往要考虑提高全梁弯曲刚度。

（2）**改变加载方式，合理布置荷载位置** 弯矩是引起弯曲变形的主要因素，所以减小弯矩数值可提高弯曲刚度。例如，将集中力（图 6.22a）改为通过一个副梁作用在主梁上（图 6.22b），或者将集中力改为均布荷载（图 6.22c），都能有效减小梁上弯矩，降低梁的弯曲变形，从而提高梁的刚度。

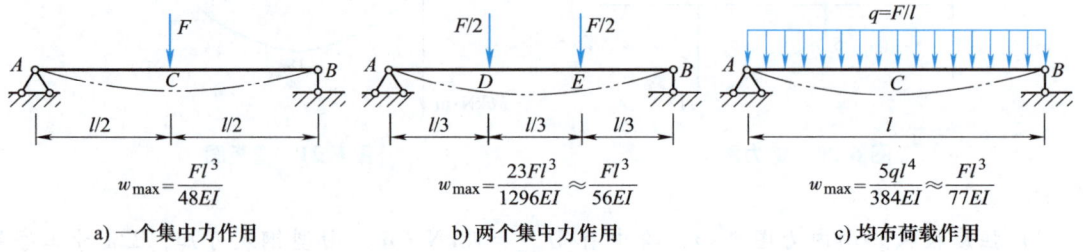

图 6.22 加载方式对变形的影响

（3）**改善结构形式，合理布置支座位置** 在不改变荷载的条件下，梁的变形与梁跨度 l 的 n 次幂成正比，所以减小跨度对变形的影响会较为明显。例如，将图 6.23 所示简支梁的支座同时向内侧移动 $l/10$ 后，梁的最大挠度减小为原来简支梁最大挠度的 37.8%，变形量明显下降。

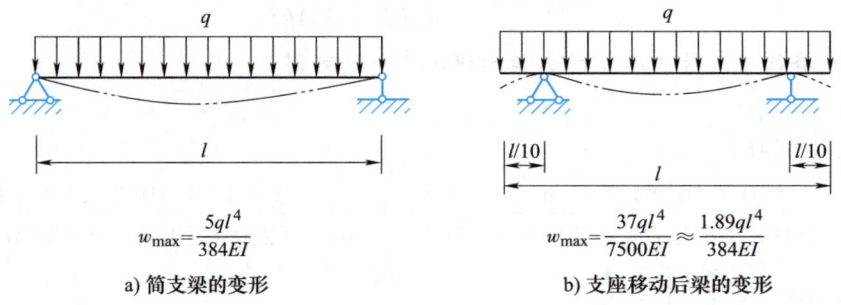

图 6.23 结构形式对变形的影响

（4）**增加约束，采用超静定结构** 当静定梁的刚度不能满足要求时，增加约束变成超静定梁，能大大改善梁的刚度。如图 6.24 所示，当悬臂梁自由端增加固定端约束后，梁的最大挠度仅为原来的 2%。

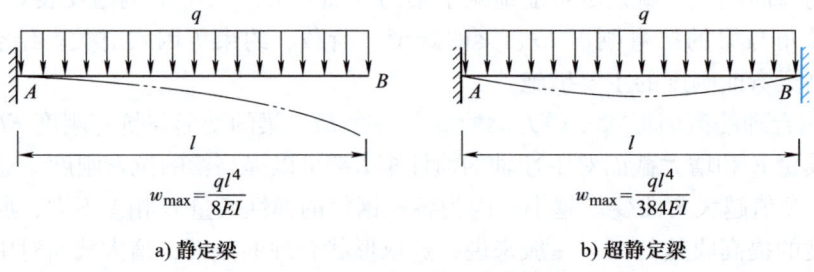

图 6.24 约束对变形的影响

总结与讨论

1. 基本要求

掌握挠度、转角、挠曲线的基本概念；掌握挠曲线近似微分方程与计算梁弯曲变形的积分法和叠加法；了解梁的刚度条件和提高梁弯曲刚度的措施。

2. 重点

挠曲线、挠度和转角的概念；计算梁弯曲变形的积分法和叠加法；积分常数的确定；梁的刚度条件和提高梁弯曲刚度的措施。

3. 难点

积分常数的确定；梁的刚度计算。

4. 常见问题

（1）积分法　积分法是计算梁弯曲变形的一种基本方法。当刚度不同或由于荷载作用而使梁的弯矩方程有变化时，应分段列出挠曲线方程。中间铰处为刚度不连续处，必须为分段点。在中间铰处，挠曲线是连续而不光滑的，即中间铰两侧的梁，在中间铰处挠度相等，但转角不相等。

（2）叠加法　叠加法是一种普遍适用的方法。该方法不仅可用于计算梁的位移，也可用来计算梁的支反力、内力和应力；不仅可用于梁，也可用于拉压杆、轴或其他结构。利用叠加法计算梁的变形，通常包括荷载叠加和变形叠加两种。前者通常用于等截面直梁同时作用有几种荷载的情况，可求解梁在各荷载单独作用下的变形之代数和。后者通常用于比较复杂的梁（如变截面梁、外伸梁等）。此时应把梁分成若干简单的静定梁，除了计算本段梁上荷载引起的变形，还应考虑其他梁段的变形对该梁产生的影响，即逐段刚化法。

思 考 题

6.1　什么是挠度？什么是转角？两者有什么关系？如何确定挠度和转角的方向？

6.2　挠曲线近似微分方程的适用条件是什么？为什么？

6.3　如何大致绘出挠曲线的形状？

6.4　在积分法中，如何确定积分常数？

6.5　叠加法的理论基础是什么？叠加法的应用范围有什么限制？

6.6　假如两根梁的长度、抗弯刚度和弯矩方程均相同，则两根梁的变形是否相同？为什么？

6.7　提高梁的弯曲强度和弯曲刚度各有哪些措施？这些措施中哪些可以起到"一箭双雕"的作用？

6.8　图 6.25 所示矩形截面悬臂梁，当其横截面高度增大 1 倍或跨度减小 1/2 时，最大弯曲正应力和最大挠度会有什么变化？

6.9　图 6.26 所示的上下两根梁之间光滑接触。上梁加载时，荷载是如何传递到下梁的？

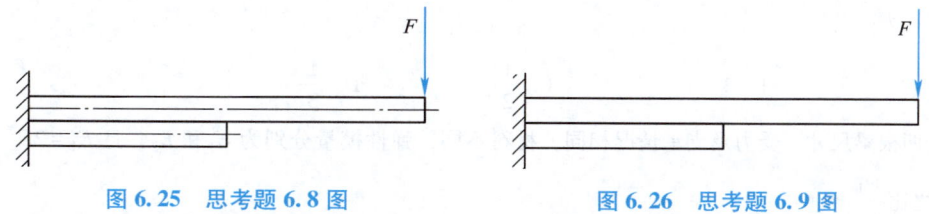

图 6.25　思考题 6.8 图　　　　　图 6.26　思考题 6.9 图

6.10　图 6.27 所示简支梁中，欲使滚轮在梁上移动时恰好走一条水平线，则需要预先把梁的轴线弯成怎样的曲线？

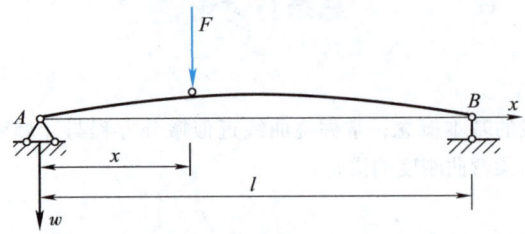

图 6.27　思考题 6.10 图

一、判断题

6.1　材料与横截面尺寸相同的两根梁，若其内力也完全一样，则两根梁的变形一定相同。（　　）

6.2　纯弯曲时，等截面直梁的挠曲线一定为圆弧线。（　　）

6.3　等截面直梁受弯时，其最大转角一定发生在弯矩最大的横截面上。（　　）

6.4　梁挠曲线上的拐点一定发生在弯矩为零的横截面上。（　　）

6.5　梁最大挠度所在截面的转角不一定为零。（　　）

二、单项选择题

6.1　当圆截面直梁的直径增加一倍时，则梁的刚度变为原来的（　　）倍。

A. 2　　　　　B. 4　　　　　C. 8　　　　　D. 16

6.2　图 6.28 所示两根梁的弯曲刚度 EI 相同，分布荷载 q 相同，则下列说法正确的是（　　）。

A. 两根梁对应的内力相同，变形不同　　B. 两根梁对应的内力不同，变形相同

C. 两根梁对应的内力和变形均不同　　　D. 两根梁对应的内力和变形都相同

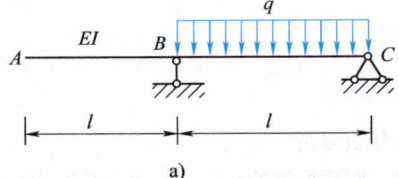　　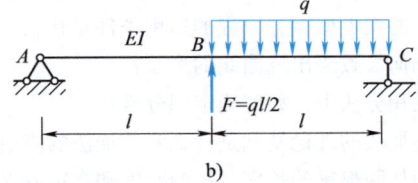

a)　　　　　　　　　　　　　　　b)

图 6.28　单项选择题 6.2 图

6.3　如图 6.29 所示，已知梁的弯曲刚度 EI 为常数，欲使梁的挠曲线在 $x = \dfrac{l}{3}$ 处出现拐点，则比值 $\dfrac{M_{e1}}{M_{e2}} = (\quad)$。

A. 2　　　　　B. 3　　　　　C. $\dfrac{1}{2}$　　　　　D. $\dfrac{1}{3}$

6.4　两根梁尺寸、受力及支承情况相同，材料不同，弹性模量分别为 E_1 和 E_2，且 $E_1 = 2E_2$，则两根梁的挠度之比 $\dfrac{w_1}{w_2} = (\quad)$。

A. $\dfrac{1}{2}$　　　　　B. $\dfrac{1}{4}$　　　　　C. 2　　　　　D. 4

6.5 为使图 6.30 所示悬臂梁在自由端 C 处的转角为零，则 M_e = （　　）。

A. $\dfrac{1}{12}Fl$　　　B. $\dfrac{5}{12}Fl$　　　C. $\dfrac{1}{6}Fl$　　　D. $\dfrac{1}{4}Fl$

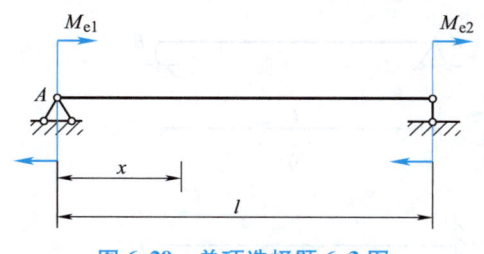

图 6.29　单项选择题 6.3 图

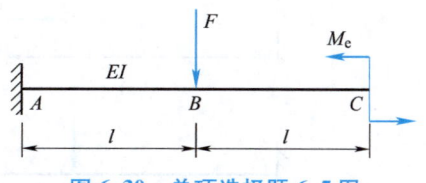

图 6.30　单项选择题 6.5 图

三、计算题

6.1　图 6.31 所示各梁受荷载作用，试画出梁挠曲线的大致形状。

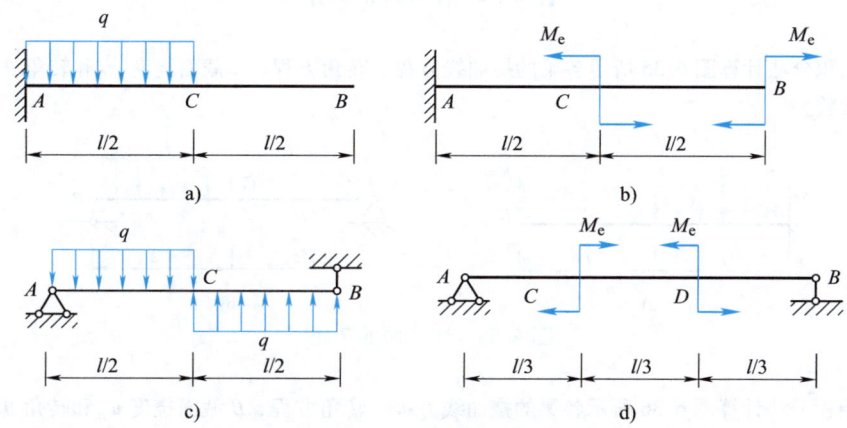

图 6.31　计算题 6.1 图

6.2　图 6.32 所示各梁受荷载作用，试画出梁挠曲线的大致形状。

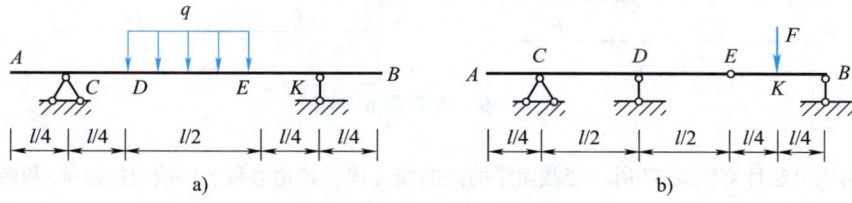

图 6.32　计算题 6.2 图

6.3　试写出图 6.31 所示各梁的边界条件和光滑连续条件。

6.4　试写出图 6.32 所示各梁 E 截面处的光滑连续条件。

6.5　试写出图 6.33 所示梁的边界条件和光滑连续条件。

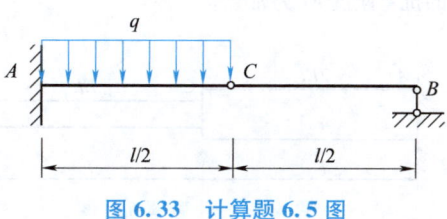

图 6.33　计算题 6.5 图

6.6 试用积分法计算图 6.34 所示各梁的挠曲线方程、转角方程、最大挠度和最大转角。设梁的抗弯刚度 EI 为常数。

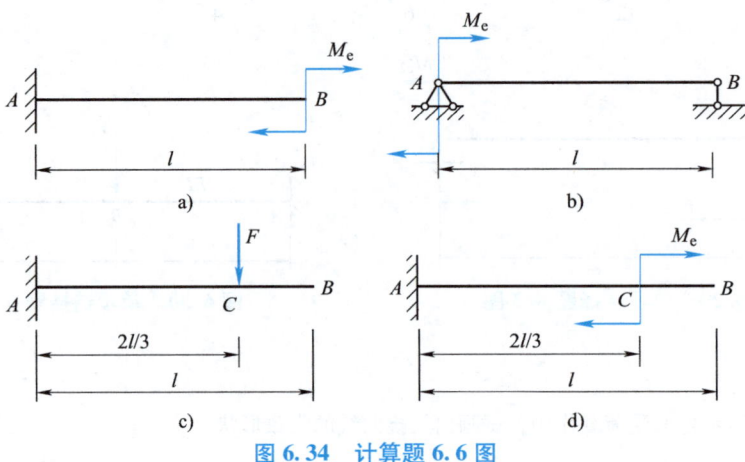

图 6.34　计算题 6.6 图

6.7 试用积分法计算图 6.35 所示各梁的挠曲线方程、转角方程、C 截面挠度 w_C 和转角 θ_C。设梁的抗弯刚度 EI 为常数。

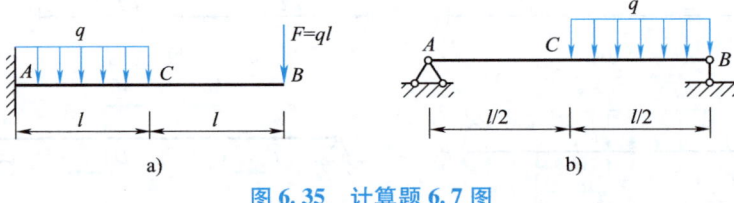

图 6.35　计算题 6.7 图

6.8 试用积分法计算图 6.36 所示各梁的挠曲线方程、转角方程、B 截面挠度 w_B 和转角 θ_B。设梁的抗弯刚度 EI 为常数。

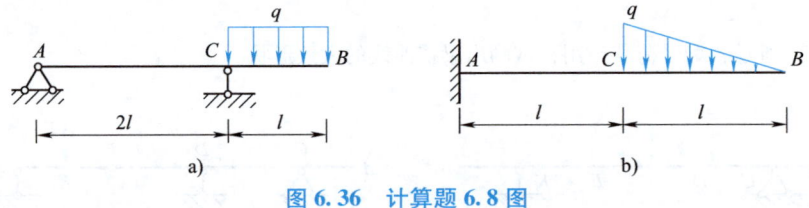

图 6.36　计算题 6.8 图

6.9 试用积分法计算图 6.37 所示变截面梁的挠曲线方程、转角方程、C 截面挠度 w_C 和转角 θ_C、B 截面挠度 w_B 和转角 θ_B。设梁的抗弯刚度 EI 为常数。

6.10 试用积分法计算图 6.38 所示梁的挠曲线方程、转角方程、C 截面挠度 w_C 和 B 截面转角 θ_B。设梁的抗弯刚度 EI 为常数。

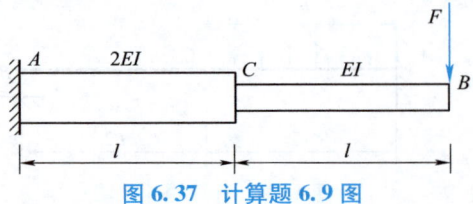

图 6.37　计算题 6.9 图

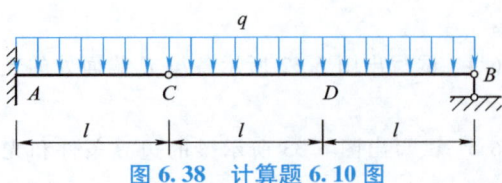

图 6.38　计算题 6.10 图

6.11 试用叠加法计算图 6.39 所示各梁的 C 截面挠度 w_C 和 B 截面转角 θ_B。设梁的抗弯刚度 EI 为常数。

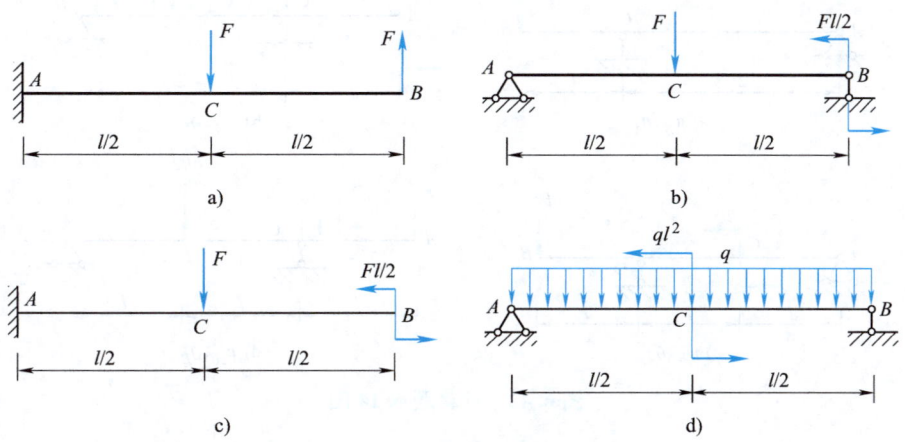

图 6.39 计算题 6.11 图

6.12 试用叠加法计算图 6.40 所示各梁的 C 截面挠度 w_C 和 B 截面转角 θ_B。设梁的抗弯刚度 EI 为常数。

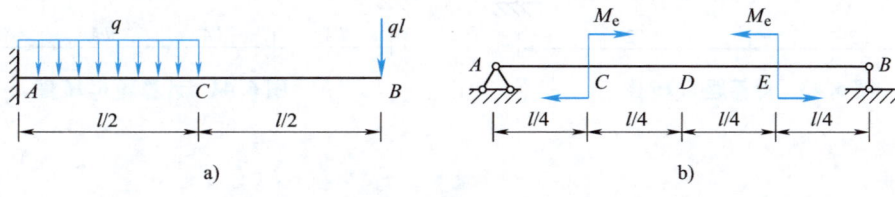

图 6.40 计算题 6.12 图

6.13 试用叠加法计算图 6.41 所示简支梁的最大挠度 w_{max} 和最大转角 θ_{max}。设梁的抗弯刚度 EI 为常数。

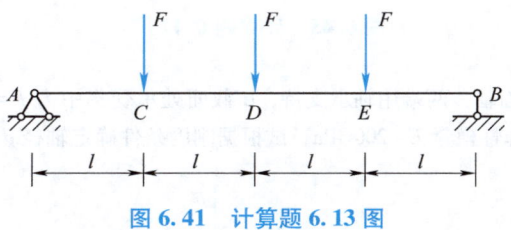

图 6.41 计算题 6.13 图

6.14 试用叠加法计算图 6.42 所示各梁指定截面的挠度和转角。设梁的抗弯刚度 EI 为常数。

6.15 试用叠加法计算图 6.43 所示简支梁的 C 截面挠度 w_C。设梁的抗弯刚度 EI 为常数。

6.16 试用叠加法计算图 6.44 所示变截面梁的 C 截面挠度 w_C 和 B 截面转角 θ_B。设梁的抗弯刚度 EI 为常数。

6.17 试用叠加法计算图 6.45 所示各梁指定截面的挠度和转角。设梁的抗弯刚度 EI 为常数。

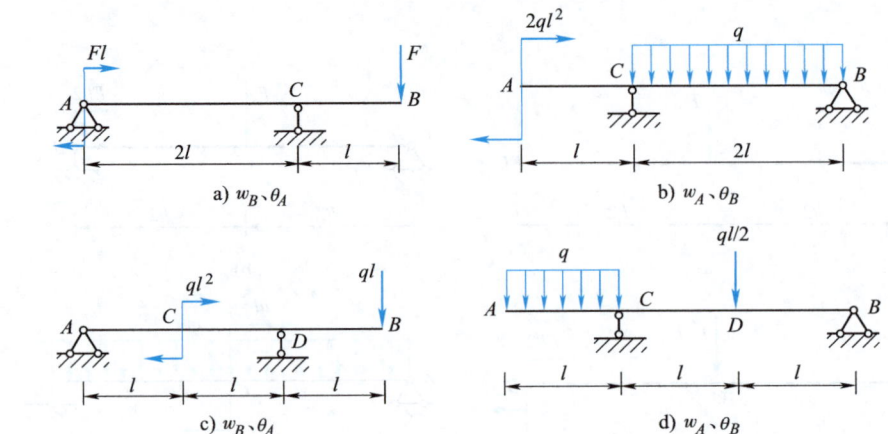

图 6.42 计算题 6.14 图

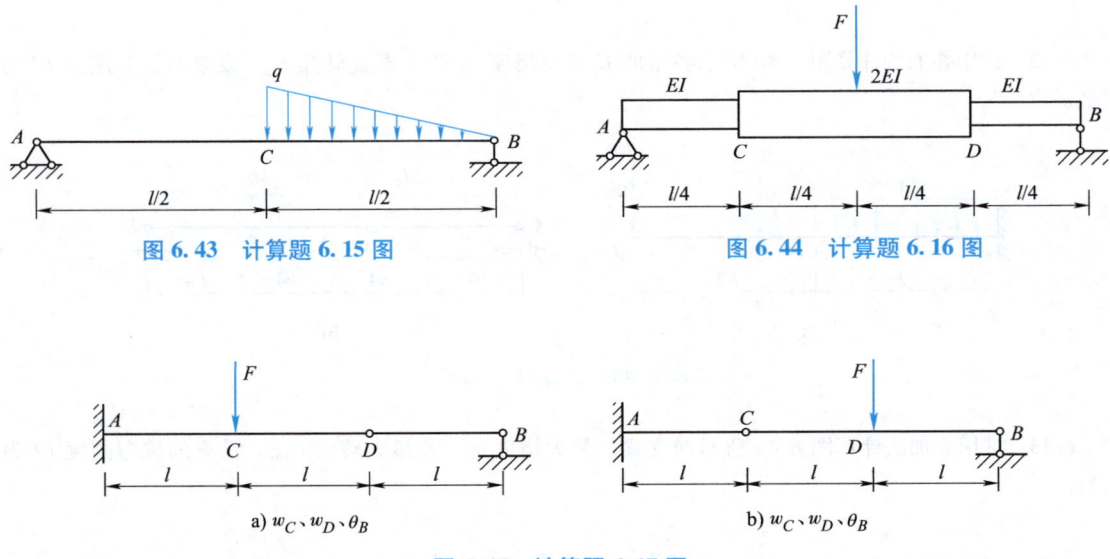

图 6.43 计算题 6.15 图

图 6.44 计算题 6.16 图

图 6.45 计算题 6.17 图

6.18 图 6.46 所示圆截面轴,两端用轴承支持,C 截面处承受集中力 $F = 1\text{kN}$ 作用。若轴承处的许用转角 $[\theta] = 0.05\text{rad}$,材料的弹性模量 $E = 200\text{GPa}$,试根据刚度条件确定轴径 d。

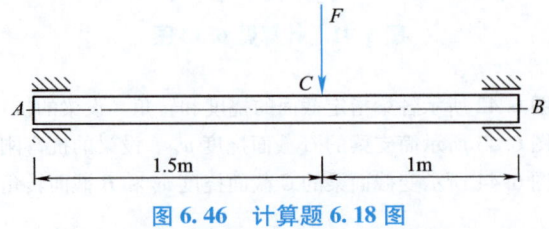

图 6.46 计算题 6.18 图

6.19 如图 6.47 所示,一圆截面松木桁条受均布荷载 q 作用,已知木材直径 $d = 200\text{mm}$,许用应力

$[\sigma]=10\text{MPa}$，$E=10\text{GPa}$，许用相对挠度 $\left[\dfrac{w}{l}\right]=\dfrac{1}{200}$，试计算均布荷载 q 的最大值。

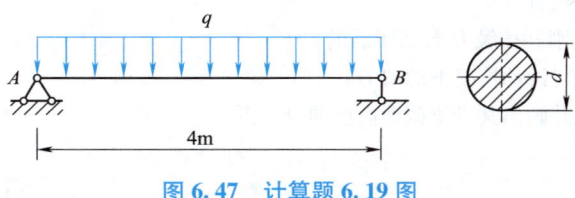

图 6.47　计算题 6.19 图

6.20　图 6.48 所示悬臂梁，材料的许用应力 $[\sigma]=160\text{MPa}$，$E=200\text{GPa}$，梁的许用相对挠度 $\left[\dfrac{w}{l}\right]=\dfrac{1}{500}$，截面由两个槽钢组成，试选择槽钢的型号。

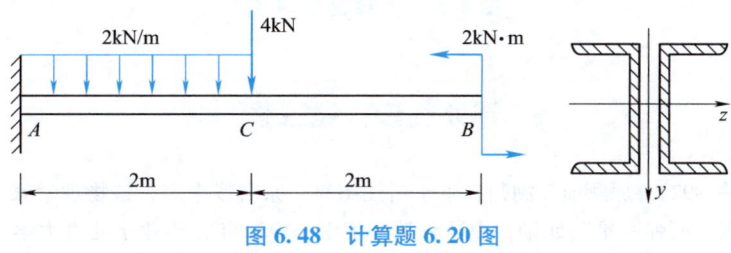

图 6.48　计算题 6.20 图

6.21　等截面简支梁如图 6.49 所示，ED 段受均布荷载 q 作用，其抗弯刚度 EI 为常数。试计算梁跨中 C 处的挠度 w_C。

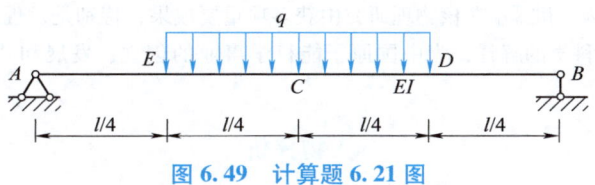

图 6.49　计算题 6.21 图

6.22　已知梁的抗弯刚度 EI 为常数，跨度为 l，变形后该梁的挠曲线方程为 $w(x)=\dfrac{Fx^3}{EI}$，试确定该梁上的荷载及约束条件，并画出梁的剪力图和弯矩图。

6.23　(2004 年第 5 届周培源力学竞赛) 如图 6.50 所示，一根足够长的钢筋，放置在水平刚性平台上，钢筋单位长度的重量为 q，抗弯刚度为 EI。钢筋的一端伸出桌面边缘 B 的长度为 a，试在荷载 $F=0$ 及荷载 $F=qa$ 两种情况下计算钢筋自由端 A 的挠度 w_A。

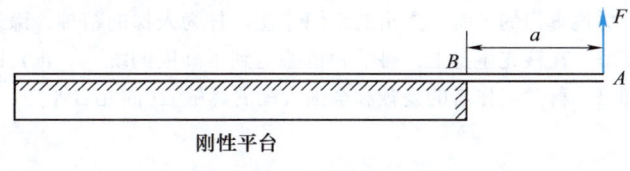

图 6.50　计算题 6.23 图

6.24　(2011 年第 8 届周培源力学竞赛) 如图 6.51 所示，有一弹性模量为 E_1 的矩形截面悬臂梁 AB，A 端固定，B 端自由。梁长为 l，截面高度为 h_1，宽度为 b。梁上表面粘着弹性模量为 $E_2=2E_1$ 的增强材料层,该层高度 $h_2 = 0.1h_1$,长度和宽度与梁 AB 相同。工作台面 D 距离 B 端下表面高度为 Δ。在 B 端作用垂直向下的荷载 F。不考虑各部分的自重。

1) 求组合截面形心的位置。
2) 求使梁 B 端下表面刚好接触 D 台面所需的力 F。
3) 求此时粘结面无相对滑动情况下的剪力。
4) 计算梁的切应力值并画出其沿梁截面高度的分布图。

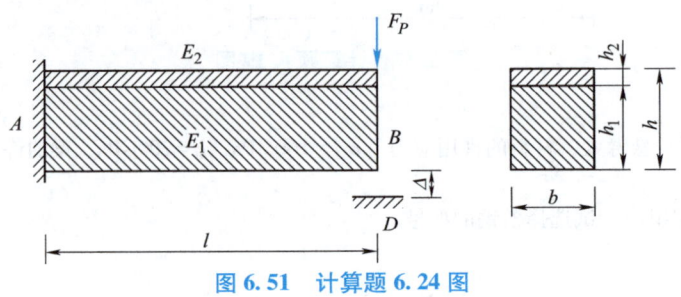

图 6.51　计算题 6.24 图

课外阅读:钱三强

钱三强(1913—1992),原籍浙江湖州,生于浙江绍兴,原名钱秉穹,核物理学家,中国原子能科学事业的创始人,中国"两弹一星"元勋,中国科学院院士。1932 年,毕业于北京大学预科。1936 年,毕业于清华大学。1939 年钱三强完成了博士论文——《α 粒子与质子的碰撞》。1946 年底,荣获法国科学院亨利·德巴微物理学奖。1948 年,回国后历任清华大学物理系教授,中国科学院副院长兼浙江大学校长,中国科协副主席、名誉主席,中国物理学会副理事长、理事长。1980 年 7 月 24 日,钱三强教授在中南海以《科学技术发展的简况》为题讲课。在核物理研究中获多项重要成果,特别是发现重原子核三分裂、四分裂现象并对三分裂机制做了科学的解释,为中国原子能科学事业的创立、发展和"两弹"研制做出了突出贡献。

人物评价

钱三强不仅为原子弹的研制做出了贡献,也为中国原子能科学事业的发展呕心沥血,为培养中国原子能科技队伍立下了不朽的功勋。(腾讯网评)

就是这样的清华走出来的优秀"老兵",抱着"科学家是有祖国的"报国梦,生动诠释了清华大学"自强不息,厚德载物"的校训精神。(新浪网评)

钱三强的一生,有明确的目标和追求,有人生的理想和规范。77 岁的高龄,历经风风雨雨,仍然巍然挺立,不为世俗所扰。(人民网评)

钱三强先生正是这样一位掌握全局,运筹帷幄的指点之才,他无愧于这个时代。熟悉钱先生的人,不会忘记他那宽阔的胸怀,勇挑重担的气魄,杰出的组织才能,甘为人梯的精神,谦逊朴实的作风,以及只求奉献不求索取的高风亮节。在钱先生身上,科学和道德达到了高度的统一。正是因为这样,钱三强先生才受到广大青年学生的仰慕,科学工作者的爱戴和全国人民的尊敬。(周光召评)

第 7 章
简单超静定问题

本章导读

　　工程实际中，为了提高结构的强度或者刚度，常常增加更多的约束或杆件，从而出现不能仅借助平衡条件求解出全部约束力或内力的问题，这就是超静定问题。超静定问题的求解往往需要综合考虑运用静力平衡方程、变形协调方程和物理方程三方面的条件。本章介绍了超静定问题概念、特点及其解法，详细阐述了轴向拉压、扭转和弯曲的超静定问题的分析方法与解题步骤，并以大量例题进行说明；详细介绍了温度应力和装配应力。

工程案例

　　《墨子·经说下》写有："发之绝否，说在所均。发均，悬轻重。而发绝，不均也。均，其绝也莫绝。"这段话如何理解呢？先看一个生活中的例子，图 7.1 所示为有五根弹簧的拉力器。如果五根弹簧一样长，显然每根弹簧所受拉力是相等的。如果中间一根比其他弹簧短一点，开始时只有短的一根受力，其他根不受力。当把中间短的拉到和其他的一样长后，五根弹簧才一起受力。这种情况下中间短的那根受力大于其他四根的受力，易于破坏，所以受力不均的拉力器比受力均匀的容易损坏。其实墨子讲的是同样的道理，当许多头发丝编成的绳索，受力不均比受力均匀的容易被拉断。

　　又如，北宋沈括的《梦溪笔谈·技艺》中有关于建筑师喻皓的一个故事。钱氏据两浙时，于杭州梵天寺建一木塔，方两三级，钱帅登之，患其塔动。匠师云："未布瓦，上轻，故如此。"乃以瓦布之，而动如初。无可奈何，密使其妻见喻皓之妻，贻以金钗，问塔动之因。皓笑曰："此易耳。但逐层布板讫，便实钉之，则不动矣。"匠师如其言，塔遂定。盖钉板上下弥束，六幕相联如胠箧，人履其板，六幕相持，自不能动。人皆伏其精练。大意为：钱俶重建梵天寺木塔时，塔有些晃动，其他工匠解决不了，请教喻皓。喻皓指出只要逐层铺上木板，并用钉子钉牢，就不晃动了。后来照着做，果然解决了这个问题。可见人们很早就认识到通过增加结构各部分的相互约束可以提高其刚度的道理。

图 7.1　拉力器

　　随着社会发展，大型、复杂结构日益增多，这种增加额外约束来提高结构或局部构件的强度、刚度和稳定性等进而提高安全的措施更为常见。如在高速铁路轨道建设中，采用连续无缝线路设计，轨枕与扣件、轨道板与基层之间形成一种超静定连接关系（图7.2），可以有效地分散列车运行产生的动荷载，减少因温度变化引起的钢轨伸缩变形，同时增强对列车高频振动的抑制能力。

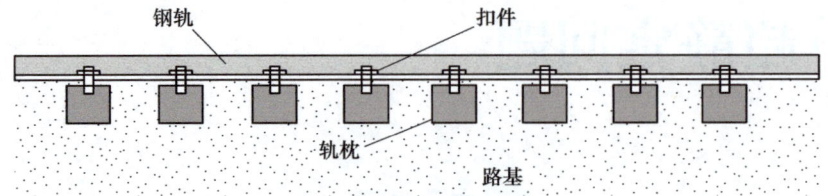

图 7.2　高铁轨道无缝线路设计

又如图 7.3 所示的大跨度铁路桥，其模型简图如图 7.4 所示，可以看出与以前所学的静定梁不同，其下方多了很多桥墩支撑，有助于提升系统的抗灾能力和长期服役性能，尤其是在高负荷、高速度和复杂环境条件下，这种设计方法对保障高铁运营安全至关重要。

图 7.3　大跨度铁路桥

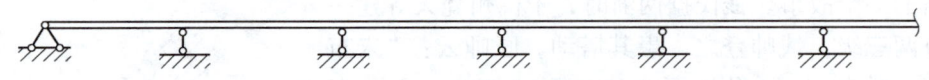

图 7.4　大跨度桥梁计算模型简图

古人更多是一种现象的总结和粗略的估算，而无准确的分析计算。随着社会发展，大型、复杂结构体系日渐增多，其精确分析和计算的需求日益迫切。本章将对简单的这类问题的特点和分析思路进行介绍。

7.1　超静定问题的概念及其解法

前面所学习讨论的问题中，不论是轴向拉压杆、受扭转的圆轴，还是发生弯曲的梁，其支座反力和杆件的内力都可以用静力平衡方程全部求出。这种能用静力平衡条件求解所有支座反力和内力的问题,称为静定问题。

但正如工程案例部分所提到的一些实例,在工程实践中由于某些要求(如提高构件的强度、刚度或稳定性)需要增加约束或更多的杆件。如图 7.5a 所示的支架结构,其受力如图 7.5b 所示,根据 AB 杆的平衡条件可列出 3 个独立的平衡方程,如 $\sum F_x = 0$、$\sum F_y = 0$、$\sum M_A = 0$;而未知力有 4 个,即 F_{Ax}、F_{Ay}、F_{N1} 和 F_{N2}。显然,仅由平衡方程不能求出全部的未知量。这类不能单凭平衡条件求解的问题,称为超静定问题。

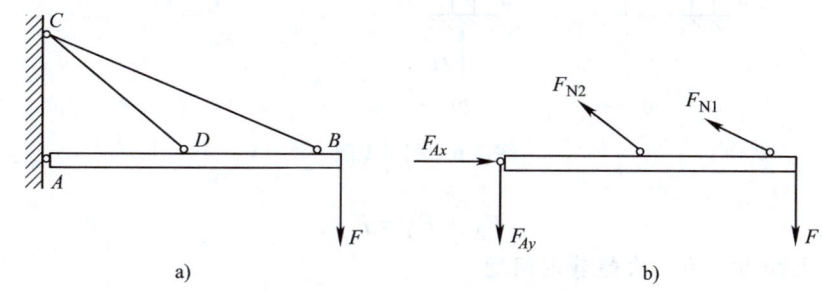

图 7.5 超静定支架结构

与静定问题进行比较不难发现,超静定问题都存在多于维持平衡所必需的支座或杆件,习惯上称其为多余约束。如果去掉图 7.5a 中的 BC 杆,结构仍然可以处于静止平衡状态,那么 BC 杆就可以认为是一个多余约束。与多余约束处对应的约束力称为多余约束力。通常将多余约束的数目或未知的多余约束力数目称为超静定次数。

由于多余约束力的存在,导致未知力数目超过独立平衡方程数,因此除了平衡方程以外,还必须寻求与超静定次数数目相同的补充方程。在超静定问题中,正是由于多余约束的存在,杆件或结构的变形受到了多于静定结构的附加限制。由此,根据变形的几何相互制约条件,建立变形协调方程,再将变形与外力之间具有的物理方程代入变形协调方程,即可得到补充方程。最后将静力平衡方程与补充方程联立求解,就可求解全部未知力。综上,超静定问题的解法,一般就是从综合运用静力平衡方程、变形协调方程和物理方程三方面的条件进行考虑。

下面分别以轴向拉压、扭转和弯曲变形的超静定问题为例来详细说明超静定问题的解法。

7.2 拉压超静定问题

7.2.1 拉压超静定问题求解

对于拉压超静定问题,需综合运用静力平衡方程、变形协调方程和物理关系三方面条件进行求解。下面通过例题具体说明求解超静定问题的步骤。

【例 7.1】 图 7.6a 所示的杆 AB 两端为固定端,杆上 C 处受到轴向外力 F 的作用。画出 AB 杆轴力图。

【解】 1)分析杆件受力。如图 7.6b 所示,该杆有唯一的平衡方程为

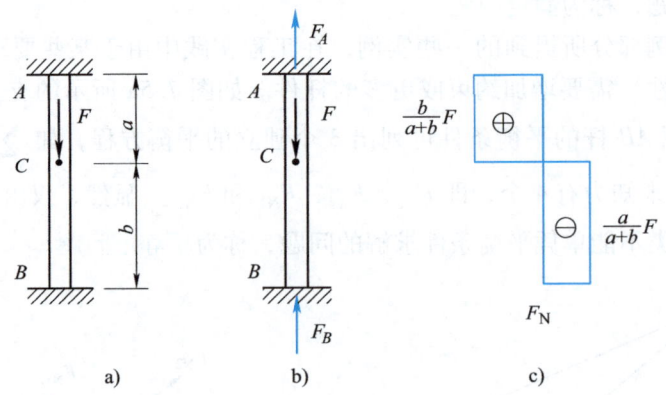

图7.6 例7.1图

$$F_A + F_B = F \tag{a}$$

式中含有两个未知力,为一次超静定问题。

2) 在假定的约束力方向下,容易分析出 AC 段轴力为 F_A,发生拉伸变形,而 BC 段轴力为 $(-F_B)$,发生压缩变形。杆两端固定,杆轴向长度应没有变化,也就是变形协调方程为

$$\Delta l_{AC} + \Delta l_{BC} = 0 \tag{b}$$

3) 物理方程。分别计算 AC 段和 BC 段的长度变化量 Δl_{AC} 和 Δl_{BC}

$$\Delta l_{AC} = \frac{F_A a}{EA}, \quad \Delta l_{AC} = -\frac{F_B b}{EA} \tag{c}$$

将式 (c) 代入式 (b),得到补充方程 $F_A a = F_B b$,与式 (a) 联立,可求得

$$F_A = \frac{b}{a+b} F, \quad F_B = \frac{a}{a+b} F$$

因此,可以做出 AB 杆轴力图(图7.6c)。

【例7.2】 简易桁架结构如图7.7a所示,各杆拉压刚度均为 EA,结点 D 处承受铅垂荷载 F。试求各杆轴力。

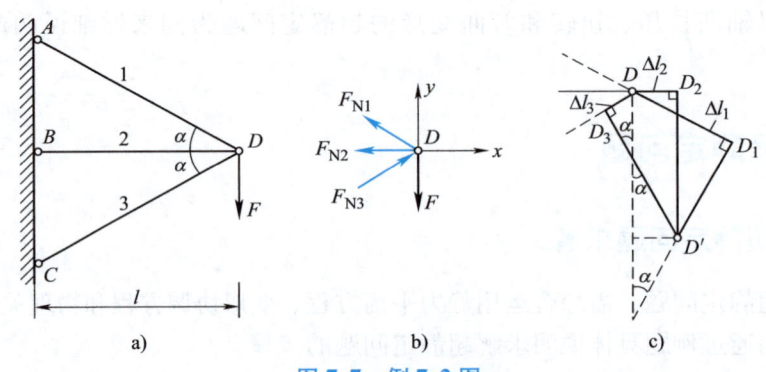

图7.7 例7.2图

【解】 本题未知力为3根杆的轴力,而有效平衡方程只有两个,为一次超静定问题,需要补充一个变形协调方程,才能确定各杆轴力。

第7章 简单超静定问题

1) 静力平衡方程。结构在力 F 作用下，杆1将受拉，杆3将受压，而杆2难以判断，可任意假定。假设杆2受拉，则结点 D 的受力如图7.7b图所示，平衡方程为

$$\begin{cases} \sum F_x = 0, & F_{N3}\cos\alpha - F_{N1}\cos\alpha - F_{N2} = 0 \\ \sum F_y = 0, & F_{N1}\sin\alpha + F_{N3}\sin\alpha - F = 0 \end{cases} \tag{d}$$

2) 变形协调方程。结构受力变形后，三杆仍需铰接在一起。作结点 D 的位移图，如图7.7c所示，由几何关系可得三杆变形协调方程为

$$\frac{\Delta l_1}{\sin\alpha} = \frac{2\Delta l_2}{\tan\alpha} + \frac{\Delta l_3}{\sin\alpha} \tag{e}$$

3) 物理方程。由胡克定律知

$$\Delta l_1 = \frac{F_{N1}l_1}{EA} = \frac{F_{N1}l}{EA\cos\alpha}, \quad \Delta l_2 = \frac{F_{N2}l_2}{EA} = \frac{F_{N2}l}{EA}, \quad \Delta l_3 = \frac{F_{N3}l_3}{EA} = \frac{F_{N3}l}{EA\cos\alpha}$$

将上式代入变形协调方程式（e），得补充方程，整理为

$$F_{N1} - F_{N3} - 2F_{N2}\cos^2\alpha = 0 \tag{f}$$

联立求解方程式（d）及式（f），解得

$$F_{N1} = F_{N3} = \frac{F}{2\sin\alpha}, \quad F_{N2} = 0$$

【例7.3】 如图7.8a所示，1、2、3杆的拉压刚度均为 EA，杆长 l。横梁 AB 为刚性梁，受集中力 F 作用。不计横梁和各杆自重，确定1、2、3杆的轴力。

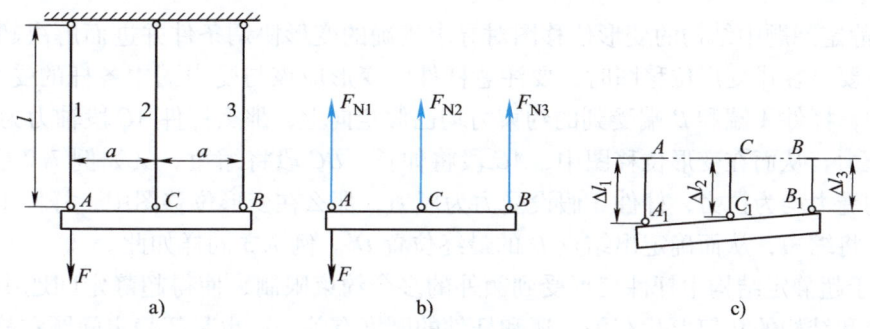

图 7.8 例7.3图

【解】 设在力 F 作用下，各杆轴力均为拉力，分别为 F_{N1}、F_{N2} 和 F_{N3}，如图7.8b所示，则相应地横梁 AB 移动到 $A_1C_1B_1$ 位置（图7.8c）。从受力情形可以看出，横梁所受力系为平面平行力系，只有2个独立平衡方程，而未知力有3个，为一次超静定问题。

1) 静力平衡方程。

$$\begin{cases} \sum F_y = 0, & F_{N1} + F_{N2} + F_{N3} = F \\ \sum M_A = 0, & F_{N2} \cdot a + F_{N3} \cdot 2a = 0 \end{cases} \tag{g}$$

2) 变形协调方程。要求出三个未知轴力，还需要一个补充方程。力 F 作用下，三根杆的伸长不是任意的，须满足一定协调性的几何关系。由于横梁 AB 为刚体，故该结构的变形协调条件为：A_1、C_1、B_1 三点变形后仍在一直线上（图7.8c）。设三杆的伸长量分别为 Δl_1、Δl_2 和 Δl_3，则变形协调方程为

$$\frac{\Delta l_1 + \Delta l_3}{2} = \Delta l_2 \tag{h}$$

3）物理方程。杆件的变形和内力之间存在着一定的关系，即物理方程。当应力不超过比例极限时，由胡克定律可知

$$\Delta l_1 = \frac{F_{N1} l}{EA}, \quad \Delta l_2 = \frac{F_{N2} l}{EA}, \quad \Delta l_3 = \frac{F_{N3} l}{EA}$$

将上式代入式（h），得到补充方程，即

$$\frac{\dfrac{F_{N1} l}{EA} + \dfrac{F_{N3} l}{EA}}{2} = \frac{F_{N2} l}{EA}$$

整理得到

$$F_{N1} + F_{N3} = 2F_{N2} \tag{i}$$

4）联立式（g）及式（i），可得

$$F_{N1} = \frac{5}{6}F, \quad F_{N2} = \frac{1}{3}F, \quad F_{N3} = -\frac{1}{6}F$$

由上面结果可知，1、2 杆轴力为正，说明实际方向与假设一致，为伸长变形；3 杆轴力为负，与假设相反，为缩短变形。这说明横梁 AB 实际是绕着 CB 之间的某一点发生了逆时针转动。

【解析小结】

1）超静定问题中结构的变形位移图对寻求正确的变形协调条件并进而解决超静定问题显得极为重要。在作变形位移图时，要注意杆件的变形应该与受力图中各杆的受力相对应。如例 7.1 中，杆件 A 端和 B 端受到的约束力均已假定向上，那么杆件 AC 段轴力为拉力，BC 段轴力为压力，从而在变形位移图中，AC 段将伸长，BC 段将缩短。又如例 7.2 中，杆件 1 和 2 假设的受力均为拉力，杆件 3 假设受力为压力，那么在变形位移图中，杆件 1 和 2 将伸长，杆件 3 将缩短，从而确定出结点 D 的最终位置 D′。例 7.3 同样如此。

2）由于超静定结构中杆件变形受到额外的多余约束限制，使得超静定问题中结构内力不仅与荷载和结构的几何形状有关，还和杆件的刚度有关，这也是超静定问题和静定问题的重要区别之一。

7.2.2 温度应力

工程实际中，构件或结构会遇到温度变化的情况，如工作环境的温度变化或季节变化，这时杆件会发生伸长或缩短变形现象。静定结构中，由于杆件能自由变形，当温度变化时不会引起杆内产生应力。但在超静定结构中，由于多余约束的存在，温度变化引起的杆件变形会受到限制，从而将在杆内产生应力，这种应力称为温度应力。如图 7.9a 所示两端固定的 AB 杆，当温度变化时，由于两端固定，杆件材料轴向方向将不能自由伸长或缩短，从而受到约束导致杆内产生应力。若杆件两端为一端固定一端自由，杆件可以自由伸缩，则在温度变化时不会产生温度应力。

计算温度应力的方法与荷载作用下的超静定问题求解方法相似，不同之处在于杆内变形包括两部分，一部分是温度引起的变形，另一部分是荷载引起的变形。

【例 7.4】 图 7.9a 所示的杆 AB，两端与刚性支撑固连。杆件拉压刚度为 EA，材料的线膨胀系数为 α。试求当温度升高 ΔT 时，两端的约束反力 F_A 和 F_B。

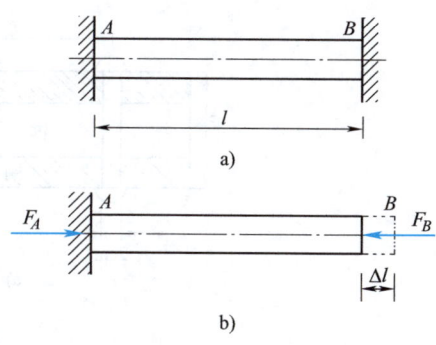

图 7.9　例 7.4 图

【解】 1) 温度上升后，杆件受力如图 7.9b 所示。列平衡方程，可得

$$F_A = F_B \tag{j}$$

2) 由于未知约束反力有 2 个，而独立的平衡方程只有 1 个，因此需寻求一个补充方程。假想拆去右端约束，这时杆件可以自由地变形，当温度升高 ΔT 时，杆件由于升温而产生的伸长变形为

$$\Delta l_T = \alpha l \Delta T \tag{7.1}$$

然后在右端作用压力 F_B，引起杆件缩短，变形量为

$$\Delta l_{F_B} = -\frac{F_B l}{EA}$$

实际上，杆件两端固定，长度不会发生变化，因此变形协调方程为

$$\Delta l_T + \Delta l_{F_B} = 0 \tag{k}$$

3) 将两种变形代入式 (k) 得

$$\alpha l \Delta T - \frac{F_B l}{EA} = 0$$

$$F_B = \alpha EA \Delta T$$

由于轴力 $F_N = -F_B$，故杆内的温度应力为 $\sigma_T = \dfrac{F_N}{A} = -\alpha E \Delta T$。

【解析小结】

当温度变化较大时，杆内温度应力大小将十分可观。例如，钢杆两端固定，$\alpha = 12.5 \times 10^{-6}/℃$，温度变化 40℃ 时，温度应力为

$$|\sigma_T| = |\alpha E \Delta T| = 12.5 \times 10^{-6}/℃ \times 200 \times 10^9 \text{Pa} \times 40℃ = 100 \times 10^6 \text{Pa} = 100 \text{MPa}$$

上式表明，在超静定结构中，温度应力是个不容忽视的因素。实际工程中，为了避免产生过大的温度应力，往往采取某些措施以有效地降低温度应力。例如，在管道中加伸缩节，在钢轨各段之间留伸缩缝，这样可以削弱对因温度变化导致的构件变形约束，从而降低温度应力。

【例 7.5】 图 7.10a 中构件由直径 $d_0 = 2.5\text{cm}$ 的钢杆套在一根外径 $D = 5\text{cm}$，内径 $d_0 = 2.5\text{cm}$ 的铜管中，并由两个直径为 $d_1 = 2\text{cm}$ 的铆钉连接而成。若温度升高了 50℃，试求铆钉内的切应力。钢的弹性模量 $E_s = 210\text{GPa}$，线膨胀系数 $\alpha_s = 11 \times 10^{-6}/℃$；铜的弹性模量 $E_c = 105\text{GPa}$，线膨胀系数 $\alpha_c = 17 \times 10^{-6}/℃$。不计铆钉的变形。

【解】 1) 分析铆钉受力，如图 7.10b 所示。由平衡易知

$$F_{Ns} - F_{Nc} = 0$$

2) 变形协调方程。温度升高 50℃，钢杆和铜管都要伸长，但铜的线膨胀系数比钢的要

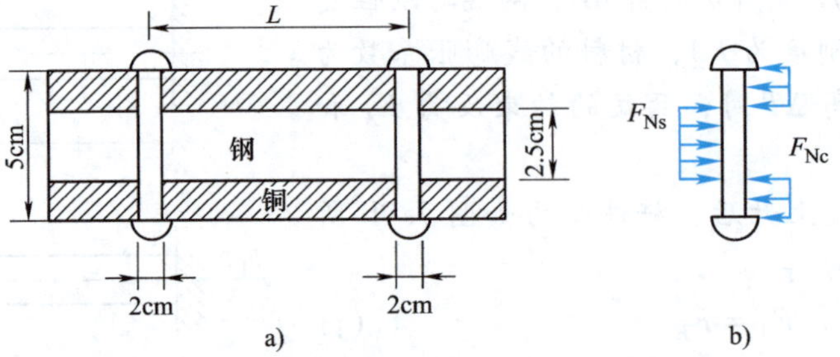

图 7.10 例 7.5 图

大,所以铜管受到压力作用,钢杆受到拉力作用。两者变形相等,$\Delta l_s = \Delta l_c$。

3) 物理方程。

钢杆
$$\Delta l_s = \frac{F_{Ns}L}{E_s A_s} + \alpha_s L \Delta T$$

铜管
$$\Delta l_c = -\frac{F_{Nc}L}{E_c A_c} + \alpha_c L \Delta T$$

4) 求解上述方程

$$F_{Ns} = \frac{(\alpha_c - \alpha_s)\Delta T E_s A_s E_c A_c}{E_s A_s + E_c A_c} = 18.56 \text{kN}$$

5) 铆钉受双剪,有

$$F_s = \frac{F_{Ns}}{2} = 9.28 \text{kN}, \quad \tau = \frac{F_s}{A} = 29.5 \text{MPa}$$

7.2.3 装配应力

构件制造上的微小误差往往是不可避免的。在静定结构中,这种误差只会使结构的几何形状略微改变,不会使构件产生附加的内力。如图 7.11 所示的简易静定结构,若杆 AB 比预定的尺寸制作短了一点,则与杆 AC 连接后,只会引起 A 点位置的微小偏移,如图中虚线所示,而不会有内力出现。

但在超静定结构中,情况将会变得不一样,杆件几何尺寸的微小差异还会使得杆件内产生内力。如图 7.12 所示的超静定结构,假设杆 3 比应有的预定尺寸短了一点,那么装配时若使三杆铰接,则需将杆 3 拉长,同时杆 1 和杆 2 被压短,强行安装于 A′处。易知杆 3 中会产生拉力,杆 1、杆 2 中产生压力。这种由于安装而引起的内力称为 装配内力,与之相应的应力称为 装配应力。计算装配应力的方法与解超静定问题的方法相似,仅在几何关系中考虑到尺寸的差异。

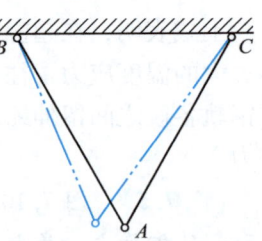

图 7.11 简易静定结构

【例 7.6】 图 7.12a 所示的桁架,杆 3 的设计长度为 l,设计误差为 δ,$\delta \ll l$。已知杆 1 和 2 的拉压刚度均为 $E_1 A_1$,杆 3 的拉压刚度为 $E_2 A_2$。求三杆的轴力。

【解】 当三杆强行装配后,杆 1 和 2 受压,轴力大小设为 F_{N1} 和 F_{N2};杆 3 受拉,轴力

设为 F_{N3}。取结点 A' 为对象，受力如图 7.12b 所示。平面汇交力系只有 2 个独立平衡方程，未知力有 3 个，为一次超静定问题。

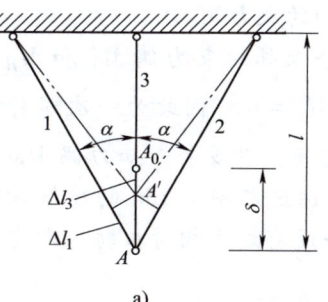
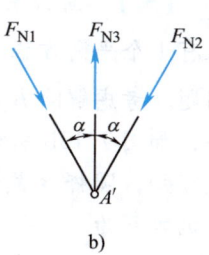

图 7.12　例 7.6 图

1) 平衡方程。结点 A' 的平衡方程为

$$\begin{cases} \sum F_x = 0, & F_{N1}\sin\alpha - F_{N2}\cos\alpha = 0 \\ \sum F_y = 0, & F_{N3} - F_{N1}\cos\alpha - F_{N2}\cos\alpha = 0 \end{cases}$$

可得

$$F_{N1} = F_{N2}, \quad F_{N3} - 2F_{N1}\cos\alpha = 0 \tag{1}$$

2) 变形协调方程。由图 7.12a 的变形几何关系可得

$$\Delta l_3 + \frac{\Delta l_1}{\cos\alpha} = \delta \tag{m}$$

3) 物理方程。

$$\Delta l_1 = \frac{F_{N1}l}{E_1 A_1 \cos\alpha}, \quad \Delta l_3 = \frac{F_{N3}l}{E_2 A_2}$$

代入式（m），得补充方程

$$\frac{F_{N3}l}{E_2 A_2} + \frac{F_{N1}l}{E_1 A_1 \cos^2\alpha} = \delta \tag{n}$$

4) 联立式（l）、式（n）求得

$$F_{N1} = F_{N2} = \frac{\delta}{l} \frac{E_1 A_1 E_2 A_2 \cos^2\alpha}{E_2 A_2 + 2 E_1 A_1 \cos^3\alpha}, \quad F_{N3} = \frac{\delta}{l} \frac{2 E_1 A_1 E_2 A_2 \cos^3\alpha}{E_2 A_2 + 2 E_1 A_1 \cos^3\alpha}$$

上述结果为正，说明假设轴力方向与实际相同。

【解析小结】

1) 从结果可以看出，超静定结构中各杆轴力与各杆拉压刚度有关，刚度越大的杆件，承受的轴力也越大。由各杆轴力容易得到各杆的装配应力。

2) 装配应力是结构未承载前就已存在的应力，故又称初应力。这种初应力一方面有不利后果，如装配应力与构件工作应力叠加后使得构件内总应力更高，则须避免它的存在；但也可以被加以利用，如预应力钢筋混凝土构件，混凝土的初始压应力会与构件工作应力相互抵消一部分，从而提高承载力。

7.3　扭转超静定问题

含有扭转变形的超静定问题，同样需要考虑静力平衡、变形协调和物理关系三方面的条件。下面通过一些例题进行详细说明。

【例 7.7】　图 7.13a 所示两端固定的等截面实心圆杆 AB，在截面 C 处承受扭转外力偶

M_e 作用。试求杆两端的约束力偶。

【解】 圆杆有 2 个未知约束力偶 M_A 和 M_B，仅有 1 个平衡方程 $\sum M_x = 0$，因此为一次超静定问题。考虑解除 B 端支座，以多余未知力偶 M_B 代替，如图 7.13b 所示，通过与图 7.13a 的原结构比较可知，圆杆 B 截面并没有发生相对扭转，即变形协调方程为

$$\varphi_B = 0 \tag{a}$$

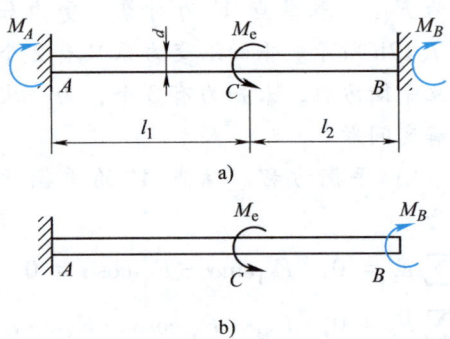

图 7.13 例 7.7 图

图 7.13b 中 A 端固定，因此 B 端扭转大小等于 B 相对于 A 端的相对扭转角，即

$$\varphi_B = \varphi_{BA} = \varphi_{BC} + \varphi_{CA} \tag{b}$$

式中的 φ_{BC} 和 φ_{CA} 由扭矩-扭转角之间的物理方程可得

$$\varphi_{BC} = -\frac{M_B l_2}{GI_p}, \quad \varphi_{CA} = \frac{(M_e - M_B)l_1}{GI_p} \tag{c}$$

将式（c）代入式（b）并代入协调方程式（a），得补充方程并整理为

$$M_e l_1 - M_B(l_1 + l_2) = 0$$

得

$$M_B = \frac{M_e l_1}{l_1 + l_2}$$

解得 M_B 后，根据平衡求得 A 端约束力偶 $M_A = \dfrac{M_e l_2}{l_1 + l_2}$，从而可以进行后续的杆件扭矩图、应力、变形及强度等计算。

【例 7.8】 图 7.14 所示的两根截面形状、尺寸、长度均相同的杆件 AB 和 CD，其中 AB 为钢杆，CD 为铝杆，两者的切变模量满足 $G_{AB} = 3G_{CD}$。BE 和 DE 为刚性杆，一端分别与 AB 和 CD 固接，另一端在 E 处铰接。在 E 点作用铅垂力 F，不考虑杆件 AB 和 CD 的弯曲变形，求 AB 和 CD 两杆的扭矩。

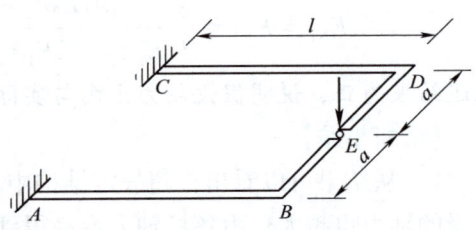

图 7.14 例 7.8 图

【解】 由题可知，E 处铰接约束只存在铅垂方向的相互作用力，故有 1 个多余约束，为一次超静定问题。变形协调方程为

$$(y_E)_{DE} = (y_E)_{BE}$$

且

$$(y_E)_{DE} = \varphi_D a, \quad (y_E)_{BE} = \varphi_B a$$

由此有

$$\varphi_D = \varphi_B \tag{d}$$

式中，相对扭转角 φ_B 和 φ_D 仅为大小相同，转向相反。

设铰接约束 E 的相互作用力为 F_E，则两杆内扭矩分别为 $T_{AB} = F_E a$ 和 $T_{CD} = (F - $

$F_E)a$。由扭矩-扭转角之间的物理方程得

$$\varphi_B = \frac{T_{AB}l}{G_{AB}I_{pAB}}, \quad \varphi_D = \frac{T_{CD}l}{G_{CD}I_{pCD}} \tag{e}$$

将式（e）代入式（d），并注意到 $G_{AB}=3G_{CD}$，$I_{pAB}=I_{pCD}$，可求得 $F_E=\dfrac{3F}{4}$。因此两杆扭矩分别为

$$T_{AB}=\frac{3Fa}{4}, \quad T_{CD}=\frac{Fa}{4}$$

7.4 简单超静定梁

对于包含弯曲变形的超静定梁，其求解同样是综合考虑静力平衡、变形协调和物理关系三个方面。

可以设想将多余约束解除，使超静定梁变为静定梁，这样得到的静定梁称为原超静定梁的<u>基本静定系</u>（或<u>静定基</u>）。基本静定系可以有不同的选择，并不是唯一的。例如，图7.15a 所示超静定梁有一个多余约束。可以通过解除右边的可动铰支座，得到图 7.15b 所示悬臂梁形式的基本静定系；也可以解除左边固定端处的转动约束，得到图 7.15c 所示简支梁形式的基本静定系。在基本静定系上，除原有荷载外，还应用相应的多余约束力代替被解除的多余约束。基本静定系的受力和变形与原来的超静定梁完全相当（等价），那么基本静定系中在多余约束力作用处的位移应该满足原超静定结构的约束条件，即变形协调条件。将物理方程代入变形协调条件，求出多余约束力，然后原超静定结构的内力、应力及变形均可按照基本静定系进行计算。

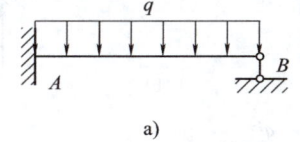 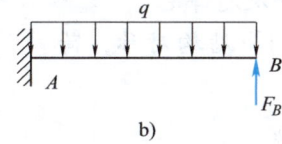 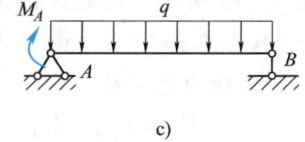

a)　　　　　　b)　　　　　　c)

图 7.15　基本静定系

以图 7.15a 所示的一次超静定梁为例进行具体说明。将支座 B 视为多余约束，将其解除，代之以多余约束力 F_B，则基本静定系为悬臂梁（图 7.15b）。均布荷载 q 和多余约束力共同作用下的基本静定系变形也应与原超静定梁相同，而原梁在支座 B 处的挠度为零，故图 7.15b 中 B 处的挠度也应为零，由叠加法可知

$$w_B = w_{Bq} + w_{BF_B} = 0 \tag{a}$$

式（a）就是该梁的变形协调方程，式中的 w_{Bq}、w_{BF_B} 分别为均布荷载 q 和多余约束力 F_B 单独作用在悬臂梁上引起的 B 截面挠度（图 7.16）。查表 6.1 可知

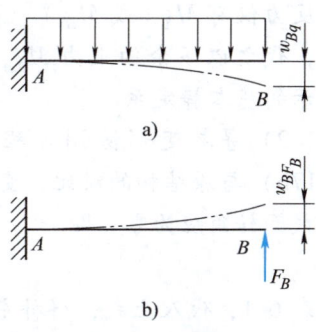

图 7.16　叠加法求基本静定系的挠度

$$w_{Bq} = \frac{ql^4}{8EI}, \quad w_{BF_B} = -\frac{F_B l^3}{3EI}$$

代入式（a），得补充方程

$$\frac{ql^4}{8EI} - \frac{F_B l^3}{3EI} = 0 \tag{b}$$

进一步可得

$$F_B = \frac{3ql}{8}$$

【解析小结】

1) 求得多余约束力 F_B 后，就可以对基本静定系进行静力平衡分析，求出梁固定端约束处的两个支座反力，并画出基本静定系的剪力图和弯矩图，实际上也就是原超静定梁的剪力图和弯矩图。

2) 也可以取固定端处的转动约束为多余约束，去掉它后代之以相应的多余约束力偶 M_A（图 7.15c）。确定变形协调条件为基本静定系 A 处截面转角为零，结合表 6.1 得到的物理方程，求解出多余约束力偶 M_A。具体的求解过程读者可自行验证。

【例 7.9】 两端为固定端约束的梁 AB 受均布荷载 q 作用，如图 7.17a 所示，梁的长度为 l，抗弯刚度为 EI，试作该梁的弯矩图。

【解】 该梁两端固定约束，共有 6 个支座反力，平面一般力系有 3 个独立平衡方程，因此为三次超静定问题。但梁没有承受水平方向的外载，小变形条件下，忽略水平反力的影响，因此剩余只有 4 个未知反力，如图 7.17a 所示，问题简化为一次超静定。

1) 选取基本静定系。由于本例中结构对称，荷载对称，因此反力也对称，即

$$F_A = F_B, \quad M_A = M_B$$

并且由竖直方向平衡条件，易知 $F_A = F_B = \dfrac{ql}{2}$。这样未知反力仅有 M_A（或 M_B）。于是可以去掉两端转动约束，代之以多余约束力 M_A、M_B，从而选择图 7.17b 所示的基本静定系。

2) 寻求变形协调方程。通过基本静定系（图 7.17b）与原结构的对比，变形协调条件为梁 A、B 两端截面转角应为零，即

$$\theta_A = \theta_{Aq} + \theta_{AM_A} + \theta_{AM_B} = 0$$

查表 6.1，代入上式，得补充方程

$$\frac{ql^3}{24EI} + \frac{M_A l}{3EI} + \frac{M_B l}{6EI} = 0$$

注意 $M_A = M_B$，可求得

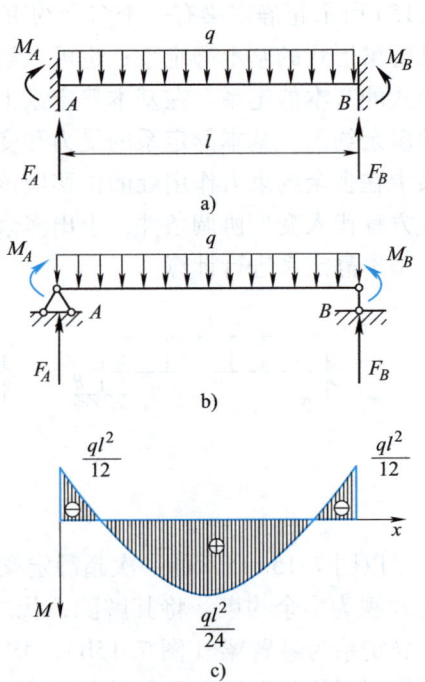

图 7.17 例 7.9 图

$$M_A = M_B = -\frac{ql^2}{12}$$

式中负号表示力偶矩转向与图示相反。

3)梁的弯矩图。求得多余约束力偶 M_A、M_B 后,即可根据基本静定系(图 7.17b)作梁的弯矩图,如图 7.17c 所示。

【例 7.10】 房屋建筑中的某一长度为 $2l$ 的等截面梁简化为均布荷载作用下的双跨梁,如图 7.18a 所示。但由于跨中 C 支座处地基较差,发生沉降。试问沉降量 δ 为多大时,A、B 和 C 三支座的竖向支座反力相等?

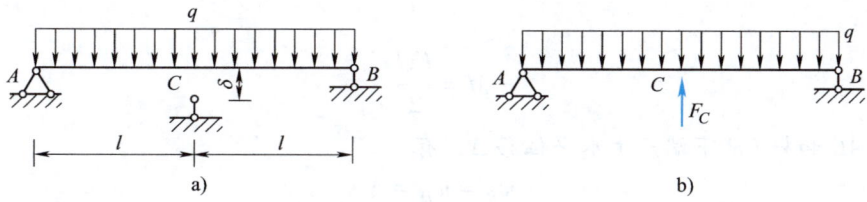

图 7.18 例 7.10 图

【解】 1)三个铰支座,存在四个未知约束反力,仅有三个独立平衡方程,故为一次超静定问题。将 C 支座解除,代之以未知约束反力 F_C,则基本静定系如图 7.18b 所示。

2)变形协调方程。AB 梁 C 点的挠度 w_C 应和 C 支座的沉降量 δ 相等,即

$$w_C = \delta$$

其中 w_C 由均布荷载 q 和 F_C 共同引起,结合表 6.1,应用叠加原理可求得

$$w_C = \frac{5q(2l)^4}{384EI} - \frac{F_C(2l)^3}{48EI}$$

代入协调方程有

$$\frac{5q(2l)^4}{384EI} - \frac{F_C(2l)^3}{48EI} = \delta \quad (c)$$

3)由题意可知,要求 A、B 和 C 三支座的竖直反力相等,即需满足

$$F_A = F_B = F_C = \frac{2ql}{3} \quad (d)$$

联立式(c)及式(d),求得

$$\delta = \frac{7ql^4}{72EI}$$

【例 7.11】 图 7.19a 所示结构中,AB 杆和 CD 杆与刚性杆 BD 刚性连接。AB 和 CD 杆的抗弯刚度为 EI,长度均为 l,求使刚性杆 BD 产生水平位移 Δ 时所需的外力 F。

【解】 1)分析 AB 和 CD 两杆受力,如图 7.19b 所示。在发生水平位移 Δ 时,有

$$\theta_B = \theta_D = 0$$

由图 7.19b,结合表 6.1,可知

$$\theta_B = \frac{F_S l^2}{2EI} - \frac{Ml}{EI} = 0$$

即

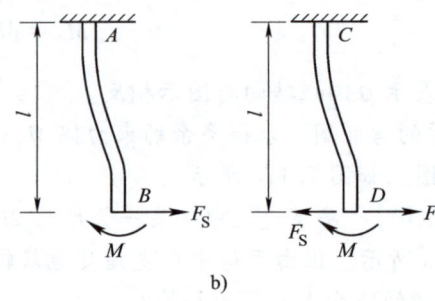

图 7.19 例 7.11 图

$$M = \frac{F_S l}{2} \quad (e)$$

2) 杆 AB 和杆 CD 下端产生水平位移 Δ,有

$$w_B = w_D = \Delta$$

由表 6.1 可得

$$w_B = \frac{F_S l^2}{3EI} - \frac{Ml^2}{2EI} = \Delta$$

将式(e)代入上式,得

$$M = \frac{6EI\Delta}{l^2}, \quad F_S = \frac{12EI\Delta}{l^3}$$

3) 比较 AB 杆和 CD 杆受力(图 7.19b),要求下端产生相同的水平位移时,有

$$F - F_S = F_S$$

于是

$$F = \frac{24EI\Delta}{l^3}$$

总结与讨论

1. 基本要求
1)明确超静定结构的相关概念,掌握判定超静定次数的方法。
2)掌握综合运用静力平衡关系、变形协调关系和物理关系求解超静定问题的思路和方法。
3)熟练求解拉压、扭转和简单弯曲超静定问题。
4)理解温度应力和装配应力并会计算。
5)理解和掌握求解简单弯曲超静定问题的变形比较法。

2. 知识点
(1)超静定问题基本概念
1)静定与超静定。
①静定问题:结构或构件的约束反力或内力均能通过静力平衡方程求解的问题,即未知的约束反力或内力的数目不超过独立的静力平衡方程数目的问题。
②超静定问题:结构或构件的约束反力或内力不能仅凭静力平衡方程全部求解的问题,即未知的约束反力或内力的数目超过独立的静力平衡方程数目的问题。

2) 超静定次数。未知力（约束反力或内力）数多于独立的静力平衡方程的数目。

3) 多余约束。超静定问题中，多于维持静力平衡所必需的约束（支座或杆件）。显然，多余约束的数目等于超静定次数。

4) 基本静定系。在超静定结构（或构件）中，解除多余约束，并在该处施加与所解除的约束相应的多余未知力（支座反力或内力），从而得到一个作用有原有已知荷载和多余未知力的静定结构（或构件）。

(2) 拉压超静定问题　针对仅含有轴向拉压变形的超静定结构进行分析计算。

1) 温度应力：超静定结构中，由于杆件所处温度场变化引起的应力。

2) 装配应力：超静定结构中，由于杆件尺寸的制造误差引起的应力。

(3) 扭转超静定问题　针对仅含有扭转变形的超静定结构进行分析计算。

(4) 简单超静定梁　针对仅含有弯曲变形的超静定结构进行分析计算。

3. 重点和难点

1) 重点：超静定基本概念；综合运用三种关系求解超静定问题。

2) 难点：不同类型特别是含有多种基本变形的超静定问题求解。

4. 常见问题

(1) 超静定问题的分析思路　综合运用三种关系是求解超静定问题的关键，但在一般具体问题中，有如下两种常用的分析思路。

1) 几何分析法。其具体步骤为：

①由静力平衡条件列出结构静力平衡方程。

②寻求结构中的变形协调关系，列出变形协调方程。

③根据胡克定律（或其他物理关系）建立物理方程。

④将物理方程代入变形几何方程得到补充方程，与静力平衡方程联立求解未知力。

2) 变形比较法。其具体步骤为：

①判断超静定次数，即确定多余约束数目。

②选择合适的多余约束，将其解除，代之以未知的多余约束力，从而建立对应于原结构的基本静定系。

③比较基本静定系和原结构，确定多余约束处必须满足的变形条件使两结构等效，列出变形协调方程。

④联立变形协调方程、物理方程求出多余约束力，进而利用平衡方程求解其余未知力。

这种解除多余约束，代之以相应的未知约束力的思路，实际上是以力为目标未知量，来求解超静定问题。因此又称为力法。

(2) 超静定结构的特性　对于由不同刚度杆件组成的超静定结构，各杆内力大小不仅与外力有关，而且与各杆的刚度比值有关。这主要是因为超静定结构中各构件的变形是相互牵制的，需要满足一定的变形协调条件，而各杆的变形与其刚度密切相关。温度应力和装配应力只出现在超静定结构中，这是静定结构所没有的特性。

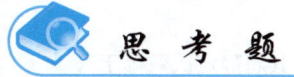

7.1　超静定结构的多余约束是不是固定的？去掉多余约束后的基本静定系和变形协调方程是不是唯一的？解答结果是不是唯一的？

7.2　判断图 7.20 所示结构是静定的还是超静定的？若是超静定结构，是几次超静定？

7.3　两端固定的阶梯圆轴如图 7.21 所示，截面突变处承受外力偶 M_e 作用。为作出该轴扭矩图，试分别列出静力平衡方程、变形协调方程和物理关系。

7.4　由求解超静定梁的过程可以看到，首先需要解除多余约束形成基本静定系，此后的计算都是在这个基本静定系进行的。这个基本静定系与原结构等价的条件是什么？为什么在基本静定系上求得的解可以作为原结构的解？

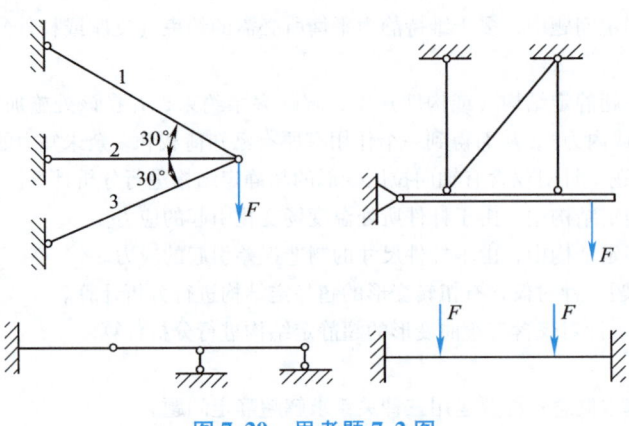

图 7.20　思考题 7.2 图

7.5　总结下本章所提到的不同类型超静定问题求解方法的共同特点。

7.6　图 7.22 所示的梁 AB 因强度和刚度不足，用同一截面和材料的短梁 AC 加固，试求①两梁接触处的压力 F_C；②加固后梁 AB 的最大弯矩和 B 点挠度减小的百分数。

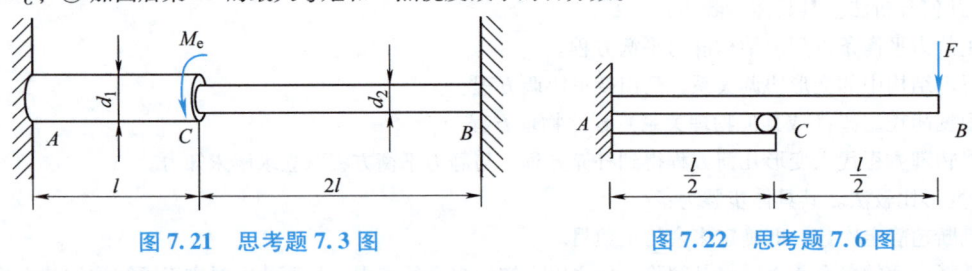

图 7.21　思考题 7.3 图　　　　　　　　图 7.22　思考题 7.6 图

习　　题

一、判断题

7.1　如果结构中未知约束力的数目等于独立平衡方程数目，则为静定结构。　　　　　　（　　）

7.2　当温度变化时，静定结构和超静定结构中都会出现温度应力。　　　　　　　　　　（　　）

7.3　超静定结构中多余约束的选择不是固定的，进而得到的基本静定系也不是固定的。（　　）

7.4　装配应力的存在必将使结构的承载能力降低。　　　　　　　　　　　　　　　　　（　　）

7.5　超静定结构的基本静定系和补充方程不是唯一的，但其计算结果都是唯一的。　　（　　）

二、单项选择题

7.1　图 7.23 所示的梁带有中间铰，其超静定次数等于（　　）。

A. 0　　　　　　　　B. 1　　　　　　　　C. 2　　　　　　　　D. 3

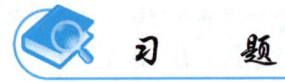

图 7.23　单项选择题 7.1 图

7.2　图 7.24 所示梁，C 点铰接，在力 F 作用下，端面 A 和 B 的弯矩之比为（　　）。

A. 1∶2　　　　　　　B. 1∶1　　　　　　　C. 2∶1　　　　　　　D. 1∶4

7.3　图 7.25 所示的结构，设当温度变化时其固定端的支反力分别为 F_x、F_y 和 M，则其中（　　）

的值等于零。

A. F_y B. F_x C. M D. F_y 和 M

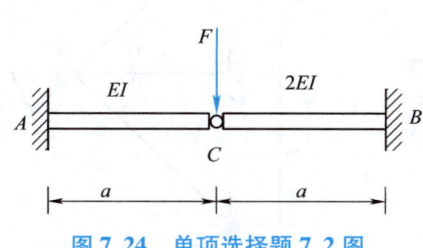

图 7.24　单项选择题 7.2 图

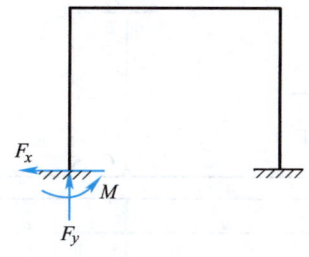

图 7.25　单项选择题 7.3 图

7.4　图 7.26 所示的超静定桁架，下列哪一种是正确的基本静定系？

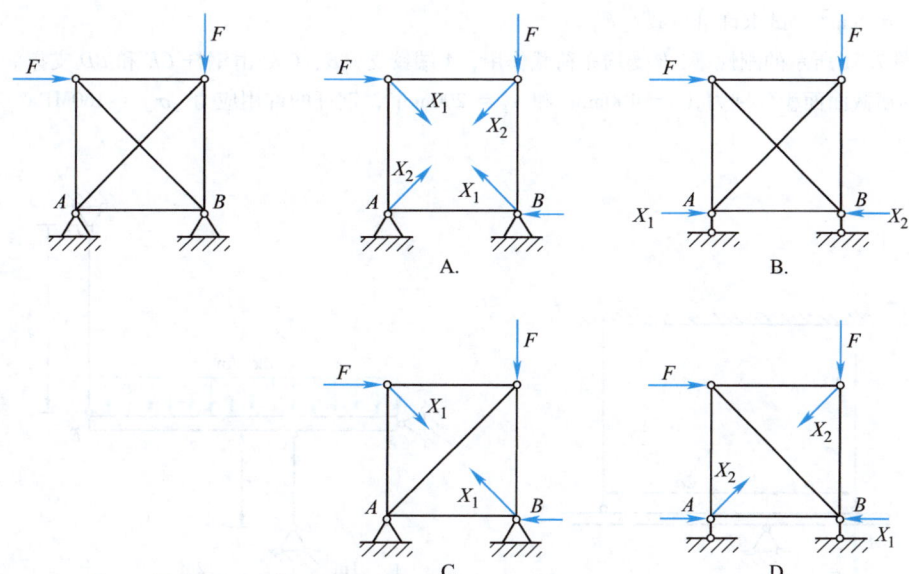

图 7.26　单项选择题 7.4 图

7.5　超静定问题需要综合运用三种关系进行求解，下面不是三种之一的为（　　）。

A. 物理关系　　B. 平衡关系　　C. 等效关系　　D. 变形协调关系

三、计算题

7.1　图 7.27 所示一受轴向力的等截面杆，在点 A、B 受有一对集中力，求其支座反力，并画出轴力图。

7.2　图 7.28 所示结构及其承载情况，已知三竖杆横截面面积均为 A，杆材料的许用应力为 $[\sigma]$。试求许可荷载 $[F]$。

7.3　如图 7.29 所示，三杆 AD、BD 和 CD 的拉压刚度均为 E_A，连接成桁架。D 处受力 F 作用。若 $\alpha = \beta = 45°$，试列出 D 处的变形协调方程，并求其铅垂及水平位移。

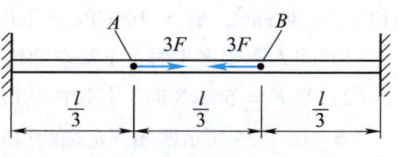

图 7.27　计算题 7.1 图

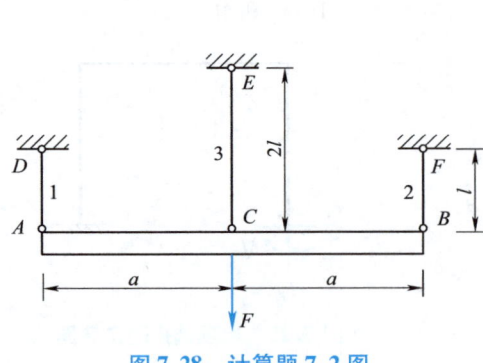

图 7.28　计算题 7.2 图

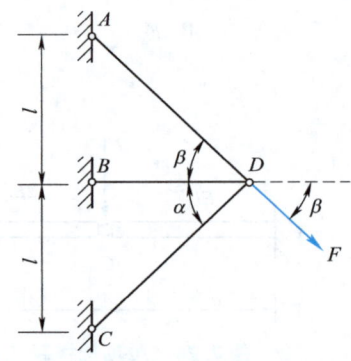

图 7.29　计算题 7.3 图

7.4　如图 7.30 所示，横梁 AB 为刚性，杆 1、2 的材料、横截面面积、长度均相同，其 $[\sigma]$ = 100MPa，A = 2cm²。试求许可荷载 $[F]$。

7.5　图 7.31 所示的刚性梁 AB 受均布荷载作用，A 端铰支，B、C 处由钢杆 CE 和 BD 支撑。已知钢杆 CE 和 BD 的横截面面积分别为 A_1 = 400mm² 和 A_2 = 200mm²，钢杆的许用应力 $[\sigma]$ = 160MPa，试校核两钢杆强度。

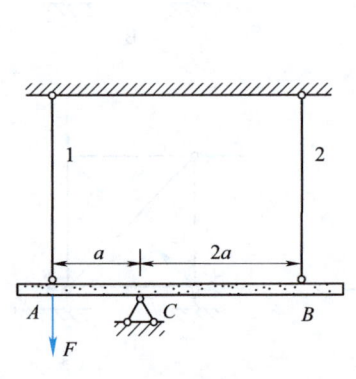

图 7.30　计算题 7.4 图

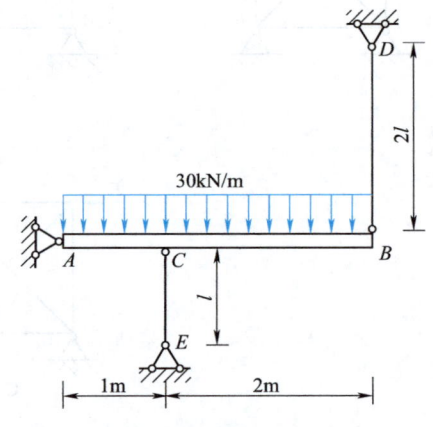

图 7.31　计算题 7.5 图

7.6　图 7.32 所示钢杆，两端固定。已知 A_1 = 100mm²，A_2 = 200mm²，E = 210GPa，α = 12.5 × 10^{-6}/℃。试求当温度升高 30℃ 时杆内的最大应力。

7.7　一阶梯形杆件如图 7.33 所示，上端固定，下端与刚性底面留有空隙 Δ = 0.08mm，上段横截面面积 A_1 = 40 cm²，E_1 = 100GPa，下段 A_2 = 20 cm²，E_2 = 200GPa。问：

（1）当 F 等于多少时，下端空隙恰好消失？

（2）当 F = 500kN 时，各段内的应力值为多少？

7.8　图 7.34 所示两端固定端约束阶梯形圆轴，横截面突变处承受扭转外力偶矩 M_e 的作用。若 d_1 = $2d_2$，材料的切变模量为 G，试求固定端约束处的约束力偶矩 M_A、M_B，并作阶梯形圆轴的扭矩图。

7.9　图 7.35 所示两端固定的圆轴，扭转外力偶矩 M_{e1} = $2M_{e2}$，长度 $a = c = \dfrac{L}{4}$，圆轴直径为 d，试求此轴横截面上的最大切应力。

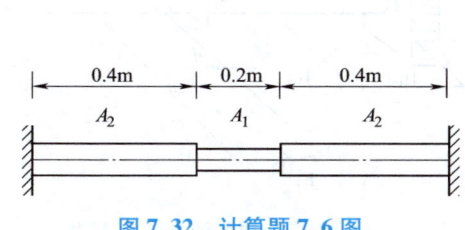

图 7.32　计算题 7.6 图

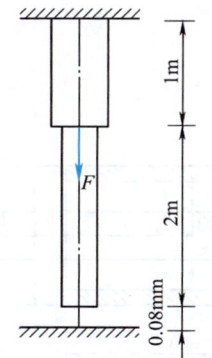

图 7.33　计算题 7.7 图

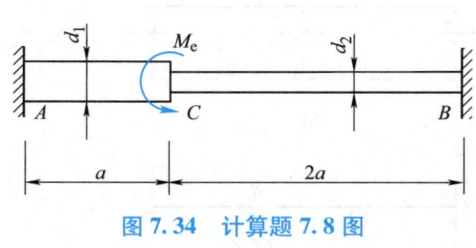

图 7.34　计算题 7.8 图

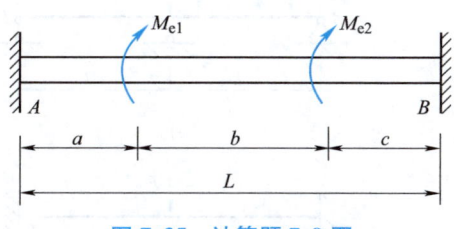

图 7.35　计算题 7.9 图

7.10　图 7.36 所示圆轴，$d_1 = 30$mm，$d_2 = 15$mm，$M_1 = 500$N·m，$M_2 = 300$N·m，材料许用切应力 $[\tau] = 50$MPa，切变模量 $G = 80$GPa，许用单位长度扭转角 $[\varphi'] = 2.5°/$m。试校核该轴的强度和刚度。

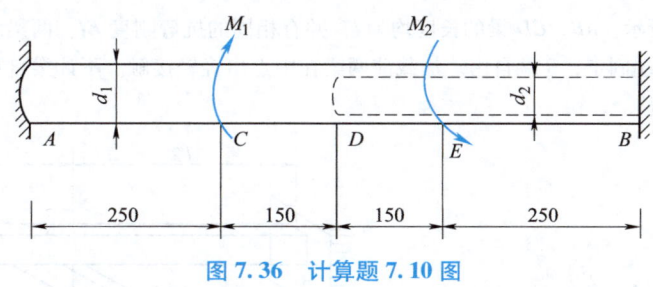

图 7.36　计算题 7.10 图

7.11　如图 7.37 所示，直径为 25mm 的钢轴上有凸缘 A 和 B，凸缘相距 600mm，一外径为 50mm、壁厚 2mm 的钢管置于两个凸缘之间。装配时，轴被 200N·m 的外力偶矩扭转着与钢管焊接在一起。然后将作用在轴上的力偶矩撤去，求此时钢管内的切应力值。钢的切变模量 $G = 80$GPa，并假定凸缘不变形。

7.12　图 7.38 所示圆截面杆 ABC，直径 $d_1 = 100$mm，A 端固定，B 处作用外力偶矩 $M_e = 7$kN·m。C 截面的上、下两点处与直径为 $d_2 = 20$mm 的两根圆杆 EF 和 GH 铰接。已知各杆材料相同，且有 $G = 0.4E$，$G = 80$GPa。试计算 ABC 杆中的最大扭转切应力和该杆的最大单位长度扭转角。

7.13　计算图 7.39 中超静定梁的支座反力，并作出弯矩图。

7.14　图 7.40 中梁跨中支座发生沉降 δ，试分别取简支梁、外伸梁及连续梁为基本静定系，求跨中弯矩。设梁抗弯刚度 EI 为常数。

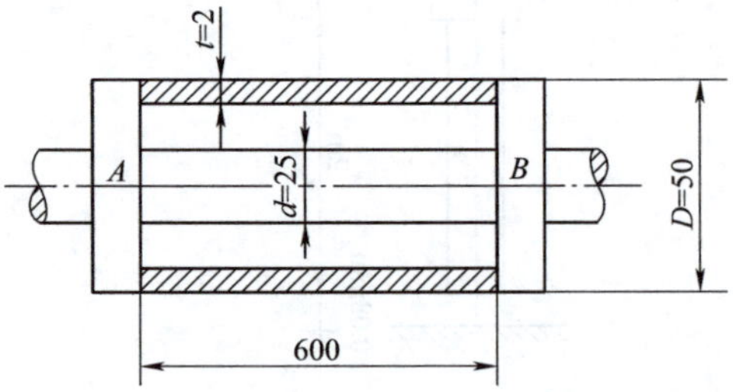

图 7.37　计算题 7.11 图 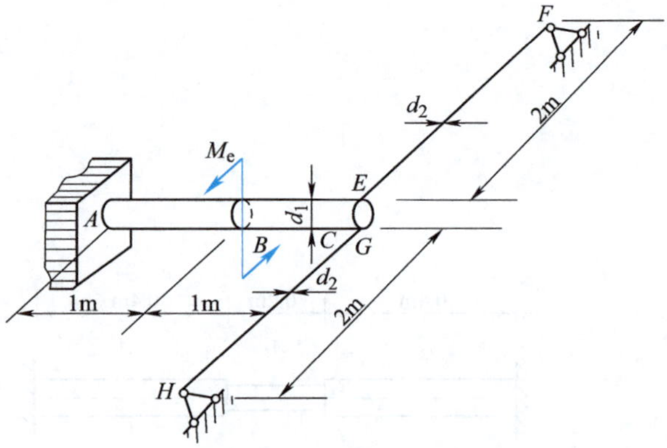　　　　　　　　　图 7.38　计算题 7.12 图

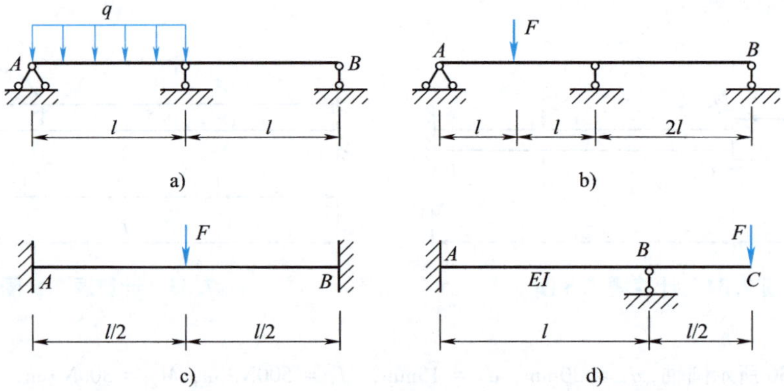

图 7.39　计算题 7.13 图

7.15　如图 7.41 所示，AB、CD 梁的长度均为 l，并有相同的抗弯刚度 EI。两梁水平放置，垂直相交。CD 为简支梁，AB 梁 A 端固定，B 端自由。加载前两梁在中点出轻轻接触。不计梁自重，试求在 F 作用下，B 端沿作用力方向的位移。

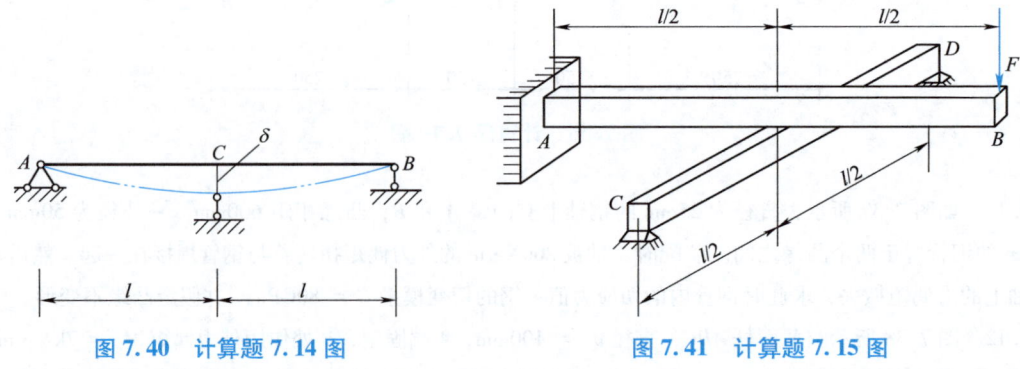

图 7.40　计算题 7.14 图　　　　　　　　　图 7.41　计算题 7.15 图

7.16　结构受力如图 7.42 所示。其中梁 AB 的抗弯刚度为 EI，杆的截面面积为 A。AB 和 BC 两者材料相同，弹性模量为 E。试求 BC 杆所受拉力大小。

7.17　如图 7.43 所示，水平面内钢制直角曲拐的横截面直径为 20mm，C 端与竖向钢丝相连，钢丝的横截面面积 A = 6.5mm^2。钢弹性模量 E = 200GPa，切变模量 G = 84GPa，线膨胀系数 α = 12.5 ×

$10^{-6}/℃$。若钢丝的温度降低了50℃，试求 A 处的约束反力。

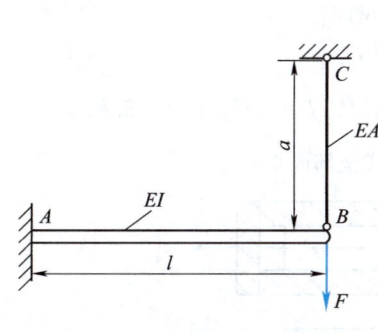

图 7.42　计算题 7.16 图

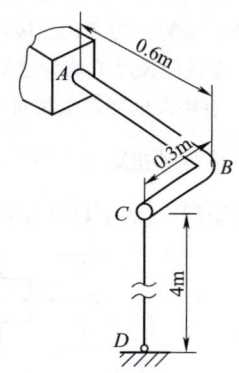

图 7.43　计算题 7.17 图

7.18　具有初始挠度曲线的超静定梁 AB，如图 7.44 中双点画线所示。当梁上作用均布荷载时，梁会变形为直线形状。试求梁的初始挠曲线方程。梁的抗弯刚度 EI 为常数。

7.19　如图 7.45 所示，悬臂梁 AB、CD 的末端用铰链 E 连接，受图示集中力 5kN 作用，两段梁均为钢材，$E=200\text{GPa}$。梁 AB，$I=20×10^6\text{mm}^4$；梁 CD，$I=30×10^6\text{mm}^4$。求 E 处的作用力。

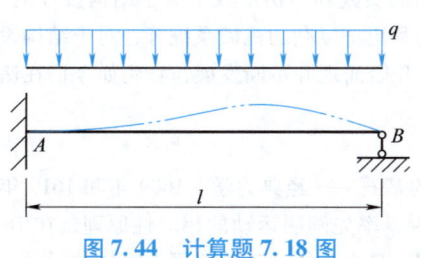

图 7.44　计算题 7.18 图

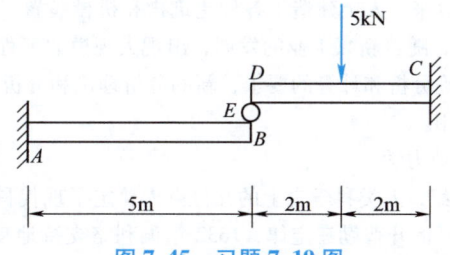

图 7.45　习题 7.19 图

7.20　图 7.46 所示的低碳钢折杆 ACB，截面为圆形，直径 $d=11\text{cm}$，位于水平面内，其中 C 为球形铰，受铅垂力 $F=27.5\text{kN}$ 作用。$l=2\text{m}$，钢材的弹性模量 $E=200\text{GPa}$，切变模量 $G=80\text{GPa}$，许用应力 $[\sigma]=180\text{MPa}$。试求 A、B 两处的约束反力。

7.21　(出自 1996 年第三届全国周培源大学生力学竞赛) 如图 7.47 所示，高为 h 的直立圆柱只受重度为 γ 的自重作用。将其上、下端固定以保持柱的原长 h 不变，若柱材料的抗拉弹性模量 E_1 不等于抗压弹性模量 E_2，试确定 $\sigma=0$ 的横截面位置坐标 z 值。

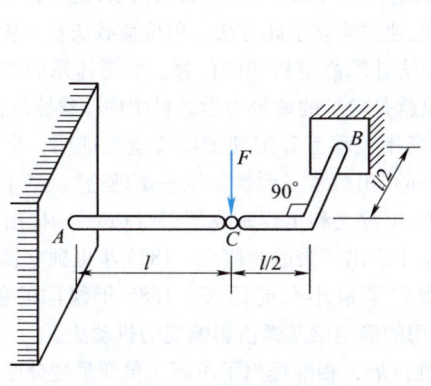

图 7.46　计算题 7.20 图

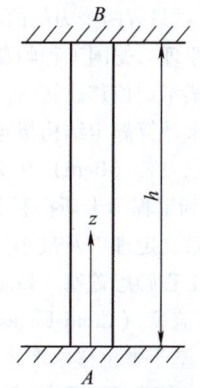

图 7.47　计算题 7.21 图

7.22 （出自 2000 年第四届全国周培源大学生力学竞赛）如图 7.48 所示，为传递扭矩 T，将一实心圆轴与一空心圆轴以紧配合的方式连接在一起。设两轴间均匀分布的配合压强 p、摩擦系数 f、实心轴直径 d、空心轴外径 D、连接段长度 L 均为已知，两轴材料相同。试问：

（1）两轴在连接段全部发生相对滑动时的临界扭矩值 T_{cr}。

（2）设初始内外轴扭矩均为零，当传递的扭矩从 0 增加到 $T = \dfrac{2}{3} T_{\mathrm{cr}}$ 时（无卸载过程），绘制实心内轴在连接段 L 的扭矩图。（假定材料力学关于圆轴扭转的公式全部成立）

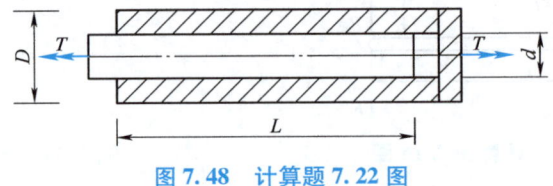

图 7.48　计算题 7.22 图

课外阅读：超静定问题求解的发展历程

自古以来，人类建造了各种建筑物和机械装置，长期的实践和模仿形成了对于结构设计的一套经验。19 世纪初，随着新兴工业的发展，出现大规模的工程结构和更加复杂的机械系统等，对于结构设计提出了进行更精确分析和计算的要求，新的分析理论和分析方法开始涌现并不断发展，直到如今仍在诸多工程领域广泛应用。

1. 经典力学

17 世纪，人类科学史上的几位巨人奠定了现代科学的基石——经典力学。1609 年和 1619 年开普勒提出行星运动的开普勒三定律，1632 年伽利略支持地动学说，率先阐明运动的相对性原理，在 1638 年发表《两门新学科的对话》，讨论了材料断裂、阻力、惯性原理、自由落体运动、斜面上物体的运动、抛射体的运动等。1687 年牛顿集前人之大成，完成《自然科学的数学原理》，阐述和建立了牛顿运动定律和万有引力定律，搭建了经典力学的基本框架。

2. 能量原理与能量法

能量原理在力学分析中占有无比重要的地位，和后面提到的一些超静定问题求解方法密切相关，这里简要介绍下其发展过程。（本书第 11 章也有一些能量原理和能量法的具体说明及运用）

1717 年瑞士数学家约翰·伯努利（John Bernoulli）提出了虚功原理中的虚位移原理，英国物理学家麦克斯韦于 1864 年对只有两个力的简单情况建立了位移互等定理，并提出计算位移的单位荷载法，也就是虚功原理中的虚力原理。德国工程师莫尔于 1874 年也独立建立了此方法。单位荷载法基于虚功原理，用以计算梁、刚架或桁架指定位移或转角。两人都曾用此法计算静定桁架的位移。变形体系的虚功原理应用到刚体体系时，常用来计算静定结构指定的约束力，也就是常见的理论力学教材中虚位移原理内容。

意大利科学家贝蒂（Betti）在 1872 年对麦克斯韦位移互等定理加以普遍性证明，推广为功的互等定理。1879 年意大利工程师卡斯提利亚诺（Castigliano）出版了《弹性系统平衡理论》，基于虚功原理提出了卡氏第一和卡氏第二定理以及最小势能原理。1878 年意大利工程师克罗蒂（Crotti）提出了计算弹性体位移的定理，德国工程师恩盖塞（Engesser）于 1884 年提出了余能的概念，1889 年也独立提出余能方法，后人称为克罗蒂-恩盖塞（Crotti-Engesser）定理，奠定了最小余能原理。1886 年德国的穆勒·布雷斯劳（Müller Breslau）基于虚位移原理，提出了目前常用的确定梁某量值影响线的机动法。

20 世纪中叶，能量原理和能量法取得了突破性进展，相继提出了不同于单变量变分原理（势能原理和余能原理）的二类变量、三类变量的广义变分原理。1950 年瑞斯纳（Reissner）提出了弹性力学的二类变量广义变分原理，展示了在能量法中建立同时近似地满足不同力学性质的方程的前景。1950 年钱令希发表了论文《余能理论》，开创了我国力学工作者研究变分原理的先河。1954 年胡海昌提出的三类变量广义变分原理，其中不少工作受到了钱令希论文的启发。（本书第 11 章的章后阅读材料有关于两位中国力学家的介绍）

3. 力法和位移法

在力法、位移法出现之前，人们只能对简单结构的内力和位移进行计算。力法最初由麦克斯韦于 1864 年提出，后来被莫尔在 1874 年修正，并由穆勒·布雷斯劳于 1886 年做了根本性发展。力法的基础是变形协调条件，求解时以多余约束力为基本变量，确定静定性质的基本体系，由变形协调条件建立力法方程，再由单位荷载法求出力法方程中的位移系数，最后解方程得到多余力。其基本原理简单易懂，但对于较复杂的超静定结构，基本体系的选择需要较多的经验和人为干预；对多次数的超静定结构，方程求解难度增大。这方面位移法则可克服上述困难。

位移法的发展可分为转角位移法和矩阵位移法两个阶段。1826 年法国工程师纳维（Navier），提出了弹性力学中的位移法思想，并用于求超静定桁架的内力。转角位移法的前身——次弯矩法最早由德国曼德拉（H. Manderla）于 1880 年提出，用于求解桁架的次弯曲内力，1892 年莫尔进行修改，并逐渐为人所知。次弯矩法假定弯矩不影响桁架结构的结点位移，这只对小弯矩情况才能成立。进入 20 世纪，钢混高层建筑和桥梁逐渐增多，刚结点引起的弯矩变得显著，而轴力产生的结点位移很小。1915 年美国的威尔森（Wilson）和梅尼（Maney）改造了次弯矩法，用以求解刚架内力，并称之为转角位移法。1914 年丹麦工程师本迪克森（Axel Bendixen）独立地将转角位移法用于有侧移刚架内力计算。1926 年丹麦的奥斯滕菲尔德（A. Ostenfeld）指出了力法和位移法的对偶性。位移法求解结构内力时，以独立的结点位移为基本变量，分解结构为单杆，利用杆件的力-位移关系（也就是转角位移方程）通过结点的弯矩和剪力平衡建立位移法方程，然后求解方程得到结点位移。最后回代获得各杆杆端内力。

力法和位移法都利用了结构的静力平衡条件、变形协调条件和物理条件（力-位移关系），并且和能量原理也都具有密切的联系。力法方程可由余能原理导出，也可由卡氏第二定理导出。位移法可由势能原理导出。总体来讲，位移法既适用于求解超静定也适用于静定结构，而力法一般适用于超静定结构；力法不能直接求出位移，位移法则可直接求得结构位移和内力；位移法易建立刚度方程，便于编程计算，是目前结构分析的主要方法。

早期手工计算位移法的高阶代数方程组非常烦琐。1922 年卡利塞弗（Calisev）将无侧移刚架的转角作为未知量，提出了逐次近似法，可避免直接求解高阶方程组。1930 年美国的克罗斯（Hardy Cross）发展了一种渐进的位移法，即力矩分配法，被用来近似求解超静定连续梁。两者的求解思想几乎相同，把求解线性代数方程组的迭代法引入进来，在当时引起了工程界的极大关注。但计算机发明并普及后，这些渐进分析方法（力矩分配法、力矩迭代法、无剪力分配法、松弛法等）逐渐淡出历史舞台，让位于 20 世纪 50 年代兴起的矩阵位移法。

4. 矩阵位移法和有限元法

1943 年，美国的库兰特（Courant）采用现在称之为线性三角形单元的技术，结合最小势能原理建立了求解扭转问题泊松方程的变分法，但没有引起重视，以致埋没多年。后来人们认识到了库兰特工作的重大意义，将 1943 年作为有限元法的诞生之年。德国希腊裔学者阿基瑞斯（John H. Argyris）发表了一系列论文，一是将弹性结构分析的基本能量原理概括、推广和统一，二是发展了针对航空工程的复杂结构分析的实用方法——矩阵分析法，包含矩阵位移法和矩阵力法。矩阵位移法借助转角位移方程建立单元刚度矩阵，再组装成整体刚度矩阵，形成位移法的整体刚度方程，然后求解得到结构位移，回代得到杆端内力。矩阵位移法是有限元法的雏形，利用最小势能原理可导出，也可称为杆件有限元法。其特点是基本体系的建立简单统一，单元和整体刚度矩阵的形成模块化，方程求解程序化，非常符合计算机编程计算的要求。而矩阵力法由于遗传了力法需要选择基本体系和难以自动化的缺点，几乎不再应用。

1956 年美国克拉夫（Clough）结合简单应变场提出了 Ritz 分析法。1956 年特纳（Turner）和克拉夫等发表了应用三角形、四边形、矩形三种单元对连续体离散化后，与位移法一样以结点位移为基本未知量建立并求解刚度方程进行二维弹性结构分析的著名论文。1960 年克拉夫首先为有限元命名，为把连续体力学问题化作离散的力学模型开拓了宽广的途径。1967 年辛克维奇（Zienkiewicz）和张佑启出版了世界上第一部有限元法著作 The Finite Element in Structural Mechanics。后来，辛克维奇和泰勒（Robert Taylor）改编出版了 3 卷本的著作 The Finite Element，为发展和传播有限元法做出了巨大贡献。

1963—1964 年，贝塞林（Besseling）、梅洛什（Melosh）和琼斯（Jones）等人的研究表明了有限元法的基础是变分原理，证明了它是基于变分时的 Ritz 法的另一种形式，确认了有限元法是处理连续介质问题的一种普遍方法。他们的研究沟通了数学工程界对有限元法的认识和理解，使人们认识到有限元法是一种既有严密理论基础又有普遍应用价值的数值方法，从而促进了有限元法的发展。

我国的冯康于 20 世纪 60 年代初与西方同期独立地发展了有限元法的理论。1964 年他创立了数值求解偏微分方程的有限元方法，形成了标准的算法形态，编制了通用的工程结构分析计算程序。1965 年发表了《基于变分原理的差分格式》一文，提出了对于二阶椭圆方程各类边值问题的系统性的离散化方法，即当今的标准有限元方法。文中给出了离散解的稳定性定理、逼近性定理和收敛性定理，并揭示了此方法在边界条件处理、特性保持、灵活适应性和理论牢靠等方面的突出优点。此方法特别适合于解决复杂的大型问题，并便于在计算机上实现。20 世纪 70 年代，在间断有限元理论方面，冯康建立了间断函数类的 Poincaré 型不等式，并在此基础上建立了间断有限元函数空间的嵌入理论，在国际上是先进的。与此同时，冯康对传统的将椭圆方程归化为边界积分方程的 Fredholm 理论做了重要发展，提出自然归化的概念作为边界归化的标准方法，形成了自然边界元法，它能和有限元法自然耦合于一体，实质上成为后来兴起的适合于并行计算的区域分解法的先驱，被国内外专家称为当今国际上边界元方法的三大流派之一。

总而言之，有限元法是 20 世纪五六十年代发展起来的求解连续体力学和物理问题的一种新的数值方法。它通过有限单元的划分将连续体的无限自由度离散为有限自由度，从而基于变分原理或用其他方法将待求解问题归结为代数方程组求解。有限元法不仅具有理论完整可靠，形式单纯、规范，精度和收敛性有保证等优点，而且可根据问题的性质构造适用的单元，从而具有比其他数值解法更广的应用范围。有限元法和日益强大并普及的计算机的结合产生了巨大的威力，它已成为涉及力学的科学研究和工程技术所不可或缺的工具。对于力学工作者来说，借助于有限元法的工具，可以得到许多难以求得解析解的问题的可靠数值结果；对于工程技术人员来说，很多复杂工程对象的设计可以不依赖或少依赖于耗费巨大的实验。现在，有限元法成为求解数理方程的重要方法，在计算数学、计算物理、计算力学和电磁学、传热学、气象学、地球物理学、工程学等广泛领域都大显身手。

第 8 章
应力状态与强度理论

本章导读

应力状态分析是研究构件破坏必须涉及的重要内容。强度理论是推测构件在复杂应力状态下破坏原因并以此建立强度条件的假说。本章介绍了一点处的应力状态、应力单元体、主应力、主平面、应力圆及强度理论等基本概念及应力状态的分类方法，详细给出了平面应力状态分析的解析方法和图解方法，并简单讨论了三向应力状态分析的结论，推导了广义胡克定律；针对脆性断裂和塑性屈服这两种强度失效形式，介绍了工程中广泛应用的四种强度理论和莫尔强度理论，并给出了各种强度理论的适用范围。

工程案例

1999 年 11 月 24 日 13 时 20 分，山东烟大汽车轮渡股份有限公司"大舜"号滚装船（图 8.1a），经山东省烟台港航监督签证，由烟台地方港出发赴大连，途中遇风浪于 15 时 20 分返航，调整航向时，船舶接近横风横浪行驶，船体大角度横摇，由于气象及海况恶劣、船长决策和指挥失误、船舶操作不当、船载车辆超载、系固不良，产生位移、碰撞，引发火灾，导致舵机失灵、船舶失控，经多方施救无效，于 23 时 38 分在烟台市牟平区姜格庄镇云溪村海岸 1.5 海里海域处翻沉。事故船上共有旅客及船员 302 人，抢救生还 22 人，其余 280 人遇难或失踪，造成直接经济损失 9000 万元。此次海难被称为中国版的"泰坦尼克"号。

a) 大舜号　　　　　　　　b) 玻璃舷窗

图 8.1　滚装船

由于当时的沉船过程非常短暂，除了事发时已在甲板上的部分人以外，还有一些人是被困在船舱内的,但只有几个人是通过砸破舷窗而脱险的。在大多数人的印象中玻璃虽然有一定的强度,但是脆而易碎,受强力打击时会在瞬间碎裂。然而,在11.24海难中却出现了舷窗不易砸碎的情况,这是什么原因呢?

  舷窗玻璃不易被砸碎,存在多方面的原因。首先是材料因素,舷窗使用的不是普通玻璃,而是钢化玻璃。钢化玻璃是由普通石英玻璃经过在高温状态下吹冷风的特殊工艺处理制成。相对于普通玻璃,其抗弯强度提高3~5倍,抗冲击能力提高3倍。其次是舷窗的支承方式。船上的舷窗玻璃多为圆形,相对于一般建筑的窗玻璃来说,它直径小而厚度大,如图8.1b所示。当冲击力作用于窗的中心位置,作用力能均匀地传递到舷窗周边支承玻璃的橡胶圈上,橡胶圈有着良好的弹性,具备防水密封功能的同时,更能够有效吸收冲击力的能量,起到一定的保护作用。第三方面是应力状态因素。舷窗在从内侧受冲击力作用时发生向外的弯曲变形,极限破坏条件下玻璃外侧表面需产生足够大的拉应力(第一强度理论)。但实际上在船体倾覆过程中外侧风浪海水施加给舷窗玻璃的外部压力,以及玻璃生产过程中在玻璃表面残存的预应力,使得玻璃表面处于一种三向受压状态。这种状态下,玻璃表现出塑性材料的特点,可有较大变形而不脆裂。综上各因素,舷窗玻璃不易从内砸碎。同样原因,现在诸多公共交通工具都要求配备破窗锤,来提高人们逃生概率。

8.1 应力状态的概念

8.1.1 一点处的应力状态

  在第2章中讨论了轴向拉压杆的应力,知道了通过杆件上同一点的横截面和斜截面上的应力是不相同的。在横截面上只有正应力,而斜截面上既有正应力又有切应力。这表明过同一点的不同截面上的应力是不一样的。由第5章弯曲应力可知矩形截面杆件在产生横力弯曲变形时,其横截面上沿截面高度正应力呈线性变化,切应力则按抛物线规律变化,在中性轴上正应力为零,而切应力达到最大;在截面的上下边缘正应力达到最大但切应力为零。这表明在同一个截面不同位置的点上,其应力也各不相同。显然,杆件上某点的应力不仅与点的位置有关,还与它所在截面位置有关。因此,当讨论应力时,须指明截面位置和点的位置。

  一点处的应力状态是指受力杆件中某一点处各个方位截面上应力的集合。为了描述一点处的应力状态,通常围绕该点以三对互相垂直的截面截取一个无穷小的六面体,该六面体称为**单元体**。由于单元体的边长无穷小,所以可以认为单元体每个面上的应力都是均匀分布的,而且在互相平行的截面上的应力相同。如果知道了单元体的某三个互相垂直平面上的应力,其他任一截面上的应力都可以据此由截面法求得,也就确定了该点处的应力状态。将单元体每个面上的应力分解为正应力和两个切应力,分别与三个坐标轴平行。将应力分量加上下标字母来表明它的作用面和作用方向。例如,σ_x 表示作用在与 x 轴垂直的平面(称为 x 面,余类推)上的正应力,同时也是沿 x 轴方向作用的。切应力的两个下标中,第一个下标表示切应力作用面位置,第二个下标表示切应力方向沿某坐标轴方向。例如,τ_{xy} 是作用在 x 面上且沿 y 轴方向的切应力分量。图8.2a所示的单元体表示了应力状态中最一般的情形,该单元体的三对面上都有正应力和切应力。在 x 面上的应力分量有 σ_x、τ_{xy} 和 τ_{xz},在 y 平面上有 σ_y、τ_{yx} 和 τ_{yz},在 z 平面上有 σ_z、τ_{zx} 和 τ_{zy}。显然,描述一般应力状态的应力分量有9

个，但根据切应力互等定理，大小上有 $\tau_{xy} = \tau_{yx}$、$\tau_{xz} = \tau_{zx}$、$\tau_{yz} = \tau_{zy}$，于是独立的应力分量就只有 σ_x、σ_y、σ_z、τ_{xy}、τ_{yz}、τ_{zx}。特别地若单元体某一方向面上的应力分量均为零，如 $\sigma_z = 0$、$\tau_{zx} = \tau_{zy} = 0$，则其余的应力全部位于 xy 平面内，如图 8.2b 所示。这种平面应力问题的单元体，独立的应力分量只有 σ_x、σ_y、τ_{xy} 三个，一般用图 8.2c 所示的平面图形表示。

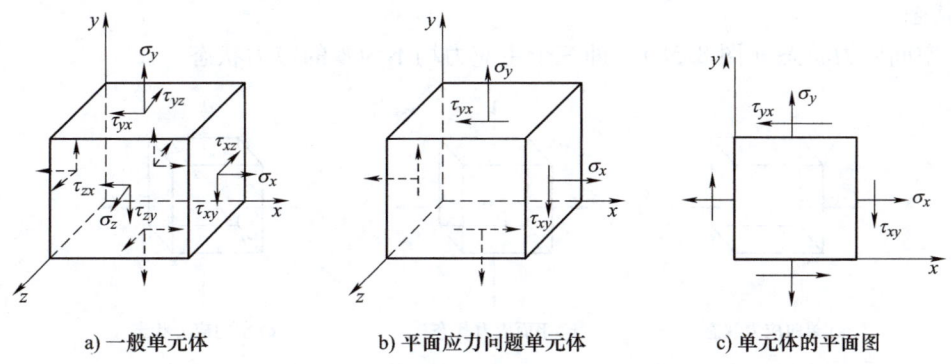

a) 一般单元体　　　　b) 平面应力问题单元体　　　　c) 单元体的平面图

图 8.2　用应力单元体表示一点的应力状态

如果图 8.2b 所示平面应力状态中的正应力都为零，只有切应力，则称为<u>纯剪切应力状态</u>，如图 8.3 所示。如果图 8.2b 所示平面应力状态中的切应力 $\tau_{xy} = 0$，且只有一个方向的正应力作用，则称为<u>单向应力状态</u>，如图 8.4 所示。

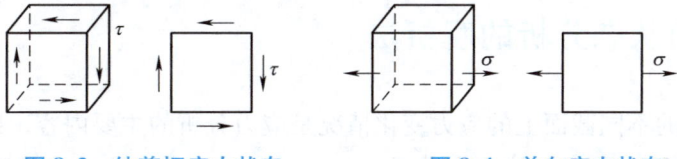

图 8.3　纯剪切应力状态　　　　图 8.4　单向应力状态

对于第 5 章中所讨论的横力弯曲梁，在横截面上最大拉应力和最大压应力作用点处均为单向应力状态，在中性轴上各点均为纯剪切应力状态，其余各点均处于一般平面应力状态。对于第 3 章中所讨论的受扭圆轴，其上各点均为纯剪切应力状态。对于第 2 章中所讨论的轴向拉压杆，其上各点均为单向应力状态。

8.1.2　主平面和主应力的概念

单元体上切应力为零的面称为<u>主平面</u>，主平面上的正应力称为<u>主应力</u>。根据切应力互等定理，当单元体上某个面的切应力为零时，与之垂直的另两个面上的切应力也同时为零。可见，三个主平面互相垂直，对应的三个主应力方向也互相垂直。受力构件中的任意一点都存在三个互相垂直的主平面和相应的三个主应力。围绕该点按三个主平面取出的单元体称为<u>主单元体</u>。三个主应力通常用 σ_1、σ_2、σ_3 表示，按其代数值的大小排序，$\sigma_1 \geq \sigma_2 \geq \sigma_3$，因此最大主应力为 σ_1，最小主应力为 σ_3。

8.1.3　用主应力表示的应力状态

如前所述，对于同一点，可以有无穷多个不同取向的单元体。可以说明，主单元体是唯一的，说明其他单元体表示虽然表面上不同但其实质是一样的，即它们具有相同的主应力和主方向。因此，通常根据三个主应力中不为零的数目，将应力状态分为三类。

1）单向应力状态（图 8.5a），即三个主应力中有两个为零，一个不为零的应力状态。

2）平面应力状态（图 8.5b），即三个主应力中只有一个主应力为零，其余两个不为零的应力状态。

3）空间应力状态（图 8.5c），即三个主应力均不为零的应力状态。

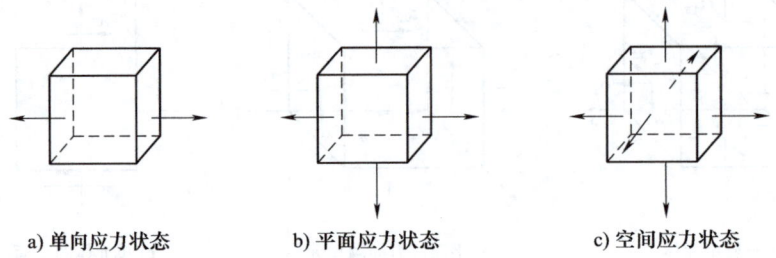

a) 单向应力状态　　　b) 平面应力状态　　　c) 空间应力状态

图 8.5　主单元体表示的应力状态

需要指出的是，平面应力状态是空间应力状态的特例，而单向应力状态和纯剪切应力状态是平面应力状态的特例。单向应力状态又称简单应力状态，平面应力状态和空间应力状态又称复杂应力状态，工程中一般常见的是平面应力状态。本章主要研究平面应力状态。

8.2　平面应力状态分析的解析法

研究通过一点的不同截面上的应力变化情况是应力分析的主要内容，即已知在过该点的相互垂直的 x 平面和 y 平面上的应力分量 σ_x、σ_y、τ_{xy}，求过该点的任意截面上的应力分量，以及该点的三个主应力、主平面及最大切应力。

8.2.1　任意截面上的应力

对于图 8.6a 所示的一般形式的平面应力状态，若已知应力分量 σ_x、σ_y、τ_{xy}，要计算外法线 n 与 x 轴成 α 角的斜截面（通常称为 α 面）ef 上的应力，可采用截面法沿 ef 将单元体截开，取其中一部分作为研究对象，利用平衡方程来求得。

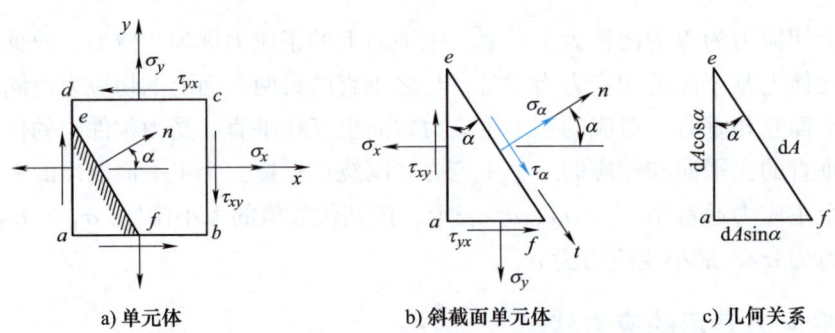

a) 单元体　　　b) 斜截面单元体　　　c) 几何关系

图 8.6　斜截面上的应力

取左部分 aef 为研究对象，如图 8.6b 所示。设 ef 斜截面上的正应力为 σ_α，切应力为 τ_α，斜截面的外法线方向为 n，切线方向为 t。若斜截面的面积为 dA，则 af 面和 ae 面的面积分别为 dAsinα 和 dAcosα，根据 aef 的平衡条件，建立沿斜截面法线方向 n 和切线方向 t 的平衡方程。

$$\sum F_n = 0,$$

$$\sigma_\alpha dA - \sigma_x(dA\cos\alpha)\cos\alpha + \tau_{xy}(dA\cos\alpha)\sin\alpha - \sigma_y(dA\sin\alpha)\sin\alpha + \tau_{yx}(dA\sin\alpha)\cos\alpha = 0$$

$$\sum F_t = 0,$$

$$\tau_\alpha dA - \sigma_x(dA\cos\alpha)\sin\alpha - \tau_{xy}(dA\cos\alpha)\cos\alpha + \sigma_y(dA\sin\alpha)\cos\alpha + \tau_{yx}(dA_\alpha\sin\alpha)\sin\alpha = 0$$

根据切应力互等定理，τ_{yx} 与 τ_{xy} 在数值上相等，以 τ_{xy} 代换 τ_{yx}，并利用两倍角关系 $\cos^2\alpha = \dfrac{1+\cos2\alpha}{2}$，$\sin^2\alpha = \dfrac{1-\cos2\alpha}{2}$，化简上面两个平衡方程，最后得出

$$\sigma_\alpha = \frac{\sigma_x + \sigma_y}{2} + \frac{\sigma_x - \sigma_y}{2}\cos2\alpha - \tau_{xy}\sin2\alpha \tag{8.1}$$

$$\tau_\alpha = \frac{\sigma_x - \sigma_y}{2}\sin2\alpha + \tau_{xy}\cos2\alpha \tag{8.2}$$

式中，对 α 正负号规定为由 x 轴转到斜截面的外法线 n 为逆时针转向时为正，反之为负；正应力仍然以拉应力为正，压应力为负；切应力以使单元体或截开部分产生顺时针转动趋势者为正，反之为负。

与 α 平面相垂直的平面上的正应力 $\sigma_{\alpha+90°}$，由式（8.1）得

$$\sigma_{\alpha+90°} = \frac{\sigma_x + \sigma_y}{2} - \frac{\sigma_x - \sigma_y}{2}\cos2\alpha + \tau_{xy}\sin2\alpha$$

不难看出有

$$\sigma_\alpha + \sigma_{\alpha+90°} = \sigma_x + \sigma_y$$

上式表明两个相互垂直面上的正应力之和为一个常数。

式（8.1）及式（8.2）适用于所有的平面应力状态，包括单向、纯剪切等特殊的平面应力状态。由于是根据静力平衡方程建立起来的，因此，它既可用于线弹性问题，也可用于非线性或非弹性问题；既可以用于各向同性材料，也可以用于各向异性材料，与材料的力学性能无关。

8.2.2 主应力和主平面的确定

式（8.1）和式（8.2）表明，斜截面上的正应力 σ_α 和切应力 τ_α 随 α 角的改变而变化，即 σ_α 和 τ_α 是 α 的函数。将式（8.1）和式（8.2）对 α 求一阶导数，并令其等于零，便可以求出 σ_α、τ_α 的极值及它们所在平面的位置。

将式（8.1）对 α 求一阶导数并令其等于零，得

$$\frac{d\sigma_\alpha}{d\alpha} = -2\left(\frac{\sigma_x - \sigma_y}{2}\sin2\alpha + \tau_{xy}\cos2\alpha\right) = 0$$

若 $\alpha = \alpha_0$ 时，使 $\dfrac{d\sigma_\alpha}{d\alpha} = 0$，则

$$\frac{\sigma_x - \sigma_y}{2}\sin2\alpha_0 + \tau_{xy}\cos2\alpha_0 = 0$$

于是得

$$\tan2\alpha_0 = -\frac{2\tau_{xy}}{\sigma_x - \sigma_y} \tag{8.3}$$

式（8.3）有两个解 α_0 和 $\alpha_0 + 90°$，由这两个解确定两个互相垂直的平面，其中一个是最大正应力所在的平面，一个是最小正应力所在的平面。

将 α_0 和 $\alpha_0+90°$ 分别代入式（8.2），得

$$\tau_{\alpha_0} = \frac{\sigma_x - \sigma_y}{2}\sin2\alpha_0 + \tau_{xy}\cos2\alpha_0 = 0$$

$$\tau_{\alpha_0+90°} = -\left(\frac{\sigma_x - \sigma_y}{2}\sin2\alpha_0 + \tau_{xy}\cos2\alpha_0\right) = 0$$

它表明在最大正应力和最小正应力所在的平面上，切应力均等于零。而切应力为零的平面是主平面，主平面上的正应力是主应力。据此，可以得出如下结论：

（1）主平面既是切应力为零的平面，又是正应力取极值的平面。

（2）最大正应力和最小正应力就是主应力中的两个。

由式（8.3）求出 $\sin2\alpha_0$、$\cos2\alpha_0$，$\sin2(\alpha_0+90°)$、$\cos2(\alpha_0+90°)$，分别代入式（8.1）中，求得最大和最小正应力分别为

$$\left.\begin{array}{r}\sigma_{\max}\\ \sigma_{\min}\end{array}\right\} = \frac{\sigma_x + \sigma_y}{2} \pm \sqrt{\left(\frac{\sigma_x - \sigma_y}{2}\right)^2 + \tau_{xy}^2} \tag{8.4}$$

式（8.4）也是主应力的计算公式。

需要注意的是，在平面应力状态中，有一对面上既无正应力也无切应力，这一对面也是主平面，其上的主应力等于零。所以平面应力状态的三个主应力中，还有一个始终为零。

由式（8.4）可得 $\sigma_x + \sigma_y = \sigma_{\max} + \sigma_{\min}$，表明两相互垂直面上的正应力之和等于两个主应力之和，为一个常数。

关于主平面 α_0 和 $\alpha_0+90°$ 与主应力 $\sigma_{\max}$ 和 $\sigma_{\min}$ 之间的对应关系，可将 α_0 和 $\alpha_0+90°$ 分别代入式（8.1）来确定。也可采用以下办法判断：若 $\sigma_x \geq \sigma_y$，则 α_0 和 $\alpha_0+90°$ 两个解中，由绝对值较小的一个确定 $\sigma_{\max}$ 所在平面；反之，则由绝对值较大的一个确定 $\sigma_{\max}$ 所在平面。

8.2.3 最大、最小切应力及其作用平面的位置

将式（8.2）对 α 求一阶导数并令其等于零，得

$$\frac{\mathrm{d}\tau_\alpha}{\mathrm{d}\alpha} = (\sigma_x - \sigma_y)\cos2\alpha - 2\tau_{xy}\sin2\alpha = 0 \tag{8.5}$$

由此得到 τ_α 取极值时的角度，用 α_1 表示，即

$$\tan2\alpha_1 = \frac{\sigma_x - \sigma_y}{2\tau_{xy}} \tag{8.6}$$

式（8.6）同样有两个解 α_1 和 $\alpha_1 + 90°$，与之对应的两个平面互相垂直。一个平面上有最大切应力，另一个平面上有最小切应力。若 $\tau_{xy} > 0$，α_1 和 $\alpha_1 + 90°$ 两个解中，绝对值较

小的确定 τ_{max} 所在的平面；反之，由绝对值较大的确定 τ_{max} 所在的平面。由式（8.6）解出 $\sin2\alpha_1$ 和 $\cos2\alpha_1$，代入式（8.2）得

$$\left.\begin{array}{c}\tau_{max}\\\tau_{min}\end{array}\right\} = \pm\sqrt{\left(\frac{\sigma_x - \sigma_y}{2}\right)^2 + \tau_{xy}^2} \qquad (8.7)$$

可见，最大切应力与最小切应力的绝对值相等，它们也作用在互相垂直的两平面上。需要指出，这里得到的 τ_{max} 是 x-y 面的最大切应力，而在空间范围内的最大切应力将在 8.4 节给予解答。

由式（8.4）和式（8.7）可得

$$\left.\begin{array}{c}\tau_{max}\\\tau_{min}\end{array}\right\} = \pm\frac{\sigma_{max} - \sigma_{min}}{2} \qquad (8.8)$$

比较式（8.3）与式（8.6）可得

$$\tan2\alpha_0 = -\frac{1}{\tan2\alpha_1}$$

所以

$$2\alpha_1 = 2\alpha_0 + \frac{\pi}{2}, \quad \alpha_1 = \alpha_0 + \frac{\pi}{4}$$

上式表明最大、最小切应力所在平面与主平面的夹角为 45°。

上述分析表明，通过一点的三个应力分量 σ_x、σ_y、τ_{xy}，可以求出过该点的任意截面上的应力分量、主应力及主平面位置、最大和最小切应力及其所在的平面位置，即可确定该点的应力全貌。

【例 8.1】 如图 8.7a 所示，已知简支梁 m-m 截面上 A 点的弯曲正应力为 $\sigma = 40\text{MPa}$，弯曲切应力为 $\tau = -60\text{MPa}$，试求：

（1）过该 A 点的 45°斜截面上的应力。
（2）该点的主应力及其主平面位置，画出主单元体。

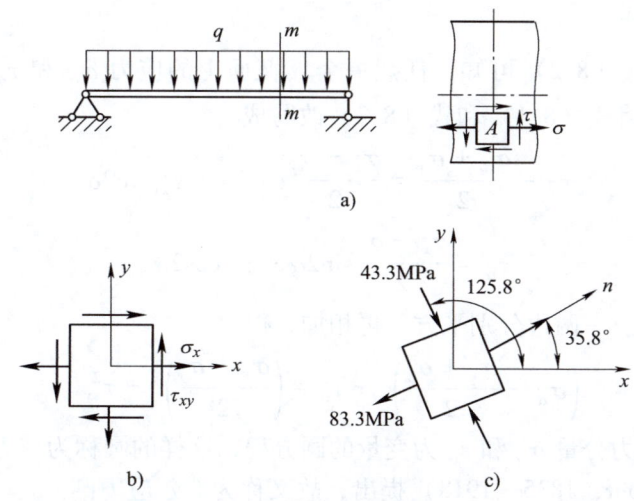

图 8.7　例 8.1 图

【解】 对 A 点的应力单元体建立坐标系，如图 8.7b 所示，则 $\sigma_x = \sigma = 40\text{MPa}$，$\tau_{xy} = \tau = -60\text{MPa}$，$\sigma_y = 0$。

1) 计算 45°斜截面上的正应力 σ_α 和切应力 τ_α。将 $\sigma_x = 40\text{MPa}$，$\tau_{xy} = -60\text{MPa}$，$\sigma_y = 0$，$\alpha = 45°$ 代入式（8.1）和式（8.2），得

$$\sigma_{45°} = \frac{40\text{MPa} + 0\text{MPa}}{2} + \frac{40\text{MPa} - 0\text{MPa}}{2}\cos(2 \times 45°) + 60\text{MPa} \times \sin(2 \times 45°) = 80\text{MPa}$$

$$\tau_{45°} = \frac{40\text{MPa} - 0\text{MPa}}{2}\sin(2 \times 45°) - 60\text{MPa} \times \cos(2 \times 45°) = 20\text{MPa}$$

2) 计算主应力大小及其主平面位置。先由式（8.4）求出主应力为

$$\left.\begin{array}{c}\sigma_{\max}\\ \sigma_{\min}\end{array}\right\} = \frac{\sigma_x + \sigma_y}{2} \pm \sqrt{\left(\frac{\sigma_x - \sigma_y}{2}\right)^2 + \tau_{xy}^2}$$

$$= \frac{40\text{MPa} + 0\text{MPa}}{2} \pm \sqrt{\left(\frac{40\text{MPa} - 0\text{MPa}}{2}\right)^2 + (-60\text{MPa})^2} = \begin{cases} 83.3\text{MPa} \\ -43.3\text{MPa}\end{cases}$$

三个主应力按代数值大小排序为：$\sigma_1 = 83.3\text{MPa}$，$\sigma_2 = 0$，$\sigma_3 = -43.3\text{MPa}$。

再由式（8.5）计算 σ_1 主平面方位角 α_0 为

$$\tan\alpha_0 = \frac{\sigma_x - \sigma_1}{\tau_{xy}} = \frac{40\text{MPa} - 83.3\text{MPa}}{-60\text{MPa}} = 0.72$$

解之得，$\alpha_0 = 35.8°$。

最小主应力 σ_3 作用的主平面方位为 $\alpha_0 + 90° = 125.8°$。

从 x 轴按逆时针转过 35.8°，确定 $\sigma_{\max}$ 所在的主平面，以同一方向转过 125.8° 确定 $\sigma_{\min}$ 所在的另一主平面，据此画出主单元体，如图 8.7c 所示。

8.3 平面应力状态分析的图解法

8.3.1 应力圆方程

由式（8.1）和式（8.2）可知，任意一个 α 截面上的应力 σ_α 和 τ_α 都是以 2α 为参变量。为消去参数 α，将式（8.1）和式（8.2）改写成

$$\sigma_\alpha - \frac{\sigma_x + \sigma_y}{2} = \frac{\sigma_x - \sigma_y}{2}\cos 2\alpha - \tau_{xy}\sin 2\alpha$$

$$\tau_\alpha = \frac{\sigma_x - \sigma_y}{2}\sin 2\alpha + \tau_{xy}\cos 2\alpha$$

将上两式等号左、右两边分别平方，再相加，得

$$\left(\sigma_\alpha - \frac{\sigma_x + \sigma_y}{2}\right)^2 + \tau_\alpha^2 = \left(\frac{\sigma_x - \sigma_y}{2}\right)^2 + \tau_{xy}^2$$

上式是一个以应力分量 σ_α 和 τ_α 为变量的圆方程，这样的圆称为 应力圆。应力圆最早由德国工程师莫尔（Mohr, 1835—1918）提出，故又称为 莫尔应力圆。

若以横坐标表示 σ，纵坐标表示 τ，则应力圆圆心坐标为 $\left(\dfrac{\sigma_x + \sigma_y}{2}, 0\right)$，半径为

$\sqrt{\left(\dfrac{\sigma_x - \sigma_y}{2}\right)^2 + \tau_{xy}^2}$，如图 8.8 所示。

8.3.2 应力圆的画法

以图 8.9a 所示的单元体为例来说明应力圆的画法。

1）以 σ 为横坐标，τ 为纵坐标建立图 8.9b 所示的 σ-τ 直角坐标系。

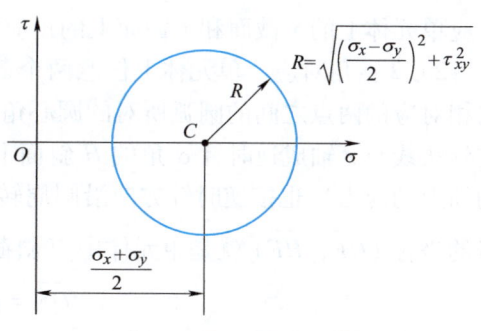

图 8.8 莫尔应力圆

2）在 σ-τ 直角坐标系中，选取适当比例，标出由单元体 x、y 面上的应力分量对应的点 $D(\sigma_x, \tau_{xy})$ 和 $D'(\sigma_y, \tau_{yx})$。注意 $\tau_{yx} = -\tau_{xy}$。

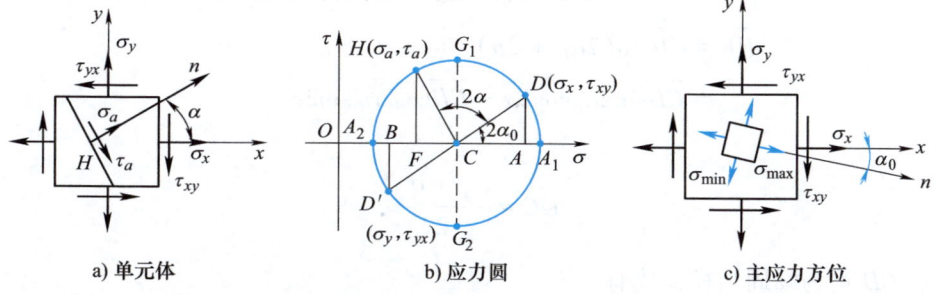

a) 单元体   b) 应力圆   c) 主应力方位

图 8.9 单元体及应力圆作图方法表示

3）连接 DD' 交横坐标于 C 点，以点 C 为圆心，以 CD 或 CD' 为半径画圆，便得到表示单元体应力状态的应力圆。

显然圆心 C 的纵坐标为零，横坐标为

$$\overline{OC} = \overline{OB} + \frac{1}{2}(\overline{OA} - \overline{OB}) = \frac{1}{2}(\overline{OA} + \overline{OB}) = \frac{1}{2}(\sigma_x + \sigma_y)$$

圆的半径

$$R = \overline{CD} = \sqrt{\overline{CA}^2 + \overline{AD}^2} = \sqrt{\left(\frac{\sigma_x - \sigma_y}{2}\right)^2 + \tau_{xy}^2}$$

除了上述方法外，还可以根据应力圆的圆心坐标 $\left(\dfrac{\sigma_x + \sigma_y}{2}, 0\right)$ 和半径 $\sqrt{\left(\dfrac{\sigma_x - \sigma_y}{2}\right)^2 + \tau_{xy}^2}$ 绘制应力圆。

8.3.3 应力圆的应用

1. 应力圆与单元体的对应关系

1）点面对应。应力圆上任意一点的横坐标和纵坐标都对应着单元体上某一截面上的正应力和切应力。如应力圆上 $D(\sigma_x, \tau_{xy})$ 和 $D'(\sigma_y, -\tau_{xy})$ 点的横坐标值和纵坐标值分别

对应单元体上的 x 截面和 y 截面上的正应力分量和切应力分量。

2) 2 倍角对应。单元体上任意两个截面的外法线之间的夹角若为 α，则在应力圆上与之相对应的两点之间的圆弧所对的圆心角必为 2α，且两者的转向相同。例如，图 8.9a 所示的外法线与 x 轴成逆时针 α 角的 H 斜面上的应力分量，在应力圆上从 D 点（代表法线为 x 的面上的应力）也按逆时针方向沿圆周转到 H 点（图 8.9b），使圆心角 $\angle HCD = 2\alpha$，则 H 点的坐标（$\overline{OF}$，$\overline{HF}$）就是单元体中 H 斜截面上应力。即

$$\overline{OF} = \sigma_\alpha, \quad \overline{HF} = \tau_\alpha$$

证明如下。由图 8.9b，有

$$\overline{OF} = \overline{OC} - \overline{CF}$$
$$= \overline{OC} - \overline{CH}\cos(\pi - 2\alpha_0 - 2\alpha)$$
$$= \overline{OC} + \overline{CH}\cos2\alpha_0\cos2\alpha - \overline{CH}\sin2\alpha_0\sin2\alpha \tag{a}$$

$$\overline{HF} = \overline{CH}\sin(2\alpha_0 + 2\alpha)$$
$$= \overline{CH}\sin2\alpha_0\cos2\alpha + \overline{CH}\cos2\alpha_0\sin2\alpha \tag{b}$$

而

$$\overline{OC} = \frac{\sigma_x + \sigma_y}{2} \tag{c}$$

$\overline{CH}$ 和 $\overline{CD}$ 均为圆周半径，故有

$$\overline{CH}\cos2\alpha_0 = \overline{CD}\cos2\alpha_0 = \overline{CA} = \frac{\sigma_x - \sigma_y}{2} \tag{d}$$

$$\overline{CH}\sin2\alpha_0 = \overline{CD}\sin2\alpha_0 = \overline{AD} = \tau_{xy} \tag{e}$$

将式 (c)、式 (d)、式 (e) 代入式 (a)、式 (b)，分别可得

$$\overline{OF} = \frac{\sigma_x + \sigma_y}{2} + \frac{\sigma_x - \sigma_y}{2}\cos2\alpha - \tau_{xy}\sin2\alpha$$

$$\overline{HF} = \frac{\sigma_x - \sigma_y}{2}\sin2\alpha + \tau_{xy}\cos2\alpha$$

与式 (8.1)，式 (8.2) 比较，可得

$$\overline{OF} = \sigma_\alpha, \quad \overline{HF} = \tau_\alpha$$

由此可见，应力圆上的点与单元体上的面存在一一对应关系，其对应原则可简记为口诀：**圆上一点，体上一面；直径两端，垂直两面；点面对应，基准一致，转向相同，转角两倍**。

应力圆直观地反映了一点应力状态的特征。利用应力圆可以得出关于平面应力状态的很多结论。

2. 应力圆的应用

1) 确定单元体任意斜截面上的应力。利用应力圆与单元体的点面对应关系可确定单元体上任意斜截面上的应力。如前述确定 H 横截面上的应力。

2) 确定主应力数值和主平面所在的位置。如图 8.9b 所示，应力圆与横坐标轴的两个

交点 A_1、A_2 对应的切应力等于零,所以这两点的横坐标值分别代表主应力 $\sigma_{\max}$ 和 $\sigma_{\min}$,即

$$\sigma_{\max} = \overline{OA_1} = \overline{OC} + \overline{CA_1}, \quad \sigma_{\min} = \overline{OA_2} = \overline{OC} - \overline{CA_2}$$

$\overline{OC}$ 是应力圆的圆心坐标,$\overline{CA_1}$、$\overline{CA_2}$ 都是应力圆的半径,则

$$\sigma_{\max} = \frac{\sigma_x + \sigma_y}{2} + \sqrt{\left(\frac{\sigma_x - \sigma_y}{2}\right)^2 + \tau_{xy}^2}$$

$$\sigma_{\min} = \frac{\sigma_x + \sigma_y}{2} - \sqrt{\left(\frac{\sigma_x - \sigma_y}{2}\right)^2 + \tau_{xy}^2}$$

得到与式(8.4)相同的表达式。在应力圆上,D 点坐标对应的是单元体上 x 面上的应力分量 σ_x,τ_{xy},由 D 点转动到 A_1 点,所对应的圆心角为顺时针转向的 $2\alpha_0$。在单元体中,由 x 轴也按顺时针方向量取 α_0,这就确定了 $\sigma_{\max}$ 所在主平面法线 n 的位置,如图 8.9c 所示。按照关于 α 的符号规定,顺时针转动的 α_0 是负的,$\tan 2\alpha_0$ 应为负值。由图 8.9b 可以得出

$$\tan 2\alpha_0 = -\frac{\overline{AD}}{\overline{CA}} = -\frac{2\tau_{xy}}{\sigma_x - \sigma_y}$$

于是得到与式(8.3)相同的结果。

3)确定最大切应力数值及其作用平面的位置。如图 8.9b 所示,应力圆上 G_1 和 G_2 点的纵坐标值分别代表最大切应力和最小切应力,显然它们都等于应力圆的半径,故有

$$\left.\begin{array}{c}\tau_{\max}\\ \tau_{\min}\end{array}\right\} = \pm\sqrt{\left(\frac{\sigma_x - \sigma_y}{2}\right)^2 + \tau_{xy}^2} = \pm\frac{\sigma_{\max} - \sigma_{\min}}{2}$$

于是得到与式(8.7)相同的结果。

在应力圆上,从 A_1 到 G_1 所对应的圆心角为逆时针 $90°$,在单元体上由 $\sigma_{\max}$ 所在主平面的法线到 $\tau_{\max}$ 所在平面的法线应为逆时针 $45°$。这也表明了主平面与最大切应力所在平面的夹角为 $45°$。由应力圆还可得出在最大、最小切应力面上的正应力相等这一结论。

【例 8.2】 构件中某点的应力状态如图 8.10a 所示,已知 $\sigma_x = 40\text{MPa}$,$\sigma_y = -60\text{MPa}$,$\tau_{xy} = -50\text{MPa}$,试用图解法求:

(1)该单元体在 $\alpha = -40°$ 斜面上的应力。

(2)主应力的大小和主平面的位置。

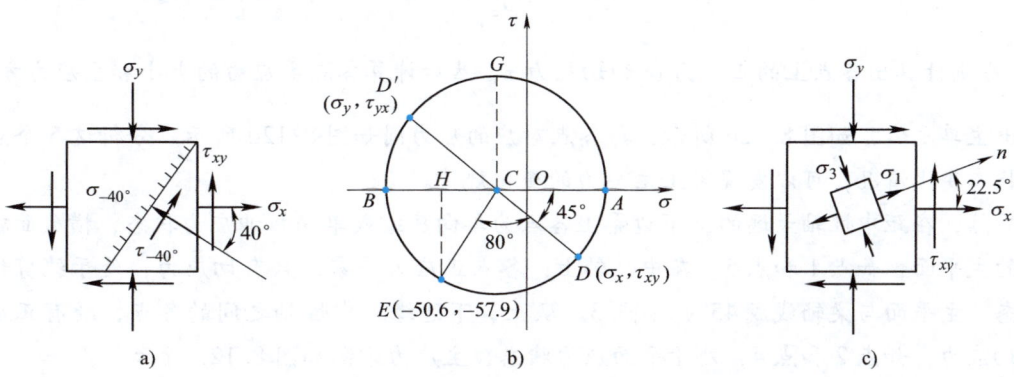

图 8.10 例 8.2 图

(3) 最大切应力。

【解】 1) 以 σ 为横坐标，τ 为纵坐标建立坐标系，作应力圆。按选定的比例尺，以 $\sigma_x = 40\text{MPa}$、$\tau_{xy} = -50\text{MPa}$ 确定 D 点，以 $\sigma_y = -60\text{MPa}$、$\tau_{yx} = 50\text{MPa}$ 确定 D' 点。连接 D 和 D' 点，与横坐标轴交于 C 点，以 C 为圆心，以 CD 为半径作应力圆（图 8.10b）。

2) 求该单元体在 $\alpha = -40°$ 斜面上的应力。如图 8.10b 所示，将 D 点沿圆周按顺时针转向移动到 E 点，使 $\angle DCE = 2\alpha = 80°$，则 E 点的坐标值就是 $\alpha = -40°$ 斜面上的应力分量，于是按比例可量得

$$\overline{OH} = \sigma_\alpha = -50.6\text{MPa}, \quad \overline{HE} = \tau_\alpha = -57.9\text{MPa}$$

3) 求主应力及主平面的位置。在图 8.10b 所示的应力圆上，A 和 B 点的横坐标值即为主应力值，按所用比例尺量出

$$\sigma_1 = \overline{OA} = 60.7\text{MPa}, \quad \sigma_3 = \overline{OB} = -80.7\text{MPa}$$

另外一个主应力为 $\sigma_2 = 0$。

在应力圆上，由 D 点至 A 点为逆时针转向，且 $\angle DCA = 2\alpha_0 = 45°$，所以，在单元体中，从 x 轴按逆时针转向量取 $\alpha_0 = 22.5°$，便确定了 σ_1 所在主平面的法线方位。σ_3 主平面与 σ_1 主平面垂直，该点的主单元体如图 8.10c 所示。

4) 求最大切应力。过圆心 C 点作垂线交圆周于 G 点，则

$$\overline{CG} = \tau_{\max} = 70.7\text{MPa}$$

在应力圆上按比例量取数据，会带来一定的误差。为了提高精度，可采取先画应力圆草图，然后根据几何关系进行计算。读者可用这种方法去重解例 8.2。

【例 8.3】 如图 8.11 所示，钢筋混凝土梁在较大的载荷作用下，在最大弯矩所在截面处出现垂直于梁轴线的横向裂缝，在支座附近出现斜向裂缝，试分析出现这种现象的原因。

【解】 混凝土是一种脆性材料，在较小拉应力作用下就可能出现拉裂缝。导致这些裂缝产生的主要因素是最大拉应力 σ_1。因此，有必要讨论梁内主应力大小和方向的变化规律。为此，在梁中任一横截面 m-m 上依次取 5 个点（图 8.12a），围绕这些点作出相应的应力单元体，如图 8.12b 所示。按公式 $\sigma = \dfrac{My}{I_z}$，$\tau = \dfrac{F_S S_z^*}{b I_z}$ 分别计算出各点上的正应力 σ 和切应力 τ，然后计算各点主应力的大小和主应力方向，并画出主单元体，如图 8.12c 所示，与各点对应的应力圆如图 8.12d 所示。分析这 5 个点的应力状态变化情况，可以发现梁上主应力的变化规律。

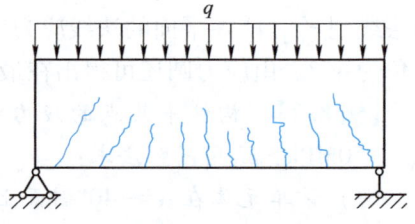

图 8.11　例 8.3 图

显然，在距中性轴最远的上下边界上各点为单向压缩或单向拉伸应力状态，横截面就是它们的主平面，如点 1 和点 5。在中性轴上，各点正应力为零，只有切应力，处于纯剪切应力状态，主平面与梁轴线成 45°，如点 3。从上、下边缘到中性轴之间的各点，既有正应力又有切应力，如点 2 和点 4，处于平面应力状态，主应力方向如图 8.12c 所示。

由式（8.4）可得梁内任一点的主应力大小为

第 8 章 应力状态与强度理论

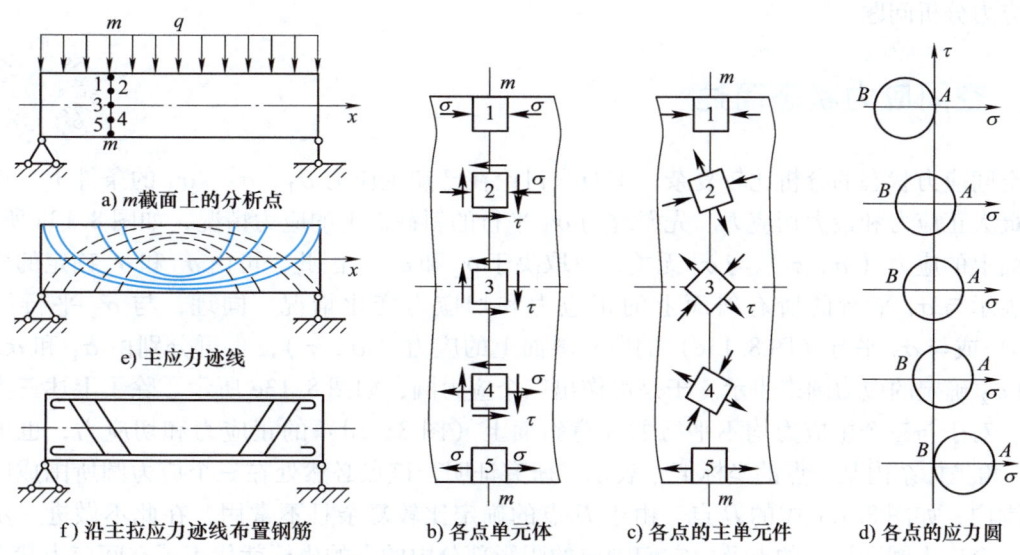

图 8.12 梁内主应力方向及迹线

$$\sigma_1 = \frac{\sigma}{2} + \sqrt{\left(\frac{\sigma}{2}\right)^2 + \tau^2}, \quad \sigma_2 = 0, \quad \sigma_3 = \frac{\sigma}{2} - \sqrt{\left(\frac{\sigma}{2}\right)^2 + \tau^2}$$

由式（8.3）可确定主应力方向

$$\tan 2\alpha_0 = -\frac{2\tau}{\sigma}$$

可见，$\sigma_1 > 0$，$\sigma_3 < 0$，这表明梁内任一点的两个主应力，一个必然为拉应力，另一个必为压应力，两者方向互相垂直。图 8.12d 所示的应力圆上 A、B 两点的位置变化直观地反映出这两个主应力大小的变化情况。

在求出梁某横截面上一点的主应力的方向后，把其中一个主应力的方向延长且与相邻的横截面相交。求出交点的主应力方向，再将其延长与下一个相邻横截面相交，依此类推，将得到一条折线，其极限将是一条曲线，在该曲线上，任一点的切线即代表该点的主应力的方向。这条曲线称为主应力迹线，它表示梁内主应力方向的变化情况。图 8.12e 绘出的就是受均布载荷作用的简支梁的两组主应力迹线。实线表示主拉应力 σ_1 的迹线，虚线为主压应力 σ_3 的迹线。由于任意点的两个主应力是正交的，所以经过每一点的两组主应力迹线也必然互相正交。正是由于主应力方向的变化导致了图 8.12 所示钢筋混凝土梁在较大载荷作用下，在梁跨中最大弯矩所在截面处出现垂直于梁轴线的横向裂缝，在支座附近出现斜向裂缝。在钢筋混凝土梁中，钢筋的作用是抵抗拉伸变形，所以应使钢筋尽可能地沿主拉应力迹线的方向放置，如图 8.12f 所示。

解析法和图解法是应力分析常用的两种方法，这两种方法虽然表现形式完全不同，但本质是一样的，各有优缺点。解析法公式较多。应力圆包含了应力状态的全部信息，其主要功能不是作为图解法的工具来测量某些量。应力圆有明晰的几何关系，一方面可以借此推导出解析法中的一些基本公式，而不用死记硬背这些公式；另一方面可以作为思考问题的工具，用以分析和解决一些难度较大的问题。因此，可以取长补短，将这两种方法有机地结合起来解决应力分析问题。

8.4 空间应力状态简述

空间应力状态的分析比较复杂。本节只讨论在已知主应力 σ_1、σ_2、σ_3 的条件下，单元体的最大正应力和最大切应力。先研究与 σ_1 平行的斜截面上的应力情况，如图 8.13a 所示。该斜面上的应力 (σ，τ) 与 σ_1 无关，只取决于 σ_2 和 σ_3。因此，可由 σ_2 和 σ_3 确定的应力圆来表示与 σ_1 平行的所有斜面上的正应力和切应力变化情况。同理，与 σ_2 平行（图 8.13b）或与 σ_3 平行（图 8.13c）的所有斜面上的应力 (σ，τ)，也可分别由 σ_1 和 σ_3 或 σ_1 和 σ_2 确定的应力圆来表示。于是可作出三个应力圆，如图 8.13e 所示。除了上述三类平面外，对于与三个主应力均不平行的任意斜面上（图 8.13d）的正应力和切应力，也可用 σ-τ 直角坐标系内某一点的坐标值来表示。研究证明，该点必然处在三个应力圆所围成的阴影范围内，如图 8.13e 中的 D 点。由于 D 点的确定比较复杂且不常用，在此不做进一步介绍。三个应力圆圆周上的点及由它们围成的阴影部分内的点的坐标就代表了空间应力状态下单元体所有截面上的应力。

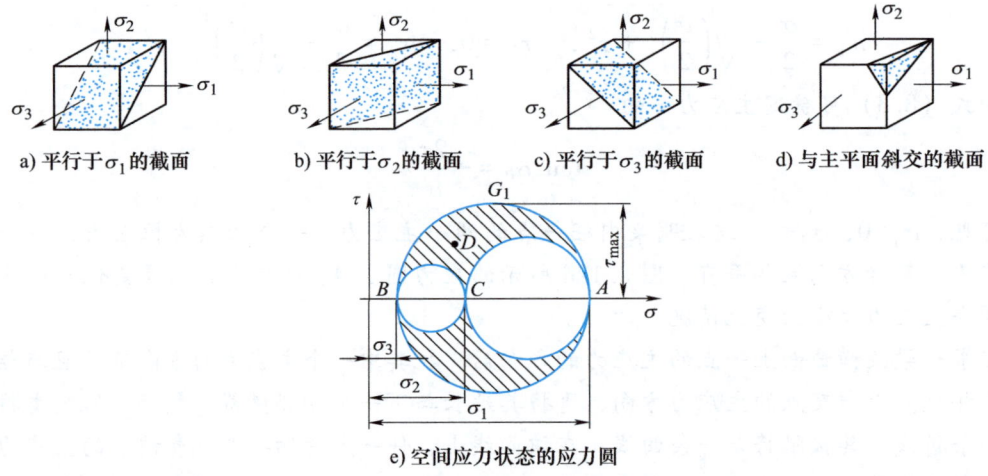

a) 平行于 σ_1 的截面　　b) 平行于 σ_2 的截面　　c) 平行于 σ_3 的截面　　d) 与主平面斜交的截面

e) 空间应力状态的应力圆

图 8.13　空间应力单元体及应力圆

从图 8.13e 可以看出，由 σ_1 和 σ_3 确定的应力圆最大，单元体的最大正应力为 $\sigma_{\max} = \sigma_1$，最小正应力为 $\sigma_{\min} = \sigma_3$，单元体中任意斜截面上的正应力 σ 一定介于 σ_1 和 σ_3 之间。最大切应力 $\tau_{\max}$ 等于最大应力圆上 G_1 点的纵坐标，即等于该应力圆半径，为

$$\tau_{\max} = \frac{\sigma_1 - \sigma_3}{2} \tag{8.9}$$

$\tau_{\max}$ 所在的截面平行于 σ_2，与 σ_1 主平面成 45°。

空间应力状态是一点应力状态中最为一般的情况，前面所讨论的平面应力状态是空间应力状态的特例。空间应力状态所得出的某些结论，也同样适用于平面或单向应力状态。在平面应力状态讨论中得出的"两相互垂直面上的正应力之和等于两个主应力之和，为一个常数"，在空间应力状态下也可得出类似的结论，即在一点应力状态中，任意三个互相垂直平面上的正应力之和始终等于三个主应力之和，为一常数。
$$\sigma_x + \sigma_y + \sigma_z = \sigma_1 + \sigma_2 + \sigma_3 \tag{8.10}$$

【例 8.4】 单元体的应力如图 8.14a 所示，求其主应力和最大切应力。

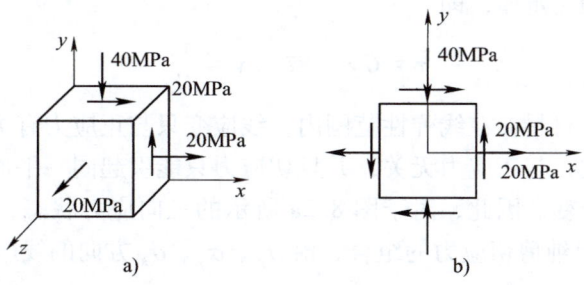

图 8.14　例 8.4 图

【解】 1) 求主应力。该单元体有一个已知主应力 $\sigma_z = 20\text{MPa}$，另外两个主应力必在 xy 平面内，可按平面应力状态求解，如图 8.14b 所示。将 $\sigma_x = 20\text{MPa}$，$\sigma_y = -40\text{MPa}$，$\tau_{xy} = -20\text{MPa}$ 代入式（8.4），计算 xy 平面内的主应力

$$\left.\begin{array}{r}\sigma_{\max}\\ \sigma_{\min}\end{array}\right\} = \frac{\sigma_x + \sigma_y}{2} \pm \sqrt{\left(\frac{\sigma_x - \sigma_y}{2}\right)^2 + \tau_{xy}^2}$$

$$= \frac{20\text{MPa} - 40\text{MPa}}{2} \pm \sqrt{\left(\frac{20\text{MPa} + 40\text{MPa}}{2}\right)^2 + (-20\text{MPa})^2} = \begin{cases}+26.06\text{MPa}\\ -46.06\text{MPa}\end{cases}$$

将 σ_z、$\sigma_{\max}$、$\sigma_{\min}$ 按代数值的大小排序，三个主应力分别为 $\sigma_1 = 26.06\text{MPa}$，$\sigma_2 = 20\text{MPa}$，$\sigma_3 = -46.06\text{MPa}$。

2) 求主平面方位角。由式（8.6），得

$$\tan\alpha_0 = \frac{\sigma_x - \sigma_1}{\tau_{xy}} = -\frac{20\text{MPa} - 26.06\text{MPa}}{-20\text{MPa}} = 0.303$$

解得，$\alpha_0 = 16.86°$，即 σ_1 与 x 轴的夹角。

3) 求最大切应力。由式（8.9）得

$$\tau_{\max} = \frac{\sigma_1 - \sigma_3}{2} = \frac{26.06\text{MPa} - (-46.06\text{MPa})}{2} = 36.06\text{MPa}$$

8.5　广义胡克定律和体积胡克定律

8.5.1　广义胡克定律

在第 2 章讨论轴向拉伸或压缩时，得到在单向应力状态下，当应力小于比例极限时，应力应变成线性关系，满足胡克定律，即

$$\sigma = E\varepsilon \quad \text{或} \quad \varepsilon = \frac{\sigma}{E}$$

此外，轴向变形还将引起横向尺寸的变化，横向线应变为

$$\varepsilon' = -\mu\varepsilon = -\mu\frac{\sigma}{E}$$

在纯剪切的情况下，根据实验结果，在切应力不超过剪切比例极限时，切应力和切应变之间的关系服从剪切胡克定律，即

$$\tau = G\gamma \quad \text{或} \quad \gamma = \frac{\tau}{G}$$

对于均质各向同性材料，在线弹性范围内，线应变只与正应力有关，与切应力无关；而切应变只与切应力有关，与正应力无关，并且切应力只能引起同一平面内的切应变，而不会影响其他方向上的切应变。因此，对于图 8.2a 所示的三向应力状态，可以看成是三组单向应力（图 8.15）和三组纯剪切应力的组合，沿 σ_x、σ_y、σ_z 方向的线应变 ε_x、ε_y、ε_z 可用叠加原理求得。

如图 8.15 所示，在 σ_x、σ_y、σ_z 分别单独存在时，单元体在 x 方向的线应变分别为

$$\varepsilon'_x = \frac{\sigma_x}{E}, \quad \varepsilon''_x = -\mu\frac{\sigma_y}{E}, \quad \varepsilon'''_x = -\mu\frac{\sigma_z}{E}$$

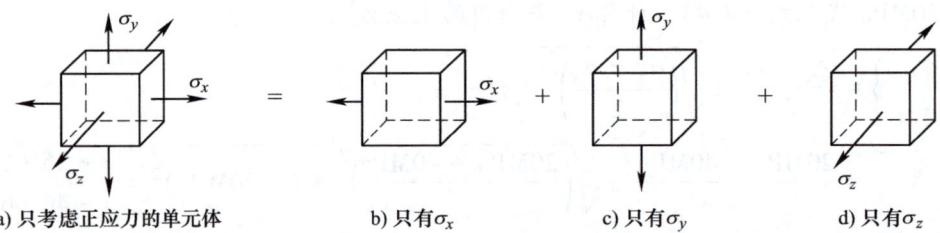

a) 只考虑正应力的单元体　　b) 只有 σ_x　　c) 只有 σ_y　　d) 只有 σ_z

图 8.15　单元体的应力叠加

在 σ_x、σ_y、σ_z 共同存在时，根据叠加原理，单元体在 x 方向的线应变为

$$\varepsilon_x = \varepsilon'_x + \varepsilon''_x + \varepsilon'''_x = \frac{\sigma_x}{E} - \frac{\mu\sigma_y}{E} - \frac{\mu\sigma_z}{E} = \frac{1}{E}[\sigma_x - \mu(\sigma_y + \sigma_z)]$$

同理，可求出单元体在 y 和 z 方向的线应变 ε_y 和 ε_z。最后得

$$\begin{cases} \varepsilon_x = \dfrac{1}{E}[\sigma_x - \mu(\sigma_y + \sigma_z)] \\ \varepsilon_y = \dfrac{1}{E}[\sigma_y - \mu(\sigma_z + \sigma_x)] \\ \varepsilon_z = \dfrac{1}{E}[\sigma_z - \mu(\sigma_x + \sigma_y)] \end{cases} \quad (8.11)$$

在 xy、yz、zx 三个面内的切应变与切应力的关系分别是

$$\begin{cases} \gamma_{xy} = \dfrac{1}{G}\tau_{xy} \\ \gamma_{yz} = \dfrac{1}{G}\tau_{yz} \\ \gamma_{zx} = \dfrac{1}{G}\tau_{zx} \end{cases} \quad (8.12)$$

式(8.11)和式(8.12)就是复杂应力状态下的广义胡克定律,适用于线弹性范围内小变形条件下的各向同性均质材料。

上述形式的胡克定律也可改写为用应变表示应力的形式,即

$$\begin{cases} \sigma_x = \dfrac{E(1-\mu)}{(1+\mu)(1-2\mu)}\left[\varepsilon_x + \dfrac{\mu}{1-\mu}(\varepsilon_y + \varepsilon_z)\right] \\ \sigma_y = \dfrac{E(1-\mu)}{(1+\mu)(1-2\mu)}\left[\varepsilon_y + \dfrac{\mu}{1-\mu}(\varepsilon_x + \varepsilon_z)\right] \\ \sigma_z = \dfrac{E(1-\mu)}{(1+\mu)(1-2\mu)}\left[\varepsilon_z + \dfrac{\mu}{1-\mu}(\varepsilon_x + \varepsilon_y)\right] \\ \tau_{xy} = G\gamma_{xy} \\ \tau_{yz} = G\gamma_{yz} \\ \tau_{zx} = G\gamma_{zx} \end{cases} \quad (8.13)$$

当单元体的6个面都是主平面时,使x、y、z的方向分别与主应力σ_1、σ_2、σ_3的方向一致,这时有$\sigma_x = \sigma_1$,$\sigma_y = \sigma_2$,$\sigma_z = \sigma_3$,$\tau_{xy} = 0$,$\tau_{yz} = 0$,$\tau_{zx} = 0$,由式(8.12)得$\gamma_{xy} = 0$,$\gamma_{yz} = 0$,$\gamma_{zx} = 0$,表明主平面上无切应变。与主应力σ_1、σ_2、σ_3相应的线应变分别记为ε_1、ε_2、ε_3,称为一点处的主应变。由式(8.11)可以得到用主应力和主应变表示的广义胡克定律,即

$$\begin{cases} \varepsilon_1 = \dfrac{1}{E}[\sigma_1 - \mu(\sigma_2 + \sigma_3)] \\ \varepsilon_2 = \dfrac{1}{E}[\sigma_2 - \mu(\sigma_3 + \sigma_1)] \\ \varepsilon_3 = \dfrac{1}{E}[\sigma_3 - \mu(\sigma_1 + \sigma_2)] \end{cases} \quad (8.14)$$

主应变和主应力的方向是重合的,且一一对应,有相同的正负号。ε_1、ε_2、ε_3按代数值的大小排序,$\varepsilon_1 \geq \varepsilon_2 \geq \varepsilon_3$,其中,$\varepsilon_1$和$\varepsilon_3$分别是该点处沿各方向线应变的最大值和最小值。

8.5.2 体积胡克定律

构件受力变形后,通常会导致体积的变化。单位体积的体积改变量称为体应变,用θ表示。如图8.16所示的主单元体,边长分别是dx、dy和dz,变形前的体积为$V = dxdydz$,变形后其三个边长分别为

$$dx + \varepsilon_1 dx = (1+\varepsilon_1)dx$$
$$dy + \varepsilon_2 dy = (1+\varepsilon_2)dy$$
$$dz + \varepsilon_3 dz = (1+\varepsilon_3)dz$$

则变形后的单元体体积为

$$V_1 = (1+\varepsilon_1)(1+\varepsilon_2)(1+\varepsilon_3)dxdydz$$

展开上式并略去高阶微量,得

$$V_1 = (1+\varepsilon_1+\varepsilon_2+\varepsilon_3)dxdydz$$

于是体应变为

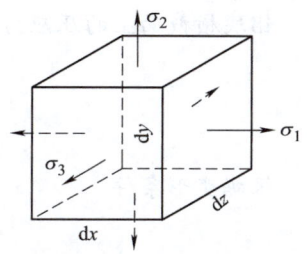

图 8.16 主单元体

$$\theta = \frac{V_1 - V}{V} = \varepsilon_1 + \varepsilon_2 + \varepsilon_3 \tag{8.15}$$

将式（8.14）代入式（8.15），得到用主应力表示的体应变

$$\theta = \frac{1 - 2\mu}{E}(\sigma_1 + \sigma_2 + \sigma_3) \tag{8.16}$$

由式（8.10），式（8.16）也可表示为

$$\theta = \frac{1 - 2\mu}{E}(\sigma_x + \sigma_y + \sigma_z) \tag{8.17}$$

若令

$$\sigma_m = \frac{1}{3}(\sigma_1 + \sigma_2 + \sigma_3) = \frac{1}{3}(\sigma_x + \sigma_y + \sigma_z)$$

则体应变

$$\theta = \frac{3(1 - 2\mu)\sigma_m}{E} = \frac{\sigma_m}{K} \tag{8.18}$$

式中，$K = \dfrac{E}{3(1 - 2\mu)}$ 称为<u>体积弹性模量</u>，σ_m 称为平均应力。

式（8.18）表明，单元体的体应变 θ 与平均应力 σ_m 成正比，此即<u>体积胡克定律</u>。该式同时还表明单元体的体应变 θ 只与三个主应力之和有关，与三个主应力之间的比例无关。

【例8.5】 如图8.17a所示，在刚槽内无间隙地嵌入一个10mm×10mm×10mm铝质立方块。若铝的弹性模量 $E = 70\text{GPa}$，泊松比 $\mu = 0.33$，求铝块受到合力为 $F = 6\text{kN}$ 的均布压力作用时的主应力、体应变及最大切应力。

【解】 1）计算主应力。建立图8.17b所示的 xyz 坐标系。在压力 F 作用下，铝块在竖直方向产生压缩变形。竖向压缩使得铝块产生横向膨胀，由于横向 z 方向上的变形不受约束，因而应力 $\sigma_z = 0$，但在 x 方向的膨胀受到刚槽的限制，因此，在该方向上应变 $\varepsilon_x = 0$。在 x、y、z 三个面上均无切应力，所以 σ_x、σ_y、σ_z 均为主应力。

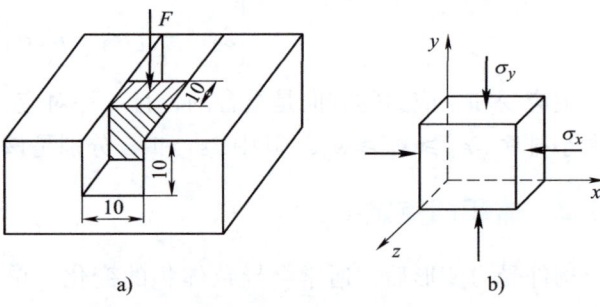

图8.17 例8.5图

铝块横截面上的压应力为

$$\sigma_y = -\frac{F}{A} = -\frac{6 \times 10^3 \text{N}}{(10\text{mm})^2} = -60\text{MPa}$$

根据变形条件

$$\varepsilon_x = \frac{1}{E}[\sigma_x - \mu(\sigma_y + \sigma_z)] = 0$$

解得

$$\sigma_x = \mu\sigma_y = -0.33 \times 60\text{MPa} = -19.8\text{MPa}$$

故铝块的三个主应力为

$$\sigma_1 = \sigma_z = 0, \quad \sigma_2 = \sigma_x = -19.8\text{MPa}, \quad \sigma_3 = \sigma_y = -60\text{MPa}$$

2) 计算体应变。将三个主应力代入式 (8.16)，得体应变为

$$\theta = \frac{1-2\mu}{E}(\sigma_1 + \sigma_2 + \sigma_3)$$

$$= \frac{1 - 2 \times 0.33}{70 \times 10^3 \text{MPa}} \times [0\text{MPa} + (-19.8\text{MPa}) + (-60\text{MPa})] = -3.876 \times 10^{-4}$$

3) 计算最大切应力。由式 (8.9) 得

$$\tau_{\max} = \frac{\sigma_1 - \sigma_3}{2} = \frac{0\text{MPa} - (-60\text{MPa})}{2} = 30\text{MPa}$$

8.6 应变能密度

8.6.1 单元体的变形

若按图 8.18 所示方法将某点主单元体的应力进行分解和组合，则在图 8.18b 中，三个主应力之和为零，由式 (8.16) 可得其体应变 θ 也为零，表明单元体在这三个主应力作用下，只是形状发生变化而体积大小不会发生变化。在图 8.18c 中，由于三个主应力均等于平均应力 σ_m，该单元体各边长将按相同比例伸长或缩短，所以单元体的体积大小会发生变化但形状不变。因此，可将图 8.18a 所示的单元体的变形视为由体积改变（形状不变）和形状改变（体积不变）两部分组成。

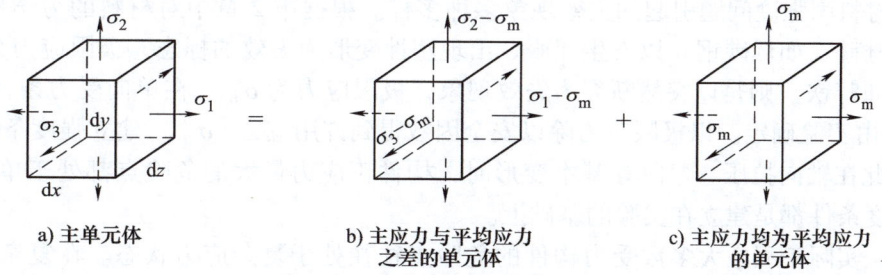

a) 主单元体   b) 主应力与平均应力之差的单元体   c) 主应力均为平均应力的单元体

图 8.18 主应力的分解与组合

8.6.2 复杂应力状态下的应变能密度

物体因外力作用而产生弹性变形时，在物体内部将储存应变能。物体单位体积储存的应变能称为**应变能密度**或**比能**。根据应变能和外力功在数值上相等的关系，得出在单向应力状态下应变能密度 v_ε 的计算公式为

$$v_\varepsilon = \frac{1}{2}\sigma\varepsilon$$

在复杂应力状态下，对弹性体而言，应变能只取决于外力和变形的最终数值，与加力的

次序无关。因而与每一主应力相应的应变能密度仍可以按上式计算。于是三向应力状态下单元体的应变能密度 v_ε 为

$$v_\varepsilon = \frac{1}{2}(\sigma_1\varepsilon_1 + \sigma_2\varepsilon_2 + \sigma_3\varepsilon_3) \tag{8.19}$$

将式（8.14）代入式（8.19），经过整理后得

$$v_\varepsilon = \frac{1}{2E}[\sigma_1^2 + \sigma_2^2 + \sigma_3^2 - 2\mu(\sigma_1\sigma_2 + \sigma_2\sigma_3 + \sigma_3\sigma_1)] \tag{8.20}$$

如前所述，单元体的变形包括体积改变和形状改变两部分，那么应变能密度也可以看成是由**体积改变能密度** v_v 和**形状改变能密度** v_d 这两部分组成，即

$$v_\varepsilon = v_\mathrm{v} + v_\mathrm{d}$$

对于图 8.18c 中的单元体，其形状不变，体积大小要改变，所以 $v_\mathrm{d}=0$，这时 $v_\mathrm{v}=v_\varepsilon$。将 $\sigma_1 = \sigma_2 = \sigma_3 = \sigma_\mathrm{m} = \frac{1}{3}(\sigma_1+\sigma_2+\sigma_3)$ 代入式（8.20），得体积改变能密度 v_v 为

$$v_\mathrm{v} = \frac{1}{2E}[\sigma_\mathrm{m}^2 + \sigma_\mathrm{m}^2 + \sigma_\mathrm{m}^2 - 2\mu(\sigma_\mathrm{m}^2 + \sigma_\mathrm{m}^2 + \sigma_\mathrm{m}^2)] = \frac{1-2\mu}{6E}(\sigma_1+\sigma_2+\sigma_3)^2 \tag{8.21}$$

故形状改变能密度 v_d 为

$$v_\mathrm{d} = v_\varepsilon - v_\mathrm{v} = \frac{1+\mu}{6E}[(\sigma_1-\sigma_2)^2 + (\sigma_2-\sigma_3)^2 + (\sigma_3-\sigma_1)^2] \tag{8.22}$$

8.7 强度理论

8.7.1 强度理论概述

各种材料因强度问题引起的失效现象多种多样。根据第 2 章中对材料的力学性能讨论，知道塑性材料（如低碳钢）以发生屈服、出现塑性变形为失效的标志，极限应力为 σ_s；脆性材料（如铸铁）则是以突然断裂为失效现象，极限应力为 σ_b。在单向受力条件下，σ_s、σ_b 都可以由实验确定。以极限应力除以安全因数得到许用应力 $[\sigma]$，建立强度条件 $\sigma_{\max} \leqslant [\sigma]$。因此在轴向拉压、弯曲等基本变形时，构件正应力最大的危险点都处于单向应力状态，其强度条件都是建立在实验的基础上。

但是，实际工程中大多数受力构件的危险点往往处于复杂应力状态。在复杂应力状态下，三个主应力有不同的组合，不可能对每种组合都用实验方法来测得相应的极限应力。因此，完全依靠直接实验方法来建立复杂应力状态下的强度条件不现实，必须另辟途径，进一步研究材料在复杂应力状态下的破坏原因和失效规律，从而建立强度条件。**强度理论**就是推测构件在复杂应力状态下破坏原因并以此建立强度条件的假说。

大量实验表明，材料在静荷载常温条件作用下的强度失效主要有脆性断裂和塑性屈服两种基本形式。脆性材料一般出现脆性断裂，塑性材料一般出现塑性屈服。人们在长期的生产实践中，综合分析材料强度失效现象，提出了各种不同的假说。各种假说尽管各有差异，但都认为，材料的变形都和应力、应变或应变能密度有关，无论危险点是处于单向应力状态还是处于复杂应力状态，只要它们当中的某一因素达到材料的极限值，就会引起材料屈服或断裂。这类假说被称为强度理论。按照这种假说，造成失效的原因是相同的，与应力状态无

关,因而可将单向应力状态的实验结果,与复杂应力状态下材料的破坏联系起来,从而建立相应的强度条件。

8.7.2 工程中常用的四个强度理论

根据有脆性断裂和塑性屈服这两种强度失效,相应地强度理论可分为两大类:一类是脆性断裂的理论,其中有最大拉应力理论和最大伸长线应变理论;另一类是塑性屈服强度理论,其中有最大切应力理论和形状改变能密度理论。

1. 最大拉应力理论

最大拉应力理论也称为第一强度理论。该理论认为,最大拉应力 σ_1 是引起材料脆性断裂的主要因素,即不论材料是处于单向应力状态还是复杂应力状态,只要材料内某点的最大拉应力 σ_1 达到材料的极限应力值 σ_u,材料就会发生脆性断裂破坏。由于极限应力 σ_u 与应力状态无关,则可利用单向拉伸应力状态确定这一极限值。在单向拉伸时,当 $\sigma_1 = \sigma_u = \sigma_b$ 时,材料就会发生脆性断裂破坏。按照这一强度理论,脆性断裂的破坏条件为

$$\sigma_1 = \sigma_b \tag{8.23}$$

将强度极限 σ_b 除以安全因数 n 得到许用应力 $[\sigma]$,相应的强度条件为

$$\sigma_1 \leqslant [\sigma] \tag{8.24}$$

铸铁、石料等脆性材料在单向拉伸时沿拉应力最大的横截面发生断裂,扭转时沿拉应力最大的斜面发生断裂,这些都与最大拉应力理论相符合。该理论适用于材料的脆性断裂失效,但它未考虑其他两个主应力 σ_2、σ_3 的影响,且无法应用于单向受压或三向受压等没有拉应力的情况。

2. 最大伸长线应变理论

最大伸长线应变理论也称为第二强度理论。该理论认为,最大伸长线应变 ε_1 是引起脆性断裂的主要因素,即无论是在单向应力状态或在复杂应力状态下,只要材料内某点的最大伸长线应变 ε_1 达到材料的某一极限应变 ε_u,材料就会发生脆性断裂。既然极限应变 ε_u 与应力状态无关,则可利用单向应力状态确定这一极限值。在单向拉伸时,假定直到断裂仍可用胡克定律计算极限应变 ε_u,则 $\varepsilon_u = \dfrac{\sigma_b}{E}$。按照该理论,在任意应力状态下,只要最大伸长线应变 ε_1 达到极限值 $\dfrac{\sigma_b}{E}$,材料就会发生脆性断裂破坏。因此,按照这一理论建立的破坏条件为

$$\varepsilon_1 = \frac{\sigma_b}{E}$$

将广义胡克定律 $\varepsilon_1 = \dfrac{1}{E}[\sigma_1 - \mu(\sigma_2 + \sigma_3)]$ 代入上式,得到用应力表示的破坏条件为

$$\sigma_1 - \mu(\sigma_2 + \sigma_3) = \sigma_b \tag{8.25}$$

将强度极限 σ_b 除以安全因数 n 得到许用应力 $[\sigma]$,相应的强度条件为

$$\sigma_1 - \mu(\sigma_2 + \sigma_3) \leqslant [\sigma] \tag{8.26}$$

该强度理论较好地解释了石料、混凝土等脆性材料在压缩时纵向开裂的现象。这一理论

虽然考虑了其他两个主应力 σ_2、σ_3 对材料强度的影响，但是它只与极少数脆性材料在某些受力条件下的实验结果相吻合，因此在工程实践中应用较少。

3. 最大切应力理论

最大切应力理论也称为第三强度理论。该理论认为，最大切应力 τ_{max} 是引起材料塑性屈服的主要因素，即无论是在单向应力状态或在复杂应力状态下，只要材料内某点的最大切应力 τ_{max} 达到材料的极限切应力 τ_u，材料就会在该处发生塑性屈服。既然 τ_u 与应力状态无关，则可利用单向应力状态来确定这一极限值。在单向拉伸时，当 $\tau_{max} = \tau_u = \dfrac{\sigma_s}{2}$ 时材料出现塑性屈服，在任意应力状态下的最大切应力为 $\tau_{max} = \dfrac{\sigma_1 - \sigma_3}{2}$，于是按照该强度理论建立的破坏条件为

$$\sigma_1 - \sigma_3 = \sigma_s \tag{8.27}$$

将屈服极限 σ_s 除以安全因数 n 得到许用应力 $[\sigma]$，按第三强度理论建立的强度条件为

$$\sigma_1 - \sigma_3 \leq [\sigma] \tag{8.28}$$

实验表明，这一理论可以较好地解释塑性材料出现塑性屈服的现象。如低碳钢拉伸时沿着与轴线成 45° 的方向出现滑移线，而沿该方向的斜截面上切应力最大，这些滑移线正是最大切应力所引起的。

最大切应力理论没有考虑 σ_2 对强度的影响，其计算结果偏于安全，且使用较简便，因而在工程实践中应用较为广泛。

4. 形状改变能密度理论

形状改变能密度理论也称为第四强度理论。该理论认为，形状改变能密度 v_d 是引起材料塑性屈服的主要因素，即无论是在单向应力状态或在复杂应力状态下，只要材料内某点的形状改变能密度 v_d 达到材料的极限值 v_u 时，材料就会发生塑性屈服。既然 v_u 与应力状态无关，则可利用单向应力状态确定这一极限值。材料在单向拉伸屈服时的形状改变能密度为

$$v_u = \dfrac{1+\mu}{6E}(2\sigma_s^2)$$

在复杂应力状态下

$$v_d = \dfrac{1+\mu}{6E}[(\sigma_1-\sigma_2)^2 + (\sigma_2-\sigma_3)^2 + (\sigma_3-\sigma_1)^2]$$

于是按照这一强度理论建立的破坏条件为

$$\sqrt{\dfrac{1}{2}[(\sigma_1-\sigma_2)^2 + (\sigma_2-\sigma_3)^2 + (\sigma_3-\sigma_1)^2]} = \sigma_s \tag{8.29}$$

将屈服极限 σ_s 除以安全因数 n 得到许用应力 $[\sigma]$，相应的强度条件为

$$\sqrt{\dfrac{1}{2}[(\sigma_1-\sigma_2)^2 + (\sigma_2-\sigma_3)^2 + (\sigma_3-\sigma_1)^2]} \leq [\sigma] \tag{8.30}$$

试验表明，该理论与塑性材料（如钢、铜、铝）的薄管试验结果相吻合，比最大切应力理论更符合试验结果，且按该理论计算的结果比按第三强度理论计算的结果更经济。因此，这一理论在工程中得到广泛应用。

8.7.3 莫尔强度理论

莫尔强度理论并不简单地假设材料的破坏是由某一个因素（如应力、应变或应变能密度）达到了极限值而引起的，而是以各种应力状态下材料的破坏试验结果为依据，建立起来的带有一定经验性的强度理论。在 8.4 节中曾经指出，一点的应力状态可用三个应力圆来表示，三个圆周上的点及由它们围成的阴影部分上的点的坐标代表了空间应力状态下单元体所有截面上的应力，而代表一点应力状态中最大正应力和最大切应力的点均在外圆上。莫尔因此假设，单由外圆就足以决定极限应力状态，即开始发生屈服或脆性断裂时的应力状态，而不必考虑 σ_2 对材料破坏的影响。

按材料破坏时的主应力 σ_1、σ_3 确定的应力圆称为极限应力圆。改变材料的受力条件，得出不同极限应力状态下的一组极限应力圆，这组极限应力圆有一条公共包络线，即极限包络线，也称为莫尔包络线，如图 8.19 所示。包络线在 $\sigma-\tau$ 坐标系中是一条曲线，也称为莫尔强度曲线。莫尔强度曲线的形式与材料有关，有直线形、抛物线形、双曲线形、摆线形等。曲线上任意一点都对应了一个与之相切的极限应力圆。

对一已知的应力状态 σ_1、σ_2、σ_3，若由 σ_1、σ_3 确定的应力圆在包络线之内，则这一应力状态不会引起失效；若应力圆与包络线恰好相切，则表明这一应力状态处于极限状态，会引起材料失效。

在实际工程中，常以单向拉伸和单向压缩试验所得到的两个极限应力圆的公切线代替包络线，如图 8.20a 所示。为了进行强度计算，还需引入安全因数。于是以材料在单向拉伸时的许用拉应力 $[\sigma_t]$ 和单向压缩时的许用压应力 $[\sigma_c]$ 分别作许用应力圆，并作两圆的公切线，

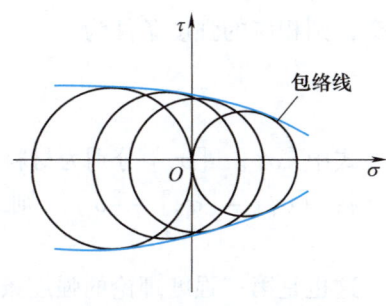

图 8.19　莫尔包络线

如图 8.20b 所示。这条公切线称为许用包络线，以它作为建立复杂应力状态下强度条件的依据。

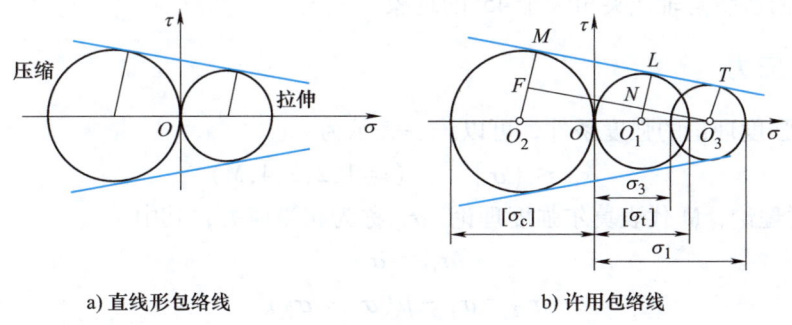

图 8.20　莫尔包络线的形式

根据图 8.20 中的几何关系可见，任意应力状态下以 σ_1、σ_3 所作应力图与许用包络线相切时有

$$\frac{\overline{O_1N}}{\overline{O_2F}} = \frac{\overline{O_3O_1}}{\overline{O_3O_2}} \tag{a}$$

$$\begin{cases} \overline{O_3T} = \overline{NL} = \overline{MF} = \dfrac{\sigma_1 - \sigma_3}{2} \\ \overline{O_1N} = \overline{O_1L} - \overline{NL} = \dfrac{[\sigma_t]}{2} - \dfrac{\sigma_1 - \sigma_3}{2} \\ \overline{O_2F} = \overline{O_2M} - \overline{MF} = \dfrac{[\sigma_c]}{2} - \dfrac{\sigma_1 - \sigma_3}{2} \\ \overline{O_3O_1} = \overline{OO_3} - \overline{OO_1} = \dfrac{\sigma_1 + \sigma_3}{2} - \dfrac{[\sigma_t]}{2} \\ \overline{O_3O_2} = \overline{OO_3} + \overline{OO_2} = \dfrac{\sigma_1 + \sigma_3}{2} + \dfrac{[\sigma_c]}{2} \end{cases} \quad (b)$$

将式（b）代入式（a），整理得

$$\sigma_1 - \dfrac{[\sigma_t]}{[\sigma_c]}\sigma_3 = [\sigma_t] \quad (c)$$

任何复杂应力状态下，以危险点的主应力 σ_1、σ_3 作出的应力圆都不得超出许用包络线相交，则相应的强度条件为

$$\sigma_1 - \dfrac{[\sigma_t]}{[\sigma_c]}\sigma_3 \leq [\sigma_t] \quad (8.31)$$

式中 $[\sigma_t]$、$[\sigma_c]$ 分别为材料的许用拉应力和许用压应力。对抗拉强度和抗压强度相等的材料，$[\sigma_t] = [\sigma_c] = [\sigma]$，则式（8.31）变为

$$\sigma_1 - \sigma_3 \leq [\sigma]$$

这也是第三强度理论的强度条件。由于莫尔强度理论可以推导出第三强度理论，所以往往把它作为第三强度理论的推广。

试验表明，对于 $[\sigma_t]$ 与 $[\sigma_c]$ 不等的脆性材料的危险点处于以压应力为主的应力状态，莫尔强度理论往往能够给出比较满意的结果。如用莫尔强度理论能够较好地解释铸铁在轴向压缩时其破坏面法线与轴线夹角大于 45° 的现象。

8.7.4 相当应力

上述五个强度理论的强度条件，可以统一表示为

$$\sigma_{ri} \leq [\sigma] \quad (i = 1, 2, 3, 4, M) \quad (8.32)$$

i 表示第 i 强度理论，M 代表莫尔强度理论，σ_{ri} 称为相当应力，其中

$$\sigma_{r1} = \sigma_1 \quad (8.33)$$

$$\sigma_{r2} = \sigma_1 - \mu(\sigma_2 + \sigma_3) \quad (8.34)$$

$$\sigma_{r3} = \sigma_1 - \sigma_3 \quad (8.35)$$

$$\sigma_{r4} = \sqrt{\dfrac{1}{2}[(\sigma_1 - \sigma_2)^2 + (\sigma_2 - \sigma_3)^2 + (\sigma_3 - \sigma_1)^2]} \quad (8.36)$$

$$\sigma_{rM} = \sigma_1 - \dfrac{[\sigma_t]}{[\sigma_c]}\sigma_3 \quad (8.37)$$

相当应力 σ_{ri} 是危险点的三个主应力按一定形式的组合，本身并不具有应力的含义，只

是为了计算方便而引入的名词和符号。上述相当应力都是用主应力表示的，可称为主应力表达式。

对于塑性材料，若其危险点的应力状态如图 8.21 所示，则三个主应力为

$$\sigma_1 = \frac{\sigma}{2} + \sqrt{\left(\frac{\sigma}{2}\right)^2 + \tau^2}$$

$$\sigma_2 = 0$$

$$\sigma_3 = \frac{\sigma}{2} - \sqrt{\left(\frac{\sigma}{2}\right)^2 + \tau^2}$$

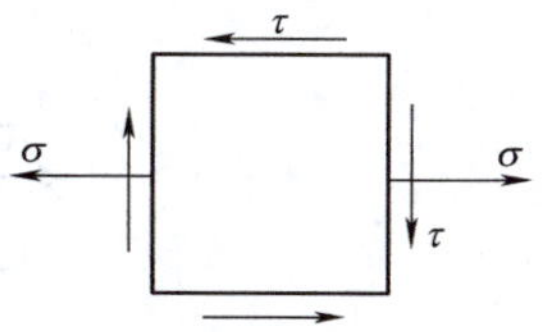

图 8.21 某危险点的应力状态

按第三强度理论，相当应力为

$$\sigma_{r3} = \sigma_1 - \sigma_3 = \sqrt{\sigma^2 + 4\tau^2} \tag{8.38}$$

按第四强度理论，相当应力为

$$\sigma_{r4} = \sqrt{\frac{1}{2}\left[(\sigma_1 - \sigma_2)^2 + (\sigma_2 - \sigma_3)^2 + (\sigma_3 - \sigma_1)^2\right]} = \sqrt{\sigma^2 + 3\tau^2} \tag{8.39}$$

式（8.38）和式（8.39）也称为第三和第四强度理论相当应力的应力分量表达式，只适用于图 8.21 所示的应力状态。

8.7.5 应用强度理论时应注意的问题

1）明确各强度理论的适用范围。强度理论既然是推测强度失效原因的一些假说，它是否正确，适用于什么条件，必须由工程实践来检验。各个强度理论都有一定的局限性，适用于某种材料的强度理论并不适用于另一种材料；在某种条件下适用的理论，在另一种条件下却不适用。因此，不同情况下应采用不同的强度理论。第一强度理论和第二强度理论是用来解释脆性断裂的强度理论；第三强度理论和第四强度理论是用来解释塑性屈服的强度理论。

2）正确判断材料失效形式（屈服或脆性断裂），然后选用适当的强度理论。构件的失效形式与构件所用材料的性质、危险点的应力状态等有关，不同的材料可以发生不同的失效形式。同一种材料在不同的应力状态下也可能出现不同的失效形式。例如，铸铁在单向拉伸时以拉断失效，在单向压缩时以剪断失效，在三向压缩时以屈服失效。因此，对于不同的情况应采用不同的强度理论。

① 对于脆性材料，常因脆性脆断而破坏，宜采用第一强度理论和第二强度理论。但对于铸铁这种脆性材料，在单向压缩时或在复杂应力状态时的最大和最小主应力分别为拉应力和压应力的情况下，宜采用莫尔强度理论。

② 对于塑性材料，一般情况下都因塑性屈服而失效，故应采用第三、第四强度理论。

③ 在三向拉伸状态下，不管是脆性材料还是塑性材料，都将发生脆性断裂破坏，故应采用第一强度理论。如低碳钢试件在三向拉伸应力状态下，且三个主应力数值接近时，发生脆性断裂。

④ 在三向压缩状态下，不管是脆性材料还是塑性材料，通常都发生塑性屈服破坏，故应采用第三或第四强度理论。如以淬火钢球压在铸铁板上，接触点附近的材料处于三向受压的应力状态，随着压力的逐渐增大，铸铁板会出现明显的凹坑，表明已出现了屈服。

【例 8.6】 一简支的 No.28a 工字钢梁承受载荷如图 8.22a 所示。已知材料的许用应力

为 $[\sigma]=170\text{MPa}$，$[\tau]=100\text{MPa}$，试校核梁的强度。

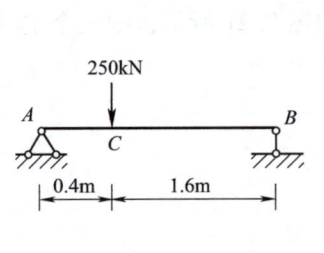
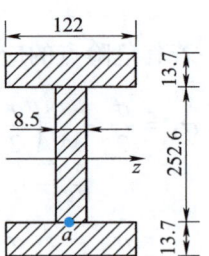
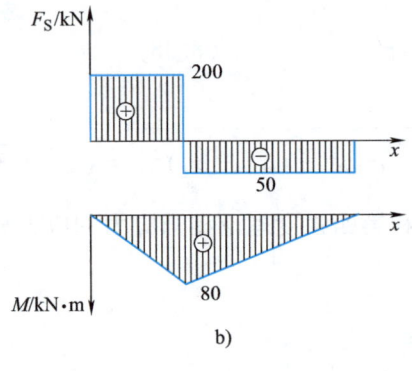
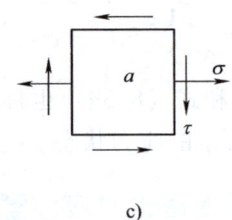

图 8.22　例 8.6 图

【解】　对梁强度的校核，首先应确定可能的危险截面和危险截面上可能的危险点。可能的危险截面：弯矩最大的截面、剪力最大的截面、弯矩和剪力均较大的截面。可能的危险点：弯曲正应力最大的点、弯曲切应力最大的点、正应力和切应力均较大点。

1）计算支座反力。根据平衡方程计算出两支座的反力分别为

$$F_{Ay}=200\text{kN}(\uparrow),\ F_{By}=50\text{kN}(\uparrow)$$

2）作梁的内力图，判断危险截面。如图 8.22b 所示，C 左截面上的剪力和弯矩均最大，为危险截面。

$$F_{SC左}=F_{S,\max}=200\text{kN},\quad M_C=M_{\max}=80\text{kN}\cdot\text{m}$$

3）强度校核。对于 28a 工字钢截面，查表得

$$I_z=7110\times10^{-8}\text{m}^4,\quad W_z=508\times10^{-6}\text{m}^3,\quad d=8.5\times10^{-3}\text{m},\quad \frac{I_z}{S_{z,\max}^*}=24.6\times10^{-2}\text{m}$$

最大正应力为

$$\sigma_{\max}=\frac{M_{\max}}{W_z}=\frac{80\times10^3\text{N}\cdot\text{m}}{508\times10^{-6}\text{m}^3}=157.5\times10^6\text{Pa}=157.5\text{MPa}<[\sigma]$$

最大切应力为

$$\tau_{\max}=\frac{F_{S,\max}S_{z,\max}^*}{I_z b}=\frac{200\times10^3\text{N}}{24.6\times10^{-2}\text{m}\times8.5\times10^{-3}\text{m}}=95.6\times10^6\text{Pa}=95.6\text{MPa}<[\tau]$$

对于工字形截面梁，危险截面上在腹板与翼缘交界处的正应力和切应力均较大，往往也是强度薄弱的地方，一般也要进行强度校核。为此，取腹板与下翼缘交界处 a 点的单元体，

如图 8.22c 所示，根据 28a 工字钢截面简化后的尺寸，求得横截面上该点的正应力和切应力分别为

$$\sigma = \frac{M_C y_a}{I_z} = \frac{80 \times 10^3 \text{N} \cdot \text{m} \times 0.1263\text{m}}{7110 \times 10^{-8}\text{m}^4} = 142.1 \times 10^6 \text{Pa} = 142.1 \text{MPa}$$

$$\tau = \frac{F_{SC} S_z^*}{I_z b} = \frac{200 \times 10^3 \text{N} \times 2.23 \times 10^5 \text{mm}^3}{7110 \times 10^4 \text{mm}^4 \times 8.5\text{mm}} = 73.8 \text{MPa}$$

其中静矩 $S_z^* = A^* y_C = 122\text{mm} \times 13.7\text{mm} \times \left(126.3 + \frac{13.7}{2}\right)\text{mm} = 2.23 \times 10^5 \text{mm}^3$

由于材料是钢材，所以在平面应力状态下，应按第三或第四强度理论来进行强度校核。
按第三强度理论，由式（8.38）得

$$\sigma_{r3} = \sqrt{\sigma^2 + 4\tau^2} = \sqrt{(142.1\text{MPa})^2 + 4 \times (73.8\text{MPa})^2} = 204.8\text{MPa} > [\sigma]$$

按第四强度理论，由式（8.39）得

$$\sigma_{r4} = \sqrt{\sigma^2 + 3\tau^2} = \sqrt{(142.1\text{MPa})^2 + 3 \times (73.8\text{MPa})^2} = 191.1\text{MPa} > [\sigma]$$

$$\frac{\sigma_{r4} - [\sigma]}{[\sigma]} = \frac{|191.1\text{MPa}| - 170\text{MPa}}{170\text{MPa}} = 12.4\% > 5\%$$

可见，该点的强度不满足要求。该例说明，工字钢梁在满足正应力和切应力强度的情况下，在腹板和翼缘交界部位还可能出现强度不够的问题。

【例 8.7】 如图 8.23 所示，两端封闭的圆柱形薄壁圆筒（$\delta \leqslant D/10$），平均直径为 D，壁厚为 δ，筒内蒸汽压力为 p。

（1）分析该容器外表面和内表面任一点的应力。
（2）分析因内压过大导致表面出现裂纹的方向。
（3）若 $D = 100\text{cm}$，$p = 3.6\text{MPa}$，材料为钢材，其许用应力 $[\sigma] = 160\text{MPa}$，试设计圆筒的壁厚 δ。

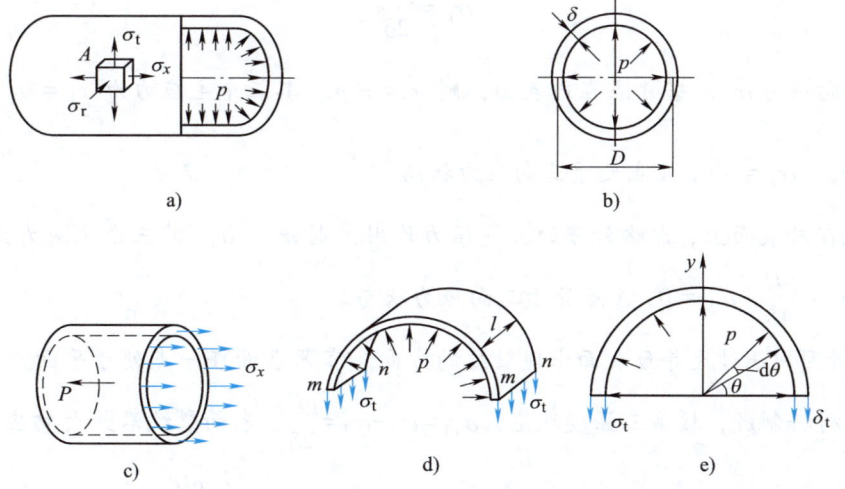

图 8.23 例 8.7 图

【解】 1) 分析该容器外表面和内表面任一点的应力。在容器壁内任取一点 A，围绕 A 点沿横截面、径向面和切向面取单元体，如图 8.23a、b 所示。由于薄壁圆筒承受内压力后，在其横截面和纵截面都只产生正应力，所以单元体的三对面都是主平面，其上的轴向应力 σ_x、径向应力 σ_r 和切向应力 σ_t 均为主应力。

①求轴向正应力 σ_x。假想地用一截面沿圆筒某一横截面截开，如图 8.23c 所示。圆筒底部的总压力 P 为

$$P = p\frac{\pi D^2}{4}$$

圆筒在横截面上产生均匀分布的轴向正应力 σ_x。由于圆筒壁厚远小于直径，薄壁圆筒的横截面面积近似为 $A = \pi D\delta$，故有

$$\sigma_x = \frac{P}{A} = \frac{p\dfrac{\pi D^2}{4}}{\pi D\delta} = \frac{pD}{4\delta}$$

②求切向应力 σ_t。用相距 l 的两个横截面和包含直径的纵向平面，从圆筒中截取一部分，如图 8.23d、e 所示。在该纵向截面上的正应力 σ_t 方向沿切线方向，故称为切向应力。在这一部分圆筒内壁的微分面积 $l \cdot \dfrac{D}{2}\mathrm{d}\theta$ 上，压力为 $pl \cdot \dfrac{D}{2}\mathrm{d}\theta$。它在 y 方向的分力为 $pl \cdot \dfrac{D}{2}\mathrm{d}\theta \cdot \sin\theta$，通过积分求出 y 方向上的合力为

$$\int_0^\pi pl \cdot \frac{D}{2}\mathrm{d}\varphi \cdot \sin\varphi = plD$$

由平衡方程

$$\sum F_y = 0, 2\sigma_t\delta l - plD = 0$$

得

$$\sigma_t = \frac{pD}{2\delta}$$

③求径向应力 σ_r。若 A 点在内表面，则 $\sigma_r = -p$，其三个主应力为 $\sigma_1 = \sigma_t = \dfrac{pD}{2\delta}$，$\sigma_2 = \sigma_x = \dfrac{pD}{4\delta}$，$\sigma_3 = \sigma_r = -p$，$A$ 点处于三向应力状态。

若 A 点在外表面上，忽略外壁的大气压力作用，则 $\sigma_r = 0$，其三个主应力为 $\sigma_1 = \sigma_t = \dfrac{pD}{2\delta}$，$\sigma_2 = \sigma_x = \dfrac{pD}{4\delta}$，$\sigma_3 = 0$，$A$ 点处于二向应力状态。

2) 分析因内压过大导致表面出现裂纹的方向。容器表面任一点处于平面应力状态，若容器由塑性材料制成，按第三强度理论，$\sigma_{r3} = \sigma_1 - \sigma_3 = \dfrac{pD}{2\delta}$，表面裂纹沿最大切应力作用面产生，与轴向成 $45°$；若是脆性材料，按第一强度理论，$\sigma_{r1} = \sigma_1 = \dfrac{pD}{2\delta}$，则裂纹沿最大拉应力作用面（轴向）产生。

3) 设计圆筒的壁厚δ。垂直内壁的径向应力σ_r自内壁$\sigma_r = -p$向外沿壁厚逐渐减小,至外壁时$\sigma_r = 0$。由于容器壁厚度很小,并且$\sigma_r = |-p| \ll \sigma_x$, σ_t,因此可忽略σ_r。这样薄壁圆筒任一点的应力状态均可视为平面应力状态。于是有

$$\sigma_1 = \sigma_t = \frac{pD}{2\delta}, \quad \sigma_2 = \sigma_x = \frac{pD}{4\delta}, \quad \sigma_3 = 0$$

对于钢材这类塑性材料,按第三强度理论,由式(8.28)有

$$\sigma_1 - \sigma_3 = \frac{pD}{2\delta} \leqslant [\sigma]$$

得

$$\delta \geqslant \frac{pD}{2[\sigma]} = \frac{3.6\text{MPa} \times 100\text{cm}}{2 \times 160\text{MPa}} = 1.125\text{cm}$$

按第四强度理论,由式(8.29)有

$$\sqrt{\frac{1}{2}\left[\left(\frac{pD}{2\delta} - \frac{pD}{4\delta}\right)^2 + \left(\frac{pD}{4\delta}\right)^2 + \left(\frac{pD}{2\delta}\right)^2\right]} \leqslant [\sigma]$$

得

$$\delta \geqslant \frac{\sqrt{3}}{4}\frac{pD}{[\sigma]} = \frac{\sqrt{3} \times 3.6\text{MPa} \times 100\text{cm}}{4 \times 160\text{MPa}} = 0.975\text{cm}$$

可以看出,根据第三强度理论计算出的容器壁厚度比按第四强度理论得出的结果要大,说明第三强度理论的结果安全性更高,第四强度理论的结果更经济实惠。

【例8.8】 图8.24所示一圆柱形钢质薄壁储罐内装有一定压力的易挥发燃料,位于A点的应变计记录着储罐表面的纵向应变,并把这一数据传输给控制室,储罐壁材料的极限切应力为82MPa,安全因数为2。试问:当应变读数超过何值时,操作员需要采取行动以减低储罐内的压力?设钢材的弹性模量$E = 205$GPa,泊松比$\mu = 0.30$。

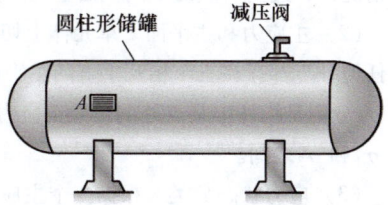

图8.24 例8.8图

【解】 由【例8.7】可知,薄壁圆筒任一点的应力状态均可视为平面应力状态。其中

$$\sigma_1 = \sigma_t = \frac{pD}{2\delta}, \quad \sigma_2 = \sigma_x = \frac{pD}{4\delta}, \quad \sigma_3 = 0$$

因为储罐壁材料的极限切应力为82MPa,安全因数为2。故其许用切应力为

$$[\tau] = \frac{\tau_u}{n} = \frac{82\text{MPa}}{2} = 41\text{MPa}$$

强度条件要求$\tau_{\max} < [\tau]$,于是有

$$\tau_{\max} = \frac{1}{2}(\sigma_1 - \sigma_3) = \frac{1}{2}\sigma_1 \leqslant [\tau] \tag{a}$$

又根据广义胡克定律$\varepsilon_x = \frac{1}{E}[\sigma_x - \mu(\sigma_y + \sigma_z)]$,有

$$\varepsilon_x = \frac{1}{E}(\sigma_x - \mu\sigma_t) = \frac{1}{E}(\sigma_2 - \mu\sigma_1) = \frac{1}{E}\left(\frac{1}{2}\sigma_1 - \mu\sigma_1\right)$$

解得
$$\sigma_1 = \frac{E\varepsilon_x}{\frac{1}{2}-\mu}$$

将上式代入式（a），可得
$$\varepsilon_x \leq \frac{[\tau]}{E}(1-2\mu) = \frac{41\text{MPa}}{205\text{GPa}} \times (1-2\times 0.3) = 80\times 10^{-6}$$

所以应变读数超过 80×10^{-6} 时，操作员需开启减压阀以降低储罐内的压力。

总结与讨论

1. 基本要求

1) 理解一点处的应力状态、应力单元体、应力圆、主应力、主平面、强度理论的概念。
2) 掌握应力单元体的特点，能够正确地用应力单元体来表示一点的应力状态。
3) 掌握平面应力状态下，斜截面上的应力、主应力、主平面、最大切应力及其作用面的计算。
4) 熟悉应力圆的绘制方法，掌握用应力图进行应力状态分析计算。
5) 理解强度理论的基本内容，了解材料可能的破坏形式，并能够根据材料破坏形式正确选用强度理论。

2. 本章知识点

（1）一点处的应力状态　一点处的应力状态是指受力杆件中任一点处各个截面上所有应力的集合。一般情况下，过同一点的不同截面上的应力是不相同的；同一截面上不同位置的点的应力状态也是不同的。

（2）主应力和主平面　单元体上切应力为零的面称为主平面，主平面上的正应力称为主应力。构件中的任何一点都存在三个相互垂直的主平面，对应的三个主应力也是相互垂直的。最大主应力 σ_1 和最小主应力 σ_3 分别是构件中某点处的最大正应力和最小正应力。在该点其他任何方位的截面上的正应力数值一定都在 σ_1 和 σ_3 之间。

（3）应力状态分类　根据三个主应力 σ_1、σ_2、σ_3 的值是否等于零来确定应力状态分类。如果 σ_1、σ_2、σ_3 均不等于零，则为空间应力状态，其中一个等于零的则为平面应力状态，两个等于零的则为单向应力状态。

（4）平面应力状态的分析计算　通常，已知单元体上相互垂直的两个平面上的应力，根据解析法公式可以求任意斜截面上的应力、主应力、主平面、最大切应力等。

1) 斜截面上应力
$$\sigma_\alpha = \frac{\sigma_x+\sigma_y}{2} + \frac{\sigma_x-\sigma_y}{2}\cos2\alpha - \tau_{xy}\sin2\alpha$$

$$\tau_\alpha = \frac{\sigma_x-\sigma_y}{2}\sin2\alpha + \tau_{xy}\cos2\alpha$$

2) 主应力和主平面方位
$$\left.\begin{array}{c}\sigma_{\max}\\ \sigma_{\min}\end{array}\right\} = \frac{\sigma_x+\sigma_y}{2} \pm \sqrt{\left(\frac{\sigma_x-\sigma_y}{2}\right)^2 + \tau_{xy}^2}$$

$$\tan2\alpha_0 = -\frac{2\tau_{xy}}{\sigma_x-\sigma_y}$$

将 $\sigma_{\max}$、$\sigma_{\min}$ 和 0 按大小排序确定主应力 σ_1、σ_2、σ_3。

第 8 章 应力状态与强度理论

3)最大切应力和最小切应力

$$\left.\begin{array}{c}\tau_{\max}\\ \tau_{\min}\end{array}\right\} = \pm\frac{\sigma_{\max}-\sigma_{\min}}{2} = \pm\sqrt{\left(\frac{\sigma_x-\sigma_y}{2}\right)^2+\tau_{xy}^2}$$

切应力极值作用面与主平面之间的夹角为 45°。

也可以利用应力圆来求任意斜截面上的应力、主应力、主切应力及其作用面。应力圆上的点与单元体上的面存在一一对应关系，其对应原则为：圆上一点，体上一面；直径两端，垂直两面；点面对应，基准一致，转向相同，转角两倍。

（5）空间应力状态　单向应力状态、平面应力状态都是空间应力状态的特例，某一点处最大切应力为

$$\tau_{\max} = \frac{\sigma_1-\sigma_3}{2}$$

（6）广义胡克定律　广义胡克定律建立了单元体中应力与应变之间的关系，利用这种关系，可以通过已知应力求应变，也可以通过已知应变求应力。

$$\begin{cases}\varepsilon_x = \dfrac{1}{E}[\sigma_x-\mu(\sigma_y+\sigma_z)], & \gamma_{xy} = \dfrac{\tau_{xy}}{G}\\ \varepsilon_y = \dfrac{1}{E}[\sigma_y-\mu(\sigma_z+\sigma_x)], & \gamma_{yz} = \dfrac{\tau_{yz}}{G}\\ \varepsilon_z = \dfrac{1}{E}[\sigma_z-\mu(\sigma_x+\sigma_y)], & \gamma_{zx} = \dfrac{\tau_{zx}}{G}\end{cases}$$

（7）强度理论　强度理论是研究材料在复杂应力条件下强度失效的原因和失效条件的理论。脆性断裂和塑性屈服是强度失效的两种基本形式。

1）最大拉应力理论（第一强度理论）：$\sigma_{r1}=\sigma_1\leq[\sigma]$

2）最大拉应变理论（第二强度理论）：$\sigma_{r2}=\sigma_1-\mu(\sigma_2+\sigma_3)\leq[\sigma]$

3）最大切应力理论（第三强度理论）：$\sigma_{r3}=\sigma_1-\sigma_3\leq[\sigma]$

4）形状改变比能理论（第四强度理论）：

$$\sigma_{r4} = \sqrt{\frac{1}{2}[(\sigma_1-\sigma_2)^2+(\sigma_2-\sigma_3)^2+(\sigma_3-\sigma_1)^2]} \leq [\sigma]$$

5）莫尔强度理论：$\sigma_{rM}=\sigma_1-\dfrac{[\sigma_t]}{[\sigma_c]}\sigma_3\leq[\sigma_t]$

（8）强度理论的适用范围　第一和第二强度理论是用来解释材料的脆性断裂的；第三和第四强度理论是用来解释材料的塑性屈服的。材料强度失效不仅取决于材料的性质，还与危险点处的应力状态有关。一般情况下，脆性材料选用脆断的强度理论与莫尔强度理论，塑性材料选用关于屈服的强度理论。无论是塑性还是脆性材料，在三向受拉应力状态下都将以断裂形式失效，宜采用第一强度理论；在三向压应力状态下都将发生塑性屈服，宜采用第三或第四强度理论。

3. 重点和难点

（1）重点　平面应力状态的两种分析方法，广义胡克定律，常用强度理论的适用条件。

（2）难点　三向应力状态的分析方法，材料力学本构关系，莫尔强度理论的适用条件。

4. 常见问题

（1）平面内的最大切应力和一点处空间内的最大切应力　平面应力状态下，按式 $\tau_{\max}=\dfrac{\sigma_{\max}-\sigma_{\min}}{2}=\sqrt{\left(\dfrac{\sigma_x-\sigma_y}{2}\right)^2+\tau_{xy}^2}$ 计算的最大切应力 $\tau_{\max}$ 可称为平面内最大切应力，它只反映了 xy 面内任意方向的最大

切应力,因为 σ_{max}、σ_{min} 不一定就是这点的 σ_1、σ_3。按式 $\tau_{max} = \dfrac{\sigma_1 - \sigma_3}{2}$ 计算的最大切应力则为一点空间范围内的最大切应力,式中的 σ_1、σ_3 是按大小排序规则确定。为此,对于平面应力状态,要将其视为空间应力状态的特殊情况,正确确定 σ_1、σ_2、σ_3。

(2)应力应变的对应关系　错误地认为,有应力的方向就一定有应变,有应变的方向就一定对应有应力。根据广义胡克定律,上述表述显然是不正确的。如轴向受拉的杆件,轴向有应力和应变,但由于泊松效应,横向无应力但也会产生应变。

(3)强度理论　强度理论是从宏观的角度对材料破坏规律所做的假设,其目的是利用简单应力状态下的实验结果来建立复杂应力状态下的强度条件。杆件在轴向拉压、弯曲和扭转等基本变形情况下危险点的应力状态处于单向应力状态和纯剪切应力状态,同样也可按强度理论来建立强度条件。采用何种强度理论,其依据是材料的可能破坏形式。而材料的破坏形式不仅与材料种类有关,还与应力状态有关。如铸铁这类脆性材料在三向压缩条件下也会表现出屈服的现象。

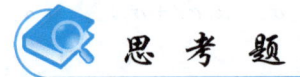

思 考 题

8.1　单元体最大正应力面上的切应力是否恒等于零?单元体最大切应力面上的正应力是否恒等于零?

8.2　有正应力作用的方向是否必有线应变?无正应力作用的方向线应变是否必为零?无线应变的方向正应力是否为零?线应变最大的方向正应力是否也为最大?

8.3　铸铁压缩试件是由于剪切而破坏,为什么在进行铸铁受压杆件的强度计算时却用了正应力强度条件?

8.4　已知一点的应力状态如图 8.25 所示,若 $\sigma \leqslant [\sigma]$,$\tau \leqslant [\tau]$,为什么不能说该点的应力满足强度条件?理由何在?

8.5　对于钢构件中有图 8.26a、b 两种应力状态,若两者的 σ、τ 数值分别相等,试按第四强度理论分析比较两者的危险程度。

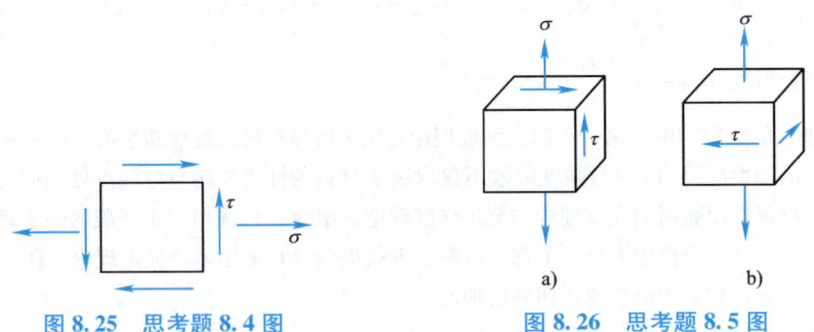

图 8.25　思考题 8.4 图　　　　图 8.26　思考题 8.5 图

8.6　将一个实心钢球在外部迅速升温加热,这时球心的单元体处于什么应力状态?河底的卵石处于什么应力状态?

8.7　将混凝土圆柱裸露(图 8.27a)和将其放置在同样直径的钢管内(图 8.27b),然后在上端施加均布压力,试问哪种情况下的承载能力更大?

8.8　北方冬天,经常会遇到水管因其内水结冰而被冻裂的现象。水管破裂时裂纹一般是沿着管的纵向发生,如图 8.28 所示,而管内的冰没有破坏,请分析产生这一现象的主要原因。

第8章 应力状态与强度理论

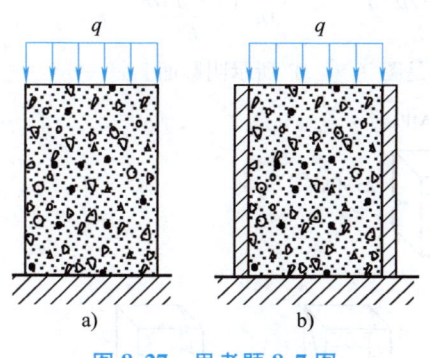

图 8.27 思考题 8.7 图

图 8.28 思考题 8.8 图

习　　题

一、判断题

8.1 同一点的应力状态用单元体表示时，由于所选取的截面位置不同可以有多个不同的单元体，用应力圆表示时则只有唯一的应力圆。（　　）

8.2 最大正应力作用面上的切应力必为零，最大切应力作用面上的正应力必为零。（　　）

8.3 三向应力状态下，单元体中最大切应力所在截面与 σ_1 所在的主平面垂直，而与 σ_2 和 σ_3 所在的主平面各成 45°。（　　）

8.4 扭转试验时铸铁试件产生破坏的主要因素是最大切应力。（　　）

8.5 危险点接近于三向均匀受压的脆性材料，应选用第三或第四强度理论进行计算。（　　）

二、单项选择题

8.1 如图 8.29 所示的应力圆表示的应力状态是（　　）。
A. 单向拉伸　　B. 单向压缩　　C. 二向应力　　D. 三向应力

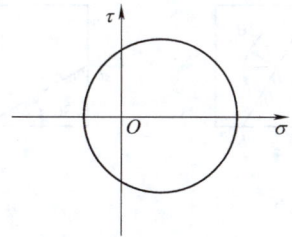

图 8.29 单项选择题 8.1 图

8.2 塑性材料在下列应力状态中，最易发生剪切破坏的是（　　）。

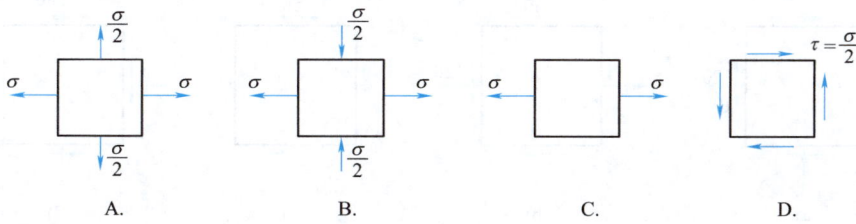

A.　　　　　　　B.　　　　　　　C.　　　　　　　D.

8.3 三向应力状态中，若三个主应力相等，则三个主应变为（　　）。

A. 0   B. $\dfrac{(1+2\mu)\sigma}{E}$ C. $\dfrac{3(1+2\mu)\sigma}{E}$ D. $\dfrac{(1-2\mu)\sigma}{E}$

8.4 如图 8.30 所示，单元体的最大切应力作用面是图（　　）所示阴影面。

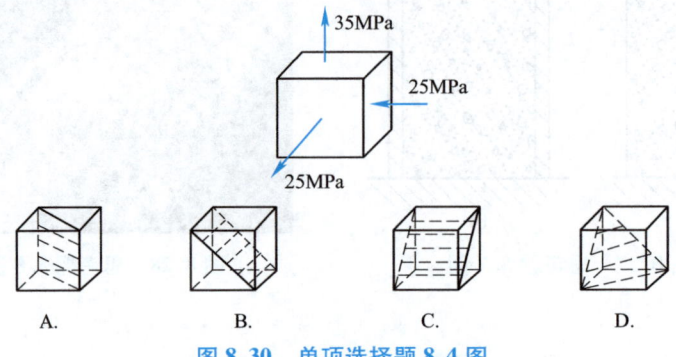

图 8.30　单项选择题 8.4 图

8.5 图 8.31 所示应力状态，按第三强度理论校核，强度条件为（　　）。

A. $\tau \leqslant [\sigma]$ B. $\sqrt{2}\,\tau \leqslant [\sigma]$ C. $-\sqrt{2}\,\tau \leqslant [\sigma]$ D. $2\tau \leqslant [\sigma]$

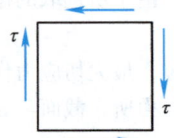

图 8.31　单项选择题 8.5 图

三、计算题

8.1 试用解析法求图 8.32 所示各单元体斜截面 ab 上的应力。应力单位为 MPa。

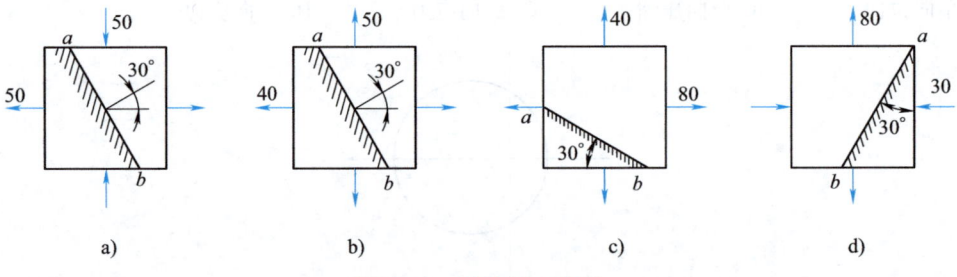

图 8.32　计算题 8.1 图

8.2 试用解析法求图 8.33 所示各单元体的主应力及主平面的方位。应力单位为 MPa。

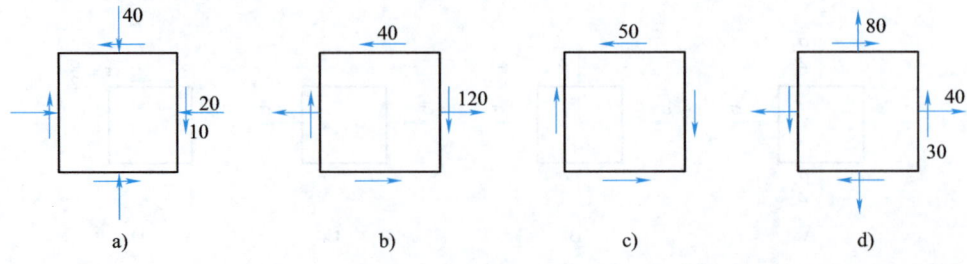

图 8.33　计算题 8.2 图

第 8 章　应力状态与强度理论

8.3　如图 8.34 所示，已知矩形截面梁某截面上的弯矩及剪力分别为 $M = 20\text{kN} \cdot \text{m}$，$F_S = 60\text{kN}$，试绘出截面上 1、2、3、4 各点的应力单元体，并求各点的主应力。

8.4　一焊接钢板梁的尺寸及受力情况如图 8.35 所示，$F = 120\text{kN}$，梁的自重忽略不计。试求图示 C 右侧截面上 a、b、c 三点处的主应力。

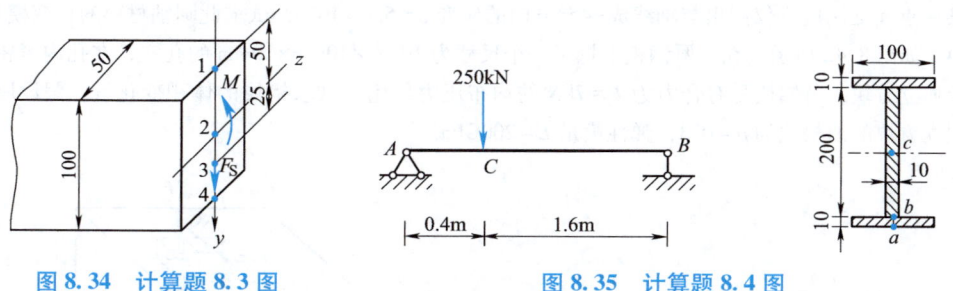

图 8.34　计算题 8.3 图　　　　图 8.35　计算题 8.4 图

8.5　试用图解法求计算题 8.1 图中各单元体斜截面 ab 上的应力。

8.6　试用图解法求计算题 8.2 图中各单元体的主应力及主平面，并标注在单元体上。

8.7　图 8.36 所示的单元体为二向应力状态，应力单位为 MPa。试求主应力及主单元体，并作应力圆。

8.8　从构件中取出的微单元受力如图 8.37 所示，AC 为自由表面（无外力作用）。试求 σ_x 和 τ_{xy}。

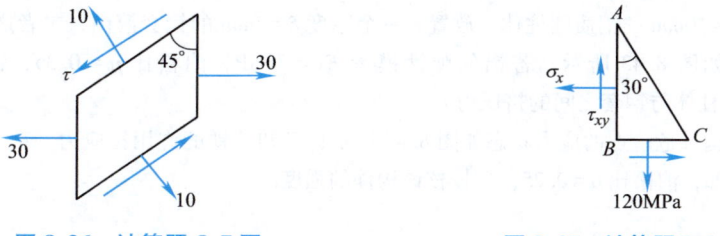

图 8.36　计算题 8.7 图　　　　图 8.37　计算题 8.8 图

8.9　木质悬臂梁高度为 200mm，宽度为 40mm 的矩形，如图 8.38 所示。在 A 点木纤维与水平线的倾角为 20°。求通过 A 点沿纤维方向的斜面上的正应力和切应力。

8.10　试求图 8.39 所示各单元体的主应力及最大切应力。应力单位为 MPa。

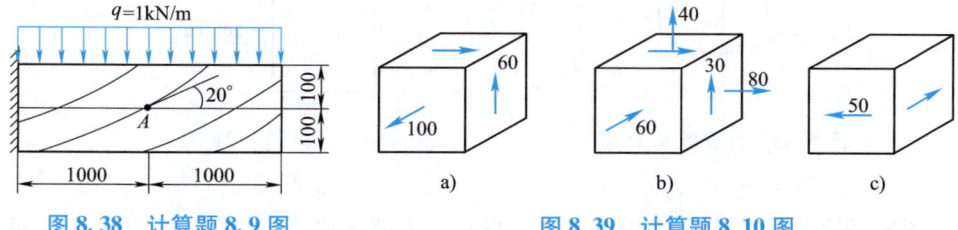

图 8.38　计算题 8.9 图　　　　图 8.39　计算题 8.10 图

8.11　如图 8.40 所示，矩形截面钢杆在受轴向拉力 $F = 20\text{kN}$ 时，测得试样中段处与其轴线成 $-30°$ 方向的线应变 $\varepsilon_{-30°} = 3.25 \times 10^{-4}$。已知材料的弹性模量 $E = 210\text{GPa}$，试求泊松比 μ。

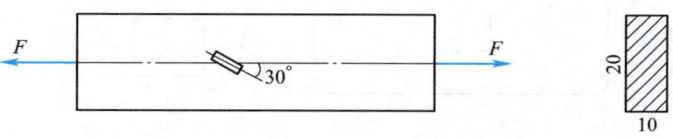

图 8.40　计算题 8.11 图

8.12 在平面应力状态下，已知最大切应变 $\gamma = 5 \times 10^{-4}$，且两个互相垂直方向上的正应力之和为 27.5MPa。材料的泊松比为 $\mu = 0.25$，$E = 200\text{GPa}$。试计算主应力的大小。（提示：$\sigma_\alpha + \sigma_{\alpha+90°} = \sigma_x + \sigma_y = \sigma_{\max} + \sigma_{\min}$）

8.13 如图 8.41 所示，一直径 $d = 20\text{mm}$ 的实心圆轴，在轴的两端加扭转力偶 $M_e = 126\text{N}\cdot\text{m}$。在轴的表面上某一点 A 处用应变仪测出与轴线成 $-45°$ 方向的应变 $\varepsilon = 5.0 \times 10^{-4}$，试求此圆轴材料的切变模量 G。

8.14 如图 8.42 所示，在一厚钢板上挖了一个尺寸为 $10\text{mm} \times 10\text{mm} \times 10\text{mm}$ 的孔穴，在孔内紧密无隙地嵌入一铝质立方块。若铝块受有合力为 $F = 7\text{kN}$ 的均布压力作用，试求铝块的体积变化量。假设厚钢板为刚体，铝立方块的泊松比为 $\mu = 0.3$，弹性模量 $E = 200\text{GPa}$。

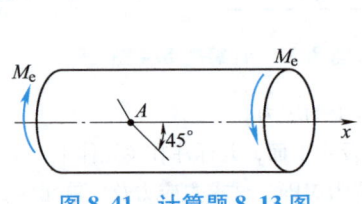

图 8.41　计算题 8.13 图　　　　图 8.42　计算题 8.14 图

8.15 直径 $D = 40\text{mm}$ 的铝质圆柱体，放置到一个厚度 $\delta = 2\text{mm}$ 的钢套筒内，二者之间无间隙，圆柱受有压力 $F = 40\text{kN}$，如图 8.43 所示。若铝的弹性模量 $E_1 = 70\text{GP}$，泊松比 $\mu = 0.35$，钢的弹性模量 $E_2 = 210\text{GPa}$，试求铝圆柱体与钢套之间的挤压力 p。

8.16 某铸铁构件危险点的应力状态如图 8.44 所示，已知铸铁的许用拉应力 $[\sigma_t] = 30\text{MPa}$，许用压应力 $[\sigma_c] = 90\text{MPa}$，泊松比 $\mu = 0.25$，试校核该构件的强度。

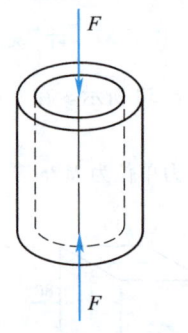
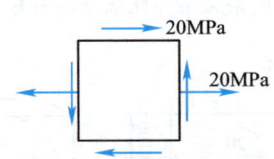

图 8.43　计算题 8.15 图　　　　图 8.44　计算题 8.16 图

8.17 图 8.45 所示薄壁圆筒受最大内压时，测得 $\varepsilon_x = 1.88 \times 10^{-4}$，$\varepsilon_y = 7.37 \times 10^{-4}$，已知钢的 $E = 210\text{GPa}$，$[\sigma] = 170\text{MPa}$，泊松比 $\mu = 0.3$，试用第四强度理论校核其强度。

图 8.45　计算题 8.17 图

8.18 图 8.46 所示一大型薄壁球罐内存放的天然气压力为 3.5MPa，球罐直径为 18m，罐体材料为高强度钢材，其屈服应力为 550MPa。当安全因数取 3，求球罐材料不发生屈服破坏所需要的最小壁厚。

8.19 一简支的 No.28a 工字钢梁承受载荷如图 8.47 所示，已知材料的许用应力 $[\sigma]$ = 170MPa，$[\tau]$ = 100MPa。试按弯曲正应力强度条件和切应力强度条件校核梁的强度，并校核腹板与翼缘交界处 a 点的强度。

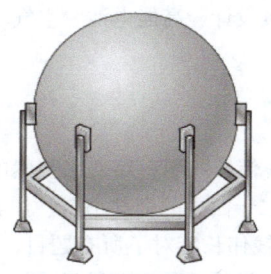

图 8.46　计算题 8.18 图

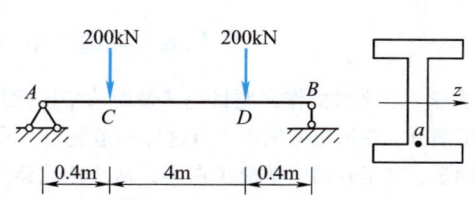

图 8.47　计算题 8.19 图

8.20 （出自 2011 年第八届全国周培源大学生力学竞赛）图 8.48 所示圆柱 AB 的自重不计，长为 L，直径为 D，材料弹性模量为 E，泊松比为 μ，剪切屈服应力为 τ_s。其中圆柱 A 端固定，B 端承受引起 50% 剪切屈服应力的扭转力偶 M_T 作用。

(1) 求作用于圆柱上的扭矩 M_T。

(2) 应用第三强度理论（最大切应力理论），求在圆柱 B 端同时施加多大的轴向拉伸应力而不产生屈服。

(3) 求问题 (2) 情况下圆柱体的体积改变量。

8.21 （出自 2023 年第十四届全国周培源大学生力学竞赛）图 8.49 所示长度为 l 的矩形截面简支梁受到集度为 q 的均布荷载作用。梁横截面尺寸为 $b \times h$，C 为横截面的形心，材料为低碳钢。

(1) 若梁某横截面上的剪力为 F_S、弯矩为 M，求该横截面上图示阴影区域合力的大小（用 F_S 和 M 表示）。

(2) 以支座 A 为坐标原点建立图示坐标系，求梁内任意一点的第三强度理论相当应力（表示成该点位置坐标 x、y、z 的函数）。

(3) 若材料的许用应力为 $[\sigma]$，试确定该梁内危险点的位置，并根据第三强度理论列出危险点的强度条件。

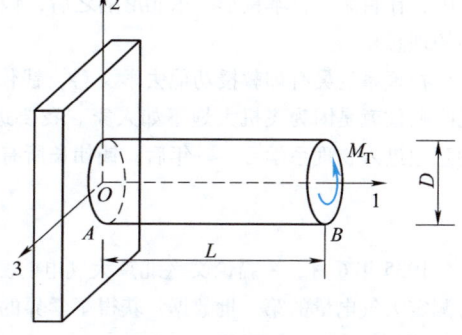

图 8.48　计算题 8.20 图

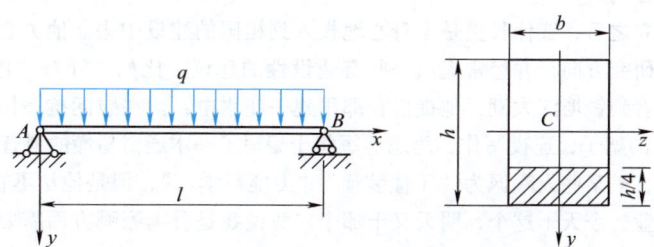

图 8.49　计算题 8.21 图

课外阅读：钱伟长

钱伟长（1912—2010），出生于江苏无锡，科学家、教育家、社会活动家、中国科学院院士。他是我国力学、应用数学、中文信息学的奠基人之一，也是中国科学院力学研究所和自动化研究所的创始人之一。他创建了板壳非线性内禀统一理论和浅壳的非线性微分方程组，在波导管理论、奇异摄动理论、润滑理论、环壳理论、广义变分原理、有限元法、穿甲力学、大电动机设计、高能电池、空气动力学、中文信息学等方面都有重要贡献。

"我要学习造飞机大炮"

1931年清华大学入学考试的作文题目是《梦游清华园赋》，钱伟长写了一篇文采斐然的文章，让出题人陈寅恪直接给了满分；在历史考试中，有这样一道题目，写出二十四史的全部书名、作者、卷数，这道题难倒了大部分同学，甚至有的同学交了白卷，从小饱读诗书的钱伟长答对了所有题目，历史考了满分。但是这样的文科高材生，在其他科目方面是一窍不通，钱伟长的数学物理英语等科目，加起来只有25分，得益于清华当时的招生制度，钱伟长以第七名的成绩被清华大学录取。在选择专业的时候，大家都以为钱伟长会选择文科专业成为一名国学大师，但是钱伟长却毅然弃文从理，选择了物理专业。这样的选择早有原因，在目睹了日本侵华、东北沦陷之后，钱伟长多次走上街道游行，在他的心里埋下学科学、造飞机大炮的理想。

物理系的吴有训教授劝他去学文科，钱伟长坚定地回答："要打仗，中文、历史都派不上用场。中国老吃败仗就是因为飞机大炮不如人家。我要进物理系！"软磨硬泡之下，吴有训被这个学生的坚持打动，同意他进入物理系学习。一年后，钱伟长所有功课成绩都达到70分以上，证明他自己的选择是正确的。

"万能科学家"

1935年6月，一篇论文《北京大气电的测定》在青岛举行的物理学年会上被宣读，论文提供了我国自行测定大气电量的第一批数据，获得了学界的高度关注，这篇论文正是钱伟长的本科毕业论文。

钱伟长向别人证明了自己在物理方面的天赋。在家人的支持下，他继续在清华大学攻读研究生，主攻X光衍射的研究，同时他还完成了很多别的课题，研究了溶液理论和铈的原子光谱学，坚韧的品质和深厚的专业基础，帮助他在科学这条路上行稳致远。

从清华研究生毕业后，钱伟长前往多伦多大学继续学习物理，专攻弹性力学，主要研究板壳内禀理论，这一理论在现实中有着非常广泛的应用，在制造火箭、卫星、桥梁等物体时，需要考虑到金属板的变形和物体外壳的形态。当时国内在这方面的理论十分混乱，不利于军工业的发展，钱伟长立志要在此做出突破。

1941年5月，钱伟长和辛格教授合著的《弹性板壳的内禀理论》发表，在物理学界引起轰动。就连爱因斯坦看到这篇论文之后都大加赞赏，这篇论文也被学界誉为"为西方文献重新注入新的生命力""对以后的工作有不可估量的影响"。

中华人民共和国成立之后，钱伟长更是全身心地投入到祖国的建设中去。他关心的不再只是力学，而是对国家有益处的一切研究方向，并经常提出一些有建设性的建议。比如，针对"中国贫油论"，他提出在渤海地下勘探石油；看到钱塘江大潮，他提出在那里建一座水电站。在慰问抗美援朝志愿军的时候，他放下自己"大科学家"的架子，连夜写作，为志愿军将士编写了一本通俗易懂的科普读物。

钱伟长的这些举动，被某些人嘲讽为"不懂装懂""万能科学家"，但是他从不在意："我一辈子就是这样，有人说我不务正业，今天干这个，明天又干那个。我说我是看国家哪方面需要我，我就力所能及地去干"。

第 9 章
组合变形

本章导读

组合变形是指构件在外力作用下同时产生两种或两种以上的基本变形。叠加法是分析组合变形的基本方法。本章在拉压、扭转和平面弯曲等基本变形的强度计算基础上，主要介绍了斜弯曲、拉压与弯曲组合变形、弯扭组合变形等常见组合变形的受力特点和变形特点，重点阐述了组合变形的内力分析、应力分析和强度计算方法与步骤。同时，还介绍了截面核心的概念、意义和确定方法。

工程案例

2010 年 7 月 16 日 19 时 50 分，台风"康森"在海南三亚市亚龙湾登陆，正面袭击了三亚，登陆时风力 12 级。7 月 18 日，"康森"过境，鹿城一片狼藉。但是，最令人触目惊心的还是倒塌在路边的广告牌（图 9.1）。东线高速陵水至三亚段的广告牌基本"全军覆没"。据三亚市有关部门统计，"康森"袭击三亚当晚，摧毁了三亚市 1390 多块广告牌。其中，高立柱广告 25 块，大型广告 270 多块，中小型广告 1000 多块。

a) 立柱倒塌

b) 广告招牌对折

c) 砸毁汽车

图 9.1 三亚广告牌倒塌损毁

围绕着这些倒塌的广告牌，三亚市展开一系列调查发现，"弱不禁风"广告牌的背后暴露出的是严重的质量问题和巨大的管理漏洞。

有业内人士指出，高立柱广告的制作安装有着很高的标准要求。一个标准的 6m 高、20m 长的两面牌户外广告牌，是否经得起大风，主要看制作过程的四个方面：一是地基要打牢，要求 3m 宽、8m 长、深 2m 多，一直挖到原土层，并编上钢筋网，注入 60 多 m³ 的水泥浆浇筑而成；二是中间柱子要用厚 1.8cm 的钢板，用机械焊接而成，直径应达到 1.3m；三是柱子和地基的连接，除了用特大号螺栓加固外，还要用加强钉并用电焊固定；四是在广告牌屏幕和柱子的连接上，广告牌的龙骨架和横梁都与柱子用法兰盘对接，用电焊焊牢。如果按照规定标准来制作安装一个立柱广告牌，成本最少需要 40 万元。而偷工减料的高立柱广告牌成本最多 20 万元，根本扛不住台风。

无独有偶，2017 年 8 月 31 日下午三点多，位于广东省东莞市东莞大道辅道转入怡丰路路口处一个近 30m 高的巨型广告牌突然发生倒塌（图 9.2），停靠在路边停车场内的 6 辆汽车被砸，有几辆车直接被压扁，完全报废，不过庆幸的是没有造成人员伤亡。据了解这块广告牌是一底座由 24 个螺栓固定的钢结构立柱，据专业人士介绍，如此大的广告牌，地基需要深挖，底座预埋深度应该根据当地的风荷载标准值按地基土层的水文地质勘测报告，由结构工程师经结构计算（重要的是抗倾覆承载能力计算），并符合结构设计规范确定。现场勘察发现此广告牌的柱基底座埋的非常浅，估计只有二十厘米，底座地基已经完全断裂。正如前面所述偷工减料地基不牢的广告牌根本扛不了九级大风，因而被吹倒。

a) 正在倒塌　　　　　　　　b) 完全倒塌　　　　　　　　c) 倒塌广告牌的底座

图 9.2　东莞巨型广告牌倒塌损毁

我国台风主要分布在东南沿海地区，台风多发月份为 6~10 月。海南和广东沿海常年是遭受台风侵袭的重灾区。近些年来，广告牌倒塌阻断交通、广告牌伤人砸车等事件层出不穷，对公共安全及人民生命财产造成了重大损失。通过组合变形内容的学习，可知广告牌在自身自重和风荷载的共同作用下发生的变形较为复杂，可以看作是压缩、扭转、弯曲和剪切几种基本变形的组合，尤其对于高大的巨形广告牌，若其迎风面较大，在风力较大情况下，其所受的风荷载所引起的弯曲和扭转效应巨大，若广告牌立柱与地面连接的底座位置处不足够坚实牢固，或广告牌底部基础有所松动，或其上部招牌结构内部支架杆件的强度不足，则极易导致广告牌发生整体倾覆或是上部结构翻折损毁的破坏事故。

请读者思考：在给定风荷载条件下，如何计算广告牌与地面连接底座位置处的最大工作应力，或如何对现有户外广告牌进行合理有效的加固维修，以最大程度范围内保护公众安全。

9.1　组合变形概述

前面各章分别讨论了杆件在轴向拉压、剪切、扭转、平面弯曲四种基本变形条件下的强度及刚度问题。在实际工程中，大多数构件在外力作用下往往同时产生两种或两种以上的基本变形，这样的变形称为**组合变形**。如图 9.3a 中，坡屋顶上的矩形横梁在自身重力和屋面压力作用下将在两个纵向对称平面内发生平面弯曲即斜弯曲变形；图 9.3b 所示的钻床在钻

第 9 章 组合变形

 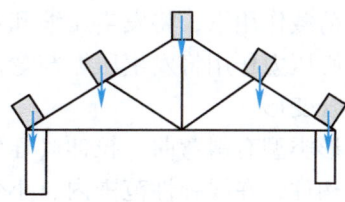

a) 屋顶横梁的斜弯曲变形

 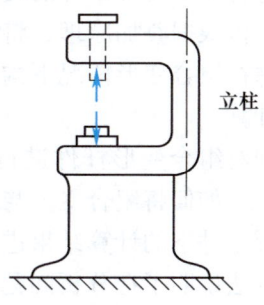

b) 钻床立柱的拉伸与弯曲组合变形

 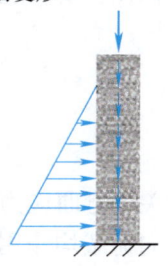

c) 大坝的压缩与弯曲组合变形

 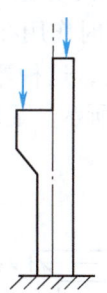

d) 立柱的压缩与弯曲组合变形

 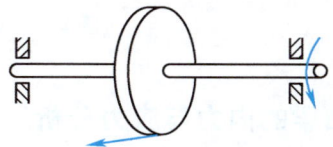

e) 卷扬机轴的扭转和弯曲组合变形

图 9.3 组合变形

孔时，其立柱会发生轴向拉伸和弯曲的组合变形；图 9.3c 所示的长江三峡大坝在水压力、自身重力和坝顶荷载作用下，将发生压缩和弯曲的组合变形；图 9.3d 所示工厂厂房吊车梁的牛腿柱，受偏心压力作用将发生压缩与弯曲组合变形；图 9.3e 所示的卷扬机传动轴发生扭转和弯曲的组合变形。

常见组合变形类型有斜弯曲、拉伸（压缩）与弯曲组合变形和弯曲与扭转组合变形。

对组合变形构件，在线弹性范围内、小变形条件下，可采用叠加法进行分析。先将构件荷载简化或分解为符合基本变形条件的几组荷载，然后分别计算构件在每一种基本变形下的内力、应力和变形。再根据叠加原理，将各种基本变形的计算结果进行叠加即得组合变形的结果。最后综合考虑在组合变形情况下构件危险截面的位置以及危险点的应力状态，据此进行强度计算或刚度计算。

在采用叠加原理对组合变形杆件进行内力和应力分析时，无须引入新的概念和新的方法。问题的关键在于，如何将组合受力与组合变形分解为基本受力与基本变形，以及如何将基本受力与基本变形条件下的计算结果进行叠加，这是本章的重点。

组合变形分析方法说明了在分析问题和解决问题时，要用辩证哲学的思维方法，透过现象看本质，去伪存真，抓住主要问题忽略次要问题，将一个复杂问题化解成若干个简单问题来解决。

9.2 斜弯曲

在第 5 章和第 6 章关于弯曲应力、弯曲变形的分析中，研究的是平面弯曲问题，即梁具有纵向对称平面，且横向荷载均作用在梁的纵向对称平面内，梁的挠曲线位于荷载所在的纵向对称平面内。若梁无纵向对称平面，或虽有纵向对称平面但荷载并不作用在该对称平面内（图 9.4a），或荷载同时作用在不同的对称平面内（图 9.4b），在这些情况下，梁的挠曲线与荷载不在同一平面内，这种弯曲称为<u>斜弯曲</u>。梁发生斜弯曲时横截面上同时存在两个弯矩 M_y 和 M_z，如图 9.4c 所示。显然，斜弯曲是在两个主轴平面内同时产生平面弯曲的组合变形。

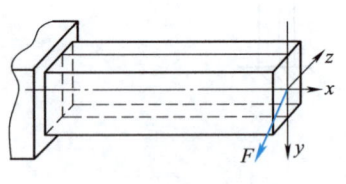
a) 荷载未作用在对称面内

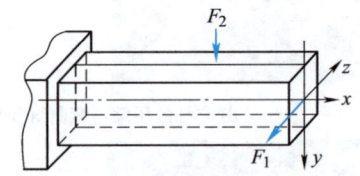
b) 荷载作用在不同的对称面内

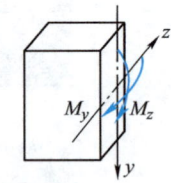
c) 横截面上的弯矩

图 9.4 斜弯曲梁受力图

9.2.1 斜弯曲梁的内力与应力分析

通常将斜弯曲分解为两个主轴平面内的弯曲。为此，可将横向力沿截面的两个形心主轴方向分解，也可以先求出截面上的总弯矩，然后将其矢量向两个形心主轴方向分解，再计算各自相应的应力。

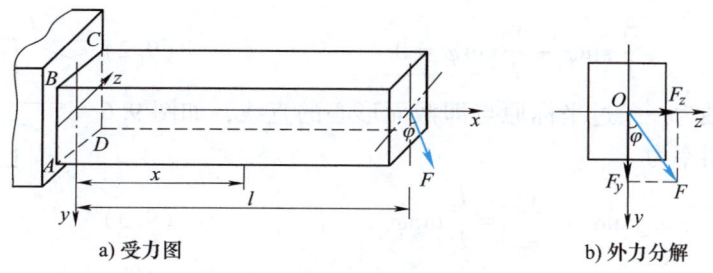

图 9.5 矩形截面悬臂梁的斜弯曲

以图 9.5 所示矩形截面悬臂梁在自由端受一与 y 轴夹角为 φ 的集中力 F 作用为例,来说明斜弯曲的分析过程。

(1)外力分解 将力 F 沿形心轴 y 轴和 z 轴进行分解,得
$$F_y = F\cos\varphi, \quad F_z = F\sin\varphi$$

在分力 F_y、F_z 作用下,梁将分别在 xOy 对称平面和 xOz 对称平面内产生平面弯曲。

(2)内力计算 位于形心主惯性平面 xOy 内的横向外力 F_y 将使梁绕中性轴 z 发生平面弯曲,其横截面的弯矩 M_z 按照弯曲内力计算方法进行计算,可以列出弯矩方程或画出弯矩图。同样,位于形心主惯性平面 xOz 内的横向外力 F_z 将使梁绕中性轴 y 发生平面弯曲,其横截面的弯矩 M_y 仍然按照弯曲内力计算方法进行计算。在距左端点为 x 的任一截面上,由 F_y 和 F_z 引起的截面上的弯矩分别为
$$M_z = F_y(l-x) = F\cos\varphi(l-x) = F(l-x)\cos\varphi = M\cos\varphi$$
$$M_y = F_z(l-x) = F\sin\varphi(l-x) = F(l-x)\sin\varphi = M\sin\varphi$$

其中合弯矩为
$$M = \sqrt{M_z^2 + M_y^2}$$

(3)应力计算 弯矩 M_y、M_z 对应的弯曲正应力分别为
$$\sigma' = \frac{M_y z}{I_y} = \frac{Mz}{I_y}\sin\varphi, \quad \sigma'' = \frac{M_z y}{I_z} = \frac{My}{I_z}\cos\varphi$$

式中,I_z 和 I_y 为截面对 z 轴和 y 轴的惯性矩。

根据叠加原理,横截面上任一点 (z, y) 处的弯曲正应力为
$$\sigma = \sigma' + \sigma'' = \frac{M_y z}{I_y} + \frac{M_z y}{I_z} = M\left(\frac{z}{I_y}\sin\varphi + \frac{y}{I_z}\cos\varphi\right) \tag{9.1}$$

式(9.1)为梁斜弯曲时横截面任一点 (z, y) 处的弯曲正应力计算公式。应用该式计算时,可将式中的 M_z、M_y、y、z 以绝对值代入计算,σ' 和 σ'' 的正负则根据梁的变形和该点的位置直接判定,也可根据 M_z、M_y、y、z 的正负确定应力的正负。

9.2.2 斜弯曲梁的中性轴

中性轴是横截面上正应力为零的点连成的一条线。所以,假设横截面内中性轴上任意一点的坐标为 (z_0, y_0),由式(9.1)得
$$\sigma = M\left(\frac{z_0}{I_y}\sin\varphi + \frac{y_0}{I_z}\cos\varphi\right) = 0$$

于是就得到中性轴方程

$$\frac{z_0}{I_y}\sin\varphi + \frac{y_0}{I_z}\cos\varphi = 0 \qquad (9.2)$$

可见，中性轴为一条过坐标原点即截面形心的直线，如图 9.6 所示。中性轴的斜率为

$$\tan\alpha = \left|\frac{y_0}{z_0}\right| = \frac{I_z}{I_y}\tan\varphi \qquad (9.3)$$

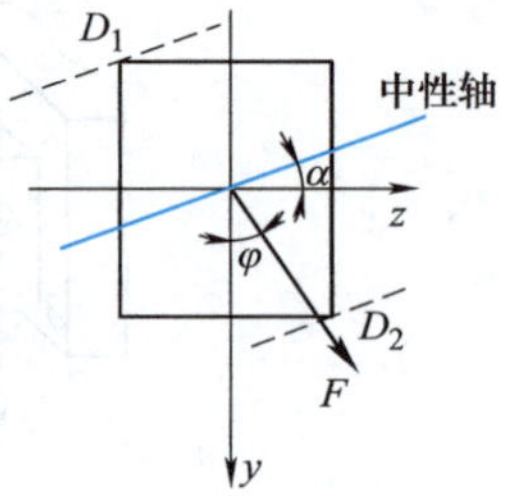

根据中性轴与 z 轴的夹角 α 即可确定中性轴的位置。中性轴的位置与截面形状、大小及外力作用方向有关。

图 9.6　中性轴及危险点

9.2.3　斜弯曲梁的最大正应力与强度条件

中性轴的位置确定以后，在其两侧作平行于中性轴的两条直线，使之与截面周边相切，切点 D_1、D_2 的应力则为截面上的最大拉应力和最大压应力，如图 9.6 所示。在进行强度计算时，首先要确定危险截面，在危险截面上按上述方法找出危险点 D_1 或 D_2。于是由式 (9.1) 可得危险截面上危险点的正应力为

$$\sigma_{\max} = \frac{M_{y,\max}z_0}{I_y} + \frac{M_{z,\max}y_0}{I_z} = M_{\max}\left(\frac{z_0}{I_y}\sin\varphi + \frac{y_0}{I_z}\cos\varphi\right) \qquad (9.4)$$

式中，$M_{\max}$ 和 $M_{z,\max}$、$M_{y,\max}$ 为危险截面上的合弯矩、对 z 轴的弯矩和对 y 轴的弯矩；z_0 和 y_0 为危险点的坐标。

由于危险点处于单向应力状态，可将最大正应力与材料的许用应力相比较来建立强度条件，进行强度计算，即强度条件为

$$\sigma_{\max} \leqslant [\sigma] \qquad (9.5)$$

关于梁横截面上的切应力，对于一般实体截面梁而言，其值都较小，故在组合变形强度计算中可不必考虑。

工程中常用的工字形、矩形等对称截面梁，斜弯曲时梁内最大正应力都发生在危险截面的棱角处。因此，可根据梁的变形情况，直接确定截面上最大拉、压应力所在点的位置，而无需给出中性轴的位置。

对于图 9.5 所示的矩形截面悬臂梁，梁上固定端为危险截面，其上的弯矩 M_z、M_y 均达到最大，其值分别为

$$M_{z,\max} = F_y l = Fl\cos\varphi = M_{\max}\cos\varphi$$
$$M_{y,\max} = F_z l = Fl\sin\varphi = M_{\max}\sin\varphi$$

危险截面上最大拉应力 $\sigma_{t\max}$ 在 B 点，最大压应力 $\sigma_{c\max}$ 在 D 点，它们的绝对值相等，其值为

$$\sigma_{t,\max} = \frac{M_{z,\max}}{W_z} + \frac{M_{y,\max}}{W_y} \qquad (9.6a)$$

$$\sigma_{c,\max} = -\left(\frac{M_{z,\max}}{W_z} + \frac{M_{y,\max}}{W_y}\right) \qquad (9.6b)$$

B、D 两点都是危险点，都处于单向应力状态，故梁的强度条件为

$$\sigma_{\max} = \frac{|M_{z,\max}|}{W_z} + \frac{|M_{y,\max}|}{W_y} \leqslant [\sigma] \qquad (9.7)$$

9.2.4 斜弯曲梁的变形

梁在产生斜弯曲变形时的挠度也可利用叠加原理进行计算，仍以图 9.5 所示矩形悬臂梁为例来说明斜弯曲变形时挠度的计算。悬臂梁自由端因外力 F 引起的 y 方向挠度 w_y 和 z 方向挠度 w_z 分别为

$$w_y = \frac{F_y l^3}{3EI_z} = \frac{Fl^3}{3EI_z}\cos\varphi, \quad w_z = \frac{F_z l^3}{3EI_y} = \frac{Fl^3}{3EI_y}\sin\varphi$$

根据叠加原理，自由端截面因 F 引起的总挠度就是 w_y 和 w_z 的矢量和，其大小为

$$w = \sqrt{w_y^2 + w_z^2}$$

设总挠度 w 与 y 轴的夹角为 θ，如图 9.7 所示，则

$$\tan\theta = \frac{w_z}{w_y} = \frac{I_z}{I_y}\tan\varphi$$

由式（9.3）得

$$\tan\theta = \tan\alpha$$

即 $\theta = \alpha$，说明斜弯曲梁的挠度与中性轴垂直。

对于矩形、工字形这类截面，$I_z \neq I_y$，$\theta \neq \varphi$，即梁的弯曲平面与外力作用面不重合，梁发生斜弯曲。对于圆形、正方形及正多边形截面，由于所有各形心轴都是形心主惯性轴，其 $I_z = I_y$，$\alpha = \varphi$，当外力作用在包括横截面上任一形心轴在内的纵向平面内时，都只发生平面弯曲而不会发生斜弯曲。

斜弯曲梁的刚度条件仍然为梁的最大挠度不得超过梁的许用挠度，即

$$w_{\max} \leq [w]$$

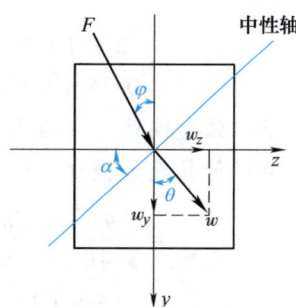

图 9.7 挠度、外力和中性轴的位置关系

【例 9.1】 图 9.8a、b 所示矩形截面木檩条，已知木材的许用应力 $[\sigma] = 11\text{MPa}$，弹性模量 $E = 10\text{GPa}$，许用挠度 $[w] = \dfrac{l}{200}$，均布荷载 $q = 2\text{kN/m}$，$l = 4\text{m}$，$\varphi = 30°$，试校核其强度和刚度。

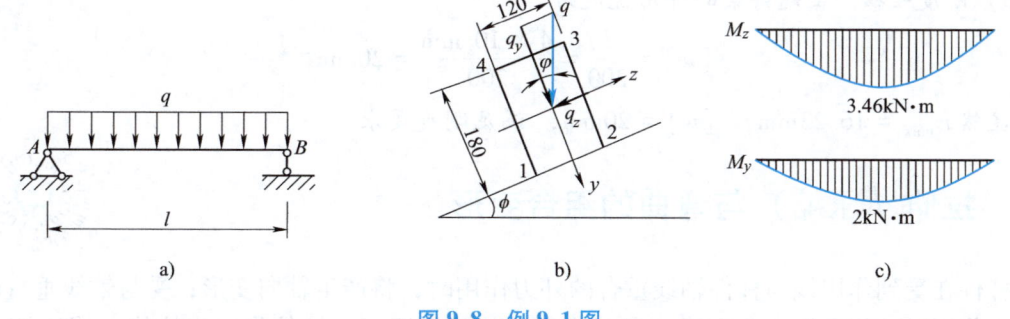

图 9.8 例 9.1 图

【解】 1）内力分析。根据梁的受力特点可知梁将发生斜弯曲。将均布荷载 q 沿两对称轴 z、y 分解得

$$q_z = q\sin\varphi, \quad q_y = q\cos\varphi$$

由图 9.8c 弯矩图知，最大弯矩 $M_{y,\max}$、$M_{z,\max}$ 均在跨中截面，因此该截面为危险截面。由 q_z、q_y 引起的最大弯矩 $M_{y,\max}$、$M_{z,\max}$ 分别为

$$M_{y,\max} = \frac{1}{8}q_z l^2 = \frac{1}{8} \times (2\text{kN/m} \times \sin30°) \times (4\text{m})^2 = 2\text{kN} \cdot \text{m}$$

$$M_{z,\max} = \frac{1}{8}q_y l^2 = \frac{1}{8} \times (2\text{kN/m} \times \cos30°) \times (4\text{m})^2 = 3.46\text{kN} \cdot \text{m}$$

2）计算危险点应力。危险点为 1、3 点，1 点为梁的最大拉应力点，3 点为最大压应力点，且这两点的弯曲正应力的绝对值相等，为

$$\sigma_{t,\max} = |\sigma_{c,\max}| = \frac{M_{y,\max}}{W_y} + \frac{M_{z,\max}}{W_z}$$

$$= \frac{2 \times 10^3 \text{N} \cdot \text{m} \times 6}{0.18\text{m} \times (0.12\text{m})^2} + \frac{3.46 \times 10^3 \text{N} \cdot \text{m} \times 6}{0.12\text{m} \times (0.18\text{m})^2} = 9.97 \times 10^6 \text{Pa} = 9.97\text{MPa}$$

3）强度校核。危险点处的应力 $\sigma_{\max} = 9.97\text{MPa} < [\sigma] = 11\text{MPa}$，满足强度要求。

4）计算最大挠度。最大挠度在跨中截面处，与 q_y 和 q_z 相应的挠度分别为

$$w_{y,\max} = \frac{5q_y l^4}{384EI_z} = \frac{5ql^4 \cos\varphi}{384EI_z}$$

$$= \frac{5 \times (2 \times 10^3 \text{N/m}) \times (4\text{m})^4 \times \cos30°}{384 \times (10 \times 10^9 \text{Pa}) \times \dfrac{0.12\text{m} \times (0.18\text{m})^3}{12}} = 9.90 \times 10^{-3}\text{m} = 9.90\text{mm}$$

$$w_{z,\max} = \frac{5q_z l^4}{384EI_y} = \frac{5ql^4 \sin\varphi}{384EI_y}$$

$$= \frac{5 \times (2 \times 10^3 \text{N/m}) \times (4\text{m})^4 \times \sin30°}{384 \times (10 \times 10^9 \text{Pa}) \times \dfrac{0.18\text{m} \times (0.12\text{m})^3}{12}} = 12.86 \times 10^{-3}\text{m} = 12.86\text{mm}$$

总挠度为

$$w_{\max} = \sqrt{w_{y,\max}^2 + w_{z,\max}^2} = \sqrt{(9.90\text{mm})^2 + (12.86\text{mm})^2} = 16.23\text{mm}$$

5）刚度校核。由题得梁的许用挠度为

$$[w] = \frac{l}{200} = \frac{4 \times 10^3 \text{mm}}{200} = 20\text{mm}$$

显然 $w_{\max} = 16.23\text{mm} < [w] = 20\text{mm}$，满足刚度要求。

9.3 拉伸（压缩）与弯曲的组合变形

杆件在受到作用线与杆件轴线重合的外力作用时，将产生轴向变形；受与轴线垂直的横向外力作用时，将产生弯曲变形。在下述两类荷载作用下，杆件将产生拉伸（或压缩）与弯曲的组合变形。

1）杆件受轴向力和横向力共同作用，如图 9.9 所示。

2）杆件受作用线与轴线平行但不通过截面形心的外力作用，即受偏心力作用，如图 9.10 所示。

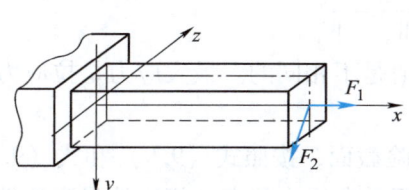
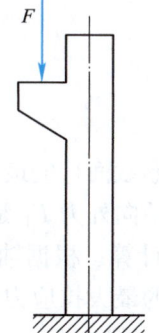

图 9.9　轴向力和横向力共同作用的组合变形　　图 9.10　偏心力作用的组合变形

9.3.1　轴向力和横向力共同作用

在轴向力和横向力共同作用下，杆件横截面上将产生轴力、弯矩和剪力。由于剪力对组合变形的影响甚小，一般不予考虑，因而只讨论弯矩和轴力对组合变形的影响。一般情况下，杆件的弯曲刚度较大时，因弯曲变形引起的挠度与横截面尺寸相比很小，所以，轴向力因弯曲变形引起的弯矩可以忽略不计。于是，轴向力只引起拉伸或压缩变形，横向力只引起弯曲变形。外力与构件内力、应力和变形仍然是线性关系，仍然可以采用叠加法进行计算。

以图 9.9 所示矩形截面杆件为例，来说明在轴向力 F_1 和横向力 F_2 作用下，拉、弯组合变形杆件的强度计算方法。

（1）内力分析　杆件在轴向力 F_1 作用下产生轴向拉伸变形，相应的内力为轴力 F_N。在横向力 F_2 作用下产生斜弯曲变形，相应的内力有剪力 F_S 和弯矩 M_z、M_y。如前所述，由于剪力引起的切应力较小，故不考虑它对强度的影响。因此，任一横截面上的内力只考虑轴力 F_N，弯矩 M_z、M_y。

（2）应力分析　根据叠加原理，可计算某横截面上一点 (z,y) 的应力，它由以下三部分组成。

1）与轴力 F_N 对应的正应力，在截面上均匀分布，其值为

$$\sigma' = \frac{F_N}{A}$$

2）与弯矩 M_z、M_y 对应的弯曲正应力在截面上沿截面高度和宽度线性分布，其值分别为

$$\sigma'' = \frac{M_z y}{I_z}, \quad \sigma''' = \frac{M_y z}{I_y}$$

于是横截面上点 (z,y) 的应力为

$$\sigma = \sigma' + \sigma'' + \sigma''' = \frac{F_N}{A} + \frac{M_z y}{I_z} + \frac{M_y z}{I_y} \tag{9.8}$$

需要注意的是，按式（9.8）计算任一点的应力时，各项应力以拉应力为正，压应力为负代入计算，后两项的判断方法仍然可以按照计算点的位置和弯矩转向来判别。

横截面上的最大拉应力和最大压应力分别为

$$\sigma_{t,\max} = \frac{F_N}{A} + \frac{M_z}{W_z} + \frac{M_y}{W_y} \tag{9.9}$$

$$\sigma_{c,\max} = \frac{F_N}{A} - \frac{M_z}{W_z} - \frac{M_y}{W_y} \tag{9.10}$$

显然，矩形截面杆的最大拉、压应力的绝对值是不相同的。最大应力是拉应力还是压应力主要取决于轴向外力 F_1 是拉力还是压力。

（3）强度计算　根据轴力图和弯矩图确定危险截面，按照式（9.9）和式（9.10）计算出危险截面上的最大拉应力和压应力。危险点处于单向应力状态，相应的强度条件为

$$\sigma_{\max} \leqslant [\sigma]$$

如果材料的许用拉应力和许用压应力不相等时，杆件的最大拉应力和最大压应力还应分别满足拉、压强度条件，即

$$\sigma_{t,\max} \leqslant [\sigma_t],\ \sigma_{c,\max} \leqslant [\sigma_c]$$

【例 9.2】　图 9.11a 所示起重架最大起重量 $G = 50\mathrm{kN}$，结构自重不计，横梁 AB 由两根 No.22a 槽钢组成，跨长为 $l = 4\mathrm{m}$，$[\sigma] = 160\mathrm{MPa}$，试校核 AB 梁的强度。

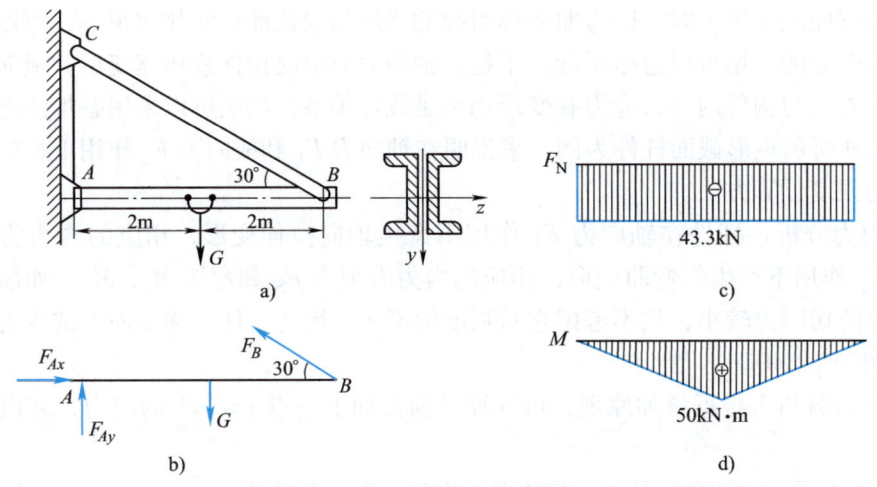

图 9.11　例 9.2 图

【解】　1）对梁 AB 做受力分析，判断其变形。作梁 AB 的受力图，如图 9.11b 所示。根据作用在梁 AB 上的受力情况，可确定该梁将产生压缩与弯矩的组合变形。由平衡方程

$$\sum M_A = 0,\ F_B \times \sin30° \times 4\mathrm{m} - G \times 2\mathrm{m} = 0$$
$$\sum F_x = 0,\ F_{Ax} - F_B \times \cos30° = 0$$

得
$$F_B = 50\mathrm{kN},\ F_{Ax} = 43.30\mathrm{kN}$$

2）确定危险截面和危险点，计算危险点应力。作梁 AB 的轴力图和弯矩图（图 9.11c、d）。由于整个梁的轴力为常数，而弯矩在荷载 G 作用的截面上最大，因此该截面为危险截面。其上的内力为

$$F_N = F_{Ax} = 43.30\mathrm{kN}$$
$$M_z = F_B \sin30° \times \frac{l}{2} = \frac{50\mathrm{kN} \times 4\mathrm{m}}{4} = 50\mathrm{kN \cdot m}$$

危险点在危险截面的上边缘，该处的正应力最大，为压应力，其绝对值为

$$\sigma_{\max} = \left| -\frac{F_N}{A} - \frac{M_z}{W_z} \right|$$

查型钢表得，$W_z = 2 \times 218 \text{ cm}^3$，$A = 2 \times 31.846 \text{ cm}^2$，代入上式得

$$\sigma_{\max} = \frac{43.30 \times 10^3 \text{N}}{2 \times 31.846 \times 10^{-4} \text{m}^2} + \frac{50 \times 10^3 \text{N} \cdot \text{m}}{2 \times 218 \times 10^{-6} \text{m}^3}$$

$$= (6.80 + 114.68) \times 10^6 \text{Pa} = 121.48 \text{MPa}$$

3）强度校核。

$\sigma_{\max} > [\sigma] = 120 \text{MPa}$，但 $\dfrac{\sigma_{\max} - [\sigma]}{[\sigma]} = \dfrac{|-121.48 \text{MPa}| - 120 \text{MPa}}{120 \text{MPa}} = 1.2\% < 5\%$

由于梁 AB 的最大应力未超过许用应力的 5%，在实际工程中仍然可以认为满足强度要求。

9.3.2 偏心力作用

偏心力是指作用线与杆件轴线平行但不重合的外力。外力作用线与轴线间的垂直距离称为**偏心距**，用 e 表示。杆件在偏心力作用下将会产生偏心拉伸或偏心压缩现象，如图 9.3b 所示钻床的立柱，以及图 9.3d 所示厂房立柱的变形分别为偏心拉伸和偏心压缩变形。如图 9.12a 所示，偏心压力 F 作用在横截面某一形心轴上，称为单向偏心压缩，杆件将产生轴向压缩和平面弯曲组合变形。如图 9.12b 所示，当偏

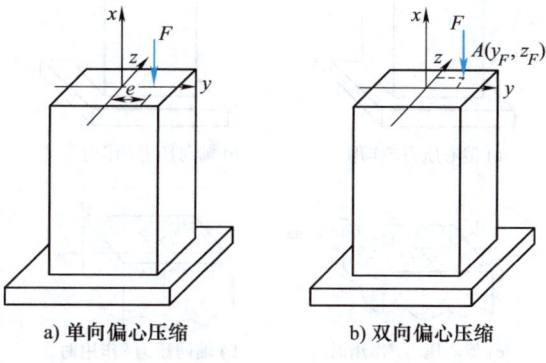

a) 单向偏心压缩　　b) 双向偏心压缩

图 9.12　偏心压缩

心压 F 的作用点不在截面形心轴上，称为双向偏心压缩，杆件将产生轴向压缩与斜弯曲组合变形。

下面以图 9.12b 所示的双向偏心压缩矩形截面杆为例来说明受偏心力作用的杆件的强度计算问题。

（1）外力简化　设偏心压 F 作用在杆端截面上 $A(y_F, z_F)$ 点，A 点的坐标值 y_F、z_F 即 F 的偏心距，坐标轴 y、z 为截面的两条对称轴，即形心主惯性轴。先将偏心压力 F 用符合基本变形外力作用条件的静力等效力系来代替。为此，将力 F 向截面形心 O 点简化，得到轴向力 F 和两个纵向对称面内的力偶 M_{ey}、M_{ez}。力偶矩 $M_{ey} = Fz_F$，$M_{ez} = Fy_F$，简化过程如图 9.13 所示。

（2）内力和应力分析　偏心压力 F 对杆件的作用等效于轴向压力 F、力偶 M_{ey}、M_{ez} 的共同作用。在杆件的弯曲刚度较大时，同样可以按叠加原理求解。因此，杆件在偏心压力 F 作用下的内力、应力，可以按图 9.14b~d 所示在轴向压力 F、力偶 M_{ey}、M_{ez} 单独作用下产生的内力、应力的叠加。在上述力系作用下，杆件任一横截面上的内力 F_N、M_y、M_z 都相同，且 $F_N = F$，$M_y = M_{ey}$，$M_z = M_{ez}$，对应的应力分布规律如图 9.14e~h 所示，应力计算方法与杆件在轴向力和横向力作用下应力计算方法相同。

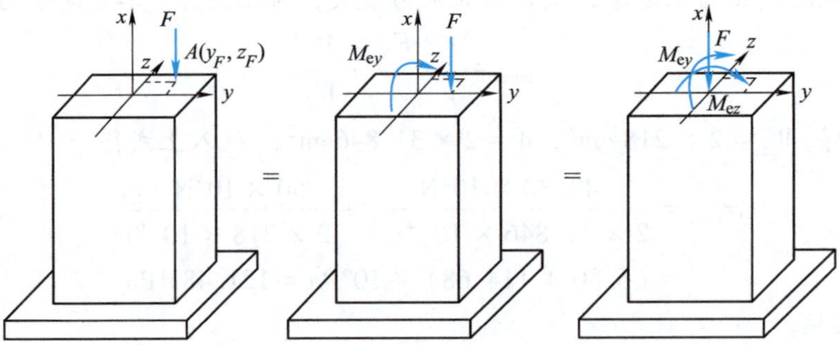

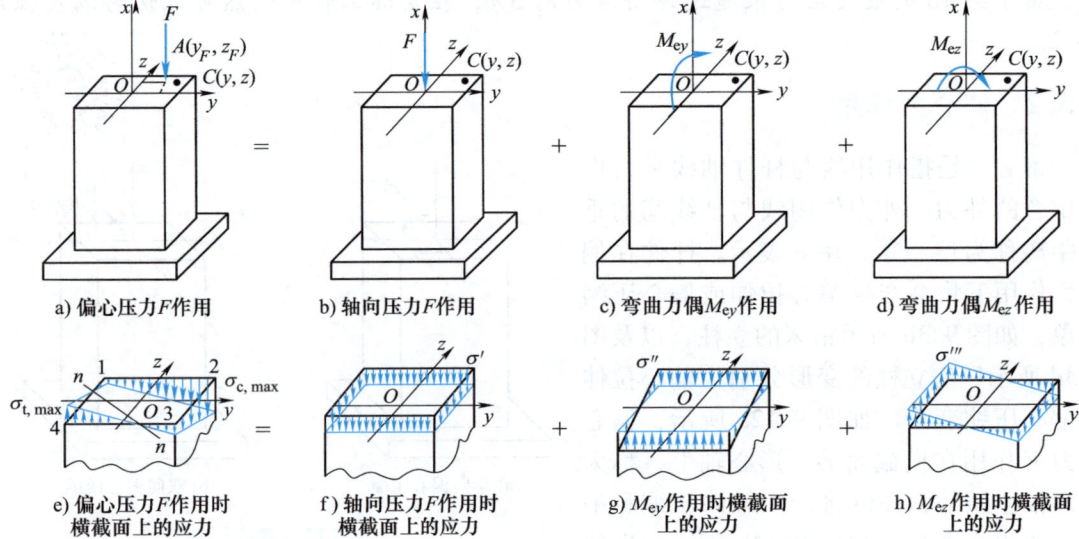

图 9.13 偏心压力向截面形心简化

图 9.14 叠加法计算应力

横截面上坐标为 y、z 的 C 点（图 9.14a）与 F_N、M_z、M_y 相应的应力分别为

$$\sigma' = -\frac{F_N}{A}, \quad \sigma'' = -\frac{M_z y}{I_z} = -\frac{F y_F}{I_z} y, \quad \sigma''' = -\frac{M_y z}{I_y} = -\frac{F z_F}{I_y} z$$

式中负号表示压应力。根据叠加原理，叠加以上三种应力，得 C 点的应力为

$$\sigma = -\frac{F}{A} - \frac{M_z y}{I_z} - \frac{M_y z}{I_y} = -\frac{F}{A} - \frac{F y_F}{I_z} y - \frac{F z_F}{I_y} z \tag{9.11}$$

矩形截面最大拉、压正应力在截面棱角处，分别为

$$\sigma_{t,\max} = -\frac{F}{A} + \frac{M_y}{W_y} + \frac{M_z}{W_z}, \quad \sigma_{c,\max} = -\frac{F}{A} - \frac{M_y}{W_y} - \frac{M_z}{W_z}$$

（3）**强度条件** 由于杆件任一横截面的内力都相同，所以，每一横截面都可能是危险截面。危险点处于单向应力状态，其强度条件仍可表示为

$$\sigma_{\max} \leqslant [\sigma]$$

如果材料的许用拉应力和许用压应力不相等时，杆件的最大拉应力和最大压应力还应分

别满足拉、压强度条件。

9.3.3 偏心压缩的中性轴和截面核心

（1）中性轴　因为中性轴上的应力为零，所以由式（9.11）可得

$$\sigma = -\frac{F}{A} - \frac{Fz_F}{I_y}z - \frac{Fy_F}{I_z}y = 0$$

将 $I_y = Ai_y^2$，$I_z = Ai_z^2$ 代入上式，两边同除 $\frac{F}{A}$，得中性轴方程

$$1 + \frac{z_F}{i_y^2}z + \frac{y_F}{i_z^2}y = 0 \tag{9.12}$$

可见中性轴是一条不通过截面形心的直线。中性轴只与截面形状大小和外力作用位置有关，与外力大小等其他因素无关。

（2）截面核心　若中性轴在 y、z 坐标轴上的截距分别为 a_y、a_z，将 $z = 0$ 或 $y = 0$ 分别代入式（9.12）可得

$$a_y = -\frac{i_z^2}{y_F}, \quad a_z = -\frac{i_y^2}{z_F} \tag{9.13}$$

式（9.13）表明，a_y 与 y_F、a_z 与 z_F 的正负号相反，所以中性轴与偏心压力 F 作用点 A，分别在坐标原点的两侧。上式还表明，当外力偏心距 y_F、z_F 越小时，中性轴的截距 a_y、a_z 就越大，中性轴离截面形心就越远，甚至会移到截面以外去，这样，其横截面上就只会产生压应力而没有拉应力。所以，当偏心压力作用在截面形心附近的某个区域内时，中性轴将与截面边缘相切或在截面以外，从而使整个截面不出现拉应力，这个区域称为该截面的截面核心。

截面核心在土木工程中具有十分重要的意义，由于土木工程中常用的砖、石、混凝土等建筑材料的抗拉强度远低于抗压强度，在对这类构件进行强度设计时，为安全起见，最好不使截面上出现拉应力，以免出现拉裂破坏，这就需要确定截面核心的位置和范围。

为确定任意形状截面的截面核心边界，可将图 9.15 中的与截面周边相切的任一条切线①看作是中性轴，它在 y、z 两个形心主轴上的截距为 a_{y1} 和 a_{z1}。根据式（9.13）便可确定与该中性轴对应的外力作用点 1（截面核心边界一点）的坐标（y_{F1}，z_{F1}），即

$$y_{F1} = -\frac{i_z^2}{a_{y1}}, \quad z_{F1} = -\frac{i_y^2}{a_{z1}} \tag{9.14}$$

用同样方法分别可求与截面周边相切的中性轴②、③等所对应的截面核心边界点 2、3 等的坐标。连接这些点便可得到一条封闭曲线，即截面核心的边界线，它所围起来的面就是截面核心。

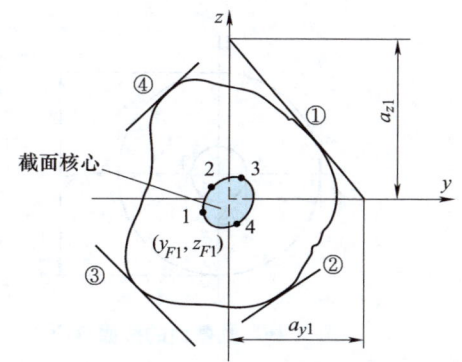

图 9.15　截面核心的确定

对于单向偏心受压杆，设偏心压力 F 作用在形心主轴 y 上（图 9.12a），偏心距为 e，则 $M_y = 0$，$M_z = Fe$，截面上最大拉应力为

$$\sigma_{t,\max} = -\frac{F}{A} + \frac{M_z}{W_z} = -\frac{F}{A} + \frac{Fe}{W_z}$$

若要使截面上不出现拉应力，则应满足 $\sigma_{t,\max} \leq 0$，即

$$\sigma_{t,\max} = -\frac{F}{A} + \frac{Fe}{W_z} \leq 0$$

得

$$e \leq \frac{W_z}{A} \tag{9.15}$$

对于直径为 d 的圆截面，$W_z = \dfrac{\pi d^3}{32}$，$A = \dfrac{\pi d^2}{4}$，代入式（9.15）得

$$e \leq \frac{d}{8}$$

上式表明，当偏心压力 F 作用点距圆心距离不超过 $\dfrac{d}{8}$ 时，杆件横截面上将不会出现拉应力。如图 9.16 所示，当偏心压力作用在坐标为 $\left(\dfrac{d}{8}, 0\right)$ 的 1 点时，中性轴为与圆周相切于 A 点的直线。根据圆截面的对称性，可以推出其截面核心为直径 $e \leq \dfrac{d}{8}$ 的同心圆。

对于矩形截面，如图 9.17 所示，当偏心压力 F 作用在形心 y 轴上 1 点时，中性轴正好是其 AB 边。将 $W_z = \dfrac{bh^2}{6}$，$A = bh$ 代入式（9.15）得 $e \leq \dfrac{h}{6}$；同样，若 F 作用在形心 z 轴上 2 点时，中性轴正好是其 BC 边。将 $W_y = \dfrac{hb^2}{6}$，$A = bh$ 代入式（9.15）得 $e \leq \dfrac{b}{6}$。当 F 沿 1、2 两点连线从 1 点移动到 2 点时，中性轴则由 AB 旋转至 BC，由此得出矩形截面的截面核心为图 9.17 所示的菱形区域，其对角线长度分别为 $\dfrac{b}{3}$ 和 $\dfrac{h}{3}$。

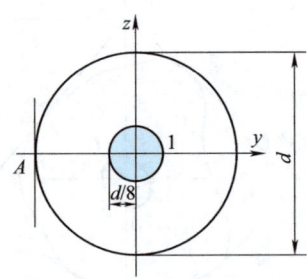

图 9.16　圆截面的截面核心

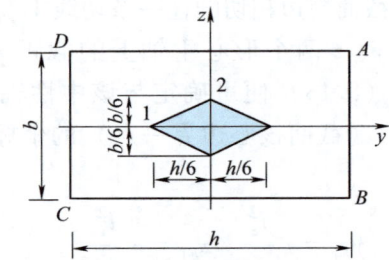

图 9.17　矩形截面的截面核心

【例 9.3】　钻床立柱为空心铸铁管，管的外径为 $D = 140\text{mm}$，内径 $d = 0.75D$，铸铁的许用拉应力 $[\sigma_t] = 35\text{MPa}$，许用压应力 $[\sigma_c] = 90\text{MPa}$。钻孔时钻头和工作台面的受力情况如图 9.18a 所示，力 F 作用线与立柱轴线之间的距离 $e = 400\text{mm}$，试计算满足立柱的强度的最大压力 F。

【解】　1) 确定立柱横截面上的内力分量，判断其变形。利用截面法，沿立柱任一截面

m-m 将钻床截开成两部分，取上部分作为研究对象，其受力图如图 9.18b 所示。根据平衡条件求得立柱横截面上的轴力和弯矩分别为

$$F_N = F, \quad M = Fe = 0.4F$$

立柱将产生拉伸与弯曲组合变形。

2) 确定危险截面和危险点。由于立柱每一横截面上的轴力和弯矩都是相同的，因此，任一横截面都可以看成是危险截面。任一截面上的最大拉应力和压应力分别为

$$\sigma_{t,max} = \frac{M}{W} + \frac{F_N}{A}, \quad \sigma_{c,max} = -\frac{M}{W} + \frac{F_N}{A}$$

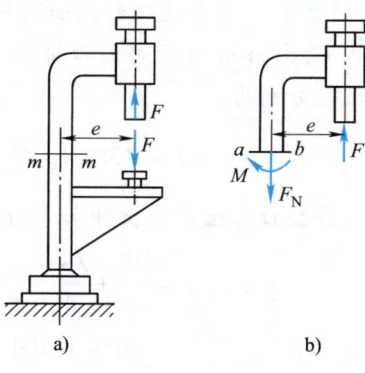

图 9.18 例 9.3 图

显然，$\sigma_{t,max} > |\sigma_{c,max}|$，危险截面上的最大应力 $\sigma_{max} = \sigma_{t,max}$。由于铸铁的 $[\sigma_t] < [\sigma_c]$，因此只要满足 $\sigma_{t,max} \leq [\sigma_t]$，强度条件 $\sigma_{c,max} \leq [\sigma_c]$ 就自然满足。所以只需要根据 $\sigma_{t,max} \leq [\sigma_t]$ 强度条件确定许用压力 F。

3) 计算最大压力 F。横截面的面积 A、抗弯截面系数 W 分别为

$$A = \frac{\pi(D^2 - d^2)}{4} = \frac{\pi \times (140\text{mm})^2 \times (1 - 0.75^2)}{4} = 6731.38 \times 10^{-6}\text{m}^2$$

$$W = \frac{\pi D^3(1 - \alpha^4)}{32} = \frac{\pi \times (140\text{mm})^3 \times (1 - 0.75^4)}{32} = 184061.04 \times 10^{-9}\text{m}^3$$

由 $\sigma_{t,max} = \dfrac{M}{W} + \dfrac{F_N}{A} \leq [\sigma_t]$

$$\frac{0.4F}{184061.04 \times 10^{-9}\text{m}^3} + \frac{F}{6731.38 \times 10^{-6}\text{m}^2} \leq 35 \times 10^6 \text{Pa}$$

解得 $F \leq 15.07 \times 10^3 \text{N}$

为了使立柱满足强度条件，最大压力 $F = 15.07\text{kN}$。

【例 9.4】 如图 9.19a 所示，带有一缺口的钢板，已知板宽 $b = 90\text{mm}$，厚度 $\delta = 18\text{mm}$，缺口深 $t = 16\text{mm}$，钢板受拉力 $F = 138\text{kN}$ 作用，其许用应力 $[\sigma] = 150\text{MPa}$。不考虑应力集中的影响，试校核钢板的强度。

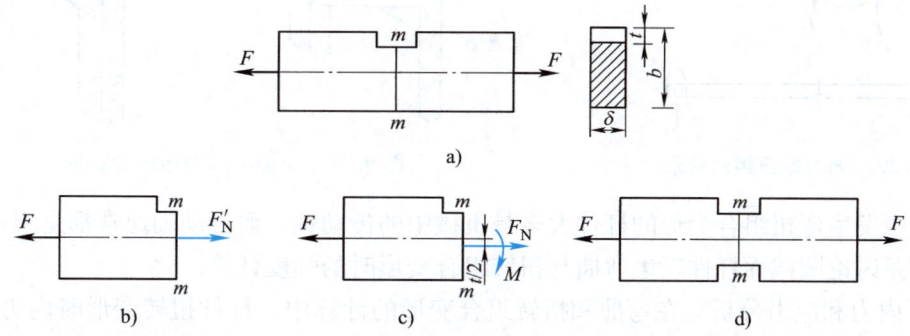

图 9.19 例 9.4 图

【解】 对于缺口部位如图 9.19b 所示，其总内力 F'_N 并不通过 m-m 截面的形心，因而需将 F'_N 向 m-m 截面的形心简化，如图 9.19c 所示。简化后得到一个轴力 F_N 和一个弯矩 M，其数值分别为

$$F_N = F = 138\text{kN}, \quad M = F \times \frac{t}{2} = 138\text{kN} \times \frac{16 \times 10^{-3}\text{m}}{2} = 1.104\text{kN} \cdot \text{m}$$

在缺口部位产生拉伸和弯曲组合，截面 m-m 上边缘将产生最大拉应力，为

$$\sigma_{t,\max} = \frac{M}{W} + \frac{F_N}{A} = \frac{6M}{\delta(b-t)^2} + \frac{F_N}{\delta(b-t)}$$

$$= \frac{6 \times 1.104 \times 10^6 \text{N} \cdot \text{mm}}{18\text{mm} \times (90\text{mm} - 16\text{mm})^2} + \frac{138 \times 10^3 \text{N}}{18\text{mm} \times (90\text{mm} - 16\text{mm})}$$

$$= 67.20\text{MPa} + 103.60\text{MPa} = 170.8\text{MPa} > [\sigma]$$

可见，钢板强度不够，在缺口处会先发生破坏。

若在钢板下边对称挖去与上边缺口完全一致的缺口，如图 9.19d 所示，外力 F 作用线与缺口部位的轴线重合，不会产生偏心，钢板整体只产生轴向拉伸变形，缺口处因截面面积减小，该处的拉应力最大，为

$$\sigma_{t,\max} = \frac{F_N}{A} = \frac{F_N}{\delta(b-2t)} = \frac{138 \times 10^3 \text{N}}{18\text{mm} \times (90 - 2 \times 16)\text{mm}} = 132.18\text{MPa} < [\sigma]$$

可见，钢板强度足够，在缺口处不会破坏。本例说明，避免偏心荷载是提高杆件承载能力的有效措施。

9.4 弯曲与扭转的组合变形

图 9.20 所示的传动轴，在不通过截面形心的横向力 F_1、F_2 作用下，将产生弯曲与扭转组合变形。图 9.21 所示的房屋建筑中的雨篷梁，在墙压力和雨篷板的荷载作用下，除发生弯曲变形外，还会发生扭转变形。

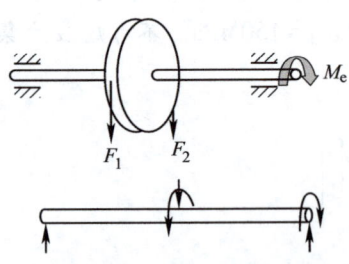

图 9.20 轴的弯扭组合变形

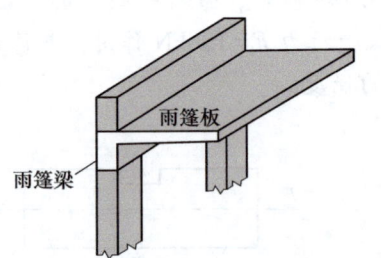
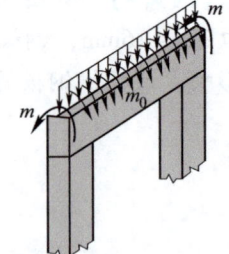

图 9.21 雨篷梁的弯扭组合变形

工程中发生弯扭组合变形的杆件大多是机械中的传动轴，而传动轴通常都是圆截面，因此本节主要讨论圆截面杆件发生弯曲与扭转组合变形时的强度计算。

（1）内力和应力分析 在弯曲和扭转组合变形的计算中，杆件扭转变形时内力有扭矩，相应地横截面上有切应力；弯曲变形时内力有剪力和弯矩，相应地横截面上有弯曲切应力和弯曲正应力。工程实际中，因为作用在实心圆轴上的弯曲切应力与扭转切应力相比要小得

多,可忽略不计。这样一来,弯扭组合变形构件的内力只考虑弯矩 M 和扭矩 T,相应的应力只考虑弯曲正应力 σ 和扭转切应力 τ。

(2) 危险点的应力状态 弯扭组合变形圆轴的危险截面在弯矩和扭矩都较大的截面。危险截面上切应力和正应力分布规律如图 9.22a、b 所示。对于扭转变形而言,危险截面边缘圆周上任一点都是危险点;对于弯曲变形而言,在圆周上距中性轴最远的点才是危险点,该点的弯曲正应力最大。故危险点位于危险截面边缘上,且必定是弯曲正应力最大的点,该点既有正应力,又有切应力,处于平面应力状态。图 9.22c 所表示的是危险点 C_1 的应力单元体。

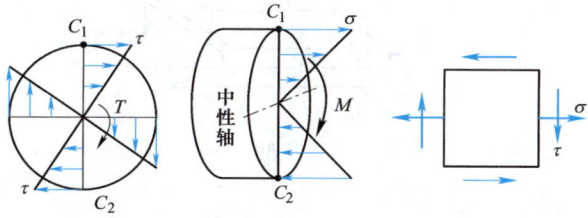

图 9.22 危险截面上的应力分布

危险点的弯曲正应力 σ 和扭转切应力 τ 分别为

$$\sigma = \frac{M}{W}, \quad \tau = \frac{T}{W_t} \tag{9.16}$$

(3) 弯曲与扭转组合变形的强度条件 弯扭组合变形的圆轴危险点单元体如图 9.22c 所示,处于平面应力状态。由于传动轴所用材料一般都是钢材等塑性材料,在强度设计时选用第三强度理论或第四强度理论。根据第三强度理论,由式 (8.38) 得弯扭组合变形构件的强度条件为

$$\sigma_{r3} = \sqrt{\sigma^2 + 4\tau^2} \leqslant [\sigma] \tag{9.17}$$

根据第四强度理论,由式 (8.39) 得弯扭组合变形构件的强度条件为

$$\sigma_{r4} = \sqrt{\sigma^2 + 3\tau^2} \leqslant [\sigma] \tag{9.18}$$

将式 (9.16) 中的 σ、τ 代入式 (9.17) 和式 (9.18),对于圆截面有 $W_t = 2W$,于是得

$$\sigma_{r3} = \frac{1}{W}\sqrt{M^2 + T^2} \leqslant [\sigma] \tag{9.19}$$

$$\sigma_{r4} = \frac{1}{W}\sqrt{M^2 + 0.75T^2} \leqslant [\sigma] \tag{9.20}$$

式中,W 为圆截面杆的抗弯截面系数;M、T 为危险截面的弯矩和扭矩。式 (9.19) 和式 (9.20) 只适用于弯扭组合变形下的圆截面杆。

【例 9.5】 曲拐受力如图 9.23a 所示,已知 AB 段是直径 $d = 20\text{mm}$ 的实心圆杆,$l = 300\text{mm}$,$a = 200\text{mm}$,材料的许用应力 $[\sigma] = 130\text{MPa}$,试按第四强度理论校核 AB 段的强度。

【解】 1) AB 杆的变形分析。将作用在 C 端的 250N 竖向力向 B 截面形心简化,简化后得到一个 250N 的竖向力和一个力偶矩为 50N·m 的力偶,如图 9.23(b) 所示。在这些荷载作用下,AB 杆产生拉伸、弯曲和扭转的组合变形。

2) 内力计算,确定危险截面。根据图 9.23b 所示的 AB 杆的计算简图,画出内力图,如图 9.23c、d、e 所示。根据内力图可以确定固定端截面 A 是危险截面,其上的内力有

轴力 $F_N = 5\text{kN}$

弯矩 $M = 250\text{N} \times 0.3\text{m} = 75\text{N·m}$

扭矩 $T = 250\text{N} \times 0.2\text{m} = 50\text{N·m}$

3) 计算危险点的应力。危险点上既有正应力,又有切应力,处于平面应力状态(图

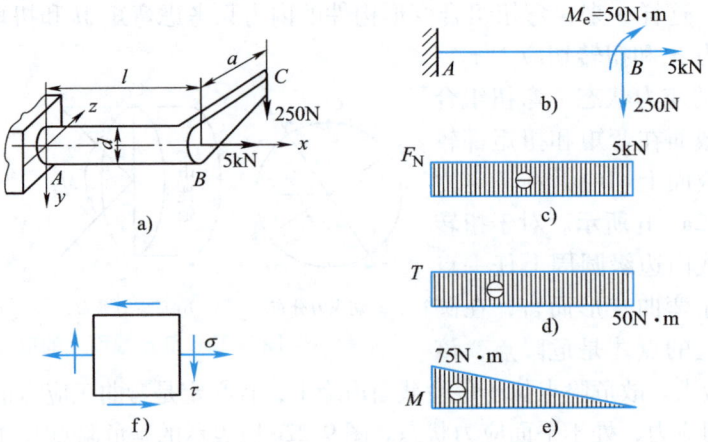

图 9.23 例 9.5 图

9.23f)。正应力 σ 为轴向拉伸应力与弯曲拉应力的叠加，因此有

$$\sigma = \frac{F_N}{A} + \frac{M}{W} = \frac{5 \times 10^3 \text{N}}{\dfrac{\pi \times (20\text{mm})^2}{4}} + \frac{75 \times 10^3 \text{N} \cdot \text{mm}}{\dfrac{\pi \times (20\text{mm})^3}{32}} = 111.46\text{MPa}$$

扭转切应力 τ 为

$$\tau = \frac{T}{W_t} = \frac{50 \times 10^3 \text{N} \cdot \text{mm}}{\dfrac{\pi \times (20\text{mm})^3}{16}} = 31.85\text{MPa}$$

4) 强度校核。按第四强度理论，由式（9.18）得

$$\sigma_{r4} = \sqrt{\sigma^2 + 3\tau^2} = \sqrt{(111.46\text{MPa})^2 + 3 \times (31.85\text{MPa})^2} = 124.36\text{MPa} < [\sigma] = 130\text{MPa}$$

可见该曲拐强度是安全的。

【例 9.6】 图 9.24a 所示传动轴，传递功率 $P = 7.5\text{kW}$，转速 $n = 100\text{r/min}$，带轮 A 的传送带为水平的，带轮 B 的传送带为铅直的。两轮直径均为 $D = 600\text{mm}$，张力 $F_1 > F_2$，$F_2 = 1.5\text{kN}$，轴的许用应力 $[\sigma] = 80\text{MPa}$，根据第三强度理论设计传动轴的直径 d。

【解】 1) 传动轴的受力分析。作用在带轮上的力都是横向力，且不通过轴截面形心。将传送带张力向轴线处简化，得到作用于轴线的横向力 F 和力偶矩 M_e，简化后轴的受力简图如图 9.24b 所示。其中作用在轴上的扭转外力矩 M_{eA}、M_{eB} 为

$$M_{eA} = M_{eB} = 9.549 \times \frac{P}{n} = 9.549 \times \frac{7.5\text{kW}}{100\text{r/min}} = 0.716\text{kN} \cdot \text{m}$$

而

$$M_{eA} = F_1 \frac{D}{2} - F_2 \frac{D}{2}$$

将 $F_2 = 1.5\text{kN}$，$D = 600\text{mm} = 0.6\text{m}$ 代入上式，得

$$F_1 = 3.9\text{kN}, \quad F = F_1 + F_2 = 5.4\text{kN}$$

传动轴在水平方向和竖直方向的横向力 F 作用下，将在 xz 平面和 xy 平面产生弯曲变形，在扭转力偶矩 M_{eA} 和 M_{eB} 作用下产生扭转变形，因此传动轴产生弯曲和扭转组合变形。

2) 画内力图，确定危险截面。根据图 9.24b 所示的计算简图，分别作出扭矩 T 图、弯

矩 M_z、M_y 图，并且由 $M = \sqrt{M_y^2 + M_z^2}$ 作出合成弯矩 M 图，如图 9.24c 所示。由轴 AB 的内力图可见，B 截面上的总弯矩最大，而扭矩在 AB 段等值，在 CB 段为零。因此可以确定 B 截面为危险截面，危险截面上的总弯矩为

$$M = \sqrt{M_y^2 + M_z^2} = \sqrt{(1.44\text{kN}\cdot\text{m})^2 + (0.45\text{kN}\cdot\text{m})^2} = 1.51\text{kN}\cdot\text{m}$$

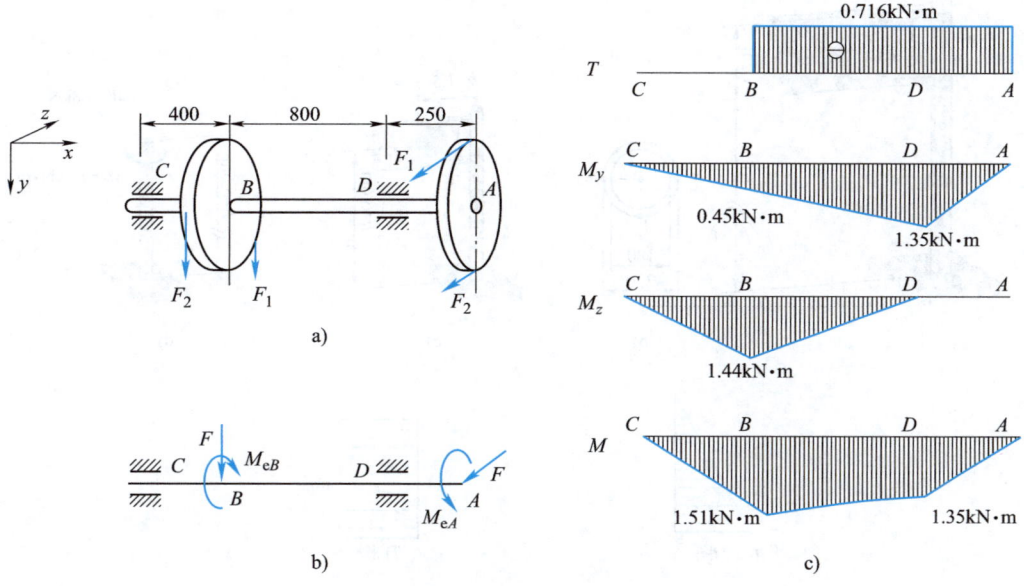

图 9.24　例 9.6 图

扭矩为

$$T = M_{eA} = 0.716\text{kN}\cdot\text{m}$$

3) 按第三强度条件设计轴直径 d。

$$\sigma_{r3} = \frac{1}{W}\sqrt{M^2 + T^2} \leqslant [\sigma]$$

将 $W = \dfrac{\pi d^3}{32}$ 代入上式，得

$$d \geqslant \sqrt[3]{\frac{32\sqrt{M^2 + T^2}}{\pi[\sigma]}} = \sqrt[3]{\frac{32\times\sqrt{(1.51\times 10^3 \text{N}\cdot\text{m})^2 + (0.716\times 10^3 \text{N}\cdot\text{m})^2}}{3.14\times 80\times 10^6 \text{Pa}}}$$

$$= 0.0596\text{m} = 59.6\text{mm}$$

因此传动轴的最小直径为 $d = 60\text{mm}$。

【例 9.7】　图 9.25a、b 所示一块尺寸为 2.0 m×1.2 m 的广告牌由一根空心圆管状立柱支撑，柱的外径 220mm，内径 180mm。广告牌的边缘距离柱轴线 0.5m，距离地面 6m。若广告牌上受到的垂直风压为 2.0kPa，立柱材料许用应力 $[\sigma] = 70\text{MPa}$，试按第三强度理论校核立柱的强度。

【解】　1) 外力分析。垂直作用的风荷载在广告牌的中心位置处产生一合力 W，如图 9.25c 所示，它等于风压力乘以广告牌的面积，即

$$W = pA = (2.0\text{kPa})\times(2.0\text{m}\times 1.2\text{m}) = 4.8\text{kN}$$

这个力的作用线距离地面的高度 $h=6.6\mathrm{m}$，到柱的轴向距离 $b=1.5\mathrm{m}$。作用在广告牌上的风荷载可静力等效为一横向力 W 和一扭转力偶 M_e 作用于柱上，如图 9.25d 所示。

2）画内力图。如图 9.25e、f 所示，易知立柱危险截面位于底端，其内力分别如下：

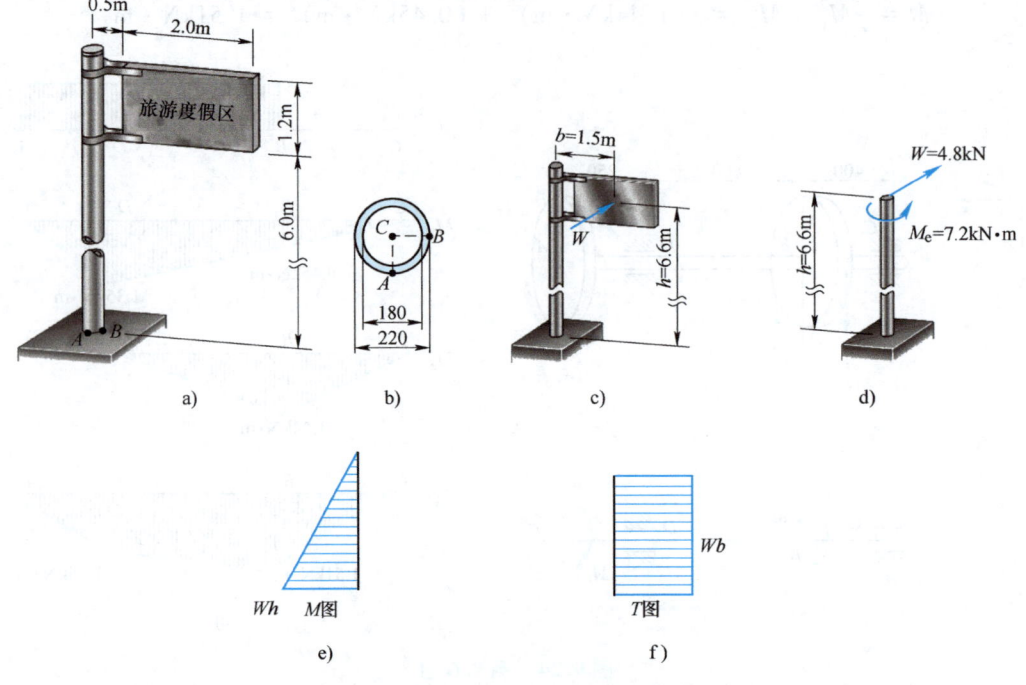

图 9.25　例 9.7 图

$$M = Wh = 4.8\mathrm{kN} \times 6.6\mathrm{m} = 31.68\mathrm{kN\cdot m}$$
$$T = Wb = 4.8\mathrm{kN} \times 1.5\mathrm{m} = 7.2\mathrm{kN\cdot m}$$

3）校核强度。按第三强度理论，由式（9.19）算得

$$\sigma_{\mathrm{r}3} = \frac{\sqrt{M^2+T^2}}{W} = \frac{32 \times \sqrt{(31.68 \times 10^3 \mathrm{N\cdot m})^2 + (7.2 \times 10^3 \mathrm{N\cdot m})^2}}{\pi \times (220\mathrm{mm})^3 \times \left[1 - \left(\frac{180\mathrm{mm}}{220\mathrm{mm}}\right)^4\right]}$$

$$= 56.31\mathrm{MPa} < [\sigma]$$

因此立柱的强度满足要求，安全。

注意，上述分析中仅讨论了风荷载的作用，结构本身的自重也会对立柱强度产生较大影响。请读者思考，若柱自重 7.2kN，广告牌自重 3kN，柱的强度是否还能满足要求？

总结与讨论

1. 基本要求

1）明确叠加法是分析组合变形的基本方法及叠加法的适用条件。

2）能够正确进行荷载的简化和分解，正确判断杆件产生的组合变形类型。

3）能够正确判断危险截面的位置，熟练分析计算危险点的应力状态，并能够正确运用强度理论来建立强度条件。

4）熟练掌握几种典型的组合变形下杆件强度的计算方法和步骤。

2. 知识点

（1）组合变形的概念　杆件在外力作用下同时产生两种或两种以上同数量级的基本变形，称为组合变形。

（2）叠加法　叠加法是分析组合变形杆件内力和应力的基本方法。杆件满足线弹性小变形条件才能用叠加法进行计算。

（3）分析计算组合变形杆件强度问题的方法和步骤

1）外力分析。将荷载简化或分解成只产生一种基本变形的简单荷载。

2）内力分析。计算出各简单荷载作用下的内力并作出内力图，确定危险截面。

3）应力分析。根据危险截面应力分布规律确定危险点的位置及应力分量，并按叠加原理确定危险点的单元体。注意：应用叠加原理在同一截面、同一点，沿同一方向进行应力叠加。对于组合变形，除特别指明外，一般弯曲切应力忽略不计。

4）强度分析。根据材料性质及危险点的主应力结果选用适当的强度理论，进行强度计算。

（4）几种组合变形杆件的特点及强度条件

1）斜弯曲。斜弯曲是两个平面弯曲的组合变形。

受力特点：外力垂直杆件轴线且通过形心但未作用在对称面内，或所有外力都作用在通过轴线的两个不同的对称面（或主轴平面）内。

变形特点：杆件轴线弯曲平面与外力作用平面不重合，挠曲线是一条空间曲线。

应力分布特点：中性轴将截面分为两部分，一侧的应力为拉应力，另一侧为压应力。

应力计算：横截面上任一点(y, z)处的应力为

$$\sigma = \frac{M_z y}{I_z} + \frac{M_y z}{I_y}$$

中性轴位置：中性轴为通过截面形心的直线。

强度条件：危险截面上距中性轴最远的点为危险点。危险点处于单向应力状态，强度条件为

$$\sigma_{max} \leq [\sigma]$$

若材料拉压许用应力不等，则拉压强度均应满足。

对于矩形、工字形等这类截面，最大应力可按下式计算

$$\sigma_{max} = \frac{M_z}{W_z} + \frac{M_y}{W_y}$$

对于圆截面，$W_z = W_y = W$，按下式计算

$$\sigma_{max} = \frac{M}{W} = \frac{\sqrt{M_y^2 + M_z^2}}{W}$$

2）弯曲与拉伸（压缩）组合变形。

受力特点：杆件受轴向力和过形心的横向力共同作用，或受不通过截面形心的轴向力（偏心力）作用。

变形特点：拉伸（或压缩）变形与弯曲变形同时存在。

应力分布特点：轴力和弯矩都将在横截面上产生正应力。一般情况下，横截面上同时有拉应力和压应力。在偏心力作用下，若偏心力作用在截面核心范围内，则截面上就只有一种应力，偏心力为拉力则产生拉应力，为压力则产生压应力。

应力计算：横截面上任一点(y, z)处的应力为

$$\sigma = \pm \frac{F_N}{A} \pm \frac{M_z y}{I_z} \pm \frac{M_y z}{I_y}$$

式中的"±"号，拉应力取"+"号，压应力取"−"号。

中性轴位置：中性轴为不通过截面形心的直线。

强度条件：危险点处于单向应力状态，强度条件为
$$\sigma_{\max} \leqslant [\sigma]$$
对于矩形、工字形等这类截面
$$\sigma_{\max} = \left|\frac{F_N}{A}\right| + \left|\frac{M_z}{W_z}\right| + \left|\frac{M_y}{W_y}\right| \leqslant [\sigma]$$
对于圆截面，按合弯矩计算
$$\sigma_{\max} = \frac{F_N}{A} + \frac{\sqrt{M_y^2 + M_z^2}}{W}$$

若材料拉压许用应力不等，则拉压强度均应满足。截面核心：对于偏心力作用的杆件，使截面只产生压（拉）应力的外力作用的范围。

3) 弯曲与扭转的组合变形。

受力特点：杆件受作用线不通过截面形心的横向力作用，或同时受扭转外力偶和弯曲外力偶作用。

变形特点：扭转变形与弯曲变形同时存在。

应力分布特点：横截面上有弯曲正应力和扭转切应力。

应力计算：由于发生弯扭组合变形的杆件大都为圆轴或空心圆轴，因此可以先计算合弯矩 $M = \sqrt{M_y^2 + M_z^2}$，再计算弯曲正应力和扭转切应力。

强度条件：危险点位于危险截面上合弯矩作用平面与横截面圆周相交处，为平面应力状态。对于塑性材料，选用第三或第四强度理论，强度条件为
$$\sigma_{r3} = \sqrt{\sigma^2 + 4\tau^2} \leqslant [\sigma]$$
$$\sigma_{r4} = \sqrt{\sigma^2 + 3\tau^2} \leqslant [\sigma]$$

式中，τ 为危险点处的扭转切应力，$\tau = \dfrac{T}{W_t}$；σ 为危险点处弯曲正应力，$\sigma = \dfrac{M}{W}$。

对于圆截面杆，$W_t = 2W$，则有
$$\sigma_{r3} = \frac{1}{W}\sqrt{M^2 + T^2} \leqslant [\sigma]$$
$$\sigma_{r4} = \frac{1}{W}\sqrt{M^2 + 0.75T^2} \leqslant [\sigma]$$

式中，M、T 为危险截面的合弯矩和扭矩；W 为圆截面杆的抗弯截面系数。

3. 重点和难点

(1) 重点 三类组合变形的判定及求解。

(2) 难点 斜弯曲问题的强度和刚度计算、截面核心的计算。

4. 常见问题

(1) 斜弯曲和平面弯曲 斜弯曲是两个平面弯曲的组合变形，其主要特征是弯曲平面和荷载平面不在同一平面上，挠曲线是一条空间曲线。平面弯曲的弯曲平面和荷载平面在同一平面上，挠曲线是一条平面曲线。对于圆形、正方形这类截面梁，因为截面对主惯性轴的惯性矩相等（$I_z = I_y$），当荷载作用在横截面内且过形心时，梁将只产生平面弯曲；当横向荷载位于不同横截面的不同方向时，可先将各荷载在同一截面上产生的弯矩进行矢量叠加，求出截面上的合弯矩，再按平面弯曲时的正应力计算公式及其强度条件进行强度计算。

(2) 危险截面和危险点 在分析杆件强度问题时，必须指明危险截面的位置和危险点的位置。组合变形杆件危险截面由内力图（F_N、M_y、M_z、T 图）确定，危险点由危险截面上的应力变化规律确定。一般情况下，F_N、M_y、M_z、T 的最大值不一定发生在同一平面上，因此就可能有多个危险截面，对每一危险截面都要进行分析。危险点不止一点时，必须指明在哪个面上，处在哪个点上。在进行强度计算时，要根据危

险点的应力状态和材料特性正确选用强度理论。

（3）公式适用条件 公式 $\sigma_{r3} = \sqrt{\sigma^2 + 4\tau^2} \leqslant [\sigma]$ 和 $\sigma_{r4} = \sqrt{\sigma^2 + 3\tau^2} \leqslant [\sigma]$，只要是危险点处于平面应力状态且只在一个方向上有正应力就均可采用，而不论正应力 σ 是由弯曲变形还是由拉压变形引起的，也不论切应力 τ 是由扭转还是由其他变形引起的（不论其正负），并且与杆件的截面形态无关。而 $\sigma_{r3} = \dfrac{1}{W}\sqrt{M^2 + T^2} \leqslant [\sigma]$，$\sigma_{r4} = \dfrac{1}{W}\sqrt{M^2 + 0.75T^2} \leqslant [\sigma]$ 只适用圆截面杆弯扭组合变形。

（4）关于截面核心的理解 截面核心不仅仅局限于偏心力的作用，在轴向力和横向力的共同作用下，只要其合力的作用线位于截面核心范围内，截面上就将只产生同号正应力。

9.1 斜弯曲和平面弯曲有何区别？

9.2 矩形截面梁发生斜弯曲时，横截面上的内力有弯矩 M_y 和 M_z，该截面上的最大弯曲正应力 $\sigma_{\max} = \dfrac{M_z}{W_z} + \dfrac{M_y}{W_y}$，若是圆截面梁，可否用这个公式？为什么？

9.3 偏心压缩时，为什么横截面上各点为单向应力状态？

9.4 在建立组合变形下的强度条件时，是否都须用强度理论来建立？在什么情况下可用强度理论进行强度计算？试对所介绍的各种组合变形进行分析讨论。

9.5 定性分析图 9.26 所示结构中各构件将发生哪些基本变形？

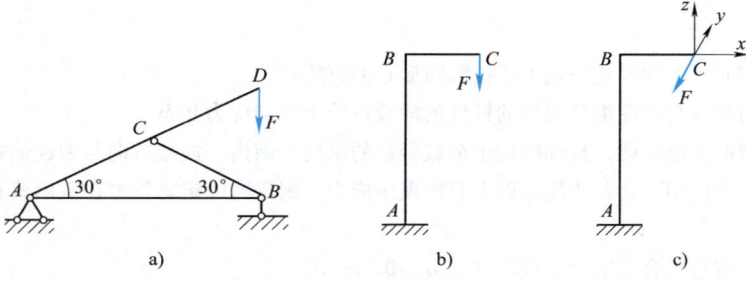

图 9.26 思考题 9.5 图

9.6 如图 9.27 所示，带有一缺口的矩形截面杆件，杆端受三角形分布荷载作用，在 A、B 两截面上的正应力分布规律是否都相同？是均匀分布的吗？

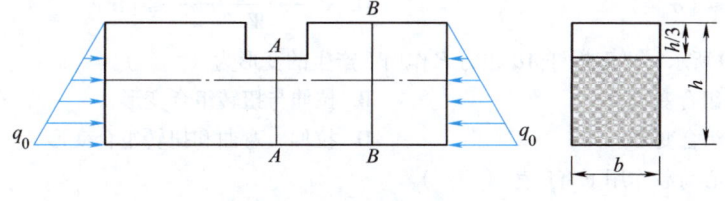

图 9.27 思考题 9.6 图

9.7 工人师傅在维修设备时，发现一矩形截面拉杆的一侧出现小裂纹。为了防止裂纹扩展，有人建议在尖端处钻一光滑的小圆孔即可（图 9.28a），还有人认为除在上述位置钻孔外，还应当在其对称位置再钻一个同样大小的圆孔（图 9.28b）。试问哪一种方法更好？为什么？

9.8 圆柱在切向力 F_1 和 $F_2(F_1 \neq F_2)$ 作用下，其 M 点的应力状态用图 9.29 中 A、B、C、D 四种应力

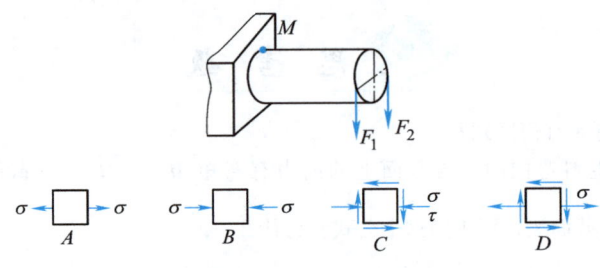

图 9.28　思考题 9.7 图

单元体表示。试判断哪一种表示是正确的?

图 9.29　思考题 9.8 图

习　　题

一、判断题

9.1　偏心压缩时，中性轴是一条不通过截面形心的直线。　　　　　　　　　　　　(　　)

9.2　产生轴向拉压与弯曲组合变形的杆件的危险点处于二向应力状态。　　　　　(　　)

9.3　产生斜弯曲变形的梁，其轴线位于荷载所在的纵向平面内，加载方向与中性轴垂直。(　　)

9.4　在偏心压力作用下，若要使截面上只出现压应力，则压力一定要施加在截面核心范围外。

(　　)

9.5　圆轴产生弯扭组合变形时，危险点的 $\sigma_1>0$，$\sigma_3<0$。　　　　　　　　　(　　)

二、单项选择题

9.1　等直圆杆产生弯扭组合变形，用第三强度理论计算时，下列条件错误的是(　　)。

A. $\sqrt{\sigma^2+4\tau^2} \leqslant [\sigma]$　　　　　　　　B. $\sigma_1 - \sigma_3 \leqslant [\sigma]$

C. $\dfrac{\sqrt{M^2+T^2}}{W} \leqslant [\sigma]$　　　　　　　D. $\dfrac{\sqrt{M^2+0.75T^2}}{W} \leqslant [\sigma]$

9.2　如图 9.30 所示，平面折杆 AB 在力 F 作用下产生的变形为(　　)。

A. 扭转与弯曲组合变形　　　　　　　B. 拉伸与扭转组合变形

C. 拉伸与弯曲组合变形　　　　　　　D. 拉伸、弯曲和扭转组合变形

9.3　杆件在偏心荷载作用下将产生(　　)。

A. 轴向拉伸或压缩与扭转的组合变形　B. 轴向拉伸或压缩与弯曲的组合变形

C. 轴向拉伸或压缩、扭转与弯曲的组合变形　D. 斜弯曲变形

9.4　图 9.31 所示简支梁上 a、b、c、d 四个点的应力状态为(　　)。

A. a 为二向应力状态，b 为单向应力状态，c 为零应力状态，d 为纯剪切应力状态

B. a 为单向应力状态，b 为二向应力状态，c 为纯剪切应力状态，d 为零应力状态

C. a 为纯剪切应力状态，b 为零应力状态，c 为单向应力状态，d 为二向应力状态

D. a 为零应力状态、b 为纯剪切应力状态，c 为二向应力状态，d 为单向应力状态

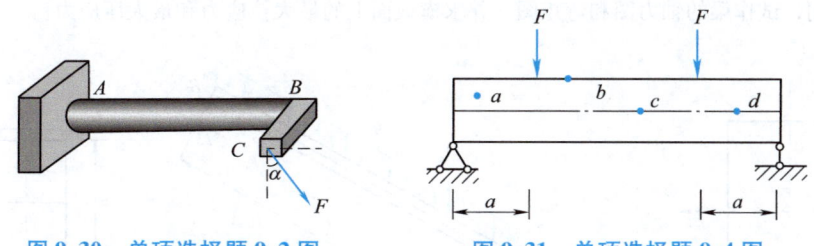

图 9.30　单项选择题 9.2 图　　　　图 9.31　单项选择题 9.4 图

9.5　厚壁玻璃杯因倒入沸水而破裂，裂纹一般起始于（　　）。

A. 内壁　　　　　B. 外壁　　　　　C. 壁厚的中间　　　　　D. 无规律

三、计算题

9.1　试求图 9.32 所示各构件在指定截面 $m\text{-}m$ 上的内力分量。

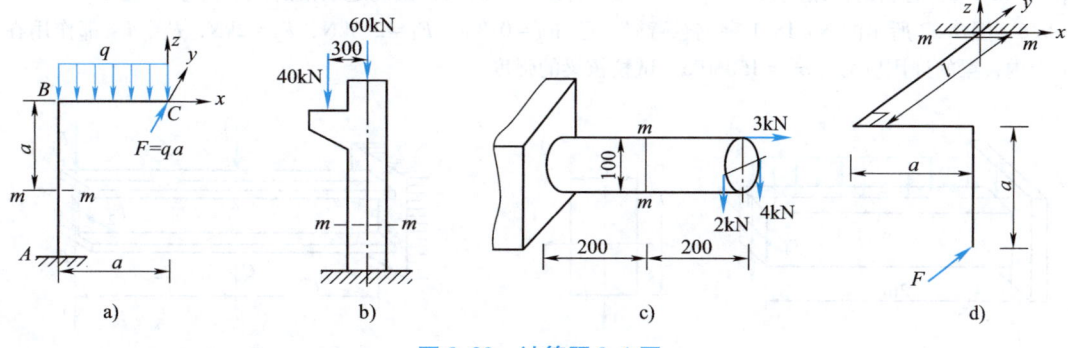

图 9.32　计算题 9.1 图

9.2　各构件受力如图 9.33 所示。
（1）确定危险点的位置。
（2）用单元体表示危险点的应力状态。

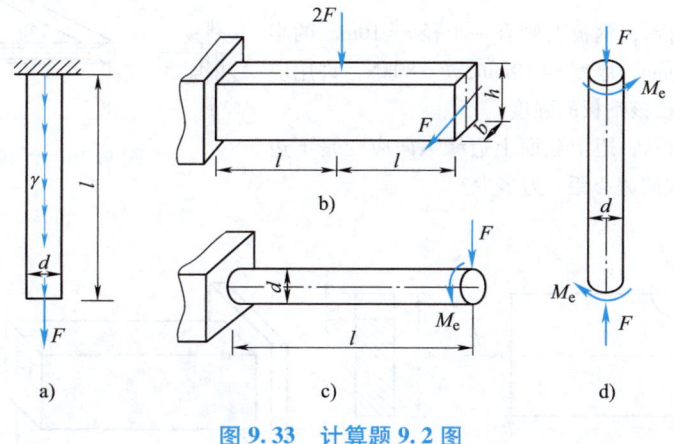

图 9.33　计算题 9.2 图

9.3　图 9.34 所示为矩形截面斜弯曲梁某一横截面。已知 A 点的正应力为 20MPa，B 点的正应力为零，试求 C 点的正应力。

9.4 如图9.35所示一楼梯木斜梁的长度 $l=3\text{m}$，矩形截面，$b=80\text{mm}$，$h=160\text{mm}$，受均布荷载 $q=1.8\text{kN/m}$ 的作用，试作梁的轴力图和弯矩图，并求横截面上的最大拉应力和最大压应力。

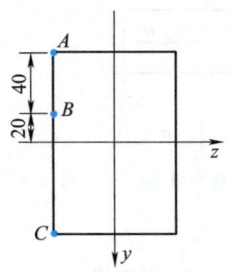

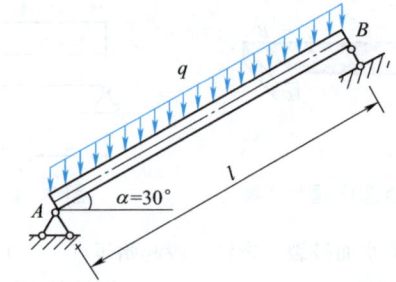

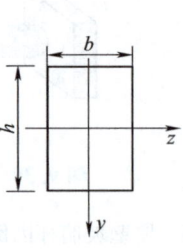

图 9.34　计算题 9.3 图　　　　　　　图 9.35　计算题 9.4 图

9.5 图9.36所示矩形截面悬臂梁，自由端截面 z 轴上的水平荷载 $F_1=1.6\text{kN}$，沿纵向对称面的均布荷载 $q=0.8\text{kN/m}$，材料的许用应力 $[\sigma]=10\text{MPa}$。若 $h:b=3:2$，试确定该梁的截面尺寸。

9.6 图9.37所示的 No.18 工字钢悬臂梁，已知 $l=0.8\text{m}$，$F_1=2.5\text{kN}$，$F_2=2\text{kN}$，F_1、F_2 都作用在对称平面内，梁的许用应力 $[\sigma]=150\text{MPa}$，试校核梁的强度。

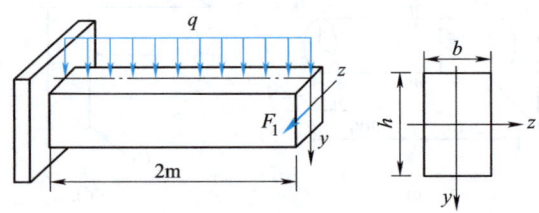

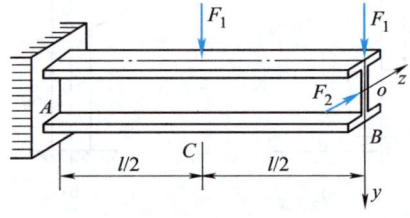

图 9.36　计算题 9.5 图　　　　　　　图 9.37　计算题 9.6 图

9.7 图9.38所示起重架的最大起吊重量（包括行走小车等）为 $W=40\text{kN}$，横梁 AC 由两根槽钢组成，材料为 Q235 钢，许用应力 $[\sigma]=120\text{MPa}$。试根据横梁的强度选择槽钢的型号。

9.8 如图9.39所示，钢板上侧有一半径 $r=10\text{mm}$ 的半圆槽，钢板宽度 $b=80\text{mm}$，厚度 $t=10\text{mm}$，$F=80\text{kN}$，许用应力 $[\sigma]=140\text{MPa}$，试校核钢板的强度。

9.9 如图9.40所示，矩形截面上边缘纵向应变是下边缘应变的 2 倍，则荷载的偏心距 e 为多少？

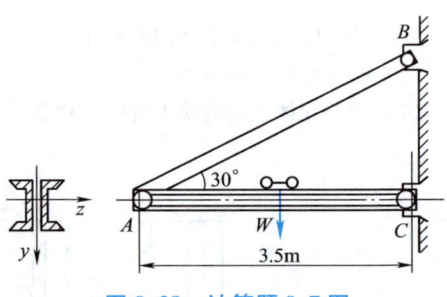

图 9.38　计算题 9.7 图

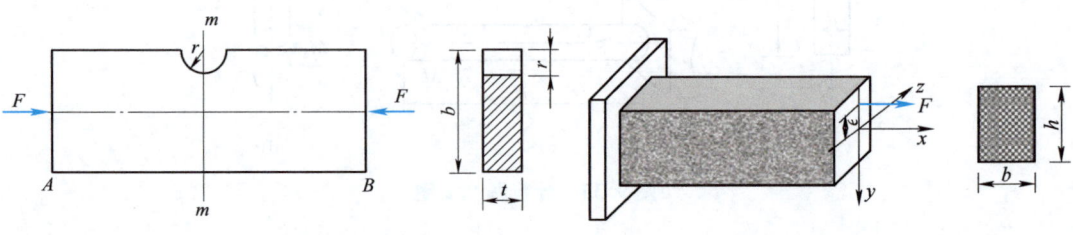

图 9.39　计算题 9.8 图　　　　　　　图 9.40　计算题 9.9 图

9.10 直径 $d=80\text{mm}$ 的立柱受力如图9.41所示。已知 $F_1=320\text{N}$，$F_2=400\text{N}$，立柱自重 $q=360\text{N/m}$。

立柱高度 $l=5\text{m}$，$e_1=1\text{m}$，$e_2=2.6\text{m}$。试求立柱的最大拉应力和最大压应力。

9.11 松木矩形截面柱受力如图 9.42 所示，已知 $F_1=50\text{kN}$，$F_2=5\text{kN}$，$e=2\text{cm}$，$[\sigma_c]=12\text{MPa}$，$[\sigma_t]=10\text{MPa}$。试校核柱的强度。

9.12 如图 9.43 所示，高 $H=1.2\text{m}$，厚 $b=0.3\text{m}$ 的钢筋混凝土墙，浇筑于牢固的基础上，作挡水坝用。已知水的密度 $\rho_0=1000\text{kg/m}^3$，混凝土的密度 $\rho_1=2450\text{kg/m}^3$，试求：

（1）当水位达到坝顶时，坝底部截面处的最大拉、压应力。

（2）如果要求底部截面不出现拉应力，问最大允许水深为多少？

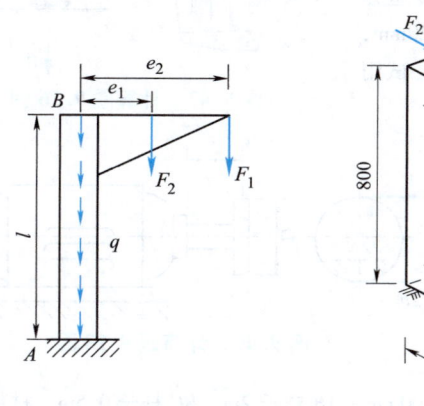

图 9.41　计算题 9.10 图　　图 9.42　计算题 9.11 图　　图 9.43　计算题 9.12 图

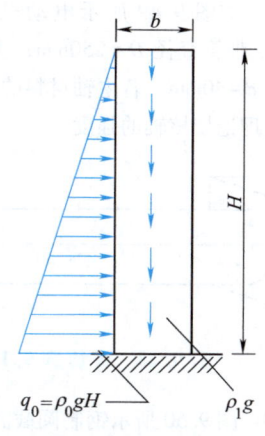

9.13 图 9.44 所示为一厂房的牛腿柱，由房顶传来的压力 $F_1=100\text{kN}$，由吊车梁传来压力 $F_2=30\text{kN}$，已知 $e=0.2\text{m}$，$b=0.18\text{m}$，问截面边 h 为多少时，截面不出现拉应力，并求出此时的最大压应力。

9.14 曲拐受力如图 9.45 所示，其圆杆部分的直径 $d=50\text{mm}$。试画出表示 A 点处应力状态的单元体，并求其主应力及最大切应力。

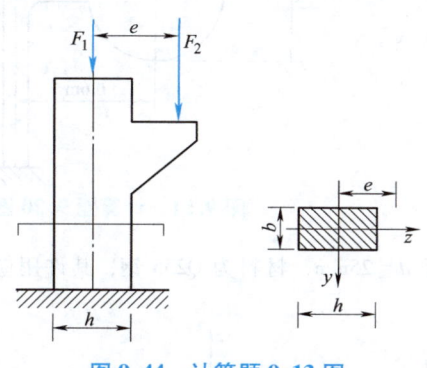

图 9.44　计算题 9.13 图

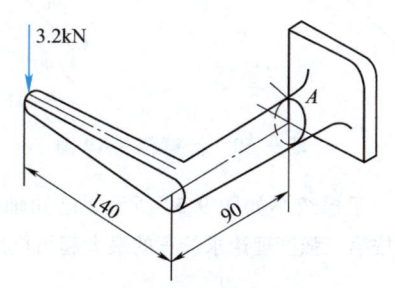

图 9.45　计算题 9.14 图

9.15 图 9.46 所示直升机旋翼轴驱动旋翼叶片提供升力，以保证直升机能够悬停在空中，因此，这种轴承受着扭转和轴向荷载的共同作用。若轴的直径 $d=50\text{mm}$，传递的扭矩 $T=2.4\text{kN·m}$，承受的轴向拉力 $P=125\text{kN}$，请确定此轴内危险点的主应力和最大切应力。若此轴的许用应力 $[\sigma]=185\text{MPa}$，试按第四强度理论校核轴的强度。

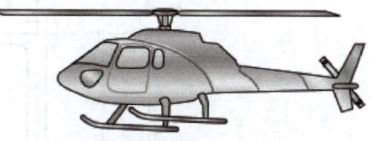

图 9.46　计算题 9.15 图

9.16 图 9.47 所示滑雪缆车上的吊车由两个曲臂弯头支撑，每个弯头的轴线与重力 W 作用线的偏离

距离 $b=180\text{mm}$，弯头内允许的拉应力是 100MPa。如果负载的吊车重 12kN，曲臂弯头的最小直径 d 应为多少？

9.17 图 9.48 所示实心圆轴受轴向外力 F 和外力偶 M_e 作用。已知圆轴直径 $d=10\text{mm}$，$M_e=Fd/10$，材料为铸铁，许用应力 $[\sigma_t]=30\text{MPa}$。试计算圆轴的许可荷载 F。若 $F=1.8\text{kN}$，$E=100\text{GPa}$，$\mu=0.25$，试计算圆轴表面上与轴线成 $30°$ 方位上的线应变。

9.18 如图 9.49 所示电动机的功率为 9kW，主轴转速为 715r/min，带轮直径 $D=250\text{mm}$，主轴外伸部分长度为 $l=120\text{mm}$，主轴直径 $d=40\text{mm}$。若主轴材料的许用应力 $[\sigma]=60\text{MPa}$，试用第四强度理论校核轴的强度。

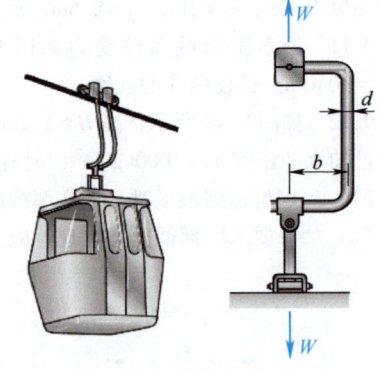

图 9.47 计算题 9.16 图

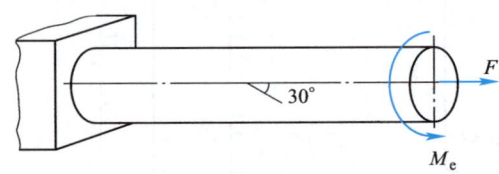

图 9.48 计算题 9.17 图

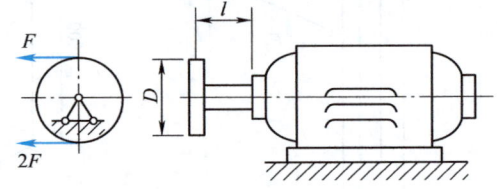

图 9.49 计算题 9.18 图

9.19 图 9.50 所示钢制圆截面折杆 ABC，其直径 $d=100\text{mm}$，AB 杆长 2m，BC 杆长 0.5m，材料的许用应力 $[\sigma]=135\text{MPa}$。试按第三强度理论校核 AB 杆的强度。

9.20 如图 9.51 所示，铁道路标圆信号板，装在外径 $D=60\text{mm}$ 的空心圆柱上，所受的最大风荷载为 2kN/m^2，柱的许用应力 $[\sigma]=60\text{MPa}$。试按第四强度理论选定空心柱的厚度 t。

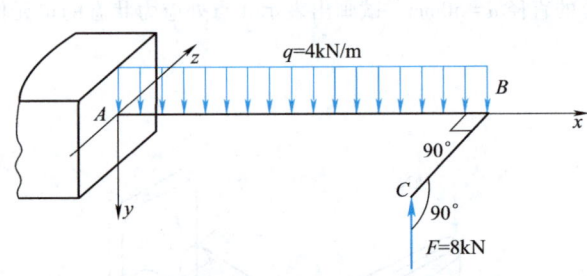

图 9.50 计算题 9.19 图

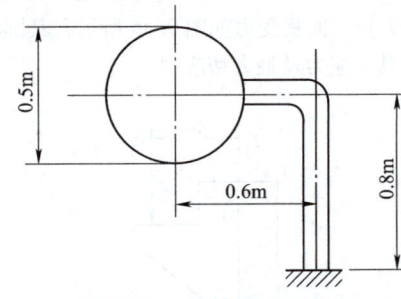

图 9.51 计算题 9.20 图

9.21 一手摇绞车如图 9.52 所示。已知轴的直径 $d=25\text{mm}$，材料为 Q235 钢，其许用应力 $[\sigma]=80\text{MPa}$。试按第三强度理论求绞车的最大起吊重量 P。

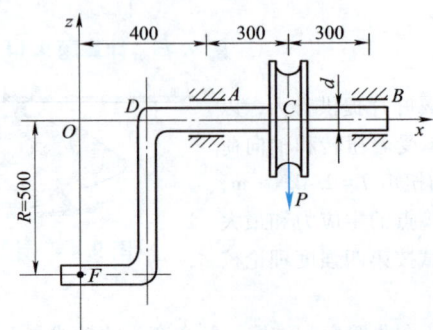

图 9.52 计算题 9.21 图

9.22 （出自 2021 年第十三届全国周培源大学生力学竞赛）直径为 D、长度为 l 的实心圆轴试件如图 9.53a 所示。现在圆周表面画一微线段 AB，其初始位置与水平线 AC 成 β 角。当圆轴两端受到外力偶矩 M_e 作用后，实验测得微线段 AB 顺时针偏转了 $\Delta\beta_1$。已知圆轴的材料常数 E、μ，变形均在线弹性小变形范围内。

（1）求外力偶矩 M_e。

（2）在外力偶矩 M_e 作用下再施加轴向拉力 F，如图 9.53b 所示。实验测得微线段 AB 偏转角又增大了 $\Delta\beta_2$，求拉力 F。

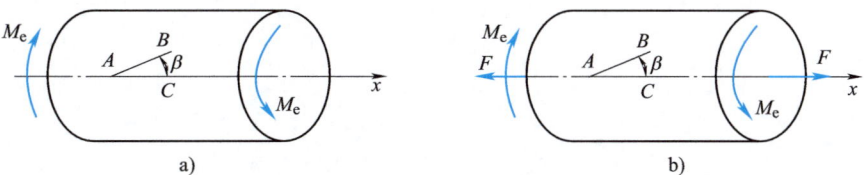

图 9.53　计算题 9.22 图

（3）为提高实验测试灵敏度，$\Delta\beta$ 越大越好。当外力偶矩 M_e 和轴向拉力 F 同时作用且 $F = \dfrac{8M_e}{D}$，β 为何值时 $\Delta\beta$ 最大？

课外阅读：于敏

于敏（1926—2019），生于河北宁河（今属天津市），核物理学家。他 1949 年毕业于北京大学物理系。1980 年当选为中国科学院学部委员（院士）。原中国工程物理研究院副院长、研究员、高级科学顾问，中国"氢弹之父"。在我国氢弹原理突破中解决了一系列基础问题，提出了从原理到构形基本完整的设想，起了关键作用。长期领导核武器理论研究、设计，解决了大量理论问题，对我国核武器进一步发展到国际先进水平做出了重要贡献。

1982 年于敏获国家自然科学奖一等奖。1985 年、1987 年和 1988 年三次获国家科技进步奖特等奖。1994 年获求是基金杰出科学家奖。1999 年被国家授予"两弹一星"功勋奖章。2018 年 12 月 18 日，党中央、国务院授予于敏同志改革先锋称号，颁授改革先锋奖章。2019 年 9 月 17 日，国家主席习近平签署主席令，授予于敏"共和国勋章"。

人物故事——"国产土专家"

1944 年于敏考上了北京大学工学院。但是上学后，于敏发现，因为这里是工学院，所以，老师只是把知识告诉学生会用就行了，根本不告诉学生根源。这使于敏很快就失去了兴趣。1946 年，他转入了理学院学习物理，并将自己的专业方向定为理论物理。1949 年于敏本科毕业后，考取了张宗燧先生的研究生。后张先生病了，指导他学业的便是胡宁教授。他的学术论文就是在胡先生的指导下完成的。后来，于敏被彭桓武、钱三强调到了中科院近代物理研究所。当时我国科学界一片空白，他们高瞻远瞩，创建了新中国第一个核科学技术研究基地。由于于敏在原子核理论物理研究方面取得的进展，1955 年他被授予"全国青年社会主义建设积极分子"的称号。1956 年晋升为副研究员。1957 年，以朝永振一郎（后获诺贝尔物理奖）为团长的日本原子核物理和场论方面的访华代表团来华访问，年轻的于敏参加了接待。于敏的才华给对方留下了深刻印象，他们回国后，发表文章称于敏为中国的"国产土专家一号"。"国产土专家"的称号由此而来。

人 物 评 价

于敏填补了中国原子核理论的空白。（科学家钱三强）

原子核理论是于敏自己在国内搞的，他是开创性的，是出类拔萃的人，是国际一流的科学家。（科学家彭桓武）

于敏在氢弹研制中发挥了关键作用。（科学家朱光亚）

于敏是"一个出类拔萃的人"，是"中国的氢弹之父"。（诺贝尔物理学奖得主、核物理学家玻尔）

他的名字曾绝密二十八年（人民日报）。

第 10 章
压杆稳定

本章导读

物体的平衡状态都存在稳定与不稳定问题。对于受压杆件，其承载能力可能远远小于按照拉压杆强度条件计算得到的许可值。这是因为在荷载达到强度许可值之前压杆就被压弯而失去承载能力。这种现象称为压杆失稳。压杆稳定性研究是材料力学的重要任务之一。本章介绍了轴向受压杆件平衡状态稳定性的基本概念和影响压杆稳定性的因素，着重阐述了欧拉临界压力的计算公式和适用条件，讨论了不同类型压杆的临界压力计算方法，最后介绍了工程中常用的压杆稳定设计方法和提高压杆稳定性的措施。

工程案例

2008 年 1 月 10 日起，中国南方众多省份遭遇了罕见的雨雪冰冻等自然灾害天气，在持续低温冰冻天气侵袭下，南方电网线路频繁发生输电塔倒塌、倒杆等严重事故，导致正常的电力供应秩序遭到严重破坏。

据媒体报道，至 1 月 27 日，郴州国家电网 7 条对外通道全部中断，地方电网电源点和用户之间的输电线路也全部中断，华润电力输往广东电网的两条 500kV 线路全部中断。三大电网电力塔倒塌累计 443 座，电杆倒塌、折倒数万根。来自全国各地的电力建设专家认为，几十年建设起来的郴州电网，在史无前例的冰灾中已经基本全毁。

郴州电业局称，郴州的电网覆冰设计标准一般不超过 15mm，但这次冰灾中，许多线路的覆冰厚达 60mm 甚至 100mm。赴郴州调查的发改委专家组曾发现，一座原来只有 6t 重的双回线铁塔，结冰后重达 50t。其负荷远超过设计能力，致铁塔和电杆被大量压垮和拉垮。

结构的破坏模式，取决于破坏前结构变形极限状态下的最弱承载力。输电塔属于柔性的杆系结构，在不考虑荷载偏心的情况下，塔身承受自身及导线的重力作用整体受轴压缩，在风的横向力作用下，塔身整体受弯。塔结构可以被看作是空间桁架，每根杆的变形为轴向拉伸或轴向压缩。钢材的拉压强度相等，受压杆件一般是细长杆或者是中长杆，稳定承载力低于强度承载力，压杆稳定性通常会是最弱承载力。从当时的照片（图 10.1）看，郴州城外公路两侧倒塌、折断的电线杆和塔杆上，都覆盖着厚厚的冰层，越靠近郴州，电线覆冰越厚。残存的输电线铁塔，都变成了"玻璃塔"，每一根电线上都裹着厚冰，很多都有成年人手腕那么粗。绝缘瓷瓶上，结出了成堆的大"冰溜"。通过力学的简单计算不难发现：输电塔上导线覆冰厚度增加产生的重力荷载增量会引起严重的超载，再加上由于铁塔冰层厚度的增加，使输电塔受风荷载作用增加，杆塔承受过大的侧向力，并因导线覆冰后风压增大而舞动，造成塔身出现周期性摇摆，这种横向的摇摆最终诱发导致众多塔体结构产生整体或局部失稳破坏。当一个塔架失稳倒塌后，相邻的塔架承受的导线荷载瞬间失去平衡，极易引起压力较大的塔架整体倾覆，从而引发多米诺骨牌式的连锁破坏反应。

图 10.1　湖南郴州地区输电设施遭遇冰雪灾害

2008 年雪灾之后，我国的基础设施的标准尤其是各项抗寒耐热的标准都进行了调整，针对电路输送设备的标准，新的设计规范将我国所有输电线路尤其是南方电网抗寒的覆冰设计标准都进行了相应的提高。

10.1　工程中的稳定问题

构件正常工作必须满足平衡稳定性要求。平衡稳定性就是指构件应有足够的保持原有平衡状态的能力。在第 2 章中讨论了压杆的强度失效问题，当横截面上的应力达到材料的极限应力时压杆就会发生强度破坏。然而，工程中经常遇到轴向受压的直杆，如图 10.2a 所示翻斗货车的液压顶杆，图 10.2b、c 所示房屋、桥梁等桁架中的受压杆，图 10.2d 所示修建房屋用的脚手架中的压杆等，即使具有足够的强度、刚度，也不一定能安全可靠地工作。当杆件横截面上的应力还未达到甚至远未达到材料的极限应力时，在微小的横向扰动力作用下，杆件可能发生弯曲，无法保持原有直线承载状态，从而丧失正常的工作能力，甚至引起整个结构的倒塌。这种现象表明压杆原有的直线平衡形式是不稳定的，压杆的稳定性不够，产生了稳定失效。

稳定失效与强度和刚度失效有着本质的差异。强度失效是由于构件的应力达到或超过材料的极限应力而造成构件破坏，破坏是从局部开始，逐步产生的；刚度失效是指构件产生过大的弹性变形，使其不能正常地工作；稳定失效则是指受压的杆件在微小的横向干扰力作用下，由直线平衡状态变为弯曲状态，从而使压杆丧失承载能力。压杆失稳的临界应力远低于强度极限应力。压杆失稳现象往往是突发性的、整体性的，常造成灾难性后果。例如，在 19 世纪末，当一辆客车通过瑞士的一座铁路桥时，桥梁桁架压杆失稳，致使桥体坍塌，约

图 10.2 轴向受压的杆件

200 人遇难；1907 年北美的圣劳伦斯河上一座 548m 的钢桥在施工中突然倒塌，就是由于桥下弦压杆失稳造成的，而该杆的强度却是足够的。虽然人们对这类灾害进行了大量研究，采取了许多预防措施，但直到现在还不能完全阻止这种灾害的发生。如 2010 年 1 月 3 日 14 时 20 分，昆明新机场的配套引桥工程在混凝土浇筑施工中突然发生了支架垮塌事故，造成多人伤亡。其原因是桥下支撑体系突然失稳，8m 高的桥面随即垮塌下来。工程上出现的较大工程事故中，有相当一部分是因受压构件失稳所致。因此，对于工程师们，应具有强烈的责任心、细致、严谨的科学态度，精湛的专业素养，秉持敬业之心，对每一项工程都要精心设计，以保障国家和人民生命财产的安全。

失稳现象并不局限于受压杆件，其他构件也存在稳定失效问题。例如，狭长的矩形截面梁在最大抗弯刚度平面内弯曲时，会因荷载达到临界值而发生侧向弯曲和扭转。薄壳在轴向压力或扭转力偶作用下，会出现局部褶皱。这些都是稳定性问题。本章只讨论压杆的稳定性问题。

10.2 压杆稳定性的概念

10.2.1 理想压杆的概念

实际的压杆，在制造时其轴线不可避免地会存在初始曲率；所受压力的合力作用线也不可能与杆轴线完全重合，会存在一定的偏心；压杆材料本身也难以保证完全均匀。所有的这些因素都将导致压杆在压力作用下除了会发生轴向压缩变形，还将发生弯曲变形。但在对压杆的承载能力即强度、刚度及稳定性进行理论分析时，通常将压杆视为理想压杆。理想压杆就是指由均质材料构成的、所受压力的作用线与杆的轴线完全重合的直杆。对于理想压杆，就不存在使压杆产生弯曲变形的初始因素，因此，在轴向压力作用下就不会发生弯曲现象。本章所讨论的压杆稳定性问题都是针对理想压杆而言的。

10.2.2　压杆的稳定平衡与不稳定平衡

为了说明压杆平衡状态的稳定性，取两端铰支的细长杆件，其上作用有轴向压力 F 后，在杆上施加一微小的横向力 F'，使杆发生弯曲变形，然后，撤去横向力。试验表明，压杆的平衡形式将随着轴向压力 F 大小而有所不同，如图10.3所示。

1) 当轴向压力 F 较小，小于某一特定数值 F_{cr} 时，撤去横向干扰力以后，杆件会来回摆动，最后恢复到原来的位置而稳定下来（图10.3b）。这说明在较小的压力 F 作用时，杆件原有的直线平衡状态是稳定的平衡状态。

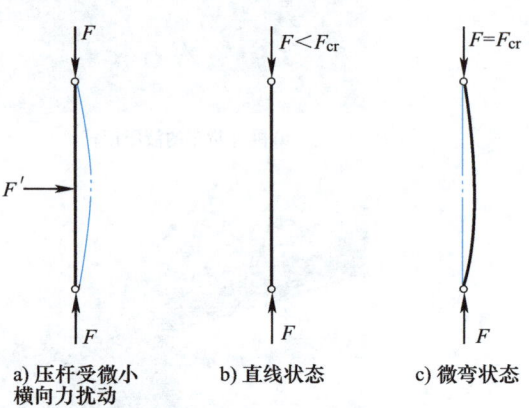

图 10.3　压杆的平衡形式

2) 当轴向压力 F 增大到某一特定数值 F_{cr} 时，将横向干扰力撤去后，压杆不能恢复到原来的直线平衡状态，而保持微弯的临界平衡状态（图10.3c）。这说明压杆从原来的直线平衡状态开始进入不稳定状态。

3) 当 $F > F_{cr}$ 时，将横向干扰力撤去后，随着压力 F 的增加，杆件的弯曲会继续发展以至最后破坏。

压杆从直线平衡形式转变为弯曲平衡形式，称为失稳或屈曲。使压杆保持微弯平衡状态的最小压力 F_{cr} 称为临界压力，简称临界力。压杆原有的直线平衡状态是否稳定，取决于轴向压力 F 的大小。当 $F < F_{cr}$ 时，直线平衡状态是稳定的，当 $F \geq F_{cr}$ 时，直线平衡状态是不稳定的，即会发生失稳现象。可见，解决压杆稳定问题的关键是确定其临界压力 F_{cr} 的大小。如果将压杆的工作压力控制在由临界压力所确定的许可范围内，压杆就不会失稳。工程上要求压杆在外力作用下始终保持其原有的直线平衡状态，否则，将会导致构件或结构的破坏。

10.3　细长压杆临界压力的欧拉公式

10.3.1　两端铰支细长压杆临界压力的欧拉公式

以两端用球铰支座支承、长度为 l 的等截面细长压杆为例来推导其临界压力的计算公式。假设压杆在临界压力 F_{cr} 作用下处于微弯平衡状态，如图10.4a所示。

在图10.4所示坐标系中，设距坐标原点为 x 的横截面上的挠度为 w，该截面的弯矩为

$$M(x) = F_{cr} w \tag{a}$$

将式（a）代入挠曲线近似微分方程，得

$$\frac{\mathrm{d}^2 w}{\mathrm{d} x^2} = -\frac{M(x)}{EI} = -\frac{F_{cr} w}{EI} \tag{b}$$

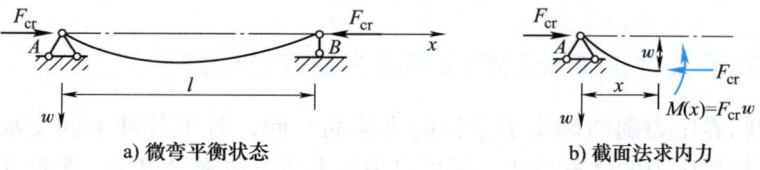

a) 微弯平衡状态 b) 截面法求内力

图 10.4 两端铰支细长压杆的临界状态

令

$$k^2 = \frac{F_{cr}}{EI} \tag{c}$$

则式（b）可写为

$$\frac{\mathrm{d}^2 w}{\mathrm{d}x^2} + k^2 w = 0 \tag{d}$$

式（d）的通解为

$$w = A\sin kx + B\cos kx \tag{e}$$

式中，A、B 为常数，与压杆的边界条件有关。两端铰支的边界条件为

$$w(0) = w(l) = 0$$

将其代入式（e）得

$$\begin{cases} A \times 0 + B = 0 \\ A\sin kl + B\cos kl = 0 \end{cases}$$

A、B 不全为零的条件是

$$\begin{vmatrix} 0 & 1 \\ \sin kl & \cos kl \end{vmatrix} = 0$$

即

$$\sin kl = 0$$

解得

$$kl = n\pi \quad (n = 1, 2, 3, \cdots)$$

所以

$$k = \frac{n\pi}{l} \tag{f}$$

将式（f）代入式（c）得

$$k = \frac{n\pi}{l} = \sqrt{\frac{F_{cr}}{EI}}$$

临界压力 F_{cr} 是压杆在微弯下的最小有效压力，故只能取 $n=1$，且杆将绕横截面惯性矩 I 最小的轴弯曲，于是得到

$$F_{cr} = \frac{\pi^2 EI_{\min}}{l^2} \tag{10.1}$$

式（10.1）就是两端铰支细长压杆临界压力的计算公式。这个公式最早由欧拉提出，

因而也称为欧拉临界压力公式。此式表明，临界压力 F_{cr} 与抗弯刚度 EI 成正比，与杆长度的平方 l^2 成反比。

10.3.2 其他支承条件下细长压杆临界压力的欧拉公式

细长压杆的临界压力随两端支承条件的不同而不同，对于各种不同支承情况下细长压杆临界压力的计算公式，都可以采取上述方法推导出来。为简化起见，通常将各种不同支承条件下的细长压杆在临界状态时的微弯变形曲线，与两端铰支压杆的临界微弯变形曲线（一个正弦半波）相比较，确定这些压杆微弯时与一个正弦半波相当部分的长度，并用 μl 表示，然后用 μl 代替式（10.1）中的 l，便得到计算不同支承条件下细长压杆临界压力的通用公式

$$F_{cr} = \frac{\pi^2 EI}{(\mu l)^2} \tag{10.2}$$

式中，μ 为长度因数，反映了两端约束条件对细长压杆临界压力的影响（两端铰链约束时 $\mu=1$；一端固定、另一端自由时 $\mu=2$；一端固定、另一端铰支时 $\mu=0.7$；两端都固定时 $\mu=0.5$）；μl 为相当长度；l 为压杆的实际长度；I 为弯曲时截面对中性轴的惯性矩。

四种常见支承条件下细长压杆的临界压力计算公式见表 10.1。

表 10.1 四种常见支承条件下细长压杆临界压力的计算公式

支承情况	两端铰支	一端自由一端固定	两端固定	一端铰支一端固定
挠曲线形状	l	$2l$	$0.5l$	$0.7l$
临界压力公式	$F_{cr} = \dfrac{\pi^2 EI}{l^2}$	$F_{cr} = \dfrac{\pi^2 EI}{(2l)^2}$	$F_{cr} = \dfrac{\pi^2 EI}{(0.5l)^2}$	$F_{cr} = \dfrac{\pi^2 EI}{(0.7l)^2}$
相当长度	l	$2l$	$0.5l$	$0.7l$
长度因数	$\mu = 1$	$\mu = 2$	$\mu = 0.5$	$\mu = 0.7$

表 10.1 列出的只是几种典型的支承情况，工程实际问题的支承情况是比较复杂的，因此，必须根据细长压杆的实际支承情况，将其简化为上述四种典型形式，或参照有关设计规范确定长度因素 μ 的取值。

应用式（10.2）时，应注意以下两点：

1) 欧拉公式只适用于线弹性范围，即只适用于线弹性稳定问题。
2) 公式中的 I 为细长压杆失稳发生弯曲时，截面对其中性轴的惯性矩。若杆端在各个方向的约束情况相同（如球铰约束），I 取其最小惯性矩 I_{min}；若杆端在不同方向的约束情况不同（如柱铰），则应首先判断失稳时的弯曲方向，从而确定截面的中性轴及相应的惯性矩 I。

10.4 压杆的临界应力

10.4.1 临界应力与柔度

压杆处于临界状态时横截面上的平均应力称为临界应力，用 σ_{cr} 表示。由式（10.2）得

$$\sigma_{cr} = \frac{F_{cr}}{A} = \frac{\pi^2 EI}{(\mu l)^2 A}$$

惯性矩 I 可用截面的惯性半径 i 和压杆横截面面积 A 表示，即 $I = i^2 A$，代入上式得

$$\sigma_{cr} = \frac{\pi^2 E}{\left(\dfrac{\mu l}{i}\right)^2}$$

引入符号

$$\lambda = \frac{\mu l}{i} \tag{10.3}$$

于是临界应力公式可表示为

$$\sigma_{cr} = \frac{\pi^2 E}{\lambda^2} \tag{10.4}$$

欧拉临界压力公式［式（10.2）］也可写为

$$F_{cr} = \frac{\pi^2 EA}{\lambda^2} \tag{10.5}$$

式（10.4）就是欧拉临界应力的计算公式，是欧拉公式的另一种表现形式。λ 称为压杆的柔度或长细比，它集中地反映了压杆的长度 l 和杆端约束条件、截面尺寸和形状等因素对临界应力的影响。λ 越大，相应的临界应力 σ_{cr} 就越小，压杆就越容易失稳。柔度 λ 是压杆抵抗失稳的能力的特征量，是压杆稳定性计算中的一个重要参数。应该注意的是，当在最小刚度平面与最大刚度平面内支承情况不同时，压杆在这两个平面内的柔度是不同的。因此，压杆不一定在最小刚度平面内失稳。这时应分别计算压杆在各平面内的柔度 λ，压杆必然在柔度大的平面内失稳，并按较大的 λ 计算压杆的临界应力。

10.4.2 欧拉公式的适用范围

在推导欧拉临界压力公式时，利用了挠曲线近似微分方程。而挠曲线近似微分方程是假设材料在小变形、线弹性的条件下导出的。因此，只有在 $\sigma_{cr} \leqslant \sigma_p$ 的线弹性范围内，欧拉公式［式（10.2）或式（10.4）］才是正确的，即

$$\sigma_{cr} = \frac{\pi^2 E}{\lambda^2} \leqslant \sigma_p$$

由此可得

$$\lambda \geqslant \sqrt{\frac{\pi^2 E}{\sigma_p}}$$

令

$$\lambda_p = \sqrt{\frac{\pi^2 E}{\sigma_p}} \tag{10.6}$$

则有

$$\lambda \geqslant \lambda_p \tag{10.7}$$

式（10.7）从压杆柔度方面表明了欧拉公式［式（10.2）或式（10.4）］的适用条件。只有柔度满足 $\lambda \geqslant \lambda_p$ 的压杆才可以用欧拉公式。λ_p 是压杆可应用欧拉公式的最小柔度值，称为柔度界限值，它与材料力学性能（E、σ_p）有关，是材料本身所具有的物理性质。

10.4.3 三类压杆的临界应力

根据压杆柔度 λ 的大小，可将压杆分为三类。

（1）大柔度杆 满足 $\lambda \geqslant \lambda_p$ 的压杆称为大柔度杆或细长杆。这类压杆容易发生弹性失稳，临界压力或临界应力由欧拉公式［式（10.2）或式（10.4）］确定。

（2）中柔度杆 满足 $\lambda_s \leqslant \lambda < \lambda_p$ 这类压杆称为中柔度杆，也称为中长杆。其中 λ_s 也与材料种类有关，是压杆在临界应力 $\sigma_{cr} = \sigma_s$（对于脆性材料 $\sigma_{cr} = \sigma_b$）时的柔度。这类压杆的柔度 $\lambda < \lambda_p$，临界应力 $\sigma_{cr} > \sigma_p$，属于超过比例极限的压杆稳定问题，所以欧拉公式已不适用。中柔度压杆失稳时局部呈塑性，属于弹塑性失稳，临界应力一般按经验公式确定，其中有在机械工程中常用的直线经验公式和在钢结构中常用的抛物线经验公式。

1) 直线经验公式

$$\sigma_{cr} = a - b\lambda \tag{10.8}$$

式中，a、b 为与材料有关的常数，表 10.2 中列出了常用工程材料的 a、b 值。

表 10.2 常用工程材料的 a、b 值

材料	σ_s/MPa	σ_b/MPa	a/MPa	b/MPa
Q235 钢	235	≥372	304	1.12
优质碳钢	306	≥471	461	2.568
硅钢	353	≥510	578	3.744
铬钼钢			9807	5.296
硬铝			373	2.15
铸铁			332	1.454
松木			28.7	0.19

式（10.8）表明，临界应力 σ_{cr} 随着柔度 λ 的减小而增大，但小柔度的粗短杆受压时不会出现稳定性失效，而会出现强度失效。因此，在使用式（10.8）时，其柔度也有最小值 λ_s 的限制。对于塑性材料制成的压杆，令 $\sigma_{cr} = \sigma_s$，由式（10.8）得到

$$\lambda_s = \frac{a - \sigma_s}{b} \tag{10.9}$$

对于脆性材料，将式（10.9）中的 σ_s 换成 σ_b 即可。

2) 抛物线经验公式

$$\sigma_{cr} = a_1 - b_1 \lambda^2 \tag{10.10}$$

式中，a_1、b_1 也是与材料有关的常数，可查相关手册。

(3) 小柔度杆　柔度 $\lambda < \lambda_s$ 的压杆称为小柔度杆或粗短杆。这类压杆不会发生失稳，但会发生屈服或断裂，属于强度问题，其临界应力为

$$\sigma_{cr} = \begin{cases} \sigma_s (塑性材料) \\ \sigma_b (脆性材料) \end{cases} \qquad (10.11)$$

10.4.4 临界应力总图

根据柔度将压杆分为三类，并按不同公式确定其临界应力。大柔度压杆和中柔度压杆的临界应力均为柔度 λ 的函数；小柔度压杆是属于强度问题而非稳定性问题，其失效的临界应力恒为屈服极限 σ_s 或强度极限 σ_b，与柔度无关。图 10.5 表示了塑性材料压杆的临界应力 σ_{cr} 随柔度 λ 的变化情况，称为临界应力总图。显然，随着柔度的增大，压杆的临界应力减小，压杆的破坏性质由强度破坏逐渐向稳定性破坏转化。

在压杆稳定性计算中考虑的是杆件的整体变形，局部削弱（如销钉孔等）对杆件整体变形影响很小，所以在计算临界压力时无论是用欧拉公式还是用经验公式，都可采用未经削弱时的横截面面积 A 和惯性矩 I。

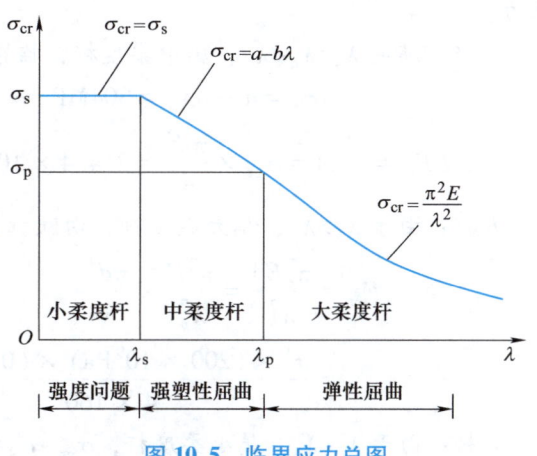

图 10.5　临界应力总图

【例 10.1】　图 10.6 所示 3 根圆截面压杆，其直径、长度和材料均相同。已知长度 $l = 2.5\text{m}$，直径 $d = 125\text{mm}$，材料的 $\lambda_p = 101$，$\lambda_s = 57$，$\sigma_s = 240\text{MPa}$，$E = 200\text{GPa}$，$a = 304\text{MPa}$，$b = 1.12\text{MPa}$，试判断哪根压杆稳定性最好？哪根最差？并求各杆的临界压力。

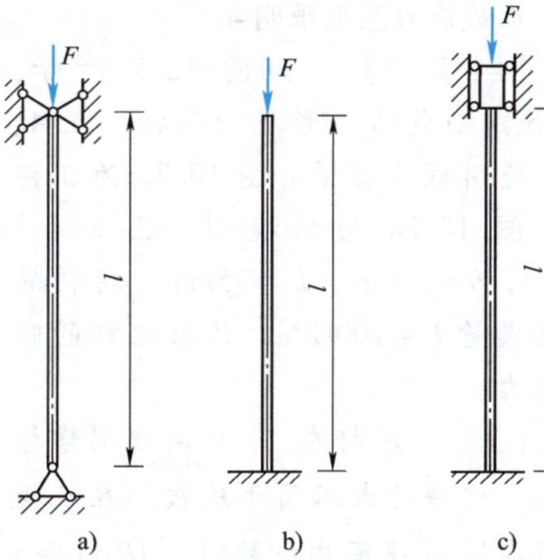

【解】　1) 稳定性判断。题中各根压杆的材料、长度、直径均相同，只是杆端约束不同。因而，要判断它们的稳定性的好和差，只需计算出各杆的柔度，然后将柔度进行比较，柔度大的压杆稳定性差。

对于圆杆　　$\lambda = \dfrac{\mu l}{i} = \dfrac{4\mu l}{d}$

图 10.6　例 10.1 图

a 杆：两端铰链约束，$\mu = 1$，其柔度

$$\lambda_a = \frac{4\mu l}{d} = \frac{4 \times 1 \times 2500\text{mm}}{125\text{mm}} = 80$$

b 杆：一端固定、一端自由，$\mu = 2$，其柔度

$$\lambda_b = \frac{4\mu l}{d} = \frac{4 \times 2 \times 2500\text{mm}}{125\text{mm}} = 160$$

c 杆：两端均固定，$\mu = 0.5$，其柔度

$$\lambda_c = \frac{4\mu l}{d} = \frac{4 \times 0.5 \times 2500\text{mm}}{125\text{mm}} = 40$$

可见，$\lambda_b > \lambda_a > \lambda_c$，故 b 杆稳定性最差，最易失稳，c 杆稳定性最好，最不易失稳。

2) 计算各杆的临界压力。首先要判断每根压杆的类型，然后根据相应的公式计算临界压力。

a 杆：满足 $\lambda_s < \lambda_a < \lambda_p$，属中柔度杆，临界应力按直线经验公式［式（10.8）］计算。

$$\sigma_{cr} = a - b\lambda_a = 304\text{MPa} - 1.12\text{MPa} \times 80 = 214.4\text{MPa}$$

$$F_{cr} = \sigma_{cr}A = \sigma_{cr} \times \frac{\pi d^2}{4} = 214.4 \times 10^6 \text{Pa} \times \frac{\pi \times (0.125\text{m})^2}{4} = 2629.75\text{kN}$$

b 杆：由于 $\lambda_b > \lambda_p$，属大柔度杆，由欧拉公式［式（10.5）］计算临界压力 F_{cr}。

$$F_{cr} = \frac{\pi^2 EA}{\lambda_b^2} = \frac{\pi^2 E}{\lambda_b^2} \times \frac{\pi d^2}{4}$$

$$= \frac{\pi^3 \times (200 \times 10^9 \text{Pa}) \times (0.125\text{m})^2}{4 \times 160^2} = 944.79\text{kN}$$

c 杆：由于 $\lambda_c < \lambda_s$，属小柔度杆，$\sigma_{cr} = \sigma_s = 240\text{MPa}$

$$F_{cr} = \sigma_{cr}A = \sigma_s \times \frac{\pi d^2}{4} = 240 \times 10^6 \text{Pa} \times \frac{\pi \times (0.125\text{m})^2}{4} = 2943.75\text{kN}$$

计算结果表明，这三根压杆尽管直径、长度和材料均相同，但由于杆端的约束情况不同，承载能力差别很明显。

【例 10.2】 如图 10.7 所示，Q235 钢制成的矩形截面压杆，在 A、B 两处用螺栓夹紧。图 10.7a 为正视图，图 10.7b 为俯视图。已知 $l = 2.8\text{m}$，$b = 50\text{mm}$，$h = 75\text{mm}$，材料的弹性模量 $E = 200\text{GPa}$，试求此杆的临界压力。

【解】 压杆在 A、B 两端用螺栓连接，这种约束不同于球铰。在正视图所在的 xy 平面内失稳时，AB 杆绕 z 轴弯曲，A、B 两处可以自由转动，相当于铰链约束，$\mu = 1$。在俯视图所在的 xz 平面内失稳时，AB 杆绕 y 轴弯曲，A、B 两处不能转动，相当于固定端约束，$\mu = 0.5$。因此，压杆在这两

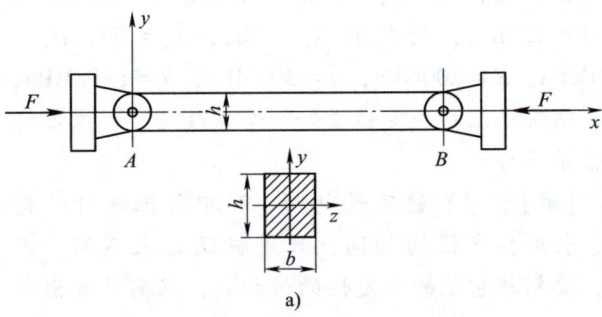

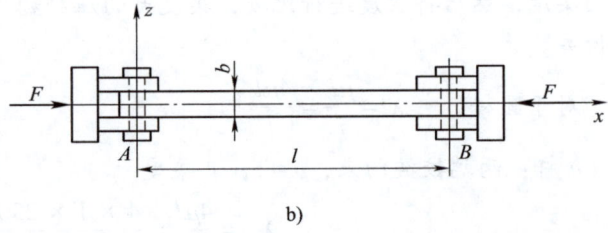

图 10.7 例 10.2 图

个平面内失稳时,两端的约束性质不同,其柔度也不同。为了确定其临界压力,需先计算压杆在这两个平面内的柔度并加以比较,判定压杆在哪一个平面内更容易失稳,取柔度大的值来计算临界压力。

1) 计算压杆在 xy 平面内的柔度。压杆若在 xy 平面内失稳,将绕 z 轴弯曲,A、B 两端相当于铰链约束,$\mu=1$。

惯性半径 $i_z = \sqrt{\dfrac{I_z}{A}} = \dfrac{h}{\sqrt{12}} = \dfrac{75\text{mm}}{\sqrt{12}} = 21.65\text{mm}$

柔度 $\lambda_z = \dfrac{\mu l}{i_z} = \dfrac{1 \times 2800\text{mm}}{21.65\text{mm}} = 129.33$

2) 计算压杆在 xz 平面内的柔度。压杆若在 xz 平面内失稳,将绕 y 轴弯曲,A、B 两端相当于固定端约束,$\mu=0.5$。

惯性半径 $i_y = \sqrt{\dfrac{I_y}{A}} = \dfrac{b}{\sqrt{12}} = \dfrac{50\text{mm}}{\sqrt{12}} = 14.43\text{mm}$

柔度 $\lambda_y = \dfrac{\mu l}{i_y} = \dfrac{0.5 \times 2800\text{mm}}{14.43\text{mm}} = 97.02$

3) 计算临界压力 F_{cr}。由于 $\lambda_z > \lambda_y$,因此压杆将在 xy 平面内失稳。对于 Q235 钢,$\lambda_p = 100 < \lambda_z = 129.33$,属于大柔度杆,用欧拉公式[式(10.5)]计算临界压力,为

$$F_{cr} = \dfrac{\pi^2 EA}{\lambda^2} = \dfrac{\pi^2 \times (200 \times 10^9\text{Pa}) \times (0.05\text{m} \times 0.075\text{m})}{129.33^2} = 442.1\text{kN}$$

10.5 压杆的稳定性计算

为了保证压杆能够正常工作而不出现稳定性问题,必须进行稳定计算。目前常用的稳定计算方法有安全因数法和稳定因数法。

10.5.1 安全因数法

压杆的临界应力是压杆具有稳定性的极限应力。欧拉临界应力计算公式是在等直杆中心受压的理想条件下导出的,但实际上由于压杆初弯曲、压力偏心、材料不均匀等内部缺陷等对压杆的临界压力影响非常大,所以需要将由欧拉公式或经验公式计算出的临界应力 σ_{cr} 除以一个大于 1 的安全因数 n_{st},得到压杆 稳定许用应力 $[\sigma]_{st}$,建立压杆失稳条件,即

$$[\sigma]_{st} = \dfrac{\sigma_{cr}}{n_{st}} \tag{10.12}$$

式中,n_{st} 为规定的 稳定安全因数,可查相关手册或规范。为了防止压杆失稳,必须使压杆的工作应力小于或等于稳定许用应力,因此压杆的稳定条件可表示为

$$\sigma = \dfrac{F}{A} \leqslant [\sigma]_{st} \tag{10.13}$$

由式(10.13)得

$$F \leqslant A[\sigma]_{st} = A\frac{F_{cr}}{An_{st}} = \frac{F_{cr}}{n_{st}}$$

若令

$$n = \frac{F_{cr}}{F} \tag{10.14}$$

则压杆稳定条件可表示为

$$n = \frac{F_{cr}}{F} \geqslant n_{st} \tag{10.15}$$

临界压力 F_{cr} 与压杆工作压力 F 的比值 n，表示压杆工作时的实际稳定性储备，称为压杆的工作安全因数。式（10.15）是用安全因数表示的压杆稳定条件，即压杆的工作安全因数应大于规定的稳定安全因数。

稳定安全因数 n_{st} 一般大于强度计算时的安全因数。这是因为压杆的初弯曲、压力偏心、材料不均匀等缺陷，都会严重影响压杆的稳定性，降低临界压力，而这些因素对强度的影响不像对稳定性影响那样严重。

10.5.2 稳定因数法

在压杆的设计中，为了计算的方便和形式的统一，将压杆的稳定许用应力 $[\sigma]_{st}$ 用强度许用应力 $[\sigma]$ 来表示，即

$$[\sigma]_{st} = \varphi[\sigma] \tag{10.16}$$

式中，φ 称为压杆的稳定因数，$\varphi = \varphi(\lambda)$，是柔度 λ 的函数。由临界应力总图可知，临界应力随柔度而变，柔度越大，临界应力越小，φ 也就越小，一般 $\varphi < 1$。

用稳定因数 φ 表示的压杆稳定条件为

$$\sigma = \frac{F}{A} \leqslant \varphi[\sigma] \tag{10.17}$$

强度许用应力 $[\sigma]$ 与稳定许用应力 $[\sigma]_{st}$ 之间有很大的区别。$[\sigma]$ 只与材料有关，而 $[\sigma]_{st}$ 与材料和柔度有关。用式（10.17）进行稳定性计算时，只需根据压杆的柔度 λ 确定与它对应的稳定因数 φ，而不必判断压杆的种类，也不需要用欧拉公式或经验公式计算临界压力。

我国现行《钢结构设计标准》采用的方法是以初弯曲为 $\frac{l}{1000}$，选用不同的截面形式、尺寸、不同的加工条件、不同的残余应力分布和大小，用数值分析方法计算出近 200 条压杆的 φ-λ 曲线，然后根据数理统计原理将这些曲线分成 a、b、c、d 四条曲线。应用时，根据压杆截面形状、尺寸和绕哪一轴弯曲失稳，可从现行《钢结构设计标准》中查出其属于 a、b、c、d 中的哪一类。在我国现行《木结构设计规范》中也列出了各种树种的 φ 值。表 10.3 中只列出部分常用材料的稳定因数 φ 值。介于表列相邻 λ 值之间的压杆，其稳定因数可按内插法求得。需要说明的是，不同行业对于不同的杆件所采用的 φ 值不完全相同，应以相应的设计规范为依据。

表 10.3　压杆的稳定因数 φ 值

柔度 λ	φ 值				
	Q235 钢		Q345 钢		木材
	a 类	b 类	a 类	b 类	TC_{15}、TC_{17}
0	1.000	1.000	1.000	1.000	1.000
10	0.995	0.992	0.993	0.989	0.985
20	0.981	0.970	0.973	0.956	0.941
30	0.963	0.936	0.950	0.913	0.877
40	0.941	0.899	0.920	0.863	0.800
50	0.916	0.856	0.881	0.804	0.719
60	0.883	0.807	0.825	0.734	0.640
70	0.839	0.751	0.751	0.656	0.566
80	0.783	0.688	0.661	0.575	0.469
90	0.714	0.621	0.570	0.499	0.370
100	0.638	0.555	0.487	0.431	0.300
110	0.563	0.493	0.416	0.373	0.248
120	0.494	0.437	0.358	0.324	0.208
130	0.434	0.387	0.310	0.283	0.178
140	0.383	0.345	0.271	0.249	0.153
150	0.339	0.308	0.239	0.221	0.133
160	0.302	0.276	0.212	0.197	0.177
170	0.270	0.249	0.189	0.176	0.104
180	0.243	0.225	0.169	0.159	0.093
190	0.220	0.204	0.153	0.144	0.083
200	0.199	0.186	0.138	0.131	0.075

表 10.3 中 Q235 钢和 Q345 钢 a 类截面的 φ 值适用于轧制圆钢管截面、轧制工字钢截面（当 $b/h \leqslant 0.8$ 时，对水平轴 z-z 轴而言），b 类截面的 φ 值适用的类型较多，如工字钢（对垂直轴 y-y 轴而言）、角钢、槽钢等截面类型的压杆，具体见现行《钢结构设计标准》。

10.5.3　压杆稳定条件的应用

与强度条件的计算方法类似，应用稳定条件可以解决压杆的稳定性校核、许可荷载确定、截面尺寸设计三类常见问题。

【例 10.3】　图 10.8a 所示的油管托架，杆 AB 的直径 $d = 15 \text{mm}$，长度 $l = 400 \text{mm}$，材料为 Q235 钢，$\sigma_p = 200 \text{MPa}$，$E = 200 \text{GPa}$。如果取稳定安全因数 $n_{st} = 3$，试根据 AB 杆的稳定性确定托架 D 端的许用荷载 F。

【解】　1）计算 AB 杆的轴向压力 F_N。

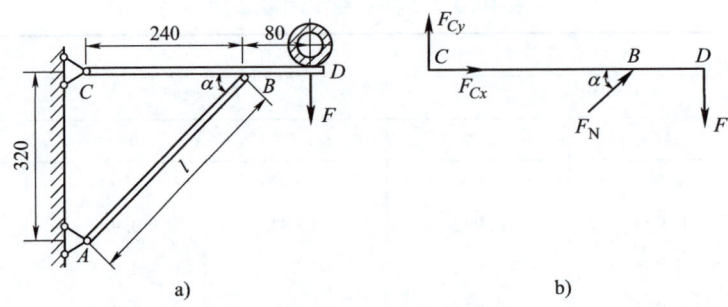

图 10.8　例 10.3 图

由图中几何关系得

$$\sin\alpha = \frac{320\text{mm}}{\sqrt{(320\text{mm})^2+(240\text{mm})^2}} = \frac{4}{5}$$

以梁 CD 为研究对象，其受力图如图 10.8b 所示，列平衡方程

$$\sum M_C = 0,\ F \times (240+80)\text{mm} - F_N \times 240\text{mm} \times \sin\alpha = 0$$

得

$$F_N = \frac{5}{3}F$$

2）计算 AB 杆的柔度 λ 和 λ_p，两端铰支压杆，$\mu=1$，由式（10.3）得

$$\lambda = \frac{\mu l}{i} = \frac{4\mu l}{d} = \frac{4 \times 1 \times 400\text{mm}}{15\text{mm}} = 106.7$$

由式（10.6）得

$$\lambda_p = \sqrt{\frac{\pi^2 E}{\sigma_p}} = \sqrt{\frac{\pi^2 \times 200 \times 10^9 \text{Pa}}{200 \times 10^6 \text{Pa}}} = 99.3$$

3）计算临界压力和许可荷载。由于 $\lambda > \lambda_p$，故 AB 杆为大柔度杆，由欧拉公式 [式（10.5）] 计算临界压力，即

$$F_{cr} = \frac{\pi^2 EA}{\lambda^2} = \frac{\pi^2 \times (200 \times 10^9 \text{Pa})}{106.7^2} \times \frac{\pi \times (15 \times 10^{-3}\text{m})^2}{4} = 30.59\text{kN}$$

根据稳定条件

$$n = \frac{F_{cr}}{F_N} \geq n_{st}$$

得

$$F_N \leq \frac{F_{cr}}{n_{st}}$$

即

$$\frac{5F}{3} \leq \frac{30.59\text{kN}}{3}$$

所以

$$F \leq 6.12\text{kN}$$

可见托架 D 端的许用荷载为 6.12kN。

【例 10.4】　如图 10.9 所示，一野生动物园的瞭望平台由一排铝制圆管柱支承，铝材的弹性模量 $E=72$GPa，每根管柱长 $L=3.25$m，外直径 $d=100$mm。柱基底部嵌入混凝土地基之中，顶部仅受平台水平移动限制，每根柱的设计承载压力是 $P=100$kN。各管柱均为细长杆，若取稳定安全因数 $n_{st}=3$，试确定管柱不发生欧拉失稳时对应的最小壁厚 t。

【解】 1) 计算管柱的临界压力。管柱为细长压杆，采用欧拉公式计算。根据管柱的实际约束形式，把其简化为一端固定一端铰支情况，取长度因数 $\mu=0.7$，因此，每根柱子的临界压力为

$$P_{cr}=\frac{\pi^2 EI}{(0.7L)^2}=\frac{2.046\pi^2 EI}{L^2} \quad (a)$$

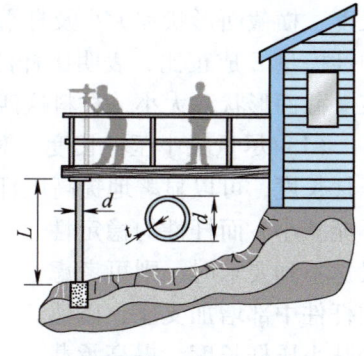

图 10.9 例 10.4 图

此处，I 为管柱横截面的惯性矩，则

$$I=\frac{\pi}{64}[d^4-(d-2t)^4]=\frac{\pi}{64}\times[(0.1m)^4-(0.1m-2t)^4] \quad (b)$$

2) 计算管柱的最小壁厚。由稳定条件 $n=P_{cr}/P\geqslant n_{st}$，将式（a）、式（b）代入，$P$ 取柱子的设计承载压力 100kN，整理计算可得

$$t\geqslant 6.83mm,\ 取柱子的最小壁厚\ t_{min}=6.83mm$$

【例 10.5】 图 10.10 所示桁架中，上弦杆 AB 由 Q235 工字钢制成，工字钢的型号为 25b，材料的许用应力 $[\sigma]=170MPa$，已知该杆受到的轴向压力 $F=220kN$，试校核该杆的稳定性。

【解】 由于本例给出的是强度许用应力 $[\sigma]$，所以应用稳定因数法来校核压杆 AB 的稳定性。

1) 计算 AB 杆柔度 λ。杆件两端为铰链约束，长度因数 $\mu=1$，由型钢表查得工字钢 No. 25b 的横截面面积 $A=53.541cm^2$，最小惯性半径为 $i_y=2.40cm$，其柔度为

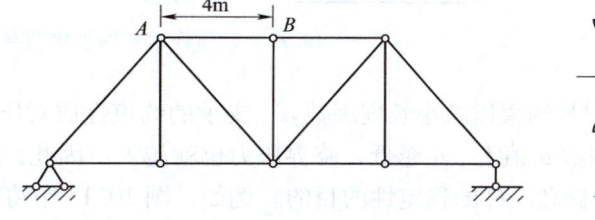

图 10.10 例 10.5 图

$$\lambda=\frac{\mu l}{i_y}=\frac{1\times 400cm}{2.40cm}=166.67$$

2) 确定稳定因数 φ。由表 10.3 查 Q235 钢 b 类，并用内插法求得杆的稳定因数 φ 为

$$\varphi=0.276-\frac{0.276-0.249}{170-160}\times(166.67-160)=0.258$$

3) 校核 AB 杆的稳定性。$\sigma=\dfrac{F}{A}=\dfrac{220\times 10^3 N}{53.541\times 10^{-4} m^2}=41.09\times 10^6 Pa=41.09MPa$

而 $\varphi[\sigma]=0.258\times 170=43.86MPa$

可见 $\sigma\leqslant \varphi[\sigma]$，压杆稳定性满足要求。

10.6 提高压杆稳定性的措施

提高压杆稳定性，就是要提高压杆的临界压力或临界应力。由于压杆的柔度越大，临界应力越小，稳定性越差，因此，提高压杆稳定性的关键是要减小其柔度。而压杆柔度与杆的

长度、横截面形状和大小及杆端约束有关。此外，由欧拉公式可以看出，临界压力 F_{cr} 还与弹性模量 E 成正比，表明压杆的临界压力还与材料有关。因此，可以从压杆长度、杆端约束、截面形状和大小、材料这四个方面采取相应的措施来提高其稳定性。

（1）尽量减小压杆长度　对于细长杆，其临界压力与杆长的平方成反比。因此，减小压杆长度，可以显著地提高压杆的承载能力。在某些情况下，由于客观条件限制，杆的长度不能减小，而杆件的稳定性又达不到要求时，则可考虑在杆件中部增加支座，以达到减小压杆长度、提高承载能力的目的。例如，图 10.11 所示的两种桁架结构中，图 10.11b 中由于压杆 1、2 的长度减小，其承载

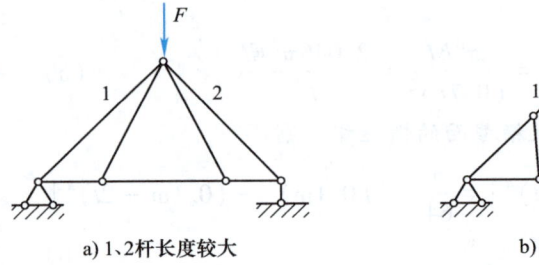

图 10.11　减小压杆长度以提高承载能力

能力要远远大于图 10.11a 中的压杆 1、2；如图 10.12 所示，无缝钢管厂在轧制钢管时，在顶杆中部增加抱辊装置，以提高其稳定性。

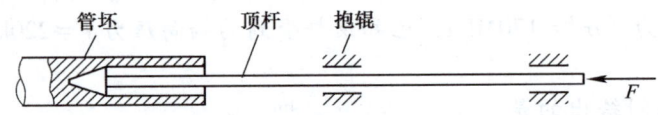

图 10.12　在顶杆中部增加抱辊装置

（2）增强约束以减小长度因数 μ　支承的约束性质对压杆临界压力的影响具体反映在压杆的长度因数 μ 值上。μ 越低，临界压力也就越大。因此，可以通过增强约束来减小长度因数 μ，达到提高压杆的稳定性的目的。例如，图 10.13 中将细长杆两端的铰支约束变成两端固定约束，其长度因数 μ 由 1 减小为 0.5，则临界压力提高到原来的 4 倍。

（3）合理选择截面形状，增大截面惯性矩　压杆的稳定性与截面惯性矩成正比，与柔度的平方成反比，而柔度又与截面惯性半径成反比。因此，在压杆横截面面积 A 一定的情况下，应尽可能使材料远离截面形心，以增大截面惯性矩 I 和惯性半径 i。由于压杆总是在柔度较大的平面内失稳，所以，理想的截面形状是使压杆在任一纵向平面内的柔度相等或接近相等，以使压杆在各个纵向平面内的稳定性相同或接近相同。为了使压杆在任一纵向平面内有相等或接近相等的稳定性，对于各个方向杆端约束条件相同的压杆，应选用对两个形心主惯性轴的惯性半径相等（$i_y = i_z$）的截面；对于各个方向杆端约束条件不相同的压杆，应选用对两形心主惯性轴的柔度相等（$\lambda_y = \lambda_z$）或接近相等的截

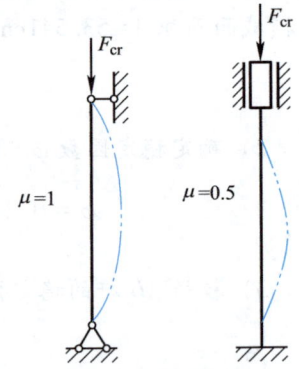

图 10.13　改变杆端约束以提高压杆承载能力

面。例如，在图 10.14 所示的截面图形中，在横截面面积 A 相同时，方形比矩形的 i_y 大，故方形截面的压杆比矩形截面的合理，空心圆环截面的惯性矩 I 和惯性半径 i 比实心圆截面的大得多，因此空心圆环截面比实心圆截面合理。但需要注意的是，空心圆截面要有一定的壁厚，因为薄壁构件容易产生局部褶皱而导致失稳。由型钢组成的压杆，将型钢分开放置

比集中放置合理。如图 10.15 中，由两根槽钢组成的工字形截面，两个形心主惯性矩相差较大。由同样 2 根槽钢组成的框形截面，材料都远离形心，两个形心主惯性矩比较接近，其值都较大。对于型钢组合的压杆，周边要用缀条或缀板将分开放置的型钢连成一个整体；否则各条型钢将变为分散、单独的受压杆件，达不到预期的稳定性。

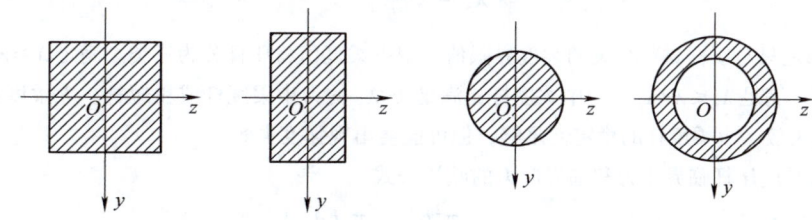

图 10.14　压杆的不同截面形状

（4）合理选用材料　在其他条件均相同的情形下，选用弹性模量 E 数值大的材料，可以提高大柔度压杆的承载能力，如钢杆的临界压力大于铜、铸铁或铝制压杆的临界压力。但是，普通碳素钢、合金钢及高强度钢的弹性模量均在 200~240GPa，数值相差不大。因此，对于细长钢制压杆，用高强度钢代替普通钢，对提高稳定性意义不大，反而会造成材料的浪费。但是，对于粗短杆或中长杆，其临界压力与材料的比例极限和屈服强度有关，选用高强度钢会使临界压力有所提高，有利于提高压杆的稳定性。

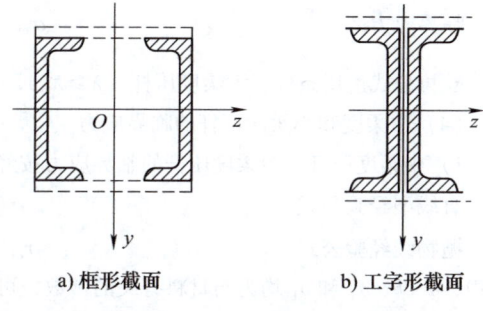

a) 框形截面　　　　b) 工字形截面

图 10.15　由槽钢组合的截面

为了提高压杆的承载能力，防止失稳，必须综合考虑杆长、支承性质、合理的截面形状及材料性能等因素对压杆稳定性的影响。

总结与讨论

1. 本章基本要求

1）理解压杆稳定平衡和不稳定平衡、临界压力、柔度等概念。
2）掌握欧拉公式的适用条件及欧拉临界压力和临界应力的计算。
3）能根据压杆的类别选用合适的公式计算临界应力。
4）掌握简单压杆稳定性计算方法，了解提高压杆稳定性的主要措施。

2. 本章知识点

（1）压杆稳定的概念　压杆的稳定性是指压杆保持原有的直线平衡状态的能力。压杆失稳是指压杆直线平衡状态突然改变的现象。压杆由直线状态的稳定平衡过渡到不稳定的微弯平衡时所对应的轴向压力就是临界压力。压杆的稳定性取决于压杆所受的压力 F。当 $F<F_{cr}$ 时，压杆的平衡是稳定的；当 $F \geqslant F_{cr}$ 时，压杆的平衡是不稳定的；当 $F=F_{cr}$ 时，压杆在微弯状态下保持平衡，压杆处于临界平衡状态。

（2）压杆的柔度与分类

压杆的柔度　　　　　　　　　　$\lambda = \dfrac{\mu l}{i}$

当压杆横截面上的应力达到材料的比例极限 σ_p 时，压杆的柔度为

$$\lambda_p = \sqrt{\frac{\pi^2 E}{\sigma_p}}$$

当压杆横截面上的应力达到材料的屈服极限 σ_s 时，按直线经验公式，压杆的柔度为

$$\lambda_s = \frac{a - \sigma_s}{b}$$

式中，λ_p、λ_s 都是只与压杆材料相关的柔度界限值。根据柔度值将压杆分为三类。满足 $\lambda \geq \lambda_p$ 的压杆为大柔度杆或细长杆；满足 $\lambda_s \leq \lambda < \lambda_p$，为中柔度杆；满足 $\lambda < \lambda_s$ 的为小柔度杆或粗短杆。大柔度杆和中柔度杆可能会出现稳定失效，小柔度杆的稳定性足够，但可能会出现强度失效。

(3) 计算大柔度压杆临界压力和临界应力的欧拉公式

临界压力
$$F_{cr} = \frac{\pi^2 EI}{(\mu l)^2} = \frac{\pi^2 EA}{\lambda^2}$$

临界应力
$$\sigma_{cr} = \frac{F_{cr}}{A} = \frac{\pi^2 E}{\lambda^2}$$

欧拉公式适用条件：大柔度压杆（$\lambda \geq \lambda_p$）。

(4) 中柔度和小柔度压杆的临界应力

1) 中柔度压杆。中柔度压杆的临界应力按经验公式计算。

直线型经验公式
$$\sigma_{cr} = a - b\lambda$$

抛物线经验公式
$$\sigma_{cr} = a_1 - b_1 \lambda^2$$

式中，a、b、a_1 和 b_1 均为与材料有关的常数，可查表。

2) 小柔度压杆。小柔度压杆不会出现稳定失效，按强度问题计算其临界应力，即

$$\sigma_{cr} = \begin{cases} \sigma_s \text{（塑性材料）} \\ \sigma_b \text{（脆性材料）} \end{cases}$$

(5) 压杆稳定条件（设计准则）

1) 安全因数法。压杆工作安全因数 n 应大于规定的稳定安全因数 n_{st}，即

$$n = \frac{F_{cr}}{F} \geq n_{st}$$

2) 稳定因数法。压杆稳定条件为

$$\sigma = \frac{F}{A} \leq \varphi [\sigma]$$

式中，$[\sigma]$ 是压杆的强度许用应力；φ 是稳定因数，是柔度 λ 的函数，柔度越大，临界应力越小，φ 也就越小，一般 $\varphi < 1$。

3. 重点和难点

(1) 重点 欧拉公式的适用条件、压杆柔度的计算、压杆稳定性的校核。

(2) 难点 压杆失稳平面的判断、稳定性计算的两种方法。

4. 常见问题

(1) 欧拉公式的适用条件 欧拉公式只适用于大柔度杆，即 $\lambda \geq \lambda_p$。在求压杆的临界应力时，应先计算柔度，判断压杆类型，再选用相应的临界应力计算公式。

(2) 压杆失稳平面 压杆失稳总发生在柔度最大的平面内，因此，在计算压杆的临界应力时，应分别计算在各平面内的柔度，并按较大者计算压杆的临界应力 σ_{cr}。例如，两端球铰约束的矩形截面细长压杆，虽然在每个平面内的约束条件相同，但 I_y 和 I_z 不同，惯性半径 i_y 和 i_z 不同，在 xy 平面和 xz 平面的柔度不等，即 $\lambda_y \neq \lambda_z$。两端柱铰约束的正方形或圆形截面细长压杆，虽然其 $I_y = I_z$，但 xy 平面和 xz 平面内的约束条件不同，在这两个平面内柔度也不等，即 $\lambda_y \neq \lambda_z$。因此，应根据柔度判断失稳平面，再计算相应的临界应力。

思考题

10.1 压杆的强度失效和稳定失效有何区别与联系?

10.2 压杆因失稳产生的弯曲变形与梁在横向力作用下产生的弯曲变形在性质上有何区别?

10.3 一张纸片,很难将它竖立在桌上,但若把它折成图 10.16b 所示的形状,则很容易把它竖立起来。若将它卷成圆筒,不仅容易竖立,甚至还能承受一定的压力。这是为什么?

10.4 为什么梁通常采用矩形、工字形截面,压杆则采用方形或圆形截面?

10.5 在其他条件不变的情况下,若将细长压杆的长度增加一倍,其临界压力和临界应力将有何变化?若将圆截面压杆的直径增加一倍,其临界压力和临界应力又有何变化?

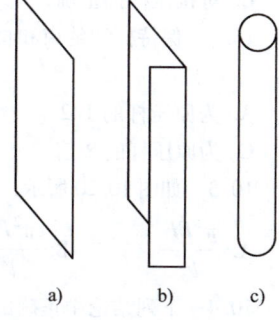

图 10.16　思考题 10.3 图

10.6 由 1、2 两根杆件按照两种不同的方式组成的结构分别如图 10.17a、b 所示,试问它们的承载力是否相等?

10.7 图 10.18 所示的正方形桁架,各杆的抗弯刚度均为 EI,且均为细长杆。试问当荷载 F 为何值时结构中的哪些杆件将失稳?如果将荷载 F 的方向反向,则使杆件失稳的荷载 F 又为何值?

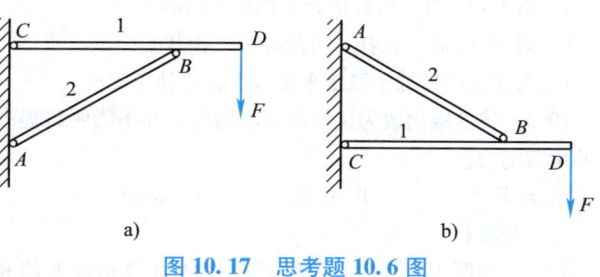

图 10.17　思考题 10.6 图

10.8 两端为球铰的细长压杆,有面积相同的四种截面可供选择,如图 10.19 所示。从稳定性方面考虑,最佳截面为哪种?为什么?

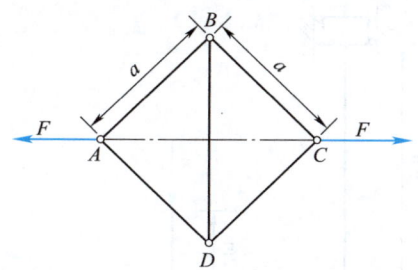

图 10.18　思考题 10.7 图

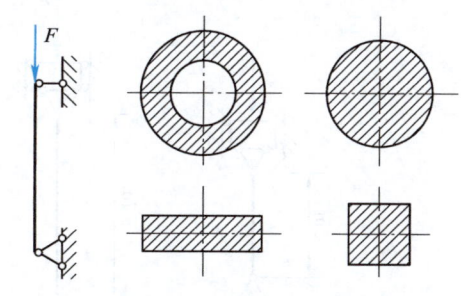

图 10.19　思考题 10.8 图

习　题

一、判断题

10.1 由低碳钢制成的细长压杆,经冷作硬化后,其稳定性和强度都将得到提高。　　　　　　　　　(　　)

10.2 粗短杆的临界应力 σ_{cr} 值与杆的柔度无关。　　　　　　　　　　　　　　　　　　　　　(　　)

10.3 对压杆而言,正方形、圆形截面杆的稳定性优于同面积的矩形、工字形截面杆。　　　　　　(　　)

10.4 大柔度压杆不可能出现强度失效问题。　　　　　　　　　　　　　　　　　　　　　　(　　)

10.5 压杆截面形状不仅影响其稳定性,还影响其强度。　　　　　　　　　　　　　　　　　　(　　)

二、单项选择题

10.1 对于轴向拉压细长杆,由于横截面上正应力均匀分布,不必考虑横截面合理形状。此结论（　　）。
A. 对轴向拉杆正确　　B. 对轴向压杆正确
C. 对拉压杆都正确　　D. 对拉压杆都不正确

10.2 保持杆端约束和材料不变,将大柔度圆截面杆的长度和直径都增加到原来的 2 倍,其临界压力（　　）。
A. 为原压杆的 1/2　　B. 与原压杆的相同
C. 为原压杆的 2 倍　　D. 为原压杆的 4 倍

10.3 如图 10.20 所示,AB、BC 为两个细长杆,若 $EI_1 > EI_2$,则临界荷载 $F_{cr}=$（　　）。

A. $\dfrac{\pi^2 EI_1}{l^2}$　　B. $\dfrac{\pi^2 EI_2}{l^2}$　　C. $\dfrac{2\pi^2 EI_1 \cos\alpha}{l^2}$　　D. $\dfrac{2\pi^2 EI_2 \cos\alpha}{l^2}$

10.4 下列结论中正确的是（　　）。
A. 只有 $F < F_{cr}$ 时,压杆才不会失稳
B. 当 $F = F_{cr}$ 时,压杆仍处于稳定平衡状态
C. 当 $F > F_{cr}$ 时,压杆不可能处于平衡状态
D. 为保证压杆处于稳定平衡状态,应使 $F \le F_{cr}$

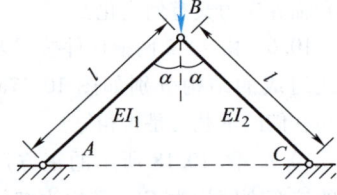

图 10.20　单项选择题 10.3 图

10.5 将低碳钢改为优质高强度钢后,并不能明显提高（　　）压杆的承载能力。
A. 细长　　B. 中长　　C. 粗短　　D. 非粗短

三、计算题

10.1 如图 10.21 所示各细长压杆的材料和截面均相同,试问哪根杆能承受的压力最大,哪一根最小?

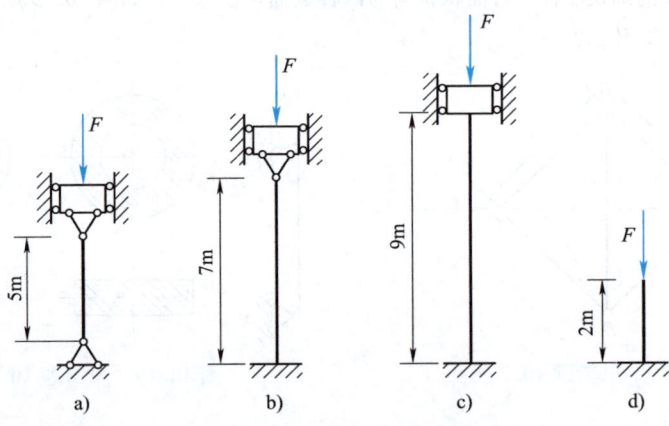

图 10.21　计算题 10.1 图

10.2 试用欧拉公式计算下列细长压杆的临界压力。压杆两端均为球铰支座,弹性模量均为 $E = 200\text{GPa}$。
(1) 圆截面,$d = 40\text{mm}$,$l = 2.0\text{m}$。
(2) 矩形截面,$h = 2b = 40\text{mm}$,$l = 1.0\text{m}$。
(3) No. 20a 工字钢,$l = 2.0\text{m}$。

10.3 如图 10.22 所示,移动式起重机的起重臂 AB 长 $l = 5.6\text{m}$,截面外径 $D = 115\text{mm}$,内径 $d = 105\text{mm}$,材料为 Q235 钢,弹性模量 $E = 206\text{GPa}$,试求起重臂能承受的最大荷载 F。

10.4 为了提高图 10.23 所示压杆 AB 的承载能力,欲增加一支座 C,则支座 C 最合适的位置 x 为多

少？增加支座 C 后，假如 AC、BC 仍为细长杆，则此时的承载能力是不加支座 C 时的多少倍？

10.5 截面为 100mm×150mm 的矩形木柱，一端固定，另一端铰支，杆长 $l=5.0$m，材料的弹性模量 $E=10$GPa，$\lambda_p=110$。试求此木柱的临界压力。

10.6 图 10.24 所示的矩形截面立柱，下端固定，上端承受通过销轴传递的压力 F。上端在垂直于销轴的平面内可绕销轴转动，在与销轴平行的平面内由于上部刚性约束不能转动。若要求立柱具有最合理的抵抗失稳的能力，试确定立柱横截面 h 和 b 的比值。

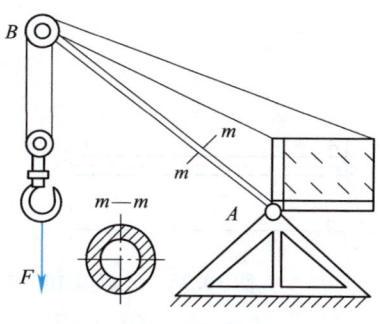

图 10.22 计算题 10.3 图

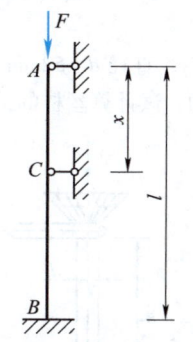

图 10.23 计算题 10.4 图

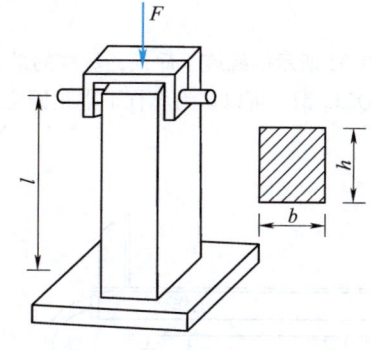

图 10.24 计算题 10.6 图

10.7 如图 10.25 所示为某型飞机起落架中承受轴向压力的斜撑杆。杆为空心圆管，外径 $D=52$mm，内径 $d=44$mm，$l=950$mm，$\sigma_b=1600$MPa，$\sigma_p=1200$MPa，$E=210$GPa。试求斜撑杆的临界压力 F。

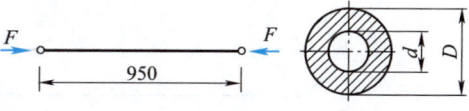

图 10.25 计算题 10.7 图

10.8 如图 10.26 所示的结构中，刚性梁 ABCD 由两根材料相同，半径分别为 r、$2r$ 的大柔度圆杆支承，材料的弹性模量为 E，试计算荷载 F 的临界值。

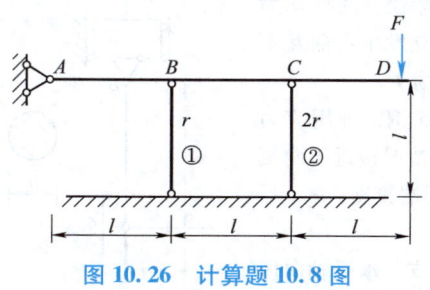

图 10.26 计算题 10.8 图

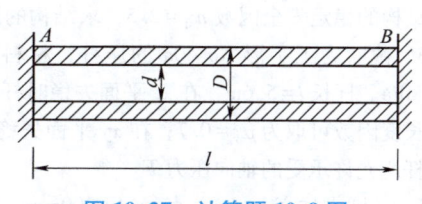

图 10.27 计算题 10.9 图

10.9 如图 10.27 所示两端固支钢管，外径 $D=10$cm，内径 $d=8$cm，弹性模量 $E=210$GPa，$\sigma_p=200$MPa，热膨胀系数 $\alpha=12.5\times10^{-6}$/℃，钢管长 $l=7$m，求钢管不失稳所允许的升温。

10.10 图 10.28 所示工字钢直杆在温度 $t=20$℃时安装，此时杆不受力。已知杆长 $l=8$m，材料为 Q235 钢，$E=200$GPa，线膨胀系数 $\alpha=12.5\times10^{-6}$/℃，当温度升高到多少时，杆件将失稳。

10.11 图 10.29 所示蒸汽机的活塞杆 AB，所受的压力 $F=120$kN，$l=1800$mm，横截面为圆形，直径 $d=75$mm。材料的弹性模量 $E=210$GPa，比例极限 $\sigma_p=240$MPa，要求稳定安全因数 $n_{st}=8$，试校核活塞杆的稳定性。

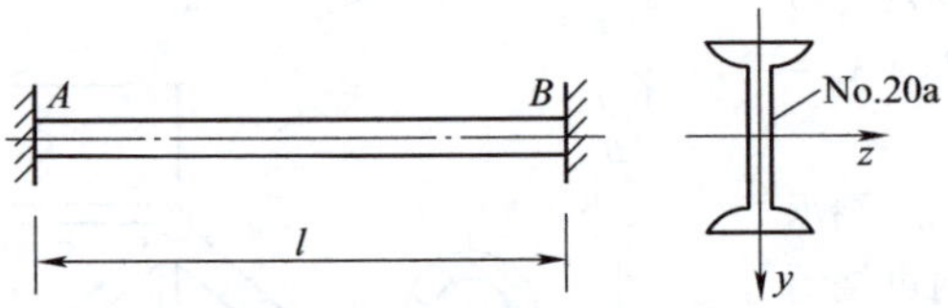

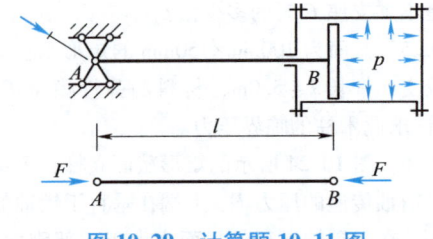

图 10.28 计算题 10.10 图　　图 10.29 计算题 10.11 图

10.12　平面磨床工作台的液压驱动装置如图 10.30 所示。油缸活塞直径 $d=65\text{mm}$，液压 $p=1.2\text{MPa}$，活塞杆长度 $l=1250\text{mm}$，材料的 $E=210\text{GPa}$，$\sigma_p=220\text{MPa}$。$n_{st}=6$。活塞杆可简化为两端铰支的压杆，试确定活塞杆的直径。

10.13　图 10.31 所示的螺旋千斤顶，丝杠的最大承载力 $F=150\text{kN}$，直径 $d=52\text{mm}$，最大升高长度 $l=500\text{mm}$，材料为 Q235 钢。可以认为丝杠下端是固定的，上端是自由的，试计算丝杠的工作安全因数。

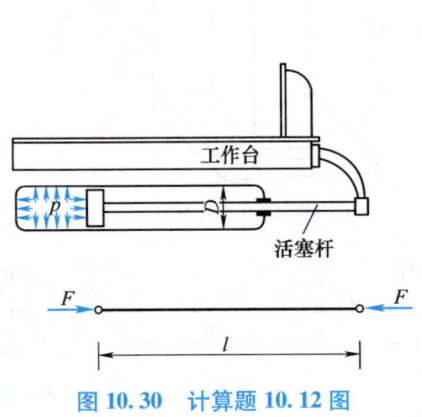

图 10.30 计算题 10.12 图

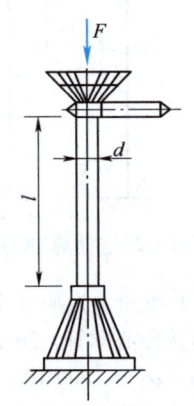

图 10.31 计算题 10.13 图

10.14　图 10.32 所示结构，BC 为圆截面杆，其直径 $d=80\text{mm}$，AC 为边长 $a=70\text{mm}$ 的正方形截面杆。A 端固定，B、C 为球铰，两杆均为 Q235 钢，弹性模量 $E=210\text{GPa}$，$\sigma_p=200\text{MPa}$，可各自独立发生弯曲互不影响，若结构的稳定安全因数 $n_{st}=2.5$，求结构的许可压力 F。

10.15　截面为工字形 No.40a 的压杆，材料为 Q345 钢，许用应力 $[\sigma]=230\text{MPa}$。杆长 $l=5.6\text{m}$，在 xz 平面失稳时杆端约束情况接近于两端固定，故长度因数可取为 $\mu_y=0.7$；在 xy 平面失稳时为两端铰支，$\mu_z=1$。试计算压杆所允许承受的轴向压力 F。

10.16　一圆木柱高 $l=6\text{m}$，直径 $d=200\text{mm}$，两端铰支，承受轴向压力 $F=50\text{kN}$，试校核其稳定性。已知木材为南方松木 TC15，其许用应力 $[\sigma]=10\text{MPa}$。

10.17　图 10.33 所示托架中，横梁 AB 承受均布荷载 q，CD 为直径 $D=300\text{mm}$、强度等级为 TC15 的南方松木杆，其许用应力 $[\sigma]=10\text{MPa}$。试根据 CD 杆的稳定条件由稳定因数法求托架的许可荷载 q。

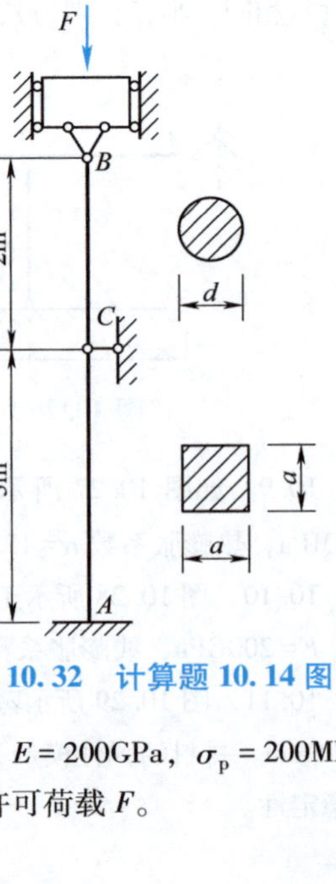

10.18　图 10.34 所示结构，AC 为矩形截面杆，CD 为圆截面杆，材料均为 Q235 钢，C、D 两处为球铰。已知 $d=20\text{mm}$，$b=100\text{mm}$，$h=180\text{mm}$，$E=200\text{GPa}$，$\sigma_p=200\text{MPa}$，$\sigma_s=235\text{MPa}$，强度安全因数 $n=2.0$，稳定安全因数 $n_{st}=3.3$，试确定该结构的许可荷载 F。

图 10.32 计算题 10.14 图

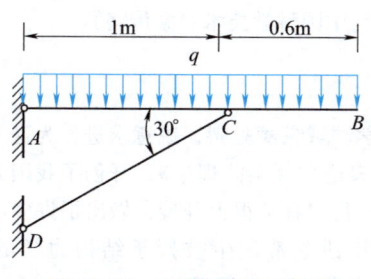
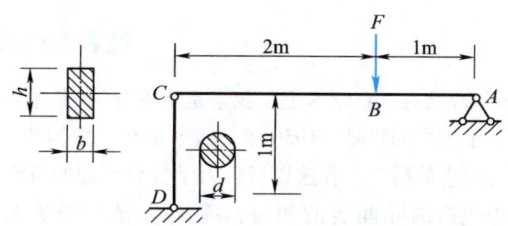

图 10.33　计算题 10.17 图　　　　图 10.34　计算题 10.18 图

10.19　图 10.35 所示结构，横梁 AB 采用 No.16 工字钢，立柱 CD 由两根 63mm×63mm×5mm 等边角钢连接而成，材料均为 Q235 钢，$E=200\text{GPa}$，$\sigma_s=240\text{MPa}$，均匀分布荷载 $q=40\text{kN/m}$。试确定梁与立柱的工作安全因数。

10.20　（出自 2018 年第七届孙训方力学竞赛高职高专组试题）图 10.36 所示刚性杆 AB，在 C 处与固定铰支座连接，在 A、D 处用直径为 20mm 的圆截面杆①、②铰接。杆①、②的弹性模量 $E=200\text{GPa}$，$\sigma_s=235\text{MPa}$，$\sigma_p=196\text{MPa}$。图中 $l=600\text{mm}$，求此结构的极限力 F 的大小。

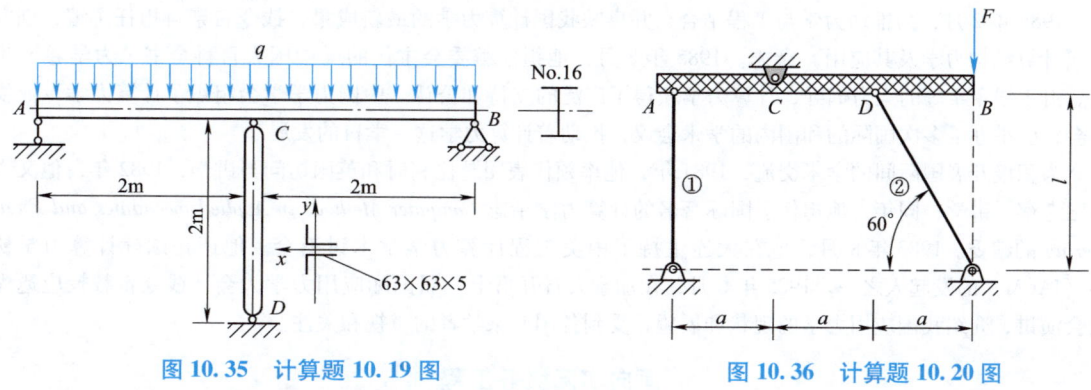

图 10.35　计算题 10.19 图　　　　图 10.36　计算题 10.20 图

10.21　（出自 2004 年第五届全国周培源大学生力学竞赛）如图 10.37 所示，放置在弹性基础上的细长杆，长为 l，两端铰支，承受轴向压力 P。试建立临界压力 P_{cr} 应满足的方程。设基础反力的集度与梁挠度成正比并与挠度方向相反，比例系数为 k，杆的抗弯刚度为 EI。

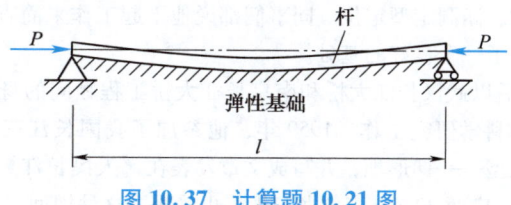

图 10.37　计算题 10.21 图

课外阅读：钱令希

钱令希，1916 年 7 月 16 日生，江苏锡山市鸿声镇人，1955 年当选中国科学院学部委员（今称院士），1991 年当选为中国科学院学部主席团成员，1998 年被选聘为中国科学院资深院士。

钱令希曾获国家自然科学奖（二等）、国家科技进步奖（三等两次）、国家教委科技进步奖（一等）、香港理工大学中国杰出访问学者奖、香港何梁何利基金科学与技术进步奖、陈嘉庚技术科学奖。他的传记，先后被收入《中国现代教育家传》《中国现代科学家传记》《中国科学技术专家传略》。

锐意求进发展力学

钱令希常说："在学术上，我老是不安分的。"他一直在力学领域纵横驰骋，锐意求进，为这一学科的发展做出了宝贵的贡献。1950 年，钱令希在《中国科学》上发表论文《余能理论》，开创了我国力学工作者对变分原理的研究。在这以后，力学变分原理的研究和应用在我国有了很大开展，做出了许多可喜的成果，其中包括国际闻名的胡海昌-鹫津一般变分原理。1951 年钱令希先生被授予结构力学的莫采夫（Mosieff）奖。同年，钱令希的《超静定结构学》和《静定结构学》两本教材问世。

20 世纪 60 年代初，他在《力学学报》和《中国科学》上发表关于壳体承载能力的论文，从能量原理提供了一个方法。1965 年，他又和钟万勰一起在《力学学报》上发表了《论结构极限分析并建议一个一般变分原理》的论文，为塑性力学中的变分原理开创了一条新路子，引起了力学界的广泛兴趣。80 年代，钱令希和博士生用计算机技术、有限元方法和线性规划的结合，在《力学学报》上发表了一个便于工程实用的一般性方法——温度参数法，用以统一解决极限分析和安定分析，效果很好，并在 1990 年于美国召开的机械工程学会压力容器及管道的国际学术会议上做了报告。后来，他和博士生又改造了这个方法，用弹塑性弹簧和刚性单元构造有限元模型。这个方法可有效地用于岩土力学中的极限分析。

1984 年 2 月，为推动力学与工程结合，并反映我国计算力学的最新成果，钱令希亲自担任主编，创办了《计算结构力学及其应用》杂志。1985 年 8 月，他担任编委会主任的《中国大百科全书·力学卷》出版。由于钱令希等的大力倡导，计算力学获得了广泛的支持和公认。中国力学学会组织了计算力学专业委员会，已举办了多次国际的和国内的学术会议，推动着计算力学这一学科的发展。

为积极开展国际间的学术交流，1981 年，他率领代表团赴比利时和英国访问与讲学；1982 年，他又去美国考察、讲学；同年，他担任了国际著名的计算力学杂志 Computer Methods in Applied mechanics and Engineering 的编委。1983 年 8 月，他在大连主持了中美工程计算力学学术讨论会。他还是国际计算力学协会（IACM）的发起人之一。1985 年 6 月，在加拿大召开第十一届国际应用力学大会，钱令希教授应邀做大会演讲，介绍我国应用力学的现状和展望，受到各国专家学者的重视和关注。

面向实际服务工程

钱令希在 20 世纪 30 年代读大学时，就产生了"读书人爱国，只有从发展科学做起"的思想。留学回国在叙昆铁路局工作时，为修建全民抗战的国际通道（从重庆到缅甸），他在人烟稀少的云南边陲翻山越岭，风餐露宿，进行桥梁踏勘。有一年冬天，他和另一位工程师硬是凭着两条腿，在一段长度超过 140km 的线路上，为上百个大小桥梁、涵洞定型定位。同事们都说他干起工作来简直像玩命。这段经历为他此后理论联系实际、面向工程打下了一个良好的基础。

1954 年和 1958 年，他先后以武汉长江大桥和南京长江大桥工程顾问的身份，参加了这两座使"天堑变通途"的桥梁规划、设计和科学研究工作。1959 年，他参加了我国长江三峡水利枢纽的规划会议。会上，他提出了一个新型大头坝型——梯形坝，并写成文章发表在《人民长江》杂志上。这种新型大头坝于 1979 年 10 月顺利建成。后来，广西 32.6m 高的龙门坝等也采用了这种坝型。

钱令希于 1959 年在《大连工学院学报》和《中国科学》上连续发表文章，把拱坝壳体的扭转作用纳入拱冠梁法，增加的计算量不大，但得到的结果却进一步接近于实际，所以工程单位乐于采用。

20 世纪 60 年代初，钱令希教授毅然承担了建设核潜艇研究壳体的强度、开孔和稳定问题的任务。他及他的研究团队的研究成果应用到我国第一艘核潜艇的研制工作中，并反映在我国潜艇计算规范上，在全国科学大会上得奖。题为《潜水耐压的锥柱结合壳的强度和稳定性》等有关学术论文，后来获得国家自然科学奖。

钱令希先生一生都在跟踪学术新动向，身体力行，不断地学习新知识，研究新问题，解决新问题。这位伟大的科学家、教育家，在前进的路上从未停下他的脚步，为中国乃至世界力学发展做出了卓越的贡献！

第 11 章 能 量 法

本章导读

弹性体在外力作用下发生变形的同时,外力所做的功以应变能的形式储存于弹性体内。外力撤除后,弹性体所积蓄的应变能能够完全转换成其他形式的能量释放出来。应用功、能的概念和能量守恒定律,推出的一系列求解变形固体的位移、变形等的方法,统称为能量法。本章围绕能量法求结构位移这一内容,着重介绍了应变能的概念及杆件在轴向拉压、扭转、弯曲这些基本变形条件下的应变能的计算、莫尔定理及其应用。同时,也介绍了变形体的虚功原理、卡氏定理、互等定理,以及用能量法求解超静定问题。

11.1 杆件的应变能

任何变形固体在受到外力作用时都会发生变形,引起外力作用点产生位移。因此,在固体变形过程中外力将会沿其作用线方向做功,把这种功称为外力功,用 W 表示。当弹性固体的变形在弹性范围内时,外力从零开始缓慢增加,变形中的每一瞬间固体都处于平衡状态,动能和其他能量变化可以忽略不计,那么外力功将以能量的形式储存在弹性固体内部,通常称为应变能或变形能,用 V_ε 表示。

根据能量守恒定律,固体内的应变能在数值上等于外力做功,即

$$V_\varepsilon = W \tag{11.1}$$

弹性固体的应变能是可逆的,也就是当外力逐渐减小时,可在其恢复变形中释放出全部应变能而做功。如果超出弹性范围,塑性变形将消耗一部分能量,应变能不能全部转化为功。

根据这一原理,求解构件变形和超静定问题的方法称为能量法。

下面将讨论不同基本变形下杆件应变能的计算。

11.1.1 轴向拉伸或压缩的杆件应变能

图 11.1a 所示的受拉直杆,在线弹性范围内,当拉力 F 从零开始缓慢增加到最终值时,杆件伸长 Δl,与拉力 F 之间的关系为线性关系,如图 11.1b 所示。外力 F 所做的功的大小可用 $\triangle OAB$ 面积表示

$$W = \frac{1}{2}F\Delta l \tag{11.2}$$

由式（11.1）可知，受拉杆的弹性应变能 $V_\varepsilon = W = \frac{1}{2}F\Delta l$，由胡克定律 $\Delta l = \frac{Fl}{EA}$，得

$$V_\varepsilon = W = \frac{F^2 l}{2EA} \qquad (11.3)$$

当杆件轴力沿杆轴变化时，可利用式（11.3）求出长为 dx 的微段内应变能，设微段所受轴力为 $F_N(x)$，于是

$$dV_\varepsilon = \frac{F_N^2(x)dx}{2EA}$$

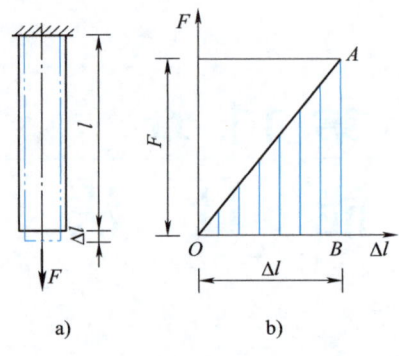

图 11.1 轴向拉伸杆外力的功

再积分求出整根杆件的应变能

$$V_\varepsilon = \int_l \frac{F_N^2(x)dx}{2EA} \qquad (11.4)$$

11.1.2 扭转圆轴的应变能

图 11.2a 所示圆轴发生扭转变形时，弹性范围内，外力偶矩从零开始缓慢增加到最终值 M_e 时，左右端截面相对扭转角 φ 与外力偶矩 M_e 之间的关系为线性关系，如图 11.2b 所示。与拉伸变形情况一样，外力 M_e 所做的功的大小可用 $\triangle OAB$ 面积表示

$$W = \frac{1}{2}M_e\varphi \qquad (11.5)$$

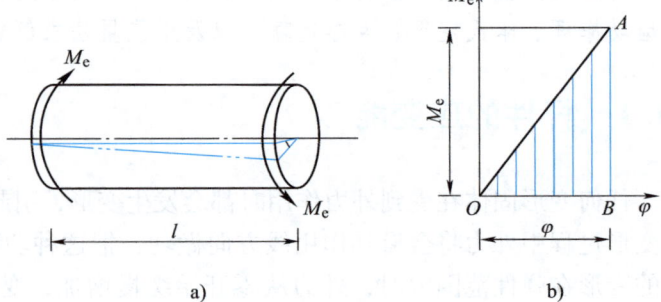

图 11.2 圆轴扭转外力偶做功

其中 $\varphi = \frac{M_e l}{GI_p}$，所以圆轴内储存的应变能为

$$V_\varepsilon = W = \frac{1}{2}M_e\varphi = \frac{M_e^2 l}{2GI_p} \qquad (11.6)$$

当杆件扭矩 T 沿轴线有变化时，可利用式（11.6）求出微段 dx 内的应变能，再积分求出整根杆件内应变能

$$V_\varepsilon = \int_l \frac{T^2(x)dx}{2GI_p} \qquad (11.7)$$

11.1.3 弯曲变形杆件的应变能

1. 纯弯曲情况

图 11.3a 所示为一悬臂梁，自由端截面 B 受外力偶 M_e 作用，发生纯弯曲变形。由弯曲变形一章的方法可知 B 端截面的转角在线弹性范围内为

$$\theta = \frac{M_e l}{EI}$$

当外力偶由零缓慢增加到最终值 M_e 时，外力偶矩与 θ 的关系为线性关系（图 11.3b），可得外力偶所做的功用 $\triangle OAB$ 面积表示为

$$W = \frac{1}{2} M_e \theta \quad (11.8)$$

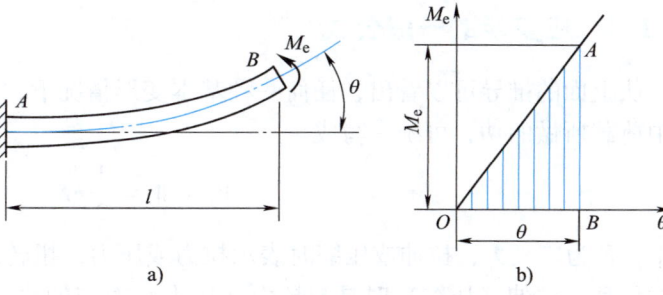

图 11.3 纯弯曲变形梁

从而纯弯曲梁的应变能为

$$V_\varepsilon = W = \frac{1}{2} M_e \theta = \frac{M_e^2 l}{2EI} \quad (11.9)$$

2. 横力弯曲情况

横力弯曲时（图 11.4a），梁的横截面上既有弯矩又有剪力，且弯矩和剪力都随截面位置的不同而变化，均为 x 的函数。弯矩和剪力产生的位移分别是独立的，因此可以分别计算弯矩和剪力对应的应变能。对于细长梁，剪切变形的应变能与弯曲应变能相比很小，常常忽略不计，所以只需计算弯曲变形的应变能。

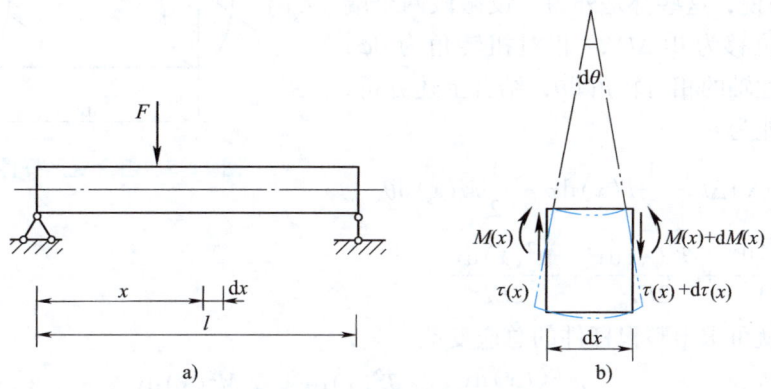

图 11.4 横力弯曲梁的变形

从梁内取出长为 dx 的微段（图 11.4b），左右截面上的弯矩分别为 $M(x)$ 和 $M(x) + dM(x)$。计算应变能时，忽略弯矩增量 $dM(x)$，可把微段看成纯弯曲情况。应用式（11.9）可计算出微段内的弯曲应变能为

$$dV_\varepsilon = \frac{M^2(x) dx}{2EI}$$

于是全梁的应变能对上式积分可得

$$V_\varepsilon = \int_l \frac{M^2(x) dx}{2EI} \quad (11.10)$$

如果弯矩在梁的各段为不同的函数表示，则上述积分应分段进行，最后求和可得全梁的应变能。

11.1.4 应变能的一般公式

从上面的推导可以看出，任何一种基本变形情况下，杆件的应变能在数值上等于变形过程中荷载所做的功，可统一写成

$$V_\varepsilon = W = \frac{1}{2}F\delta \qquad (11.11)$$

式中，F 为 广义力，拉伸或压缩时表示拉力或压力，扭转或弯曲时表示力偶矩；δ 为与 F 对应的位移，拉伸（压缩）时是与拉力（压力）对应的线位移 Δl，扭转时是与扭转力偶对应的角位移 φ，弯曲时是与外力偶对应的截面转角，称为 广义位移。

在线弹性范围内，广义力和广义位移是线性关系，式（11.11）还可以写成

$$V_\varepsilon = \frac{F^2 l}{2C} = \frac{C\delta^2}{2l} \qquad (11.12)$$

式中，C 是与杆件变形对应的刚度。可以看出，杆件应变能是广义力或广义位移的二次函数。

组合变形的杆件同样不考虑对应剪切变形的应变能，一般内力仅考虑轴力 $F_N(x)$、扭矩 $T(x)$ 和弯矩 $M(x)$（图 11.5 所示的长度为 dx 的杆件微段）。对微段来说，这些都是外力。设微段两个端截面相对轴向位移为 $d(\Delta l)$，相对扭转角为 $d\varphi$，两横截面绕中性轴的相对转角 $d\theta$，结合上述分析，微段内的应变能为

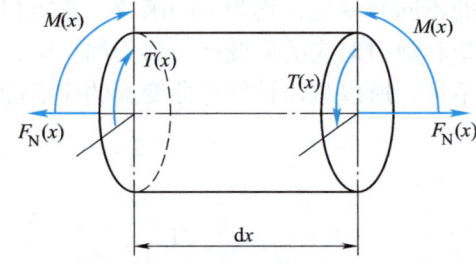

图 11.5 组合变形杆件的微段

$$dV_\varepsilon = \frac{1}{2}F_N(x)\Delta l + \frac{1}{2}T(x)d\varphi + \frac{1}{2}M(x)d\theta$$

$$= \frac{F_N^2(x)dx}{2EA} + \frac{T^2(x)dx}{2GI_p} + \frac{M^2(x)dx}{2EI}$$

对上式积分，就可求出整根杆件的总应变能

$$V_\varepsilon = \int_l \frac{F_N^2(x)dx}{2EA} + \int_l \frac{T^2(x)dx}{2GI_p} + \int_l \frac{M^2(x)dx}{2EI} \qquad (11.13)$$

【例 11.1】 分别计算图 11.6 所示三根梁的应变能。

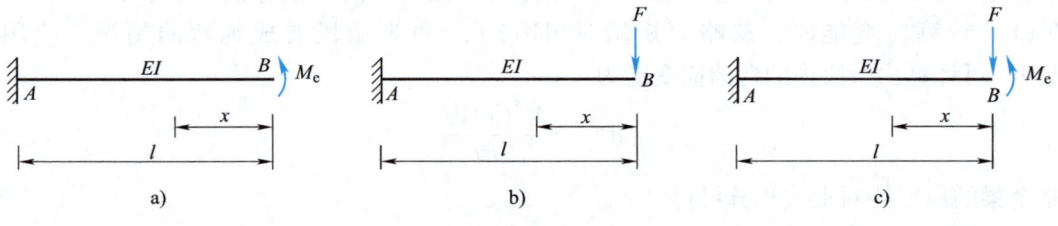

图 11.6 例 11.1 图

【解】 由内力分析可知，图 11.6a 中的悬臂梁处于纯弯曲状态，图 11.6b、c 处于横力弯曲状态，在不计剪力影响下可以应用式（11.10）进行计算。

各梁应变能分别为

$$V_{\varepsilon 1} = \int_l \frac{M^2(x)\,\mathrm{d}x}{2EI} = \int_0^l \frac{M_e^2 \mathrm{d}x}{2EI} = \frac{M_e^2 l}{2EI}$$

$$V_{\varepsilon 2} = \int_l \frac{M^2(x)\,\mathrm{d}x}{2EI} = \int_0^l \frac{(-Fx)^2 \mathrm{d}x}{2EI} = \frac{F^2 l^3}{6EI}$$

$$V_{\varepsilon 3} = \int_l \frac{M^2(x)\,\mathrm{d}x}{2EI} = \int_0^l \frac{(M_e - Fx)^2 \mathrm{d}x}{2EI} = \frac{1}{2EI}\int_0^l (M_e^2 - 2M_e Fx + F^2 x^2)\,\mathrm{d}x$$

$$= \frac{M_e^2 l}{2EI} + \frac{F^2 l^3}{6EI} - \frac{M_e F l^2}{2EI}$$

从上面结果可以看出，尽管图 11.6c 的梁受载可以看成是图 11.6a 和图 11.6b 的荷载叠加而来，但 $V_{\varepsilon 3} \neq V_{\varepsilon 1} + V_{\varepsilon 2}$。这是因为应变能是力的二次函数，求内力时可以应用叠加原理，$M(x) = M_e + M_F$，但求应变能时，却不能应用叠加原理。其中 $V_{\varepsilon 3}$ 中的 $\left(-\dfrac{M_e F l^2}{2EI}\right)$ 项为 F 和 M_e 共同作用时相互影响下所做的功。

11.2　卡氏定理

利用 11.1 节的弹性应变能公式，可以计算杆件或结构的位移，但仅限于单一荷载作用，而且是荷载作用点沿荷载作用方向的位移。如图 11.3a 中，假设杆长 l、杆件刚度 EI 已知，则可计算 B 截面的转角。这是因为 $V_\varepsilon = \dfrac{M^2 l}{2EI}$，外力偶 M 做功为 $W = \dfrac{1}{2} M\theta_B$，由 $W = V_\varepsilon$ 可得

$$\frac{1}{2} M\theta_B = \frac{M^2 l}{2EI}$$

$$\theta_B = \frac{Ml}{EI}$$

这个结果和梁的弯曲变形一章结果相同。将应变能 V_ε 看作为外力偶 M 的函数，然后对 M 求偏导数，则有

$$\frac{\partial V_\varepsilon}{\partial M} = \frac{\partial}{\partial M}\left(\frac{M^2 l}{2EI}\right) = \frac{Ml}{EI} = \theta_B$$

这说明，应变能对力的偏导数等于力作用点沿力作用方向的位移。其实这并不是巧合，而是一个普遍规律——卡氏定理。

卡氏定理：如果有 n 个外力（广义力）作用于同一弹性体上，将弹性体的应变能表示为 n 个外力的函数，则应变能对任一外力的偏导数，等于该力作用点沿该力方向的位移（广义位移）。其表达式为

$$\delta_i = \frac{\partial V_\varepsilon}{\partial F_i} \quad (i = 1, 2, \cdots, n) \tag{11.14}$$

下面给出证明：

设弹性体在支座约束下没有任何刚性位移，F_1，F_2，$\cdots$，F_n 为作用于其上的外力，沿各力作用方向的位移分别为 δ_1，δ_2，$\cdots$，δ_n（图 11.7）。变形过程中，外力所做的功等于弹

性体的应变能，所以应变能 V_ε 为 F_1，F_2，$\cdots$，F_n 的函数，即

$$V_\varepsilon = f(F_1, F_2, \cdots, F_n) \quad (a)$$

若给任一外力 F_i 一个增量 $\mathrm{d}F_i$，则应变能 V_ε 的相应增量为 $\Delta V_\varepsilon = \dfrac{\partial V_\varepsilon}{\partial F_i}\mathrm{d}F_i$，于是弹性体应变能为

$$V_\varepsilon + \frac{\partial V_\varepsilon}{\partial F_i}\mathrm{d}F_i \quad (b)$$

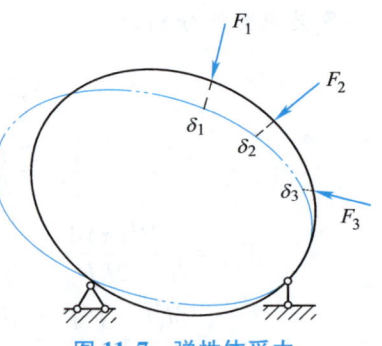

图 11.7 弹性体受力

由于应变能与外力加载顺序无关，如果将外力的加载顺序改为先作用 $\mathrm{d}F_i$，其作用点沿 $\mathrm{d}F_i$ 方向的位移为 $\mathrm{d}\delta_i$，应变能为 $\dfrac{1}{2}\mathrm{d}F_i\mathrm{d}\delta_i$。然后作用 F_1，F_2，$\cdots$，F_n，虽然其上已有 $\mathrm{d}F_i$ 作用，但对弹性体来说，F_1，F_2，$\cdots$，F_n 引起的位移与未作用 $\mathrm{d}F_i$ 时的一样，因此这些力做的功也就是应变能，仍然与式（a）相同。但在 F_1，F_2，$\cdots$，F_n 作用时，在 F_i 的方向（$\mathrm{d}F_i$ 的方向）发生了位移 δ_i，于是 $\mathrm{d}F_i$ 在位移 δ_i 上完成的功为 $\delta_i\mathrm{d}F_i$。由此，改变加载顺序后的应变能为

$$\frac{1}{2}\mathrm{d}F_i\mathrm{d}\delta_i + V_\varepsilon + \delta_i\mathrm{d}F_i \quad (c)$$

应变能与加载顺序无关，式（b）和式（c）应相等，则

$$V_\varepsilon + \frac{\partial V_\varepsilon}{\partial F_i}\mathrm{d}F_i = \frac{1}{2}\mathrm{d}F_i\mathrm{d}\delta_i + V_\varepsilon + \delta_i\mathrm{d}F_i$$

略去二阶微量，得证

$$\delta_i = \frac{\partial V_\varepsilon}{\partial F_i}$$

应用卡氏定理时，需注意力和位移都是广义的，只适用于线弹性结构。当材料处于线弹性范围，满足胡克定律时，各外力引起的变形位移很小，而相互之间的影响更小，可以忽略不计，这样总的应变能对外力的偏导数在引入式（11.13）后可以分解为对应于三种基本变形的各内力分量对外力的偏导数形式出现。具体如下：

轴向拉压情况

$$\delta_i = \frac{\partial V_\varepsilon}{\partial F_i} = \frac{\partial}{\partial F_i}\left(\int_l \frac{F_N^2(x)\mathrm{d}x}{2EA}\right) = \int_l \frac{F_N(x)}{EA}\frac{\partial F_N(x)}{\partial F_i}\mathrm{d}x \quad (11.15)$$

扭转情况

$$\delta_i = \frac{\partial V_\varepsilon}{\partial F_i} = \frac{\partial}{\partial F_i}\left(\int_l \frac{T^2(x)\mathrm{d}x}{2GI_p}\right) = \int_l \frac{T(x)}{GI_p}\frac{\partial T(x)}{\partial F_i}\mathrm{d}x \quad (11.16)$$

弯曲情况

$$\delta_i = \frac{\partial V_\varepsilon}{\partial F_i} = \frac{\partial}{\partial F_i}\left(\int_l \frac{M^2(x)\mathrm{d}x}{2EI}\right) = \int_l \frac{M(x)}{EI}\frac{\partial M(x)}{\partial F_i}\mathrm{d}x \quad (11.17)$$

用卡氏定理求结构某处位移时，该处应该存在与所求位移相应的荷载。但如果要计算的位移方向没有相应的荷载作用时，可先在该点沿欲求位移的方向施加一假想荷载 F_a，求出原有荷载和 F_a 共同作用下的应变能，然后对 F_a 求偏导数，代入卡氏定理公式中令 $F_a = 0$ 化

简后再进行积分运算,这样可以简化计算过程。最后的结果为正,表示位移发生方向与 F_a 一致,否则相反。

$$\delta_0 = \left(\frac{\partial V_\varepsilon}{\partial F_a}\right)_{F_a=0}$$

【例 11.2】 图 11.8 所示静定外伸梁,已知其抗弯刚度 EI 为常数,试求 C 截面的竖向位移 δ_C 和 D 截面的转角 θ_D。

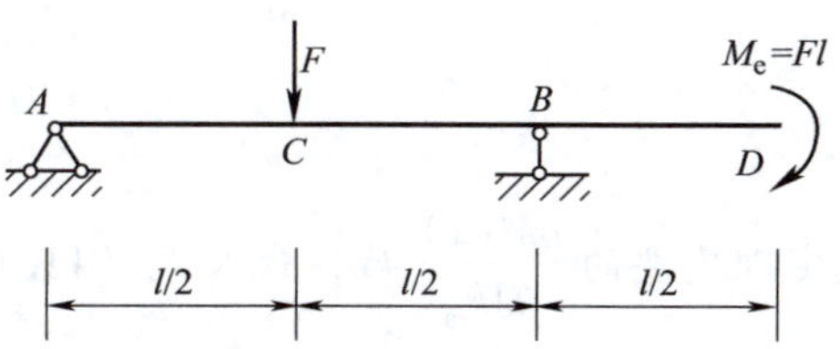

【解】 1) 计算支座反力。根据平衡方程计算支座反力。

$$F_A = \frac{F}{2} - \frac{M_e}{l}(\uparrow), \qquad F_B = \frac{F}{2} + \frac{M_e}{l}(\uparrow)$$

图 11.8 例 11.2 图

2) 分段列出梁的弯矩方程,并根据卡氏定理需要将弯矩方程分别对 F 和 M 求偏导数。

AC 段 $M_1(x) = \left(\frac{F}{2} - \frac{M_e}{l}\right)x$,$\dfrac{\partial M_1(x)}{\partial F} = \dfrac{x}{2}$,$\dfrac{\partial M_1(x)}{\partial M_e} = -\dfrac{x}{l}$

CB 段 $M_2(x) = \dfrac{F}{2}(l-x) - \dfrac{M_e x}{l}$,$\dfrac{\partial M_2(x)}{\partial F} = \dfrac{l-x}{2}$,$\dfrac{\partial M_2(x)}{\partial M_e} = -\dfrac{x}{l}$

BD 段 $M_3(x) = -M_e$,$\dfrac{\partial M_3(x)}{\partial F} = 0$,$\dfrac{\partial M_3(x)}{\partial M_e} = -1$

3) 由卡氏定理求 C 截面的竖向位移 δ_C。

$$\delta_C = \frac{\partial V_\varepsilon}{\partial F} = \int_0^{\frac{l}{2}} \frac{M_1(x)}{EI}\frac{\partial M_1(x)}{\partial F}\mathrm{d}x + \int_{\frac{l}{2}}^{l} \frac{M_2(x)}{EI}\frac{\partial M_2(x)}{\partial F}\mathrm{d}x + \int_{l}^{\frac{3l}{2}} \frac{M_3(x)}{EI}\frac{\partial M_3(x)}{\partial F}\mathrm{d}x$$

$$= \frac{1}{EI}\left[\int_0^{\frac{l}{2}}\left(\frac{F}{2} - \frac{M_e}{l}\right)x\frac{x}{2}\mathrm{d}x + \int_{\frac{l}{2}}^{l}\left(\frac{F}{2}(l-x) - \frac{M_e x}{l}\right)\frac{l-x}{2}\mathrm{d}x + \int_{l}^{\frac{3l}{2}}(-M_e)\times 0 \times \mathrm{d}x\right]$$

这里可以将 $M_e = Fl$ 代入化简后再进行积分运算,最后结果为

$$\delta_C = -\frac{Fl^3}{24EI}(\uparrow)$$

负号表示所求位移与 F 作用方向相反。

4) 由卡氏定理求 D 截面的转角 θ_D。同理,D 截面的转角 θ_D 为

$$\theta_D = \frac{\partial V_\varepsilon}{\partial M_e} = \int_0^{\frac{l}{2}} \frac{M_1(x)}{EI}\frac{\partial M_1(x)}{\partial M_e}\mathrm{d}x + \int_{\frac{l}{2}}^{l} \frac{M_2(x)}{EI}\frac{\partial M_2(x)}{\partial M_e}\mathrm{d}x + \int_{l}^{\frac{3l}{2}} \frac{M_3(x)}{EI}\frac{\partial M_3(x)}{\partial M_e}\mathrm{d}x$$

$$= \frac{1}{EI}\left[\int_0^{\frac{l}{2}}\left(\frac{F}{2} - \frac{M_e}{l}\right)x\left(-\frac{x}{l}\right)\mathrm{d}x + \int_{\frac{l}{2}}^{l}\left(\frac{F}{2}(l-x) - \frac{M_e x}{l}\right)\left(-\frac{x}{l}\right)\mathrm{d}x + \int_{l}^{\frac{3l}{2}}(-M_e)\times(-1)\times \mathrm{d}x\right]$$

$$= \frac{37Fl^3}{48EI}(\curvearrowleft)$$

【例 11.3】 求图 11.9a 所示简支梁 A 截面的转角 θ_A,已知 EI 为常数。

【解】 此问题中所求位移方向没有相应的荷载,为了应用卡氏定理进行求解,在所求截面处加上一个相应的外载,即 A 截面施加一个虚拟力偶 M_{ea},如图 11.9b 所示。计算出卡

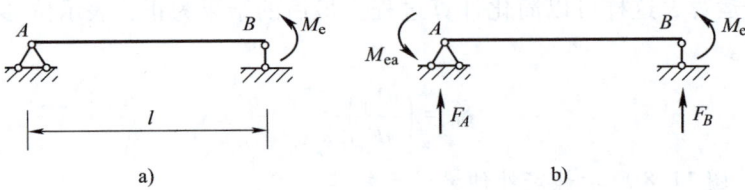

图 11.9　例 11.3 图

氏定理需要的 $\dfrac{\partial M(x)}{\partial M_{ea}}$ 后，代入式（11.17），然后取 $M_{ea}=0$，再进行积分，即可求得结果。

1) 计算原荷载和虚拟荷载共同作用下的支座反力（图 11.9b）。

$$F_A = \dfrac{M_e + M_{ea}}{l}, \qquad F_B = -\dfrac{M_e + M_{ea}}{l}$$

2) 列弯矩方程并求偏导数 $\dfrac{\partial M(x)}{\partial M_{ea}}$。

$$M(x) = \dfrac{M_e x}{l} + \dfrac{M_{ea}(x-l)}{l}, \qquad \dfrac{\partial M(x)}{\partial M_{ea}} = \dfrac{x-l}{l}$$

3) 应用卡氏定理求指定位移。由式（11.17）得

$$\theta_A = \int_0^l \dfrac{M(x)}{EI}\dfrac{\partial M(x)}{\partial M_{ea}}\mathrm{d}x = \dfrac{1}{EI}\left\{\int_0^l\left[\left(\dfrac{M_e x}{l}+\dfrac{M_{ea}(x-l)}{l}\right)\dfrac{x-l}{l}\right]\bigg|_{M_{ea}=0}\mathrm{d}x\right\}$$

$$= \dfrac{1}{EI}\left(\int_0^l \dfrac{M_e x}{l}\dfrac{x-l}{l}\mathrm{d}x\right) = -\dfrac{M_e l}{6EI}(\curvearrowleft)$$

负号表示所求转角与虚拟 M_{ea} 方向相反。

【例 11.4】　用卡氏定理求图 11.10a 中外伸梁的 C 截面挠度。EI 为常数。

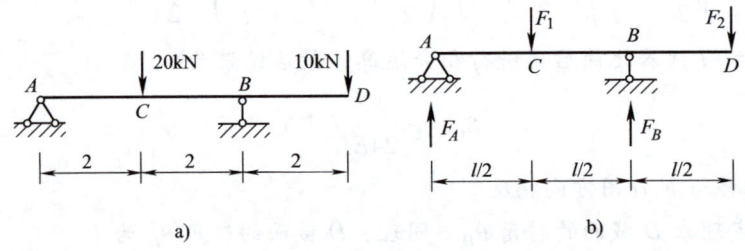

图 11.10　例 11.4 图

【解】　为了应用卡氏定理进行求解，将荷载及梁长度用符号表示，如图 11.10b 所示。求出各段弯矩方程和对应的偏导数后，利用卡氏定理进行计算得到最终结果表达式，再将荷载和长度的数值代入。

1) 支座反力计算，受力如图 11.10b 所示。

$$F_A = \dfrac{F_1 - F_2}{2}, \qquad F_B = \dfrac{F_1 + 3F_2}{2}$$

2) 分段列出弯矩方程，并对 F_1 求偏导数。

AC 段　　$M_1(x) = \dfrac{(F_1 - F_2)x}{2}, \quad \dfrac{\partial M_1(x)}{\partial F_1} = \dfrac{x}{2}$

CB 段　　$M_2(x) = \dfrac{F_1(l - x)}{2} - \dfrac{F_2 x}{2}, \quad \dfrac{\partial M_2(x)}{\partial F_1} = \dfrac{l - x}{2}$

BD 段　　$M_3(x) = -F_2(x - l), \quad \dfrac{\partial M_3(x)}{\partial F_1} = 0$

3) 应用卡氏定理，求 C 点挠度。

$$\delta_C = \dfrac{\partial V_\varepsilon}{\partial F} = \int_0^{\frac{l}{2}} \dfrac{M_1(x)}{EI} \dfrac{\partial M_1(x)}{\partial F_1} dx + \int_{\frac{l}{2}}^{l} \dfrac{M_2(x)}{EI} \dfrac{\partial M_2(x)}{\partial F_1} dx + \int_{l}^{\frac{3l}{2}} \dfrac{M_3(x)}{EI} \dfrac{\partial M_3(x)}{\partial F_1} dx$$

$$= \dfrac{1}{EI}\left[\int_0^{\frac{l}{2}} \dfrac{(F_1 - F_2)x}{2} \cdot \dfrac{x}{2} dx + \int_{\frac{l}{2}}^{l}\left(\dfrac{F_1(l - x)}{2} - \dfrac{F_2 x}{2}\right)\dfrac{l - x}{2} dx\right]$$

$$= \dfrac{1}{EI}\left(\dfrac{F_1 l^3}{48} - \dfrac{F_2 l^3}{32}\right)\Bigg|_{\substack{F_1 = 20\text{kN} \\ F_2 = 10\text{kW} \\ l = 4\text{m}}} = \dfrac{20}{3EI} \quad (\downarrow)$$

结果为正，表示所求位移与 F_1 方向一致，向下。

【解析小结】　由于卡氏定理中涉及内力方程的偏导和积分，而本例中的梁所受荷载及长度为具体数值，列出弯矩方程后，不能对具体的荷载数值求偏导数，也不能对具体的长度大小进行积分，故无法直接计算。应该将荷载及梁长度用符号表示，求出各段弯矩方程和对应的偏导数后，利用卡氏定理进行计算得到最终结果表达式，再将荷载和长度的数值代入。还应注意，每个外力都应单独赋予不同符号。

11.3　莫尔定理

11.3.1　虚功原理

理论力学中已经讨论了虚功原理，指出刚体在任意力系作用下保持平衡的充要条件：作用于刚体的所有主动力在该位置的任何虚位移上所做虚功的代数和等于零。

虚位移为符合约束条件下假想的任何微小位移，与实际受载状态无关。在后面的推导中，可以理解虚位移是在平衡位置上再增加的微小位移，它并不改变研究对象的原有外力和内力及其作用性质。实际力沿虚位移所做的功称为虚功。

对于变形体而言，由于其形状可以发生改变，所以当变形体有虚变形时，就会有虚位移，这样外力虚功就不再为零。在研究杆件时，虚位移是指满足约束条件和变形连续条件的可能位移，并符合小变形条件。变形体的虚位移和外力产生的实际位移间有相同之处，如它们都是符合约束的微小位移，各对应着一条变形曲线。但也有本质上的差别，即虚位移是虚设的，与外力无关，而实际位移是外力的函数。

虚功原理可以推广到变形体，常称为变形体的虚功原理。现以图 11.11 所示的梁为例推导变形体的虚功原理。

设梁在任意荷载作用下保持平衡，发生虚位移后的梁曲线如图 11.11 中的双点画线所示。因为荷

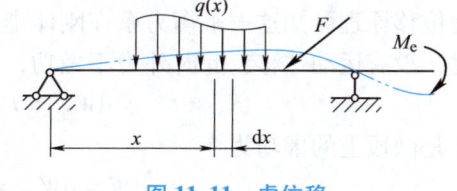

图 11.11　虚位移

载作用下的实际挠曲线与目前推导无关，图中并未画出。在梁某分段内的 x 截面处取出一微段，受力如图 11.12 所示。为方便计，后面以梁的外力和内力对微段的受力加以区分。梁发生虚位移时，微段由平衡位置移动到虚线位置，包含两部分：刚体虚位移——线位移［图中 $u(x)$ 和 $w(x)$］，角位移［微段的偏转角度 $\alpha(x)$］；变形虚位移——对应拉压变形的 $d(\Delta l)$，对应弯曲变形的 $d\theta$ 和对应剪切变形的 $d\lambda$。下面采用两种途径来计算发生虚位移过程中外力和内力所做虚功。

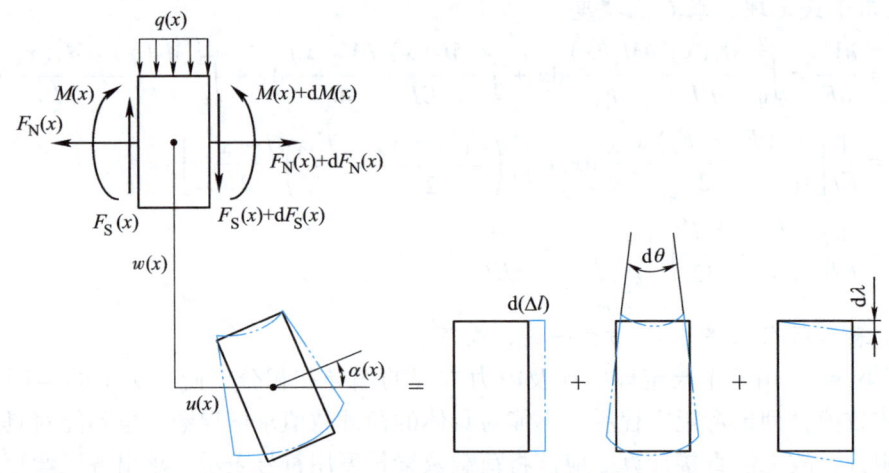

图 11.12 微段的虚位移和虚变形

第一种途径，当微段发生虚位移时，微段上所有的外力和内力都做了虚功，分别用 $dW_{外}$ 和 $dW_{内}$ 表示，则微段上的虚功 $dW = dW_{外} + dW_{内}$。所有微段的虚功之和为整个梁的总虚功，即

$$\int dW = \int dW_{外} + \int dW_{内}$$

或简写为

$$W = W_{外} + W_{内} \tag{a}$$

因为虚位移是连续的，两个相邻微段的公用截面具有相同的位移和转角，而其上的内力是大小相等、方向相反的，因此内力所做的虚功相互抵消，为零。这样整个梁的总虚功就只剩下外力在虚位移中所做的虚功，即

$$W = W_{外} \tag{b}$$

第二种计算虚功的途径是将微段发生虚位移的过程分为两步，第一步微段发生刚体虚位移 $u(x)$、$w(x)$ 和 $\alpha(x)$，微段上所有外力和内力做虚功，记作 $dW_{刚}$；第二步，微段发生虚变形 $d(\Delta l)$、$d\theta$ 和 $d\lambda$，微段上所有外力和内力做虚功，记作 $dW_{变}$。所以，微段上的虚功为 $dW = dW_{刚} + dW_{变}$。微段作刚体虚位移时，所受的所有外力和内力为一平衡力系，由刚体虚位移原理可知这一平衡力系在刚体虚位移上所做虚功为零，即 $dW_{刚} = 0$。微段发生虚变形时，没有运动位移，此时外力不做功，只有内力在虚变形位移上做虚功，即

$$dW_{变} = F_N d(\Delta l) + M d\theta + F_S d\lambda \tag{c}$$

于是微段上的虚功为

$$dW = dW_{变} = F_N d(\Delta l) + M d\theta + F_S d\lambda \tag{d}$$

所有微段上的虚功之和

$$\int dW = \int dW_{变} = \int F_N d(\Delta l) + \int M d\theta + \int F_S d\lambda \quad (e)$$

或简写为

$$W = W_{变} \quad (f)$$

按两种途径计算的杆件总虚功式（b）和式（e）应相等，也就是

$$W_{外} = W_{变} = \int F_N d(\Delta l) + \int M d\theta + \int F_S d\lambda \quad (g)$$

上式表明：外力在虚位移上所做的虚功等于内力在相应虚变形上所做的虚功。这就是<u>变形体的虚功原理</u>。

一般的受力杆件，微段的截面内力还可能有扭矩 T，与其相应的虚变形（如图 11.13 所示的扭转角 $d\varphi$），因此杆件内力虚功的一般表达式为

$$W_{外} = W_{变} = \int F_N d(\Delta l) + \int M d\theta + \int F_S d\lambda + \int T d\varphi$$

$$(11.18)$$

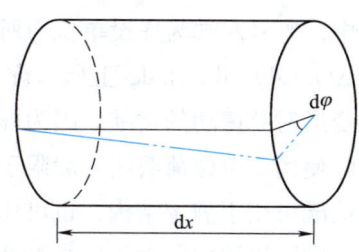

图 11.13 扭转的虚变形

上述推导出虚功原理时，并未使用应力-应变关系，故虚功原理与材料性能无关，它可应用于所有结构，不论其材料行为是线性还是非线性的，是弹性还是非弹性的。

虚功方程中包含有两个状态下的四个物理量：外力，由外力引起的内力；虚位移，与其对应的虚变形。这两组物理量互不相关，但每一组中的两个物理量是互相依赖的。由外力可求出各截面内力，由虚位移可求出虚变形和应变。利用虚功方程，只需要给出其中一组物理量，就可求出另一组物理量。例如，给出虚位移，可求解未知的约束力，此时虚功方程实质上是受力状态下的平衡方程，这种方法称为<u>虚位移法</u>；给出虚设荷载求解未知的位移，此时虚功方程代表位移状态的几何方程（或变形协调方程），这种方法称为<u>虚力法</u>。下面介绍的单位荷载法就是虚力法的拓展。

11.3.2 单位荷载法

利用虚功原理中的虚力法可以推导出计算结构中一点位移的单位荷载法。下面以图 11.14a 所示的静定平面刚架为例，受图示荷载作用后，产生了虚线所示的变形曲线，这一状态称之为<u>位移状态</u>或实际状态。现要求计算位移状态下任一指定截面 K 在任一指定 $k-k$ 方向的线位移 δ（K 截面的总线位移 KK' 沿 $k-k$ 方向的分量，如图 11.14a 所示）。

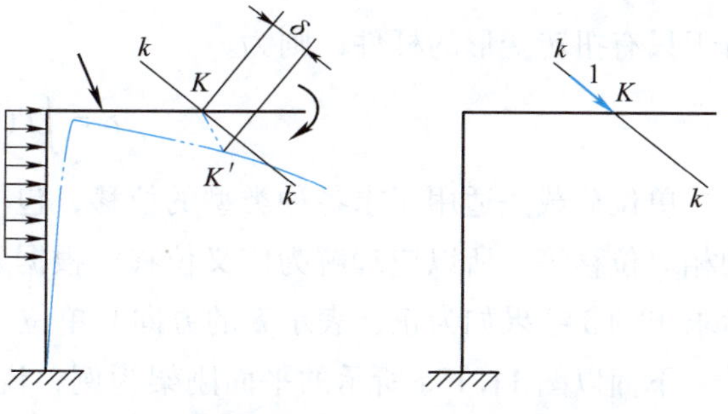

为了利用变形体的虚功原理求解这一位移状态的位移，需要建立一个力状态。由于位移状态和力状态彼此独立，因此可根据计算需要假设合适的力状态。为了使外力虚功中包含有待求的位移 δ，在刚架 K 点沿待求位移

a) 位移状态　　　b) 虚拟状态

图 11.14　静定平面刚架

k-k 方向作用一假想的集中力，此力的大小可任意假设，为了计算方便，取单位力。这样建立的状态就是力状态，如图 11.14b 所示。这样的力状态是根据计算需要假设的，也称为虚拟状态。

设位移状态中由荷载引起的轴力、弯矩、剪力和扭矩分别用 F_N、M、F_S 和 T 表示，杆件任一微段与之相对应的位移分别用 $d(\Delta l)$、$d\theta$、$d\lambda$ 和 $d\varphi$ 表示；虚拟状态中由虚拟单位力引起的轴力、弯矩、剪力和扭矩分别用 $\overline{F}_N$、$\overline{M}$、$\overline{F}_S$ 和 $\overline{T}$ 表示。应用变形体的虚功方程式（11.18），则有

$$1 \times \delta = \int \overline{F}_N(x) d(\Delta l) + \int \overline{M}(x) d\theta + \int \overline{F}_S(x) d\lambda\delta + \int \overline{T}(x) d\varphi \qquad (11.19)$$

式中，等号左端为虚设单位力所做虚功，右端为对应于单位力作用下的内力在实际变形位移 $d(\Delta l)$、$d\theta$、$d\lambda$ 和 $d\varphi$ 上所做虚功，各项分别表示结构轴向变形、弯曲变形、剪切变形和扭转变形对总虚功的贡献。因为虚拟状态中的虚拟力是<u>单位荷载</u>，故此方法称为<u>单位荷载法</u>。实际使用中单位荷载法一般限于静定结构，这是因为需要知道整个结构的内力，但理论上此方法既可用于静定结构，也可用于超静定结构。

实际运用中，对于以抗弯为主的杆件，如梁和平面刚架，轴力、剪力和扭矩的影响较小，通常忽略不计。由式（11.19）有

$$\delta = \int \overline{M}(x) d\theta \qquad (11.20)$$

对于只有轴力的拉压杆件，则只保留第一项，即

$$\delta = \int \overline{F}_N(x) d(\Delta l)$$

如果轴力沿杆件轴线无变化，则

$$\delta = \overline{F}_N \int d(\Delta l) = \overline{F}_N \Delta l$$

特殊地，如含有 n 根杆的桁架结构，则可进一步写成

$$\delta = \sum_{i=1}^{n} \overline{F}_{Ni} \Delta l_i \qquad (11.21)$$

对于只有扭转变形的杆件，则为

$$\delta = \int \overline{T}(x) d\varphi \qquad (11.22)$$

单位荷载法适用于求各种类型的位移，包括结构中某点的线位移、截面转角、两点之间的相对位移等，所以应理解为广义位移。根据所求位移，相应的虚设单位力也是广义力。最后求出的 δ 结果如为正，表示 δ 的方向与单位力的方向一致，否则相反。

下面以图 11.15a 所示的平面刚架为例，说明虚拟状态中单位力的施加方法。如果要计算 K 点的水平位移和竖直位移，则在结构虚拟状态中于 K 点分别施加一水平单位力和竖直单位力，如图 11.15b 和 c 所示，注意不能同时施加。如果要计算 K 截面的转角，则于 K 截面处施加一单位力偶，图 11.15d 所示。如果要计算 J、K 两点之间的相对线位移，则于 J、K 两点且沿该两点连线方向施加一对方向相反的单位力，图 11.15e 所示。如果要计算 J、K

两个截面的相对转动角度，则于 J、K 两个截面处施加一对转向相反的单位力偶，图 11. 15f 所示。其他形式的结构位移求解，单位力的施加可依此类推。

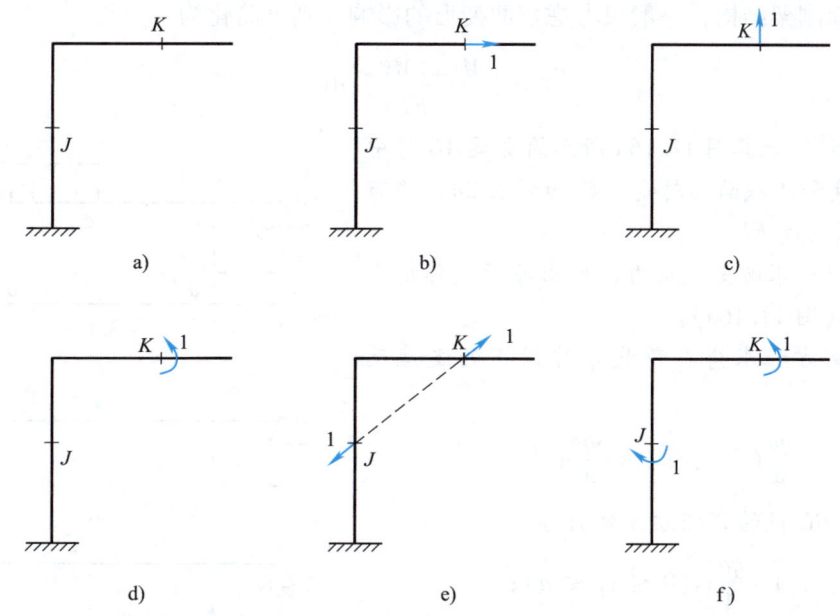

图 11. 15　单位力的施加

11.3.3　莫尔定理介绍

单位荷载法是非常通用的，不受材料或结构的线性性质的任何限制，换句话说，不要求叠加原理成立。然而，实际工程中常见的情况通常发生在结构材料服从胡克定律的前提下。在此情况下，很容易求得作用在结构上的实际荷载所引起的微段轴向拉压变形 $d(\Delta l)$、弯曲变形 $d\theta$ 和扭转变形 $d\varphi$ 的表达式，分别为

$$d(\Delta l) = \frac{F_N}{EA}dx, \quad d\theta = \frac{M(x)}{EI}dx, \quad d\varphi = \frac{T(x)}{GI_p}dx$$

特别地，对于桁架结构，每根杆件的拉压变形可写为

$$\Delta l = \frac{F_N l}{EA}$$

这些表达式均在以往章节中已经推导过。考虑到剪切变形对大多数结构的位移影响很小，一般忽略不计。将上述表达式代入单位荷载法方程式（11.19），则有

$$\delta = \int \frac{\overline{F}_N(x) F_N(x)}{EA}dx + \int \frac{\overline{M}(x) M(x)}{EI}dx + \int \frac{\overline{T}(x) T(x)}{GI_p}dx \quad (11.23)$$

这就是计算线弹性结构受到荷载作用下计算位移的一般公式，称为莫尔定理，式中积分称为莫尔积分。很明显，莫尔定理只适用于线弹性结构。

特别地，对于桁架结构，每根杆件的内力只有轴力且为常量，式（11.23）只需要保留右端第一项，进一步可写为

$$\delta = \sum \frac{\overline{F}_N F_N l}{EA} \tag{11.24}$$

对于梁或平面刚架结构，一般只考虑弯曲变形的影响，则可简化为

$$\delta = \int \frac{\overline{M}(x) M(x)}{EI} dx \tag{11.25}$$

【例 11.5】 计算图 11.16a 所示简支梁 AB 跨中 C 截面的挠度和 A 截面的转角。已知梁长 $2a$、均布荷载 q、抗弯刚度 EI。

【解】 1) 求解支座反力，列出原荷载作用下的弯矩方程（图 11.16a）。

根据平衡方程求得在荷载 q 作用下的支座反力为

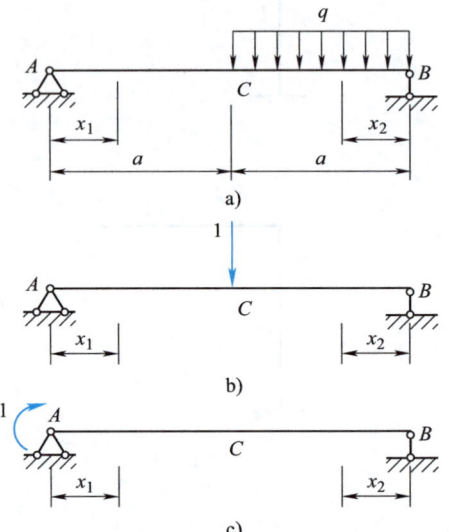

图 11.16 例 11.5 图

$$F_A = \frac{qa}{4}(\uparrow), \quad F_B = \frac{3qa}{4}(\uparrow)$$

AC 段和 BC 段的弯矩方程分别为

$$M_1(x_1) = \frac{qa}{4} x_1 \quad (0 \leqslant x_1 \leqslant a);$$

$$M_2(x_2) = \frac{3qa}{4} x_2 - \frac{q}{2} x_2^2 \quad (0 \leqslant x_2 \leqslant a)$$

2) 求 C 点挠度。根据待求位移，在截面 C 施加竖直方向的单位力，如图 11.16b 所示。列单位力作用下的弯矩方程。

AC、BC 段的弯矩方程分别为

$$\overline{M}_1(x_1) = \frac{1}{2} x_1 \quad (0 \leqslant x_1 \leqslant a); \quad \overline{M}_2(x_2) = \frac{1}{2} x_2 \quad (0 \leqslant x_2 \leqslant a)$$

由式 (11.25)，C 点挠度为

$$\delta_{Cy} = \int \frac{\overline{M}(x) M(x)}{EI} dx = \frac{1}{EI} \left[\int_0^a \overline{M}_1(x_1) M_1(x_1) dx_1 + \int_0^a \overline{M}_2(x_2) M_2(x_2) dx_2 \right]$$

$$= \frac{1}{EI} \left[\int_0^a \frac{qa}{8} x_1^2 dx_1 + \int_0^a \frac{1}{2} x_2 \left(\frac{3qa}{4} x_2 - \frac{q}{2} x_2^2 \right) dx_2 \right] = \frac{5qa^4}{48EI} (\downarrow)$$

3) 求 A 截面转角。在 A 点施加单位力偶，如图 11.16c 所示。列单位力偶作用下的弯矩方程，分别为

$$\overline{M}_1'(x_1) = 1 - \frac{x_1}{2a} \quad (0 \leqslant x_1 \leqslant a); \quad \overline{M}_2'(x_2) = \frac{x_2}{2a} \quad (0 \leqslant x_2 \leqslant a)$$

所以

$$\theta_A = \int \frac{\overline{M}(x) M(x)}{EI} dx = \frac{1}{EI} \left[\int_0^a \overline{M}_1'(x_1) M_1(x_1) dx_1 + \int_0^a \overline{M}_2'(x_2) M_2(x_2) dx_2 \right]$$

$$= \frac{1}{EI} \left[\int_0^a \frac{qa}{4} x_1 \left(1 - \frac{x_1}{2a} \right) dx_1 + \int_0^a \frac{x_2}{2a} \left(\frac{3qa}{4} x_2 - \frac{q}{2} x_2^2 \right) dx_2 \right] = \frac{7qa^3}{48EI} (\curvearrowleft)$$

待求位移计算结果均为正值，表示位移方向与所施加单位力方和相同。

【例 11.6】 图 11.17a 所示的平面刚架，三段杆长度均为 l，EI 均相同，试分析 F_1 与 F_2 应具备什么关系，才能保证 A 和 D 点之间无相对线位移？

【解】 此题中结构和荷载均对称，可只研究结构的一半，即 AB 和 BE 杆段，应用莫尔定理时，积分结果取二倍即可。

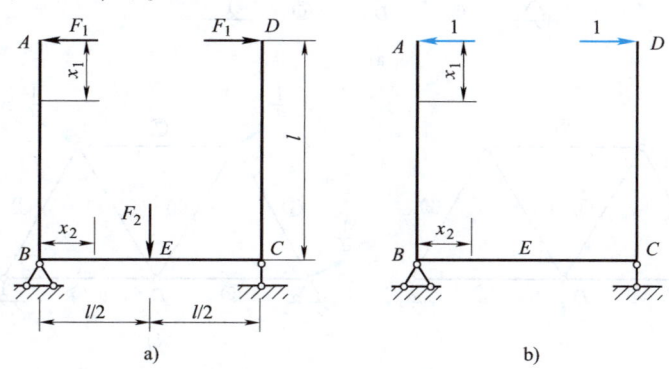

图 11.17 例 11.6 图

1）如图 11.17a 所示，由于结构和荷载作用的对称性，支座反力 $F_B = F_C = \dfrac{F_2}{2}(\uparrow)$。列出 AB、BE 杆段的弯矩方程。

AB 段 $(0 \leqslant x_1 \leqslant l)$，$M_1(x_1) = F_1 x_1$；$BE$ 段 $(0 \leqslant x_2 \leqslant l/2)$，$M_2(x_2) = F_1 l - \dfrac{F_2 x_2}{2}$

2）根据待求位移，在结构上 A、D 两点沿 AD 方向施加一对方向相反的单位力，如图 11.17b 所示。列弯矩方程。

AB 段 $(0 \leqslant x_1 \leqslant l)$，$\overline{M}_1(x_1) = x_1$；$BE$ 段 $(0 \leqslant x_2 \leqslant l/2)$，$\overline{M}_2(x_2) = l$

3）A、D 两点的相对线位移为

$$\delta_{AD} = \int \dfrac{\overline{M}(x) M(x)}{EI} dx = \dfrac{2}{EI} \left[\int_0^l \overline{M}_1(x_1) M_1(x_1) \, dx_1 + \int_0^{\frac{l}{2}} \overline{M}_2(x_2) M_2(x_2) \, dx_2 \right]$$

$$= \dfrac{2}{EI} \left[\int_0^l F_1 x_1^2 dx_1 + \int_0^{\frac{l}{2}} l \left(F_1 l - \dfrac{F_2 x_2}{2} \right) dx_2 \right] = \dfrac{5 F_1 l^3}{3 EI} - \dfrac{F_2 l^3}{8 EI}$$

要求 A、D 两点无相对线位移，即要求 $\delta_{AD} = 0$，易得 $F_1 = \dfrac{3 F_2}{40}$。

【例 11.7】 试求图 11.18a 所示桁架节点 D 的竖直位移及①、②两杆的相对角位移。已知各杆 EA 相同，长度均为 a。

【解】 1）求出原荷载作用下各杆的轴力，整理于表 11.1 中，以 F_N 表示。

2）为求 D 点的竖直位移，在 D 点施加竖向单位集中力，如图 11.18b 所示，求出各杆的轴力，以 $\overline{F}_N'$ 表示。

3）为求①、②两杆的相对角位移，在杆①和杆②上各施加一单位力偶，注意两个力偶转向相反，如图 11.18c 所示，求出各杆轴力，以 $\overline{F}_N''$ 表示。

将各杆轴力列于表 11.1。

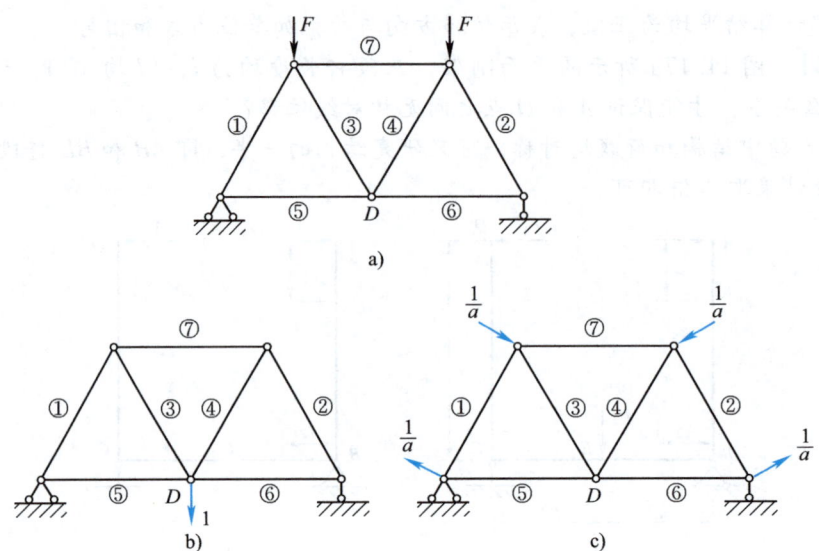

图 11.18 例 11.7 图

表 11.1 计算结果

杆	l	F_N	$\overline{F}'_N$	$F_N \overline{F}'_N l$	$\overline{F}''_N$	$F_N \overline{F}''_N l$
①	a	$-\dfrac{2}{\sqrt{3}}F$	$-\dfrac{1}{\sqrt{3}}$	$\dfrac{2}{3}Fa$	$-\dfrac{1}{\sqrt{3}a}$	$\dfrac{2}{3}F$
②	a	$-\dfrac{2}{\sqrt{3}}F$	$-\dfrac{1}{\sqrt{3}}$	$\dfrac{2}{3}Fa$	$-\dfrac{1}{\sqrt{3}a}$	$\dfrac{2}{3}F$
③	a	0	$\dfrac{1}{\sqrt{3}}$	0	0	0
④	a	0	$\dfrac{1}{\sqrt{3}}$	0	0	0
⑤	a	$\dfrac{1}{\sqrt{3}}F$	$\dfrac{1}{2\sqrt{3}}$	$\dfrac{1}{6}Fa$	$\dfrac{2}{\sqrt{3}a}$	$\dfrac{2}{3}F$
⑥	a	$\dfrac{1}{\sqrt{3}}F$	$\dfrac{1}{2\sqrt{3}}$	$\dfrac{1}{6}Fa$	$\dfrac{1}{\sqrt{3}a}$	$\dfrac{2}{3}F$
⑦	a	$-\dfrac{1}{\sqrt{3}}F$	$-\dfrac{1}{\sqrt{3}}$	$\dfrac{1}{3}Fa$	$-\dfrac{2}{\sqrt{3}a}$	$\dfrac{2}{3}F$

4) 由莫尔定理公式式 (11.24),可求得 D 点的竖直位移

$$\delta_{Dy} = \frac{1}{EA}\sum_{i=1}^{7}\overline{F}'_{Ni}F_{Ni}l_i = \frac{2Fa}{EA}(\downarrow)$$

①、②两杆的相对角位移

$$\theta_{12} = \frac{1}{EA}\sum_{i=1}^{7}\overline{F}''_{Ni}F_{Ni}l_i = \frac{10F}{3EA}$$

表明杆①顺时针转向,杆②逆时针转向。

11.4 互等定理

本节将应用能量守恒原理和叠加原理,并利用应变能的概念导出功的互等定理和位移互

等定理。

为了方便起见，以一根简支梁为例进行推导，但对其他任一线弹性结构都是适宜的。假设简支梁承受两种荷载状态，第一种加载状态为力 F_1 作用于结构上任一点 A 处（图 11.19a），引起 A 点和 B 点的挠度位移分别记为 δ_{A1} 和 δ_{B1}；第二种状态为力 F_2 作用于结构上其他任一点 B 处（图 11.19b），引起 A 点和 B 点的挠度分别记为 δ_{A2} 和 δ_{B2}。

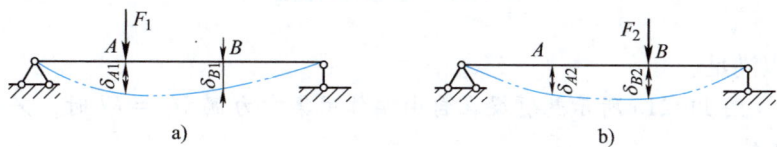

图 11.19　功的互等定理

考察两种加载过程。第一种是先作用 F_1 于 A 点，再作用 F_2 于 B 点。作用 F_1 的过程中，此荷载方向的挠度为 δ_{A1}，于是梁的应变能为 $\frac{1}{2}F_1\delta_{A1}$。当作用 F_2 时，此荷载方向的挠度为 δ_{B2}，显然 F_2 做功为 $\frac{1}{2}F_2\delta_{B2}$，即梁的应变能增加了 $\frac{1}{2}F_2\delta_{B2}$。还应注意，当 B 点作用 F_2 时，已作用 A 点的荷载 F_1 作为一个常力，其方向上将有一个挠度 δ_{A2} 出现，所以 F_1 将做功 $F_1\delta_{A2}$，附加到梁的应变能。因此梁的总应变能为

$$\frac{1}{2}F_1\delta_{A1} + \frac{1}{2}F_2\delta_{B2} + F_1\delta_{A2} \tag{a}$$

第二种加载先作用 F_2 于 B 点，再作用 F_1 于 A 点。同理可推出梁的应变能为

$$\frac{1}{2}F_2\delta_{B2} + \frac{1}{2}F_1\delta_{A1} + F_2\delta_{B1} \tag{b}$$

对于线弹性结构，由叠加原理易知最终变形状态于加载顺序无关，因此两种加载过程所引起的应变能应该相等，比较式（a）、式（b），则有

$$F_1\delta_{A2} = F_2\delta_{B1}$$

以上推导过程显然可以推广到更多力的情形（将荷载分成两组，同理推导）。也就是第一组力在第二组力引起的位移上所做的功，等于第二组力在第一组力引起的位移上所做的功。这就是功的互等定理。

特别地，对于本节所用示例中每组力仅有一个力的情况，如果有 $F_1 = F_2$，则

$$\delta_{A2} = \delta_{B1}$$

这就是位移互等定理。可表述为：作用于 B 处的荷载在 A 处引起的位移，等于作用于 A 处的荷载在 B 处引起的位移。

互等定理中的力和位移应该理解为广义力和广义位移。如果上例其中一个荷载为力偶，对应的位移将是角位移（图 11.20），可以参考弯曲变形一章中梁受简单荷载下的变形表格（表 6.1），容易验证互等定理仍然成立。

上述互等定理的推导均以一根简支梁为例，已经进行过说明，这只是为了说明推导思路。使用任何一种其他类型的结构，如桁架、刚架，甚至是块体，都是可行的，因为推导仅建立在应变能和叠加原理的基础上。因此，互等定理是相当通用的，唯一的前提就是叠加原理必须成立，这就要求结构应是线弹性的。如果材料服从胡克定律，并且变形足够小，那么

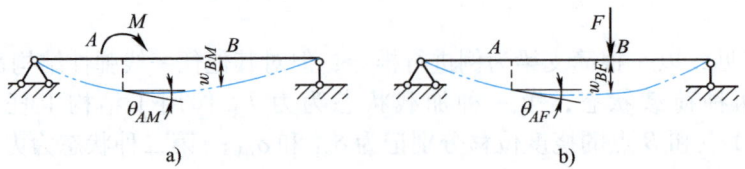

图 11.20 位移互等定理

上述条件就得以满足。

【例 11.8】 图 11.21a 所示悬臂梁在自由端作用集中力偶 $M_e = Fl$ 时，若知 B 点向上的挠度为 $\delta_{By} = \dfrac{M_e l^2}{18EI}$，试求该梁在 B 点作用集中力 F 时，C 截面的转角（图 11.21b）。

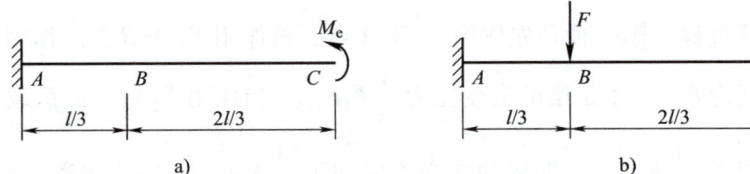

图 11.21 例 11.8 图

【解】 将图 11.21a、b 中的 M_e 和 F 分别考虑为作用在同一结构上的两组荷载，根据功的互等定理有

$$F\delta_{By} = M_e \theta_C$$

于是

$$\theta_C = \frac{F\delta_{By}}{M_e} = \frac{F}{M_e}\left(-\frac{M_e l^2}{18EI}\right) = -\frac{Fl^2}{18EI}(\curvearrowleft)$$

结果中的负号表示在 F 作用下 C 截面的转角与外力偶 M_e 的转向相反。

11.5 用能量法解超静定结构

从前几节内容可以看出，基于应变能的理论和方法是计算结构变形非常有效的途径。本节将讨论应变能方法在求解超静定问题中的应用。

求解超静定结构的思路，一般是综合运用静力平衡方程、变形协调方程和物理关系三方面的条件进行求解。这里面寻求正确的变形协调关系和相应变形量的计算是关键一步，能量法可以在此提供一种更有效的计算手段。下面举例说明其应用。

【例 11.9】 试求图 11.22a 所示的超静定梁的内力。梁的抗弯刚度为 EI。

【解】 该梁为一次超静定梁，解除 B 端的多余约束，在基本静定梁受均布荷载 q 及多余约束力 F_B 的作

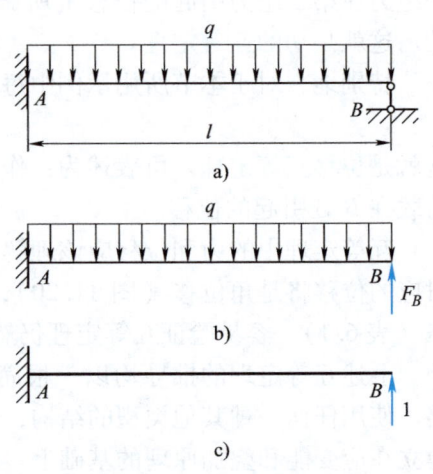

图 11.22 例 11.9 图

用，即基本静定系（图 11.22b）。根据第 7 章超静定问题一章的变形比较法，比较图 11.22a 和 b，可确定基本静定系等效于原结构的变形协调条件为 B 处的挠度应为零，即

$$w_B = 0$$

下面分别用卡氏定理和莫尔定理两种思路求出基本静定系（图 11.22b）中 B 点的挠度。

1) 卡氏定理求解。列出弯矩方程，以及根据所求位移还需确定弯矩对 F_B 的偏导数

$$M(x) = F_B x - \frac{qx^2}{2} \quad (0 \leqslant x \leqslant l)$$

$$\frac{\partial M(x)}{\partial F_B} = x$$

应用卡氏定理，有

$$w_B = \frac{\partial V_\varepsilon}{\partial F} = \int_0^l \frac{M(x)}{EI} \frac{\partial M(x)}{\partial F_B} \mathrm{d}x l = \frac{1}{EI} \int_0^l \left(F_B x - \frac{qx^2}{2} \right) x \mathrm{d}x = \frac{1}{EI} \left(\frac{F_B l^3}{3} - \frac{ql^4}{8} \right)$$

结合变形协调条件，即

$$\frac{1}{EI} \left(\frac{F_B l^3}{3} - \frac{ql^4}{8} \right) = 0$$

$$F_B = \frac{3ql}{8}$$

2) 莫尔定理求解。为了求解相当系统 B 处的挠度，在 B 处施加一竖直方向单位力（图 11.22c）。分别列出基本静定系和虚拟单位力作用两种状态的弯矩方程

$$M(x) = F_B x - \frac{qx^2}{2} \quad (0 \leqslant x \leqslant l) ; \quad \overline{M}(x) = x \quad (0 \leqslant x \leqslant l)$$

借助莫尔定理，B 处挠度为

$$w_B = \int \frac{\overline{M}(x) M(x)}{EI} \mathrm{d}x = \frac{1}{EI} \int_0^l \left(F_B x - \frac{qx^2}{2} \right) x \mathrm{d}x = \frac{1}{EI} \left(\frac{F_B l^3}{3} - \frac{ql^4}{8} \right)$$

结合变形协调条件，可求得

$$F_B = \frac{3ql}{8}$$

其余支座反力及后续的内力应力计算可自行分析，在此不再详述。

从例 11.9 中可以看出，应用卡氏定理和莫尔定理所得结果完全一致。

【例 11.10】 计算图 11.23a 所示桁架各杆的内力。设各杆材料相同，横截面面积相等。

【解】 本题中的支座反力可由平衡条件分析求出，但桁架内部有 1 个多余约束，所以内力是超静定的。和建立超静定梁的基本静定系类似，通过去掉某一个多余约束后的静定结构就是基本结构，如本

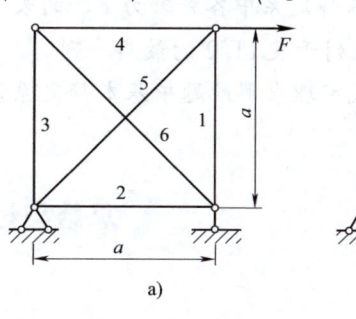
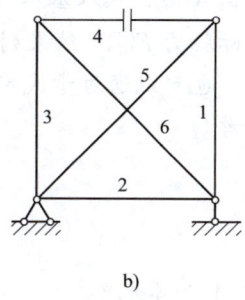
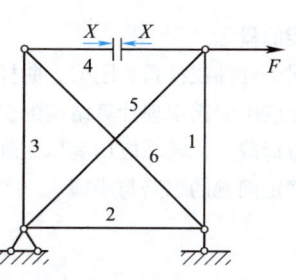
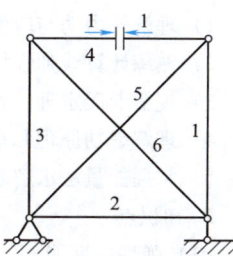

图 11.23 例 11.10 图

题中切开 4 杆（图 11.23b）。考虑到桁架中杆件均为二力杆，切开 4 杆后，代之以多余约束力 X，连同结构上原有荷载，就得到了原结构的基本静定系，如图 11.23c 所示。比较基本静定系和原结构，切口两侧截面的相对线位移应该等于零，也就是变形协调条件为

$$\delta_4 = 0$$

下面通过莫尔定理来求解相当系统中切口两侧截面的相对线位移。首先求出基本静定系中各杆的轴力 F_{Ni}，并将结果列入表 11.2。

为求切口两侧截面的相对线位移，在基本静定系的切口两侧截面施加一对方向相反的单位力，如图 11.23d 所示，求出各杆轴力 $\overline{F}_{Ni}$。

表 11.2 计算结果

杆	l_i	F_{Ni}	$\overline{F}_{Ni}$	$F_{Ni}\overline{F}'_{Ni}l_i$	F_{Ni}^F
1	a	$X - F$	1	$a(X - F)$	$-0.604F$
2	a	X	1	$a(X - F)$	$0.396F$
3	a	X	1	aX	$0.396F$
4	a	X	1	aX	$0.396F$
5	$\sqrt{2}a$	$-\sqrt{2}(X - F)$	$-\sqrt{2}$	$2\sqrt{2}a(X - F)$	$0.854F$
6	$\sqrt{2}a$	$-\sqrt{2}X$	$-\sqrt{2}$	$2\sqrt{2}aX$	$-0.56F$

根据莫尔定理公式式（11.24），可求出 δ_4，并代入前面的变形协调条件，有

$$\delta_4 = \frac{1}{EA}\sum \overline{F}_{Ni}F_{Ni}l_i = \frac{1}{EA}[4 \times (1 + \sqrt{2})aX - (1 + 2\sqrt{2})aF] = 0$$

$$X = \frac{(1 + 2\sqrt{2})F}{4 \times (1 + \sqrt{2})} = 0.396F$$

求出 X 后，代入基本静定系中各杆轴力 F_{Ni} 的表达式，就得到了原结构受荷载作用下的各杆实际轴力 F_{Ni}^F，结果列于表 11.2 的最后一列。

也可以通过卡氏定理求解此题中基本静定系切口两侧截面的相对线位移，这里留给读者思考。

总结与讨论

1. 基本要求
1）理解外力功与应变能的概念。
2）熟练计算线弹性情况下杆件或杆系、刚架、曲杆等结构的应变能。
3）理解卡氏定理，熟练应用卡氏定理计算结构的位移。
4）理解虚功原理和单位荷载法，熟练应用莫尔定理计算线弹性结构的位移。
5）掌握能量法求解超静定问题的思路与步骤。
2. 知识点
（1）弹性应变能
1）弹性应变能概念。弹性体受外力作用，由于变形而储存的能量，称为应变能，记为 V_ε。当弹性体的外力由零缓慢增至最终值，忽略弹性体在变形过程中的其他能量损耗，则弹性体的应变能等于外力在其

相应位移上所做的功。

2）杆件基本变形的应变能。

轴向拉伸（或压缩）$V_\varepsilon = \int_l \dfrac{F_N^2(x)\,dx}{2EA}$；圆杆扭转 $V_\varepsilon = \int_l \dfrac{T^2\,dx}{2GI_p}$；梁弯曲 $V_\varepsilon = \int_l \dfrac{M^2(x)\,dx}{2EI}$

3）杆件组合变形的应变能。

$$V_\varepsilon = \int_l \dfrac{F_N^2(x)\,dx}{2EA} + \int_l \dfrac{T^2(x)\,dx}{2GI_p} + \int_l \dfrac{M^2(x)\,dx}{2EI}$$

（2）卡氏定理

1）广义力和广义位移。广义力可以代表一个力、一个力偶、一对力或一对力偶，对应的广义位移代表一点的线位移、一截面的角位移、两点间相对线位移或两截面之间的相对角位移。

2）卡氏定理。如果有 n 个外力（广义力）作用于同一弹性体上，将弹性体的应变能表示为 n 个外力的函数，则应变能对任一外力的偏导数，等于该力作用点沿该力方向的位移（广义位移）。表达式为

$$\delta_i = \dfrac{\partial V_\varepsilon}{\partial F_i} \quad (i = 1, 2, \cdots, n)$$

（3）莫尔定理

1）虚功原理。对于处于平衡状态下的变形固体，外力在虚位移上所做的虚功等于内力在相应虚变形上所做的虚功。对于杆件，则可表示为

$$W_\text{外} = W_\text{变} = \int F_N d(\Delta l) + \int M d\theta + \int F_S d\lambda + \int T d\varphi$$

这里的虚位移为满足支座约束条件和变形协调条件的任意给定的微小位移。虚功原理与材料性能无关，适用于线性或非线性、弹性或非弹性的微小变形问题分析。

2）单位荷载法。结构在任意荷载作用下，任一截面在任意方位的位移，等于由虚设的相应于所求位移的广义单位力所引起的内力分量分别在相应的由荷载引起的变形位移所做的虚功。

$$\delta = \int \overline{F}_N(x) d(\Delta l) + \int \overline{M}(x) d\theta + \int \overline{F}_S(x) d\lambda + \int \overline{T}(x) d\varphi$$

3）莫尔定理。若材料处于线弹性范围，并且考虑到剪切变形对大多数结构的位移影响很小，则单位荷载法可进一步表示为

$$\delta = \int \dfrac{\overline{F}_N(x) F_N(x)}{EA} dx + \int \dfrac{\overline{M}(x) M(x)}{EI} dx + \int \dfrac{\overline{T}(x) T(x)}{GI_p} dx$$

（4）互等定理

1）功的互等定理。对于线弹性结构，所受任意两组荷载，则第一组力在第二组力引起的位移上所做的功，等于第二组力在第一组力引起的位移上所做的功。

2）位移互等定理。作用于 B 处的单位荷载在 A 处引起的位移，等于作用于 A 处的单位荷载在 B 处引起的位移。

（5）用能量法解超静定问题　用能量法求解超静定系统，与第 7 章中超静定问题的思路是相同的，即综合考虑静力平衡、变形协调和物理三方面关系。只是在考虑力-位移间物理关系时，应用能量法计算力-位移间的物理关系。由于能量法能计算线性或非线性弹性的杆件（或杆系）、刚架或曲杆在任意荷载下的位移，因而扩展了求解超静定系统的范围。

3. 常见问题

（1）广义力和广义位移　一个力对应的位移为该力作用点沿力方向的线位移；一个力偶对应的位移为该力偶作用截面沿力偶转向的转角；一对力对应的位移为两力作用点沿力方向的相对线位移；一对力偶对应的位移为两力偶作用截面沿力偶转向的相对转角。

（2）卡氏定理　应用卡氏定理时，要注意：①卡氏定理仅适用于线弹性体；②须将应变能表示为力的

函数；③求弹性体的位移时，若欲求位移处无相应的荷载作用，可在弹性体施加与所求位移相应的荷载，在求得偏导数后，令所施加的荷载为零，即得所求位移。

（3）虚功原理、单位荷载法和莫尔定理的适用范围　变形固体的虚功原理：对于处于平衡状态下的变形固体，其外力在虚位移上所做的虚功等于内力在相应虚变形上所做的虚功。这里虚位移注意是在满足支座约束条件和变形协调条件的任意给定的微小位移。这就要求虚功原理用于小变形范围，但对材料性能没有要求，因此适用范围广泛。利用虚功原理推导出的单位荷载法适用于求各种类型的位移，同样对材料性能没有要求。而进一步推导出的计算结构位移的莫尔定理，则需要材料必须处于线弹性范围内。

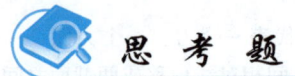
思 考 题

11.1 计算构件的应变能，什么情况下能叠加，什么情况下不能叠加？请举例说明。

11.2 如何理解变形能不可简单叠加，在计算杆件组合变形时，很多情况下为什么变形能却是各基本变形能的叠加？

11.3 线弹性结构在 F 力作用下发生位移 δ 时，外力之功即结构应变能一定等于 $\frac{1}{2}F\delta$ 吗？

11.4 梁 ABC 受力如图 11.24 所示，是否可以用 $\frac{\partial V_\varepsilon}{\partial F}$ 来求 B 点的挠度？

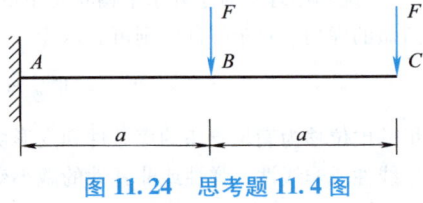

图 11.24　思考题 11.4 图

11.5 总结单位荷载法计算构件上某一截面位移的一般步骤，并指出此方法的应用范围及特点。

11.6 莫尔积分中的单元力是什么作用？它的单位是什么？是否可以用其他任意力代替？

11.7 莫尔定理的推导过程中用了哪些原理和条件？

11.8 莫尔定理和卡氏定理的异同有哪些？

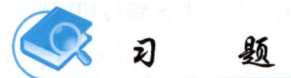
习　　题

本章习题中，凡是求解梁的位移时不考虑剪切变形对位移的影响，刚架和小曲率曲杆的位移求解不考虑剪切和拉压对位移的影响。位移求解题均可考虑运用卡氏定理和单位荷载法分别求解。

一、判断题

11.1 在弹性变形能的计算中，对线弹性材料在小变形条件下的杆件可以应用力作用的叠加原理，对非线弹性材料在小变形条件下的杆件则不能应用叠加原理。　　　　　　　　　　　　　　（　）

11.2 变形能等于外力所做的功，由于功有正负，因此杆的变形能也有正负。　　　　（　）

11.3 虚功原理仅适用于弹性问题，不适用于非弹性问题。　　　　　　　　　　　（　）

11.4 结构各点产生位移时，结构内部不一定会出现变形。　　　　　　　　　　　（　）

11.5 在功的互等定理中，两组广义力系所包含的广义力的性质和个数可以不相同。（　）

二、单项选择题

11.1 设一梁在广义力 P_1、P_2 共同作用下的外力功为 $W = P_1\delta_1 + P_2\delta_2$。若 P_1 为集中力，P_2 为集中力偶，则 δ_1、δ_2 (　　)。

A. 分别为转角和挠度　　B. 分别为挠度和转角　　C. 均为转角　　D. 均为挠度

11.2 求图 11.25 所示梁中间铰 C 左侧截面的转角时，其虚拟力状态应取 (　　)。

11.3 图 11.26 所示悬臂梁，当单独作用力 F，截面 C 的转角为 θ。若先加 M_0，后加 F，则在加 F 的

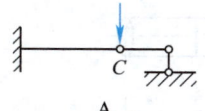 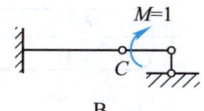 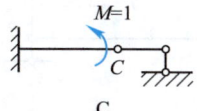 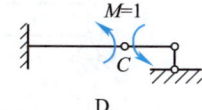

A.   B.   C.   D.

图 11.25   单项选择题 11.2 图

过程中，力偶 M_0（   ）。

  A. 不做功   B. 做负功，其值为 $M_0\theta$

  C. 做正功   D. 做负功，其值为 $\frac{1}{2}M_0\theta$

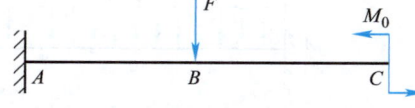

图 11.26   单项选择题 11.3 图

11.4   应用莫尔定理计算梁的挠度时，若结果为正，则说明该挠度一定是（   ）。

  A. 向上   B. 向下   C. 与单位力方向一致   D. 与单位力方向相反

11.5   用莫尔积分法计算梁的位移时，需先建立荷载和单位力引起的弯矩方程 $M(x)$ 和 $\overline{M}(x)$，此时要求（   ）。

  A. 选取的坐标 x 要一致，而划分的梁段可以不一致

  B. 划分的梁段要一致，而选取的坐标 x 可以不一致

  C. 选取的坐标 x 和划分的梁段都必须完全一致

  D. 选取的坐标 x 和划分的梁段都可以不一致

三、计算题

11.1   两根圆截面直杆的材料相同，作用的荷载相同，尺寸如图 11.27 所示。其中一根为等截面杆，另一根为变截面杆。试比较两杆的应变能。

11.2   图 11.28 所示桁架各杆的材料相同，横截面面积相等。试计算力 F 作用下，桁架的应变能。

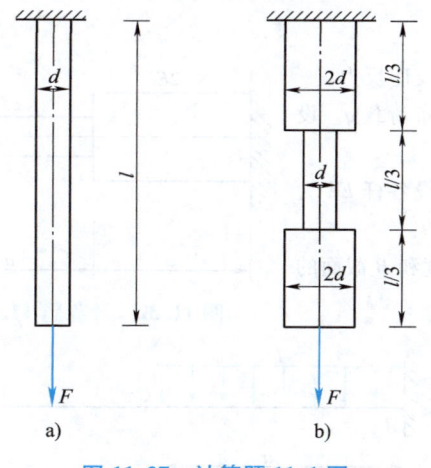 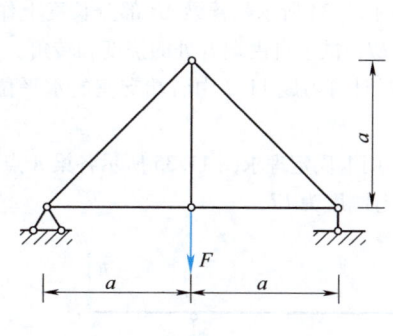

图 11.27   计算题 11.1 图   图 11.28   计算题 11.2 图

11.3   计算图 11.29 中各构件的应变能。设 EI、GI_p 等均已知。

11.4   传动轴受力情况如图 11.30 所示。轴的直径为 40mm，材料 E = 210GPa，G = 80GPa。试计算轴的变形能。

11.5   计算图 11.31 所示结构的变形能。设 EA、EI 均已知。

11.6   试用卡氏定理计算图 11.32 所示变截面梁自由端的挠度和转角。

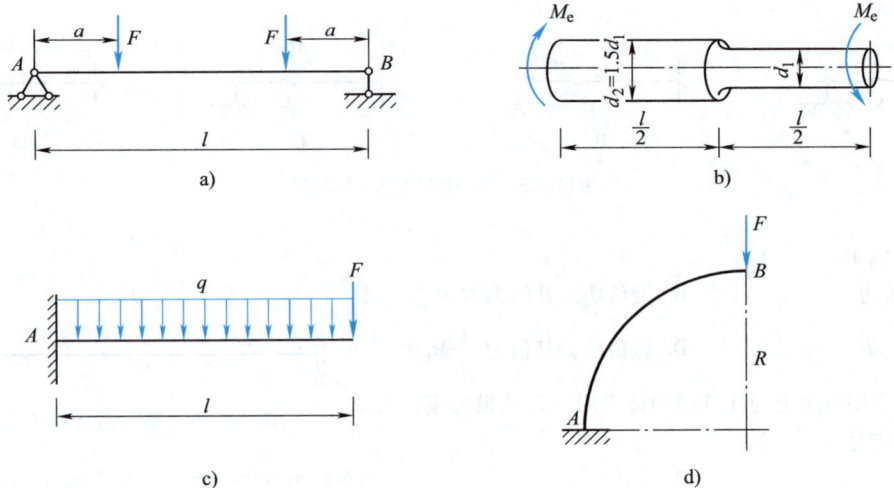

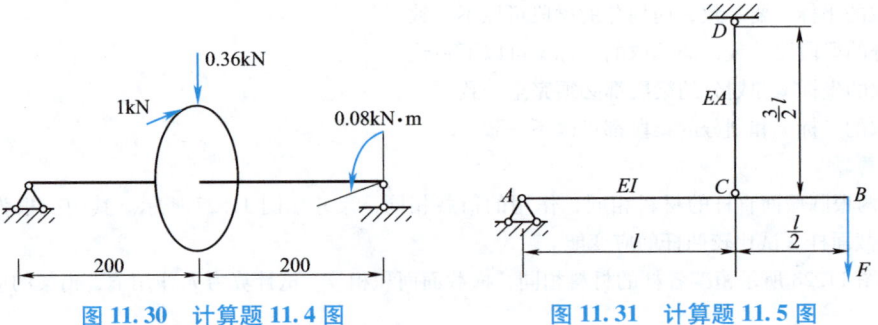

图 11.29　计算题 11.3 图

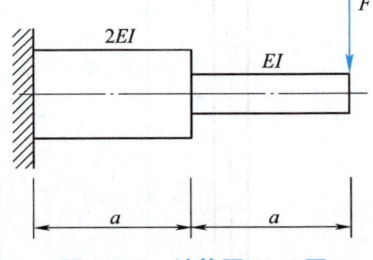

图 11.30　计算题 11.4 图　　　　图 11.31　计算题 11.5 图

11.7　试用互等定理求解图 11.33 所示的超静定梁支座反力。

11.8　图 11.34 所示悬臂梁 AB 部分长度上作用均布荷载 q。设抗弯刚度为 EI，试求自由端 B 处的挠度和转角。

11.9　试计算习题 11.2 中右端支座的水平位移。设各杆 EA 为常数。

11.10　用卡氏定理求图 11.35 所示各梁 A 点的挠度和 B 截面的转角。梁抗弯刚度为 EI。

图 11.32　计算题 11.6 图

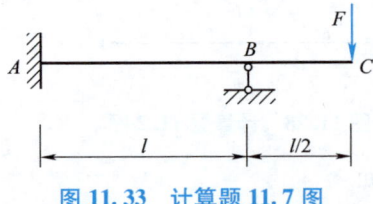　　　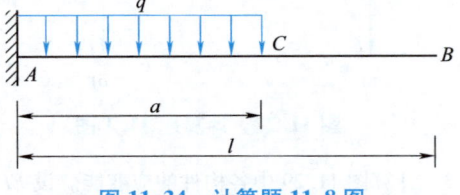

图 11.33　计算题 11.7 图　　　　图 11.34　计算题 11.8 图

11.11　图 11.36 所示的简易支架结构 ABC 在结点 B 受一竖直荷载 F。杆 AB 和 BC 均具有等截面面积 S。材料的应力-应变关系为 $\sigma = \omega\sqrt{\varepsilon}$（$\omega$ 为一常数），且这一关系对拉伸和压缩是相同的。试求节点 B 的水平位移和竖直位移。

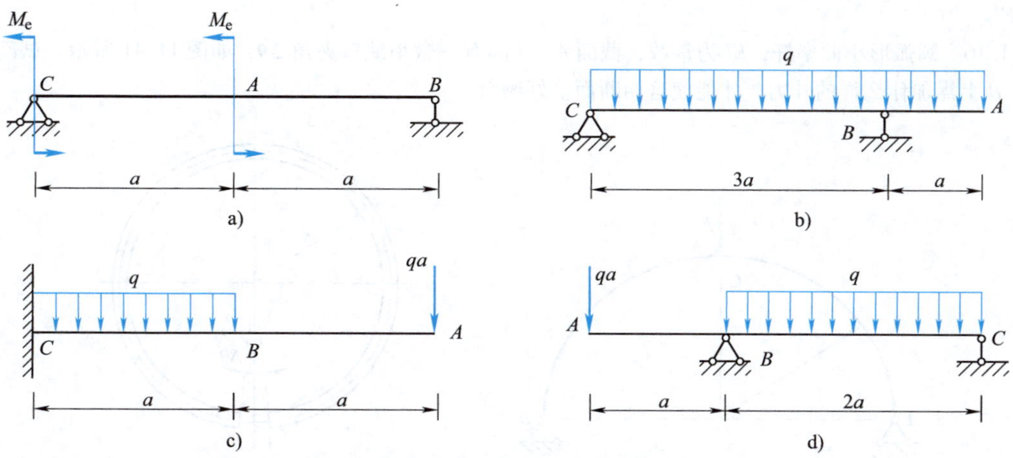

图 11.35 计算题 11.10 图

11.12 图 11.37 所示刚架各杆抗弯刚度均为 EI。试求图示荷载作用下 C 点的水平位移。

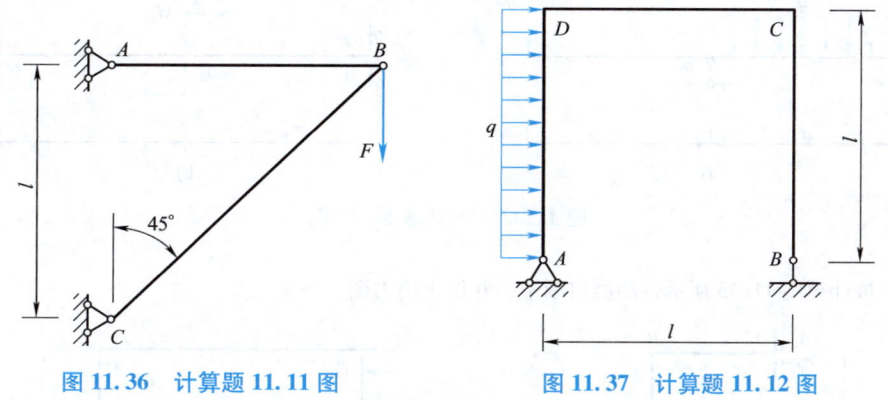

图 11.36 计算题 11.11 图　　图 11.37 计算题 11.12 图

11.13 求图 11.38 所示刚架在图示荷载作用下 AB 两截面的相对转角，EI 为常数。

11.14 求图 11.39 所示刚架 A、B 两端截面的相对转角，EI 为常数。

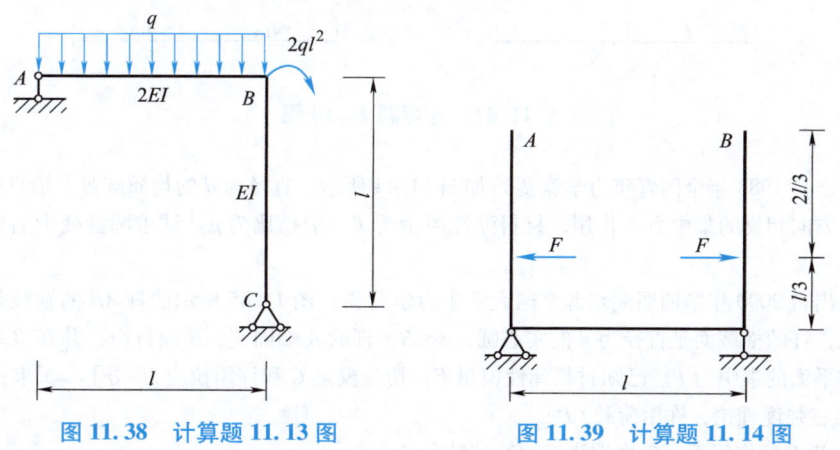

图 11.38 计算题 11.13 图　　图 11.39 计算题 11.14 图

11.15 试求图 11.40 所示半圆拱的支座反力及跨中 C 点沿力 F 方向的位移。轴线曲率半径为 r，抗弯

刚度 EI。

11.16　圆弧形小曲率杆，EI 为常数，截面 A、B 间有一微小缺口夹角 $\Delta\theta$，如图 11.41 所示。试问在截面 A、B 上需加什么样的外力，才能使这两断面恰好密合。

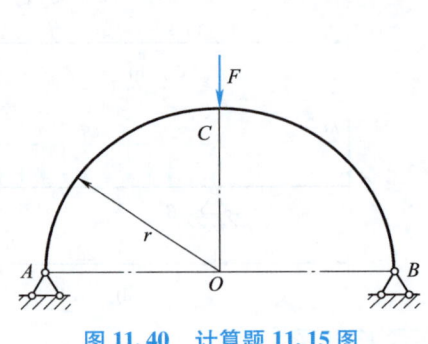

图 11.40　计算题 11.15 图

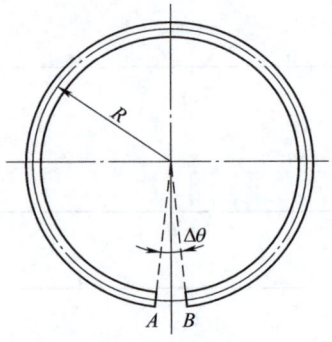

图 11.41　计算题 11.16 图

11.17　应用能量法求解图 11.42 所示超静定梁，并绘出各梁的弯矩图。设梁抗弯刚度为 EI。

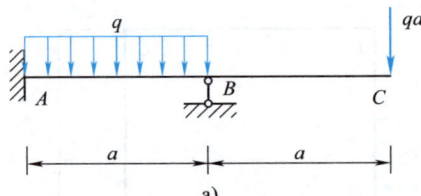

a)

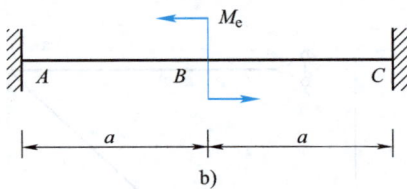

b)

图 11.42　计算题 11.17 图

11.18　试计算图 11.43 所示各超静定刚架，并作出内力图。

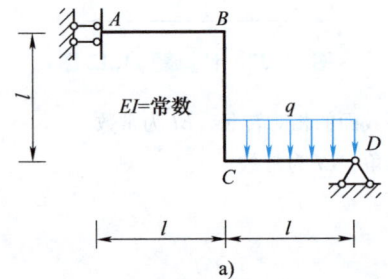

a)

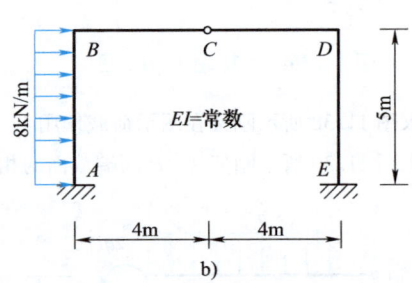

b)

图 11.43　计算题 11.18 图

11.19　（出自 1988 年全国青年力学竞赛）如图 11.44 所示，直径为 d 的均质圆盘，沿直径两端承受一对大小相等、方向相反的集中力 F 作用，材料弹性模量为 E，泊松比为 μ。试求圆盘变形后的面积改变率 $\Delta A/A$。

11.20　（出自 2000 年第四届周培源全国大学生力学竞赛）图 11.45 所示曲杆 AB 的轴线是半径为 R 的四分之一圆弧，杆的横截面是直径为 d 的实心圆，$d \ll R$，杆的 A 端固定，B 端自由，并在 B 端作用有垂直于杆轴线所在平面的集中力 P。已知材料弹性模量 E，切变模量 G 和许用拉应力 $[\sigma]$。试求：

（1）按第三强度理论，许用荷载 $[P]$。

（2）在荷载 P 的作用下，自由端绕杆轴线的转角 θ_B。

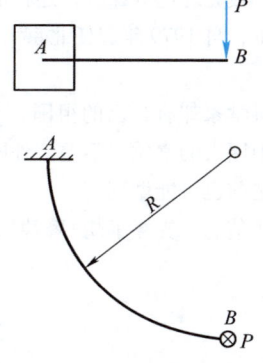

图 11.44　计算题 11.19 图　　　图 11.45　计算题 11.20 图

课外阅读：胡海昌

胡海昌，1928 年 4 月生，浙江省杭州市人，中国科学院院士，第八、九届全国政协委员，北京市第八届政协常委，历任中国振动工程学会理事长，中国力学学会副理事长。

胡海昌致力于力学研究，首创弹性力学中的三类变量广义变分原理并推广应用。1965 年起参加空间飞行器的研究与设计，负责东方红一号卫星及东方红二号卫星早期的总体和结构设计。

其弹性力学变分原理及其应用获 1982 年国家自然科学二等奖，1997 年获何梁何利基金科学与技术进步奖。1990 年起享受政府特殊津贴，1992 年被航空航天部批准为有突出贡献的老专家。

"胡-鹫津原理"

1946 年，胡海昌考入浙江大学土木工程系。他不仅学习刻苦，而且摸索出了一套高效的自学方法；不仅熟练地掌握书本上的知识，而且善于从理论角度分析、解决问题，受到了当时在该校任教的钱令希教授的赏识和特殊指导。大学期间，他便发表了两篇学术论文。

1950 年，胡海昌大学毕业，进入中国科学院数学研究所力学室工作。从此，他的一生便紧紧地与力学"捆绑"在了一起。

钱伟长领导下的力学研究室，是一个异常活跃的集体。刚刚走出大学校门的胡海昌，在短短几年时间里，就先后发表了涉及弹性力学、板壳理论等领域的三十多篇论文。其中最重要的，就是他在 1954 年发表于《物理学报》10 卷 2 期上的《论弹性体力学和受范性体力学中的一般变分原理》。通过这篇论文，他建立了弹性力学中以位移、应变和应力三类 15 个函数为自变函数的广义变分原理。大约一年后，日本学者鹫津久一郎在美国提出了与胡海昌相同的变分原理。由于该变分原理的重要性，国际上把该原理称为胡-鹫津（Hu-Washizu）原理。该原理受到众多的学术论文、专著、教科书的引用和介绍，专业涉及数学、物理、力学、工程，地域遍及美、英、日、俄、德、意、波、匈、捷等国家。

在建立弹性力学的广义变分原理后，胡海昌又相继建立了薄板大挠度弯曲理论中的广义变分原理、弹性固体固有频率的广义变分原理，并对梁和板弯曲问题的经典理论做了变分原理的推导。20 世纪 50 年代初，胡海昌在国际上首次找到了横观各向同性弹性体的空间问题的一些重要解，被俄文文献称为"胡海昌解"。即使是进入航天领域，从事航天器总体设计工作后，他也依然痴迷于基础理论的研究，并做出了重要贡献。20 世纪 80 年代，他建立了有较高实用价值的新型的边界积分方程；积极推动振动理论和技术的研究及应用，创建了中国振动工程学会，并创办了有关振动研究的学术刊物。他本人也很重视振动理论的研究并取得了很多重要成果。

在从事科学研究的同时，胡海昌还热心于教育事业。从 20 世纪 50 年代起，胡海昌在北京大学数学力学系讲授弹性力学、板壳理论等课程，还在清华大学、中国科技大学、北京航空学院等校兼职，并自1957年起开始指导研究生；自1979年起任北京大学、浙江大学兼职教授、博士生导师，先后培养了二十多名硕士、博士研究生。

科学无国界，科学家却有自己的祖国，有自己的民族自尊心和自豪感。胡海昌说："经过几十年的工作，感受最深的是中国人的素质并不差，外国人能做到的事情，我们也一定能够做到；外国人尚未做到的事情，我们在他们之前也可能做到。"

也许正是这样的信念，支撑了胡-鹫津原理的诞生，也支撑着胡海昌为中国空间事业发展而进行着不懈的探索。

为中国星献大智

1965年，胡海昌奉命转行从事空间飞行器的研制工作，并受命参与中国科学院人造卫星设计院的组建，担任总体组组长，负责我国第一颗人造卫星的总体设计。在艰苦的条件下，胡海昌和他的同事们一起开始描绘中国第一星的模样。他们用智慧和汗水浇灌出了中国空间事业的第一花——"东方红一号"。

胡海昌将他深厚的力学和数学功底应用于卫星的总体和结构设计。他参与了大量的力学计算，主持确定了72面体的卫星结构方案，指导生产了第一个卫星模型；以力学研究的成果指导航天器的地面振动试验，编写了卫星地面试验大纲。在总体设计中，胡海昌与他的同事们一起解决了大量难题，如卫星自旋稳定性的简便估算、天线伸张动力学、反共振、振动阻尼量的事前估计、夹层结构的采用、落体试验与冲击试验的异同、整体减振、便于增减的结构布局等。

胡海昌强调，卫星的研制必须结合中国的实际。他组织总体组有关人员用两个月的时间跑遍大半个中国，足迹遍及大江南北的各有关研究机构和生产单位，了解材料、工艺等各方面的水平和能力，为拿出符合实际的卫星总体方案起到了重要的作用，为设计院和各单位的合作奠定了基础，也大大加快了卫星研制的进程。

1965年10月，由胡海昌主持、总体组起草的《东方红一号卫星总体方案论证报告》，在全国性的东方红一号卫星方案论证会上获得通过，并最终得到了中央的批准。

东方红一号卫星发射成功后不久，胡海昌又承担起负责东方红二号试验通信卫星总体和结构设计的重任。试验结果证明，胡海昌和他的同事们设计的总体和结构方案是正确的。它从我国当时的工业基础和未来的技术发展入手，使我国在最短的时间内具备了发射静止轨道卫星的能力，缩小了我国与发达国家在研制静止轨道通信卫星技术水平上的差距。

此后多年，胡海昌以其在力学上的理论造诣，指导了多颗卫星的设计和试验。在返回式卫星研制、试验的过程中，试验人员遇到了难题，即无论怎么做，在地面冲击试验中卫星都难免"粉身碎骨"。胡海昌通过力学计算，从理论上证明，舱体分离所用爆炸螺栓的冲击对卫星的影响是局部的，没有必要进行地面冲击试验，从而使这一难题迎刃而解。胡海昌通过将科学理论与工程实践相结合，为我国空间事业的发展做出了特殊的贡献。

"权威"的普通人生

胡海昌早年成名，是中国力学界"少壮派"的领袖人物，可谓名副其实的学术权威。但他在同事的眼里，却只是极其平易近人而又乐于助人的"老胡"。

到北京空间飞行器总体设计部工作后，胡海昌每天都骑着一辆旧自行车上下班。在进行东方红一号卫星总体设计那段时间，加班加点是家常便饭。一次，深夜回家的胡海昌骑着自行车行驶在一段没有灯光的路上，一不小心栽进了路边一条深沟里。第二天，他还是坚持着一瘸一拐地上班。担任总体部领导工作后，他依然对自行车"情有独钟"，而不愿坐公车上下班。部领导考虑他年龄大了，怕出意外，强行命令他不要再骑车，他才与自行车告别。

对名和利，胡海昌向来淡薄。他虽身为院士，但多年来一直住在 20 世纪 50 年代中科院分给他的一套 70m² 的房中，自己从不提出什么要求，直到 2003 年在同事们的呼吁下，才搬进空间技术研究院的院士房。他虽然在国际力学界享有盛誉，却从来没因公出过国。1982 年，他将国家奖励给他的自然科学奖奖金全部捐给了中国力学学会。1997 年，他从所获何梁何利基金奖中拿出 10000 港元，捐给空间飞行器总体设计部，作为奖励青年科技工作者的基金。

胡海昌在学术上认真、严谨，追求理论上的完美；但在日常生活中，却是性情中人，他对音乐、绘画、书法、棋艺都有浓厚兴趣。

这就是胡海昌，一个科学报国的爱国者，一个成就卓越的学术权威，一个平易低调的航天专家，一个有血有肉的普通人。

第 12 章
动 荷 载

本章导读

前面各章讨论了构件在静荷载作用下的强度、刚度和稳定性问题。如果构件受到动荷载作用，其力学性能将发生很大的变化。本章将讨论几种动荷载作用下构件的应力、强度等相关概念和计算。

工程案例

2022 年 8 月，广州某在建项目工程工地内发生一起起重伤害事故（图 12.1）。事后出具的起重伤害事故技术鉴定报告指出：当提升重物时，轴向荷载超过了钢丝绳的极限荷载，导致吊钩及吊物坠落，继而砸中下方违规停留工人，造成事故。

图 12.1　广州某工地起重伤害事故

又如，2018 年 4 月 17 日，美国西南航空执飞 1380 号航班的波音 737 客机，巡航阶段时左侧发动机内的碎片飞出后击碎飞机舷窗，导致一名乘客伤势过重而死亡，如图 12.2 所示。万幸的是虽然飞机受损严重，最终还是安全地降落在费城。

美国国家运输安全委员会（NTSB）后续的事故调查表明飞机发动机风扇叶片在飞行中

第 12 章　动荷载

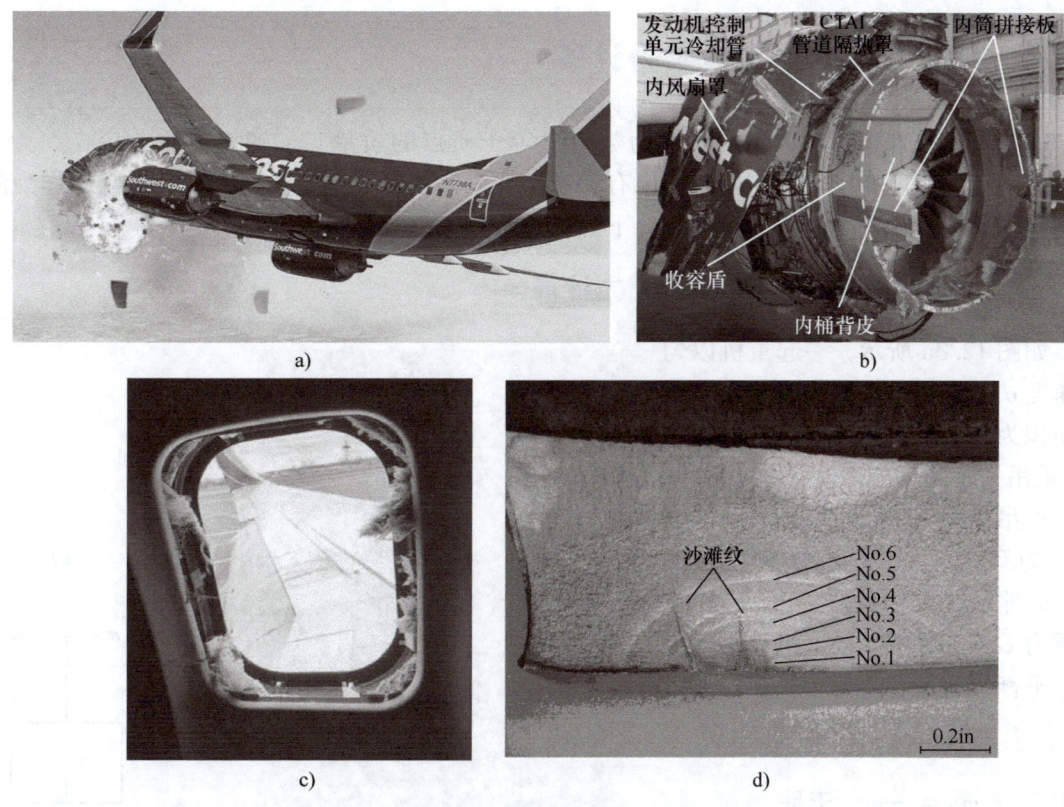

图 12.2　2018 年美国西南航空 1380 号航班事故

脱落。涡扇发动机的主风扇盘由 24 个连接到中央轮毂的风扇叶片组成，正常运转时，发动机前端的风扇盘每分钟旋转约五千次，将大量空气吸入发动机驱动涡轮转动。

调查员从其他叶片上观察到了疲劳裂纹，这些裂纹是由于叶片承受交替变化的荷载时，初始裂纹两侧表面的材料时而压紧，时而张开。由于材料的相互反复压紧，就形成了断口表面的较为光滑区域。每一定周次的应力循环使得裂纹发生微小的扩展，对该断面做电子显微镜观察时，则可以观察到一组近似平行的弯曲线条，形似沙滩纹，如图 12.2d 所示。当疲劳裂纹扩展到一定深度时，材料中能够传递应力的部分越来越少，在正常的最大工作应力下也可能发生骤然扩展，形成剩余截面的脆性断裂。断口表面的粗晶粒状区域即发生脆性断裂的剩余截面。

调查还显示，当风扇叶片断裂后，其中一些断块对整流罩锁扣造成非常大的冲击荷载，导致锁扣失效和整流罩破裂，继而断块飞离击碎第 14 排窗户并最终导致这排的一位乘客伤重不治。

由上述工程领域的事故可知，如果构件速度发生显著的变化，或承受的荷载随时间而变化，这时构件承受动荷载。动荷载的形式很多，对其的分析和计算也相当复杂，很多要结合大量实验来解决。本章讨论以下三类动荷载问题：构件做匀加速运动；构件承受冲击荷载作用；构件承受交变荷载作用。

实验表明，静荷载作用下服从胡克定律的材料，在动荷载作用下如果动应力不超过比例极限，胡克定律仍然有效，并且弹性模量不变。

12.1 匀加速运动构件的应力计算

达朗贝尔原理指出，假想的惯性力数值上等于质点的质量与加速度的乘积，方向与加速度相反，它与质点的原有力系组成平衡力系。这样就可把动荷载问题作为静力学问题处理。这种方法称为动静法。下面通过一些实例具体讨论。

12.1.1 匀加速直线运动构件的应力计算

如图 12.3a 所示，一起重机以匀加速度 a 吊起重物上升。设吊索横截面面积为 A，自重不计，重物重量为 G。求吊索中的动应力。

沿吊索 m-m 截面截开，取下侧部分为研究对象，受力分析如图 12.3b 所示。重物的惯性力 F_d、重物重力 G 及吊索拉力 F_{Nd} 组成平衡力系，平衡方程为

$$\sum F = 0, \quad F_{Nd} - G - F_d = 0$$

其中 $F_d = ma = \dfrac{G}{g}a$，于是

$$F_{Nd} = G + \dfrac{G}{g}a = G\left(1 + \dfrac{a}{g}\right) \quad (12.1)$$

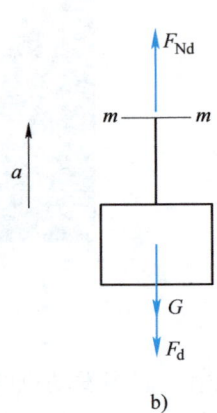

a)   b)

图 12.3 起重机

吊索横截面的动应力为

$$\sigma_d = \dfrac{F_{Nd}}{A} = \dfrac{G}{A}\left(1 + \dfrac{a}{g}\right) = \sigma_{st}\left(1 + \dfrac{a}{g}\right) \quad (12.2)$$

式中，$\sigma_{st} = \dfrac{G}{A}$ 为吊索在重物作用下的静应力，取

$$K_d = 1 + \dfrac{a}{g} \quad (12.3)$$

则式（12.2）可表示为

$$\sigma_d = K_d \sigma_{st} \quad (12.4)$$

其中，K_d 称为动荷系数，表示动应力 σ_d 与静应力 σ_{st} 之间的比值。由式（12.3）可知，K_d 随提升重物的加速度 a 而变。当重物静止或匀速提升时 $a = 0$，$K_d = 1$，此时吊索中的应力为静应力 σ_{st}。

很多动荷载问题中，都可利用式（12.4）计算动应力。只是不同问题的动荷系数表达式有所不同，需要经分析计算或实验测定。动应力确定后，构件的强度条件可表示为

$$\sigma_{\mathrm{d}} = K_{\mathrm{d}}\sigma_{\mathrm{st}} \leqslant [\sigma] \tag{12.5}$$

式中，$[\sigma]$ 为材料在静荷载作用下的许用应力。

【例 12.1】 如图 12.4a 所示，一段长为 12m 的 28b 型号工字钢梁，由横截面面积 $A = 1.08\mathrm{cm}^2$ 的钢绳 AB、AC 吊起，并以匀加速度 $a = 5\mathrm{m/s}^2$ 上升。图 12.4b 为计算简图，求钢绳及工字钢内的最大动应力。

【解】 1）由型钢表查得 28b 工字钢的单位长度重量为 $q_{\mathrm{st}} = 47.9\mathrm{kg/m} \times g = 469.42\mathrm{N/m}$

当加速向上提升时，工字钢梁承受的总动荷载分布集度为

$$q_{\mathrm{d}} = q_{\mathrm{st}}\left(1 + \frac{a}{g}\right) = 708.92\mathrm{N/m}$$

工字钢梁受力如图 12.4c 所示，利用平衡条件可知两钢绳拉力相等，为

$$F_B = F_C = \frac{q_{\mathrm{d}} \times 12\mathrm{m}}{2} \times \frac{1}{\cos 45°} = 6015.4\mathrm{N}$$

2）钢绳承受的动应力为拉应力，其值为

$$\sigma_{\mathrm{d1}} = \frac{F_B}{A} = \frac{6015.4\mathrm{N}}{1.08 \times 10^{-4}\mathrm{m}^2} = 55.7\mathrm{MPa}$$

3）作出工字钢梁的轴力图和弯矩图，分别如图 12.4c 和 d 所示。BC 段发生压弯组合变形，危险截面位于梁的中间截面，其内力为

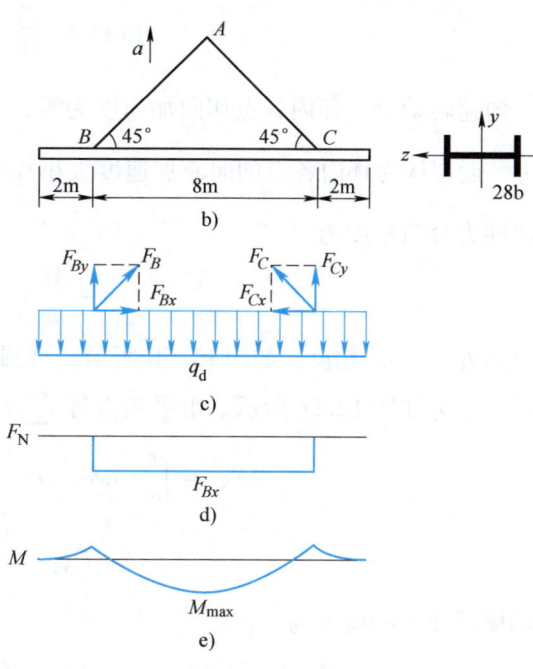

图 12.4 例 12.1 图

$$F_{\mathrm{Nd}} = -F_B\sin 45° = -4253.5\mathrm{N}$$

$$M_{\max} = \frac{q_{\mathrm{d}} \times (8\mathrm{m})^2}{8} - \frac{q_{\mathrm{d}} \times (2\mathrm{m})^2}{2} = 4253.52\mathrm{N \cdot m}（下侧受拉）$$

查表可得工字钢梁截面面积 $A_1 = 61.004\mathrm{cm}^2$，图示放置时抗弯截面系数 $W_z = 61.2\mathrm{cm}^3$，按第 9 章压弯组合变形分析可知最大动应力为压应力，发生在中间截面上侧，为

$$\sigma_{\mathrm{dmax}} = -\left|\frac{F_{\mathrm{Nd}}}{A_1}\right| - \left|\frac{M_{\max}}{W_z}\right| = -\frac{4253.5\mathrm{N}}{61.004 \times 10^{-4}\mathrm{m}^2} - \frac{4253.52\mathrm{N \cdot m}}{61.2 \times 10^{-6}\mathrm{m}^3} = -70.2\mathrm{MPa}$$

12.1.2 匀速转动构件的应力计算

工程中有很多做旋转运动的构件，如飞轮、带轮、齿轮等。可将这类构件近似地看作定

轴转动的圆环来进行应力计算。

如图 12.5a 所示，设圆环绕过圆心且垂直于圆环平面的轴做匀速转动。已知圆环转速为 ω，横截面面积为 A，平均直径为 D，材料重度为 γ。

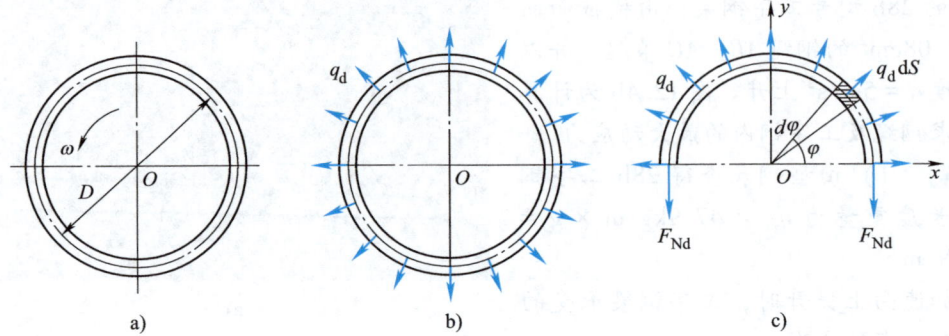

图 12.5　匀速转动的圆环

匀速转动时，环内各点切向加速度为零，只有向心加速度，当圆环壁厚远小于平均直径 D 时，近似认为环内各点的向心加速度大小相同，为 $a_n = \dfrac{D\omega^2}{2}$。于是沿圆环轴线上均匀分布的惯性力分布集度为

$$q_d = \dfrac{A\gamma}{g}a_n = \dfrac{A\gamma D}{2g}\omega^2$$

方向向外，与 a_n 相反，如图 12.5b 所示。沿圆环直径截开，取上半部分，截面上内力用 F_{Nd} 表示，受力如图 12.5c 所示。由平衡方程 $\sum F_y = 0$ 可得

$$2F_{Nd} = \int_0^\pi q_d dS\sin\varphi = \int_0^\pi q_d \dfrac{D}{2}d\varphi\sin\varphi = q_d D$$

$$F_{Nd} = \dfrac{A\gamma D^2}{4g}\omega^2$$

圆环横截面上的应力为

$$\sigma_d = \dfrac{F_{Nd}}{A} = \dfrac{\gamma D^2}{4g}\omega^2 = \dfrac{\gamma v^2}{g} \tag{12.6}$$

式中，$v = \dfrac{D}{2}\omega$ 为圆环轴线上各点的线速度。圆环强度条件为

$$\sigma_d = \dfrac{\gamma v^2}{g} \leq [\sigma] \tag{12.7}$$

这一结果表明，旋转圆环的动应力仅与材料重度 γ 和线速度 v 有关。因此，为保证圆环安全工作，应限制圆环的转速或直径，或选用重度较小的材料，而单纯增加横截面面积是没有效果的。

【例 12.2】　图 12.6a 所示为航空发动机内部构造图，图 12.6b 所示为其中一轮盘示意图（周边为榫卯连接的叶片），图 12.6c 所示为其中一根叶片的计算简图。已知叶片横截面面积为 A，转速为 ω，材料密度为 ρ。试求叶片根部横截面上的应力。

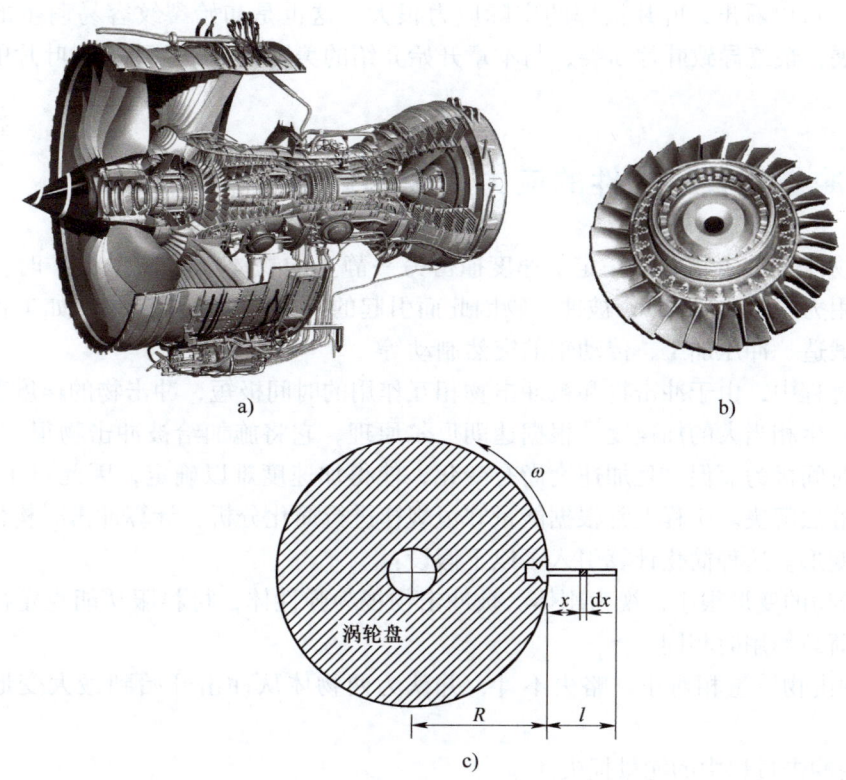

图 12.6　例 12.2 图

【解】 1) 距叶根 x 处取长为 $\mathrm{d}x$ 的微段（图 12.6c），其质量为

$$\mathrm{d}m = \rho A \mathrm{d}x$$

距叶根 x 处的向心加速度为

$$a_n = \omega^2(R+x)$$

因此，x 处微段的惯性力向外为

$$\mathrm{d}F_\mathrm{d} = \omega^2(R+x)\mathrm{d}m = \rho\omega^2 A(R+x)\mathrm{d}x$$

2) x 截面的轴力 F_d，根据截面法等于 x 截面以外部分杆件的惯性力，为

$$F_\mathrm{d}(x) = \int \mathrm{d}F_\mathrm{d} = \int_x^l \rho\omega^2 A(R+x)\mathrm{d}x = \frac{\rho\omega^2 A}{2}[(R+l)^2 - (R+x)^2]$$

可见，叶片轴力沿长度呈抛物线形式分布，当 $x=0$ 也就是叶片根部，轴力最大，为

$$F_\mathrm{dmax} = \frac{\rho\omega^2 A}{2}(2R+l)l$$

叶片根部的动应力

$$\sigma_\mathrm{dmax} = \frac{F_\mathrm{dmax}}{A} = \frac{\rho\omega^2}{2}(2R+l)l$$

【解析小结】 上面结果中，若取密度 $\rho = 8.15 \times 10^3 \mathrm{~kg/m^3}$，涡轮盘半径 $R = 1.03\mathrm{m}$，叶片长度 $l = 0.52\mathrm{m}$，转速 $n = 3000\mathrm{r/min}$，则 $\omega = \dfrac{2\pi n}{60} = 100\pi \mathrm{~rad/s}$，计算得到 $\sigma_\mathrm{dmax} =$

539.57MPa。可以看出，叶片根部的实际应力很大，这也是初始裂纹容易萌生的区域，并逐渐累积扩展，最终导致叶片断裂，与本章开始介绍的美国西南航空事故对叶片的检测结果相吻合。

12.2 受冲击荷载时构件的应力和变形计算

当运动物体（冲击物）以一定的速度撞击另一静止的物体（被冲击物）时，构件将承受很大的作用力（冲击荷载），被冲击物因此而引起的应力称为冲击应力。如工程中的落锤打桩、气锤锻造、冲压加工、传动轴的突然制动等。

在冲击过程中，由于冲击物和被冲击物相互作用的时间极短，冲击物的速度变化发生于瞬间，从而产生相当大的加速度。根据达朗贝尔原理，它将施加给被冲击物很大的惯性力，但由于变化时间极为短促，且加速度尚有变化，使得加速度难以确定，因此对于冲击问题，不宜采用动静法解决。工程上常根据能量守恒规律进行简化分析，计算冲击时构件内的最大应力和最大变形。这种简化计算引入了以下假设：

1）冲击物的变形很小，视为刚体。被冲击物视为弹性体，材料服从胡克定律且力学参数与承受静荷载作用时相同。

2）被冲击物质量相对小，略去不计，并认为两物体从冲击开始到最大变形处就相互附着。

3）略去冲击过程中的能量损失。

由此，根据能量守恒可知：冲击过程中冲击物减少的动能 T 和势能 V，将全部转化为被冲击物的弹性应变能 V_ε，即

$$T + V = V_\varepsilon \tag{12.8}$$

显然，不计能量损失得到的应变能大于实际的应变能，所以这种方法计算所得到的结果是偏于安全的。式（12.8）为能量规律解决冲击问题的基本方程，可以解决杆件各类变形形式的冲击问题，仅 T、V 和 V_ε 的表达式有所变化。

12.2.1 竖直冲击

竖直放置的等直杆，长为 l，横截面面积为 A，材料弹性模量为 E。一个自重为 Q 的重物以接触时速度 v 沿杆轴方向冲击杆件，如图 12.7a 所示。冲击后，重物附着于杆端，由于杆件的阻碍其速度将迅速降低至零，同时杆端的向下位移达到最大 Δ_d，与之对应承受的冲击荷载为 F_d，冲击应力为 σ_d，如图 12.7b 所示。

重物从开始接触具有的速度 v 到最后速度降为零，高度降低了 Δ_d，于是重物的动能和势能分别减少了

$$T = \frac{Qv^2}{2g}$$

$$V = Q\Delta_d$$

而杆件的应变能 V_ε 等于在冲击过程中冲击荷载所做的功。在冲击过程中，冲击荷载和冲击位置位移都是从零分别增加到最大值 F_d 和 Δ_d，在服从胡克定律条件下，由式（11.2）可知杆件应变能为

第 12 章 动荷载

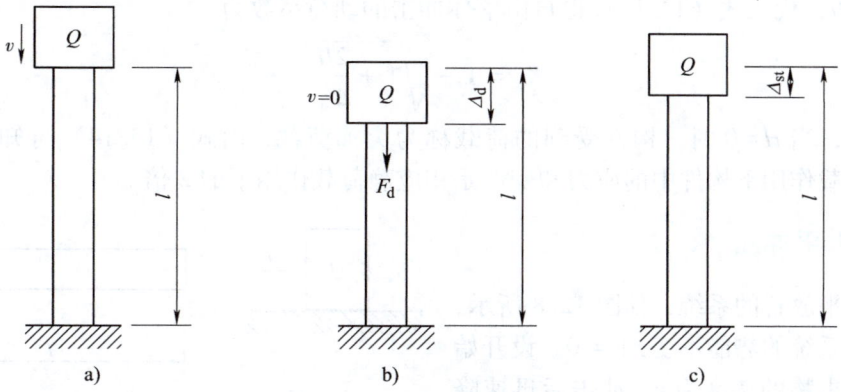

图 12.7 杆件受重物冲击

$$V_\varepsilon = \frac{1}{2} F_d \Delta_d \qquad (12.9)$$

根据前述假设，杆件在冲击荷载和静荷载作用下，线弹性范围内荷载和变形成比例，且比例系数相同，可得

$$\frac{F_d}{\Delta_d} = \frac{Q}{\Delta_{st}}$$

式中，Δ_{st} 是指重物重量以静荷载方式沿冲击方向作用于冲击点引起的冲击点的静位移，如图 12.7c 所示。于是杆件应变能可写为

$$V_\varepsilon = \frac{1}{2} \frac{Q}{\Delta_{st}} \Delta_d^2 \qquad (12.10)$$

将上述动能 T、势能 V 和应变能 V_ε 代入式（12.8）并化简得

$$\Delta_d^2 - 2\Delta_{st}\Delta_d - \frac{v^2}{g}\Delta_{st} = 0$$

解方程得有效解为

$$\Delta_d = \Delta_{st}\left(1 + \sqrt{1 + \frac{v^2}{g\Delta_{st}}}\right)$$

引入

$$K_d = 1 + \sqrt{1 + \frac{v^2}{g\Delta_{st}}} \qquad (12.11)$$

称为冲击动荷系数。于是根据线弹性范围内的比例关系，有

$$\Delta_d = K_d \Delta_{st}, \quad F_d = K_d Q, \quad \sigma_d = K_d \sigma_{st} \qquad (12.12)$$

可见，将冲击动荷系数 K_d 乘以静荷载、静位移和静应力可以求得冲击时的冲击荷载、动位移和冲击应力。杆件受冲击作用时的强度条件一般可写为

$$\sigma_{d\max} = K_d \sigma_{st,\max} \leq [\sigma] \qquad (12.13)$$

式中，$\sigma_{d\max}$ 及 $\sigma_{st,\max}$ 分别为构件内的最大冲击应力及最大静应力；$[\sigma]$ 仍取静荷载作用时的许用应力。

如果冲击物从冲击点上方 H 处做自由落体运动时，接触时动能 T 等于重物重力做功，

可得 $v^2=2gH$，代入式（12.11）得自由落体冲击的动荷系数为

$$K_d = 1 + \sqrt{1 + \frac{2H}{\Delta_{st}}} \qquad (12.14)$$

特别地，当 $H=0$ 时，构件受到的荷载称为<u>突加荷载</u>，由式（12.14）可知 $K_d=2$。所以，突加荷载作用下构件中的应力和变形是相应静荷载作用下的 2 倍。

12.2.2 水平冲击

对于水平放置的系统，如图 12.8 所示，冲击过程中系统的势能不变，$V=0$。设开始冲击时，冲击物的速度为 v，冲击后迅速降为零，则动能的变化量 $T=\dfrac{1}{2}\dfrac{Q}{g}v^2$。

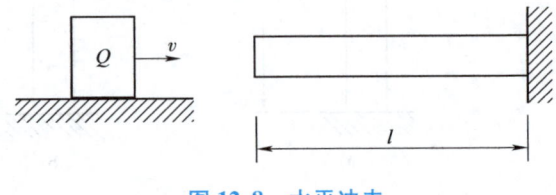

图 12.8 水平冲击

将 V、T 及式（12.10）的 V_ε 代入式（12.8），得

$$\frac{1}{2}\frac{Q}{g}v^2 = \frac{1}{2}\frac{Q}{\Delta_{st}}\Delta_d^2$$

$$\Delta_d = \Delta_{st}\sqrt{\frac{v^2}{g\Delta_{st}}} \qquad (12.15)$$

由此，水平冲击的动荷系数为

$$K_d = \sqrt{\frac{v^2}{g\Delta_{st}}} \qquad (12.16)$$

如对于受到水平冲击发生拉压变形的等直杆，$\Delta_{st}=\dfrac{Ql}{EA}$，$\sigma_{st}=\dfrac{Q}{A}$，则杆件的冲击应力为

$$\sigma_d = K_d \sigma_{st} = v\sqrt{\frac{EQ}{gAl}} \qquad (12.17)$$

注意上述介绍中，式（12.11）、式（12.14）及式（12.16）表示的动荷系数均是基于受冲击杆件发生轴向变形推导的。对于受到冲击的弯曲梁或扭转轴，动荷系数的表达形式可能有所不同，可根据能量守恒规律分别推导，并且冲击位置的静位移 Δ_{st} 由于变形的不同，其计算也不同。有时也可直接用能量守恒规律来计算冲击应力。

【例 12.3】 等截面圆杆（图 12.9a）和阶梯圆杆（图 12.9b）长度均为 l，材料相同，受自重同为 Q 的重物从相同高度 H 处自由落体冲击，杆的质量忽略不计。已知 $Q=200\text{N}$，$l=600\text{mm}$，$H=50\text{mm}$，$d=22\text{mm}$，$E=200\text{GPa}$，试分别计算两杆的最大冲击应力。

【解】 1）等截面杆受到的冲击应力。重物 Q 以静荷载作用于杆顶端，引起顶端（冲击

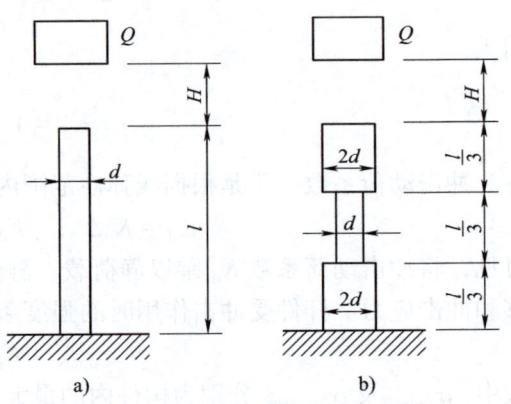

图 12.9 例 12.3 图

点）的静位移为

$$\Delta_{st1} = \frac{Ql}{EA_1} = \frac{4Ql}{\pi E d^2} = \frac{4 \times 200\text{N} \times 600 \times 10^{-3}\text{m}}{\pi \times 200 \times 10^9\text{Pa} \times 22^2 \times 10^{-6}\text{m}^2} = 1.58 \times 10^{-6}\text{m}$$

引起的静应力为

$$\sigma_{st1} = \frac{Q}{A_1} = \frac{4Ql}{\pi E d^2} = \frac{4 \times 200\text{N}}{\pi \times 22^2 \times 10^{-6}\text{m}^2} = 0.53\text{MPa}$$

冲击动荷系数为

$$K_{d1} = 1 + \sqrt{1 + \frac{2H}{\Delta_{st1}}} = 1 + \sqrt{1 + \frac{2 \times 50 \times 10^{-3}}{1.58 \times 10^{-6}}} = 253$$

所以冲击应力为

$$\sigma_{d1} = K_{d1}\sigma_{st1} = 253 \times 0.53\text{MPa} = 134\text{MPa}$$

2) 阶梯杆受到的冲击应力。重物 Q 以静荷载作用于杆顶端，引起顶端的静位移等于整根杆件的缩短量，即

$$\Delta_{st2} = \frac{Ql}{3EA_1} + \frac{2Ql}{3EA_2} = \frac{Ql}{2EA_1} = \frac{4 \times 200\text{N} \times 600 \times 10^{-3}\text{m}}{2\pi \times 200 \times 10^9\text{Pa} \times 22^2 \times 10^{-6}\text{m}^2} = 0.79 \times 10^{-6}\text{m}$$

引起的最大静应力发生在较细的中段部位，为

$$\sigma_{st2max} = \sigma_{st1} = 0.53\text{MPa}$$

冲击动荷系数为

$$K_{d2} = 1 + \sqrt{1 + \frac{2H}{\Delta_{st2}}} = 1 + \sqrt{1 + \frac{2 \times 50 \times 10^{-3}}{0.79 \times 10^{-6}}} = 357$$

所以冲击应力为

$$\sigma_{d2max} = K_{d2}\sigma_{st2max} = 357 \times 0.53\text{MPa} = 189\text{MPa}$$

3) 阶梯杆和等截面杆的最大冲击应力之比为

$$\frac{\sigma_{d2max}}{\sigma_{d1}} = \frac{189}{134} = 1.41$$

【例 12.4】 图 12.10 所示两根钢梁，一根为刚性铰支座，另一根为弹簧常数 $C = 200\text{kN/m}$ 的弹簧支座，材料弹性模量 $E = 200\text{GPa}$，梁截面 $I_z = 245\text{cm}^4$，$W_z = 49\text{cm}^3$。当自重 $Q = 500\text{N}$ 的重物从高度 $H = 50\text{mm}$ 自由落下至梁的中点，分别计算两梁的最大正应力和最大挠度。

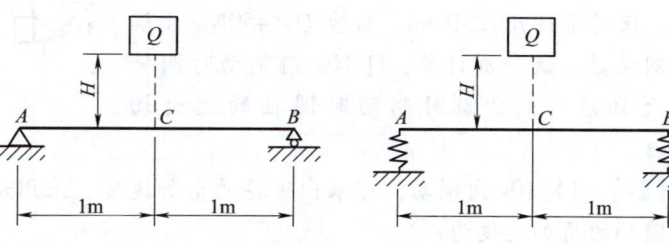

图 12.10 例 12.4 图

【解】 1) 刚性支座梁。重物在冲击点 C 处以静荷载方式产生的静挠度（也是全梁最大挠度）由挠度表 6.1 可知

$$\Delta_{st1} = \frac{Ql^3}{48EI} = \frac{500\text{N} \times (2\text{m})^3}{48 \times 200 \times 10^9\text{Pa} \times 245 \times 10^{-8}\text{m}^4} = 0.17\text{mm}$$

最大弯曲正应力为

$$\sigma_{\text{st1max}} = \frac{M_{\max}}{W_z} = \frac{Ql}{4W_z} = \frac{500\text{N} \times 2\text{m}}{4 \times 49 \times 10^{-6}\text{m}^3} = 5.1\text{MPa}$$

冲击动荷系数为

$$K_{\text{d1}} = 1 + \sqrt{1 + \frac{2H}{\Delta_{\text{st1}}}} = 1 + \sqrt{1 + \frac{2 \times 50 \times 10^{-3}}{0.17 \times 10^{-3}}} = 25.3$$

于是，冲击时最大动挠度为

$$\Delta_{\text{d1max}} = K_{\text{d1}}\Delta_{\text{st1}} = 25.3 \times 0.17\text{mm} = 4.3\text{mm}$$

冲击最大弯曲正应力为

$$\sigma_{\text{d1max}} = K_{\text{d1}}\sigma_{\text{st1max}} = 25.3 \times 5.1\text{MPa} = 129.03\text{MPa}$$

2) 弹簧支座梁。受重物 Q 静荷载作用时引起的静挠度由 1) 中可知等于 $\Delta_{\text{st1}} = 0.17\text{mm}$。同时弹簧受压引起整梁向下平行移动的位移量为

$$\Delta_{\text{th}} = \frac{Q/2}{C} = \frac{500\text{N}}{2 \times 200 \times 10^3 \text{N/m}} = 1.25\text{mm}$$

所以静载时冲击点的总静挠度为

$$\Delta_{\text{st2}} = \Delta_{\text{st1}} + \Delta_{\text{th}} = 0.17\text{mm} + 1.25\text{mm} = 1.42\text{mm}$$

冲击动荷系数为

$$K_{\text{d2}} = 1 + \sqrt{1 + \frac{2H}{\Delta_{\text{st2}}}} = 1 + \sqrt{1 + \frac{2 \times 50 \times 10^{-3}}{1.42 \times 10^{-3}}} = 9.45$$

于是，冲击时最大动挠度为

$$\Delta_{\text{d2max}} = K_{\text{d2}}\Delta_{\text{st2}} = 9.45 \times 1.42\text{mm} = 13.42\text{mm}$$

冲击最大弯曲正应力为

$$\sigma_{\text{d2max}} = K_{\text{d2}}\sigma_{\text{st1max}} = 9.45 \times 5.1\text{MPa} = 48.2\text{MPa}$$

【例 12.5】 图 12.11 所示等截面圆轴 AB，长 $l = 1.5\text{m}$，直径 $d = 50\text{mm}$，材料切变模量 $G = 80\text{GPa}$，转速 $n = 2\text{r/s}$，忽略圆轴质量。B 端装有飞轮，回转半径 $\rho = 250\text{mm}$，自重 $Q = 450\text{N}$。A 端装有制动器。试分别计算：①10s 内制动时圆轴的最大切应力；②瞬时制动时圆轴的最大切应力。

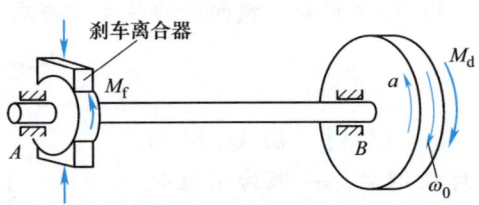

图 12.11 例 12.5 图

【解】 1) 10s 内制动，可求出飞轮的角加速度，采用动静法计算出惯性力偶 M_{d1}。圆轴的角加速度为

$$a = \frac{\Delta\omega}{\Delta t} = \frac{2\pi n}{10} = \frac{2\pi}{5} \text{rad/s}^2$$

飞轮的转动惯量为

$$J = \frac{Q}{g}\rho^2 = \frac{450}{9.8} \times 0.25^2 = 2.87\text{N}\cdot\text{m}\cdot\text{s}^2$$

于是惯性力偶为

$$M_{\text{d1}} = Ja = 2.87 \times \frac{2\pi}{5} = 3.61\text{N}\cdot\text{m}$$

由绕轴线转动平衡确定轴内扭矩大小等于惯性力偶,最大切应力为

$$\tau_{d1max} = \frac{M_{d1}}{W_t} = \frac{3.61}{\pi (0.05)^3/16} = 0.147 \text{MPa}$$

2)瞬时制动,角加速度不容易确定,属于冲击荷载问题。利用能量守恒规律也就是式(12.8)来分析。

飞轮匀速转动时,动能为

$$T = \frac{1}{2}J\omega^2 = \frac{1}{2} \times 2.87 \times (4\pi)^2 = 226 \text{N} \cdot \text{m}$$

制动后,势能没有变化 $V = 0$,飞轮动能全部转化为圆轴的扭转变形能[见式(11.6)]

$$V_\varepsilon = \frac{M_{d2}^2 l}{2GI_p}$$

由式(12.8)得

$$T = V_\varepsilon = \frac{M_{d2}^2 l}{2GI_p}$$

于是圆轴受到的冲击扭矩为

$$M_{d2} = \sqrt{\frac{2TGI_p}{l}}$$

此时轴内最大切应力为

$$\tau_{d2max} = \frac{M_{d2}}{W_t} = \sqrt{\frac{2TGI_p}{lW_t^2}} = \sqrt{\frac{4TG}{lA}} = \sqrt{\frac{4 \times 226 \times 80 \times 10^9}{1.5 \times (\pi/4) \times 0.05^2}} = 157 \text{MPa}$$

比较以上两种结果,瞬时制动引起的轴内冲击切应力的增大是非常惊人的。但事实上毫无缓冲的制动很难实现,再加上冲击过程中的能量损耗,轴内的实际最大冲击切应力达不到如此结果。这里的计算只是定性地说明冲击的危害。

12.2.3 提高构件抵抗冲击能力的措施

从前面的分析及例题的计算结果可以看出,冲击对构件的影响非常大,某些情况下可以加以利用,如落锤打桩、冲压加工、气锤锻造等,但同时也会给构件的强度、刚度带来很大的危害,所以有些情况下则需要尽量减小这种冲击的影响。

由式(12.12)可知冲击对构件的影响集中反映在冲击动荷系数 K_d 上。又由式(12.11)、式(12.14)和式(12.16)可知,如果能增大构件冲击点的静变形位移 Δ_{st},则可降低动荷系数,从而减少冲击影响。但增大静变形位移 Δ_{st} 时,应尽量避免增大静应力 σ_{st},否则动应力的降低效果未必明显,甚至相反。以冲击引起的拉压变形为例,减小杆件横截面面积可以增大变形位移 Δ_{st},但也引起了静应力 σ_{st} 的增大,从而不一定达到降低动应力 $\sigma_d = K_d \sigma_{st}$ 的目的。工程中常采用的一种有效措施是,将刚性约束改为弹性约束,如安装弹簧支座或加装橡胶垫圈等缓冲装置,这样既增大了冲击点的静位移,又不会改变构件的静应力,效果很明显,例12.4的计算结果就是一个例证。

另外由式(12.17)可以看出,冲击应力有些情况可以随着杆件体积的增大而减小。因此,对等截面杆件,增加杆件(增加杆件长度或增大截面面积)可以降低冲击应力。如图

12.12 所示的气缸，承受冲击的缸盖固定螺栓是长杆螺栓而非短螺栓。但这个方法对于变截面杆件则有所不同。例 12.3 的结果表明，通过只增加部分区段的横截面面积来达到增大体积，结果却适得其反，最大冲击应力相比原等截面杆增大了 41%。这是由于两杆的最大静应力 σ_{st} 相同，但阶梯杆相比等截面杆增大了部分区段截面面积后静变形位移 Δ_{st} 变小，动荷系数 K_d 变大，从而引起动应力增大。所以前述气缸实例中采用的长杆螺栓，与其光杆区段的直径大于螺纹区段（图 12.13a），还不如减小光杆区段直径使两区段接近相等而近似等截面杆（图 12.13b）。

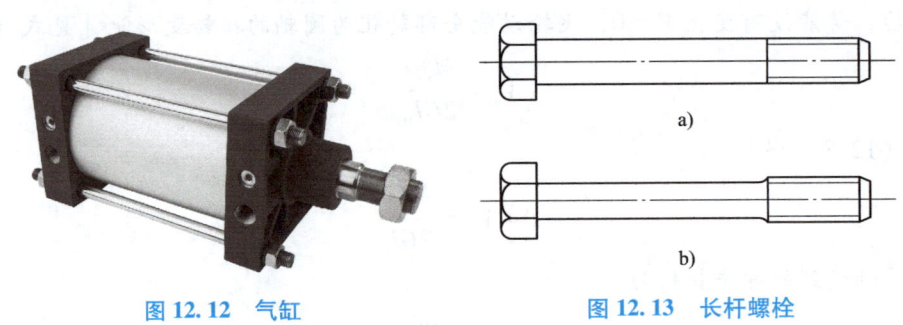

图 12.12　气缸　　　　　　图 12.13　长杆螺栓

12.3　交变应力与疲劳强度

12.3.1　交变应力

工程中构件的应力随时间做周期性的变化，这种应力称为交变应力。如齿轮的齿、发动机的活塞连杆、气缸缸体及缸盖固定螺栓等构件因承受周期性荷载作用而引起的应力。还有些构件虽然承受的荷载不变，但由于构件转动或振动，其内各点的应力也会做周期性的变化，如传动轴、轮轴、受振动的梁等。

大量工程实践和实验表明，交变应力引起的构件失效与静荷载作用下的破坏完全不同，有以下几个特点：

1) 构件在交变应力作用下突然断裂，其承受的最大应力低于材料的强度极限甚至屈服极限。
2) 交变应力的作用需要经过一定的循环过程，是一种长期作用。
3) 疲劳失效表现为脆性断裂形式，基本没有塑性变形，即使塑性较好的材料。
4) 发生疲劳失效后的断口明显呈现光滑区和粗糙区两个区域。

对金属疲劳失效的研究，目前主流的看法是材料往往存在一些缺陷，如内部的空隙、夹杂等，或外表面的微小加工刻痕等，当交变应力超过一定限度时，在应力最大区域有缺陷处产生微观裂纹，形成裂纹源。随着交变应力循环次数的增加，裂纹逐渐扩展。裂纹扩展过程中，由于应力的交替变化，裂纹的两个面时而压紧，时而分离，形成了断口的光滑区，此区域内有时还可看到以裂纹源为起点的向外扩展的弧形线（图 12.14）。图 12.2d 所示的美国客机事故检测报告中实物图片，也能看到清晰的弧形线。当裂纹扩展到一定程度，构件剩余截面被削弱到不足以承受外荷载时，便突然断裂，形成了断口的颗粒状粗糙区。所以疲劳失效的过程是裂纹产生和不断扩展的过程,而且由于最后断裂发生的突然性往往造成严重后果,进行疲劳强度计算是非常必要的。

现以受振动的梁为例,介绍交变应力的基本规律和概念。如图 12.15a 所示,梁在电动机自重作用下产生静变形,处于静平衡位置。电动机转动时,由于电动机转子偏心惯性力引起梁在静平衡位置附近做下强迫振动,同时梁截面上各点(中性轴上的点除外)正应力随时间做周期性变化(图 12.15b)。

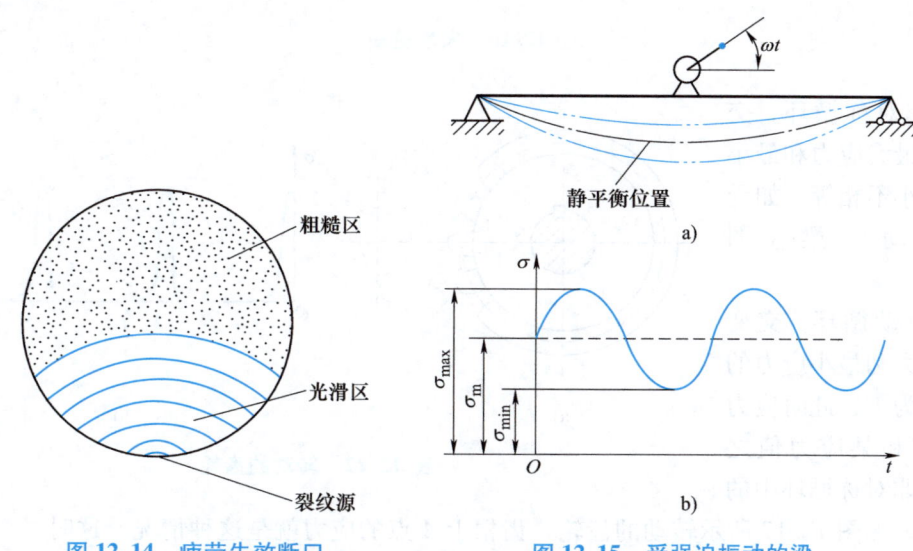

图 12.14 疲劳失效断口　　图 12.15 受强迫振动的梁

应力交变过程中,从某一应力值开始又回到该应力,称为一个应力循环。一个应力循环经历的时间称为周期 T。以 σ_{max} 和 σ_{min} 表示循环中的最大和最小应力,其比值

$$r = \frac{\sigma_{min}}{\sigma_{max}} \qquad (12.18)$$

称为交变应力的循环特征或应力比。

最大应力和最小应力代数量之和的一半称为平均应力 σ_m,即

$$\sigma_m = \frac{\sigma_{max} + \sigma_{min}}{2} \qquad (12.19)$$

相当于梁在静平衡位置时的应力,代表了应力交变中的不变部分。

最大应力和最小应力代数量之差的一半称为应力幅 σ_a,即

$$\sigma_a = \frac{\sigma_{max} - \sigma_{min}}{2} \qquad (12.20)$$

相当于梁由静平衡位置到最大或最小变形位置时的应力变化幅度,代表应力交变中的变动部分。显然有

$$\sigma_{max} = \sigma_m + \sigma_a, \quad \sigma_{min} = \sigma_m - \sigma_a \qquad (12.21)$$

工程中常见的交变应力类型有以下几种:

1)对称循环。交变应力的最大应力和最小应力的大小相等而正负相反。火车轮轴转动时表面上的点的正应力就是这种情况,如图 12.16 所示。这时

$$r = -1, \quad \sigma_m = 0, \quad \sigma_a = \sigma_{max} = -\sigma_{min}$$

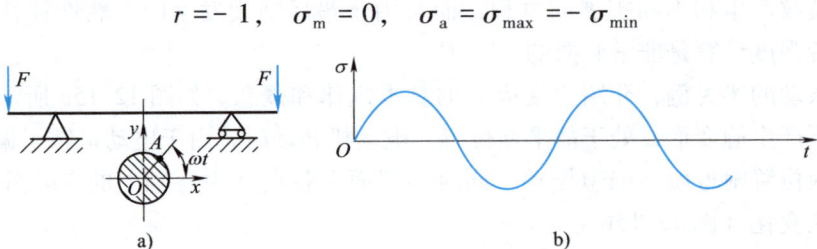

图 12.16 火车轮轴

2) 非对称循环。交变应力的最大应力和最小应力的大小不相等，如受强迫振动的梁（图 12.15）。

3) 脉动循环。交变应力中最大和最小应力的其中一个为零，此时应力变化于零和某应力值之间，属于非对称循环中的一种情况。如图 12.17 所示转动的齿轮，齿根上 A 点的应力就是这种情况。这时

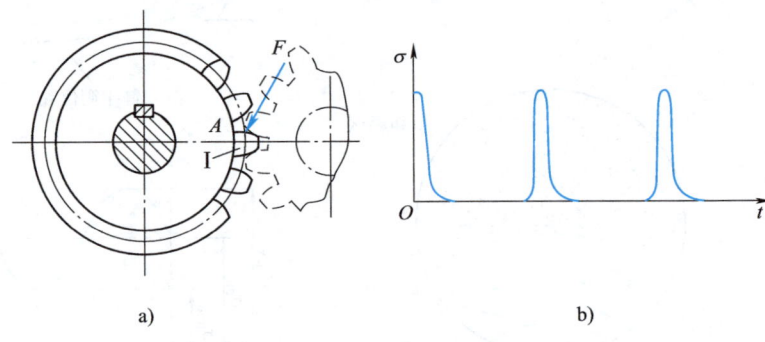

图 12.17 转动的齿轮

$$r = 0, \quad \sigma_a = \sigma_m = \frac{1}{2}\sigma_{max} \quad (\sigma_{min} = 0)$$

或

$$r = -\infty, \quad \sigma_a = -\sigma_m = -\frac{1}{2}\sigma_{min} \quad (\sigma_{max} = 0)$$

静应力也可看作交变应力的特例，这时应力无变化，属于非对称循环。有

$$r = 1, \quad \sigma_a = 0, \quad \sigma_m = \sigma_{max} = \sigma_{min}$$

12.3.2 疲劳极限

交变应力作用下，疲劳失效往往在应力低于强度极限甚至屈服极限时就发生，因此静载测试得到的一些极限指标对交变应力情况已不适用，疲劳强度的评价需要重新建立。疲劳实验表明，特定的循环特征 r 下材料经过一定的循环次数，才可能发生疲劳失效。疲劳失效前，试件所经历的循环次数 N 称为**疲劳寿命**。交变应力的最大应力值越大，循环次数（疲劳寿命）N 就越小；反之，降低最大应力值，则 N 就会增大。以最大应力为纵坐标，疲劳寿命 N 为横坐标，根据试验结果得到的曲线，称为应力-寿命曲线或 S-N 曲线（图 12.18）。从图中可以看出，当最大应力降低到某一临界值时，S-N 曲线趋于水平，表明只要交变应力中最大应力不超过这一临界值，疲劳寿命就无限长，试件可经历无数次循环而不疲劳失效。这一最大应力的临界值称为材料在该循环特征 r 下的**疲劳极限**或**持久极限**，用循环特征 r 为下标来表示。如交变应力为对称循环，疲劳极限表示为 σ_{-1}；若为脉动循环，疲劳极限表示为 σ_0。

对钢制试件的疲劳试验表明，对称循环的交变应力作用下，循环次数 N 达到 10^7 次时曲线接近水平。因此，对于钢材，一般规定次数达到 $N_0 = 10^7$ 试件尚未断裂时所对应的最大应力作为钢材的疲劳极限。N_0 称为循环基数。对于某些有色金属或合金，S-N 曲线无明显的水平趋势，一般取 $N_0 = 10^8$，它对应的最大应力来作为这类材料的名义疲劳极限或条件疲劳极限。

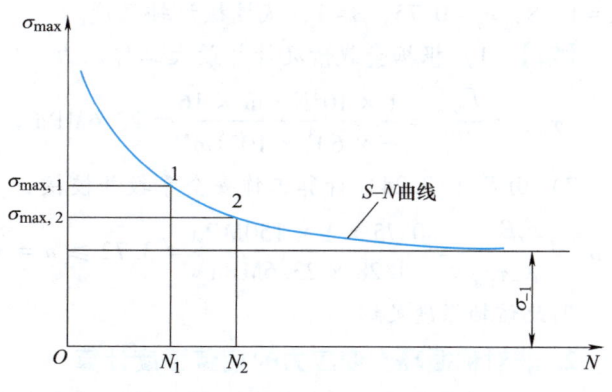

图 12.18　S-N 曲线

12.3.3　疲劳强度计算

1. 对称循环交变应力的疲劳强度计算

本章仅讨论应力幅不变的常辐交变应力。材料的疲劳极限 σ_{-1} 是用光滑小尺寸试件测得的，实践表明，构件的疲劳极限不仅与材料有关，还与构件的外形（应力集中程度）、尺寸大小及表面加工质量等因素有关。承受对称循环交变应力的构件疲劳极限，在考虑上述因素的影响后，修正为

$$\sigma_{-1}^0 = \frac{\varepsilon_\sigma \beta}{K_\sigma} \sigma_{-1} \tag{12.22}$$

式中，K_σ 为有效应力集中系数，反映了构件外形突然变化处应力集中对构件疲劳极限的影响；ε_σ 为尺寸系数，反映了构件尺寸对疲劳极限的影响；β 为表面质量系数，反映了构件表面质量（如不同的加工工艺磨削、车削、粗车等，或不同的强化工艺淬火、渗碳、喷丸等）对疲劳极限的影响。这些影响系数可查阅相关工程设计手册或有关教材。对于交变应力为切应力的扭转疲劳等，只需把上式中的 σ 改为 τ，下同。

若规定疲劳安全系数为 n，则构件在对称循环下的许用应力为

$$[\sigma_{-1}] = \frac{\sigma_{-1}^0}{n}$$

于是构件的疲劳强度条件为

$$\sigma_{\max} \leqslant [\sigma_{-1}] = \frac{\sigma_{-1}^0}{n} \tag{12.23}$$

式中，$\sigma_{\max}$ 为构件工作的最大应力大小。对式（12.23）做变换，引入工作安全系数 $n_\sigma = \dfrac{\sigma_{-1}^0}{\sigma_{\max}}$，则得到强度条件的另一种表达形式

$$n_\sigma = \frac{\sigma_{-1}}{\dfrac{K_\sigma}{\varepsilon_\sigma \beta} \sigma_{\max}} \geqslant n \tag{12.24}$$

【**例 12.6**】　图 12.19 所示阶梯形圆轴，受 $\pm 1\text{kN} \cdot \text{m}$ 对称循环的扭矩作用，材料为 45 号钢，$\tau_{-1} = 150\text{MPa}$，疲劳安全系数 $n = 3$。若对应于其构件情况和工作环境的影响系数分别取

$K_\tau = 1.28$,$\varepsilon_\tau = 0.75$,$\beta = 1$,试校核该轴强度。

【解】 1) 根据受载情况计算最大工作应力。

$$\tau_{\max} = \frac{T_{\max}}{W_t} = \frac{1 \times 10^3 \text{N} \cdot \text{m} \times 16}{\pi \times 60^3 \times 10^{-9} \text{m}^3} = 23.6 \text{MPa}$$

2) 由式（12.24）计算工作安全系数并校核。

$$n_\tau = \frac{\varepsilon_\tau \beta \tau_{-1}}{K_\tau \tau_{\max}} = \frac{0.75 \times 1 \times 150 \text{MPa}}{1.28 \times 23.6 \text{MPa}} = 3.72 \geqslant n = 3$$

因此该轴强度足够。

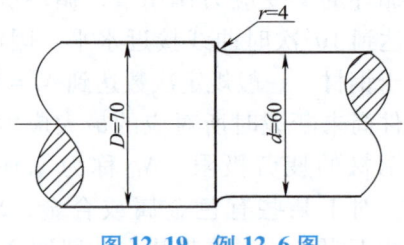

图 12.19　例 12.6 图

2. 非对称循环交变应力的疲劳强度计算

对于非对称循环交变应力作用的构件，工作安全系数及疲劳强度条件为

$$n_\sigma = \frac{\sigma_{-1}}{\dfrac{K_\sigma}{\varepsilon_\sigma \beta}\sigma_a + \psi\sigma_m} \geqslant n \tag{12.25}$$

式中，ψ 称为材料对应力循环非对称性的敏感系数，对于拉压或弯曲，用 ψ_σ 表示，碳钢取 0.1~0.2，合金钢取 0.2~0.3，对于扭转，用 ψ_τ 表示，碳钢取 0.05~0.1，合金钢取 0.1~0.15；σ_m 为平均应力，以大小代入。

一般地说，对于 $r > 0$ 的情况，构件在疲劳失效之前已发生塑性变形，此时应补充静强度校核：

$$n_\sigma = \frac{\sigma_s}{\sigma_{\max}} \geqslant n_{st} \tag{12.26}$$

式中，σ_s 为材料屈服极限，n_{st} 为规定的静载安全系数。

【例 12.7】 某柴油机活塞杆，直径 $d = 60 \text{mm}$。气缸点火时，活塞杆受轴向压力 520kN，吸气时受轴向拉力 120kN。材料在对称循环下的疲劳极限 $\sigma_{-1} = 290 \text{MPa}$，$\psi_\sigma = 0.3$，影响系数 $K_\sigma = 1$，$\varepsilon_\sigma = 1$，$\beta = 1.095$。试求此杆的工作安全系数。

【解】 1) 计算活塞杆应力循环的相关参数。

最大正应力

$$\sigma_{\max} = \frac{120 \times 10^3 \text{N} \times 4}{\pi \times 6^2 \times 10^{-4} \text{m}^2} = 42.5 \text{MPa}$$

最小正应力

$$\sigma_{\min} = \frac{-520 \times 10^3 \text{N} \times 4}{\pi \times 6^2 \times 10^{-4} \text{m}^2} = -184 \text{MPa}$$

平均应力

$$\sigma_m = \frac{1}{2}[42.5 + (-184)] \text{MPa} = -70.8 \text{MPa}$$

应力幅

$$\sigma_a = \frac{1}{2}[42.5 - (-184)] \text{MPa} = 113.2 \text{MPa}$$

2) 计算工作安全系数。

$$n_\sigma = \frac{\sigma_{-1}}{\dfrac{K_\sigma}{\varepsilon_\sigma \beta}\sigma_a + \psi_\sigma \sigma_m} = \frac{290 \times 10^6 \text{Pa}}{\dfrac{1}{1 \times 1.095} \times 113.2 \times 10^6 \text{Pa} + 0.3 \times 70.8 \times 10^6 \text{Pa}} = 2.25$$

12.3.4 提高构件疲劳强度的措施

疲劳裂纹的形成主要发生在构件应力集中部位和表面。为了提高构件的疲劳强度,关键在于如何消除或缓解应力集中及提高表面质量。

(1) 减缓应力集中 设计构件外形时,尽量避免出现带有尖角的孔或槽,构件截面尺寸突变处尽量采用较大的圆角过渡。例如,图 12.20 中阶梯形轴的大圆角过渡,或不易加大过渡圆角的地方在较大直径的轴上开减荷槽(图 12.20b)或退刀槽(图 12.20c)。

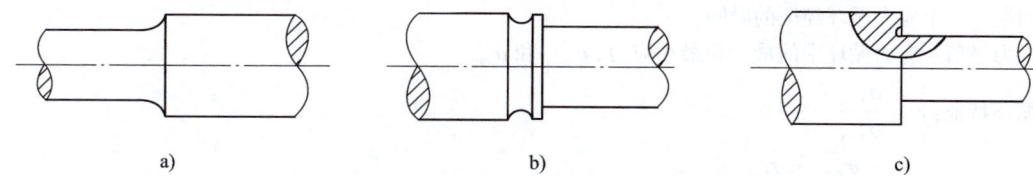

a)　　　　　　　　　　　　b)　　　　　　　　　　　　c)

图 12.20　常见的一些减缓应力集中方式

(2) 提高表面光滑度 构件表面的应力一般比较大,疲劳裂纹往往在表面形成。表面加工要达到足够的光滑度,尤其对于高强度材料,它们对应力集中更为敏感,更需要提高表面光滑度。同时使用中要防止机械损伤(如刻痕、钢印记号等)和化学损伤。

(3) 提高表面强度 为了强化构件表面的强度,工程中常采用热处理(高频淬火)、化学处理(渗碳、氮化等)和物理处理(滚压、喷丸等)等工艺,以提高疲劳强度。

总结与讨论

1. 基本要求
1) 掌握匀加速直线运动和匀速转动构件的应力和强度计算。
2) 会用能量原理推导冲击应力,熟练掌握简单结构受冲击时的动应力和动变形计算。
3) 了解疲劳失效的机理和特点,掌握交变应力的基本概念和计算。
4) 明确材料疲劳极限的概念,了解影响构件疲劳极限的主要因素。
5) 掌握交变应力作用下构件的疲劳强度计算。

2. 知识点
(1) 静荷载和动荷载
(2) 动荷系数 K_d

$$\Delta_d = K_d \Delta_{st}, \quad F_d = K_d F_{st}, \quad \sigma_d = K_d \sigma_{st}$$

(3) 匀加速直线运动和匀速转动构件 动静法求解。
(4) 冲击
1) 计算原理:能量守恒规律 $T + V = V_\varepsilon$。
2) 冲击动荷系数。
① 竖直冲击:

以速度 v 冲击

$$K_d = 1 + \sqrt{1 + \frac{v^2}{g\Delta_{st}}}$$

自由落体冲击

$$K_d = 1 + \sqrt{1 + \frac{2H}{\Delta_{st}}}$$

突加荷载 $\quad K_d = 2$

②水平冲击： $\quad K_d = \sqrt{\dfrac{v^2}{g\Delta_{st}}}$

3) 提高构件抵抗冲击能力的措施。

(5) 交变应力

1) 概念：构件内一点处的应力随时间做周期性变化。

2) 基本参数。

一个应力循环：应力交变过程中，从某一应力值开始又回到该应力的过程。

周期：一个应力循环经历的时间。

应力极值：应力循环中的最大和最小应力，σ_{max} 和 σ_{min}。

循环特征：$r = \dfrac{\sigma_{min}}{\sigma_{max}}$

平均应力：$\sigma_m = \dfrac{\sigma_{max} + \sigma_{min}}{2}$

应力幅：$\sigma_a = \dfrac{\sigma_{max} - \sigma_{min}}{2}$

3) 交变应力分类。

对称循环：最大应力和最小应力的大小相等而正负相反。

$$r = -1, \quad \sigma_m = 0, \quad \sigma_a = \sigma_{max} = -\sigma_{min}$$

非对称循环：最大应力和最小应力的大小不相等。凡不是对称循环的均为非对称循环。

两种特例：脉动循环（$r = 0$ 或 $r = -\infty$）和静应力（$r = 1$）。

(6) 疲劳极限

疲劳寿命：疲劳失效前试件所经历的循环次数 N。

疲劳极限：材料经历无数次循环而不疲劳失效，交变应力中的最大应力值，记作 σ_r。

(7) 疲劳强度

对称循环交变应力的疲劳强度条件：$n_\sigma = \dfrac{\sigma_{-1}}{\dfrac{K_\sigma}{\varepsilon_\sigma \beta}\sigma_{max}} \geq n$

非对称循环交变应力的疲劳强度条件：$n_\sigma = \dfrac{\sigma_{-1}}{\dfrac{K_\sigma}{\varepsilon_\sigma \beta}\sigma_a + \psi_\sigma \sigma_m} \geq n$

3. 常见问题

(1) 动荷系数　动荷系数是由动荷载引起的构件效应（应力、变形等）与相应的静荷载下的构件效应的比值，与动荷载的作用方式或构件的运动方式有关。掌握某一特定条件下的动荷系数，将给计算动应力（或动变形等）带来方便。但也要注意，对具体问题还需以基本原理和方法（动静法、能量守恒）进行分析计算，不宜强记动荷系数。

(2) 疲劳强度计算　主要解决两类问题——疲劳强度校核和许可荷载的确定。关于截面尺寸设计，则因为尺寸未知，尺寸系数 ε 无法确定，进而疲劳极限不能确定，所以不能根据疲劳强度条件设计截面尺寸。一般先根据静荷载下的强度条件，确定构件的初步尺寸，再根据所得到的尺寸进行疲劳强度校核，并反复对设计尺寸进行修正，直到满足疲劳强度要求。

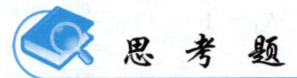

思 考 题

12.1　图 12.21 所示的匀速前进机车车轮，分析铰链于 AB 两点的平行杆 AB 受到的惯性力。

12.2 图 12.22 所示重物 Q 自由落体冲击于梁 AB 的 $l/3$ 处，若求梁跨中 C 的动应力，问动荷系数中的 Δ_{st} 应取哪一点的静挠度？

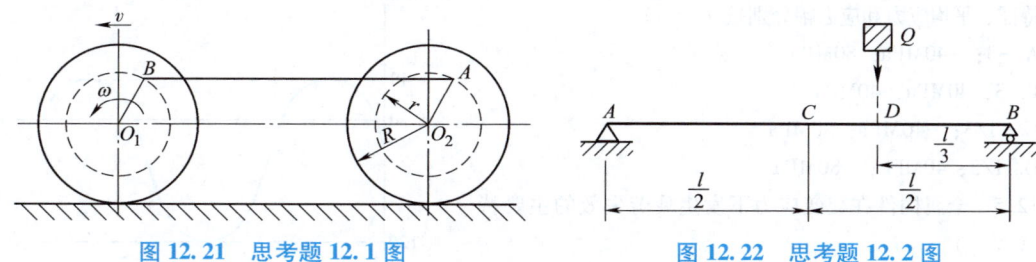

图 12.21　思考题 12.1 图　　　　　图 12.22　思考题 12.2 图

12.3 动荷系数 $K_d = 1 + \sqrt{1 + \dfrac{2H}{\Delta_{st}}}$ 适用于什么情况？式中的两个"1"的物理意义是什么？

12.4 什么是交变应力？列举一些在工程实际中构件受到交变应力的实例。

12.5 交变应力的最大应力与疲劳极限的异同是什么？材料的疲劳极限与构件的疲劳极限的异同是什么？静载下的许用应力与交变应力下的许用应力的异同是什么？

12.6 影响构件疲劳极限的主要因素有哪些？一种材料的疲劳极限是否只有一个值？为什么？

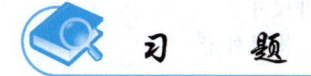

一、判断题

12.1 动荷系数总是大于 1。　　　　　　　　　　　　　　　　　　　　　　　　　　（　　）

12.2 动荷载作用下，构件内的动应力与构件材料的弹性模量有关。　　　　　　　　　（　　）

12.3 突加荷载作用于构件上引起的动应力，等于相应静荷载所引起应力的 2 倍。　　（　　）

12.4 标准试件经无数次应力循环而不发生疲劳失效的平均应力值，称为材料的疲劳极限。（　　）

12.5 塑性材料在疲劳失效时发生脆断，说明材料的性能在交变应力作用下由塑性变为脆性。（　　）

12.6 提高疲劳强度关键是减缓应力集中和提高构件表面质量。　　　　　　　　　　　（　　）

二、单项选择题

12.1 在用能量法计算冲击应力问题时，以下假设中（　　）是不必要的。
A. 冲击物的变形很小，可将其视为刚体
B. 被冲击物的质量可以忽略，变形是线弹性的
C. 冲击过程中只有动能、势能和应变能的变化，无其他能量损失
D. 被冲击物只能是杆件

12.2 在冲击应力和变形计算的能量法中，因为不计被冲击物的质量，所以计算结果与实际相比（　　）。
A. 冲击应力偏大，冲击变形偏小　　　B. 冲击应力偏小，冲击变形偏大
C. 冲击应力和冲击变形均偏大　　　　D. 冲击应力和冲击变形均偏小

12.3 比较图 12.23 所示两根梁受自由落体冲击作用的动荷系数大小，（　　）。

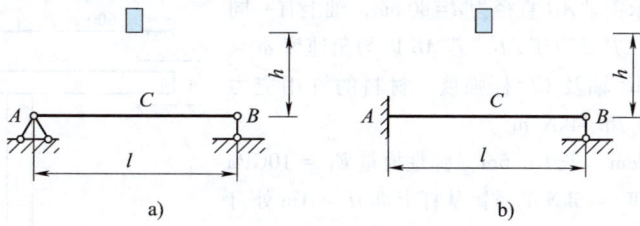

图 12.23　单项选择题 12.3 图

A. a 大   B. b 大   C. 一样大   D. 无法确定

12.4 交变应力的应力-时间曲线如图 12.24 所示，下列循环特征、平均应力和应力幅分别是（　　）。

A. -3；-40MPa；80MPa

B. 3；40MPa；40MPa

C. -1/3；-40MPa；80MPa

D. 1/3；40MPa；-80MPa

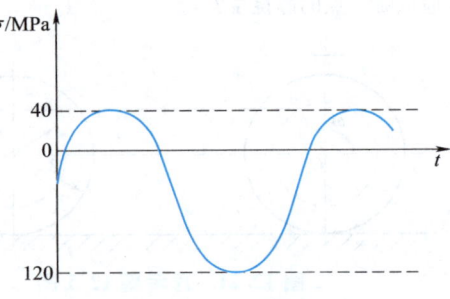

图 12.24   单项选择题 12.4 图

12.5 金属构件在交变应力下发生疲劳失效的主要特征是（　　）。

A. 有明显的塑性变形，断口表面分为光滑区和粗粒状区

B. 有明显的塑性变形，断口表面呈光滑状

C. 无明显的塑性变形，断口表面分为光滑区和粗粒状区

D. 无明显的塑性变形，断口表面呈粗粒状

12.6 影响构件疲劳极限的主要因素是（　　）。

A. 材料的强度极限，应力集中，表面质量

B. 材料的塑性指标，应力集中，构件尺寸

C. 交变应力的循环特征，构件尺寸，构件外形

D. 应力集中，构件尺寸，表面质量

12.7 图 12.25 所示的高速旋转钢轴在（　　）打钢印为宜。

A. AB 段   B. BC 段

C. CD 段   D. 都可以

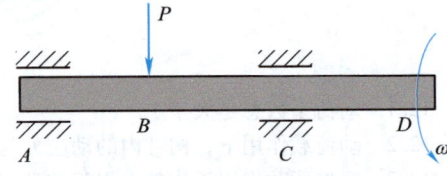

图 12.25   单项选择题 12.7 图

三、计算题

12.1 用两根平行竖直钢索，以匀加速度 $a = 9.8\text{m/s}^2$ 提升图 12.26 所示 32c 型号的工字钢梁，求梁的最大动应力。

12.2 自重为 Q 的匀质杆以角速度 ω 绕定轴转动，如图 12.27 所示。杆端固定有一自重为 W 的小球。若杆的长度为 l，横截面面积为 A，求杆的伸长量。

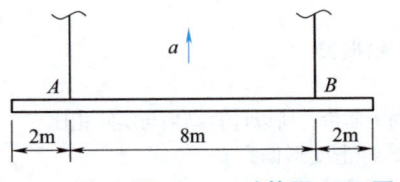

图 12.26   计算题 12.1 图

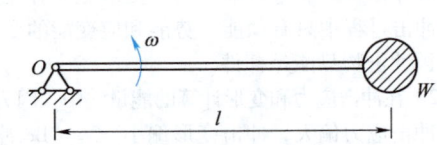

图 12.27   计算题 12.2 图

12.3 图 12.28 所示钢轴 AB 直径为 $d = 80\text{mm}$，轴上有一同样直径的钢制圆杆 CD，CD 垂直于 AB。若 AB 以匀角速度 $\omega = 40\text{rad/s}$ 转动，试校核 AB 轴及 CD 杆强度。材料的许用应力 $[\sigma] = 70\text{MPa}$，重度 $\gamma = 76.44\text{kN/m}^3$。

12.4 直径 $d_1 = 30\text{cm}$、长 $l = 6\text{m}$、弹性模量 $E_1 = 10\text{GPa}$ 的两根相同木杆。自重 $W = 5\text{kN}$ 的重锤从杆上部 $H = 1\text{m}$ 处自由落下，如图 12.29 所示。其中杆 b 顶端放一直径 $d = 15\text{cm}$、厚 $h = 20\text{mm}$、弹性模量 $E_2 = 8\text{GPa}$ 的橡胶垫，试分别计算二

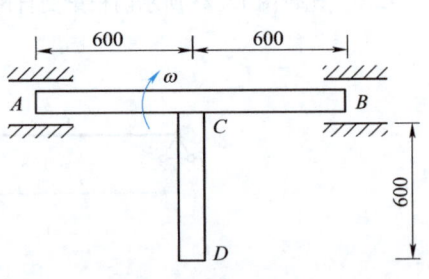

图 12.28   计算题 12.3 图

杆的应力。

12.5 长度为 l、横截面面积为 A 的钢杆 AB 以速度 $v = 2\text{m/s}$ 水平撞击刚性壁,如图 12.30 所示。若钢杆的密度为 $\rho = 7.95 \times 10^3 \text{kg/m}^3$,弹性模量为 $E = 210\text{GPa}$。假设钢杆撞击时产生的轴向应力 σ_x 沿杆轴线性分布,试求杆内最大的动应力。

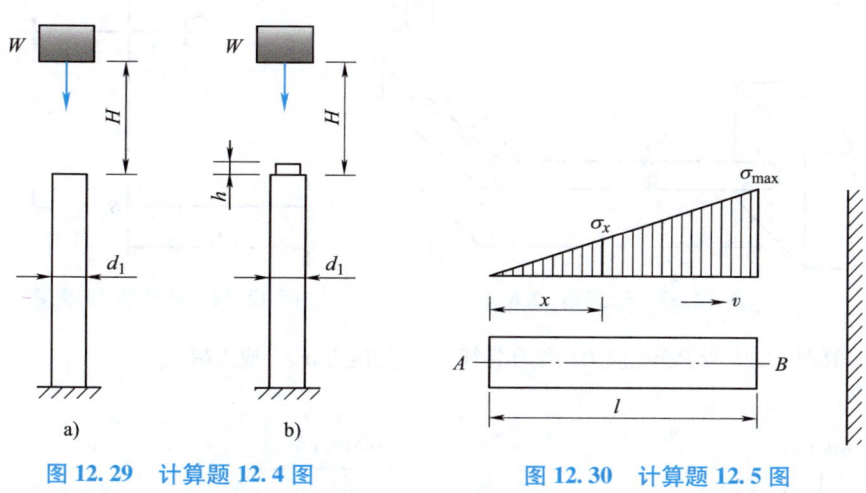

图 12.29 计算题 12.4 图   图 12.30 计算题 12.5 图

12.6 自重为 Q 的重物自高度 H 自由下落冲击于梁上的 C 点,如图 12.31 所示。设梁的 E、I 及抗弯截面系数 W 为已知。试求梁内最大正应力和跨度中点的挠度。

12.7 图 12.32 所示等截面刚架,自重为 $P = 300\text{N}$ 的物块从高度 $h = 50\text{mm}$ 处自由落下,计算刚架内的最大正应力。材料弹性模量 $E = 200\text{GPa}$,刚架质量和冲击物的变形忽略不计。

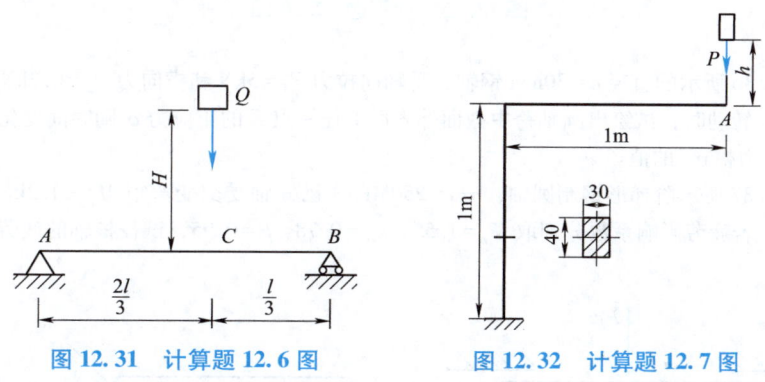

图 12.31 计算题 12.6 图   图 12.32 计算题 12.7 图

12.8 图 12.33 所示的自重为 P 重物从高度 H 处自由下落到钢制曲拐上,试按第三强度理论写出危险点的相当应力。

12.9 图 12.34 所示结构中,木杆 AB 与钢梁 BC 在端点 B 处铰接,长度 $l = 1\text{m}$,两者横截面均为边长为 $a = 0.1\text{m}$ 的正方形。D-D 为与 AB 固连的不变形圆盘。当环状重物 $G = 1.2\text{kN}$,从 $h = 1\text{cm}$ 处自由落在 D-D 圆盘上时,试求木杆各段的内力,并校核其安全。已知钢梁的弹性模量 $E_s = 200\text{GPa}$,木杆的弹性模量 $E_w = 10\text{GPa}$ 及许用应力 $[\sigma] = 6\text{MPa}$。

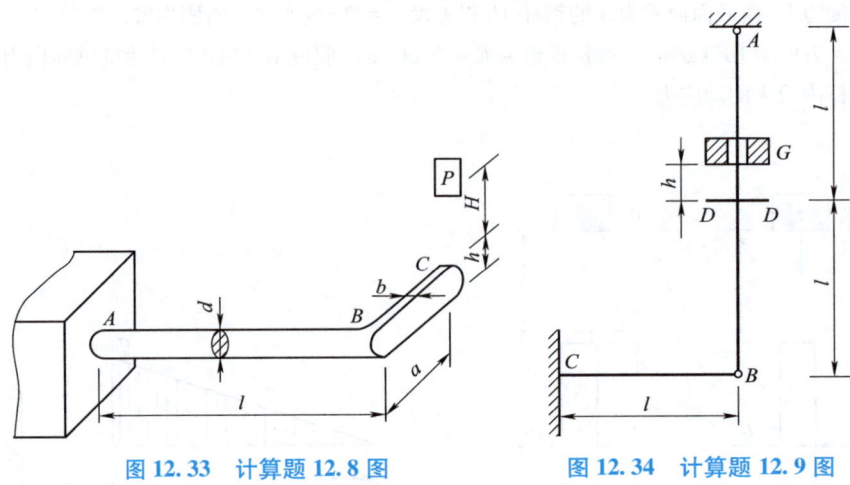

图 12.33　计算题 12.8 图　　　　图 12.34　计算题 12.9 图

12.10　计算图 12.35 所示交变应力的循环特征 r、平均应力 σ_m、应力幅 σ_a。

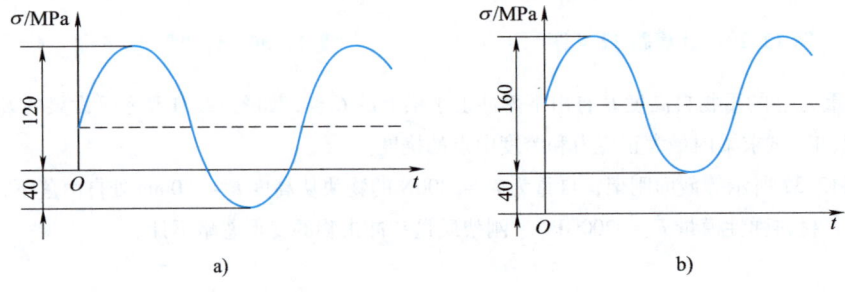

图 12.35　计算题 12.10 图

12.11　图 12.36 所示的直径 $d=30\text{mm}$ 钢轴，受轴向拉力 $P_1=5\text{kN}$ 和横向力 $P_2=0.2\text{kN}$ 的共同作用。当此轴以匀角速度 ω 转动时，试绘出圆轴跨中截面外表面上任一点 K 的正应力 σ 随时间变化的曲线，并计算其循环特征 r 和应力幅 σ_a 的值。

12.12　图 12.37 所示阶梯形钢制圆轴，$\sigma_{-1}=250\text{MPa}$。已知轴受交变弯矩 $M=\pm1.2\text{kN}\cdot\text{m}$ 作用，疲劳安全系数 $n=1.8$。若疲劳影响系数分别取 $K_\sigma=1.55$，$\varepsilon_\sigma=0.78$，$\beta=0.95$，试校核轴的疲劳强度。

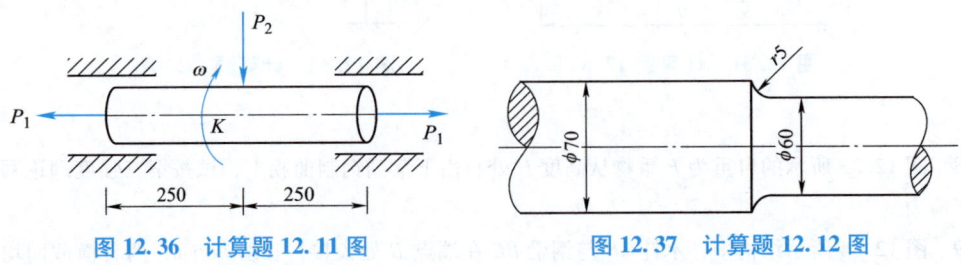

图 12.36　计算题 12.11 图　　　　图 12.37　计算题 12.12 图

12.13　图 12.38 所示重物 P 通过轴承对圆轴作用一铅垂方向的力 $P=10\text{kN}$，轴在 $\pm30°$ 范围内往复摆动。已知材料的 $\sigma_{-1}=340\text{MPa}$，$K_\sigma=1$，$\varepsilon_\sigma=0.88$，$\beta=1$，$\psi_\sigma=0.1$。试求危险截面上的点 1 和 2 的应力变化的循环特征及工作安全系数。

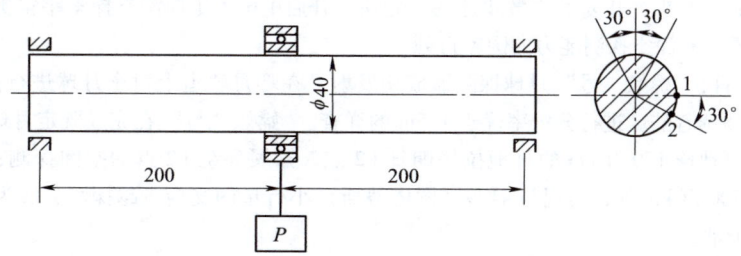

图 12.38　计算题 12.13 图

12.14　（出自 2000 年第四届周培源全国大学生力学竞赛）矩形等截面悬臂梁高 h，宽 b，长 l。自重为 Q 的重物从高 $H=\dfrac{60Ql^3}{EI}$ 处自由落下到梁自由端附着于它。梁的质量不计，E 为材料弹性模量，I 为截面惯性矩。试求：

（1）梁内最大冲击正应力 $\sigma_{d\max}$。

（2）将梁设计成两段等长的阶梯梁（两段各长 $l/2$），梁高 h 保持不变，各段梁宽度可按要求设计。在梁内最大冲击正应力不变的条件下，按最省材料原则，阶梯梁在靠自由端一段宽 b_1，靠固定端一段宽 b_2，则 b_1/b_2 等于多少？

（3）阶梯梁比等截面梁节省多少材料？

12.15　（出自 2004 年第五届周培源全国大学生力学竞赛）图 12.39 所示均质等截面直梁 AB，由高 H 处保持水平自由坠落在刚性支座 D 上，梁仍处于弹性变形阶段。设梁长为 $2l$，梁单位长自重为 q，梁抗弯刚度为 EI。试求梁的最大弯矩。

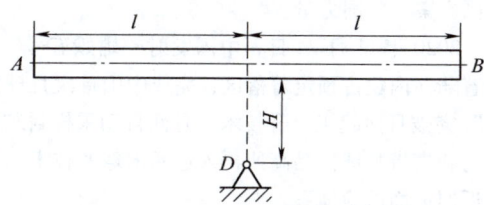

图 12.39　计算题 12.15 图

课外阅读：中国深空探测

月球及其以远的深空是继陆、海、空、近地空间之后人类活动的第五疆域。深空探测是指发射航天器至地月距离以远的宇宙空间，对地外天体或空间进行探测的航天活动。

1958 年起，人类就开始了深空探测活动，覆盖了太阳系内包括月球、行星、彗星、太阳等不同类型天体。深空探测活动取得了大量科学探测和技术成果，拓展了人类对太阳系和宇宙的认识，推动了空间技术的进步。

深空探测是人类探索宇宙奥秘和寻求永续发展的重要途径，是拓展人类生存空间、丰富人类认知的重大新兴领域。开展深空探测活动，能够极大丰富人类知识图谱，牵引带动大规模精密制造、新材料、新器件、深空超远距离通信、先进推进、空间核能、智能自主控制等高新技术的发展和应用，深刻改变人类自然观和宇宙观，有力促进人类文明持续发展。

我国自 2007 年成功发射"嫦娥一号"月球探测器以来，按期圆满完成了探月工程"绕、落、回"三步走战略目标，形成了月球探测的工程技术能力，获得了月球高分辨率图像、月球结构与演化等多项原创成果。同时，"天问一号"作为我国首次火星探测任务，一步实现火星的环绕、着陆及巡视探测。我国通过深空探测活动，建立了较为完整的深空探测科研和工程体系，为人类探索宇宙奥秘做出贡献。

2007 年 10 月 24 日，"嫦娥一号"月球探测器成功发射，获取了我国首幅月面图像和 120m 分辨率全月球立体影像图，以及大量科学探测数据，圆满完成"绕"月任务，成为我国航天发展继"东方红一号"卫星和"神舟五号"载人飞船之后的第三个里程碑。"嫦娥一号"月球探测器突破绕月探测的轨道设计、高精度高自主控制、地月距离测控通信、复杂环境热控等关键技术，总体性能达到国际先进水平。"嫦娥一号"实现中国千年奔月梦想,开创了"微波月亮"先河,开启中国人走向深空探索宇宙奥秘的时代,标志着中国已经进入世界具有深空探测能力的国家行列。

2010年10月1日,"嫦娥二号"月球探测器成功发射,在环月轨道上对全月球进行高精度立体成像,并对"嫦娥三号"预选着陆区进行分辨率优于1.5m的详查。"嫦娥二号"在完成既定月球探测任务后,于2011年8月飞抵距离地球150万km的日地拉格朗日L2点,开展环绕L2点的空间探测;又于2012年12月,飞抵距离地球700万km处,实现与4179(图塔蒂斯)小行星的交会飞越探测,成为中国第一个环绕太阳飞行的人造航天器。

2013年12月2日,"嫦娥三号"月球探测器成功发射,13天后实现月球虹湾地区精准软着陆。"嫦娥三号"月球探测器突破了月球着陆自主导航控制与悬停避障、变推力推进、着陆缓冲、月面移动、月面生存、遥操作控制等关键技术,在国际上首次实现在月面着陆探测器、月球车的多种形式的科学探测;首次采用对月测距测速和地形识别敏感器及7500N变推力发动机实现月球表面高精度软着陆;首次采用重力辅助两相流体回路技术,实现极端温度环境下的月面生存。"嫦娥三号"月球探测器首次实现中国地外天体软着陆和巡视探测,成为继美国、苏联之后第三个成功实现地外天体软着陆和巡视勘查的国家。

2018年12月8日,"嫦娥四号"月球探测器成功发射。2019年1月3日,"嫦娥四号"实现人类航天器首次在月球背面软着陆,"玉兔二号"月球车率先在月球背面刻上中国足迹。"嫦娥四号"还首次搭载德国、荷兰、沙特等多个国家的科学荷载,建立国际合作的有效机制,为人类和平利用太空,贡献中国智慧、中国方案、中国力量。

2020年11月24日,中国发射"嫦娥五号"月球探测器。2020年12月17日,"嫦娥五号"返回器成功着陆在内蒙古预定着落区,完成中国首次月球采样返回,时隔44年再次为人类带回月球样品。"嫦娥五号"突破月面起飞上升技术,月面自动采样封装技术,无人月球轨道交会对接和样品转移技术,月地转移入射和携带月球样品高速再入返回地球的技术,复杂探测器装配、集成与测试技术,建立月面无人自动采样返回地面试验体系。

2024年5月3日,中国发射"嫦娥六号"月球探测器,之后经历11个阶段53天的挑战,满载成果返回地球。嫦娥六号任务是中国航天史上迄今技术水平最高的月球探测任务,实现了"三大技术突破"和"一项世界第一",即突破了月球逆行轨道设计与控制技术、月背智能采样技术、月背起飞上升技术,实现了世界首次月球背面自动采样返回,再次创造了中国航天的世界纪录。

"天问一号"火星探测任务是中国行星探测首次任务,于2020年7月发射。2021年5月15日,"天问一号"探测器着陆于火星乌托邦平原南部预选区域,在火星上首次留下中国人的印迹。2021年5月22日,"祝融号"火星车驶下着陆平台,6月11日完成两器拍照,高起点、高质量地圆满完成中国首次火星探测任务。这是国际上首次通过一次任务完成火星环绕、着陆和巡视探测,对火星的表面形貌、土壤特性、物质成分、水冰、大气、电离层、磁场等开展科学探测;国际上首次采用基于配平翼的火星大气进入方案、在火星车上采用太阳能集热等关键技术,使中国成为世界上第二个成功着陆火星并开展巡视探测的国家,实现中国在深空探测领域的技术跨越。

总之,中国深空探测起步晚,但起点高。从无到有,取得一系列空间技术突破和空间科学成果,逐步建立起较为完备的学科体系和科研平台,具备跨越发展的基础。

附录

附录 A 平面图形的几何性质

杆件的应力和变形不仅与材料的性能、荷载的大小和方式有关，还与构件截面的几何尺寸和形状有关。如轴向拉压杆应力及变形计算时用到的截面面积 A，圆轴扭转变形计算时用到的横截面极惯性矩 I_p，以及弯曲应力和弯曲变形计算时用到的横截面惯性矩 I_z 等。这些几何量从不同角度反映了截面的几何特性，因此称它们为 平面图形的几何性质。要研究构件的承载能力和应力，就必须掌握截面几何性质的计算方法。另外，掌握截面几何性质的变化规律，就能灵活机动地为各种构件选取合理的截面形状和尺寸，充分地发挥构件各部分材料的作用，尽可能地做到"物尽其用"，合理地解决好构件的安全与经济这一对矛盾。本附录分别讨论材料力学中常用的一些反映截面图形几何性质的相关几何量。

A.1 平面图形的静矩与形心

A.1.1 静矩与形心

图 A.1 所示的任意平面几何图形，在该图形所在平面内建立图示坐标系 zOy，在坐标点 (z, y) 取一微面积 dA，则 dA 对 y 轴的面积矩 $dS_y = zdA$ 和对 z 轴的面积矩 $dS_z = ydA$，分别称为 dA 对 y 轴和对 z 轴的静矩。将上述静矩遍及整个平面图形面积 A 积分

$$S_y = \int_A zdA, \quad S_z = \int_A ydA \quad (A.1)$$

则分别定义为平面图形对 y 轴和 z 轴的 静矩。

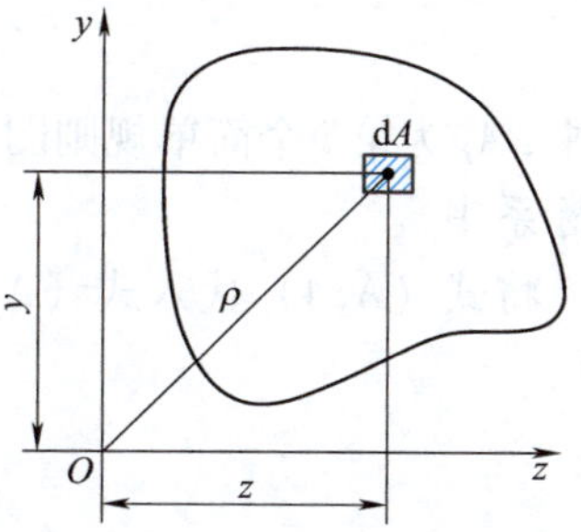

图 A.1 平面图形的静矩坐标系

从式（A.1）可见，平面图形的静矩是对一定的坐标而言的，同一平面图形对不同的坐标轴，其静矩显然不同。静矩的数值可能为正，可能为负，也可能等于零。静矩又称为图形对 y 轴和 z 轴的一次矩，其量纲为 ［长度］^{3}，常用单位是 m^3 或 mm^3。

形心 是平面图形几何形状的中心。对于等厚均质的薄板，重心的位置即形心的位置。因此，可以借助于求均质薄板重心的方法求平面图形的形心。设一均质薄板，厚度为 t，单位体积重力为 γ，zOy 平面为水平面（图 A.2）。设形心为 C，y_C、z_C 为形心坐标，根据合力矩定理，有 $\int_A z\gamma t dA = A\gamma t z_C$，$\int_A y\gamma t dA = A\gamma t y_C$，简化可得

$$z_C = \frac{\int_A z\,dA}{A} = \frac{S_y}{A}, \quad y_C = \frac{\int_A y\,dA}{A} = \frac{S_z}{A} \qquad (A.2)$$

这就是确定平面图形几何形心坐标的公式。

由式（A.2）可知，图形形心坐标与静矩之间的关系还可以改写为下列形式

$$S_y = z_C A, \quad S_z = y_C A \qquad (A.3)$$

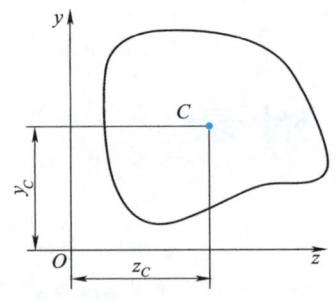

图 A.2 平面图形的形心坐标

根据式（A.1）和式（A.3）可以看出：对通过形心的坐标轴，静矩为零；反之，若平面图形对某一轴的静矩为零，则该轴必然通过图形的形心。通过平面图形形心的轴被称为形心轴。已知静矩可得形心位置，已知形心在某一坐标系中的位置可计算图形对于该坐标轴的静矩。

对于简单规则的几何图形，其形心的确定方法如下。
1) 图形具有一根对称轴，则形心在此对称轴上。
2) 图形具有两根对称轴，则形心在两对称轴的交点。
3) 三角形平面图形，其形心在三角形的三根中线的交点上，距各边相应高度的 1/3 处。

A.1.2 组合图形的静矩和形心

实际应用中，图形千变万化。对于简单规则的图形如矩形、正方形、圆形等，其形心位置可以直接判断，这些规则图形的形心位置在其几何中心。对于由简单规则的几何图形组合而成的复杂图形即组合图形，其形心位置的确定需要将该图形分解为若干简单图形。

根据式（A.1）可知，组合图形对某一轴的静矩，等于各组成部分（简单图形）对同一轴静矩的代数和，即

$$S_z = \sum_i^n A_i y_{Ci}, \quad S_y = \sum_i^n A_i z_{Ci} \qquad (A.4)$$

式中，A_i 为第 i 个简单规则图形的面积；y_{Ci}，z_{Ci} 为第 i 个简单规则图形的形心坐标（在 zOy 坐标系中）。

将式（A.4）代入式（A.3）可得组合图形的形心坐标公式

$$z_C = \frac{\sum_i^n A_i z_{Ci}}{\sum_i^n A_i}, \quad y_C = \frac{\sum_i^n A_i y_{Ci}}{\sum_i^n A_i} \qquad (A.5)$$

【例 A.1】 求图 A.3 所示半径为 R 的半圆形的静矩 S_z、S_y 及形心位置。

【解】 1) 计算半圆对 y 轴、z 轴的静矩。建立 zy 坐标系，由对称性知，$z_C = 0$，$S_y = 0$。现取平行于 z 轴的狭长条，如图 A.3 所示，其微面积

$$dA = z\,dy = 2\sqrt{R^2 - y^2}\,dy$$

所以

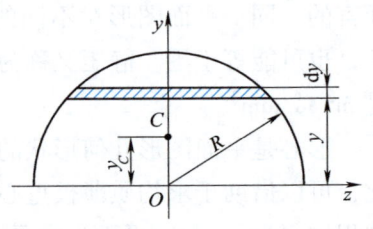

图 A.3 例 A.1 图

$$S_z = \int_A y\,dA = \int_0^R y \cdot 2\sqrt{R^2 - y^2}\,dy = \frac{2}{3}R^3$$

2)计算形心位置 y_C。由于对称性,形心必在对称轴 y 上,故有 $z_C = 0$,由式(A.3)得

$$y_C = \frac{S_z}{A} = \frac{\dfrac{2R^3}{3}}{\dfrac{\pi R^2}{2}} = \frac{4R}{3\pi}$$

【例 A.2】 试确定图 A.4a 组合图形形心位置。

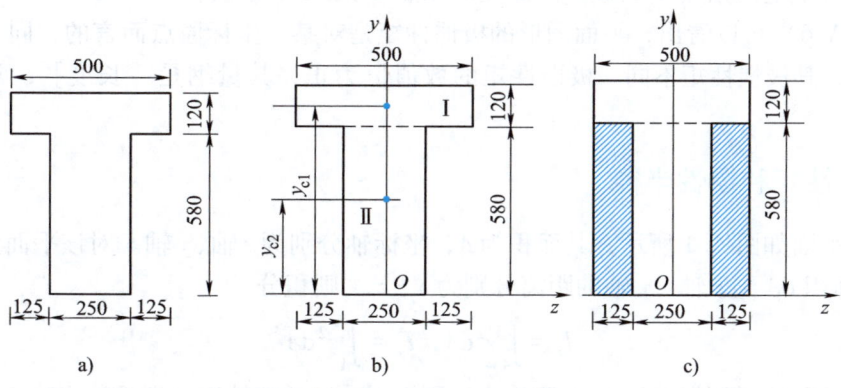

图 A.4 例 A.2 图

【解】 将 T 形截面分解为图 A.4b 所示的两个矩形 Ⅰ 和 Ⅱ。建立图示的坐标系 zOy。

1)确定各简单图形的面积及形心坐标。

矩形 Ⅰ:$A_1 = 120\text{mm} \times 500\text{mm} = 60000\text{mm}^2$,$z_{C1} = 0$,$y_{C1} = 580\text{mm} + 60\text{mm} = 640\text{mm}$

矩形 Ⅱ:$A_2 = 580\text{mm} \times 250\text{mm} = 145000\text{mm}^2$,$z_{C2} = 0$,$y_{C2} = 290\text{mm}$

2)应用式(A.5)计算组合图形的形心 C 的坐标。

$$z_C = 0,\quad y_C = \frac{A_1 y_{C1} + A_2 y_{C2}}{A_1 + A_2} = \frac{60000 \times 640 + 145000 \times 290}{60000 + 145000}\text{mm} = 392.43\text{mm}$$

以上的解法也称为<u>正面积法</u>。对于这类问题还可采用所谓的<u>负面积法</u>,即将 T 形截面看成由一个大矩形(500mm×700mm)减去两个小矩形(125mm×580mm)形成,如图 A.4c 所示,图中阴影部分为减掉的两个小矩形。计算时将被减去的两个小矩形的面积设为负值。具体计算过程如下。

大矩形:$A_1 = 500\text{mm} \times 700\text{mm} = 350000\text{mm}^2$, $z_{C1} = 0$, $y_{C1} = 350\text{mm}$

小矩形:$A_2 = -125\text{mm} \times 580\text{mm} = -72500\text{mm}^2$, $z_{C2} = 0$, $y_{C2} = 290\text{mm}$

由于 z 轴为对称轴,所以 $z_C = 0$,由式(A.5)得

$$y_C = \frac{\sum A_i y_{Ci}}{\sum A_i} = \frac{350000 \times 350 + 2 \times (-72500) \times 290}{350000 + 2 \times (-72500)}\text{mm} = 392.43\text{mm}$$

A.2　平面图形的极惯性矩、惯性矩和惯性积

A.2.1　极惯性矩

对任一平面图形如图 A.1 所示，其面积为 A，坐标轴分别为 z 轴、y 轴。在坐标点 (z, y) 取微面积 $\mathrm{d}A$，该微面积 $\mathrm{d}A$ 到坐标原点 O 的距离用 ρ 表示，定义在整个平面图形 A 上的积分

$$I_\mathrm{p} = \int_A \rho^2 \mathrm{d}A \tag{A.6}$$

I_p 称为图形对于坐标原点 O 的**极惯性矩**或对原点 O 的二次极矩。

从式 (A.6) 可以看出，平面图形的极惯性矩是对某一坐标原点而言的，同一平面图形对不同的点，其极惯性矩不同。极惯性矩的数值恒为正，其量纲是 [长度]^4，常用单位为 m^4 或 mm^4。

A.2.2　惯性矩和惯性半径

对任一平面如图 A.1 所示，其面积为 A，坐标轴分别为 z 轴、y 轴。对该平面上任一微面积 $\mathrm{d}A$，微面积 $\mathrm{d}A$ 到 z 轴、y 轴的距离分别为 y、z，则积分

$$I_z = \int_A y^2 \mathrm{d}A, \quad I_y = \int_A z^2 \mathrm{d}A \tag{A.7}$$

I_z 称为平面图形对 z 轴的**惯性矩**，I_y 称为平面图形对 y 轴的惯性矩。惯性矩也称为图形对 y 轴或对 z 轴的二次矩。

由式 (A.7) 可知，平面图形的惯性矩是对某一坐标轴而言的，同一平面图形对不同的坐标轴，其惯性矩不同。惯性矩的数值恒为正，其量纲是 [长度]^4，常用单位为 m^4 或 mm^4。

由于 $\rho^2 = y^2 + z^2$，根据平面图形二次矩的定义，可知，图形极惯性矩和惯性矩之间存在如下关系

$$I_\mathrm{p} = \int_A \rho^2 \mathrm{d}A = \int_A (y^2 + z^2) \mathrm{d}A = I_z + I_y$$

所以

$$I_\mathrm{p} = I_z + I_y \tag{A.8}$$

式 (A.8) 说明图形对任意一对正交轴的惯性矩之和恒等于它对该两轴交点的极惯性矩。

极惯性矩、惯性矩的值与截面大小、形状、原点和坐标轴的位置有关，其中 I_p、I_y、I_z 恒为正值。

在工程应用中，常将惯性矩表示成截面面积与某一长度平方的乘积，即

$$I_z = A i_z^2, \quad I_y = A i_y^2$$

或记为

$$i_z = \sqrt{\frac{I_z}{A}}, \quad i_y = \sqrt{\frac{I_y}{A}} \tag{A.9}$$

式中，i_y、i_z 分别为截面图形对 y 轴和 z 轴的惯性半径，其量纲是[长度]，常用单位为 m 或 mm。

A.2.3 惯性积

在任一截面图形中，在坐标点 (y, z) 处取微面积 $\mathrm{d}A$，微面积 $\mathrm{d}A$ 到 y 轴、z 轴的距离分别为 z、y，则积分

$$I_{zy} = \int_A zy\,\mathrm{d}A \tag{A.10}$$

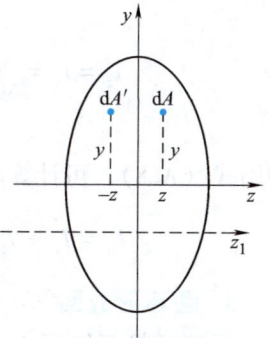

图 A.5 有对称轴的平面图形极惯性矩的计算

I_{zy} 称为平面图形对于相互垂直的一对坐标轴 z、y 的惯性积。由式（A.10）可知，惯性积是对相互垂直的一对坐标轴而言的，图形相对于坐标轴的位置不同则惯性积的值不同。惯性积可正、可负，也可为零。其量纲是[长度]^4，常用单位为 m^4 或 mm^4。如图 A.5 所示，当坐标轴 y、z 中任意一根为对称轴时，$I_{zy} = 0$。

A.2.4 常见截面图形的惯性矩、惯性半径和极惯性矩

1. 矩形截面

矩形截面的尺寸为 b、h，y 轴、z 轴分别为矩形的对称轴。取平行于 y 轴的狭长带，该微元带的高度为 $\mathrm{d}y$，如图 A.6 所示，则其微面积 $\mathrm{d}A = b\mathrm{d}y$。

矩形截面对 z 轴的惯性矩为

$$I_z = \int_A y^2 \mathrm{d}A = \int_{-\frac{h}{2}}^{+\frac{h}{2}} y^2 b\,\mathrm{d}y = \frac{bh^3}{12}$$

同理，对 y 轴的惯性矩为

$$I_y = \int_A z^2 \mathrm{d}A = \int_{-\frac{b}{2}}^{+\frac{b}{2}} z^2 h\,\mathrm{d}z = \frac{hb^3}{12}$$

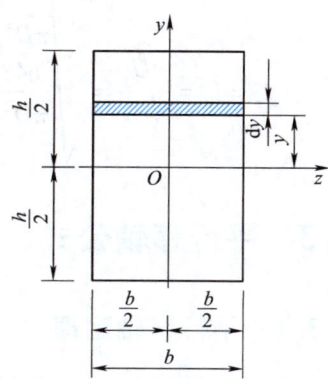

图 A.6 矩形截面惯性矩的计算

按式（A.9）可计算矩形截面对 z 轴和 y 轴的惯性半径分别为

$$i_z = \sqrt{\frac{I_z}{A}} = \frac{h}{\sqrt{12}}, \quad i_y = \sqrt{\frac{I_y}{A}} = \frac{b}{\sqrt{12}}$$

2. 圆形截面

图 A.7 所示圆形截面，其直径为 d，y 轴、z 轴分别为其对称轴，取微面积 $\mathrm{d}A = \rho\mathrm{d}\varphi\mathrm{d}\rho$，$z^2 = \rho^2 \sin^2\varphi$，则圆形截面对 y 轴的惯性矩 I_y 为

$$I_y = \int_A z^2 \mathrm{d}A = \int_0^{d/2} \rho^3 \mathrm{d}\rho \int_0^{2\pi} \sin^2\varphi\,\mathrm{d}\varphi = \frac{\pi d^4}{64}$$

根据圆截面的轴对称性，可得对 z 轴的惯性矩 I_z 为

$$I_z = I_y = \frac{\pi d^4}{64}$$

惯性半径为

$$i_z = i_y = \sqrt{\frac{I_y}{A}} = \sqrt{\frac{\frac{\pi d^4}{64}}{\frac{\pi d^2}{4}}} = \frac{d}{4}$$

利用式（A.8），可计算圆截面对圆心的极惯性矩 I_p 为

$$I_p = I_y + I_z = 2I_y = 2I_z = \frac{\pi d^4}{32}$$

3. 圆环形截面

圆环形截面如图 A.8 所示，其外直径为 D，内直径为 d，y 轴、z 轴分别为其对称轴，由积分的几何意义，可得圆环形截面的惯性矩为

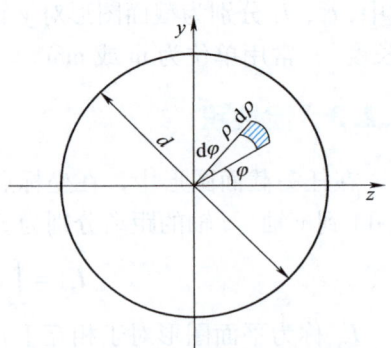

图 A.7 圆形截面惯性矩的计算

$$I_z = I_y = \frac{\pi}{64}(D^4 - d^4) = \frac{\pi D^4}{64}(1 - \alpha^4)$$

其中，$\alpha = \dfrac{d}{D}$。

惯性半径为

$$i_z = i_y = \sqrt{\frac{I_y}{A}} = \sqrt{\frac{\frac{\pi D^4}{64}(1-\alpha^4)}{\frac{\pi D^2(1-\alpha^2)}{4}}} = \frac{D}{4}\sqrt{1+\alpha^2}$$

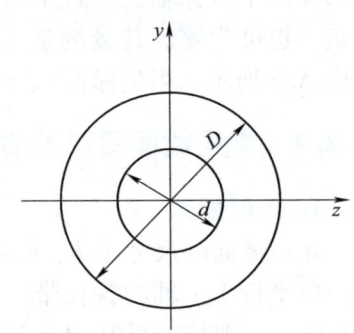

图 A.8 圆环形截面惯性矩

A.3 平行移轴公式、组合平面图形的惯性矩和惯性积

A.3.1 平行移轴定理

同一平面图形对于不同的坐标轴的惯性矩和惯性积不相同。图 A.9 所示任意平面图形，C 为其形心，z_C 轴、y_C 轴为一对相互垂直的形心轴，z 轴、y 轴与 z_C 轴、y_C 轴分别平行，且两平行轴之间的间距分别为 b、a。

在图形上任取一微面积 dA，在 $z_C C y_C$ 坐标系中的坐标为 (z_C, y_C)，由图可知有如下关系

$$z = z_C + a, \quad y = y_C + b$$

根据惯性矩的定义，图形对 z 轴的惯性矩为

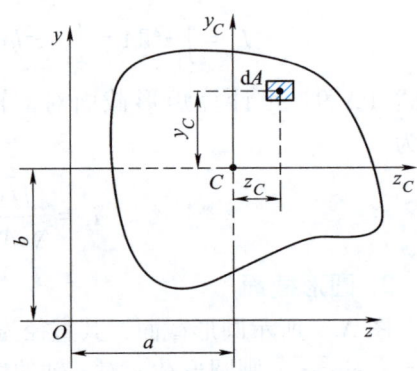

图 A.9 平行移轴公式的定义

$$I_z = \int_A y^2 dA = \int_A (y_C + b)^2 dA = \int_A y_C^2 dA + \int_A 2 b y_C dA + \int_A b^2 dA$$

由于 z_C 是形心轴，有 $S_{z_C} = 0$，所以，$\int_A 2 b y_C dA = 2b \int_A y_C dA = 0$。另外，$\int_A y_C^2 dA$ 是图形对形心轴 z_C 的惯性矩，即 $I_{z_C} = \int_A y_C^2 dA$，于是上式可表示为

$$I_z = I_{z_C} + b^2 A \tag{a}$$

同理可得图形对 y 轴的惯性矩为

$$I_y = I_{y_C} + a^2 A \tag{b}$$

截面对 z 轴、y 轴的惯性积为

$$\begin{aligned} I_{zy} &= \int_A zy\,dA = \int_A (z_C + a)(y_C + b)\,dA \\ &= \int_A z_C y_C\,dA + a\int_A y_C\,dA + b\int_A z_C\,dA + ab\int_A dA \\ &= I_{z_C y_C} + aS_{z_C} + bS_{y_C} + abA \end{aligned}$$

式中，由于 z_C 轴、y_C 轴为形心轴，因此，$S_{z_C} = 0$，$S_{y_C} = 0$，所以有

$$I_{zy} = I_{z_C y_C} + abA \tag{c}$$

将式（a）、式（b）和式（c）归纳一起，得式（A.11），即为惯性矩、惯性积的平行移轴公式

$$I_z = I_{z_C} + b^2 A, \quad I_y = I_{y_C} + a^2 A, \quad I_{zy} = I_{z_C y_C} + abA \tag{A.11}$$

式中，a、b 为图形的形心 C 在 zOy 坐标系中的坐标，其值可正、可负、可为零；I_{z_C}、I_{y_C}、$I_{z_C y_C}$ 为图形对形心轴 y_C、z_C 的惯性矩、惯性积。

式（A.11）表明：平面图形对平行于形心轴的任意坐标轴的惯性矩等于该图形对本身形心轴的惯性矩加上这两个平行坐标轴之间距离的平方乘上图形的面积；平面图形对平行于其形心轴的任意坐标的惯性积等于该图形对本身形心轴的惯性积加上两对相互平行坐标轴之间距离乘积再乘上图形的面积。由式（A.11）可以看出，在所有相互平行的坐标轴中，平面图形对形心轴的惯性矩为最小。

A.3.2 组合图形的惯性矩和惯性积

对于复杂的组合图形可将其分解为若干规则的简单图形求其惯性矩和惯性积。根据惯性矩和惯性积的定义可知，组合图形对任一轴的惯性矩（或惯性积），等于组成组合图形的各简单图形对同一轴的惯性矩（或惯性积）之和。因此，组合图形的惯性矩和惯性积可用下面公式来计算：

$$\begin{cases} I_z = I_{z1} + I_{z2} + \cdots + I_{zn} = \sum_{i=1}^{n} I_{zi} \\ I_y = I_{y1} + I_{y2} + \cdots + I_{yn} = \sum_{i=1}^{n} I_{yi} \\ I_{zy} = (I_{zy})_1 + (I_{zy})_2 + \cdots + (I_{zy})_n = \sum_{i=1}^{n} (I_{zy})_i \end{cases} \tag{A.12}$$

【例 A.3】 求图 A.10a 所示工字形截面对其对称轴 z，y 的惯性矩 I_y 和 I_z。

【解】 将工字形截面分为图 A.10b 所示的三个矩形 Ⅰ、Ⅱ、Ⅲ，它们对其自身形心轴的惯性矩已知。其中 y 轴为矩形 Ⅰ、Ⅱ、Ⅲ 的形心轴；矩形 Ⅱ 的另一根形心轴为 z 轴，矩形 Ⅰ、Ⅲ 的另一根形心轴与 z 轴平行，根据对称性它们对 z 轴的惯性矩相同。

1) 求工字形截面对 y 轴的惯性矩 I_y。

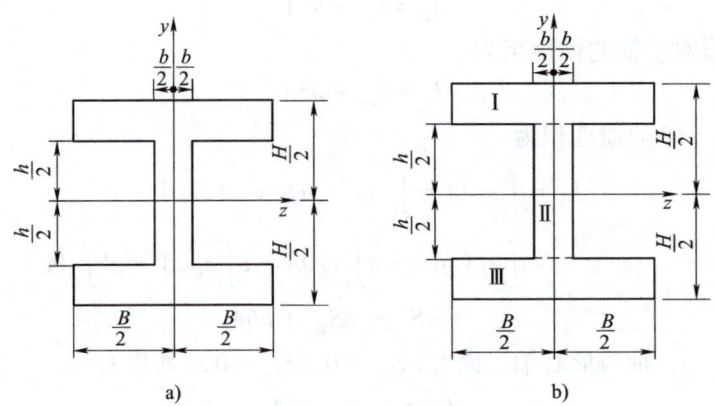

图 A.10 例 A.3 图

矩形Ⅰ和Ⅲ对 y 轴的惯性矩为

$$I_{y\text{Ⅰ}} = I_{y\text{Ⅲ}} = \frac{B^3(H-h)/2}{12}$$

矩形Ⅱ对 y 轴的惯性矩为

$$I_{y\text{Ⅱ}} = \frac{hb^3}{12}$$

由式（A.12）得工字形截面对 y 轴的惯性矩

$$I_y = I_{y\text{Ⅰ}} + I_{y\text{Ⅱ}} + I_{y\text{Ⅲ}} = \frac{B^3(H-h)/2}{12} + \frac{hb^3}{12} + \frac{B^3(H-h)/2}{12} = \frac{(H-h)B^3}{12} + \frac{hb^3}{12}$$

2）求工字形截面对 z 轴的惯性矩 I_z。先求各部分对 z 的惯性矩。根据平行移轴定理，矩形Ⅰ和Ⅲ对 z 轴的惯性矩为

$$I_{z\text{Ⅰ}} = I_{z\text{Ⅲ}} = \frac{B[(H-h)/2]^3}{12} + B\left(\frac{H-h}{2}\right)\left(\frac{h}{2} + \frac{H-h}{4}\right)^2$$

矩形Ⅱ对 z 轴的惯性矩 $I_{z\text{Ⅱ}} = \dfrac{bh^3}{12}$，则工字形截面对 z 轴的惯性矩为

$$I_z = I_{z\text{Ⅰ}} + I_{z\text{Ⅱ}} + I_{z\text{Ⅲ}} = 2\left[\frac{B[(H-h)/2]^3}{12} + B\left(\frac{H-h}{2}\right)\left(\frac{h}{2} + \frac{H-h}{4}\right)^2\right] + \frac{bh^3}{12} = \frac{BH^3}{12} - \frac{(B-b)h^3}{12}$$

该题还可采用积分法和负面积法求解，留给读者去完成。

A.4 转轴公式与主惯性轴

A.4.1 惯性矩和惯性积的转轴公式

任意平面图形如图 A.11 所示，面积为 A，对坐标轴 z、y 的惯性矩为 I_z、I_y，惯性积为 I_{zy}，当坐标轴绕坐标原点 O 旋转 α 角后的坐标轴为 z_1、y_1，图形对该坐标轴的惯性矩为 I_{z1}、I_{y1}，惯性积为 $(I_{zy})_1$，在图形上取一微面积 dA，该微面积在 zOy 和 z_1Oy_1 坐标系中的坐标分别为 (z, y) 和 (z_1, y_1)。由图可以看出新旧坐标之间满足如下关系

$$z_1 = z\cos\alpha + y\sin\alpha, \quad y_1 = y\cos\alpha - z\sin\alpha$$

将上式带入惯性矩的定义，得

$$I_{z1} = \int_A y_1^2 dA = \cos^2\alpha \int_A y^2 dA + \sin^2\alpha \int_A z^2 dA - 2\sin\alpha\cos\alpha \int_A zy dA$$
$$= I_z \cos^2\alpha + I_y \sin^2\alpha - 2I_{zy}\sin\alpha\cos\alpha$$

利用三角函数关系，上式可简化为

$$I_{z1} = \frac{I_z + I_y}{2} + \frac{I_z - I_y}{2}\cos 2\alpha - I_{zy}\sin 2\alpha \quad (A.13a)$$

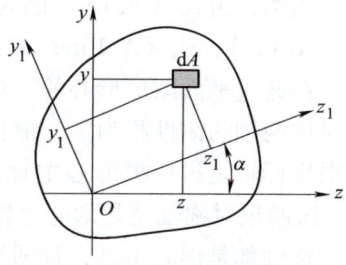

图 A.11 转轴公式定义

同理可得

$$I_{y1} = \frac{I_z + I_y}{2} - \frac{I_z - I_y}{2}\cos 2\alpha + I_{zy}\sin 2\alpha \quad (A.13b)$$

$$(I_{zy})_1 = \frac{I_z - I_y}{2}\sin 2\alpha + I_{zy}\cos 2\alpha \quad (A.13c)$$

式（A.13）即惯性矩和惯性积的转轴公式。该式表明，当坐标轴绕坐标原点转动时，图形的惯性矩、惯性积为 α 的函数。α 的符号规定为从 z 轴至 z_1 轴逆时针转为正，顺时针转为负。将式（A.13a），式（A.13b）相加可得：

$$I_{z1} + I_{y1} = I_z + I_y \quad (A.14)$$

式（A.14）表明，图形对于通过同一点的任意一对相互垂直的坐标轴的惯性矩之和为常数，并等于图形对该坐标原点的极惯性矩［见式（A.8）］。

A.4.2 主惯性轴和主惯性矩

由式（A.13）可知，当坐标轴旋转时，随着 α 的变化，惯性矩 I_{z1}、I_{y1} 和惯性积 $(I_{zy})_1$ 将随之变化，是 α 的函数。下面讨论惯性矩的极值。

通过对式（A.13a）、式（A.13c）和平面应力状态下斜截面的正应力和切应力的计算式式（8.1）、式（8.2）的对比，两者完全类似，I_z、I_y、I_{zy} 分别对应于 σ_x、σ_y、τ_{xy}，I_{z1}、$(I_{zy})_1$ 则分别对应于 σ_α、τ_α，而 I_{y1} 对应于 $\sigma_{\alpha+90°}$。因此可完全借用正应力的极值讨论结果，也就是平面图形的惯性矩取极值时，角度 α_0 满足

$$\tan 2\alpha_0 = \frac{-2I_{zy}}{I_y - I_z} \quad (A.15)$$

由上式可以求出相差 90° 的两个角度 α_0，从而确定一对相互垂直坐标轴 z_0 和 y_0。平面图形对其中一根轴的惯性矩为最大值 I_{max}，对另一根轴的惯性矩则为最小值 I_{min}，并且对这一对轴的惯性积等于零，即 $(I_{zy})_0 = 0$。这对坐标轴称为主惯性轴，简称主轴。图形对主惯性轴的惯性矩称为主惯性矩。如果主惯性轴通过形心，则称该坐标轴为形心主惯性轴，对应的主惯性矩称为形心主惯性矩。杆件截面图形的形心主惯性轴和形心主惯性矩在涉及弯曲的理论和计算中有重要意义。

仿照式（8.4），可得主惯性矩的计算公式为

$$\begin{cases} I_{max} = I_{y0} = \dfrac{I_y + I_z}{2} + \dfrac{1}{2}\sqrt{(I_y - I_z)^2 + 4I_{zy}^2} \\ I_{min} = I_{z0} = \dfrac{I_y + I_z}{2} - \dfrac{1}{2}\sqrt{(I_y - I_z)^2 + 4I_{zy}^2} \end{cases} \quad (A.16)$$

当然,由式(A.15)确定形心主惯性轴的角度 α_0 后,主惯性矩也可以直接利用式(A.13a)、式(A.13b)来计算。

在通过平面图形形心的一对坐标轴中,若其中一根轴为对称轴(如 T 形截面),那么图形对这两轴的惯性积为零,惯性矩为极值。因此平面图形的这根对称轴必然是形心主轴,另一根坐标轴是另一根形心主轴,与之垂直。对于矩形、工字形等具有两根对称轴的截面图形,这两根对称轴就是形心主轴。对于具有两根以上的对称轴,如圆形、正多边形,则任一根对称轴都是形心主轴,且图形对任一形心主轴的惯性矩都相等。

A.4.3 组合图形的形心主惯性矩的计算

在计算组合图形对其形心轴的惯性矩时,应首先确定组合图形的形心位置,然后通过形心选择一对便于计算惯性矩和惯性积的坐标轴,计算出组合图形对这对坐标轴的惯性矩和惯性积,再将计算结果代入式(A.15)确定出形心主轴的位置 α_0,然后将 α_0 代入式(A.13a)和式(A.13b)便可求出形心主惯性矩。

如果组合图形具有对称轴,那么该对称轴和与之垂直的另一根形心轴就是形心主轴。此时,只需利用平行移轴公式[式(A.11)]和组合图形惯性矩的计算公式[式(A.12)],就可计算出组合图形的形心主惯性矩。其计算步骤一般为

1)确定组合图形的形心位置(z_C, y_C),建立形心主轴,y、z 轴。
2)求得各简单规则图形对平行于形心主轴的自身形心轴的惯性矩。
3)利用平行移轴公式,计算各简单图形对组合图形形心主轴的惯性矩 I_{zi}、I_{yi}。
4)将各简单图形的 I_{zi}、I_{yi} 分别求和,就可计算出组合图形对其形心轴的惯性矩。

下面以 T 形截面为例,来说明组合图形形心主惯性矩的计算。

【例 A.4】 如图 A.12a 所示,z、y 坐标轴为 T 形截面的形心主轴,试计算该 T 形截面的形心主惯性矩 I_z 和 I_y。

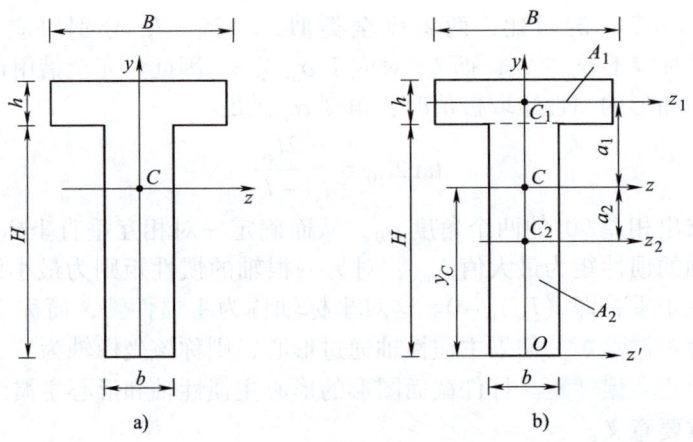

图 A.12 例 A.4 图

【解】 1)求 T 形截面的形心位置。图形左右对称,建立图 A.12b 所示的参考坐标系 $z'Oy$,易知形心坐标 $z'_C = 0$。将 T 形截面分为两个矩形 A_1 和 A_2,由式(A.5)求形心坐标 y_C 为

$$y_C = \frac{\sum_{i=1}^{n} A_i y_{Ci}}{\sum_{i=1}^{n} A_i} = \frac{A_1 y_{C1} + A_2 y_{C2}}{A_1 + A_2} = \frac{Bh(H+h/2) + bH \times H/2}{Bh + bH} \quad (a)$$

由此，形心主轴位置确定。

2) 计算该 T 形截面的形心主惯性矩 I_z。根据组合图形惯性矩的计算公式 [式 (A.12)] 得

$$I_z = I_{z1} + I_{z2} \quad (b)$$

取两矩形 A_1 和 A_2 的形心轴 z_1、z_2 与 z 轴平行，由图 A.12b 可求出 z_1、z_2 与 z 轴的距离分别为 $a_1 = H - y_C + h/2$，$a_2 = y_C - H/2$。式 (b) 中的 I_{z1}、I_{z2} 可利用平行移轴公式 [式 (A.11)] 计算，得

$$I_{z1} = \frac{Bh^3}{12} + Bh(H - y_C + h/2)^2 \quad (c)$$

$$I_{z2} = \frac{bH^3}{12} + bH(y_C - H/2)^2 \quad (d)$$

将式 (c)、式 (d) 代入式 (b) 得 T 形截面的形心主惯性矩 I_z

$$I_z = \frac{Bh^3}{12} + Bh(H - y_C + h/2)^2 + \frac{bH^3}{12} + bH(y_C - H/2)^2$$

3) 计算该 T 形截面的形心主惯性矩 I_y。由于 y 轴是 T 形截面的对称轴，同时也是 A_1 和 A_2 两个矩形的对称轴，因此根据组合图形惯性矩的计算公式 [式 (A.12)] 得

$$I_y = I_{y1} + I_{y2} = \frac{hB^3}{12} + \frac{Hb^3}{12}$$

思 考 题

A.1 静矩与形心坐标的关系是什么？怎么求解组合图形的静矩？试写出组合图形静矩的求解公式。

A.2 对同一直径为 d 的圆形截面的几何图形，其惯性矩和极惯性矩有什么关系？试写出它们的表达式。

A.3 对同一图形的不同轴而言，最小的惯性矩必定经过哪个位置？最小惯性积是否也通过上述的位置？

A.4 什么是形心主轴，什么是形心主惯性矩？

A.5 试证明：如果平面图形过一点有两对以上的主轴，则过该点的任一对正交轴都是主轴。

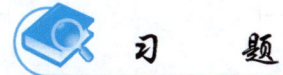

习 题

A.1 试用积分法确定图 A.13 所示平面图形的形心位置。

A.2 求图 A.14 所示阴影部分面积对 z 轴的静矩（其中 C 为图形的形心）。

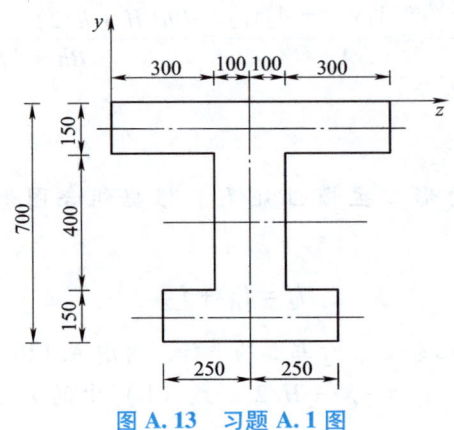

图 A.13　习题 A.1 图

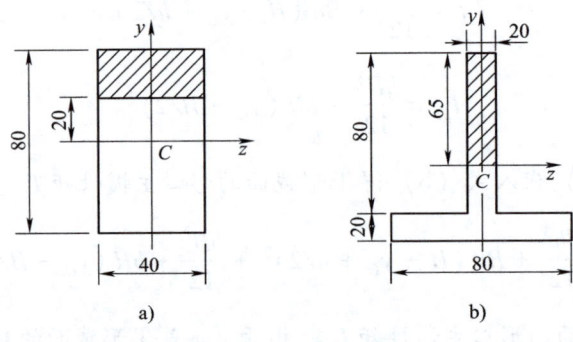

图 A.14　习题 A.2 图

A.3　求图 A.15 所示图形的形心坐标。

A.4　如图 A.16 所示，在矩形内挖去一与边内切的圆，求图形对形心的惯性矩。其中 $h = 2d$，$b = 1.5d$。

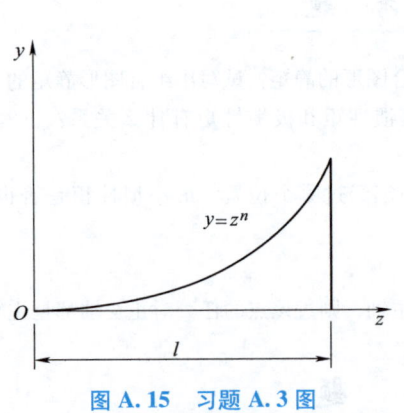

图 A.15　习题 A.3 图

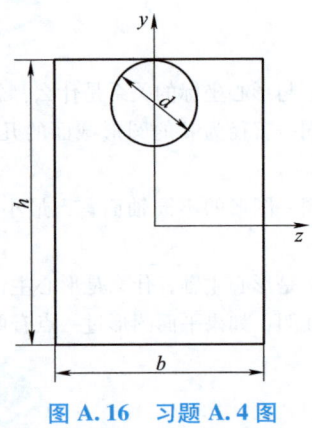

图 A.16　习题 A.4 图

A.5　求图 A.17 所示 L 形截面对过形心的坐标轴 z 的惯性矩。

A.6　求图 A.18 所示图形对对称轴 z 的惯性矩。

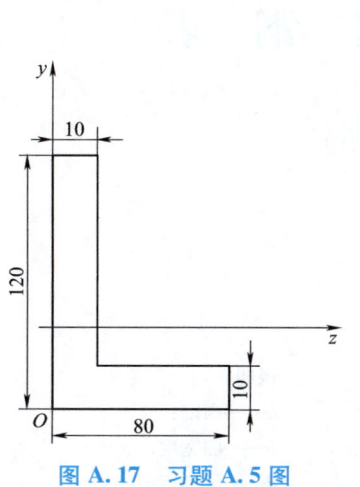
图 A.17 习题 A.5 图

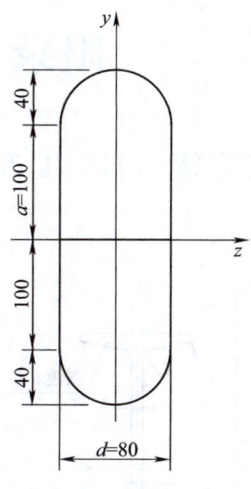
图 A.18 习题 A.6 图

A.7 用平行移轴公式求图 A.19 所示各对称图形对形心坐标轴 z_C 轴的惯性矩。

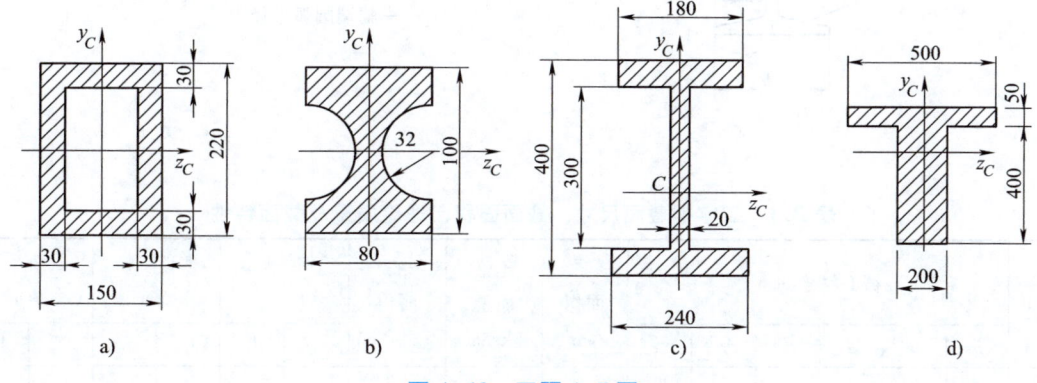

图 A.19 习题 A.7 图

A.8 求图 A.20 所示图形对其形心轴的惯性矩。

A.9 确定图 A.21 所示平面图形的形心主惯性轴的位置,并计算形心主惯性矩。

A.10 确定图 A.22 中 Z 字形图形的形心主惯性轴的位置,并计算形心主惯性矩。

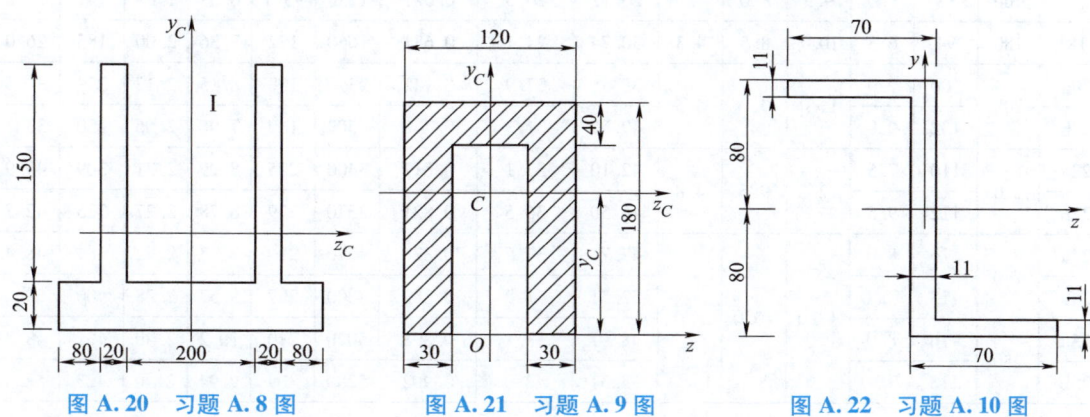

图 A.20 习题 A.8 图　　图 A.21 习题 A.9 图　　图 A.22 习题 A.10 图

附录 B 型 钢 表

B.1 热轧工字钢（GB/T 706—2016）

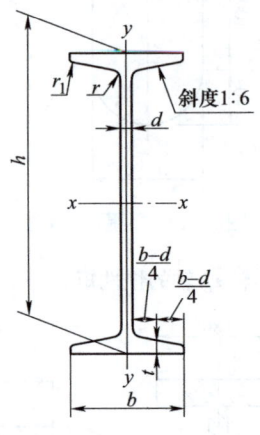

说明：
h——高度；
b——腿宽度；
d——腰厚度；
t——腿中间厚度；
r——内圆弧半径；
r_1——腿端圆弧半径。

表 B.1 工字钢截面尺寸、截面面积、理论质量及截面特性

型号	截面尺寸/mm						截面面积 /cm²	理论质量 /(kg/m)	外表面积 /(m²/m)	惯性矩 /cm⁴		惯性半径 /cm		截面系数 /cm³	
	h	b	d	t	r	r_1				I_x	I_y	i_x	i_y	W_x	W_y
10	100	68	4.5	7.6	6.5	3.3	14.33	11.3	0.432	245	33.0	4.14	1.52	49.0	9.72
12	120	74	5.0	8.4	7.0	3.5	17.80	14.0	0.493	436	46.9	4.95	1.62	72.7	12.7
12.6	126	74	5.0	8.4	7.0	3.5	18.10	14.2	0.505	488	46.9	5.20	1.61	77.5	12.7
14	140	80	5.5	9.1	7.5	3.8	21.50	16.9	0.553	712	64.4	5.76	1.73	102	16.1
16	160	88	6.0	9.9	8.0	4.0	26.11	20.5	0.621	1130	93.1	6.58	1.89	141	21.2
18	180	94	6.5	10.7	8.5	4.3	30.74	24.1	0.681	1660	122	7.36	2.00	185	26.0
20a	200	100	7.0	11.4	9.0	4.5	35.55	27.9	0.742	2370	158	8.15	2.12	237	31.5
20b	200	102	9.0	11.4	9.0	4.5	39.55	31.1	0.746	2500	169	7.96	2.06	250	33.1
22a	220	110	7.5	12.3	9.5	4.8	42.10	33.1	0.817	3400	225	8.99	2.31	309	40.9
22b	220	112	9.5	12.3	9.5	4.8	46.50	36.5	0.821	3570	239	8.78	2.27	325	42.7
24a	240	116	8.0	13.0	10.0	5.0	47.71	37.5	0.878	4570	280	9.77	2.42	381	48.4
24b	240	118	10.0	13.0	10.0	5.0	52.51	41.2	0.882	4800	297	9.57	2.38	400	50.4
25a	250	116	8.0	13.0	10.0	5.0	48.51	38.1	0.898	5020	280	10.2	2.40	402	48.3
25b	250	118	10.0	13.0	10.0	5.0	53.51	42.0	0.902	5280	309	9.94	2.40	423	52.4

(续)

型号	截面尺寸/mm						截面面积 /cm²	理论质量 /(kg/m)	外表面积 /(m²/m)	惯性矩 /cm⁴		惯性半径 /cm		截面系数 /cm³	
	h	b	d	t	r	r_1				I_x	I_y	i_x	i_y	W_x	W_y
27a	270	122	8.5	13.7	10.5	5.3	54.52	42.8	0.958	6550	345	10.9	2.51	485	56.6
27b		124	10.5				59.92	47.0	0.962	6870	366	10.7	2.47	509	58.9
28a	280	122	8.5				55.37	43.5	0.978	7110	345	11.3	2.50	508	56.6
28b		124	10.5				60.97	47.9	0.982	7480	379	11.1	2.49	534	61.2
30a	300	126	9.0	14.4	11.0	5.5	61.22	48.1	1.031	8950	400	12.1	2.55	597	63.5
30b		128	11.0				67.22	52.8	1.035	9400	422	11.8	2.50	627	65.9
30c		130	13.0				73.22	57.5	1.039	9850	445	11.6	2.46	657	68.5
32a	320	130	9.5	15.0	11.5	5.8	67.12	52.7	1.084	11100	460	12.8	2.62	692	70.8
32b		132	11.5				73.52	57.7	1.088	11600	502	12.6	2.61	726	76.0
32c		134	13.5				79.92	62.7	1.092	12200	544	12.3	2.61	760	81.2
36a	360	136	10.0	15.8	12.0	6.0	76.44	60.0	1.185	15800	552	14.4	2.69	875	81.2
36b		138	12.0				83.64	65.7	1.189	16500	582	14.1	2.64	919	84.3
36c		140	14.0				90.84	71.3	1.193	17300	612	13.8	2.60	962	87.4
40a	400	142	10.5	16.5	12.5	6.3	86.07	67.6	1.285	21700	660	15.9	2.77	1090	93.2
40b		144	12.5				94.07	73.8	1.289	22800	692	15.6	2.71	1140	96.2
40c		146	14.5				102.1	80.1	1.293	23900	727	15.2	2.65	1190	99.6
45a	450	150	11.5	18.0	13.5	6.8	102.4	80.4	1.411	32200	855	17.7	2.89	1430	114
45b		152	13.5				111.4	87.4	1.415	33800	894	17.4	2.84	1500	118
45c		154	15.5				120.4	94.5	1.419	35300	938	17.1	2.79	1570	122
50a	500	158	12.0	20.0	14.0	7.0	119.2	93.6	1.539	46500	1120	19.7	3.07	1860	142
50b		160	14.0				129.2	101	1.543	48600	1170	19.4	3.01	1940	146
50c		162	16.0				139.2	109	1.547	50600	1220	19.0	2.96	2080	151
55a	550	166	12.5	21.0	14.5	7.3	134.1	105	1.667	62900	1370	21.6	3.19	2290	164
55b		168	14.5				145.1	114	1.671	65600	1420	21.2	3.14	2390	170
55c		170	16.5				156.1	123	1.675	68400	1480	20.9	3.08	2490	175
56a	560	166	12.5				135.4	106	1.687	65600	1370	22.0	3.18	2340	165
56b		168	14.5				146.1	115	1.691	68500	1490	21.6	3.16	2450	174
56c		170	16.5				157.8	124	1.695	71400	1560	21.3	3.16	2550	183
63a	630	176	13.0	22.0	15.0	7.5	154.6	121	1.862	93900	1700	24.5	3.31	2980	193
63b		178	15.0				167.2	131	1.866	98100	1810	24.2	3.29	3160	204
63c		180	17.0				179.8	141	1.870	102000	1920	23.8	3.27	3300	214

注：表中 r、r_1 的数据用于孔型设计，不做交货条件。

B.2 热轧槽钢（GB/T 706—2016）

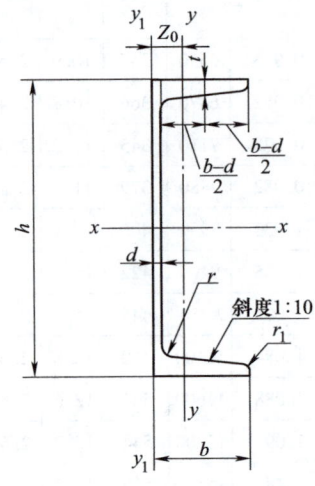

说明：
h——高度；
b——腿宽度；
d——腰厚度；
t——腿中间厚度；
r——内圆弧半径；
r_1——腿端圆弧半径；
Z_0——重心距离。

表 B.2 槽钢截面尺寸、截面面积、理论重量及截面特性

型号	截面尺寸/mm					截面面积/cm²	理论质量/(kg/m)	外表面积/(m²/m)	惯性矩/cm⁴			惯性半径/cm		截面系数/cm³		重心距离/cm
	h	b	d	t	r	r_1				I_x	I_y	I_{y1}	i_x	i_y	W_x	W_y	Z_0
5	50	37	4.5	7.0	7.0	3.5	6.925	5.44	0.226	26.0	8.30	20.9	1.94	1.10	10.4	3.55	1.35
6.3	63	40	4.8	7.5	7.5	3.8	8.446	6.63	0.262	50.8	11.9	28.4	2.45	1.19	16.1	4.50	1.36
6.5	65	40	4.3	7.5	7.5	3.8	8.292	6.51	0.267	55.2	12.0	28.3	2.54	1.19	17.0	4.59	1.38
8	80	43	5.0	8.0	8.0	4.0	10.24	8.04	0.307	101	16.6	37.4	3.15	1.27	25.3	5.79	1.43
10	100	48	5.3	8.5	8.5	4.2	12.74	10.0	0.365	198	25.6	54.9	3.95	1.41	39.7	7.80	1.52
12	120	53	5.5	9.0	9.0	4.5	15.36	12.1	0.423	346	37.4	77.7	4.75	1.56	57.7	10.2	1.62
12.6	126	53	5.5	9.0	9.0	4.5	15.69	12.3	0.435	391	38.0	77.1	4.95	1.57	62.1	10.2	1.59
14a	140	58	6.0	9.5	9.5	4.8	18.51	14.5	0.480	564	53.2	107	5.52	1.70	80.5	13.0	1.71
14b	140	60	8.0	9.5	9.5	4.8	21.31	16.7	0.484	609	61.1	121	5.35	1.69	87.1	14.1	1.67
16a	160	63	6.5	10.0	10.0	5.0	21.95	17.2	0.538	866	73.3	144	6.28	1.83	108	16.3	1.80
16b	160	65	8.5	10.0	10.0	5.0	25.15	19.8	0.542	935	83.4	161	6.10	1.82	117	17.6	1.75
18a	180	68	7.0	10.5	10.5	5.2	25.69	20.2	0.596	1270	98.6	190	7.04	1.96	141	20.0	1.88
18b	180	70	9.0	10.5	10.5	5.2	29.29	23.0	0.600	1370	111	210	6.84	1.95	152	21.5	1.84
20a	200	73	7.0	11.0	11.0	5.5	28.83	22.6	0.654	1780	128	244	7.86	2.11	178	24.2	2.01
20b	200	75	9.0	11.0	11.0	5.5	32.83	25.0	0.658	1910	144	268	7.64	2.09	191	25.9	1.95
22a	220	77	7.0	11.5	11.5	5.8	31.83	25.0	0.709	2390	158	298	8.67	2.23	218	28.2	2.10
22b	220	79	9.0	11.5	11.5	5.8	36.23	28.5	0.713	2570	176	326	8.42	2.21	234	30.1	2.03

（续）

型号	截面尺寸/mm						截面面积/cm²	理论质量/(kg/m)	外表面积/(m²/m)	惯性矩/cm⁴			惯性半径/cm		截面系数/cm³		重心距离/cm
	h	b	d	t	r	r_1				I_x	I_y	I_{y1}	i_x	i_y	W_x	W_y	Z_0
24a	240	78	7.0	12.0	12.0	6.0	34.21	26.9	0.752	3050	174	325	9.45	2.25	254	30.5	2.10
24b	240	80	9.0	12.0	12.0	6.0	39.01	30.6	0.756	3280	194	355	9.17	2.23	274	32.5	2.03
24c	240	82	11.0	12.0	12.0	6.0	43.81	34.4	0.760	3510	213	388	8.96	2.21	293	34.4	2.00
25a	250	78	7.0	12.0	12.0	6.0	34.91	27.4	0.722	3370	176	322	9.82	2.24	270	30.6	2.07
25b	250	80	9.0	12.0	12.0	6.0	39.91	31.3	0.776	3530	196	353	9.41	2.22	282	32.7	1.98
25c	250	82	11.0	12.0	12.0	6.0	44.91	35.3	0.780	3690	218	384	9.07	2.21	295	35.9	1.92
27a	270	82	7.5	12.5	12.5	6.2	39.27	30.8	0.826	4360	216	393	10.5	2.34	323	35.5	2.13
27b	270	84	9.5	12.5	12.5	6.2	44.67	35.1	0.830	4690	239	428	10.3	2.31	347	37.7	2.06
27c	270	86	11.5	12.5	12.5	6.2	50.07	39.3	0.834	5020	261	467	10.1	2.28	372	39.8	2.03
28a	280	82	7.5	12.5	12.5	6.2	40.02	31.4	0.846	4760	218	388	10.9	2.33	340	35.7	2.10
28b	280	84	9.5	12.5	12.5	6.2	45.62	35.8	0.850	5130	242	428	10.6	2.30	366	37.9	2.02
28c	280	86	11.5	12.5	12.5	6.2	51.22	40.2	0.854	5500	268	463	10.4	2.29	393	40.3	1.95
30a	300	85	7.5	13.5	13.5	6.8	43.89	34.5	0.897	6050	260	467	11.7	2.43	403	41.1	2.17
30b	300	87	9.5	13.5	13.5	6.8	49.89	39.2	0.901	6500	289	515	11.4	2.41	433	44.0	2.13
30c	300	89	11.5	13.5	13.5	6.8	55.89	43.9	0.905	6950	316	560	11.2	2.38	463	46.4	2.09
32a	320	88	8.0	14.0	14.0	7.0	48.50	38.1	0.947	7600	305	552	12.5	2.50	475	46.5	2.24
32b	320	90	10.0	14.0	14.0	7.0	54.90	43.1	0.951	8140	336	593	12.2	2.47	509	49.2	2.16
32c	320	92	12.0	14.0	14.0	7.0	61.30	48.1	0.955	8690	374	643	11.9	2.47	543	52.6	2.09
36a	360	96	9.0	16.0	16.0	8.0	60.89	47.8	1.053	11900	455	818	14.0	2.73	660	63.5	2.44
36b	360	98	11.0	16.0	16.0	8.0	68.09	53.5	1.057	12700	497	880	13.6	2.70	703	66.9	2.37
36c	360	100	13.0	16.0	16.0	8.0	75.29	59.1	1.061	13400	536	948	13.4	2.67	746	70.0	2.34
40a	400	100	10.5	18.0	18.0	9.0	75.04	58.9	1.144	17600	592	1070	15.3	2.81	879	78.8	2.49
40b	400	102	12.5	18.0	18.0	9.0	83.04	65.2	1.148	18600	640	1140	15.0	2.78	932	82.5	2.44
40c	400	104	14.5	18.0	18.0	9.0	91.04	71.5	1.152	19700	688	1220	14.7	2.75	986	86.2	2.42

注：表中 r、r_1 的数据用于孔型设计，不做交货条件。

B.3 热轧等边角钢（GB/T 706—2016）

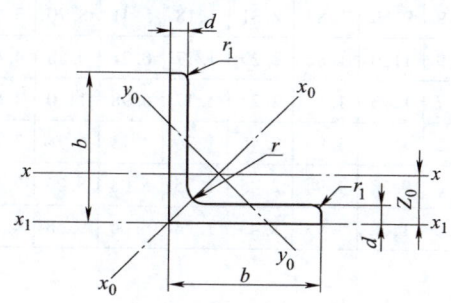

说明：
b——边宽度；
d——边厚度；
r——内圆弧半径；
r_1——边端圆弧半径；
Z_0——重心距离。

表 B.3 等边角钢截面尺寸、截面面积、理论重量及截面特性

型号	截面尺寸/mm			截面面积/cm²	理论质量/(kg/m)	外表面积/(m²/m)	惯性矩/cm⁴				惯性半径/cm			截面系数/cm³			重心距离/cm
	b	d	r				I_x	I_{x1}	I_{x0}	I_{y0}	i_x	i_{x0}	i_{y0}	W_x	W_{x0}	W_{y0}	Z_0
2	20	3	3.5	1.132	0.89	0.078	0.40	0.81	0.63	0.17	0.59	0.75	0.39	0.29	0.45	0.20	0.60
		4		1.459	1.15	0.077	0.50	1.09	0.78	0.22	0.58	0.73	0.38	0.36	0.55	0.24	0.64
2.5	25	3	3.5	1.432	1.12	0.098	0.82	1.57	1.29	0.34	0.76	0.95	0.49	0.46	0.73	0.33	0.73
		4		1.859	1.46	0.097	1.03	2.11	1.62	0.43	0.74	0.93	0.48	0.59	0.92	0.40	0.76
3.0	30	3	4.5	1.749	1.37	0.117	1.46	2.71	2.31	0.61	0.91	1.15	0.59	0.68	1.09	0.51	0.85
		4		2.276	1.79	0.117	1.84	3.63	2.92	0.77	0.90	1.13	0.58	0.87	1.37	0.62	0.89
3.6	36	3	4.5	2.109	1.66	0.141	2.58	4.68	4.09	1.07	1.11	1.39	0.71	0.99	1.61	0.76	1.00
		4		2.756	2.16	0.141	3.29	6.25	5.22	1.37	1.09	1.38	0.70	1.28	2.05	0.93	1.04
		5		3.382	2.65	0.141	3.95	7.84	6.24	1.65	1.08	1.36	0.7	1.56	2.45	1.00	1.07
4	40	3	5	2.359	1.85	0.157	3.59	6.41	5.69	1.49	1.23	1.55	0.79	1.23	2.01	0.96	1.09
		4		3.086	2.42	0.157	4.60	8.56	7.29	1.91	1.22	1.54	0.79	1.60	2.58	1.19	1.13
		5		3.792	2.98	0.156	5.53	10.7	8.76	2.30	1.21	1.52	0.78	1.96	3.10	1.39	1.17
4.5	45	3	5	2.659	2.09	0.177	5.17	9.12	8.20	2.14	1.40	1.76	0.89	1.58	2.58	1.24	1.22
		4		3.486	2.74	0.177	6.65	12.2	10.6	2.75	1.38	1.74	0.89	2.05	3.32	1.54	1.26
		5		4.292	3.37	0.176	8.04	15.2	12.7	3.33	1.37	1.72	0.88	2.51	4.00	1.81	1.30
		6		5.077	3.99	0.176	9.33	18.4	14.8	3.89	1.36	1.70	0.80	2.95	4.64	2.06	1.33
5	50	3	5.5	2.971	2.33	0.197	7.18	12.5	11.4	2.98	1.55	1.96	1.00	1.96	3.22	1.57	1.34
		4		3.897	3.06	0.197	9.26	16.7	14.7	3.82	1.54	1.94	0.99	2.56	4.16	1.96	1.38
		5		4.803	3.77	0.196	11.2	20.9	17.8	4.64	1.53	1.92	0.98	3.13	5.03	2.31	1.42
		6		5.688	4.46	0.196	13.1	25.1	20.7	5.42	1.52	1.91	0.98	3.68	5.85	2.63	1.46
5.6	56	3	6	3.343	2.62	0.221	10.2	17.6	16.1	4.24	1.75	2.20	1.13	2.48	4.08	2.02	1.48
		4		4.39	3.45	0.220	13.2	23.4	20.9	5.46	1.73	2.18	1.11	3.24	5.28	2.52	1.53
		5		5.415	4.25	0.220	16.0	29.3	25.4	6.61	1.72	2.17	1.10	3.97	6.42	2.98	1.57
		6		6.42	5.04	0.220	18.7	35.3	29.7	7.73	1.71	2.15	1.10	4.68	7.49	3.40	1.61
		7		7.404	5.81	0.219	21.2	41.2	33.6	8.82	1.69	2.13	1.09	5.36	8.49	3.80	1.64
		8		8.367	6.57	0.219	23.6	47.2	37.4	9.89	1.68	2.11	1.09	6.03	9.44	4.16	1.68
6	60	5	6.5	5.829	4.58	0.236	19.9	36.1	31.6	8.21	1.85	2.33	1.19	4.59	7.44	3.48	1.67
		6		6.914	5.43	0.235	23.4	43.3	36.9	9.60	1.83	2.31	1.18	5.41	8.70	3.98	1.70
		7		7.977	6.26	0.235	26.4	50.7	41.9	11.0	1.82	2.29	1.17	6.21	9.88	4.45	1.74
		8		9.02	7.08	0.235	29.5	58.0	46.7	12.3	1.81	2.27	1.17	6.98	11.0	4.88	1.78
6.3	63	4	7	4.978	3.91	0.248	19.0	33.4	30.2	7.89	1.96	2.46	1.26	4.13	6.78	3.29	1.70
		5		6.143	4.82	0.248	23.2	41.7	36.8	9.57	1.94	2.45	1.25	5.08	8.25	3.90	1.74
		6		7.288	5.72	0.247	27.1	50.1	43.0	11.2	1.93	2.43	1.24	6.00	9.66	4.46	1.78

（续）

型号	截面尺寸/mm			截面面积/cm²	理论质量/(kg/m)	外表面积/(m²/m)	惯性矩/cm⁴				惯性半径/cm			截面系数/cm³			重心距离/cm
	b	d	r				I_x	I_{x1}	I_{x0}	I_{y0}	i_x	i_{x0}	i_{y0}	W_x	W_{x0}	W_{y0}	Z_0
6.3	63	7	7	8.412	6.60	0.247	30.9	58.6	49.0	12.8	1.92	2.41	1.23	6.88	11.0	4.98	1.82
		8		9.515	7.47	0.247	34.5	67.1	54.6	14.3	1.90	2.40	1.23	7.75	12.3	5.47	1.85
		10		11.66	9.15	0.246	41.1	84.3	64.9	17.3	1.88	2.36	1.22	9.39	14.6	6.36	1.93
7	70	4	8	5.570	4.37	0.275	26.4	45.7	41.8	11.0	2.18	2.74	1.40	5.14	8.44	4.17	1.86
		5		6.876	5.40	0.275	32.2	57.2	51.1	13.3	2.16	2.73	1.39	6.32	10.3	4.95	1.91
		6		8.160	6.41	0.275	37.8	68.7	59.9	15.6	2.15	2.71	1.38	7.48	12.1	5.67	1.95
		7		9.424	7.40	0.275	43.1	80.3	68.4	17.8	2.14	2.69	1.38	8.59	13.8	6.34	1.99
		8		10.67	8.37	0.274	48.2	91.9	76.4	20.0	2.12	2.68	1.37	9.68	15.4	6.98	2.03
7.5	75	5	9	7.412	5.82	0.295	40.0	70.6	63.3	16.6	2.33	2.92	1.50	7.32	11.9	5.77	2.04
		6		8.797	6.91	0.294	47.0	84.6	74.4	19.5	2.31	2.90	1.49	8.64	14.0	6.67	2.07
		7		10.16	7.98	0.294	53.6	98.7	85.0	22.2	2.30	2.89	1.48	9.93	16.0	7.44	2.11
		8		11.50	9.03	0.294	60.0	113	95.1	24.9	2.28	2.88	1.47	11.2	17.9	8.19	2.15
		9		12.83	10.1	0.294	66.1	127	105	27.5	2.27	2.86	1.46	12.4	19.8	8.89	2.18
		10		14.13	11.1	0.293	72.0	142	114	30.1	2.26	2.84	1.46	13.6	21.5	9.56	2.22
8	80	5	9	7.912	6.21	0.315	48.8	85.4	77.3	20.3	2.48	3.13	1.60	8.34	13.7	6.66	2.15
		6		9.397	7.38	0.314	57.4	103	91.0	23.7	2.47	3.11	1.59	9.87	16.1	7.65	2.19
		7		10.86	8.53	0.314	65.6	120	104	27.1	2.46	3.10	1.58	11.3	18.4	8.58	2.23
		8		12.30	9.66	0.314	73.5	137	117	30.4	2.44	3.08	1.57	12.8	20.6	9.46	2.27
		9		13.73	10.8	0.314	81.1	154	129	33.6	2.43	3.06	1.56	14.3	22.7	10.3	2.31
		10		15.13	11.9	0.313	88.4	172	140	36.8	2.42	3.04	1.56	15.6	24.8	11.1	2.35
9	90	6	10	10.64	8.35	0.354	82.8	146	131	34.3	2.79	3.51	1.80	12.6	20.6	9.95	2.44
		7		12.30	9.66	0.354	94.8	170	150	39.2	2.78	3.50	1.78	14.5	23.6	11.2	2.48
		8		13.94	10.9	0.353	106	195	169	44.0	2.76	3.48	1.78	16.4	26.6	12.4	2.52
		9		15.57	12.2	0.353	118	219	187	48.7	2.75	3.46	1.77	18.3	29.4	13.5	2.56
		10		17.17	13.5	0.353	129	244	204	53.3	2.74	3.45	1.76	20.1	32.0	14.5	2.59
		12		20.31	15.9	0.352	149	294	236	62.2	2.71	3.41	1.75	23.6	37.1	16.5	2.67
10	100	6	12	11.93	9.37	0.393	115	200	182	47.0	3.10	3.90	2.00	15.7	25.7	12.7	2.67
		7		13.80	10.9	0.393	132	234	209	54.7	3.09	3.89	1.99	18.1	29.6	14.3	2.71
		8		15.64	12.3	0.393	148	267	235	61.4	3.08	3.88	1.98	20.5	33.2	15.8	2.76
		9		17.46	13.7	0.392	164	300	260	68.0	3.07	3.86	1.97	22.8	36.8	17.2	2.80
		10		19.26	15.1	0.392	180	334	285	74.4	3.05	3.84	1.96	25.1	40.3	18.5	2.84
		12		22.80	17.9	0.391	209	402	331	86.8	3.03	3.81	1.95	29.5	46.8	21.1	2.91
		14		26.26	20.6	0.391	237	471	374	99.0	3.00	3.77	1.94	33.7	52.9	23.4	2.99
		16		29.63	23.3	0.390	263	540	414	111	2.98	3.74	1.94	37.8	58.6	25.6	3.06

(续)

型号	截面尺寸/mm			截面面积/cm²	理论质量/(kg/m)	外表面积/(m²/m)	惯性矩/cm⁴				惯性半径/cm			截面系数/cm³			重心距离/cm
	b	d	r				I_x	I_{x1}	I_{x0}	I_{y0}	i_x	i_{x0}	i_{y0}	W_x	W_{x0}	W_{y0}	Z_0
11	110	7	12	15.20	11.9	0.433	177	311	281	73.4	3.41	4.30	2.20	22.1	36.1	17.5	2.96
		8		17.24	13.5	0.433	199	355	316	82.4	3.40	4.28	2.19	25.0	40.7	19.4	3.01
		10		21.26	16.7	0.432	242	445	384	100	3.38	4.25	2.17	30.6	49.4	22.9	3.09
		12		25.20	19.8	0.431	283	535	448	117	3.35	4.22	2.15	36.1	57.6	26.2	3.16
		14		29.06	22.8	0.431	321	625	508	133	3.32	4.18	2.14	41.3	65.3	29.1	3.24
12.5	125	8	14	19.75	15.5	0.492	297	521	471	123	3.88	4.88	2.50	32.5	53.3	25.9	3.37
		10		24.37	19.1	0.491	362	652	574	149	3.85	4.85	2.48	40.0	64.9	30.6	3.45
		12		28.91	22.7	0.491	423	783	671	175	3.83	4.82	2.46	41.2	76.0	35.0	3.53
		14		33.37	26.2	0.490	482	916	764	200	3.80	4.78	2.45	54.2	86.4	39.1	3.61
		16		37.74	29.6	0.489	537	1050	851	224	3.77	4.75	2.43	60.9	96.3	43.0	3.68
14	140	10	14	27.37	21.5	0.551	515	915	817	212	4.34	5.46	2.78	50.6	82.6	39.2	3.82
		12		32.51	25.5	0.551	604	1100	959	249	4.31	5.43	2.76	59.8	96.9	45.0	3.90
		14		37.57	29.5	0.550	689	1280	1090	284	4.28	5.40	2.75	68.8	110	50.5	3.98
		16		42.54	33.4	0.549	770	1470	1220	319	4.26	5.36	2.74	77.5	123	55.6	4.06
15	150	8	14	23.75	18.6	0.592	521	900	827	215	4.69	5.90	3.01	47.4	78.0	38.1	3.99
		10		29.37	23.1	0.591	638	1130	1010	262	4.66	5.87	2.99	58.4	95.5	45.5	4.08
		12		34.91	27.4	0.591	749	1350	1190	308	4.63	5.84	2.97	69.0	112	52.4	4.15
		14		40.37	31.7	0.590	856	1580	1360	352	4.60	5.80	2.95	79.5	128	58.8	4.23
		15		43.06	33.8	0.590	907	1690	1440	374	4.59	5.78	2.95	84.6	136	61.9	4.27
		16		45.74	35.9	0.589	958	1810	1520	395	4.58	5.77	2.94	89.6	143	64.9	4.31
16	160	10	16	31.50	24.7	0.630	780	1370	1240	322	4.98	6.27	3.20	66.7	109	52.8	4.31
		12		37.44	29.4	0.630	917	1640	1460	377	4.95	6.24	3.18	79.0	129	60.7	4.39
		14		43.30	34.0	0.629	1050	1910	1670	432	4.92	6.20	3.16	91.0	147	68.2	4.47
		16		49.07	38.5	0.629	1180	2190	1870	485	4.89	6.17	3.14	103	165	75.3	4.55
18	180	12	16	42.24	33.2	0.710	1320	2330	2100	543	5.59	7.05	3.58	101	165	78.4	4.89
		14		48.90	38.4	0.709	1510	2720	2410	622	5.56	7.02	3.56	116	189	88.4	4.97
		16		55.47	43.5	0.709	1700	3120	2700	699	5.54	6.98	3.55	131	212	97.8	5.05
		18		61.96	48.6	0.708	1880	3500	2990	762	5.50	6.94	3.51	146	235	105	5.13
20	200	14	18	54.64	42.9	0.788	2100	3730	3340	864	6.20	7.82	3.98	145	236	112	5.46
		16		62.01	48.7	0.788	2370	4270	3760	971	6.18	7.79	3.96	164	266	124	5.54
		18		69.30	54.4	0.787	2620	4810	4160	1080	6.15	7.75	3.94	182	294	136	5.62
		20		76.51	60.1	0.787	2870	5350	4550	1180	6.12	7.72	3.93	200	322	147	5.69
		24		90.66	71.2	0.785	3340	6460	5290	1380	6.07	7.64	3.90	236	374	167	5.87

（续）

型号	截面尺寸/mm			截面面积/cm²	理论质量/(kg/m)	外表面积/(m²/m)	惯性矩/cm⁴				惯性半径/cm			截面系数/cm³			重心距离/cm
	b	d	r				I_x	I_{x1}	I_{x0}	I_{y0}	i_x	i_{x0}	i_{y0}	W_x	W_{x0}	W_{y0}	Z_0
22	220	16	21	68.67	53.9	0.866	3190	5680	5060	1310	6.81	8.59	4.37	200	326	154	6.03
		18		76.75	60.3	0.866	3540	6400	5620	1450	6.79	8.55	4.35	223	361	168	6.11
		20		84.76	66.5	0.865	3870	7110	6150	1590	6.76	8.52	4.34	245	395	182	6.18
		22		92.68	72.8	0.865	4200	7830	6670	1730	6.73	8.48	4.32	267	429	195	6.26
		24		100.5	78.9	0.864	4520	8550	7170	1870	6.71	8.45	4.31	289	461	208	6.33
		26		108.3	85.0	0.864	4830	9280	7690	2000	6.68	8.41	4.30	310	492	221	6.41
25	250	18	24	87.84	69.0	0.985	5270	9380	8370	2170	7.75	9.76	4.97	290	473	224	6.84
		20		97.05	76.2	0.984	5780	10400	9180	2380	7.72	9.73	4.95	320	519	243	6.92
		22		106.2	83.3	0.983	6280	11500	9970	2580	7.69	9.69	4.93	349	564	261	7.00
		24		115.2	90.4	0.983	6770	12500	10700	2790	7.67	9.66	4.92	378	608	278	7.07
		26		124.2	97.5	0.982	7240	13600	11500	2980	7.64	9.62	4.90	406	650	295	7.15
		28		133.0	104	0.982	7700	14600	12200	3180	7.61	9.58	4.89	433	691	311	7.22
		30		141.8	111	0.981	8160	15700	12900	3380	7.58	9.55	4.88	461	731	327	7.30
		32		150.5	118	0.981	8600	16800	13600	3570	7.56	9.51	4.87	488	770	342	7.37
		35		163.4	128	0.980	9240	18400	14600	3850	7.52	9.46	4.86	527	827	364	7.48

注：截面图中的 $r_1 = 1/3d$ 及表中 r 的数据用于孔型设计，不做交货条件。

B.4 热轧不等边角钢（GB/T 706—2016）

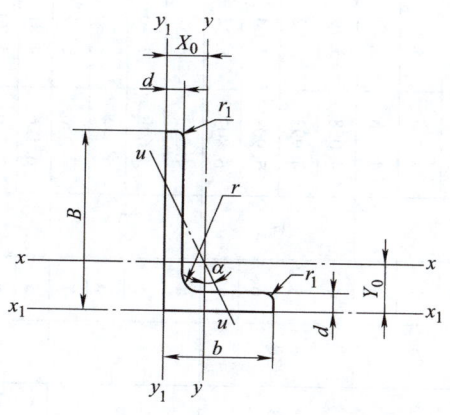

说明：
B——长边宽度；
b——短边宽度；
d——边厚度；
r——内圆弧半径；
r_1——边端圆弧半径；
X_0——重心距离；
Y_0——重心距离。

材料力学

表 B.4 不等边角钢截面尺寸、截面面积、理论质量及截面特性

型号	截面尺寸/mm				截面面积/cm²	理论质量/(kg/m)	外表面积/(m²/m)	惯性矩/cm⁴					惯性半径/cm			截面模数/cm³			$\tan\alpha$	重心距离/cm	
	B	b	d	r				I_x	I_{x1}	I_y	I_{y1}	I_u	i_x	i_y	i_u	W_x	W_y	W_u		X_0	Y_0
2.5/1.6	25	16	3	3.5	1.162	0.91	0.080	0.70	1.56	0.22	0.43	0.14	0.78	0.44	0.34	0.43	0.19	0.16	0.392	0.42	0.86
			4		1.499	1.18	0.079	0.88	2.09	0.27	0.59	0.17	0.77	0.43	0.34	0.55	0.24	0.20	0.381	0.46	0.90
3.2/2	32	20	3		1.492	1.17	0.102	1.53	3.27	0.46	0.82	0.28	1.01	0.55	0.43	0.72	0.30	0.25	0.382	0.49	1.08
			4		1.939	1.52	0.101	1.93	4.37	0.57	1.12	0.35	1.00	0.54	0.42	0.93	0.39	0.32	0.374	0.53	1.12
4/2.5	40	25	3	4	1.890	1.48	0.127	3.08	5.39	0.93	1.59	0.56	1.28	0.70	0.54	1.15	0.49	0.40	0.385	0.59	1.32
			4		2.467	1.94	0.127	3.93	8.53	1.18	2.14	0.71	1.36	0.69	0.54	1.49	0.63	0.52	0.381	0.63	1.37
4.5/2.8	45	28	3	5	2.149	1.69	0.143	4.45	9.10	1.34	2.23	0.80	1.44	0.79	0.61	1.47	0.62	0.51	0.383	0.64	1.47
			4		2.806	2.20	0.143	5.69	12.1	1.70	3.00	1.02	1.42	0.78	0.60	1.91	0.80	0.66	0.380	0.68	1.51
5/3.2	50	32	3	5.5	2.431	1.91	0.161	6.24	12.5	2.02	3.31	1.20	1.60	0.91	0.70	1.84	0.82	0.68	0.404	0.73	1.60
			4		3.177	2.49	0.160	8.02	16.7	2.58	4.45	1.53	1.59	0.90	0.69	2.39	1.06	0.87	0.402	0.77	1.65
5.6/3.6	56	36	3	6	2.743	2.15	0.181	8.88	17.5	2.92	4.7	1.73	1.80	1.03	0.79	2.32	1.05	0.87	0.408	0.80	1.78
			4		3.590	2.82	0.180	11.5	23.4	3.76	6.33	2.23	1.79	1.02	0.79	3.03	1.37	1.13	0.408	0.85	1.82
			5		4.415	3.47	0.180	13.9	29.3	4.49	7.94	2.67	1.77	1.01	0.78	3.71	1.65	1.36	0.404	0.88	1.87
6.3/4	63	40	4	7	4.058	3.19	0.202	16.5	33.3	5.23	8.63	3.12	2.02	1.14	0.88	3.87	1.70	1.40	0.398	0.92	2.04
			5		4.993	3.92	0.202	20.0	41.6	6.31	10.9	3.76	2.00	1.12	0.87	4.74	2.07	1.71	0.396	0.95	2.08
			6		5.908	4.64	0.201	23.4	50.0	7.29	13.1	4.34	1.96	1.11	0.86	5.59	2.43	1.99	0.393	0.99	2.12
			7		6.802	5.34	0.201	26.5	58.1	8.24	15.5	4.97	1.98	1.10	0.86	6.40	2.78	2.29	0.389	1.03	2.15
7/4.5	70	45	4	7.5	4.553	3.57	0.226	23.2	45.9	7.55	12.3	4.40	2.26	1.29	0.98	4.86	2.17	1.77	0.410	1.02	2.24
			5		5.609	4.40	0.225	28.0	57.1	9.13	15.4	5.40	2.23	1.28	0.98	5.92	2.65	2.19	0.407	1.06	2.28
			6		6.644	5.22	0.225	32.5	68.4	10.6	18.6	6.35	2.21	1.26	0.98	6.95	3.12	2.59	0.404	1.09	2.32
			7		7.658	6.01	0.225	37.2	80.0	12.0	21.8	7.16	2.20	1.25	0.97	8.03	3.57	2.94	0.402	1.13	2.36
7.5/5	75	50	5	8	6.126	4.81	0.245	34.9	70.0	12.6	21.0	7.41	2.39	1.44	1.10	6.83	3.3	2.74	0.435	1.17	2.40
			6		7.260	5.70	0.245	41.1	84.3	14.7	25.4	8.54	2.38	1.42	1.08	8.12	3.88	3.19	0.435	1.21	2.44
			8		9.467	7.43	0.244	52.4	113	18.5	34.2	10.9	2.35	1.40	1.07	10.5	4.99	4.10	0.429	1.29	2.52
			10		11.59	9.10	0.244	62.7	141	22.0	43.4	13.1	2.33	1.38	1.06	12.8	6.04	4.99	0.423	1.36	2.60

型号	B	b	d	r	1	2	3	4	5	6	7	8	9	10	11	12	13	14	15	16	17
8/5	80	50	5	8	6.376	5.00	0.255	42.0	85.2	12.8	21.1	7.66	2.56	1.42	1.10	7.78	3.32	2.74	0.388	1.14	2.60
			6		7.560	5.93	0.255	49.5	103	15.0	25.4	8.85	2.56	1.41	1.08	9.25	3.91	3.20	0.387	1.18	2.65
			7		8.724	6.85	0.255	56.2	119	17.0	29.8	10.2	2.54	1.39	1.08	10.6	4.48	3.70	0.384	1.21	2.69
			8		9.867	7.75	0.254	62.8	136	18.9	34.3	11.4	2.52	1.38	1.07	11.9	5.03	4.16	0.381	1.25	2.73
9/5.6	90	56	5	9	7.212	5.66	0.287	60.5	121	18.3	29.5	12.9	2.90	1.59	1.23	9.92	4.21	3.49	0.385	1.25	2.91
			6		8.557	6.72	0.286	71.0	146	21.4	35.6	12.9	2.88	1.58	1.23	11.7	4.96	4.13	0.384	1.29	2.95
			7		9.881	7.76	0.286	81.0	170	24.4	41.7	14.7	2.86	1.57	1.22	13.5	5.70	4.72	0.382	1.33	3.00
			8		11.18	8.78	0.286	91.0	194	27.2	47.9	16.3	2.85	1.56	1.21	15.3	6.41	5.29	0.380	1.36	3.04
10/6.3	100	63	6	10	9.618	7.55	0.320	99.1	200	30.9	50.5	18.4	3.21	1.79	1.38	14.6	6.35	5.25	0.394	1.43	3.24
			7		11.11	8.72	0.320	113	233	35.3	59.1	21.0	3.20	1.78	1.38	16.9	7.29	6.02	0.394	1.47	3.28
			8		12.58	9.88	0.319	127	266	39.4	67.9	23.5	3.18	1.77	1.37	19.1	8.21	6.78	0.391	1.50	3.32
			10		15.47	12.1	0.319	154	333	47.1	85.7	28.3	3.15	1.74	1.35	23.3	9.98	8.24	0.387	1.58	3.40
10/8	100	80	6	10	10.64	8.35	0.354	107	200	61.2	103	31.7	3.17	2.40	1.72	15.2	10.2	8.37	0.627	1.97	2.95
			7		12.30	9.66	0.354	123	233	70.1	120	36.2	3.16	2.39	1.72	17.5	11.7	9.60	0.626	2.01	3.00
			8		13.94	10.9	0.353	138	267	78.6	137	40.6	3.14	2.37	1.71	19.8	13.2	10.8	0.625	2.05	3.04
			10		17.17	13.5	0.353	167	334	94.7	172	49.1	3.12	2.35	1.69	24.2	16.1	13.1	0.622	2.13	3.12
11/7	110	70	6	10	10.64	8.35	0.354	133	266	42.9	69.1	25.4	3.54	2.01	1.54	17.9	7.90	6.53	0.403	1.57	3.53
			7		12.30	9.66	0.354	153	310	49.0	80.8	29.0	3.53	2.00	1.53	20.6	9.09	7.50	0.402	1.61	3.57
			8		13.94	10.9	0.353	172	354	54.9	92.7	32.5	3.51	1.98	1.53	23.3	10.3	8.45	0.401	1.65	3.62
			10		17.17	13.5	0.353	208	443	65.9	117	39.2	3.48	1.96	1.51	28.5	12.5	10.3	0.397	1.72	3.70
12.5/8	125	80	7	11	14.10	11.1	0.403	228	455	74.4	120	43.8	4.02	2.30	1.76	26.9	12.0	9.92	0.408	1.80	4.01
			8		15.99	12.6	0.403	257	520	83.5	138	49.2	4.01	2.28	1.75	30.4	13.6	11.2	0.407	1.84	4.06
			10		19.71	15.5	0.402	312	650	101	173	59.5	3.98	2.26	1.74	37.3	16.6	13.6	0.404	1.92	4.14
			12		23.35	18.3	0.402	364	780	117	210	69.4	3.95	2.24	1.72	44.0	19.4	16.0	0.400	2.00	4.22

(续)

型号	截面尺寸/mm				截面面积/cm²	理论质量/(kg/m)	外表面积/(m²/m)	惯性矩/cm⁴					惯性半径/cm			截面模数/cm³			$\tan\alpha$	重心距离/cm	
	B	b	d	r				I_x	I_{x1}	I_y	I_{y1}	I_u	i_x	i_y	i_u	W_x	W_y	W_u		X_0	Y_0
14/9	140	90	8	12	18.04	14.2	0.453	366	731	121	196	70.8	4.50	2.59	1.98	38.5	17.3	14.3	0.411	2.04	4.50
			10		22.26	17.5	0.452	446	913	140	246	85.8	4.47	2.56	1.96	47.3	21.2	17.5	0.409	2.12	4.58
			12		26.40	20.7	0.451	522	1100	170	297	100	4.44	2.54	1.95	55.9	25.0	20.5	0.406	2.19	4.66
			14		30.46	23.9	0.451	594	1280	192	349	114	4.42	2.51	1.94	64.2	28.5	23.5	0.403	2.27	4.74
15/9	150	90	8	12	18.84	14.8	0.473	442	898	123	196	74.1	4.84	2.55	1.98	43.9	17.5	14.5	0.364	1.97	4.92
			10		23.26	18.3	0.472	539	1120	149	246	89.9	4.81	2.53	1.97	54.0	21.4	17.7	0.362	2.05	5.01
			12		27.60	21.7	0.471	632	1350	173	297	105	4.79	2.50	1.95	63.8	25.1	20.8	0.359	2.12	5.09
			14		31.86	25.0	0.471	721	1570	196	350	120	4.76	2.48	1.94	73.3	28.8	23.8	0.356	2.20	5.17
			15		33.95	26.7	0.471	764	1680	207	376	127	4.74	2.47	1.93	78.0	30.5	25.3	0.354	2.24	5.21
			16		36.03	28.3	0.470	806	1800	217	403	134	4.73	2.45	1.93	82.6	32.3	26.8	0.352	2.27	5.25
16/10	160	100	10	13	25.32	19.9	0.512	669	1360	205	337	122	5.14	2.85	2.19	62.1	26.6	21.9	0.390	2.28	5.24
			12		30.05	23.6	0.511	785	1640	239	406	142	5.11	2.82	2.17	73.5	31.3	25.8	0.388	2.36	5.32
			14		34.71	27.2	0.510	896	1910	271	476	162	5.08	2.80	2.16	84.6	35.8	29.6	0.385	2.43	5.40
			16		39.28	30.8	0.510	1000	2180	302	548	183	5.05	2.77	2.16	95.3	40.2	33.4	0.382	2.51	5.48
18/11	180	110	10	14	28.37	22.3	0.571	956	1940	278	447	167	5.80	3.13	2.42	79.0	32.5	26.9	0.376	2.44	5.89
			12		33.71	26.5	0.571	1120	2330	325	539	195	5.78	3.10	2.40	93.5	38.3	31.7	0.374	2.52	5.98
			14		38.97	30.6	0.570	1290	2720	370	632	222	5.75	3.08	2.39	108	44.0	36.3	0.372	2.59	6.06
			16		44.14	34.6	0.569	1440	3110	412	726	249	5.72	3.06	2.38	122	49.4	40.9	0.369	2.67	6.14
20/12.5	200	125	12	14	37.91	29.8	0.641	1570	3190	483	788	286	6.44	3.57	2.74	117	50.0	41.2	0.392	2.83	6.54
			14		43.87	34.4	0.640	1800	3730	551	922	327	6.41	3.54	2.73	135	57.4	47.3	0.390	2.91	6.62
			16		49.74	39.0	0.639	2020	4260	615	1060	366	6.38	3.52	2.71	152	64.9	53.3	0.388	2.99	6.70
			18		55.53	43.6	0.639	2240	4790	677	1200	405	6.35	3.49	2.70	169	71.7	59.2	0.385	3.06	6.78

注：截面图中的 $r_1 = 1/3d$ 及表中 r 的数据用于孔型设计，不做交货条件。

参 考 文 献

[1] 刘鸿文．材料力学Ⅰ［M］．6 版．北京：高等教育出版社，2017．
[2] 刘鸿文．材料力学Ⅱ［M］．6 版．北京：高等教育出版社，2017．
[3] 孙训方，方孝淑，关来泰．材料力学Ⅰ［M］．6 版．北京：高等教育出版社，2009．
[4] 孙训方，方孝淑，关来泰．材料力学Ⅱ［M］．6 版．北京：高等教育出版社，2009．
[5] 范钦珊，殷雅俊，唐靖林．材料力学［M］．3 版．北京：清华大学出版社，2014．
[6] 金康宁，谢群丹．材料力学［M］．北京：北京大学出版社，2006．
[7] 罗迎社．工程力学［M］．北京：北京大学出版社，2006．
[8] 周国瑾．建筑力学［M］．3 版．上海：同济大学出版社，2006．
[9] 李东平．材料力学［M］．武汉：武汉大学出版社，2015．
[10] 袁海庆．材料力学［M］．武汉：武汉理工大学出版社，2004．
[11] 蒋平．工程力学基础［M］．北京：高等教育出版社，2006．
[12] 许本安，李秀治．材料力学［M］．上海：上海交通大学出版社，1988．
[13] 铁木辛柯．材料力学［M］．北京：科学出版社，1978．
[14] 侯作富，胡述龙，张新红．材料力学［M］．武汉：武汉理工大学出版社，2010．
[15] 陈茹仪，马丹，孙洪军，等．材料力学学习指导［M］．沈阳：东北大学出版社，2005．
[16] 梁枢平，邓训，薛根生．材料力学题解［M］．武汉：华中科技大学出版社，2002．
[17] 王世斌，亢一澜．材料力学［M］．北京：高等教育出版社，2008．
[18] 许德刚．材料力学［M］．郑州：郑州大学出版社，2007．
[19] 赵诒枢，吴胜军，尹长城．材料力学习题详解［M］．武汉：华中科技大学出版社，2004．
[20] 刘德华，黄超．材料力学Ⅰ［M］．重庆：重庆大学出版社，2011．
[21] 秦世伦．材料力学［M］．成都：四川大学出版社，2011．
[22] 章宝华，龚良贵．材料力学［M］．北京：北京大学出版社，2011．
[23] 戴宏亮．材料力学［M］．长沙：湖南大学出版社，2014．
[24] 单辉祖．材料力学教程［M］．2 版．北京：国防工业出版社，1997．
[25] 中国钢铁工业协会．热轧型钢：GB/T 706—2016［S］．北京：中国标准出版社，2017．
[26] 老亮．中国古代材料力学史料三则［J］．力学与实践，1985，7（4）：62-62．
[27] 杨迪雄．结构力学发展的早期历史和启示［J］．力学与实践，2007，29（6）：85-86．
[28] 李锋．材料力学案例：教学与学习参考［M］．北京：科学出版社，2011．
[29] 于登云，马继楠．中国深空探测进展与展望［J］．前瞻科技，2022，1（1）：17-27．

材料力学实验指导书

机械工业出版社

前　　言

　　实验教学和理论教学互相依存，互为补充，同为课程教学的重要环节。为了更好地完成材料力学课程的教学，培养和提高学生理论联系实际以及实践动手能力，根据课程教学大纲对实验教学的要求，编写本实验指导书。

　　实验指导书包括实验指导和报告两部分。其中实验指导部分介绍了实验目的与要求、实验设备及仪器、实验原理、实验步骤等；实验报告部分主要有实验数据记录、处理、分析及思考题等。

　　为了更好地完成本课程的实验内容，学生需要注意以下几点：

　　1）实验前认真阅读《实验指导书》，明确实验目的、内容、原理及实验方法、操作步骤。

　　2）按规定时间进行实验；不得迟到、早退。

　　3）实验分组进行，并指定组长。实验时要有指挥，有分工，做到有条不紊。

　　4）遵守实验室一切规章制度，爱护设备、仪器。节约水电及其他材料。非指定使用的设备、仪器，不得随意动用。

　　5）实验过程中，如设备、仪器发生故障，应立即报告指导教师，以便及时排除故障，保证实验正常进行。遇有违反操作规程而造成事故的，将视情节予以批评教育或处分。

　　6）实验完毕后，注意关闭电源，并整理好所用设备、仪器等，同时，将原始记录交指导教师审阅。

　　7）认真并按时完成实验报告。

目　　录

前言

实验一　金属材料的拉伸实验 ……… 1
　一、实验目的 ……………………… 1
　二、实验设备 ……………………… 1
　三、拉伸试件的制备 ……………… 2
　四、实验原理及方法 ……………… 3
　五、实验结果及数据处理 ………… 6
　六、思考讨论题 …………………… 7

实验二　金属材料的压缩实验 …… 8
　一、实验目的 ……………………… 8
　二、实验设备 ……………………… 8
　三、实验试件 ……………………… 8
　四、实验原理及方法 ……………… 8
　五、实验结果及数据处理 ………… 9
　六、思考讨论题 …………………… 9

实验三　金属材料弹性模量实验 …… 10
　一、实验目的 ……………………… 10
　二、实验仪器及设备 ……………… 10
　三、实验试件 ……………………… 10
　四、实验原理和方法 ……………… 10
　五、实验结果及数据处理 ………… 11
　六、思考讨论题 …………………… 12

实验四　金属材料扭转实验 ……… 13
　实验项目一：低碳钢材料切变模量 G 值的
　　　　　测定 …………………… 13
　一、实验目的 ……………………… 13
　二、实验装置 ……………………… 13
　三、实验原理和注意事项 ………… 13
　四、实验结果及数据处理 ………… 14
　实验项目二：金属材料扭转破坏
　　　　　实验 …………………… 15
　一、实验目的 ……………………… 15
　二、实验仪器及设备 ……………… 15
　三、实验原理和方法 ……………… 15
　四、实验结果及数据处理 ………… 17
　五、思考讨论题 …………………… 17

实验五　金属材料的弯曲实验 …… 18
　一、实验目的 ……………………… 18
　二、实验仪器及设备 ……………… 18
　三、实验原理及方法 ……………… 18
　四、实验结果及数据处理 ………… 19
　五、思考讨论题 …………………… 21

实验一 金属材料的拉伸实验

金属材料的力学性能是指材料在外力作用下表现出的变形、破坏等方面的特性，研究材料的力学性能是建立构件的强度条件和计算构件变形所不可缺少的，材料的拉伸实验是研究金属材料力学性能最基本的实验。

工程中常用的材料品种很多，不同材料在受力后会表现出不同的力学性能和现象。低碳钢和铸铁是广泛使用的两种典型的工程材料。

金属材料拉伸实验是指在室温条件下，将缓慢施加的单向拉伸荷载作用于表面光滑的拉伸试件（也称试样）上来测定材料力学拉伸性能的方法。最常用拉伸试件的形状和尺寸如图 1.1 所示。

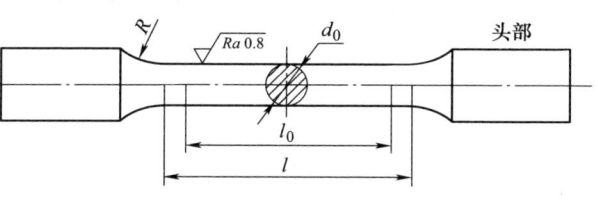

图 1.1 圆柱形试件

若采用光滑圆柱试件，试件的标距长度 l_0 比直径 d_0 要大得多；通常 $l_0>5d_0$，以使试件横截面上的应力均匀地分布，实现轴向均匀加载。金属试件一般做成圆柱形，便于测量径向应变，试件的加工也比较简单。

一、实验目的

1) 测定低碳钢试件的抗拉屈服极限 σ_s。
2) 测定低碳钢试件的抗拉强度极限 σ_b。
3) 测定低碳钢试件的断后伸长率 δ。
4) 测定低碳钢试件的断面收缩率 ψ。
5) 测定铸铁试件的抗拉强度极限 σ_b。
6) 观察和比较塑性材料与脆性材料的破坏过程和破坏特征、力学现象。
7) 比较低碳钢和铸铁的力学性能特点并分析断口形状。
8) 熟悉游标卡尺的使用。
9) 了解电子万能试验机的结构及工作原理，熟悉操作规程及正确使用方法。

二、实验设备

1) 电子万能试验机，如图 1.2 所示。
2) 游标卡尺。

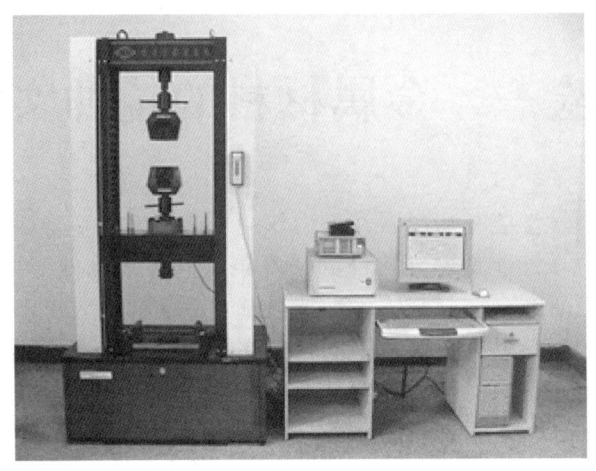

图 1.2　电子万能试验机

3）低碳钢拉伸试件、铸铁拉伸试件。

三、拉伸试件的制备

金属材料的屈服极限 σ_s、强度极限 σ_b、断后伸长率 δ 和断面收缩率 ψ 是由拉伸实验来测定的，为此应首先制备实验试件。根据以往实验经验表明，试件的尺寸和形状对实验结果具有一定的影响。为了避免这种影响和便于各种材料力学性能的数值能互相比较，所以对试件的尺寸和形状，国家有统一的规定。拉伸试件应按国家标准（GB/T 228—2010）《金属材料　室温拉伸试验方法》进行加工。拉伸试件的形状随金属产品的品种、规格及试验目的的不同而分为圆形、矩形及异形截面，最常用的是圆形和矩形。

圆形和矩形截面试件均由夹持段、过渡段和平行段三部分组成。试件多采用哑铃状，夹持部分稍粗，过渡部分以圆角与平行部分光滑连接，是用来夹持试件、传递拉力，以保证试件破坏时断口在平行部分。其形状和尺寸要与试验机的钳口夹块相匹配。一般对于直接用钳口夹紧的试件，其夹持部分长度应不小于钳口深度的 3/4。夹持部分的形状和尺寸依据试件大小、材料特性、试验目的以及试验机夹具的结构进行设计。可制成圆柱形、阶梯形或螺纹形。平行部分用于测量拉伸变形，此段的长度 l_0 称为原始标距。试件两头部之间的均匀段长度 l 应大于标距 l_0，均匀段长度称为平行长度，用符号 l 表示。圆截面试件 $l \geqslant l_0 + d_0$，矩形截面试件 $l \geqslant l_0 + b_0/2$，圆弧过渡应有足够大的过渡圆弧半径和台阶。脆性材料的圆角半径要比塑性材料的圆角半径大一些，以减小应力集中，确保试件不会在该处断裂。

拉伸试件分为比例试件和非比例试件两种。比例试件的标距长度与横截面面积具有下列关系：$l_0 = K\sqrt{A_0}$。式中，系数 K 通常为 5.65 和 11.3，前者称为短试件，后者称为长试件。因此，对直径为 d_0 的圆截面：短试件，$l_0 = 5.65\sqrt{A_0} = 5d_0$。长试件，$l_0 = 11.3\sqrt{A_0} = 10d_0$。长圆试件的标距长度等于 $10d_0$。非比例试件的标距与其横截面间无上述一定关系，而是根据制品（薄板、薄带、细管、细丝、型材等）的尺寸和材料的性质给以规定的平行长度 l 与标距长度 l_0。

四、实验原理及方法

通常将整个实验过程中荷载与变形之间的关系，用以绝对伸长 Δl 为横坐标，拉力 F 为纵坐标的荷载-变形曲线来表示，这种曲线一般称为拉伸图（图1.3）。拉伸图是截面均匀的试件在连续增长的轴向拉伸荷载作用下所测出的实验曲线。实验的结果可以全部在这根曲线上观察到。如果把 Δl 除以原始标距长度 l_0，F 除以原始截面面积 A_0，以横坐标代表应变，纵坐标代表应力，就可以绘出应力-应变曲线，这种曲线可以消除试件尺寸的影响。

将试件装卡在试验机夹头内，对计算机进行实验方式等的设置。之后匀速缓慢加载（加载速度对力学性能是有影响的，速度越快，所测的强度值就越高，因此，实验速度不要设置得太大，以免数据不准确）。在实验过程中，力传感器和电子引伸计分别将收到的荷载和变形转换为电信号输入到计算机，计算机将显示出力和变形的曲线图、力和变形的大小，以及相应的应力、应变和其他参数值。

1. 低碳钢拉伸

图1.3和图1.4分别表示低碳钢拉伸时的拉伸图和应力-应变曲线。

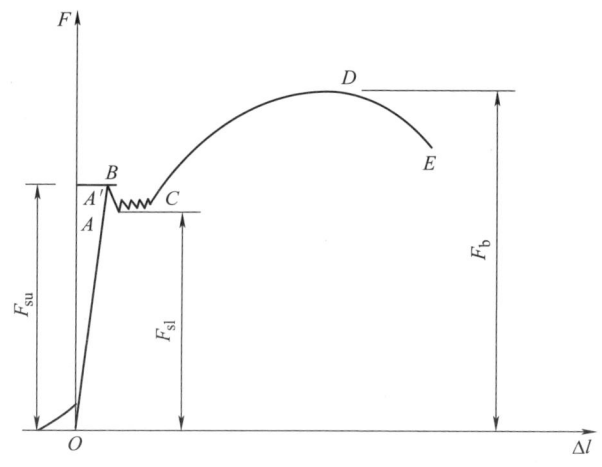

图1.3 低碳钢拉伸时力与变形图

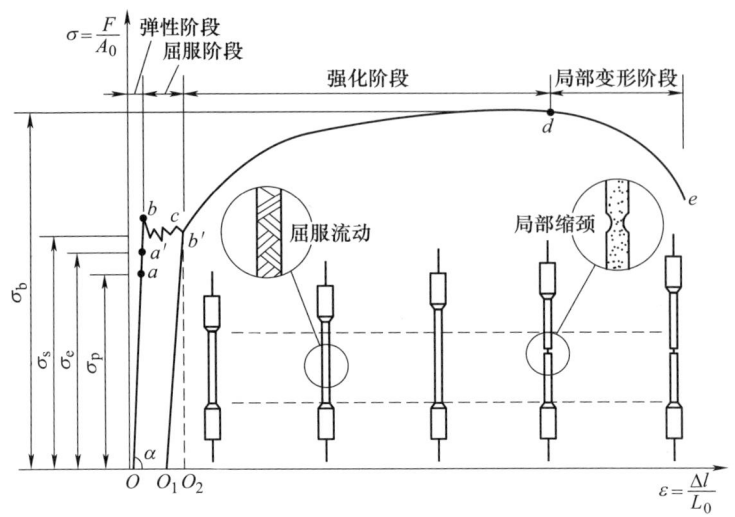

图 1.4 低碳钢拉伸时的应力-应变曲线

从图 1.4 观察实验结果，低碳钢的拉伸过程可以分为四个阶段：

（1）弹性阶段

图 1.4 的 Oa 段，应力-应变曲线为直线，表明在这一阶段应力应变成正比，材料服从胡克定律。直线部分最高点 a 点对应的应力为比例极限 σ_p。这部分荷载与变形成比例，材料的弹性模量应在 Oa 部分测出。实验时使用引伸仪，计算机将自动计算出弹性模量 E。这个阶段可以一直到达 a' 点，Oa' 阶段，荷载与变形并存，当荷载卸去后变形随即恢复，因此所有的变形均为弹性变形。

（2）屈服阶段

金属材料的屈服是宏观塑性变形的开始，是位错增值和运动的结果。超出弹性变形范围之后，材料产生了明显的塑性流动，此时，应力只有微小的增加，或者不增加，或者在一个小范围内上下波动，但应变有较大的增加，于是应力-应变曲线出现水平曲折或者锯齿形状。这种荷载在一定范围内波动而试件还继续变形伸长的现象称为屈服，屈服阶段中一个重要的力学性质就是屈服点。

低碳钢材料存在上屈服点和下屈服点，不加说明一般都是指下屈服点。上屈服点对应拉伸图（图 1.3）中的 B 点，记为 F_{su}，即试件发生屈服而力首次下降前的最大值，它受变形速度和试件形状的影响，一般不作为强度指标。同样，荷载首次下降的最低点（初始瞬时效应）也不作为强度指标。一般将初始瞬时效应以后的最低荷载 F_{sl} 除以试件的初始横截面面积 A_0 作为屈服极限 σ_s，下屈服点对应拉伸图（图 1.3）中的 A 点，记为 F_{sl}，是指不记初始瞬时效应的屈服阶段中的最低力值，注意这里的初始瞬时效应对于液压式万能试验机尤其明显（由于存在摆的回摆惯性），对于电子万能试验机则不明显，只有在图上才能看到。

一般通过指针法和图示法来确定屈服点，综合起来具体方法为：当屈服出现一对峰谷时，则对应于谷低点的位置就是屈服点；当屈服阶段出现多个波动峰谷时，则除去第一个谷值后所余最低谷值点的位置就是屈服点。用下式计算材料的屈服极限

$$\sigma_s = F_{sl}/A_0$$

（3）强化阶段

强化标志着材料抵抗继续变形的能力在不断增强，也表明材料要继续变形就要不断增加荷载。材料在这一阶段均匀变形，变形量增加。在强化阶段如果要卸载，弹性变形会随之消失，塑性变形将会永久保留下来。强化阶段的卸载路径与弹性曲线近似平行。卸载后重新加载时，加载曲线仍与弹性曲线平行。重新加载后材料的比例极限明显提高。而塑性性能明显下降。这种现象称为冷作硬化。冷作硬化是金属材料的重要性质之一。工程中利用冷作硬化工艺的例子很多，如挤压、冷拔、喷丸等。图 1.3 中的 D 点是拉伸曲线的最高点，荷载记为 F_b，对应的应力是材料的抗拉强度极限，记为

$$\sigma_b = F_b/A_0$$

（4）局部变形阶段

对应于拉伸图的 DE 段，从试件承受最大应力点开始直到断裂点为止。在这个过程中，试件的某个区域呈现缩颈现象，变形在局部进行，由于局部的正应力急剧上升，载荷达到最大值后，塑性变形开始在局部进行，这是因为在最大荷载 D 点以后，变形强化跟不上变形的发展，由于材料本身缺陷的存在，于是均匀变形转化为集中变形，导致形成颈缩。局部变形阶段承载面积急剧减小，试样承受的荷载也不断下降，直至断裂。断裂后，试件的弹性变形消失，塑性变形则永久保留在断裂的试件上，材料的塑性性能通常用试件断裂后残留的变形来衡量。材料的塑性性能指标通常用断后伸长率 δ 和断面收缩率 ψ 来表示。

断后伸长率是试件拉断后标距的伸长（$l_u - l_0$）与原始标距（l_0）之比的百分率，即

$$\delta = \frac{l_u - l_0}{l_0} \times 100\%$$

断面收缩率是试件断裂后其横截面面积的最大收缩量（$A_0 - A_u$）与原始横截面面积（A_0）之比的百分率，即

$$\psi = \frac{A_0 - A_u}{A_0} \times 100\%$$

2. 铸铁拉伸实验

铸铁是典型的脆性材料，其拉伸曲线如图1.5所示，可以近似认为，铸铁经弹性阶段后直接断裂。其断裂面平齐且为闪光的结晶状组织，说明是由拉应力引起的。其强度指标也只有抗拉强度 σ_b，由实验测得的最大力值 F_b 除以试件的原始面积 A_0 得到，即

$$\sigma_b = F_b/A_0$$

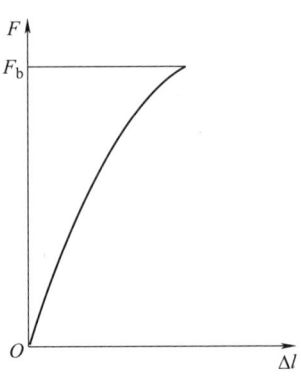

图1.5 铸铁拉伸曲线

五、实验结果及数据处理

实验结果及数据处理见表1.1、表1.2。

表1.1 实验结果

		试件尺寸								
	试件标距 l_0/mm	直径 d_0/mm								最小横截面面积 A_0/mm²
		横截面Ⅰ			横截面Ⅱ			横截面Ⅲ		
实验前		(1)	(2)	平均	(1)	(2)	平均	(1)	(2)	平均	
	低碳钢										
	铸铁										
实验后	断后标距 l_0/mm	断面（颈缩）处直径 d_1/mm								断口处最小横截面面积 A_1/mm²
		左段			右段					
		(1)	(2)	平均	(1)	(2)	平均			
	低碳钢										

表1.2 实验数据处理

	项目	低碳钢	铸铁
实验记录	屈服荷载 P_a/N		
	最大荷载 P_b/N		
机械性质	屈服极限 $\sigma_s = \dfrac{P_a}{A_0}$/MPa		
	强度极限 $\sigma_b = \dfrac{P_b}{A_0}$/MPa		
	延伸率 $\delta = \dfrac{l_1 - l_0}{l_0} \times 100\%$		
	断面收缩率 $\Psi = \dfrac{A_0 - A_1}{A_0} \times 100\%$		

六、思考讨论题

1）预习材料力学基础实验指导书和材料力学相关章节，明确实验目的和要求。

2）了解试验机操作规程，预习本书有关内容。

3）实验自动绘制的低碳钢拉伸曲线中，横坐标量 Δl 与试样标距内的变形量是否一致，为什么？

4）什么情况下采用断口移位法？如何进行断口移位？

5）实验时如何观察低碳钢的屈服点？测定 σ_s 时为何对加载速度提出要求？

6）为消除加载偏心的影响应采取什么措施？

7）比较低碳钢与铸铁的拉伸的断口，分析破坏的力学原因。

实验二 金属材料的压缩实验

一、实验目的

1）测定压缩时低碳钢的屈服极限 σ_s 和铸铁的强度极限 σ_b。

2）观察低碳钢和铸铁压缩时的变形破坏现象，并进行比较。

二、实验设备

1）电子万能试验机。

2）游标卡尺。

三、实验试件

压缩试件一般制成圆柱形，高 h 和直径 d 之比在 1~3 的范围内，如图 2.1 所示。

四、实验原理及方法

低碳钢试件压缩时同样存在弹性极限、屈服极限，而且数值和拉伸所得的数据差不多，但是屈服不像拉伸时那样明显。

从进入屈服阶段开始，试件塑性变形就有比较大的增长，试件截面面积随之增大。由于截面面积的增大，要维持屈服时的应力，荷载要相应增大，同时，荷载也处于上升阶段，看不到锯齿段。

在缓慢均匀加载下，当材料发生屈服时，荷载增长缓慢，这时所对应的荷载即屈服荷载 F_s。要结合软件绘制出的压缩曲线中的拐点判定，如图 2.2 所示。

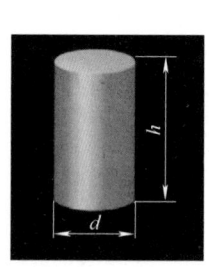

图 2.1 试件尺寸

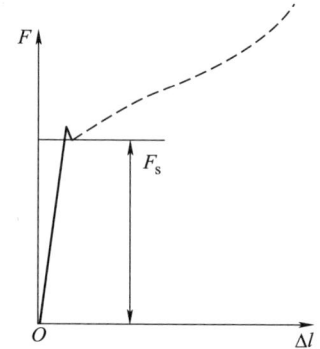

图 2.2 压缩低碳钢时外力-变形曲线

铸铁试件压缩时，试件在达到最大荷载 F_b 前将会产生较大的塑性变形，最后被压成鼓形而断裂，如图 2.3 所示。试件的断裂有两个特点，一是断口为斜断口，二是按照 F_b/A 求得的强度极限远比拉伸时的高，大致是拉伸时的 3~4 倍。

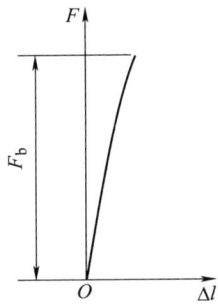

图 2.3　外力-变形曲线（铸铁）

五、实验结果及数据处理

实验结果及数据处理见表 2.1、表 2.2。

表 2.1　低碳钢压缩实验

试件尺寸	高度 $h_0 =$　　（mm）	直径 $d_0 =$　　（mm）	横截面面积 $A_0 =$　　（mm²）
实验结果	$P_b =$　　（N）	$\sigma_0 = \dfrac{P_b}{A_0} =$　　（MPa）	

表 2.2　铸铁压缩实验

试件尺寸	高度 $h_0 =$　　（mm）	直径 $d_0 =$　　（mm）	横截面面积 $A_0 =$　　（mm²）
实验结果	$P_b =$　　（N）	$\sigma_0 = \dfrac{P_b}{A_0} =$　　（MPa）	

六、思考讨论题

1）详述低碳钢和铸铁压缩实验时各自的破坏模式，并绘图表示。
2）低碳钢、铸铁的受压破坏和受拉破坏有什么不同？

实验三 金属材料弹性模量实验

一、实验目的
1) 测量金属材料的弹性模量 E 和泊松比 μ。
2) 验证单向受力胡克定律。
3) 学习电测法的基本原理和电阻应变仪的基本操作。

二、实验仪器及设备
1) 电子万能试验机。
2) 电阻应变仪。
3) 游标卡尺。

三、实验试件
实验试件如图 3.1 所示。

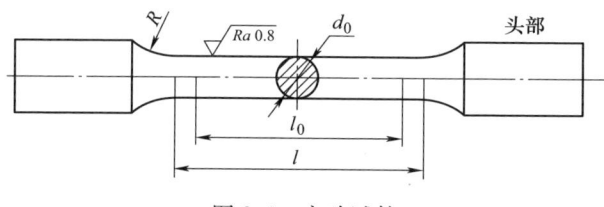

图 3.1 实验试件

四、实验原理和方法

1. 实验原理

材料在比例极限内服从胡克定律，在单向受力状态下，应力与应变成正比，即

$$\sigma = E\varepsilon \tag{1}$$

式中，E 为材料的弹性模量。

注意 $\sigma = P/A$，可以得到

$$E = \frac{P}{\varepsilon A} \tag{2}$$

本实验采用增量法，即逐级加载，分别测量在各相同荷载增量 ΔP 作用下，产生的应变增量 $\Delta \varepsilon_i$。于是式（2）可写为

$$E_i = \frac{\Delta P}{A_0 \Delta \varepsilon_i} \tag{3}$$

根据每级荷载得到的 E_i，求平均值，即

$$E = \frac{\sum E_i}{n} \tag{4}$$

式中，n 为加载级数。

2. 实验方法

本实验采用增量法加载，增量法可以验证力与变形之间的线性关系，若各级荷载增量相同，相应的应变增量也大致相等，这就验证了胡克定律。

利用增量法，还可以判断实验过程是否正确。若各次测出的应变不按线性规律变化，则说明实验过程存在问题，应进行检查。采用增量法拟定加载方案时，通常要考虑以下情况：

1）初荷载可按所用测力计满量程的10%或稍大于此值来选定（本次实验试验机采用50kN的量程）。

2）最大荷载的选取应保证试件最大应力值不能大于比例极限，但也不能小于它的一半，一般取屈服荷载 P_s 的 70%~80%，即 $P_{max} = (0.7 \sim 0.8)P_s$。

3）至少有4~6级加载，每级加载后要使应变读数有明显的变化。

五、实验结果及数据处理

实验结果及数据处理见表 3.1~表 3.5。

表 3.1 试件几何尺寸

圆截面试件	横截面Ⅰ	横截面Ⅱ	横截面Ⅲ	横截面平均面积 /mm²

表 3.2 铰式引伸仪有关参数

编号	标距 l_0/mm	名义分度值/(mm/格)	实际分度值 K/(mm/格)	备注
	100	0.001	0.001	测纵向变形

表 3.3 加载方案

试件材料	低碳钢	屈服极限 σ_s	（MPa）	截面面积 A_0	（mm²）
最终荷载					
测力度盘量程>P					
初荷载 $P_0 = 0.1 X$ 测力度盘量程（N）					
加载级数 n					
每级荷载增长率量 ΔP					

表 3.4　增量法加载实验数据记录

荷载 P/N	一次		二次		三次	
	读数 N_i	读数差 $\overline{\Delta N_i}$	读数 N_i	读数差 $\overline{\Delta N_i}$	读数 N_i	读数差 $\overline{\Delta N_i}$
$P_0 = 5000$						
$P_1 = 7000$						
$P_2 = 9000$						
$P_3 = 11000$						
$P_4 = 13000$						
$P_5 = 15000$						

表 3.5　实验数据处理

项目	一次	二次	三次
$\overline{\Delta N_i} = \dfrac{\Delta N_i}{5}$			
$\delta(\Delta l_0) = K\overline{\Delta N_i}$			
$E_i = \dfrac{\Delta P l_0}{A_0 \overline{\Delta N_i} K}$/MPa			
$E = \dfrac{\sum E_i}{3}$/MPa			

六、思考讨论题

1）以荷载 P 为纵坐标，伸长 Δl 为横坐标，作出 P-Δl 图，从图形说明两者的关系，进而说明胡克定律的正确性。

2）为什么测试要求采用增量法？为什么不测 $P=0$ 时的读数值？

实验四 金属材料扭转实验

实验项目一：低碳钢材料切变模量 G 值的测定

一、实验目的
1) 测定低碳钢材料的切变模量 G，并验证剪切胡克定律。
2) 熟悉百分表的使用。
3) 学习扭角仪的原理和使用方法。

二、实验装置
1) 扭角仪。
2) 百分表。

三、实验原理和注意事项

圆轴受扭时，材料处于纯剪切应力状态。在比例极限以内，材料的切应力 τ 与切应变 γ 成正比，即满足胡克定律

$$\tau = G\gamma$$

由此可得到圆轴受扭时的胡克定律表达式为

$$\varphi = \frac{M_n l_0}{G I_p}$$

式中，M_n 为扭矩；l_0 是试件的标距长度，I_p 为圆截面的极惯性矩，G 为低碳钢的切变模量。

通过扭角仪，对试件逐级增加同样大小的扭矩 ΔM_n，相应地由百分表测出相距 l_0 的两个截面之间的相对扭转角增量 $\Delta \varphi_i$，如果每一级扭矩增量所引起的扭转角增量 $\Delta \varphi_i$ 基本相同，这就验证了剪切胡克定律。根据测得的各级扭转角增量的平均值 $\Delta \varphi$，可按下式算出切变模量

$$G = \frac{\Delta M_n l_0}{\Delta \varphi I_p}$$

实验按照等间隔分级加扭矩的方法进行，由扭角仪测得相应的扭转角增量，即可求得。

每一次加载读出百分表下降的位移，共加 3 级，卸载后再重复前面的操作，共做 3 次，按下式算出平均值，即

$$\delta_\text{平} = \frac{\sum \delta_i}{n}, \varphi = \frac{\delta_\text{平}}{R}, G = \frac{M_n l_0}{\varphi I_p}$$

再算出各级荷载下的平均值,即为试件材料的切变模量,计算中各个物理量均采用国际单位制。

注意事项:

1)砝码要轻拿轻放,不要冲击加载,不要在砝码盘上用手施加压力。

2)不要拆卸或转动百分表。

3)测量试件直径($d=10$mm)、标距($l_0=150$mm),百分表触头到试件轴线的距离($R=100$mm),力臂长度($l=150$mm)。

四、实验结果及数据处理

实验结果及数据处理见表4.1~表4.4。

表4.1 加载方案设计

试件材料	加力臂 a	150	测量臂 b	150
	剪切比例极限/MPa		试件直径 d/mm	10
最终荷载 T/N·mm				
最初荷载 T_0/N·mm				
加载级数 n				
每级荷载增量 ΔT/N·mm				

表4.2 镜式引伸仪有关参数

编号	标距 l_0/mm	名义分度值/(mm/格)	实际分度值 K/(mm/格)	备注
	100	0.01	0.01	测切向位移

表4.3 实验数据记录

荷载 T/N·mm	一次		二次		三次	
	读数 δ_i	读数差 $\overline{\Delta\delta_i}$	读数 δ_i	读数差 $\overline{\Delta\delta_i}$	读数 δ_i	读数差 $\overline{\Delta\delta_i}$
$T_0=$						
$T_1=$						
$T_2=$						
$T_3=$						
读数差平均值 $\overline{\Delta\delta_i}$						
线变形平均值 $K\overline{\Delta\delta_i}$						

表 4.4　实验数据处理

项目	T_1	T_2	T_3
$\Delta\varphi_i = \dfrac{K\overline{\Delta\delta_i}}{b}$/rad			
$G_i = \dfrac{\Delta T l_0}{I_p \Delta\varphi_i}$/MPa			
$G = \dfrac{\sum G_i}{n}$/MPa			

实验项目二：金属材料扭转破坏实验

一、实验目的
1）测定低碳钢的剪切屈服极限和剪切强度极限。
2）测定铸铁的剪切强度极限。
3）观察并比较低碳钢和铸铁材料扭转变形现象和破坏形式。

二、实验仪器及设备
1）扭转实验机：NDW500 型计算机控制扭转实验机。量程为 500N·m，试验速度为 1°~720°/min；扭矩示值相对误差为±1%。
2）游标卡尺。

三、实验原理和方法
纯扭转时，圆轴试件（图 4.1a）表面为纯剪应力状态（图 4.1b），其最大切应力和正应力绝对值相等，夹角成 45°，因此，扭转实验可以明显区分材料的断裂方式——拉断或剪断。如果材料的抗剪强度小于抗拉强度，破坏形式为剪断，断口应与其轴线垂直（图 4.1c）；如果材料的抗拉强度小于抗剪强度，破坏原因为拉应力，破坏面应是沿 45°方向（图 4.1d）。

低碳钢试件的 M_n-φ 曲线如图 4.2 所示。

（1）直线段 OA：线弹性阶段
（2）AB 阶段

在 A 点处，M_n 与 φ 的比例关系开始破坏，此时截面周边上的切应力达到了材料的剪切屈服极限 τ_s，相应的扭矩记为 M_p，由于这时截面内部的切应力尚小于 τ_s，故试件仍具有承载能力，M_n-φ 曲线呈继续上升的趋势。

扭转超过 M_p 后，截面上的切应力分布发生变化。在截面上出现了一个环状塑性区，并随着 M_n 的增长，塑性区逐步向中心扩展，M_n-φ 曲线稍微上升，直到 B 点趋于平坦，截面上各材料完全达到屈服，扭矩数值几乎不再变化，甚至出现微小的减小现象，此时扭矩的最小值即屈服扭矩 M_s。

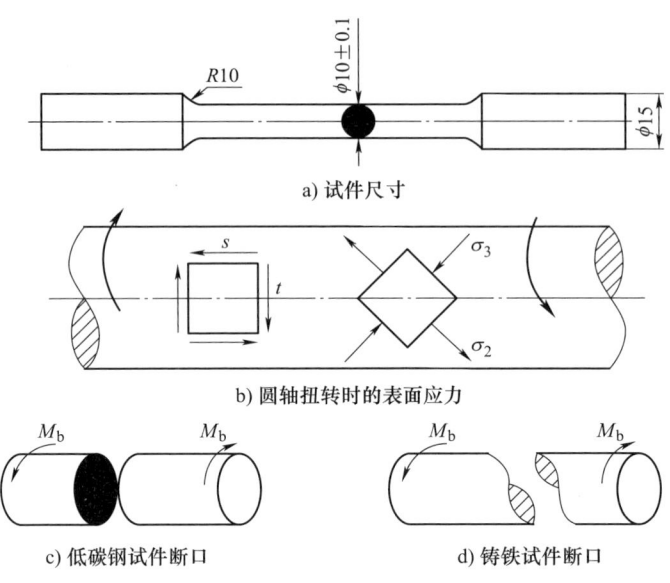

图 4.1　圆轴扭转实验

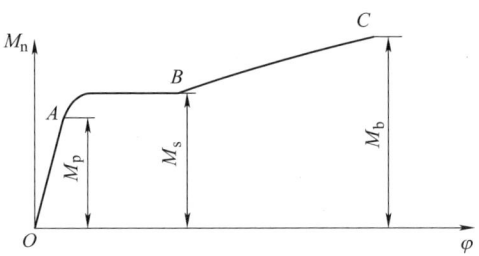

图 4.2　低碳钢试件扭转曲线

剪切屈服极限　　　　　　　　$\tau_s = \dfrac{3M_s}{4W_p}$

试件的抗扭截面模量　　　　　$W_p = \dfrac{\pi d^3}{16}$

（3）BC 阶段

继续给试件加载，试件再继续变形，材料进一步强化。当达到 M_n-φ 曲线上的 C 点时，试件被剪断，可得剪切强度极限 τ_b，可按下式计算

$$\tau_b = \dfrac{3M_p}{4W_p}$$

铸铁试件的 M_n-φ 曲线如图 4.3 所示。铸铁的扭转曲线虽然较明显地偏离直

线，但仍可近似看作一条直线，没有屈服过程，故可按弹性应力公式计算出材料的剪切强度极限，即 $\tau_b = \dfrac{M_b}{W_p}$。

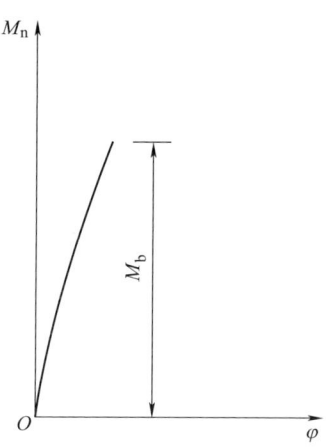

图 4.3　铸铁试件扭转曲线

四、实验结果及数据处理

圆轴扭转破坏实验用表见表 4.5。

表 4.5　圆轴扭转破坏实验结果及数据处理

材料	直径/mm	M_a/N·mm	M_b/N·mm	$\tau_a = \dfrac{3}{4}\dfrac{M_a}{W_p}$/MPa	$\tau_b = \dfrac{3}{4}\dfrac{M_b}{W_p}$/MPa	$\tau_b = \dfrac{M_b}{W_p}$/MPa
低碳钢	10					
铸铁	10					

五、思考讨论题

1）绘制出扭转破坏时低碳钢和铸铁在弹性阶段的扭矩-扭转角图形，进而说明扭转角公式的正确性。

2）试分析低碳钢和铸铁扭转破坏时断口形成的原因。

实验五　金属材料的弯曲实验

一、实验目的

1) 用电测法测定梁纯弯曲时沿其横截面高度的正应力（正应变）分布规律。
2) 验证纯弯曲梁的正应力计算公式。
3) 初步掌握电测方法，掌握 1/4 桥、1/2 桥、全桥的接线方法，并且对试验结果及误差进行比较。

二、实验仪器及设备

1) 材料力学综合实验架。
2) 静态数字应变仪。
3) 纯弯曲实验梁。

三、实验原理及方法

弯曲梁的材料为钢，其弹性模量 E 为 210GPa，泊松比为 0.29。用手转动实验装置上面的加力手轮，使四点弯上压头压住实验梁，则梁的中间段承受纯弯曲。根据平面假设和纵向纤维间无挤压的假设，可得到纯弯曲正应力计算公式为

$$\sigma = \frac{M}{I_x} y$$

式中，M 为弯矩；I_x 为横截面对中性轴的惯性矩；y 为所求应力点到中性轴的距离。由上式可知，沿横截面高度正应力按线性规律变化。

实验时采用螺旋推进和机械加载方法，可以连续加载，荷载大小由带拉压传感器的电子测力仪读出。当增加压力 ΔP 时，梁的四个受力点处分别增加作用力 $\Delta P/2$，如图 5.1 所示。

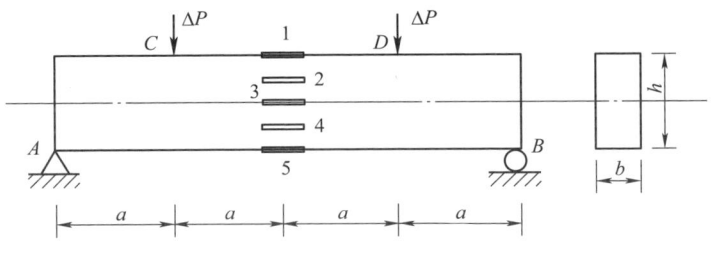

图 5.1　梁的纯弯曲实验原理

为了测量梁纯弯曲时横截面上应变分布规律，在梁纯弯曲段的侧面各点沿轴线方向布置了3片应变片，各应变片的粘贴高度见弯曲梁上各点的标注。此外，在梁的上表面和下表面也粘贴了应变片。

如果测得纯弯曲梁在纯弯曲时沿横截面高度各点的轴向应变，则由单向应力状态的胡克定律公式 $\sigma = E\varepsilon$，可求得各点处的应力实验值。将应力实验值与应力理论值进行比较，以验证弯曲正应力公式。应力实验值按下式计算

$$\sigma_\text{实} = E\varepsilon_\text{实}$$

式中，E 为梁所用材料的弹性模量。

为确定梁在荷载 ΔP 的作用下各点的应力，实验时可采用"增量法"，即每增加等量的荷载 ΔP，测量各点对应的应变增量一次，取应变增量的平均值 $\Delta\varepsilon_\text{实}$ 来依次求出各点应力。

把 $\Delta\sigma_\text{实}$ 与理论公式算出的应力 $\sigma = \dfrac{M}{I_x}y$ 比较，从而验证公式的正确性，上述理论公式中的 M 应按下式计算：

$$M = \frac{1}{2}\Delta Pa$$

具体实验步骤如下：

1) 测量梁的截面尺寸 b、h。
2) 按指定的 l、a 长度架设梁，并仔细调整使之平稳。
3) 将各点电阻片导线接在应变仪的预调平衡箱上，按半桥线路连接，然后开启电源，预热仪器，并将灵敏系数 K 钮旋到所需刻度（或相应的标定数）。
4) 按给定的荷载加载方案进行实验。从 $P_0 \sim P_n$，记录每次荷载下各点的读数。纯弯曲情况实验 2~3 次。
5) 整理实验数据并进行数据处理。

四、实验结果及数据处理

表5.1 试件参数

屈服极限 δ_s/MPa		对 z 轴的惯性矩 I_z/mm⁴	
工字梁的材料		弹性模量 E/MPa	
梁横截面宽度 b/mm		梁的跨度 l/mm	
梁横截面高度 h/mm		梁测试段长度 a/mm	

表 5.2 加载方案及实验结果

最终荷载 P/N				加载级数 n			
初荷载 P_0/N				每级荷载增量 ΔP/N			
应变片编号 i	1		2	3		4	5
应变片位置 y_i							
理论应变增量 $\Delta \varepsilon_i = \dfrac{(1-a)\Delta P y_i}{4EI_z}$							

应变片编号	1		2		3		4		5	
荷载 P/N	应变仪读数 /$\mu\varepsilon$	读数差 $\Delta \varepsilon_1$ /$\mu\varepsilon$	应变仪读数 /$\mu\varepsilon$	读数差 $\Delta \varepsilon_1$ /$\mu\varepsilon$	应变仪读数 /$\mu\varepsilon$	读数差 $\Delta \varepsilon_1$ /$\mu\varepsilon$	应变仪读数 /$\mu\varepsilon$	读数差 $\Delta \varepsilon_1$ /$\mu\varepsilon$	应变仪读数 /$\mu\varepsilon$	读数差 $\Delta \varepsilon_1$ /$\mu\varepsilon$
P_0										
P_1										
P_2										
P_3										
P_4										
P_5										
P_6										
读数差平均值 $\overline{\Delta \varepsilon_i}$										

表 5.3　实验数据处理

应变编号	1	2	3	4	5
实验应力增量 $\Delta\delta_{实} = E\overline{\Delta\varepsilon_i}$/MPa					
理论应力增量 $\Delta\delta_{理} = \dfrac{\Delta My_i}{I_z}$/MPa					
误差:$\dfrac{\Delta\delta_{理}-\Delta\delta_{实}}{\Delta\delta_{实}}$					

五、思考讨论题

1）在坐标纸上按比例绘制应力的实验值与理论值沿梁高度的分布规律。

2）两个几何尺寸及受载情况完全相同的梁，但材料不同，试想在同一位置处测得的应变是否相同？应力呢？